A COLLECTION OF
SELECTED TRANSLATION OF LEGISLATIVE TEXTS OF
BELT AND ROAD COUNTRIES

"一带一路"
沿线国家立法文本选译汇编

（第三卷）

西亚北非东欧国家
经济法选译

A SELECTED TRANSLATION OF ECONOMIC LAWS OF
WEST ASIAN, NORTH AFRICAN AND
EASTERN EUROPEAN COUNTRIES

屈文生　主编

法律出版社
LAW PRESS·CHINA
北京

图书在版编目(CIP)数据

西亚北非东欧国家经济法选译 / 屈文生主编. -- 北京 : 法律出版社, 2023
(“一带一路”沿线国家立法文本选译汇编)
ISBN 978-7-5197-8207-8

Ⅰ. ①西… Ⅱ. ①屈… Ⅲ. ①经济法-研究-世界
Ⅳ. ①D912.290.4

中国国家版本馆 CIP 数据核字(2023)第 157144 号

西亚北非东欧国家经济法选译
XIYA BEIFEI DONGOU GUOJIA JINGJIFA XUANYI

屈文生 主编

策划编辑 解 锟
责任编辑 张 岩 冯雨春
装帧设计 李 瞻

出版发行 法律出版社
编辑统筹 重大项目办公室
责任校对 裴 黎
责任印制 吕亚莉
经　　销 新华书店

开本 787 毫米×1092 毫米 1/16
印张 37.5 **字数** 925 千
版本 2023 年 9 月第 1 版
印次 2023 年 9 月第 1 次印刷
印刷 北京建宏印刷有限公司

地址:北京市丰台区莲花池西里 7 号(100073)
网址:www.lawpress.com.cn
投稿邮箱:info@lawpress.com.cn
举报盗版邮箱:jbwq@lawpress.com.cn

销售电话:010-83938349
客服电话:010-83938350
咨询电话:010-63939796

书号:ISBN 978-7-5197-8207-8
定价:328.00 元

凡购买本社图书,如有印装错误,我社负责退换。电话:010-83938349

阿拉伯国家经济立法的发展与革新

卷首语

一、阿拉伯国家的经济立法发展概述

贾希利叶时期，阿拉伯地区尚未形成正式的国家，没有国家公布的成文法，当时阿拉伯"法"实为习惯，源自其天性、道德和生活方式，他们的经济活动除战争的掠夺外，主要为贸易、畜牧、少量的手工业和农业，他们的经济习惯法也与之相关。

内部的战争和外来的侵略、氏族内部阶级分化和贵族对商贸的垄断，再加之传统商道的改变，使贾希利叶后期的阿拉伯半岛出现了严重的经济危机和社会矛盾。在经济社会剧烈转型时期，伊斯兰教的诞生为阿拉伯地区的经济活动确立了新的原则，这些原则在四大哈里发时期逐渐得以制度化。

伊斯兰教诞生后的几百年，阿拉伯帝国版图逐渐扩及亚洲、非洲乃至欧洲一些地区，各地社会发展程度参差不齐，文化、语言多种多样，生活习惯更是千差万别。为了适应社会发展的新境况，最初以阿拉伯半岛十分简单的生活方式为基础形成的伊斯兰法发生了发展变化，出现了以解释《古兰经》的方式对法律的发展，以传述、解释圣训形式对法律的发展，以公议、类比等推理形式对法律的发展，以及以"行政命令"形式对法律的重要补充等。这些形式的法律发展，在一定程度避开了宗教和法律理论的僵硬性，使法律回应了经济社会发展的需要。①

19 世纪中叶以来，奥斯曼帝国治下的阿拉伯地区，以及处于半独立状态的埃及，其原有的以伊斯兰法为主导的法律体系受到了西方法制体系的强烈冲击。受欧洲大陆法系国家影响，它们大规模移植西方法律内容，开启了全面的法典化运动，其中涉及经济的立法有《土地法典》《商法典》，以及民事法律汇编《麦加拉》的部分内容。奥斯曼帝国和埃及制定的这些法典，为之后相继独立的阿拉伯各国制定法律提供了蓝本。

从 20 世纪五六十年代至今，独立后的阿拉伯各国的经济立法经历了几轮发展，以适应不断变化的经济社会需要。近 5 年来，阿拉伯国家的经济立法出现了新一轮发展，以海湾国家和埃及为首的阿拉伯各国开始密集颁布新经济法、修订旧有经济法。本轮经济立法改革与阿拉伯各国当下的经济发展转型密不可分，体现了各国政府摆脱"地租经济"模式、实现经济多元化的努力。而我们在"一带一路"倡议背景下，在法治框架内与沿线阿拉伯国家进行经济合作，实现互利共赢，必须要了解相关国家的经济立法。

本卷主要选取了与中国双边贸易额和投资额较大的海湾阿拉伯国家及埃及的投资法、公司法进行译介，主要出于以下考虑：第一，服务"一带一路"建设，提供智力支持。译介相关阿

---

① 高鸿钧：《冲突与抉择：伊斯兰世界法律现代化》，载《比较法研究》2001 年第 4 期。

拉伯国家的重点经济立法,能为促进“一带一路”背景下基于自愿、平等协商的双边或多边法治建设合作、为中国深度参与全球治理开辟国际视野,贡献一点力量。第二,服务中国企业“走出去”,为中国企业对外贸易和投资提供参考。“一带一路”沿线阿拉伯国家多为发展中国家,各国在市场准入、行业监管、金融体系、税收安排、进出口管理、投资争端解决等领域存在很大差异,然而,针对具体项目开展全面的、系统的法律尽职调查,对于我国大多数“走出去”的企业而言,仍存在经济上和操作上的困难。译介相关阿拉伯国家的重点经济立法,将为企业提供第一手的有关外商投资、公司制度等问题的实用法律信息,为中国企业与相关阿拉伯国家贸易、投资合作保驾护航。

二、海湾阿拉伯国家①的投资法

海湾地区政局稳定、基础设施较为完备、法律制度体系较为健全,是阿拉伯世界最吸引外国投资的地区。同时,海湾地区作为世界最重要的能源输出地,其经济结构与中国存在很大的互补性。海湾地区是“一带一路”的重要节点,所有海湾阿拉伯国家均为“一带一路”沿线国家。“一带一路”倡议以及海湾阿拉伯国家经济多样化战略为中国与海湾国家之间的投资合作开辟了广阔空间。

(一)海湾阿拉伯国家规范外国投资的法律框架

海湾阿拉伯国家除巴林外都有单行的投资法。各国现行投资法分别为:《2000 年沙特外国投资法》《2018 年第 19 号阿联酋外国直接投资法》《2019 年第 1 号卡塔尔关于组织外国资本在经济活动中投资的法律》《2013 年第 116 号科威特直接投资促进法》《2019 年第 50 号阿曼外国资本投资法》。巴林没有单行投资法,主要通过公司法以及内阁发布的专门规范外国投资的公司法补充案,来调整外国投资关系及其活动。② 这些法律及其实施条例,以及相关部委颁布的法令构成了海湾阿拉伯国家调整外国直接投资的法律框架。

(二)海湾阿拉伯国家现行投资准入制度的构成要素

由于自然禀赋、历史文化、政治体制、经济结构、社会环境上的同质性,海湾阿拉伯国家在投资准入制度上有极大的相似性。海湾阿拉伯国家投资准入的限制主要体现在以下三个方面。

1. 投资领域的规制

投资东道国为了确保外国投资有利于本国经济发展,防止外国资本对其经济部门进行操纵和控制,一般会对外国投资的领域加以规制。对于投资领域的规制主要表现在两方面:对关系国家安全和重大利益或国计民生的行业或部门,禁止或限制外资进入;对本国亟须发展的行业部门,引导和鼓励外资进入。

海湾阿拉伯各国禁止、限制外资进入的行业也基本一致。禁止外资进入的行业主要包括:石油、天然气的勘探与开采;军用机械设备及服装生产;劳务中介服务;调查和安保服务;不动产经纪服务;商业代理;水产捕捞;陆路运输;(正、副)朝觐服务;声像服务;出版服务;医疗零售;毒剂中心、血液银行及卫生检疫机构等。这些行业有些是关乎国家经济命脉的支柱行业,如油气的勘探与开采等;有些关乎国家安全的敏感行业,如军用物质生产、调查和安保

① 海湾阿拉伯国家一般指“海湾阿拉伯国家合作委员会”的六个成员国,即沙特、阿联酋、科威特、卡塔尔、阿曼、巴林。

② 参见巴林工商和旅游部网:http://www. moic. gov. bh/ar/RegulationsAndAgreements/Regulations/Pages/Regulations. aspx? lan = ar&Id = 1&vId = &sTxt = ,访问时间:2022 年 7 月 2 日。

服务等;有些关乎国计民生的公用事业,如毒剂中心、血站及卫生检疫机构等;有些是为本国公民保留的垄断盈利行业,如商业代理等;有些是可在“极小的家庭部门”进行的传统行业,如水产捕捞(不包括水产养殖)等;有些是关乎国家意识形态和文化安全的产业,如朝觐服务、声像服务、出版服务等。海湾阿拉伯各国对外资进入行业的限制,主要是通过把外资在这些行业的股权比例控制在不超过49%来实现。

禁止、限制外资进入的行业一般通过内阁、主管投资的部委、投资总局等部门发布“禁止外商投资行业清单”的方式公布,该清单不定期更新。近年来,禁止外资进入行业范围逐年缩小、允许外资持股比例上升。很多行业由禁止外资进入变为限制外资进入,由限制外资进入变为对外资全面开放。如沙特在2016年对外资全面开放批发零售业,2017年又对外资全面开放工程设计和咨询服务,现又拟对外资全面开放矿业、医疗、教育、市政服务等行业。各国在金融服务领域的开放程度也逐渐加大。①

海湾阿拉伯国家对于鼓励外资进入的行业,外资法中均没有专门列明。但一般来说,国家会出台一些政策,重点扶持那些可最大程度上利用本国现有原材料的出口工业项目,可生产创新产品、使用现金技术、促进技术转移的项目,致力于把具有国际声誉的产业国产化的项目,以及使用本国人才、推动人才本土化的项目。有些国家政府还专门擘画了“投资地图”,明确规定了鼓励外国投资的部门。例如,沙特政府在2018年规划了“统一的投资地图”,以吸引在采矿、化工、卫生制药、能源水利、制造加工、运输物流、通信与信息技术、旅游文娱等八大行业的投资。②

2. 股权比例的控制

投资东道国对于投资比例的立法规定有两种模式:一是在外资法中规定一个适用于国内一般行业的比例;二是对不同行业适用不同比例。

2015年以前,海湾阿拉伯各国主要采取的是第一种模式,均规定除特别批准或在自由区经营外,外国投资者持股一般不得超过49%。当时,在海湾阿拉伯国家的绝大多数外资公司都需要一个拥有该公司51%业务的当地公司作为合作伙伴,且持股比例必须在经公证的公司章程中载明。但这些当地合作伙伴通常并不参与出资和管理,仅收取固定的服务费用作为“保费”。这种制度增加了外国投资者的经济负担和法律风险,极大损害了外国投资的积极性。

近几年来,海湾各国纷纷在外资立法上放开了这一限制。其中卡塔尔开放的力度最大,把适用于国内一般行业的外资持股比例定在了100%。卡塔尔在2019年颁布的《投资法》中明确规定:“如果不违反规范外国人从事贸易活动和职业的法律以及本法第4条规定,外国投资者可以按照本法实施条例,以100%的持资比例投资于所有经济行业。”③

其他海湾国家一般对不同的行业规定了不同的外资持股比例。如阿联酋在2018年颁布的《外资法》中规定允许外资100%持股行业列入“积极清单”,不对外资开放行业列入“消极

---

① 中华人民共和国商务部网:http://www.mofcom.gov.cn/article/i/jyjl/k/201602/20160201247051.shtml,访问时间:2022年9月29日。

② 参见沙特《经济报》网:http://www.aleqt.com/2018/08/01/article_1430356.html,访问时间:2022年10月18日。

③ 《卡塔尔2019年投资法》禁止外国投资者在银行和保险公司(内阁决定豁免的银行及保险公司除外)、商业代理以及内阁决定规定的任何其他领域投资。

清单”。“积极清单”由内阁根据外国直接投资委员会的建议发布;“消极清单”为新外资法中列明的 13 大行业,内阁保留增删“消极清单”的权利。

巴林 2016 年颁布的两个《公司法》补充案分别规定了允许外资持股 100% 行业和允许外资持股 49% 行业的清单。

阿曼在 2019 年颁布的外资法中作出了原则性规定:“外国资本可通过对允许投资行业中的公司或企业全资持股或参股的方式进行投资。”①还规定:“商工部长发布禁止外国投资行业的清单。”②

科威特 2013 年颁布的外资法规定:外国直接投资可以投资于“2012 年第 25 号《商业公司法》③规定的任何形式的科威特公司。外资可以依据公司法持有其全部资本”。

沙特在修订外资法的步伐上稍显落后。沙特现行的外资法为 2000 年颁布,其中并未对外资持股比例作具体的规定,仅规定最高经济委员会发布“不属于外国投资活动的清单”。事实上,近年来,沙特投资总局发布相关法令,逐步放开对各行业外资持股比例的限制。

3. 审批程序的管制

海湾阿拉伯各国均采取发放投资许可证的方式实现投资准入。各国均设有专门的外国投资审批许可机构,分别为沙特投资总局、科威特直接投资促进局、卡塔尔商工部下属主管行政单位、阿曼商工部投资服务中心、巴林商工旅游部投资者中心。由于阿联酋是联邦制国家,对外国投资的审批一般由联邦政府的审批当局和各酋长国主管当局协调进行。

近几年来,海湾阿拉伯各国纷纷采取了“一站式”的审批政策,各职能部门派专员入驻主管外国投资审批许可的机构,实现“一个窗口对外”,大大简化了审批步骤、缩短了审批时间,有力地贯彻了投资便利化原则。

在世界银行发布的《全球营商环境报告 2020》中,海湾阿拉伯各国的营商便利度指数除排名已处于世界前列的阿联酋外,均有大幅提升,特别是沙特、巴林、科威特,分列全球营商环境改善最大的 10 个经济体中的第一位、第四位、第七位。其中很重要的影响因素就在于开办企业的前置行政审批程序的简化(见表 1)。④

表 1　海湾阿拉伯国家营商便利度指数

国家	2019 年	2018 年	变化
沙特	62	92	30 ↑
阿联酋	16	11	5 ↓
卡塔尔	77	83	6 ↑
科威特	83	97	14 ↑
阿曼	68	78	10 ↑
巴林	43	62	19 ↑

资料来源:世界银行《全球营商环境报告 2020》。

① 《2019 年第 50 号阿曼外国资本投资法》第 6 条。
② 《2019 年第 50 号阿曼外国资本投资法》第 14 条。
③ 科威特 2012 年公司法已被 2016 年新颁布的公司法所取代,但外资法尚未更新。
④ World Bank, Doing Business 2020, p. 107, 117, 118, 125.

此外,各国对投资形式的规定也基本一致:合资或独资方式设立公司、工厂,或开设办事处。其中办事处仅可从事市场调研,不能从事经营业务。

需要注意的是,根据特殊协议的投资、自由区的投资、海合会成员国之间的投资,不受海湾阿拉伯各国的外资法管辖。

(三)海湾阿拉伯国家投资准入制度的改革原因和趋势

海湾阿拉伯各国密集出台法律法规,放宽外资准入领域的规制、放松外资持股的控制、简化外资进入审批的手续,主要出于以下几点原因:

第一,降低对油气收入依赖,推动经济多元化发展。国际油价持续低迷和能源技术革命带来的结构性危机,使作为传统能源输出国的海湾阿拉伯国家严重依赖油气资源出口的经济模式遭到前所未有的冲击,经济多元化转型越来越紧迫。因此海湾阿拉伯各国在 2015 年后密集颁布新的外资法,以期各个行业的外国投资成为经济多元化转型的助推剂,促进实现与主要贸易伙伴从贸易到投资的系统性升级。

第二,引进外国先进技术,建立完备产业体系。海湾阿拉伯各国除在西方国家的帮助下建立起了完备的石化体系外,国内产业体系并不健全,国内所需的工业品和消费品严重依赖进口。各国日益意识到建立完备的产业体系的重要性,但受制于本国人才储备、技术支撑等,各产业亟须外国投资者的参与。

第三,创造就业机会,维护社会稳定。海湾阿拉伯各国公共部门吸收了近一半的就业人口,人员的冗余给政府造成了沉重的财政负担。增加私营部门的工作岗位,从而降低公共部门薪水在国家预算中的占比,削减财政赤字,是海湾阿拉伯各国发展战略中的重要内容。在各领域放开外资准入政策,再对外资企业规定较高的雇员本地化比例作为保护,这样一方面能创造大量工作岗位,解决青年失业问题;另一方面也能促进本土员工学习外国先进经验和技术,逐渐提升在劳动市场上的竞争力。

第四,政府角色逐渐转变,积极发挥市场作用。海湾阿拉伯各国政府一直扮演着各类公共服务提供者的角色,这导致了公共服务效率低下,并消耗了大量的政府补贴。近年来,各国加大了公共部门私有化的力度,以提高经济效率,减轻政府财政负担,外资进入这些战略行业的限制也有所放开。

第五,推进社会文化改革,打造开放的国家形象。近年来,随着海湾阿拉伯各国社会文化改革的推进,文娱、体育、旅游等产业开始蓬勃发展,再加之地区各国近年来承办了一系列国际盛会,如阿联酋 2020 年世博会、卡塔尔 2022 年世界杯等,为外资进入相关领域带来了契机。

基于以上几点原因,海湾阿拉伯各国结合自身的地理区位、资源禀赋、社会环境、现实需求,在投资准入开放上体现了全方位、多层次的特点,重点涉及渔业、矿业、新能源、制造、物流、通信、旅游、数字媒体、文娱体育等多个行业。

除上述原因之外,海湾各国在短短的几年内,争相放宽投资准入,也与各国经济同质化竞争密切相关。国际油价长期低迷以及国际能源消费结构的转变,使海湾各国严重依赖油气出口的经济发展模式遭遇严重瓶颈,不得不努力探索谋求经济模式转型。各国均提出了包括发展实体经济、再工业化、科技创新、优先发展港口、建立科技城等内容的发展愿景,使其在发展战略上也具有同构性。[①] 其中阿联酋的迪拜已走在了前列，成为地区航运、贸易和金融中心。卡塔尔近年来也在复制“迪拜模式”，重点发展航空和港口，成为阿联酋的重要竞争对手。在“断交危机”后，卡塔尔更迫切需要外资进入，保障其政治安全和经济发展，所以在开放外资准入上力度最大，原则上允许外国投资者“以100%的持资比例投资于所有经济行业”。沙特也不甘落后，大力推动经济改革，成为2019年全球营商环境改善最大的经济体，在改革措施方面位列第一。

三、海湾阿拉伯国家的公司法

作为法律制度上的后起国家，海湾阿拉伯国家在公司法律制度上基本沿袭了大陆法系国家，特别是法国的公司立法传统。但近几年来，海湾阿拉伯国家实施了一系列力度较大的经济改革措施，以求解决国内经济的结构性弊病，逐步减轻对油气出口的依赖，实现经济多元化转型。在经济立法层面，海湾阿拉伯国家借鉴了国际先进立法经验，推出了多项旨在改善国内营商环境的法律法规，各国在近年来陆续颁布的新公司法正是这些法律法规的重要组成部分，而对公司法律形态的革新是公司法革新的重要方面。

（一）海湾阿拉伯各国的公司法立法体系

海湾阿拉伯各国均有单行的公司法。沙特现行的公司法为2022年颁布的《公司法》。阿联酋现行公司法为2015年颁布的《商业公司法》，2020年颁布了该法的修正案，允许外资拥有在岸公司100%所有权。卡塔尔现行公司法为2015年颁布的《商业公司法》。科威特现行公司法为2016年颁布的《公司法》，2017年颁布了该法的修正案，对个别条款进行了修订。阿曼现行公司法为2019年颁布的《商业公司法》。巴林现行公司法为2001年颁布的《商业公司法》，经历了2014年、2015年、2018年1月、2018年11月4次修订（见表2）。

表2　海湾阿拉伯各国现行公司法

国家	现行公司法
沙特	2022年《公司法》
阿联酋	2015年《商业公司法》，2020年修订
卡塔尔	2015年《商业公司法》
科威特	2016年《公司法》，2017年修订
阿曼	2019年《商业公司法》
巴林	2001年《商业公司法》，2014年、2015年、2018年1月、2018年11月4次修订

鉴于海湾阿拉伯各国的公司立法在历史源头和发展历程上的高度相似性，各国公司法对于公司法律形态的分类也高度一致。根据各国现行公司法，公司一般可采取合伙公司、简单两合公司、股份两合公司、隐名合伙、有限责任公司、股份公司、一人公司7种法律形态。多数国家又把股份公司细分为公开股份公司和封闭股份公司。[②] 在上述其中法律形态之内，各国

---

① 孙德刚、安然：《“同质化联盟”与沙特—卡塔尔交恶的结构性根源》，载《西亚非洲》2018年第1期。

② 阿联酋、卡塔尔、科威特、阿曼、巴林的公司法还把股份公司分为公开股份公司与封闭股份公司两类，并分别作出规定。沙特公司法未把两类股份公司分列入不同章节，但规定上市公司由资本市场管理局负责监管，其他类型的公司由商工部监管。

在公司法中又单辟章节，列出控股公司、投资基金、外国公司、专业公司等特殊的公司组织形式（见表3）。

表3 海湾阿拉伯各国公司法规定的公司组织形式

国家	合伙公司	简单两合公司	股份两合公司	隐名合伙	有限责任公司	股份公司	简易股份公司	一人公司	控股公司	投资基金	外国公司	专业公司
沙特	√	√			√	√	√		√		√	
阿联酋	√	√			√	√			√	√	√	
卡塔尔	√	√	√	√	√	√			√			
科威特	√	√	√	√	√	√		√	√			√
阿曼	√	√		√	√	√		√	√			
巴林	√	√	√	√	√	√	√		√			

（二）海湾阿拉伯各国公司法律形态的分类

现代阿拉伯各国的公司法脱胎于法国法，这一方面是由于近代法国对沙姆地区的托管和对北非的殖民，另一方面是源于1850年颁布的《奥斯曼商法典》对1807年《法国商法典》的全盘照搬。[①] 在《法国商法典》直接和间接的双重影响下，摆脱奥斯曼帝国控制和法国殖民的现代阿拉伯各国纷纷颁布类似立法，如1883年《埃及商法典》、1909年《突尼斯商法典》、1913年《摩洛哥商法典》、1942年《黎巴嫩商法典》、1957年《伊拉克商法典》等。[②]

海湾阿拉伯各国在阿拉伯世界属于后起国家，除沙特外均独立于20世纪六七十年代。独立后的海湾国家在制定单行的公司法时，均以《法国商法典》以及受其影响的《奥斯曼商法典》及阿拉伯各国商法典为蓝本，同时借鉴了大陆法系其他国家如德国法中的一些规定。

海湾阿拉伯各国公司法在公司法律形态的划分上最明显的特点，就是同法国法一样，不在概念上区分“公司”和“合伙”，而是统一采用شركة一词，代表各种以营利为目的的团体。[③] 这些团体可采用合伙公司、简单两合公司、股份两合公司、隐名合伙、有限责任公司、股份公司、一人公司等法律形态。这些形态的公司可以分为两大基本类型，即人合公司（主要包括合伙公司、简单两合公司、股份两合公司）和资合公司（主要包括有限责任公司和股份公司）。

合伙公司（شركة التضامن）源于法国公司法中的合名公司（Société en nom collectif，SNC）。合伙公司有别于其他类型公司的最显著的特点是所有合伙人以其个人的财产对公司债务承担无限连带责任。合伙公司至少有两个合伙人，每个合伙人均具有个体经营者的地位，并视为以公司的名义自行从事商业活动，合伙人转让合伙份额必须经其他合伙人一致同意。合伙公司相当于一些国家所称的无限公司，类似于我国的普通合伙企业。

简单两合公司（شركة التوصية البسيطة）源于法国公司法中的简单两合公司（Société en Commandite Simple，SCS）。简单两合公司由承担无限责任的合伙人和有限责任的合伙人组

---

① 1850年颁布的《奥斯曼商法典》，为土耳其近代历史上第一部商事法。该法为伊斯兰教法法制改革而制定，大部分条款为法国商法典的翻版。该法颁布后，商法不再属伊斯兰教法范围。除土耳其本土外，该法亦适用于奥斯曼帝国各领地。

② 伊勒亚斯·纳绥夫：《商业公司百科全书》（阿文版）（第3版），第二卷，阿勒颇法律出版社2009年版，第9～10页。

③ 赵吟：《公司法律形态研究》，西南政法大学2014年博士学位论文，第88页。

成,无限责任合伙以个人财产对公司债务承担无限连带责任;有限责任合伙人仅在出资额范围内对公司债务承担责任,不能参与公司的经营管理,也不能对外代表公司,但有权要求查阅公司的账簿和财务报表。简单两合公司类似于我国的有限合伙企业。

股份两合公司(شركة التوصية بالأسهم)源于法国公司法中的股份两合公司(Société en Commandite par Action,SCA)。与简单两合公司类似,股份两合公司由无限责任合伙人和有限责任股东组成,无限责任合伙人对公司债务承担无限连带责任,但有限责任部分的资本被划分为等额的股份,有限责任股东仅以其认购的股份为限对公司债务承担责任。股份两合公司的有限责任股东是以认购股份即购买公司股票的形式进行出资,这使得其在对外吸收社会投资上比简单两合公司更容易。简单两合公司类似无限公司和有限责任公司的综合,而股份两合公司类似无限公司和股份有限公司的综合。但是,由于股份两合公司的有限责任股东无权参与公司经营管理,其地位不如股份有限公司的股东,这导致其对投资人吸引力日渐减弱,在各国已逐渐被废止。我国 1950 年颁布的《私营企业暂行条例》规定了股份两合公司这一公司形态,但 1993 年颁布的《公司法》未对股份两合公司作出规定。海湾六国中也只有三个国家采用了这一公司法律形态。

隐名合伙(شركة المحاصة)与简单两合公司均是由中世纪的"康曼达"(Commenda)契约发展而来,由无限责任合伙人和有限责任合伙人共同组成的公司形式。在隐名合伙中,双方当事人约定一方对他方所经营的事业出资并分享利益,经营的一方称为出名合伙人,出资一方称为隐名合伙人,该出资划入经营者名下,由经营者支配,出资者仅以出资额承担有限责任。隐名合伙不对他人披露、不受公示程序约束,也不必商业登记,其运作仅按照合伙人之间的协议进行。隐名合伙与其他法律形态公司的本质区别在于其不具有法人资格。正是由于其不具有法人资格,隐名合伙(Société en participation)在民商分立的法国被安排在《民法典》中。还有一些大陆法系国家把隐名合伙纳入《商法典》,如德国和日本。[①] 海湾阿拉伯各国(除阿联酋外)虽在《公司法》中确立了隐名合伙这一公司形态,但也否认了其法人资格。

简易股份公司(شركةالمساهمةالمبسطة)是 2022 年沙特颁布的新《公司法》中引入的新的公司法律形态,该法将于 2023 年 1 月正式生效。该种公司法律形态源于法国公司法中的简易股份公司(Société par actions simplifiée,SAS)。引入简易股份公司是为了满足沙特快速增长的初创企业和风险投资(VC)市场的需求。简易股份公司的主要特点包括:没有最低资本要求;同股份公司一样,可以发行具有不同权利和义务的不同类别的股票;公司可由一名首席执行官、一名或多名经理或董事会管理;公司不设股东大会,股东应当任命一个股东代表承担股东大会的职责。

跟世界上其他国家一样,海湾阿拉伯各国最为普遍的公司法律形态是股份公司(المساهمة شركة)和有限责任公司(الشركة ذات المسؤولية المحدودة)。从历史缘由来看,股份公司是基于筹集大量资金和扩大经营规模的需要自然演化产生的公司形态,为投资者应对规模经济提供有效的手段;而有限责任公司则是在对无限公司和股份有限公司两者的优点兼收并蓄的基础上产生的,它将人合性和资合性统一起来。既然有限责任公司不是自发式的产物,

① 刘黎明:《隐名合伙及相关的法律问题》,载《法商研究》1998 年第 6 期。

立法者在创设该种公司法律形态的时势必会明确其特殊之处。[①] 对于同是股东承担有限责任的股份公司和有限责任公司,海湾阿拉伯各国立法者与世界其他国家立法者一样,从股东人数、资本规模、设立方式、管理方式、股份转让是否受限等方面对两者进行区分。

可以看出,海湾阿拉伯国家对公司形态的划分主要受大陆法系影响,以责任形式划分。但同时,大多数海湾国家又吸收了英美法系的元素,把股份公司分为公开股份公司和封闭股份公司。公开股份公司最狭义的定义,是其股份在证券交易所进行交易的股份有限公司,但对公开公司坚持如此狭义的理解已经比较少了。现在学界一般认为,公开股份公司和封闭股份公司的根本区别在于公司资本是否公开募集,股份是否在证券交易所交易、流通。[②] 那么海湾各国的公开股份公司是否等必须是上市公司呢?各国对此有着不同的规定。卡塔尔的《商业公司法》规定,公共股份公司在设立后一年内必须上市,否则公司将自动转为非公开股份公司。阿联酋的《商业公司法》规定,公开发行股份的公司董事会自在主管当局的商业登记册登记之日起十五个工作日内,根据管理局和相关金融市场对于上市的规定,将公司股份上市。沙特、科威特的《公司法》未对此作出明确规定。而有限责任公司、非公开股份公司若要上市,则须把公司形态变更为公开股份公司。

一人公司(شركة الشخص الواحد)是由一名投资者(自然人或法人)依法出资设立的公司。海湾阿拉伯国家的一人公司一般指一人有限责任公司。[③] 科威特、阿曼、巴林在公司法中专辟一章,把一人公司作为有限公司一种特殊形式单独作出规定。沙特、阿联酋、卡塔尔虽未专门分列出"一人公司"一章,但在"有限责任公司"一章中,也明文允许设立股东人数为一人的有限责任公司。值得一提的是,一人公司是海湾各国《公司法》中新增的一种公司法律形态。长期以来,大陆法系传统公司法理论非常强调公司的社团性和股东的复数性。但自20世纪80年代开始,丰富多彩的一人公司实践推动许多国家在立法上突破了公司的社团性限制,先后在公司法中确立了一人公司的合法地位,如德国《有限责任公司法》自1981年起允许设立一人有限公司,法国亦自1985年起允许设立一人有限责任公司。[④] 为顺应世界公司法立法趋势和企业经营实务的需要,2001年《巴林商业公司法》、2002年《卡塔尔商业公司法》[⑤]、2012年《科威特公司法》、2015年《阿联酋商业公司法》、2015年《沙特公司法》、2019年《阿曼商业公司法》首次在本国的立法中承认一人公司。

(三)海湾阿拉伯各国特殊的公司组织形式

控股公司(الشركة القابضة)是指通过持有某一公司一定数量的股份,而对该公司进行控制的公司。控股公司可以是有限责任公司,也可以是股份公司。

控股公司按控股方式,一般分为纯粹控股公司和混合控股公司。纯粹控股公司不直接从事生产经营业务,只是凭借持有其他公司的股份,进行资本营运。混合控股公司除通过控股进行资本营运外,也从事一些生产经营业务。但海湾各国《公司法》中规定的控股公司均为纯粹控股公司,只能通过其子公司开展业务活动。海湾各国对控股公司可以从事的活动的规定

① 赵吟:《公司法律形态研究》,西南政法大学2014年博士学位论文,第106页。
② 王保树:《公司法律形态结构改革的走向》,载《中国法学》2012年第1期。
③ 多数国家还允许设立国有一人股份公司。
④ 刘俊海:《一人公司制度难点问题研究》,载《中国社会科学院研究生院学报》2005年第6期。
⑤ 2015年《卡塔尔商业公司法》把一人公司并入有限责任公司。

几乎完全一致，主要包括：(1)持有股份公司和有限责任公司的份额或股份；(2)管理子公司；(3)向其子公司提供贷款、担保和融资；(4)拥有开展其业务所必需的不动产和动产；(5)拥有专利、商标、工业品外观设计、特许经营权等知识产权，把其出租给子公司或其他公司。

虽然世界各国都普遍承认该种公司组织形式。但海湾阿拉伯各国无一例外地把控股公司在《公司法》中专列一章予以规定，这无疑彰显了控股公司在其经济中的重要性。

得益于丰厚的油气出口收入，海湾阿拉伯各国的政府以及某些家族和个人手中往往掌握有巨额的财富。这些家族或个人往往利用控股公司，对全球各地的各个产业进行投资。控股公司有着其他公司组织形式不具备的一些优势：第一，出于避免对子公司收入重复征税的考虑，对控股公司免征资本利得税；第二，控股公司仅持有子公司51%的股份，就可以控制子公司的决策，这大大节约了集团化所需资金；第三，控股公司普遍采用多元化经营策略，对不同国家的多个领域进行投资，兼顾一体化和多元化，并根据国家战略需要进行产业布局。

《阿联酋商业公司法》《科威特公司法》还分别对投资基金、专业公司这两种公司组织形式作了简要的规定。《阿联酋商业公司法》规定，投资基金应根据证券及商品管理局的规定设立，具有特殊的法人资格、法定形式和独立的财务披露。科威特《公司法》规定，专业公司由两个或两个以上同一行业的自由职业者设立，但须遵守其所处的行业规定和管制，公司的宗旨是通过集体合作开展该专业的工作。公司应采取封闭式股份公司或有限责任公司或合伙公司或简单两合公司的形式，合伙人不具有个体经营者的地位。律师、会计、工程、医疗、咨询等行业可以设立专业公司。

对于外国公司，海湾阿拉伯国家普遍规定，在不违反国家与某些外国公司缔结的特别协定以及有关自由区的特殊规定的情况下，外国公司只有在获得有关部门颁发的许可证后，才能在许可证规定的获准其从事的业务范围内，开展业务或设立分公司、代表处。一些国家还特别规定外国人不能作为无限责任的合伙人(股东)。此外，海湾各国均允许外国公司在其境内设立代表处，但代表处只能进行市场调研，不能从事任何生产经营活动。

(四)海湾阿拉伯各国公司法律形态的特点和改革趋势

总体来说，海湾各国公司法源于《法国商法典》，主要受大陆法系的影响，以责任形式为标准，按照公司的人合性和资合性，把公司法律形态分为无限责任的合伙公司、兼具有限责任和无限责任的两合公司、有限责任公司、股份公司以及不具有法人资格的隐名合伙几大类。同时，又吸收了英美法系对于公开公司和封闭公司的划分，把股份公司分为公开股份公司和封闭股份公司，分别作出规定。还把在本国和地区经济中占有重要地位的控股公司等公司的特殊组织形式单独列出，予以规定。

而上述公司法律形态并不是一成不变的，而是历经了不断的增删和调整，以顺应和引导经济的发展。比如，过去在实践中常常会有单个投资者想要设立公司，利用公司的有限责任制度限制投资风险，但却要为规避禁止设立一人公司之规定而寻找名义股东，此即实质意义上的一人公司。在经济实践的推动下，包括海湾阿拉伯国家在内的世界各国在立法上已经普遍认可了一人公司这一法律形态。又如，《沙特公司法》删除了合作公司、股份两合公司和可变资本公司这些源于《法国商法典》，但在实践中已很少采取的公司法律形态。

从海湾国家公司法律形态的发展变化中我们可以看出如下趋势：

第一，整合公司制度资源。例如，沙特、阿联酋、阿曼废止了与简单两合公司区别不大的股份两合公司,仅以简单两合公司来代表由无限责任合伙人与有限责任合伙人共同组成的人合兼资合公司。又如,2015 年《卡塔尔商业公司法》中,把 2002 年新增的一人公司并入有限责任公司。

第二,降低设立公司的门槛。一方面,各国新公司法降低了对股东数量的要求。例如,各国均允许成立一人有限公司,沙特等国还把对于股份公司股东数量的要求也从之前的五名降至现在的两名。另一方面,各国新公司法对于设立资本的要求有所放宽。例如,卡塔尔等国删除了对有限责任公司的最低资本要求,而沙特将成立股份公司的最低资本由 200 万沙特里亚尔减少至 50 万沙特里亚尔。但需要注意的是,在实际操作中,监管外国投资的主管部门可能会对外商投资规定高于公司法最低资本的注资要求或其他资本要求,具体要求视该公司从事的经营活动的性质而定。2022 年颁布的新《沙特公司法》增设简易股份公司,降低了股份公司的设立门槛,是一种适合于初创企业的公司法律形态。

第三,紧跟国际公司法立法潮流。如何在股份公司和有限责任公司的二元分类中,区分发起设立的封闭股份公司和募集设立的公开股份公司,是很多大陆法系国家立法者所关注的问题。海湾阿拉伯各国均在立法上对公开股份公司和封闭股份公司作出了区分,简化了小型有限责任公司设立条件和程序,强化了大型公司信息披露和对董事会工作监督的规定。同时,还明确了资本市场管理局对上市公司的监管权限,以加强监管机构之间的协调。

第四,体现本地区的特色。鉴于控股公司在本地区国家的国民经济中的重要地位,海湾阿拉伯各国在新公司法中均专列一章,对控股公司作出特别规定。各国对于外国公司的规定,也在地区国家着力吸引外国投资以推动经济多元化的战略背景下,结合外资法对投资准入的逐步放开,不断作出调整。

本书编者
2022 年 10 月

目　录

埃及公司法

邓苏宁 译 徐琨捷 审校*

《埃及公司法》译介

埃及现行的公司法体系由1981年159号《股份有限公司、合股公司和有限责任公司法》及其实施条例构成。公司法经由2005年94号法律和2018年4号法律修订,实施条例经由2004年1212号部长决定、2005年282号部长决定、2018年16号部长决定修订,形成了现今使用的版本。

与之前的修订仅涉及个别条款不同,2018年埃及政府对公司法及其实施条例进行了大幅、全面的修订。2018年修正案主要涉及以下内容:

1. 修正案中最重要一项修订是增加了一种新的公司形式——一人公司。原公司法规定了三种公司形式——股份公司、股份两合公司、有限责任公司。其中,股份公司是资本被划分为等额股份的公司,公司股份可依法转让,股东责任以其所持股份的价值为限;合股公司的资本由一个或多个合伙人认缴的财产份额,以及由一个或多个股东认购的价值相等的可转让股份构成,合伙人对公司负无限责任,股东的责任以其所持股份价值为限。有限责任公司的合伙人不超过50个,各合伙人责任以其份额为限,不得以公开认购的方式设立公司、增加资本、进行借贷,不得发行可转让的股票、债券,合伙人的出资不能随意转让。新增的一人公司为有限责任。修正案在原法第129条之后增设"一人公司"一节,共10条,规定了一人公司设立、运营、管理、合并、分立、解散等事项。

2. 修正案首次对电子化程序进行了规定。修正案承诺投资管理总局将建立统一的电子系统,以电子方式为公司提供所有设立和设立后服务,这是与2017年颁布的新《投资法》规定相一致的。同时,修正案还规定可通过电子系统发布普通或特别股东大会条款,有投票权的股东可以远程投票。

3. 修正案加强了对中小股东权利的保护。修正案首次规定了在选举董事会成员时可进行累积投票。修正案还规定占上市公司或从事非银行金融活动公司5%股份的股东,有权申请金融监管总局终止股东大会损害其利益的决议或给特定群体带来特殊利益的决议。此外,修正案还加强了对于小股东知情权的保护,规定占公司10%股份的股东有权获得公司与关联方达成合同或交易的有关信息和文件副本,如果公司拒绝提供,他们可以向总局申请强制获

---

* 译者:邓苏宁,博士,对外经贸大学讲师;审校:徐琨捷,华东政法大学博士研究生。

取这些信息和文件。

4. 修正案增加了对公司分立的规定。原公司法中只有对公司合并的规定，并无对公司分立的规定。修正案在原法第135条之后增加5条，对公司分立的相关事项作出了规定。

5. 修正案加强了对公司信息披露的要求和监管。修正案规定，公司有义务向主管行政机关提交年度财务报表，并提供关于其活动和投资的年度数据表，以确保严格监管，促进信息披露与透明度。修正案还规定设立申诉委员会和调解委员会，申诉委员会负责处理主管行政机关决定的申诉，调解委员会就经济违法行为及其罚款数额进行调解。

6. 修正案还涉及股东内部协议、员工和管理人员股权激励、特权股、实物资产的评估等事项。

埃及政府自2016年起推进实施一系列力度较大的经济改革措施，以求解决埃及经济结构性弊病，摆脱经济困境。在经济立法层面，埃及推出了一系列旨在促进经济增长和国内外投资的法律法规。埃及公司法2018年修正案是一揽子经济立法的重要组成部分，它与2017年颁布的新投资法和2018年年初颁布的资本市场法修正案等相关法律法规形成了呼应。

此次公司法修正案借鉴了国际先进立法经验，埃及政府希望通过此次修订营造有利的投资环境，增加私营部门的参与度，提高埃及在营商环境和国际竞争力上的排名。

增设一人公司是修正案最大的亮点。埃及长期存在大规模的非正规经济，有数据显示，埃及62%的房地产没有登记注册，60%的经济活动是游离于国家管理之外的，这反映出埃及法律系统存在制度性缺陷，迫使人们在法律制度以外进行经济活动。而新增设的一人公司，让企业主可以利用法律对一人公司有限责任的规定，降低经营风险，这将鼓励许多属于非正规经济部门的小型个人企业转向正规经济，进入国家的管理范围之内，有利于修正埃及经济的结构性缺陷。同时，修正案也制定了监管措施，以防止滥用有限责任制度。

修正案还就加强公司治理和信息披露、保护中小股东的权利、避免利益冲突等方面作出了修订。

埃及公司法等一系列经济立法的颁布和修订，及其他一些大力的经济改革措施，使得埃及成为阿拉伯地区实施了最多经济改革举措的国家，这些经济改革已显现初步成效。2018年埃及在世界银行发布的《营商环境报告》中相比上一年跃升八位，在世界190个经济体中排名第120位。报告指出，埃及营商环境有明显改善，尤其体现在开办企业、融资渠道、保护中小投资者权益、纳税和办理破产等五个主要领域。

需要首先说明的是，本法阿拉伯语版本对“合伙人”和“股东”作出了区分，“合伙人”用于股份两合公司、有限责任公司；“股东”仅用于股份公司。

1981年159号关于公布
《股份公司、股份两合公司和有限责任公司法》的法律①
2018年4号法律最新修订②

① 中国驻埃及大使馆经商处官网发布旧版公司法部分译文，http://eg.mofcom.gov.cn/article/ddfg/200504/20050400040154.shtml。

② 公布于埃及司法部网：https://emj-eg.com/。

以人民的名义，

共和国总统，

人民议会通过了如下法律内容，我们予以公布：

第一条

实施《股份公司、股份两合公司和有限责任公司法》。

废止1954年26号法律中有关股份公司、股份两合公司和有限责任公司的条款。同时废止1960年244号法律中有关股份公司合并的条款、1961年137号法律中有关组建股份公司董事会的条款，以及所有与本法规定不一致的条款。

第二条

特别法中有关于公共部门公司、阿拉伯和外国资金的投资、自由区以及某些特殊情况的规定的，从其规定。

本法规定适用于特别法未规定的公司。

第三条

1958年113号法律关于年薪超过五千埃镑员工聘用的条款不再适用。1973年73号法律中，有关选举本法所管辖公司董事会中工人代表的条件、程序的规定不再适用。1964年9号法律有关公共机构和其他机构员工利润分配比例的规定，不适用于外国公司在埃及的分支机构和代表处。

内阁有权制定规则，限制本法所管辖公司的最高工资限额。

第四条

本法公布后六个月内，主管部长在征求资本市场管理局意见之后，发布本法实施条例、各种协议章程样本等相关规定。

第五条

本法律在政报公布。自公布起六个月内生效。

本法加盖国印，作为法律执行。

股份公司、股份两合公司和有限责任公司法

第一章　总　　则

第一节　本法管辖的公司

第一条

本法适用于主要营业地位于阿拉伯埃及共和国，或是在阿拉伯埃及共和国开展其主要营业活动的股份公司、股份两合公司、有限责任公司和一人公司。

所有在阿拉伯埃及共和国设立的公司都必须把埃及作为其主要营业地。

公司的组织章程大纲中应规定其主要营业场所的住所，公司管理活动在其主要营业场所进行。每次变更主要营业场所的住所，公司都需要对外公布，否则可以采取一些措施，其中包括发布公告，公开宣布该公司在商业登记簿中所载的主要营业场所住所。

第一条　新增

在不违反 1992 年 95 号资本市场法、2002 年 83 号特别经济区法、2017 年 72 号投资法的前提下，总局负责本法所辖公司的设立及设立后服务。

总局应根据 2017 年 72 号投资法第五十条的规定，将其服务自动化、统一化。电子设立流程一经启用，即取代其他任何法律规定的其他设立流程。

本法实施条例规定本法所辖公司、企业的设立规则及电子服务。

第二条

股份公司是指公司资本等分成若干股份的公司，公司股份可依法转让。股东责任以其所持股份的价值为限。公司可以根据其成立目的命名，公司名称可以包含一个或以上设立者的名称或别号。

第三条

股份两合公司的资本由一个或以上合伙人认缴的财产份额，以及由一个或多个股东认购的价值相等的可转让股份构成。

合伙人对公司负无限责任，股东的责任以其所持股份价值为限。

公司可以根据一个或以上合伙人的姓名命名。

第四条

有限责任公司股东不超过五十名，各股东责任以其份额为限。

不得以公开认购的方式设立公司、增加资本、进行借贷。不得发行可转让的股票、债券。股东股权的转让应当符合公司协议有关股东撤资的专门规定，以及本法相关规定。

公司名称可以取自其成立目的，也可以包括一个或以上股东的姓名。

第四条　新增

一人公司是指一个人拥有全部资本的公司，无论该人是自然人或法人，但不得违反公司的设立目的。公司设立者的责任以其出资为限。

公司可以根据其成立目的命名，也可以根据设立人的名字命名。公司名称应当标明“一人有限责任公司”字样。所有公司文件应当标明其总部和分部（如有）。

第五条

本法规定的主管部长是指负责投资事务的部长，主管行政机关是指投资与自由区管理总局。本法中，亦简称为“总局”。

第六条

公司的所有合同、发票、名称、住所、广告，以及所有宣传单和其他印制品必须标明公司住所，公司住所之前或之后应当以清晰的字体标明公司名称，并标明公司主要营业地和最新财务报表确定的资产价值。如果不遵照上述规定，以公司名义从事任何行为，其本人均以个人资产对该行为产生的债务负责。如果标明的公司资本高于实际资本，相对人于其权利范围内，有权令以公司名义与之交易之人，补缴公司实际资本与标注资本间的差额。

第二节 设立公司

第七条

公司的设立人是指所有实际参与公司设立、意图对此承担责任的人。本法第八十九条对此进行了规定。

设立人包括所有在公司初始协议上签字者,或申请设立公司牌照者,或在设立时提供实物资产者。

设立人不包括为了公司设立人利益而参与公司设立的自由职业者和其他人。

第八条

除一人公司以外,股份公司的股东不得少于三个,本法管辖的其他公司股东不得少于两个。

如果公司股东不足法定人数,且在六个月内未达法定人数或未申请变更为一人公司的,则依法视为公司解散,公司股东以其所有资产对此期间产生的公司债务负责。

第九条

设立人签订的初始协议应当符合主管部长签发的决定中所规定的模式。

该协议不得豁免全部或部分设立人因公司设立而应当承担的责任。未在设立协议或章程中载明的,设立协议不得规定在公司成立后才生效的任何内容。

第九条 新增

在不违反本法第九条的前提下,股东或合伙人在公司成立之时或成立之后,可以签署协议,规范其内部关系。

公司大会特别会议未以表决权四分之三多数,或依照本法实施条例规定的情形以更多的比例通过该协议的,该协议不对其他的股东有效。

第十条

设立人应对他们所承诺的事项负连带责任。

设立人是受人委托的,只要公司章程没有注明委托人,或者委托明显无效的,受委托的设立人应当承担个人责任。

第十一条

设立人在公司设立过程中,应当履行小心谨慎的义务。设立人应当对因违反本规定而对公司或他人造成的损害负连带责任。

设立人收到任何与设立中的公司有关资金或信息的,应当向公司返还此类资金,及其因使用此类资金或信息而获得的任何利润。

第十二条

设立中的公司与其设立人达成的任何协议对公司无效,除非经董事会批准且董事会成员均与该设立人或该协议无任何关系,或者经合伙人大会或股东大会的决议通过,且利益相关设立人的票数不计在内。

设立人必须将该协议的有关资料提交有关部门批准。

第十三条

设立人在公司设立过程中以公司名义签订的合同和协议,确为公司设立所必要的,在公司成立后对公司有效。其他合同或协议对公司无约束力,除非有关部门批准。

第十四条

由于设立人的过失,公司在发布设立通知之日起六个月内未能成立的,股份认购人可要求法院指定专人收回已支付的认购金,发还给认购人。

自认购日期起已满一年,而尚未启动公司设立程序的,任何认购者可要求退还其认购的资本,并要求所有设立人共同承担赔偿责任。

第十五条

公司的初始协议、章程和设立协议应当为正式的,或其中签名得到认证的,应当包括实施条例中规定信息,实施条例还应规定公司协议所附的声明和证明书,以及与主管行政机关发布的认证条件。

第十六条

主管部长决议负责发布各类公司章程及章程的样本。所有样本都应当包括法律或法规要求的所有数据和信息,并说明在何种情形下,设立人可以从样本中删除某些条目,以及在何种情形下,设立人可以在样本中增设某些条目。

第十七条

设立者或其代表应就公司设立事项书面通知总局,书面通知应当附上以下材料:

1. 股份公司和股份两合公司需附初始协议、章程;有限公司和一人公司需附组织章程大纲。

2. 如果根据其他法律的规定,从事该公司业务需要有关部门许可,则需附上有关部门许可文件。

3. 指定银行出具的证明书,证明公司的所有股份或份额已经被全部认购,需要现金支付的最低股份或份额已经执行,并已转由公司支配,直至获得其法人资格。有限公司不需要提供此证明书。

4. 缴纳公司注册费的收据。公司注册费为股份公司、股份两合公司发行资本的0.1%,有限公司、一人公司支付资本的0.1%,最低一百埃镑,最高一千埃镑。

5. 存管公司或中央证券存管处出具的证明书,证明股份公司、股份两合公司已把其金融证券放至存管公司或中央证券存管处。

主管行政机关在上述条款规定的所有文件均附于其上时,应当向书面通知提交者出具证明。公司凭此证明即可完成商业登记,无须任何其他条件或程序,也无论非埃及人的参股比例如何。

自完成商业登记之日起十五日后,公司取得法人资格,主管行政机关也可在此期限届满前决定公司取得法人资格。在西奈半岛经营的公司和机构,未经投资和自由区管理总局主席批准,不得取得法人资格;未经总局主席批准,不得修改其公司章程或流通股本。

第十八条

主管行政机关可在收到公司设立通知之日起十日内驳回设立申请,驳回书通过挂号信函邮寄至设立通知所附文件内表明的公司住所,并将驳回书副本记录至商业登记簿,作为登记簿登记的公司信息之一。驳回书需要说明异议原因,并阐明消除导致驳回的事由应采取的措施。行政机构只能因下列原因之一对公司设立申请提出驳回:

(1)公司的初始协议、设立协议或章程违反样本的强制性要求,或违反法律。

(2)公司设立的目的违反法律或公共秩序。

(3)公司设立人中含有不适格的设立人。

第十九条

公司应当自收到驳回通知之日起十五日内消除造成驳回的事由,或向经济部长申诉,否则主管行政机关应当发布从商业登记簿删除公司登记的决定。

十五日内未提交申诉的,视为接受驳回,不得再对驳回提出反对。

驳回公司的申诉的,应当通过挂号信通知公司,令其消除导致驳回的事由。在接到通知之日起十日内没有消除导致驳回的事由的,主管行政机关应作出决定,从商业登记簿上删除公司的登记。

在所有情况下,公司的法人资格自签发删除公司登记决定之日丧失。有关各方可在其接到通知或知情之日起六十日内向行政法院提起诉讼,法庭应尽快就此作出判决。

设立人应当以其个人资产对由于删除公司商业注册登记而对第三方造成的影响或损害共同负责,承担损害赔偿责任不影响其应受的刑事处罚。

第十九条　新增

在不违反1992年95号《资本市场法》规定的前提下,总局不得驳回增加资本的申请,除非确证增资使用了欺骗手段,或者损害了第三人或股东的权利,或者违反了埃及会计标准,或者实质性地违反了本法对于增资原则和程序的规定。主管的商业登记处标注驳回意见。

公司在收到驳回通知的十五日内应消除导致驳回的事由,公司可以向本法第一百六十条(新增)规定的申诉委员会申诉,否则商业登记处应删除增资的签注。

自提交申诉之日起六十日后,在没有作出决定的情况下,视为接受申诉,驳回的效果应予终止。反驳申诉的,总局应当依照本法实施条例规定的程序,通知公司及商业登记处。公司应当在通知后十日内消除驳回事由,否则商业登记处应删除增资的签注。

第二十条

支付给设立中公司账户的资金应存入主管部长法令指定的银行。

公司在商业登记簿公开其章程和组织章程大纲之后,才能提取这些金额。

第二十一条

实施条例应当规定发布公司章程的程序,包括通过《埃及事务报》、特别公告,或其他方式发布。

在所有情况下,发布费用都应由公司承担。

认证本法所规定的各类公司协议中签名的费用,为公司资本的0.25%,最高不超过一千埃镑,无论认证机构是埃及国内机构还是埃及的驻外机构。自公司在商业登记簿公开其协议和章程之日起一年内,免征对公司成立协议、与公司业务相关的贷款和抵押合同的印花税和公证、发布税。

第二十一条　新增

1994年212号法律新增该条,1998年3号法律删除该条。

第二十二条

1998 年 3 号法律删除该条。

第二十三条

1998 年 3 号法律删除该条。

第二十四条

在实施条例规定的情形下修改公司章程的,应当遵守与公司设立有关的条件和程序。

第二十五条

股份公司或股份两合公司获得实物出资或增加实物股本时,设立人或董事会应当请总局核实这些股份是否经过适当评估,总局须指派专门的委员会负责评估工作,该委员会由司法机构的法官任主席,最多包含四名成员,成员须为经济、会计、法律、技术方面的专家。该委员会须遵守本法实施条例所规定的原则、程序和标准,同时还须遵守埃及不动产评估标准和企业财务评估标准。委员会应在评估材料移交之日起六十日内出具评估报告。

实物股本是国有资本或来自公共机构、国有公司的,必须有主管部委所选的代表参与评估,评估须按照内阁总理令的规定进行。

本条规定适用于每次增资时本条第一款规定的期限届满前已完成认购的实物股本。

第二十六条

公司设立大会应由所有设立人或其代表召集,召开时间为终止认购、参股,或提交实物股本估价报告两者中较近者的一个月内。所有股东均有权参加大会,无论其股份数量或价值如何。实施条例应当规定召集程序、日期、所需材料、发布方式和通知方。

设立大会应由占股份最多的设立者主持,大会应选举其秘书和计票人。

第二十七条

出席设立大会的所有股东,所占股本不得少于总股本的一半,没有达到法定出席人数的,应当在第一次会议后十五日内召集第二次会议,实施条例对召集第二次会议的程序和材料作出规定。

出席第二次会议的所有股东,所占股本不少于总股本的四分之一的,第二次会议应当有效。设立大会的决议应当经占出席者总股本一半以上股本的股东同意通过,但法律要求在某些事项上须经特别多数通过的除外。

第二十八条

设立大会有权审议下列事项:

(1)评估本法规定的实物股本。

(2)设立者关于设立公司过程及其所需费用的报告。

(3)批准公司章程。大会不能对章程进行修订,除非经设立者以及股东人数一半以上,且占股本三分之二以上的股东同意。

(4)批准第一届董事会成员以及审计师名单。

第二十九条

在公司章程中,所有现金股本应当在股东中分配并足额缴纳,才可以设立有限责任公司。如果股东是以实物出资,公司章程应说明其类型和为其他股东所认可的估价,以及股东的名称及其出资在所有资本中的比例。

实物股本出资者应对公司协议中所载的实物估价向第三方承担责任。实物价值被高估的,差额应以现金形式补缴给公司。其他股东对差额的补缴承担连带责任,但能证明自己对此不知情的股东除外。

第三十条

即使另有约定,在增资时若出现下列情况,公司设立人及管理人员都应对任何相关人负连带责任:

1. 部分资本的认购方式不合法。根据法律的规定,在认购无效之时,公司设立人及管理人员应当被视为自行认购该部分资本,并立即履行自行认购义务。

2. 与公司章程或增资专门协议不符的任何实物增资估值。根据法律的规定,在增资估值不符之时,公司设立人及管理人员应被视为自行认购该部分增资,并立即履行自行认购义务。

第二章　对各类公司的规定

第一节　股 份 公 司

第一小节　财 务 框 架

第三十一条

公司的股本应分为同等价值的名义股份,公司章程应规定股份的面值,该面值应不小于一埃镑且不超过一千埃镑,也可以与其等值的自由货币计价。任何其他法律中与此相反的规定均废止。股份不可分割,也不能折价或溢价发行,除非在实施条例规定的情形和条件下。在所有情况下,溢价额都应加到公积金中。发行费用在任何情况下都不得超过资本市场管理局规定的限额。

实施条例规定股权证书所含信息、如何补办遗失的证书、如何更换破损的证书,以及在修改章程时对这些证书采取的措施。

第三十二条

公司应当有发行资本。公司章程可以规定不超过发行资本金额十倍的核定资本。实施条例不得规定从事特定类型活动公司发行资本的最低限额,以及在设立公司时支付的最低限额。

已发行的资本应全额认购,每个认购者应在自公司成立之日起履行不少于股份名义价值的百分之十,在公司成立三个月内履行不少于股份名义价值的百分之二十五,并在公司成立五年内履行完剩余价值。实施条例将对股份价值足额缴纳前,股份的流通作出规定。

第三十三条

股东大会特别会议可以表决权多数决定增加发行资本。董事会可以决定在核定资本(如有)的限度内增加发行资本。在埃及证券交易所上市的公司不适用于此项规定。

第三十四条

除非放弃政府给予的承诺或无形权利,否则不得设立发起人股和利润股。公司章程应包含与这些股份及相关权利相对应的说明。公司股东大会有权取消这些份股份,并支付第二十五条规定的委员会确定的公平补偿。这些股份设立后,只能在公司的存续年限超过期限的三分之一或十年财务年度之内取消,除非公司章程另有规定。在扣除法定公积金和至少百分之五的资本利润之后,这些股份不得超过净利润的百分之十。公司解散和清算时,拥有这些股份的股东不得在清算盈余中占有任何份额。本款的规定不适用于本法生效时已经存在的公司。

第三十五条

不得发行享受股①,除非公司经营依赖开采自然资源,或者在许可时间内利用公共设施,或者利用一些因使用而消耗的物品或在一段时间后会灭失的物品,公司章程才能规定在公司存续期满前因其股份消耗而发行享受股。

章程可以规定某些类型的股票在投票、利润分配、获取清算余额方面具有特权,但同类股票所赋予的特权或限制须相同。同一种类型的股票不可同时具有投票和获取清算余额两方面的特权。除经股东大会特别会议批准,且经修订所涉及的股份类型的三分之二以上持有人同意外,与某类股票相关的权利、特权或限制不得修订。

在所有情况下,只有在股东大会特别会议上经持股四分之三以上的股东同意,批准增资方案或对于公司章程中涉及本条第二款内容的修订后,才能发行优先股或以优先股增资。

第三十六条

1998 年 3 号法律删除该条。

第三十七条

公司股票公开发行的,应当通过经济部长法令授权接受认购的银行,或者通过为此目的设立的公司,或者通过经授权证券交易的公司,并在资本市场管理局批准后方可发行。

认购未在规定期限全部完成的,负责认购事宜的银行或公司经授权,可以认购未经认购的全部或部分股票,并且可以向公众发行这些被它们所认购的股票,而不受本法规定的股票发行程序的限制。

实施条例规定适用本条规定的程序和条件。

第三十八条

认购超过所提供的股份数量的,可认购的股份应当按照公司章程规定的方式在认购人之间分配。但是,为了保护小认购人利益,不管其认购的股票数量有多少,都不会导致其失去认购资格。

第三十九条

公司的财政年度由公司章程确定,财务报表应根据经济部长法令颁布的会计准则编制。公司章程可以规定编制不少于三个月的定期财务报表。公司目的是参与设立其他公司的,或者以任何方式参与建立了其他公司的,应当为这些公司合并编制财务报表。

第四十条

净利润是指公司所从事的运营所产生的利润,在扣除实现所需的所有费用,并扣除按照会计规则在进行分配之前扣除所有损耗,所剩余的部分。

---

① 享受股,阿拉伯语为أسهم تمتع,英语为 jouissance shares,jouissance 一词源于法语,意为享受,Jouissance shares 是与普通股票不同的证券,它不向持有人提供任何股东权利,但带有一些财务权利。

董事会应当提存至少百分之二十的前款规定的净利润，作为法定公积金。如果法定公积金达到了资本的一半，股东大会可以停止提存该法定公积金。法定公积金可以用于弥补公司亏损和增加资本。

公司章程可以规定，预留一定比例的净利润，作为常规公积金。如果常规公积金不是为公司章程规定的特定目的而预留，股东大会可以根据董事会的提议，决定将其用于公司或股东的利益。

股东大会还可以根据董事会的提议，设立其他公积金。

经股东大会批准，公司因出售固定资产或补偿而实现的净利润的一定比例可以分配，前提是这不会导致公司无法将其资产恢复到以前的状态或无法购买新的固定资产。

本公司章程可以规定，股东大会有权分配本公司编制的定期财务报表所披露的全部或部分利润，但应当附上审计师报告。

第四十一条

股东大会应根据董事会的建议，决定公司员工的利润分配，分配的利润不低于公司利润的百分之十，不超过公司的工资总额。实施条例应规定超过上述百分之十比例的利润如何分配给员工或用于对他们有利的服务。

本法生效时现有公司的利润分配制度优于前款规定的，前款规定不影响该利润分配制度。

第四十二条

股东大会在将资金用于上述用途后，应当决定剩余净利润的使用，以及董事会成员在净利润中可分到的报酬。非经股东大会批准，以上条款规定的公积金和专用金不得用于其他用途。

第四十三条

如果因分配利润最终导致公司无法按时向其债权人履行现金债务，则不允许分配利润。

公司债权人可以要求主管法院撤销违反前款规定的决定。同意分配的董事会成员应在撤销的已分配利润范围内对债权人承担连带责任。

对于知道分配违反本条规定接受利润分配的股东，可以要求其在获得的利润限度内返还。

第四十四条

股东和员工均有权在股东大会的利润分配决定范围内分享公司利润，董事会必须在股东大会作出决定之日起一个月内向股东和员工分配利润。公司在之后发生亏损的，不得收回依照本法已经分配给股东和员工的利润。

第四十五条

不违反 2017 年 72 号《投资法》第五十三条前提下，在发布自公司设立之日起完整的两年的财务报表之前，发起人股和以实物换取的股份不得进行交易。实施条例将规定其原则和必要条件。

作为上一款所提到的发起人股的例外，依照本法、资本市场法及其实施条例所规定的原则和程序，股份公司的股份在某些情况下可以流通。

第四十六条

在不违反上一条规定的情况下，认股书和股份的交易价格不得超过其发行价值，但在必要时，在不违反经济部长法令所规定的条件和程序的情况下，可以加上发行费用。上述发行费用对于认股书来说，须在公司注册在商业登记簿之前发生；对于股份来说，须在公司注册后到公布整个财政年度的财务报表之前发生。

第四十七条

以公开认购方式发行的股份公司的股份和债券，应当自认购结束之日起一年内提交至埃及所有证券交易所，并按照交易所的规定纳入其价格表。被授权的董事会成员负责执行本条规定，并负责因违反本规定造成的赔偿事宜。

第四十八条

无论以任何方式，公司都不允许获取其已发行股份的百分之十以上。

公司获取了前款规定范围内的股份的，应当在三个工作日内通知总局，并应当自获取之日起一年内向其他人转让该股份，否则，应当按照本法实施条例规定的程序减少其资本，减少额为该股份的名义价值。

公司怠于依照本条第二款减少资本的，依照本法实施条例规定的程序，总局可在向该公司发出警告三十日后，自行采取措施，减少公司的资本。

公司不能向其附属的公司或其关联公司转让这些股份。

在所有情况下，这些股份都没有投票权，在利润分配时也没有收益权。在计算大会投票所需的出席率和法定比例时，这些股份应从公司的总股数中扣除，直至这些股份被出让为止。

本法实施条例对这些股份的转让、出让公司与其附属公司和关联公司的关系作出具体规定。

公司可以购买其部分股份，作为分配给员工的利润的一部分。

第四十八条　新增

在不损害利润分配法律制度的前提下，公司章程可以根据本法实施条例规定的方法、规则和程序来制定一项或多项制度，用其直接或间接拥有的部分股份，激励公司员工和管理人员。资本市场管理总局制定与此相关的合同样本，并对相关合同进行审查。

第四十九条

公司可以根据股东大会的决定，且在股东全额缴纳出资后，发行可转让的名义债券，条件是其价值不超过公司经审计师核定的净资产，净资产根据经股东大会批准的最近一次财务报表确定。

公司发行的部分债券是公开认购的，应当在资本市场管理总局批准后，通过主管部长决定授权的、可以接受认购的银行，或为此目的设立或被授权从事证券交易的公司进行。

向公众宣传公开认购的通知应该包含实施条例中规定的数据和程序，并符合其规定的宣传方式。

在违反前款规定的情况下，任何利害关系人均有权请求主管法院撤销认购，并要求公司立即退还认购的金额，并赔偿因公司违反实施条例对其造成的损害。

实施条例规定债券证书所载事项，包括其应当包含的数据信息、如何更换遗失或损坏的证书，以及修改公司章程后如何处理这些证书。

第五十条

作为上一条规定的例外，公司可以在下列情况下，在股东全额缴纳已发行股本之前发行债券：

(1)如果债券以全额担保，以保障其对公司财产的优先权。

(2)国家担保债券。

(3)债券完全由在证券领域工作的银行或公司认购，无论它们是否转售。

(4)房地产公司和房地产信贷公司以及主管部长决定授权的公司可以根据主管部长基于资本市场管理局提议的决定，在授权范围内发行价值超过净资产的债券。

第五十一条

债券的发行条款可以包括公司在认购通知中规定的期限届满后，债券转换成股份的条件。转股应当经债券持有人同意。实施本条规定应当遵守增资的原则规定。

第五十二条

应当建立债券持有人协会，协会中包括公司同一期债券的所有持有者，其目的是保护其成员的共同利益。

该协会由其一名成员担任法定代表人，法定代表人不得与公司有任何直接或间接关联，也不得与其他债券持有人存在任何利益冲突。实施条例规定法定代表人选择和解雇的条件和情形。

应当向有关行政机构通报协会的建立及其代表人的姓名，并将协会决定的副本提交上述机关。无论是在公司面前、第三人面前，还是在法官面前，协会代表人都应当在协会有效会议的决定范围内，保护其共同利益。

实施条例应规定协会召集会议的条件和程序，以及有权参加人、如何召集、会议地点、投票事宜，并规定协会与公司和行政机关的关系。

协会代表有权参加公司股东大会，并有权发表意见，但无权投票。协会代表还有权向公司董事会或股东大会提交协会的决定和建议。

第二小节　公司的管理

一、管理权限

第五十三条

股东大会、董事会及这两个机构指定的员工或代理人均有权在本法规定和公司合同及其内部规定的范围内代表公司实施法律行为。

第五十四条

董事会拥有与公司管理有关的所有权力，并应当为实现其目的而进行一切必要的工作，但依照法律的特殊规定或公司章程规定归股东大会管辖的工作除外。

由于一些董事缺乏资格、或故意不出席、或未达到支持决议的多数，而导致董事会无法就某些管理工作作出决议的，股东大会可以主持这些管理工作。

股东大会可强行接管董事会的任何工作，并可就董事会职权范围内的工作提出建议。

第五十五条

在正常管理过程中，股东大会、董事会或其下属委员会，或代表董事会的董事的任何工作和行为均对公司具有约束力。善意的第三方可以据此对抗公司,即使处置超出了行为人的权限,或者行为人没有遵守规定的程序。

在任何情况下,公司都不得以公司章程不允许进行此类工作或活动为由,来免除对其从事的工作或活动应承担的责任。

第五十六条

除非经股东大会或董事会或其授权的董事(视情况而定)明确或默示授权,否则公司不对其任何员工或代理人的任何行为负责。

尽管如此,如果上述任何一个机构暗示公司的某个员工或代理人能够代表其行使权力,并且善意的第三人出于对此的信赖与公司交易,那么善意的第三人可以就该员工或代理人的该行为对抗公司。

第五十七条

公司不得以公司的章程或规定在行为中未被遵守为由,对抗善意的第三人。

公司也不得因其董事会或其中某些董事或公司经理或其他员工或代理人未按照法律或公司章程要求的方式获得任命,主张他们的行为无效,只要从公司经营活动的性质和他们在公司中的地位判断,他们的行为在正常范围内。

第五十八条

已知或根据其与公司的关系应当能够获知,其用以对抗公司的行为有缺陷的人,不能被视为上述条款中提到的善意的第三人。

即使公司的文件或协议通过本法律规定的方法发布或公开,亦不得仅因此视为第三人知道这些文件或协议的内容。

二、股 东 大 会

第五十九条

每位股东均有权亲自或通过代理人出席股东大会。代理有效性必须以书面委托或授权的形式确定。

非董事会成员的股东不得委托董事会成员出席股东大会。

本法实施条例规定委托股东或非股东作为代理人的具体规则。

第六十条

董事会在股东大会中的代表人数不得少于会议有效召开所需的数量,但董事会成员人数少于此数的情况除外。在所有情况下,如果没有可接受的事由,董事会成员不得缺席会议。

如果有不少于三名董事会成员出席,其中包括董事会主席或副主席,或一名受委托从事管理的董事会成员,会议不得取消,会议不符合法律和实施条例规定的其他条件除外。

如果出席股东大会的人数达到了法定标准,但参会的董事会成员没有达到法定人数的,股东大会可以对无正当事由而缺席会议的董事会成员处以罚款。如果同一董事再次缺席,股东大会可以将其解职并选举他人。实施条例对股东出席股东大会的程序作出规定。

第六十一条

股东大会应由董事会主席在公司章程规定的时间和地点召集。股东大会至少每年举行一次,会议时间须在公司财政年度结束后的六个月内。董事会可在必要时决定召集股东大会。

如果审计师或代表公司资本至少百分之五的股东申请召开股东大会，并说明其申请理由，且申请的股东已将其股份存入公司总部或一家经授权的银行，董事会应当召集股东大会一般会议。这些股份只能在会议结束后取回。实施条例规定召集股东大会的程序、股东大会应当包括的内容，以及会议通知发布方式、会议时间、会议通知方。

第六十二条

审计师或主管行政机关可以在董事会怠于召集的情况下召集股东大会，前提是距有必要召集股东大会事件的发生之日起已满一个月，或距应当召集股东大会之日起已满一个月。

如果董事会成员人数达不到使会议有效召开的最低数量，或者为达到该数量而补充进来的董事会成员拒不出席，主管行政机关也可以召集股东大会。在所有情况下，召集费用由公司承担。

第六十三条

根据本法和公司章程的规定，股东大会一般会议具有以下权限：

1. 选举和罢免董事会成员。

2. 监督董事会的工作，审议解除董事会职责。

3. 批准财务报表并计算利润和损失。

4. 批准董事会关于公司活动的报告。

5. 批准利润分配方案。

6. 董事会或主管行政机关或拥有百分之五资本的股东认为应该提交股东大会的所有事宜。

股东大会权限还包含法律所规定的所有内容。

第六十四条

在每个财政年度结束三个月内应召开股东大会，董事会应为其编制公司财务报表，并撰写公司在财务年度内的活动报告和财务年度年底财务状况报告。

第六十五条

董事会应在股东大会会议前公布财务报表及其报告的完整摘要，以及审计报告的全文。实施条例应规定公布方式及时间。

如果公司的章程允许，上款中提到的凭证副本可以通过挂号信或实施条例规定的任何其他方式和发送时间，送交每个股东。

第六十六条

实施条例应规定股东在股东大会一般会议之前应当知晓的董事会主席和董事会成员的薪酬及其他福利待遇信息，及其与公司有利益冲突的活动，以及与捐赠或宣传费用有关的其他信息。实施条例应规定与此相关的各类情形和时间节点。

第六十七条

除非代表四分之一以上资本的股东出席，否则股东大会一般会议无效，公司章程也可规定更高的出席比例，但最高不得超过资本的一半。第一次会议出席比例未达到最低要求的，应当在第一次会议后三十日内召集第二次会议。在不违反公司章程的前提下，第一次会议的邀请函可以规定在未达到法定出席比例的情况下，召开第二次会议的时间。

无论出席股东所占资本比例如何，第二次会议均被视为有效。

实施条例应规定会议召集程序、途径以及邀请函包含的信息。股东大会的决定将以表决权多数票作出。实施条例还规定会议召开流程、秘书处和计票人的选举方式，以及计票方法。

第六十八条

股东大会特别会议可以修改公司章程，但应当遵循以下要求：

1. 不得增加股东的义务。大会发布的任何决定，损害股东基本权利的，均无效。

2. 允许增加与公司原始目的相补充、相关联或相接近的目的。原始目的不得更改，除非更改理由得到了主管行政机关的批准。

3. 无论公司章程的规定如何，股东大会特别会议均有权讨论延长或缩短公司的存续期限，或在其存续期限届满前解散公司，或者更改公司强制解散或公司合并所应达到的亏损比例。

董事会在核定资本范围内增加发行资本的，可以就此作出必要修订，无须股东大会特别会议批准修订公司章程。

第六十九条

如果公司的损失达到最近一次财务报表中股东权益的一半，董事会应当要求股东大会特别会议讨论是解散公司还是让其延续。

第七十条

股东大会特别会议适用有关股东大会一般会议的规定，同时应当遵循以下要求：

1. 特别大会应由董事会召集举行。如果占总资本十分之一的股东申请董事会召集特别会议，董事会必须召集。申请召集的股东必须把其股份存入公司总部或经授权的银行，会议结束之前不得取出。如果董事会在提交申请后一个月内未召集大会的，申请人可申请主管行政机关召集会议。

2. 出席会议股东占资本比例未达到百分之五十的，股东大会特别会议无效。如果第一次会议未达到最低比例要求，应当在第一次会议后的三十日内举行第二次会议。如果出席第二次会议的股东所占资本比例达到四分之一，那么第二次会议有效。实施条例规定召集会议的程序和时间、宣传方式，以及有权出席的非股东。

3. 特别大会的决议应当经出席会议的股东所持表决权的三分之二以上通过。但如果决议涉及公司的增资、减资，或在存续时间届满前解散公司，或更改公司原始目的，或公司的合并、分立的，则需出席会议的股东所持表决权的四分之三以上通过。

第七十一条

大会不得审议议程以外的事项。但是，大会有权审议会议期间发生的严重事项。符合法律和公司章程规定所作出的股东大会决议，对所有股东具有约束力，无论其是否出席发布该决议的会议，也无论其是否同意该决议。董事会负责执行大会决议。

第七十二条

参加股东大会的任何股东均有权讨论议程上的项目，并有权向董事会提出质询，并要求董事会成员及审计师就有关的问题作出答复。股东也可以依照实施条例规定的时间，在股东大会召开之前提出任何问题。公司章程中任何剥夺股东行使此权利的规定均无效。

董事会应当在不损害公司利益或公共利益的范围内，回答股东的问题及质询，如果股东认为答复不充分，可以要求大会作出裁决，该裁决应当被执行。

第七十三条

投票应当以章程规定的方式在股东大会中进行。如果决议涉及董事会成员的选举、解职或问责，或者应董事会主席或出席会议十分之一以上表决权的股东要求，则投票应当以无记名投票方式进行。

公司章程可以规定董事会成员的选举实行累积投票制，每位股东与其拥有的股份数量相等的票数，股东可将其拥有的所有选票投给一名或多名候选人。

依照本法实施条例规定的条件和程序，股份已在中央存管登记系统中登记的公司，可以自主选择合适的电子系统发布股东大会一般会议或股东大会特别会议的决议内容，让有权参加大会且有投票权的股东对这些内容进行远程表决。

第七十四条

董事会成员无权就确定其工资、报酬以及免除其管理责任的大会决议进行表决。

第七十五条

会议记录对大会所有的讨论以及会议期间发生的所有情况做完整的摘要，并明确记录出席会议的法定人数、大会上作出的决议、同意票和反对票的数量，以及股东要求在会议记录中记录的所有内容。

出席会议的股东姓名应当记录在专门的登记册上，以便确认股东亲自或通过代理人出席。登记册应当在会议开始前由审计师或计票员签字。

股东大会的会议记录应当在每次会议后定期汇总在专门的簿册中，这些簿册和记录应当按照保存商业簿册的规定保存，其中不应当有空白，或页面边缘的记录，或涂改增删。

上述簿册和记录的页面必须按顺序编号，并应当在使用前加盖不动产登记与公证局的印章，并由主管公证人签字。

不动产登记与公证局应当按上述方式，在簿册使用前在每页中间盖章，并注明日期。

只有将已使用的簿册提交给主管公证员并由其验证封存之后，才允许注册新簿册。

上述与公证相关的规定适用于股东名册和大会出席记录以及原始会计账簿和辅助会计账簿。

公司必须保留所有凭证，以确认簿册中所载事宜。

会议记录的签字人应对上述簿册信息的准确性负责，并要求董事会成员遵守法律和公司章程的规定。大会会议记录的副本应在会议召开之日起一个月内提交主管行政机关。

第七十六条

在不损害善意第三人权利的前提下，大会违反法律或公司章程的规定通过的决议均无效。

同样，任何为了某一部分股东利益的决议，或损害某一部分股东利益的决议，或为了董事会成员私利而不顾公司利益的决议均无效。在这种情况下，只能由在会议记录中反对该决议的股东或以正当理由缺席会议的股东，提出该决议无效申请。有足够理由的，主管行政机关可以替代这些股东申请判定决议无效。

如果判定大会决议无效，则视为该决议对所有股东不存在。董事会应当在一家日报和公司的文件中公布该决定无效。

对决议无效的申请需在决定发布后一年内作出。除非法院下令，否则申请决议无效并不能停止决议的执行。

第七十六条 新增

在不违反1992年95号资本市场法第十条规定的前提下，依照本法第七十六条的规定，对于在埃及证券交易所上市或者公开发行其证券的公司，或者从事非银行金融活动的公司，应占公司股份不少于百分之五股东的申请，在确证申请有充分理由的情况下，总局可以中止执行公司大会损害这些股东的决议，或中止执行公司大会为某一类股东的利益作出的决议，或中止执行公司大会为董事会成员或其他人带来特殊利益的决议。

大会决议作出决定之日起三十日后，中止执行的申请不予受理。相关人员应在发布中止执行决定的三十日内向法院起诉，请求法院判决大会决议无效，并向总局提供起诉书的副本，否则中止执行的决定不生效。

三、董　事　会

第七十七条

公司由董事会管理。董事会由按照公司章程规定的方式、股东大会选出的至少三名成员组成，任期三年。但是，第一届董事会由公司设立者任命，任期最长为五年。

股东大会可随时罢免董事会或其中一名成员，即使此罢免不在会议议程中。

董事会会议应当有不少于三名董事会成员参加，否则会议无效。公司章程可以规定比上述人数更多的最低参会人数。

与前款规定不矛盾，董事会成员可以代表其他成员出席会议，前提是有书面的委托并获董事会批准。董事会会成员最多只能代表一名其他成员出席会议。

第七十七条 新增

公司章程可规定在董事会成员所代表最低资本比例。本法实施条例规定这种代表的规则、限制及其程序。

第七十八条

按照实施条例的规定，公司章程可以规定在董事会成员缺席或出现其他阻碍的情况下，委任董事会候补成员代替其原本成员的有关事宜。

第七十九条

董事会可以根据公司业务性质在所有成员之间分配工作。董事会可以：

1. 委托其成员或由其成员组成的委员会从事特定的工作，或监督公司的某项活动，或运用董事会某些权力或权限。

2. 将一个或多个成员委派至实际管理部门。董事会应当指定一名常务董事，全职负责管理。

第八十条

董事会应董事长召集召开会议。在董事长职位空缺时，董事会在多数成员的召集下开会。

占三分之一的董事可以向董事会主席提交书面申请，要求召开董事会会议，董事会主席在申请提交之日起十日内怠于召集会议的，提交申请的董事可以按照实施条例的规定，自行召集会议，并告知总局。在所有情况下，必须有多数董事出席会议，否则会议无效。

除实施条例和公司章程规定必须在公司总部召开的董事会会议之外，可以在外地开会，也可以利用电子签字新技术开会。本法实施条例对此作出规定。

第八十一条

董事会会议记录必须在每次会议后定期记录于专门的簿册,并由董事长和秘书签字。关于股东大会簿册的规定适用于该簿册。

第八十二条

董事会可以任命一名非董事会成员为公司总经理,负责领导公司的行政部门。总经理可以受邀出席董事会会议,但没有投票权。

总经理在履行实际管理职能时,应在常务董事或董事会主席的监督下行事,并对其负责。

第八十三条

2005 年 94 号法律删除该条。

第八十四条

根据本法规定成立的股份公司的员工,在这些公司的管理中发挥作用。实施条例规定员工参与管理的模式和条件。公司章程必须包括实施条例中规定的一种参与管理的模式。

第八十五条

董事会应当选取一名董事作为主席,并可任命一名副主席,在主席缺席时代替主席。董事会可以将常务董事的职能赋予董事会主席。

根据公司章程规定,董事会主席或执行主席对司法机构代表公司。公司章程及其他内部规定应确定董事会主席、执行主席、董事和员工的权限。

第八十六条

董事会成员职位空缺的,应当由董事会上次选举中的落选者中票数最多者填补空缺,新成员应当继续完成前任成员的任期。在其他情况下,董事会可以任命一人填补此空缺,任期直到下次股东大会召开为止。

替换代表法人的董事会成员时,应当根据被代表的法人提名,这一提名应当在该职位空缺之日起一个月内进行。

如果董事会三分之一以上的职位空缺,董事会现有成员应当立即召集股东大会,选举填补空缺的人员,股东大会应当在三十日内召开。本法实施条例规定与此相关的具体要求及程序。

第八十七条

公司应当每年编制一份详细并经董事会主席和常务董事核准的名单,列出董事会主席和成员姓名、基本信息、国籍。

公司应当在每年 1 月 1 日前将名单原件发送给主管行政部门,并保留该名单的副本。本条第一款所述名单发生任何变更的,公司应当尽快通知主管行政部门。

第八十八条

公司章程应当规定如何确定董事会成员的薪酬。不允许将扣除法定公积金和常规公积金之后百分之十以上的净利润的作为董事会薪酬。分配给股东和员工的利润不得少于资本额百分之五,公司章程也可规定更高的比例。

股东大会确定董事会成员的薪酬、津贴和其他福利,但常务董事的薪酬、津贴应当由董事会决定。

第八十九条

因盗窃、欺诈、滥用信托、伪造、破产欺诈受到惩罚的人,或受到本法第一百六十二条、第一百六十三条、第一百六十四条规定的处罚的人,不得成为任何股份公司的董事会成员。

第九十条

埃及股份公司的董事会成员必须以书面形式接受任命,否则任命无效。该接受声明应当包含其年龄和国籍,及其在此任命之前的三年内工作过的公司的名称,并说明工作的类型。

只有获得监管特定公共设施的部长批准,才能任命某人为涉及公共事业管理或开发的公司董事会成员。必须在股东大会或董事会任命决定发布的十五日内,通过挂号信将该决定呈交给相关部长,自收到通知之日起三十日内没有任何人反对任命的,即被视为默示批准任命。

第九十一条

2005 年 94 号法律删除该条。

第九十二条

1998 年 3 号法律删除该条。

第九十三条

2005 年 94 号法律删除该条。

第九十四条

在不与有关公共部门银行代表特别规定矛盾的情况下,在埃及经营的银行的董事会成员不得成为在埃及开展业务的另一家银行或信贷公司的董事会成员,也不得在上述银行或公司从事管理或咨询工作。

第九十五条

股份公司董事会成员不得以任何形式,长期地在另一家股份公司从事任何技术或行政工作,除非得到该董事会成员所在公司的股东大会的许可。

第九十六条

公司不得向其董事会成员提供任何形式的现金贷款,也不得担保其董事会成员与第三方的贷款。

信贷公司作为上款规定的例外,可以其业务范围内,以对公众客户相同条件从事内部业务,贷款给其董事会成员,或为其开立信用证,或担保其与他人的贷款。

应当在股东大会一般会议召开前至少五日,向股东提供审计师出具的声明,证明前款提到的贷款、信用证、担保不违反前款规定。

任何与本条规定不一致的合同将被视为无效,但不影响公司在必要时向侵权者索赔的权利。

第九十七条

公司的任何董事或经理,在提交董事会决定的业务上与公司有利益冲突时,应当将此事告知董事会,并将其告知记录在会议记录中。该董事或经理不允许参加关于此事项的决定的投票。

董事会必须在下一次股东大会对上述事项进行投票前,告知股东大会上述情节。

第九十八条

未经股东大会特别授权,股份公司的董事会成员或其经理不得在公司从事的任何分支业务中为自己的利益进行交易。否则,公司将有权向其索赔,或将其私人账户的业务视为对公司的业务。

董事会成员不得利用或泄露因其参与公司管理工作而获知的公司秘密,从而影响公司的财务地位和商业活动。

即使董事会成员因违反前两款而应付赔偿责任的,董事会在与总局协商并征得除违规成员外的所有董事会成员同意后,可以自确认违规之日起至下届股东大会期间暂停其成员资格,下届股东大会就是否继续其成员资格进行表决。

第九十九条

未经股东大会批准,公司设立人在公司成立后五年内、公司董事在任何时候,均不得成为提交董事会批准的有偿合同的一方,否则合同无效。

第一百条

公司的董事会和经理,不得与本公司董事会成员或经理担任董事会成员或管理人员的其他公司签订有偿合同,也不得与本公司股东拥有多数资本的公司签订有偿合同,上述合同在下款规定的情形下无效。

如果上述合同的欺诈金额超过在订立时合同实际价值的五分之一,视为合同无效。这并不影响公司和所有相关人向违反规定者索赔的权利。

在不违反本法第七十六条最后一款规定的情况下,能够证实对公司利益确有损害的有偿合同可以撤销,公司股东可以就这些合同对自身或公司的损害,起诉公司的管理者,并要求受益者退还其所得。

第一百零一条

股份公司不得向政党提供任何形式的资助,此类资助均被视为无效。

公司不得在任一财务年度将前五年平均净利润的百分之七以上用于除本公司员工福利或政府机关、国营部门以外的捐助。

一千埃镑以上的捐助,应当经股东大会批准,由董事会作出决定。

第一百零二条

股东大会不得以决议免除董事会成员因执行任务时的过失而应当负的民事责任。

如果引发董事承担民事责任的事项已经通过董事会或审计师的报告提交给了股东大会,则在大会批准董事会报告之日起一年后不得就此再提起民事诉讼。但是,如果董事的行为刑事违法,那么诉讼时效为公诉时效。

主管行政机关和任何股东均有权直接提起此类诉讼。公司章程如果有放弃诉讼的规定,或者在股东大会批准前或采取其他行动前暂停诉讼的规定,这些规定均无效。

第三小节　审　计　师

第一百零三条

股份公司应当拥有一名或多名符合《会计和审计职业法》规定条件的审计师,审计师由股东大会任命,并确定其薪酬;有多名审计师的,审计师之间应当承担连带责任。作为例外,公司设立人任命公司第一任审计师。

公司第一任审计师在召开第一次股东大会之前,履行其职责。由股东大会任命的审计师自任命之时起至下次股东大会召开之时止,履行其职责,审计师需要审计其接受任命的财政年度的账目。

在不确定最高限额的情况下,不得授权董事任命审计师或决定其薪酬。如果公司没有任何审计师,无论出于何种原因,董事会必须采取措施立即提名审计师,并向最近的一次股东大会提交其提名。

股东大会可根据其成员的提议变更审计师,在这种情况下,提议人应当在会议召开前至少十日通知公司其诉求及动机。公司应立即告知审计师提议文本及其动机。审计师可以就该提议作出书面说明,该书面说明应至少在大会会议召开前三日送达公司。董事会主席应当向大会宣读审计师的说明,在所有情况下,审计师均可在大会作出决议之前答复该提案及其动机。

任何违反本条规定任命或更换审计师的决定均属无效。

第一百零四条

审计师不得作为公司设立人或董事会成员,不得与后两者有任何关联,不得在公司长期从事技术、管理、咨询工作。

审计师不能是前款所述人员所从事业务的合伙人、雇员,也不得是上述人员四等以内的亲属。

所有违反本条规定的任命均无效。

第一百零五条

审计师在任何时候都有权检查公司的所有账簿、记录和文件,索取其认为履行职责所需的数据和说明,审核公司的资产和负债。董事会应当为其履行职责提供便利。

在不能实现上述权力的情况下,审计师应在其提交给董事会的报告中书面确证此事,如果董事会没有采取措施为其行使职权提供便利,审计师可以向股东大会提交报告。

第一百零六条

董事会应当向审计师提供其提交召集股东出席股东大会的通知和材料的副本。

审计师或代表其参与审计工作的会计师,应当出席大会并核实会议召集程序的有效性。审计师应当在会议上就与其作为公司审计师的工作有关的所有事项发表意见,特别是以有保留或无保留的方式批准财务报表,还是将财务报表退还给董事会。

审计师应宣读其向大会提交的报告。报告应包括法律和实施条例中规定的信息,以及下列信息:

1. 审计师是否已获得其认为必要的信息和说明,以履行其职责。

2. 审计师认为公司是否有定期规律记录的账目。公司存在其无法到访的分支机构的,其是否已经知悉这些分支机构活动的完整摘要。对于工业公司来说,是否定期规律记录成本账目。

3. 报告中审核的财务报表是否与账目和摘要一致。

4. 根据提供的信息和说明,审计师认为账目中是否包含法律和公司章程所要求的所有信息。财务报表是否清楚地说明了公司在财务年度末真实的财务情况。财务报表是否正确地体现了公司在过去一财务年度的利润或亏损。

5. 库存是否按照规定进行,规定有修改的,说明上一年度库存方法的变化。

6. 法律和实施条例中提到的董事会报告中包含的信息是否与公司账簿中的内容一致。

7. 根据本条所规定应当提供给审计师的信息和说明，审计师判断在财务年度内是否发生了违反公司章程或法律的行为，影响了公司活动或财务，并指出这些违规违法行为在编制财务报表时是否仍然存在。

审计师作为所有股东的代理人，会被问及其报告中记录的数据正确性。所有股东在股东大会召开期间均有权讨论审计师报告，并可以要求审计师阐明其中内容。

第一百零七条

股份公司的审计师在公司聘用期结束后三年内不得担任该公司经理、董事或其他长期或临时的技术、管理、咨询工作。任何违反本条规定的行为均属无效，违法者应当向国库上缴公司支付给他的报酬和工资。

第一百零八条

在与审计师基本义务不矛盾的情况下，禁止其于股东大会召开地或其他地方，向股东或其他人透露其因从事工作所得知的公司的秘密。否则，其应被免职并支付赔偿金。

第一百零九条

审计师对因其执行工作过程中的过失给公司造成的损害负有赔偿责任。如果公司不止一名审计师，且这些审计师均对过失负有责任，则其应负有连带责任。

上款中提到的民事责任诉讼时效为审计师宣读决议的股东大会召开一年内。若审计师的行为构成刑事犯罪，则诉讼时效为公诉期限。同时，审计师对其给股东以及善意的第三人所造成的损害负赔偿责任。

第二节　股份两合公司

第一百一十条

在符合本节规定的原则的前提下，除第三十七条、第七十七条、第九十一条、第九十二条、第九十三条以外，本法有关股份公司的其他规定适用于股份两合公司。

第一百一十一条

股份两合公司的管理权应授予一名或多名普通合伙人，公司的设立协议中需载明负责管理的合伙人的姓名及其权限。

负责管理的合伙人的责任相当于股份公司设立人和董事会成员。

第一百一十二条

股份两合公司应当设有监事会，由至少三名股东或非股东组成。监事会有权以公司的名义要求管理人提交管理账目，并检查公司账目和文件，以及公司的库存和票据。

第一百一十三条

监事会有权就公司管理人向其提交的事项发表意见，并可授权公司管理人进行需要公司授权的行为。

第一百一十四条

除非公司章程另有约定，否则，股东大会不得发起或批准与公司和第三方关系相关的工作，或者未经管理人批准修改公司章程。股东大会对管理人而言代表股东。

第一百一十五条

如无另行规定，负责管理的合伙人死亡的，股份两合公司解散。公司监事会可以指定一名临时管理人处理紧急管理事务，直至召开股东大会。临时管理人应当在接受任命后十五日内召集股东大会。临时管理人只对执行其代理事务负责。

第三节　有限责任公司

第一百一十六条

有限责任公司的资本不得低于实施条例规定的限额。资本应分为价值相等的份额，每份价值不得少于一百埃镑，资本需全额支付。本法规定不适用于本法生效时业已存在的公司。除非公司章程另有说明，否则，利润和清算盈余在所有份额之间平均分配。

份额不能被分割。一个份额有多个共有人的，公司有权中止该份额相关权利的行使，直至在所有共有人选出其中一人，作为该份额的唯一所有人。

第一百一十七条

合伙人登记册应当保存在公司总部，该登记册内记载有实施条例规定的所有数据。所有合伙人以及所有有利害关系的非合伙人人，均有权查看该登记册。

每年一月，登记册中所包含的数据清单以及发生的每一项变更，都应发送给行政主管机构。这些数据应当在为此目的发布的出版物中公布。

公司的管理人共同对此承担个人责任。

对于因不正确地存放登记册，或以有缺陷的方式编制清单、或登记册或清单中记录的数据不正确而造成的损害，公司管理人共同承担个人责任。

第一百一十八条

除非公司章程另有规定，否则，份额可以通过经公证的正式契约出让。在这种情况下，其他合伙人可以在相同条件下对被销售的份额行使优先购买权。

欲出让其份额的合伙人应当通过公司管理人通知其他合伙人出让事宜。在通知出让一个月后，如果没有合伙人行使优先购买权，则该合伙人可以自由处分其份额。如果有多个合伙人欲行使优先购买权，被出让的份额按照欲购买的合伙人在公司所占的份额比例分配。合伙人的份额可作为其遗产，由遗产承受人继承。

实施本条规定时，不得违反第一百一十六条中的规定。

第一百一十九条

如果合伙人的债权人通过强制执行其债务而出售其债务人的份额，则债权人应当通知公司出售的条件，以及可以听取反对意见的听证会的时间。债权人、债务人和公司不能就出售该份额达成一致的，将通过拍卖方式出售。如果公司在拍卖决定发布之日起十日内，以与拍卖的相同条件出售的给他人的，则该拍卖决定将不会执行。

合伙人破产的，适用上述规定。

第一百二十条

公司的管理人为一个或多个合伙人或非合伙人。第一任管理人由公司设立人任命。之后管理人的任命或更换由合伙人大会决议。管理人任职期限可以是固定期限，也可没有固定期限。

公司有多个管理人的,合伙人会应当指定管理人委员会。组织章程大纲中规定管理人委员会的权限和职位。

在研究免职事项的合伙人特别会议上,经占资本四分之三以上的合伙人同意,可以对管理人免职。在所有情况下,合伙人一般会议在审核公司年度财务报表时,都可以决定续聘或不续聘管理人。如果决定不续聘,应当任命他人。

第一百二十一条

公司的管理人可以代表该公司行使全部权力,除非公司章程中有另行规定。公司在商业登记簿注册后,发布决定限制管理人权限或更改管理人权限的,必须在商业登记簿记录后满五日后,才能对抗第三人。

本法第五十三条至第五十八条有关保护与公司交易人的规定,在符合有限责任公司性质的范围内,适用于有限责任公司。

第一百二十二条

在责任方面,有限责任公司管理人的地位相当于股份公司的董事会成员。实施条例规定管理人应当满足的条件。

管理事务被委托给唯一管理人的,如果在该管理人进行的任何行为中,其利益与公司利益之间的任何冲突,该管理人应当将该利益冲突告知合伙人大会,以便合伙人会授权该行为,或者采取其他的必要操作。

第一百二十三条

合伙人人数超过十人的,监督权应当由至少三名合伙人组成的监事会负责。公司设立协议任命监事会成员,其成员可在协议规定的期限届满后再次连任。

监事会可以要求管理人在任何时候提交报告,并可以检查公司的账簿和凭证,清点公司的金融票据、证明公司权利的文件和存货。监事会监督财务报表、年度报告和利润分配计划,并在合伙人大会召开十五日前向其提交关于上述事项的报告。

第一百二十四条

监事会成员不对管理人的行为或其结果负责,除非他们意识到其中的错误,并且在提交给合伙人会的报告中避免提及这些错误。

第一百二十五条

在没有监事会的公司中,非管理人的合伙人共同承担监督责任。

第一百二十六条

占不少于四分之一资本的合伙人可以召集合伙人大会,讨论在会议邀请中确定的事宜。只有占不少于二分之一资本的合伙人出席,会议才有效,公司设立协议也可以规定高于二分之一的最低出席比例。

如果公司设立协议中无相反规定,每个合伙人都有权亲自出席会议和投票,也可委托非管理人的合伙人代其出席会议和投票。

委托授权须以书面形式作出,否则无效。

每个份额有一票,公司设立协议中与之矛盾的规定无效。缺席的合伙人可以通过书面形式对会议决议投票。

除非法律或公司设立协议另有规定，否则，合伙人大会的决议应当以多数票通过。

第一百二十七条

未经占四分之三资本的合伙人同意，不得修改公司章程，不得增加或减少其资本。

第一百二十八条

有关股份公司审计师、清点库存和财务报表的规定适用于有限责任公司和一人公司。公司的财务报表特别要包含合伙人对公司的债务，以及公司对合伙人的债务。

财务报表应当在编制完成十五日后交存商业登记处，任何利害关系方均可要求查询。

第一百二十九条

在公司资本损失一半的情况下，管理人必须向合伙人大会提交解散公司的申请，获得修改公司章程所需的大多数人同意后，发布解散公司的决定。

如果损失达到资本的四分之三，那么持有四分之一资本的合伙人可以申请公司解散。

如果损失导致资本减少到低于实施条例规定的限额，则任何利害关系人均可申请公司解散。

第四节　一人公司

第一百二十九条　新增

作为民法第五百零五条的例外，任何自然人或法人可依照本节规定，在其设立目的范围内，设立一人公司。该公司为有限责任。

在不影响允许某些机关自行成立公司的法律规定的情况下，如果公司设立人是公共法人，则获得总理或主管部长的批准后，才能设立公司。

一人公司在完成商业注册之日起获得法人资格。

如果没有特殊规定，一人公司适用本法对于有限责任公司的规定。

第一百二十九条　新增之一

一人公司根据设立人或其代表人向总局提出的申请而设立。一人公司的公司章程包括其名称、目的、设立人资料、存续期限、管理方式、总部及分部（如有）地点、资本额、清算原则，以及本法实施条例规定的任何其他资料。

本法实施条例规定一人公司的最低资本额，在公司设立时应该全额缴纳其资本。

设立人以设立中的公司名义为公司利益签订的必要合同及作出的必要行为，对公司有效。

第一百二十九条　新增之二

一人公司不得从事下列事项：

1. 设立一人公司。
2. 无论在设立时还是在增资时，都不能公开发行。
3. 把公司资本分成可以流通的股票。
4. 通过发行可流通的债券进行借贷。
5. 从事保险、银行、储蓄、接受存款或投资业务。

第一百二十九条　新增之三

一人公司的设立人负责公司的一切事务，特别是以下事务：

1. 修订公司章程。

2. 依照本法及其实施条例的规定解散公司、进行清算。

3. 并入其他公司，或与其他公司合并，或者变更成其他形式的公司。

4. 增加或减少公司资本，但不得少于本法实施条例中规定的最低限额。

5. 任命一名或多名公司经理，规定其职能与权限，认证他们的签名。公司的经理（在有多名经理的情况下，设立人指定一名经理）对司法机关和第三人代表公司。公司经理在公司所有人面前负责公司管理。

6. 罢免公司经理或限制其权限。

在所有情况下，上述程序在进行商业登记之前，不得对第三人生效。

第一百二十九条　新增之四

作为本法第四条（新增）的例外，在下列情况下，一人公司的设立人以其所有财产承担责任：

1. 设立人对公司进行恶意清算，或者在公司存续期限届满前或实现其设立目的前停止其活动；

2. 没有把其个人资产和公司资产分离；

3. 以设立中的公司的名义，签订了不必要的合同或进行了不必要的行为。

第一百二十九条　新增之五

一人公司的设立人将全部资本处分给另一自然人或法人的，应当在处分之日起不超过九十日内修改公司信息和商业登记簿。上述过程必须依照本法实施条例规定的程序和原则。

将部分资本处置给一人或多人的，公司应当在处置之日起不超过九十日内采取措施，根据其合作伙伴选择的法律形式，调整公司状况。上述过程须依照本法实施条例规定的程序和原则。

在所有情况下，上述处置在进行商业登记之前，不得对第三人生效。

第一百二十九条　新增之六

一人公司经理在行使其权限时，应当履行谨慎义务。

公司经理不得担任与本公司或其分支从事相同业务的任何类型的其他公司的管理职位，也不得与自己管理的其他公司签订合同，或为了他人的利益从事与该公司同类的业务。

第一百二十九条　新增之七

股份公司、股份两合公司、有限责任公司在设立人或股东不足法律规定的最低限额，且未能在本法第八条指定期限内作出调整的，如果该公司业务不属于本法第一百二十九条（新增之二）所列的禁止性业务，可以变更为一人公司。

上述公司股东中包含一人公司的，不得适用本规定。

第一百二十九条　新增之八

在不违反本法第一百二十九条（新增之四）第二款规定的情况下，公司设立人可依照本法实施条例规定的条件，以其个人与公司签订合同，但不能混同其自身资产和公司的资产，并且须以公正的价格交易。

任何利害关系人以及总局都有权审查上述交易的合法性,并在存在违法时采取措施。

第一百二十九条　新增之九

在下列情况下,一人公司解散,其法人身份终止:

1. 公司损失一半资本,除非公司所有人决定继续经营。

2. 公司所有人的法人期限届满。

3. 公司所有人被查封或丧失资格。

4. 公司所有人死亡。除非公司被单一继承人继承;或者继承人们选择继续以同样的法律形式继续经营,并在死亡之日起六个月内对相关事项作出调整,使之符合法律规定。

第三章　合并与变更公司形式

第一百三十条

根据主管部长的决定,在埃及从事主要业务的埃及或外国的股份公司、两种两合公司、有限责任公司、一人公司、合伙公司,可被吸收并入埃及的股份公司中,或者与这些公司合并为一家新设的埃及公司。在执行本法规定时,公司的分支机构、代表处也被视为被合并的公司。

实施条例规定寻求合并的公司资产的评估方法以及合并流程、形式和条件。

第一百三十一条

发行作为被吸收合并公司资本对价的股份,应当考虑被合并的公司和吸收合并的公司实际价值。

第一百三十二条

吸收合并的公司或因合并而新设的公司应当被视为合并前公司的继承人,在合并合同约定的范围内、在不影响债权人权利的情况下,在法律上取代被合并公司。

第一百三十三条

合并后新设公司的股份或作为被吸收合并公司资本对价发行的股份,可在发行时直接流通。

第一百三十四条

被合并的公司及其股东,以及吸收合并的公司或因合并新设的公司,应被豁免因上述合并而应收的所有税费。

第一百三十五条

在不违反第一百三十条的前提下,根据公司形式的不同,合并的决定由被合并的公司及要并入的公司的股东大会特别会议发布,或者由持有多数资本的股东发布。

在股东大会会议上反对合并决定的股东,以及因正当理由未参加会议的股东,可以申请退出公司并请公司回购其股份。申请须以书面形式,在公布合并决定之日起三十日内送达公司。实施条例规定申请的形式和其他程序,以及如何对申请作出裁决。

股份或份额的价值应通过协议或司法的方式估算,并需要考虑到公司所有资产的现值。对于价值不存在争议的退出股份或份额,应当在合并程序完成前将对价支付给其所有者。

如有必要,可以判决给予有关人员赔偿。判决的赔偿金额享有优先受偿权。

第一百三十五条　新增

公司可分立为两个或两个以上的公司,分立后的每个公司一经商业登记,即成为一个独立的法人。

在这种情况下,对实物股本的评估应遵循本法及其实施条例对实物股本评估所规定的程序和条件。

第一百三十五条　新增之一

分立后的公司可以采取本法所规定的除一人公司之外的公司形式。分立后的公司需要完成该类形式公司的法律程序,而不必遵守对原公司形式的公司的法律要求。本法实施条例规定公司分立的条件和程序。

第一百三十五条　新增之二

分立决议应当由公司股东大会特别会议或合伙人大会(视情况而定),经占资本四分之三的多数通过。

分立决议应当包括股东或合伙人人数、名称,及其在分立后的公司中的份额,以及其权利、义务,他们之间的资本和负债分配。

第一百三十五条　新增之三

分立后的公司是分立前的公司的继受者,在法律上取代其享有的权利和其承担的义务。以上权利义务以分立决定中原公司分割给它的权利、义务为限,但不能损害债权人的权利。

本法第一百三十五条规定的程序适用于不同意分立决定的股东或和合伙人。

本法的实施条例规定对于公司的债权人和债券持有人的保护程序。

第一百三十五条　新增之四

在不违反 1992 年 95 号资本市场法规定的情况下,分立后的公司的股票如果没有其他限制,一经发行便可以交易。

第一百三十六条

在股东大会特别会议或合伙人大会(视情况而定)上经资本四分之三的多数通过的决议,可以变更股份两合公司或有限责任公司的法律形式。

变更后的公司应满足实施条例中限定的该类公司的设立程序和条件。变更公司形式不能损害公司债权人权利。反对变更决议或因正当理由未出席发布该决议的会议的股东、合伙人、份额持有人,可以依照第一百三十五条规定的条件和形式退出公司。变更前的公司、变更后的公司以及两公司的合伙人,应被豁免因上述公司形式的变更而应收的所有税费。

第四章　公司的清算

第一百三十七条

所有解散后的公司、非因合并或分立而存续期届满的公司,均被视为处于清算状态。清算应当遵照本法的规定以及公司章程进行。

第一百三十八条

在清算期间,公司在清算所需的范围内保留法人资格。

公司名称应当价值“处于清算期间”字样,其机构在清算期间仍然有效,但其权力仅限于清算人无法履行职责的事务。

第一百三十九条

大会应当指定一名或多名清算人，确定其费用。可从股东、合伙人或其他人中任命清算人。

如果裁决解散公司或公司无效，法院应当决定清算的方式，并任命清算人，确定其费用。

清算人的工作并不因合伙人的死亡、宣告破产、无法支付、受到拘留而结束，即使清算人由他们任命。

第一百四十条

清算人姓名、合伙人对清算方法的协议、有关清算的判决，应当在商业登记簿和公司报上公开，清算人应当按照公开的程序办理。

只有从商业登记簿公开上述信息起，对于清算人的任命或清算方式规定才能对抗第三人。

第一百四十一条

清算人可按其获任命的方式予以免职。法院可应一名股东或合伙人的要求，以合理的理由，裁决解除清算人的职务。

任何解除清算人职务的决定或裁决都应当指定替代的新清算人。

对清算人的免职应当在商业登记簿和公司报上公开。只有从商业登记簿公开之日起，才能对抗第三人。

第一百四十二条

清算人在获委任并与董事会或管理人商议一致后，应当清点公司的资金和债务，并就此编制详细清单，清单由清算人、管理人或董事会成员签字。

董事会或董事应当将其账目提交清算人，保管该簿册应遵守商业账簿法的规定。

第一百四十三条

清算人必须采取一切必要措施来保护公司的资金和权利。清算人应采取一切措施获取公司对于第三人的权利。合伙人不得索取其剩余的份额，除非清算工作需要，且遵循合伙人间平等的原则。

清算人应在获取相关金额二十四小时之内，将其存入清算中的公司在银行的账户。

第一百四十四条

除非因完成之前的工作的需要，否则，清算人不得开始新的工作。如果清算人从事了非当下清算所需的新工作，他将以自己的财产对这些工作负责。清算人有多个的，所有清算人负连带责任。

除非经股东大会或合伙人大会允许，否则清算人不得整体出售公司的全部资产。

第一百四十五条

清算人须完成清算所需的所有工作，特别是：

1. 履行公司的债务；

2. 通过公开拍卖或任何其他方法出售公司的动产及不动产，除非清算文件规定，出售须以某种特定方式进行；

3. 在司法程序以及和解、仲裁中代表公司。

第一百四十六条

有多名清算人的,若其任命文件无相反规定,那么只有在他们是一致同意下作出的行为才有效。只有在商业登记簿披露了该相反规定,才能对抗第三人。

第一百四十七条

如果清算人因清算工作的要求以其名义实施了任何行为,即使该行为超出了清算人的权限或清算人利用公司签章为自己牟利,该行为仍对公司有效,除非与清算人交易的人是恶意的。

第一百四十八条

因清算工作所产生的债务相对于公司其他债务享有优先权,应当由公司资产优先偿付。

第一百四十九条

清算人任命文件应规定其报酬,否则,法院将规定其报酬。

第一百五十条

清算人必须在其委任文件指定的期限内完成清算,没有指定该期限的,任何合伙人或股东均可将该事项提交法院,以决定清算必须完成的期限。

在清算人提出报告后,清算期限可由股东大会或合伙人大会决定延长,该报告应当说明清算工作在规定期间内没有完成的原因。清算期限由法院确定的,只有在法院允许的情况下才能延长。

第一百五十一条

清算人应每六个月向股东大会或合伙人大会提交清算工作的临时账目。

清算人应提供股东或合伙人要求资料或数据,前提是不对公司利益产生不利影响,也不造成清算工作的延误。

第一百五十二条

清算人应向大会或合伙人大会提交清算工作的最终账目,清算应在最终账户核准后终止。

清算人在商业登记簿和公司报上发布清算结束的信息。商业登记簿公布终止清算之前,不得以终止清算对抗第三人。清算后,清算人应要求从商业登记册中删除公司的登记。

第一百五十三条

自公司从商业登记处注销之日起十年内,公司的账簿和文件应保存在公司总部所在地辖区的注册办公室,除非大会或合伙人集体指定其他地方保存账簿和文件。

第一百五十四条

如果清算人在清算期间对其事务管理不善,公司可向清算人问责。清算人还应对由于他的错误而对股东、合伙人或第三方造成的损害负责。

第一百五十四条　新增

股东或合伙人互相之间提起的诉讼应在清算工作完成之日起五年提出,逾期不予受理。他人对股东或合伙人提起的诉讼应在商业登记册上的清算完成之日起五年内提出,逾期不予受理。

对清算人清算工作中的错误提起的诉讼,自错误发生之日起三年后提起则不予受理。但若该错误是欺诈造成的,则可清算工作完成之日起十五年内提起诉讼。

第五章 监督和检查

第一百五十五条

主管行政机关负责监督本法及其实施条例规定的执行。该机关和实施条例规定的其他机关三级及以上的技术人员,以及主管部长与司法部长共同决定选择的人员,作为司法人员,负责调查违反本法及其实施条例的犯罪行为。

为此目的,他们有权查阅公司总部或其他地方的记录、簿册和文件。公司的管理人、负责人应向他们提供他们为此目的所要求的数据、摘录和资料复印件。主管行政机关可以调查股东或其他利益相关方就本法及其实施条例的执行提出的任何投诉。

第一百五十六条

前条所述行政主管机关的职工,经该机关主席特别许可,有权出席公司大会,但无权发表意见或表决,其任务仅限于撰写会议记录和发表书面意见。实施条例应规定行政机关代表出席的条件和程序、表达意见的途径,以及有关这些事项需要遵循的规定。

第一百五十六条　新增

受本法管辖的公司须每年向总局提交经股东大会核准的财务报表副本和数据表格。本法的实施条例应规定向总局提交财务报表的方式,以及编制上述表格的规则及其应该包括的数据。

第一百五十七条

股东有权查阅公司的记录,并根据实施条例中规定的条件和情形从其文件中获取副本和摘录。

任何利害关系方均有权要求查阅主管行政机关保存的与公司有关文件、记录、记录和报告,并从该机关获得经认证的数据。如果公开所要求的数据会对公司或任何其他机构造成损害,或损害公共利益,则应拒绝申请。实施条例规定查阅或获取数据的费用,但应限制在一百埃镑以内。

第一百五十七条　新增

拥有本公司至少百分之十股份或份额的股东或合伙人有权获得公司与关联方达成合同或交易的有关信息和文件副本,如果公司拒绝提供,他们可以向总局申请获取这些信息和文件,总局的决定对公司具有强制约束力。

第一百五十八条

如有证据显示公司董事会成员或审计师在行使其职责过程中有严重违规违法行为,主管行政机关、占银行资本百分之二十以上或其他股份公司百分之十以上资本的股东或合伙人可申请对其行为进行检查。

该申请应提交经济部,由部长下令组成委员会研究并核实该申请,成员应包括中央审计署的一名审计师。

申请应包括所有证据,以证明申请人有充分的理由提出申请。若申请人是股东,在提交申请的同时必须把其拥有的股份一并交存,直至作出对此事的决定。

委员会在听取申请人、董事会成员和审计师在秘密会议上的陈述后,可下令检查公司的行为和簿册,并可以为此目的委派一名或多名专家。如果有必要,委员会可在大会会议之前,规定申请检查的股东将一定金额存入指定账户。在存入此金额之前,检查不得进行。

检查授权还可以包括查阅与被检查公司有关的另一家公司的任何文件或记录。

第一百五十九条

公司董事会成员、员工和审计师应将其保存的,或其有权获取的与公司有关的簿册、文件提供给检查人员,并向检察人员提供必要的说明和信息。本法第一百六十三条规定对拒不配合检查人员相关要求的人员的惩罚措施。

在宣誓后,检查人员可以询问与公司事务有关的任何人。

第一百六十条

检查人员应当在决议规定的期限内或在第一百五十八条第四款规定的金额存入后最多一个月内向委员会秘书处提交详细报告。

如果委员会发现申请人归于董事会成员或审计师的错误不成立,那么可以命令全部或部分地公布报告,或者将检查结果公布在一份日报中,申请人需承担检查的费用,且在必要时还需负赔偿责任。

委员会发现董事会成员或审计师确有申请中提到的违法行为的,应当下令采取紧急措施,立即召开股东大会。

主管行政机关主席或委员会指定的该机关工作人员主持会议。

公司需承担检查的费用。公司可就其承担的检查费用向违反责任人追偿,并可额外向其索要赔偿。

股东大会可以决定罢免该董事会成员,并向其追责。该决定经扣除该董事会成员份额之后占一半资本的股东同意后生效。股东大会还可决定更换审计师,并向其追责。

在发布罢免决定五年内,不得再次选举被罢免人为董事会成员。

第一百六十条　新增

根据本法及其实施条例的规定,应依照主管部长的命令设立一个或多个委员会,审理对总局发布的行政决定的申诉。委员会由国务委员会副主席任主席,成员中包含国务委员会的两名成员,这两名成员的级别至少为顾问级,这些成员由国务委员会行政事务特别委员会选出。委员会还应包括两名成员,其中一名成员为专业人士,另一名是主管部长选出的总局高级管理层成员。

申诉应在被申诉决定送达申诉人,或申诉人知悉该决定之日起十五日内向委员会提出,委员会有权与有关个人和行政当局联系,要求其提供委员会认为作出判决必须的说明和文件,并可寻求各行政机构的专家协助。

委员会在提交申诉之日起六十日内作出决定,该决定是最终决定,对总局有强制力。

委员会设技术秘书处,主管部长令规定秘书处的组建及其工作制度。

本法实施条例对送达及申诉的程序、申诉的裁决、委员会的工作制度及召开地点作出说明。

第一百六十一条

在不影响索赔权利的情况下,与本法规定的规则不一致或由未按本法规定组建的董事会和股东大会发出的任何行为、交易或决定,将被视为无效,但这不得损害善意第三人的权利。

如果可能的话,主管法院可规定不超过六个月的宽限期,以令其消除无效事由。

如果引起无效事由的有多人,那么他们将对赔偿承担连带责任。

自知道违反法律的决定之日起三年后,利益相关人不得提起无效诉讼。但如果决定是通过作弊和欺诈作出的,在决定发布后十五年内可以提起诉讼。

第一百六十二条

在不违反其他法律规定的更严厉的处罚的前提下,下列罪犯应当判处不少于两年的监禁和不少于两千埃镑且不超过一万埃镑的罚款,或者采取两种处罚之一。

1. 任何在股票或债券的发行书上故意提供虚假资料或违反本法及其实施条例的人;任何签署这些虚假发行书的人。

2. 有限责任公司的设立人,虽知道实际情况,但在公司章程中对股东之间的资本份额分配或者对份额的履行提出虚假声明的。

3. 任何以欺诈方式,对实物份额价值的估价超过实际价值的股东。

4. 任何设立人或经理向公众发出邀请,以认购有限责任公司账户的任何种类的证券,或者提供此类证券以供认购。

5. 任何违反本法或公司章程规定分配利润的董事会成员,以及任何认证上述分配的审计师。

6. 任何审计师及在其办公室工作的任何人,故意在依照本法向大会提交的报告中,对他审核的结果作出虚假报告;或故意隐瞒、忽略核心事实。

7. 任何披露其因工作关系所获知的秘密的公职人员,或在报告中故意提及不正确的数据,或故意在报告中遗漏影响其结果的事实的公职人员。

8. 任何伪造公司记录或故意证明不正确的事实,或向大会提交包含影响大会决定的虚假或错误数据的报告的人。

第一百六十三条

在不违反其他法律规定的更严厉的处罚前提下,下列罪犯应当判处不少于两千埃镑且不超过一万埃镑的罚款,罚款由违法人个人承担。

1. 任何违反本法规定,处分创立份额或股份的人。

2. 违反本法禁令,被任命为或仍在担任股份公司董事会成员或常务董事的人。以及违反本法禁令的公司的常务董事。

3. 在自其获委任的决定通知之日起六十日内,未能按本法规定的方式,提交担保其管理资格的股份的董事会成员,以及未能提交需要的声明,或为董事会的报告提供虚假数据的人,或故意遗漏行政委员会应就此报告的部分数据的人员。以及任何在公司报告中证实不正确数据或故意隐瞒数据的董事会成员。

4. 任何人违反公司董事会或雇员中埃及人比例的规定的人,或违反工资规定的人。

5. 任何违反本法强制性规定的人。

6. 对依照本法规定有权查阅的簿册、文件,故意不让审计师或者主管行政机关工作人员查阅的人。

7. 任何故意妨碍股东大会的召开的董事会成员。

第一百六十四条

重复违法或拒不改正违法行为的人,其最终判罚所处的罚金最低限额和最高限额都应是前两条规定的罚金金额的倍数。

第一百六十四条　新增

主管部长可在刑事诉讼的任何阶段就本法第一百六十三条所述罪行与被告进行和解,以换取其至少履行规定的最低罚款额,具体罚款额根据罪行的严重程度确定。和解的结果是对于已进行和解的罪行刑事诉讼终结。如果在执行判决期间进行调解,即使判决已确认生效,检察院也应下令停止执行。

第六章　外国公司在埃及的分支机构和代表处

第一百六十五条

本章的规定适用于主要管理中心或主要活动中心不在埃及,但在埃及有营业地的外国公司,无论其在埃及的营业地是分支机构、工业设施,还是管理办公室,或其他机构。在下列情况下,这些公司在埃及运营的机构可认为是上述分支机构、设施或办事处:

1. 外国公司自行管理或将管理权委托其员工。

2. 代理人有权代表公司签订合同。

3. 代理人手中有公司的货物或产品,代理人根据公司的指示或与公司的协议处置这些货物或产品。

不属于上述情况的商业代理人不被视为外国公司的分支机构。

第一百六十六条

外国公司在埃及设有营业处的,必须办理规定的商业登记手续,并向实施条例规定的各机构提交必要的资料,这些资料需载有实施条例规定的内容。

依照实施条例规定的条件和情形,外国公司的分支机构可以有审计师。

第一百六十七条

在埃及设有营业处的外国公司,不得为其分支机构、工业设施、管理办公室等,委派不符合本法第八十九条、第一百七十七条、第一百七十八条、第一百七十九条、第一百八十条规定条件的人员作为管理人。

第一百六十八条

外国公司分公司的当地经理或者相当于经理地位的人订立的合同或者实施的行为,只要属于分公司正常业务的范围,就应对公司有效。

通过其在公司的职位或与公司的关系,知道或应知当地经理无订立此类合同或实施此类行为的人,不得利用本规定。

第一百六十九条

实施条例应规定外国公司分支机构或者其类似机构向主管行政机关报送财务报表的形式,以及应附在其后的文件、资料。

第一百七十条

外国公司分支机构及其类似机构必须遵守本法第一百七十四条、第一百七十五条、第一百七十六条有关职工的规定。各分支机构的职工按照本法第四十一条以及实施条例的规定分享利润。

第一百七十一条

实施条例规定外国公司分支机构及其类似机构对外公布外国公司名称及有关资料的方式。

第一百七十二条

实施条例规定外国公司分支机构及其类似机构在外国公司清算的情况下,或分支机构在埃及停止营业的情况下的处理办法。

第一百七十三条

外国公司可以在埃及设立代表、联络、服务处,或技术、科学办公室等,其目的仅限于研究市场或生产潜力,而不进行任何商业活动,包括商业代理。

外国公司应依照实施条例规定的情况和条件,在主管行政机关设立专门的登记簿,负责这些办事处的登记和注销。

实施条例应规定不超过一千埃镑的登记费,还应当规定主管行政机关对这些办事处的监管。

第七章　最终条款

第一百七十四条

本法所辖公司内埃及雇员不得少于雇员总数的百分之九十。埃及雇员工资不得少于雇员工资总额的百分之八十。

第一百七十五条

股份公司内埃及技术人员和管理人员不得少于该类雇员总数的百分之七十五,工资不得少于该类雇员工资总额的百分之七十。

上款规定同样适用于资本在五万埃镑以上的股份两合公司、有限责任公司和一人公司。

第一百七十六条

作为前面两条的例外,在确无合格的埃及人员的情况下,主管部长可允许使用外国工人或专家顾问,并决定其任期,这些人员不计入上述比例。

部长或其授权的人应在利害关系人提出上述要求之日起两个月内作出决定。不予答复应被视为对例外情况的批准。

第一百七十七条

在政府机关或国营部门或公共机构任职者,不得担任股份公司董事职务,参与建立公司,或为其提供有偿或无偿咨询服务,除非他们是这些部门的代表。

作为前款规定和特别法律中其他禁止规定的例外,该人经所在部的部长特别许可,可参与股份公司的设立,也可允许其进行前款规定的其他工作,但必须经总理特别许可,且不可担任董事会主席或常务董事。

在任何情况下,只有在调查该事项并确定该人员的职责与公司的业务之间没有任何联系或对公司的业务没有任何影响后,才可签发许可证,但该许可证不得与履行该岗位的职责相冲突。

第一百七十八条

未经总理特别许可，部长或任何担任高级行政职位的人员，在其离开部委或其职位之日起三年内不得担任经理或董事会成员，或在政府给予特别优惠的任何公司担任永久性技术、行政或咨询工作。这些优惠以补贴或担保的形式，或者通过与政府或地方有关机构签订的垄断合同、公共工程合同或公用事业特许权合同、利用自然或矿产资源合同的形式作出。

违反上述规定的任何行为将被视为无效，违反者需将其从公司获取的工资、报酬上缴国库。

第一百七十九条

人民议会或协商会议的议员在任期内不得被任命为股份公司的董事会成员，除非他是公司设立人之一，或拥有其至少百分之十的股本，或在当选议员之前已经是董事会成员。

违反本条规定的任何行为均为无效，违反者需将其从公司所得财物上缴国库。

第一百八十条

任何地方人民代表大会的成员不得以个人名义或通过他人，担任以下股份公司的经理或董事会成员，或从事任何工作或咨询：该股份公司利用其所在的代表大会辖区内的任何公共设施；或该股份公司与人民议会或地方议会签有垄断或公共工程合同。

违反本条规定的任何行为均为无效，违反者需将其从公司所得财物上缴国库。

第一百八十一条

对于保证了最低利润的股份公司，政府应至少有两名代表参加公司的董事会。总理应根据主管部长的提名，发布命令任命这些代表。

第一百八十二条

股份公司、股份两合公司、有限责任公司应依照本法及其实施条例和所附相关合同协议样本的规定，在本法施行后一年内，修订章程和组织章程大纲。

修改应当依照本法及其实施条例规定的程序进行，主管行政机关认为必要时，可以向本法第十八条规定的委员会提交上述修订。

实施条例将规定执行的程序。上述修订不应收取任何费用。

第一百八十三条

1989 年 230 号法律删除该条。

第一百八十四条

外国公司的分支机构及其类似机构、代表处、联络处等，应当自本法施行之日起三个月内，调整至与本法规定一致。

阿联酋联邦商业公司法

邓苏宁　译　万　立　审校*

《阿联酋联邦商业公司法》译介

阿联酋现行的公司法是2015年颁布的《联邦商业公司法》,1984年的《联邦商业公司法》被废止。该法第2条指出,该法的宗旨是"通过根据全球的变化,特别是与规范治理原则、保护股东和合伙人权利、鼓励外国投资流入、加强企业社会责任有关的变化,促进阿拉伯联合酋长国商业环境的发展、提高国家实力"。

该法规定了五种公司形式:合伙公司、简单两合公司、有限责任公司、开放式股份公司、封闭式股份公司。还在专门的章节对控股公司、投资基金和外国公司做了专门的说明。由政府全资拥有的公司、政府直接或间接持有其资本不少于25%的在油气等能源领域经营的公司,不受该法管辖。该法规定也不适用于根据有关自由区法律、法规的特别规定,在阿拉伯联合酋长国自由区设立的公司。

该法规定,合伙公司是由两个或两个以上的自然人组成的公司,他们共同以其个人所有资产为公司的债务负责;简单两合公司是由一个或多个普通合伙人以及一个或多个有限合伙人组成的公司,普通合伙人对公司的债务负有个人连带责任,有限合伙人仅在其资本份额范围内对公司债务负责;有限责任公司是合伙人(股东)人数不超过50人的公司,股东仅在其资本份额范围内承担责任;开放式股份公司是将其资本分成同等价值的可转让股份的公司,设立人认购部分股份,其余股份公开向公众发行,股东只在其资本份额范围内负责;封闭式股份公司是股东不少于2人、不超过200人的公司,其资本被分为名义价值相等的股份,股份价值全额支付,所有股份均不公开募股。

根据该法,除开放式股份公司以外的公司一般由经济部监管,而开放式股份公司一般由证券商品管理局监管。此外,由于阿联酋是联邦制国家,各酋长国关于公司设立、经营的规定略有不同,各酋长国负责公司事务的地方公司事务主管部门也在公司监管中起重要作用。另外,有一些特殊行业需专门部门的监管,如银行及与其相关的金融机构的设立和经营需中央银行的监管。

---

* 译者:邓苏宁,博士,对外经贸大学讲师;审校:万立,华东政法大学博士研究生。译本根据阿拉伯语本译出,并同时参考了阿拉伯联合酋长国司法部公布的英译本,网址为 https://elaws. moj. gov. ae/English. aspx? val = UAE-KaitEL1。2021年9月20日,阿拉伯联合酋长国颁布了新的《商业公司法》(没有官方英译本),适用于在阿拉伯联合酋长国从事任何商业、金融、工业、农业、房地产或其他经济活动的任何经济实体。该法对2015年《商业公司法》有许多修正,但对大部分实质性条款没有显著变更。

关于外资的持股比例,该法规定合伙公司和简单两合公司的所有普通合伙人均应是阿联酋公民,除此之外的任何公司必须至少有一个股东是阿联酋公民,且阿联酋公民所持有股份不低于公司资本50%。但在经济部长与部门协商并报请部长会议批准后,可做例外处理。值得注意的是,2018年年底通过的《外国直接投资法》明确了部分行业的在岸公司允许外资100%持股,这比《商业公司法》中对外资持股比例的规定跨出了一大步。随着相关法律、法规的修订,外资持股比例和可进入的行业预计将会继续逐步放开。

根据该法,外国公司可在阿联酋境内注册成立分公司或代表处,其中代表处的目的仅限于研究市场和生产可能性,不能进行任何商业活动。外国公司在阿联酋注册分公司或代表处可由外资100%控股,但须指定阿联酋本地代理。代理人对公司和第三人的义务仅限于提供必要的服务,不参与公司的运营管理。这里的代理人与海湾国家传统的担保人是有区别的,代理人可以不享有股权,而传统意义上的保人须享有51%股权。

在自由区注册的公司可由外资100%控股,且无须本地代理或担保人。

2015年2号

第一章　总　　则

第一节　公司的定义

第一条　定义

除另有规定外,本法中术语和用语的含义如下:

本国:阿拉伯联合酋长国。

联邦政府:阿拉伯联合酋长国政府。

地方政府:各成员酋长国政府。

部门:经济部。

部长:经济部的部长。

中央银行:阿拉伯联合酋长国中央银行。

证券商品管理局:阿拉伯联合酋长国证券及商品管理局。

公司事务主管部门:有关酋长国负责公司事务的地方主管部门。

公司:商业公司。

谨慎的人:在开展工作方面有足够经验并尽职尽责的人。

治理:以确定公司董事和管理部门的职责和责任,保护股东和利益相关方权利为目的,根据国际标准和惯例在公司管理层实现公司治理。

工作日:各部委、政府部门和地方机构的官方工作日。

特别决定:经半数以上持有百分之七十五股份或以上的股东同意,股份公司的股东大会作出的决定。

登记处:公司登记处由经济部任命,并通过经济部公司司履行职责。

市场:经证券商品管理局授权在阿拉伯联合酋长国运作的证券和商品市场。

证券:

(1)股份公司发行的股票。

(2)经证券商品管理局批准的衍生工具和投资单位。

(3)联邦政府、地方政府或国家公共机关或机构发行的债券、伊斯兰债券(sukuk)①和票据。

(4)公司根据中央银行和证券商品管理局颁布的条例发行的债券、伊斯兰债券和任何债务工具。

(5)中央银行和证券商品管理局承认的任何其他的阿拉伯联合酋长国或外国证券。

公开发行:邀请任何自然人或法人或其他类别的人购买任何证券。

证券的定价:根据证券商品管理局作出的相关决定,对将要公开发行或出售的证券确定价格的过程。

战略合作伙伴:为公司的利益向公司提供技术、运营或营销支持的合作伙伴。

股权登记:披露股份公司的股东所持股份及其附带权利的登记册。

股权登记秘书处:获得证券商品管理局授权的、封闭式股份公司(private joint stock company)中负责股权登记的一个或多个机构。

董事会成员:公司董事会的任何成员,包括董事长。

第二条　本法的宗旨

本法旨在基于有关治理原则、保护股东和合伙人权利、鼓励外国投资、加强企业社会责任的国际规则,提升阿拉伯联合酋长国商业环境并强化国家在管理公司等相关事宜的能力和作用。

第三条　适用本法的公司

本法的规定以及为执行本法而颁布的法规、规章和决定,适用于在阿拉伯联合酋长国设立的商业公司。本法所载关于外国公司的特别规定以及为执行本法而颁布的法规和决定,适用于在阿拉伯联合酋长国设立总部开展业务的外国公司,或在阿拉伯联合酋长国设立分公司或代表机构的外国公司。

第四条　不适用本法的公司

1. 除在经济部、证券商品管理局以及公司事务主管部门依职权设立的豁免公司登记簿中登记或展期的公司以外,本法不适用于:

(1)依照部长会议决定不适用本法的公司。该决定应当按照部长会议的有关规定,在公司的设立协议或章程中特别载明。

(2)联邦政府或地方政府的全资公司,以及该类全资公司的任何全资公司。该事项应当在公司的组织章程大纲或章程中特别载明。

(3)联邦政府或地方政府或其机构、团体、代理机构或其公司、子公司或全资公司直接或间接持有资本不少于25%的股份的公司,且该等公司需在石油勘探、开采、提炼、制造、营销和运输领域开展业务,或在各类能源领域开展业务,或在电力、天然气、海水淡化领域开展生产、运输、分销等业务。该事项应当在公司的组织章程大

① 又称"伊斯兰固定收益证券",https://www.eisland.com.tw/Main.php? stat=a_t8VLkpH。

纲或章程中特别载明。

(4)在本法生效前,已由1984年8号联邦《商业公司法》及其修正案规定不适用本法的公司。

(5)根据联邦特别法律不适用本法的公司。

2. 本条第一款第二项、第三项、第四项所称任何公司,在公开认购中出售或减持任何比例资本的,或将其股份在阿拉伯联合酋长国任何证券交易所上市的,应当按照本法的规定调整公司的相应类别。

第五条　在自由区经营的公司

1. 本法规定不适用于根据自由区法律、法规的特别规定在阿拉伯联合酋长国自由区设立的公司。但是,相关法律、法规允许该等公司在自由区以外地区开展业务的,应当遵守本法规定。

2. 根据本条第一款规定,部长会议应当作出决定,具体规定在阿拉伯联合酋长国自由区经营并拟在阿拉伯联合酋长国自由区以外地区开展业务的公司的登记和注册条件。

第六条　公司的治理

1. 除银行、金融公司、金融投资公司、货币兑换公司和货币经纪公司外,部长应针对拥有七十五个以上股东的封闭式股份公司发布决定,规定其总体治理框架。对于开放式股份公司,管理局董事会负责发布有关其治理的决定。

2. 公司董事会或经理负责实施治理原则和标准。

第七条　违反治理原则

1. 与第六条第一款公司治理相关的决定包括罚款事项,在违反这些决定的情况下,由经济部或证券商品管理局根据各自权限,确定对公司及其董事会主席、经理、账目审计员,处以不超过一千万迪拉姆的罚款。第六条第一款规定的治理决定应当载明,由财政部或相关机构对公司及其董事长、董事、经理和审计员违反该决定时处以的罚款,罚款金额不得超过一千万迪拉姆。

2. 本条第一款所述的罚款,适用本法第三百三十九条关于和解的规定。

第八条　公司的定义

1. 公司属于一种合同,即两个或两个以上的人承诺参与一项经济活动,以一定的金钱或劳务出资实现盈利,并彼此分担企业产生的利润或损失。

2. 本条第一款规定的经济活动涵盖任何商业、金融、工业、农业、房地产或其他经济活动。

3. 本条第一款规定不影响依据本法规定,设立一人公司。

第九条　公司的形式

1. 公司应当采取下列形式之一:

(1)合伙公司;

(2)简单两合公司①;

---

① 简单两合公司源于法国公司法中的简单两合公司。简单两合公司由承担无限责任的合伙人和有限责任的合伙人组成,无限责任合伙以个人财产对公司债务承担无限连带责任;有限责任合伙人仅在出资额范围内对公司债务承担责任,不能参与公司的经营管理,也不能对外代表公司,但有权要求查阅公司账簿和财务报表。简单两合公司类似于我国的有限合伙企业。

(3)有限责任公司;

(4)开放式股份公司;

(5)封闭式股份公司。

2. 任何公司不采取上款规定的形式,应当被视为无效,所有以该公司名义签订合同的人应当对所签合同所产生的义务承担连带责任。

3. 任何在阿拉伯联合酋长国设立的公司都具有阿拉伯联合酋长国国籍,但不享有仅由阿拉伯联合酋长国公民享有的权利。

第二节　公司的设立及其管理

第十条　有战略影响力的活动

1. 由经济部长提议,部长会议决定成立委员会,成员包括主管部门的代表,负责提出实施有战略影响力的活动,以及对从事任何该类活动的公司施加必要的管理措施。

2. 部长会议根据本条第一款规定的委员会的建议,作出决定,明确有战略影响力的活动和对任何此类公司发放许可证的管理措施。

3. 根据本条第二款授予部长会议的权力,主管部门享有以下权力:

(1)关于在主管部门职权范围内成立的所有公司,确定阿拉伯联合酋长国国民在该类公司的资本或董事会中占有一定比例的股份。

(2)批准公司设立的申请,并根据部长会议批准的管理措施和本条第二款规定确定相关费用,但应当遵守本法关于股份公司的规定。

4. 部长会议可以应经济部、有关部门或主管部门的要求,视情况豁免受特别立法规制的任何公司,即不适用有关国民持股比例或参与公司管理的任何条件或规定的约束。

第十一条　开展业务

1. 公司开展业务以前,必须获得在阿拉伯联合酋长国阿拉伯联合酋长国开展相关业务所需的不所有批准和许可证。

2. 在阿拉伯联合酋长国境内设立的公司必须在阿拉伯联合酋长国开展主要业务。公司的组织章程大纲规定公司可以在境外经营的,可以在境外经营。

第十二条　公司的名称

1. 公司应当有名称(商号),但不得损害国家公共秩序。公司名称的末尾应当显示相应的法律形式。任何公司不得以已经在阿拉伯联合酋长国被注册的名称或类似名称注册,以免造成混淆。

2. 公司可以根据大会的特别决定更改名称。公司的更名需公司事务主管部门批准,并经登记处同意。公司的更名不影响其享有的权利、承担的义务以及其提出的法律程序或被提起的法律程序。公司在更名前已经提出的法律程序,以更名后的公司名称继续实施。

第十三条　公司的地址和通信

1. 每个公司都必须在本国有注册地址,以便接收通知和信函。

2. 公司签发的所有合同、清欠收据、信函和申请表必须注明其名称、法律形式、登记号和地址。股本数额列入上述信息中的,应当注明实缴股本数额。

3. 公司正在清算中的,应当在其签发的文件中提及。

第十四条　组织章程大纲的起草

1. 公司章程及其修订应当使用阿拉伯语,并经公证人鉴证,否则皆属无效。公司章程除使用阿拉伯语外,还以一种外语作出的,阿拉伯语版本在阿拉伯联合酋长国使用。主管部门应当亲自签署或以其规定的电子签名的方式鉴证,但主管部门要求公证的情况除外。

2. 合伙人(包括有限责任公司的股东)①可以援引公司章程及其修订本没有起草或公证而无效,来对抗其他合伙人。但是,协议无效不得对抗第三人。

3. 应合伙人的请求宣布公司的设立无效的,仅在决定生效时公司的设立无效。

第十五条　在公司事务主管部门登记公司章程

1. 公司章程及其任何修订必须在公司事务主管部门商业登记后,才能生效。

2. 公司章程没有按照本条第一款规定登记的,不得对抗第三人。公司章程中的一项或几项必须登记的信息没有登记的,没有登记的信息不得对抗第三人。

3. 公司必须登记的信息包括名称、地址、股本、合伙人人数、法律形式,发生任何修改或变更的,公司应当在十五个工作日内书面通知公司事务主管部门和登记处。

4. 对于因未在公司事务主管部门就公司章程或其修改登记,对公司、合伙人或第三人造成的损害,公司管理人或董事会成员应当承担共同责任。

第十六条　第三人对公司章程的证明

1. 第三人可以任何形式证明公司章程或其任何修订的存在。第三人可以对合伙人主张公司存在或无效。

2. 公司在第三人请求下被宣布为无效的,视为该公司对该第三人自始不存在。以公司的名义与第三人签订合同的人对该合同产生的义务承担连带责任。

3. 公司被决定无效的,按照公司章程开展公司清算并处理股东彼此的权利冲突。公司的债务人不得申请公司无效或因公司的无效主张免予偿还对公司负有的债务。

第十七条　合伙人出资的性质

1. 公司资本由货币股份或等价实物股份组成。

2. 仅普通合伙人才能以劳务出资。合伙人不得以其声誉或影响力出资。

第十八条　向公司出资的原则

1. 合伙人的出资是已转让给公司的所有权或任何其他有不动产权的,除另有约定外,在权利丧失、到期或出现缺陷的情况下,合伙人应当按照买卖合同中与所有权转让和股份担保相关的规定承担责任。

2. 出资仅是转让用益权的,对本条第一款所述事项适用与租赁合同相关的规定,但另有约定的除外。

3. 合伙人的出资包括其对他人的债务或者实物权利的,在合伙人将债务追偿权让与公司后,对公司的责任才解除。但是,债务到期时未履行该责任的,该合伙人应当赔偿公司的损失。

---

① 本法阿拉伯语版本和英语版本都将有限责任公司的股东称作“合伙人”,因而以下除明确说明外,所有合伙人均包括有限责任公司的合伙人。

4. 基于《著作权及相关权利法》和《专利和工业外观设计保护法》，在无相反约定的情况下，合伙人以劳务出资的，该劳务产生的任何收益均属于公司的权利，但合伙人从专利权中获得该收益以及与公司另有约定的除外。

第十九条 未按规定向公司出资

1. 合伙人的出资是第三人对其尚未偿还的债务的，合伙人有责任对公司承担该出资产生的任何义务。

2. 合伙人应当就其实缴出资金额或价值与本法规定应当在股东名册上载明的其他出资金额或价值之间的差额向公司承担责任。

第二十条 出资的替代物

1. 公司合伙人的债权人不得要求债务人以其公司的出资清偿其债务，但可以要求债务人以该出资的利得清偿。公司存续期限届满的，债权人对债务人的权利移转到债务人在清算后所取得的出资款项。

2. 合伙人的出资以公司股份表示的，债权人除享有本条第一款所述权利之外，可以向法院提起诉讼，要求出售该等股份，以从出售得利中清偿。

第二十一条 公司的法人资格

1. 从在公司事务主管部门商业登记之日起，根据本法及依据本法作出的相关决定，公司取得法律人格。

2. 在设立期间，公司在设立所需范围内具有法人资格。公司依照本法规定完成设立的，设立期间内设立人关于设立程序和要求等事项的行为属于公司的行为。

3. 公司在解散时，即进入清算阶段。公司在清算期间关于清算事宜所需事项维持法人资格，并以书面形式在公司名称中添加“清算中”一词。

4. 控股公司的子公司具有独立的法人资格并独立承担经济责任。

第二十二条 公司管理人的职责

公司管理人必须维护公司的权利，尽到谨慎注意义务，并应当依照公司的授权委托，采取符合公司宗旨且在授权范围内的一切行动。

第二十三条 公司对其管理人行为的责任

公司的管理机构在通常管理过程中采取的任何行为或措施，对公司发生约束力。公司的员工或代理人代表公司行事，且相关第三人认为是与公司交易时，公司的员工或代理人实施的任何行为，对公司发生约束力。

第二十四条 免除责任

除违反本法规定外，公司章程或章程中允许公司或其子公司免除任何人作为公司现任或前任负责人承担的任何个人责任的任何规定，均属无效。

第二十五条 对公司的交易方的保护

1. 公司管理机构的行为落入公司经营事项范围以内的，不得以公司的管理机构的任命违反本法或公司章程为由，不对交易方承担责任。

2. 善意的公司的交易方才能得到保护。明知或可以根据与公司的关系知道上述行为有缺陷的人，不视为善意。

第二十六条　会计记录

1. 公司必须设置说明其交易状况的会计记录,以便随时准确披露公司的财务状况,并使合伙人或股东可以确定公司按照本法规定设置账簿。

2. 公司的会计记录从公司财务年度结束起,在其总部保存五年或以上。

3. 公司可以根据经济部长决定作出的规定,保存其所持有的任何文件、单据的电子副本。

第二十七条　公司账目

1. 股份公司或有限责任公司必须设置至少一名审计员,负责每年审计公司账目。其他公司可以根据本法规定,设置一名审计员。

2. 公司必须编制年度财务账目,包括资产负债表和损益表。

3. 公司在编制中期和年度账目时,必须采用国际会计准则,清楚、准确地反映公司的损益情况。

4. 公司的任何股东或合伙人在向公司提出书面申请后,可以免费获得最新的经审计账目副本和审计员报告;对于控股公司,可以获得集团账目副本。公司必须在申请提交之日起十日内答复。

第二十八条　公司的财务年度

1. 公司章程应当对财务年度作出规定,公司的第一个财务年度不得超过公司在公司事务主管部门商业登记簿上登记之日起十八个月,且不得少于六个月。

2. 公司之后的财务年度应当是连续的期间,每年十二个月,上一财务年度结束后立即开始。

第二十九条　损益的分配

1. 公司章程没有规定合伙人对损益的分配比例的,该比例为其持有股份占总股本的比例。公司章程仅规定了合伙人在收益中所占的比例的,其在损失中所占的比例应当等于其在收益中所占比例;反之亦然。

2. 合伙人仅以劳务出资的,公司章程必须规定其在损益中所占的比例。合伙人在劳务之外还提供了货币或实物出资的,其劳务出资及其货币或实物出资应当分别在损益中占一定比例。

3. 公司章程规定剥夺某个合伙人分配利润的权利或免除其分担损失的义务的,或者约定可以该合伙人对公司的出资获得固定比例的收益的,该类约定无效。

4. 合伙人仅以劳务出资,但该劳务无法确定薪酬的,可以约定免除该合伙人对公司损失的责任。

第三十条　利润的分配

1. 不得向合伙人或股东分配虚假利润,否则董事会或其管理人应当就此行为向股东、合伙人和公司债权人承担责任。

2. 公司违反本法规定或根据本法作出的决定分配任何利润的,合伙人或股东应当退还获得的款项。公司债权人可以要求合伙人或股东退还其已取得的款项,即使该合伙人或股东是善意的。

3. 公司在之后遭受损失的,不得剥夺合伙人或股东已经获得的实际利润。

第三十一条　证券的发行

根据本法第四条规定，只有股份公司才能发行可转让股票、债券或伊斯兰债券。

第三十二条　公开发行证券

除开放式股份公司外，其他公司不得公开发行证券。在任何情况下，在阿拉伯联合酋长国境内、自由区内或境外设立或注册的公司、机构、自然人、法人，在获得证券商品管理局批准之前，不得在阿拉伯联合酋长国刊登任何包含公开发行证券信息的广告。

第三节　公司的登记处

第三十三条　规范登记处的工作

经济部长应当与公司事务主管部门会同颁布条例，规范登记处的工作。

第三十四条　对商业名称登记簿的检查

1. 登记处除执行经济部长交办的任务外，应当检查在阿拉伯联合酋长国注册的公司的商业名称登记簿，以避免名称重复。

2. 公司事务主管部门应当向登记处提供所有公司的名称及经其许可的商号，并应当在发放任何新许可之前与登记处核对，避免名称重复。

第三十五条　当出现类似商业名称时登记处的作用

1. 登记处发现在阿拉伯联合酋长国注册的两家或两家以上公司的名称相似，达到了足以混淆程度的，可以作出相应决定，要求相关方在决定送达之日起三十个工作日内更改名称，以避免混淆。登记处可在上述期限届满后，可以再次作出更改名称的决定。

2. 先在登记处登记的公司可以要求登记处命令与其名称相同或相似的公司更改名称。登记处可以作出相应决定，要求后者在决定送达之日起三十个工作日内更改名称。上述期限届满后，登记处可以再次作出更改名称的决定。

3. 在决定送达之日起十五个工作日内，相关方可以针对登记处的决定向经济部长提出申诉，申诉被驳回或在提出申诉之日起十五个工作日内未决的，相关方可在被驳回或该期限届满之日起三十日内向法院提出上诉。

第三十六条　登记处对公司文件的保留

经济部长应当作出决定，规定下述事项：

(1)登记处必须保留公司文件的期限，并在这一期限届满后可以予以销毁。

(2)通过电子和其他通信手段，向登记处提交文件的规范。该决定应当规定保证登记处记录与公司事务主管部门记录的一致性的方式。

第三十七条　查阅登记处保存的记录

根据本法规定，有关人员可以向登记处索取：

(1)登记处保存的记录所载信息的副本。

(2)登记处或公司事务主管部门出具的证明，包含该等记录载有的特定内容。

第三十八条　应付给经济部和证券商品管理局的费用

部长会议应当根据经济部长的提议并与财政部协调，就公司对经济部和证券商品管理局为执行本法开展的工作，应当支付的费用作出决定。

第二章 人合公司

第一节 合伙公司

第三十九条 合伙公司的定义

合伙公司是由两个或两个以上的自然人组成的公司，他们共同以其个人所有资产对公司的债务负责。

第四十条 合伙人的身份

普通合伙人具有经营者身份，且视为以公司的名义开展商业活动。合伙公司宣布破产的，则依法强制所有合伙人宣布破产。

第四十一条 公司的名称

1. 合伙公司的名称由一个或数个合伙人姓名加上“及其合伙人”或类似含义的字样构成，且名称必须以“合伙公司”结尾。除此之外，公司应当有自己的商号，但该商号应当与公司名称同时出现。

2. 公司名称中有非合伙人的姓名，且该非合伙人知道的，该非合伙人应当对公司对任何善意第三人的债务承担共同责任。

第四十二条 合伙公司设立协议

1. 合伙公司设立协议应当包括下列内容：

(1)每个合伙人的全名、国籍、出生日期和居住地。

(2)公司的名称、地址和商号(如有)及其设立目的。

(3)公司的总部及分公司(如有)。

(4)公司的资本、每个合伙人的份额及其估值，以及估值方法和到期日。

(5)公司的起始时间和终止时间(如有)。

(6)管理公司的方式，包括有权代表公司签字的人的姓名及其权限范围。

(7)财务年度的起止。

(8)损益分配比率。

(9)转让公司股份的条件(如有)。

2. 公司设立协议载有经理姓名的，必须注明其全名、国籍、住所和权限。

第四十三条 设立的程序

合伙公司按照以下步骤完成设立和注册：

(1)公司事务主管部门应当确定设立公司所需的数据和文件，并根据本法规定制定公司设立申请表的样表。

(2)公司设立申请应当连同许可和注册所需必要文件提交公司事务主管部门。

(3)公司事务主管部门可以要求申请人补充必要信息和文件，或对公司章程修改，以符合本法规定及根据本法作出的决定。

(4)公司事务主管部门应当在提交申请或补充所要求的信息和文件或作出修改之日起至多五个工作日内，就公司设立申请作出决定。驳回申请的，必须说明驳回的理由。

(5)公司事务主管部门驳回申请,或在本条第四款所述期限没有作出决定的,申请人可以在十五个工作日内向公司事务主管部门负责人提出申诉。申诉被驳回或在提出申诉之日起十五个工作日内未决的,申请人可以在通知驳回或上述期限届满之日起三十日内,向法院提出上诉。

(6)公司设立申请获得批准的,公司事务主管部门应当在商业登记簿上登记,并颁发营业执照。

(7)公司应当在营业执照颁发之日起五个工作日内,向登记处提供公司营业执照及公司设立协议的副本,以按照经济部长制定的相关条例予以公布。

第四十四条　必须保存的信息和文件

合伙公司应当在其总部保存以下信息和文件:

(1)包含合伙人的名称和地址的记录。

(2)公司设立协议的副本及其任何修订。

(3)各合伙人出资的货币数额、资产的性质和价值以及出资日期的说明。

(4)本法和为执行本法作出的决定规定的任何其他信息、文件或记录。

第四十五条　合伙公司的管理

1. 合伙人有权管理公司。关于公司业务,每名合伙人都作为公司和其他合伙人的代理人,但公司设立协议或独立协议将管理权委托给一个或多个合伙人或非合伙人的除外。

2. 不担任管理人的合伙人(执行事务合伙人),除另有约定外,才能介入管理工作。该等合伙人可以检查公司的运作,审查公司账簿和文件,并向管理人提出意见。

3. 除非公司设立协议另有约定,有关公司业务的决议应当经所有合伙人协商一致通过。

第四十六条　合伙公司的竞业活动

1. 未经其他合伙人书面同意,普通合伙人不得为自己或第三人从事公司的竞业活动,也不得成为另一公司的普通合伙人。

2. 合伙公司的合伙人未经其他合伙人同意,从事竞业活动的,应当将从该活动获得的所有利润交予公司。

第四十七条　管理人的解职

1. 管理人是合伙人且由公司设立协议任命的,只能根据其他所有合伙人共同决定或法院的判决予以解职。

2. 管理人是合伙人,且由独立于公司设立协议任命的,或者管理人不是合伙人且无论是由公司设立协议或由独立合同任命的,可以由大多数合伙人共同决定或法院的判决予以解职。

3. 除公司设立协议另有规定外,在前两款规定的两种情形中,管理人被解职的,不导致公司解散。

第四十八条　管理人辞职

管理人是合伙人或非合伙人的,可以辞去管理人职务管理人是合伙人的,必须在辞职生效之日起六十日内以书面形式通知公司,否则应当承担赔偿责任,但其任命协议另有规定的除外。管理人的辞职,不导致公司解散。

第四十九条　禁止管理人从事的行为

只有在所有合伙人同意或协议明确规定的情况下,管理人才能从事超出普通管理事宜的活动,尤其是下列行为:

(1)捐款,但根据商业习惯作出的普通小额捐款除外。

(2)出售公司的不动产,但出售不动产是公司设立目的之一的除外。

(3)对公司的不动产或资产设定抵押。公司设立协议允许管理人出售公司不动产的,亦是如此。

(4)担保他人的债务。

(5)出售、抵押或出租公司的商铺。

第五十条　为自己与公司订立合同

1. 管理人不得为自己或两代以内任何亲属与公司订立合同,但每次订立均得到所有合伙人书面许可的除外。

2. 管理人不得从事公司的同类业务,但得到所有合伙人的书面许可的除外,且该许可必须每年续展。

第五十一条　管理人的职责

管理人对因其违反公司设立协议或其任命合同,或者因其在履行职务中的过失或错误,或者因其违反谨慎注意义务的,应当对公司、合伙人或第三人造成的损害承担责任。任何违反本条规定的规定无效。

第五十二条　多名管理人的职责

1. 有多名管理人,且每名管理人有特定权限的,每名管理人只对在其权限范围内的活动对合伙人负责。有多名管理人,且需要共同管理的,多名管理人的决定以协商一致或以公司设立协议规定的半数以上作出的,方为有效。但是,公司设立协议可以规定,不及时开展紧急活动将对公司造成严重损失或丧失大额盈利机会的,每名管理人都可以单独开展。

2. 管理人有多名,且协议没有规定具体权限,且无须共同管理的,每名管理人可以从事管理工作,但其他管理人有权在工作完成之前提出反对。在这种情况下,应当以半数以上管理人的意见为准。无法形成半数以上管理人同意的意见的,交由合伙人裁决,合伙人的决定为最终决定。

3. 各名管理人应当对其工作尽到谨慎注意义务。

第五十三条　公司的责任

合伙公司对第三人负责赔偿由合伙人的行为造成的损害,但是,该等行为必须经其他合伙人同意,或在公司正常业务中发生的。

第五十四条　新加入的合伙人

新加入公司的合伙人与其他合伙人共同以其所有资产对其加入公司之前的债务负责,但是公司必须事先披露该等债务。新加入公司的合伙人与其他合伙人共同以其所有资产对其加入公司之后的债务负责。所有合伙人之间达成的不符合本条规定的协议,不得对抗第三人。

第五十五条　退出的合伙人

1. 公司章程无相反规定的,合伙人可以与其他合伙人订立书面协议退出合伙公司。不能达成协议的,合伙人可以向法院起诉,要求准许退出,但应当在该合伙人确定的退出之日前至少六十日以挂号信的方式通知其他合伙人。公司有权要求退出的合伙人给予必要的赔偿。

2. 退出的合伙人与公司的其他合伙人共同以其全部个人资产,对其退出前产生的债务承担责任。

3. 退出的合伙人免于承担退出后公司的债务。该合伙人在商业登记簿登记退出,且在两家当地日报上公布(其中一份以阿拉伯语出版)。以上行为全部完成三十日后,退出的合伙人才能对公司之后产生的债务免责。

4. 公司由两个合伙人组成的,其中一个退出,另一个合伙人可以在商业登记簿登记退出之日起六个月内,吸纳一个或多个新合伙人加入公司,以替代退出的合伙人。否则,公司视为解散。

第五十六条　转让股份

1. 经由所有合伙人同意且满足公司设立协议所载限制的,才能转让合伙公司的股份。经由公司事务主管部门登记转让并通知登记处的,受让人才能成为公司的合伙人。

2. 所有允许不受任何限制地转让份额的协议均属无效,但是合伙人可以将其公司股份的关联权利让与他人,且该转让协议只对缔约双方有效。

第五十七条　死亡的合伙人的权利

合伙公司解散之日起或从合伙人死亡之日起(以孰早为准),死亡的合伙人的股份视为其他合伙人应当支付的到期债务,但合伙人之间另有约定的除外。

第五十八条　公司存续期间届满或设立目的成就之后的交易

1. 公司存续期间届满或设立目的成就后依然存续的,应当维持合伙人在公司中的义务和权利。

2. 善意第三人在公司章程修订或解散公司决定作出后,认为公司依然存在,且继续与一个或多个公司合伙人交易的,该合伙人仅对在公司设立协议修订或解散公司决定作出前,与第三人的交易负责。在公司解散决定或设立协议修订作出前,在两家当地日报上(其中一家以阿拉伯语出版)公布上述信息,视为对与合伙公司交易者的充分通知。

第五十九条　公司与合伙人相互之间的义务

在不违反合伙公司设立协议规定的前提下,公司与合伙人应当考量以下事项:

(1)公司有义务支付合伙人个人代表公司支付的、使公司能够开展正常业务或维持公司资产和经营的任何款项。

(2)合伙人有义务交还公司因经营与公司有关的业务或未经其同意使用其财产、名称或商标而获得的任何利益。

第六十条　执行合伙人的财产

仅在获得执行公司财产的文件并告知公司将执行该项债务,且公司无法履行导致权利无法实现后,才能因公司债务执行合伙人的财产。针对公司的执行文件是对抗合伙人的依据。

第六十一条　利润和损失

1. 公司的损益和每名合伙人的分红由公司财政年度结束时的资产负债表和损益表决定。

2. 利润和损失的数额确定后,每名合伙人在其应得利润范围内视为公司的债权人。没有另行规定的,应当以之后年份的利润补充因损失造成的资本不足。不得由合伙人分摊因损失造成的公司资本不足,但合伙人同意的除外。

第二节 简单两合公司

第六十二条 简单两合公司的定义

简单两合公司是由一个或多个普通合伙人以及一个或多个有限合伙人组成的公司。普通合伙人对公司的债务承担连带责任,且具有经营者身份;有限合伙人仅在其出资范围内承担公司债务,且不具有经营者身份。

第六十三条 有限合伙人的地位

任何自然人或法人可以作为简单两合公司的有限合伙人。

第六十四条 简单两合公司的名称

1. 简单两合公司的名称由一个或多个普通合伙人的姓名以及表明公司法律形式的字样构成,另外可以加上公司的商业名称。

2. 有限合伙人的姓名不能出现在公司名称中。公司名称中出现有限合伙人的姓名且该有限合伙人知情的,该有限合伙人对善意的第三人而言视为普通合伙人。

第六十五条 简单两合公司的设立协议

1. 简单两合公司适用关于合伙公司的所有规定,且适用本节关于有限合伙人的规定。

2. 简单两合公司的设立协议应当包括对于普通合伙人和有限合伙人名称的情况说明,公司设立协议没有具体说明公司合伙人类型的,该公司视为合伙公司,所有合伙人视为普通合伙人。

3. 有限合伙人不得以劳务出资。

第六十六条 简单两合公司的管理

仅普通合伙人可以参与公司的管理,公司决议应当经所有普通合伙人一致同意,但公司设立协议规定经半数以上普通合伙人同意即可的除外。经所有普通合伙人和有限合伙人同意的,才能变更公司经营业务的性质和设立协议。

第六十七条 简单两合公司的借款

1. 简单两合公司的普通合伙人具有合伙公司的合伙人的所有权利和权力,且受关于合伙公司的合伙人的所有条件、限制和义务的约束。

2. 普通合伙人以公司名义或为公司利益作出的借款或发生的任何其他债务属于公司的债务。

第六十八条 有限合伙人的权利

1. 有限合伙人享有以下普通合伙人享有的权利:

(1)经所有普通合伙人同意,可以贷款给公司并或与公司交易。

(2)在公司正式工作时间内,随时查看和获取公司账簿和记录的副本或摘录。

(3)获取有关公司业务及其官方声明的完整、准确的信息。

(4)自行或通过其他合伙人或非合伙人开展本条第一款第一项所述所有工作,但不得对公司造成损害。

2. 在适用本条规定时,有限合伙人从事公司任何内部监管行为,不视为参与公司管理,不对善意第三人承担公司债务的连带责任。

第六十九条　管理工作

1. 有限合伙人不得干涉与第三人有关的管理工作，但可以要求公司提供损益表和资产负债表的副本，并通过亲自或由合伙人或第三方代理人查阅、核实公司账簿和文件的内容。上述工作不得对公司造成损害。

2. 有限合伙人违反本条第一款规定的，应当以其所有资产对其行为产生的义务承担责任。

3. 有限合伙人参与公司管理使第三人认为是普通合伙人的，对该有限合伙人适用关于普通合伙人的规定。有限合伙人应当以其所有资产对公司的所有债务负责。

4. 有限合伙人基于公司普通合伙人的明示或默示授权，从事禁止其从事的管理工作的，该普通合伙人应当对该管理工作产生的义务承担连带责任。

第七十条　转让份额

除经所有合伙人同意，或根据公司章程规定外，普通合伙人不得将其出资的全部或部分向第三人转让。只有在公司事务主管部门登记转让并通知登记处后，受让人才能成为公司的合伙人。

第三章　有限责任公司

第一节　有限责任公司的设立

第七十一条　有限责任公司的定义

1. 有限责任公司是股东（合伙人）①人数不低于两人且不多于五十人的公司，股东仅在其出资范围内承担责任。

2. 阿拉伯联合酋长国自然人或者法人可以设立和持有有限责任公司，公司资本的所有权人仅在公司设立协议所载资本范围内对公司债务承担责任。在与该公司性质不冲突的情况下，本法关于有限责任公司的规定适用于该公司的资本所有权人。

第七十二条　有限责任公司的名称

1. 有限责任公司名称可以其设立目的命名，也可由一个或多个股东的姓名构成，但结尾须为“有限责任公司”字样及其阿文缩写。一人有限责任公司，其名称中应为其所有者的姓名，后面加上“一人有限责任公司”字样。

2. 管理人违反前款规定的，应以其个人资产对公司债务承担共同责任，在必要时须负赔偿责任。

第七十三条　公司的设立协议及设立程序

1. 有限责任公司应当按照本法第四十二条和第四十三条设立。

2. 公司的设立协议应当确定因公司业务产生的争议的解决方式，包括公司与任何管理人

① 如前所述，《阿拉伯联合酋长国商业公司法》中的“合伙人”包括有限责任公司的股东，此处为方便中文读者理解，本章中采用“股东”的译法。

之间的争议和公司股东之间的争议。

第七十四条　公司的股东名册

1. 公司应当在其总部专门设置股东名册，并包含以下信息：

(1) 每名股东的全名、国籍、出生日期、居住地。股东是法人的，包含其总部的地址；

(2) 关于股份的交易，注明交易日期。

2. 公司管理人对该名册及其信息的真实性负责，任何利害关系人有权查阅该名册。

3. 公司应当在每年的一月向公司事务主管部门及登记处提交名册所载信息。上述信息在上一年度发生变化的，公司应当提供更新后的信息。

第七十五条　增加公司的股东人数

1. 在公司设立后，股东人数超出本法第七十一条规定的限制，公司管理人应当在超过发生后三十日内告知公司事务主管部门。

2. 除继承或法院判决要求转让股东的股份所有权外，公司需在通知之日起三个月内作出调整。公司事务主管部门可以再延长三个月，否则公司应当视为终止。公司股东以其个人资产对于自股东人数超出规定之日起公司所产生的债务承担连带责任。

3. 股东可以证实不知道股东人数超出限制或提出异议的，可以不承担第二款规定的责任。

第七十六条　有限责任公司的资本

1. 公司应当具备充足的资本实现其设立的目的。公司资本由等值股份组成。部长会议可根据经济部长的提议，在与公司事务主管部门协商后颁布决定，具体规定公司的最低资本。

2. 股份可以是货币和/或实物，且需在公司设立时足额缴纳。

3. 货币股份应当存入在阿拉伯联合酋长国经营的银行。提供证实公司已在公司事务主管部门完成注册的材料的，银行才可以在合同规定期限内，将货币交付公司管理人。

第七十七条　股东的股份不可分割

有限责任公司股东的股份不可分割。股份由多人持有，且未指定代表人的，先将姓名载入公司设立协议的人视为代表人。公司可以令该股份的所有权人在指定期限内选出代表。期限届满后，公司有权为股份所有有权人的利益出售该股份。股东对该股份有优先购买权，多名股东同时行使优先购买权的，除另有约定外，按各股东的股份所占资本的比例分配。

第七十八条　实物出资的估价

1. 有限责任公司的股东可以以实物出资。

2. 实物出资应由公司事务主管部门指定的、经证券商品管理局认证的一名或多名财务顾问估价。费用由实物出资人承担。不按照上述规定的估价视为无效。

3. 公司事务主管部门有权审议和驳回估价报告，并在必要时任命其他估价人。费用由实物出资人承担。

4. 股东可以约定实物出资的价值。公司事务主管部门应当认可该价值，实物出资人应当对公司设立协议约定的价值的真实性向第三人负责。确认实物出资的估价超过实际价值的，出资人应当以货币向公司支付差额。第二款规定不影响本款的适用。

第七十九条　股份的转让或抵押

1. 任何股东可以转让其股份或抵押给任何其他合伙人或第三人，转让或抵押应当依法根据公司设立协议,并订立正式文件实施。转让或抵押经由公司事务主管部门载入商业登记簿后才可以对抗公司或第三人。

2. 公司不得阻碍转让或抵押登记,但该转让或抵押违反公司设立协议或本法规定的除外。

第八十条　转让股份的方式

1. 股东将股份有偿或无偿转让给非股东的,必须通过公司管理人告知其他合伙人,受让方和转让或出售条件等信息。管理人应当在收到通知后立即告知其他合伙人。

2. 股东可以在以一致同意的价格在通知管理人的三十日内,优先购买本条第一款所称股份。对价格有异议的,由一名或多名具有专业财务知识的专家估价。专家由公司事务主管部门应行使优先购买权的股东的要求指定,费用由行使优先购买权的股东承担。

3. 多名股东同时行使优先购买权的,应当按各股东的出资所占公司资本的比例分配,且遵守本法第七十六条规定。

4. 本条第二款所述期限内没有其他股东行使优先购买权的,股东可以自行处置其股份。

第八十一条　强制执行股东的股份

股东的债权人对其债务人的股份获利提起强制执行程序的,可以与债务人和公司约定出售的方式和条件。没有达成协定的,向法院提出申请后,应当公开拍卖股份。一个或者多个股东可以在拍卖之日起十五日内,以拍卖的同等条件优先购买该股份。以上规定适用于股东破产的情形。

第八十二条　股东对公司利润或利益的责任

有限责任公司的股东通过公司的业务、活动或使用公司的财产、名称或商业关系获得任何财产、利润或利益的,公司可以对该等利润和利益提出主张。

第二节　有限责任公司的管理

第八十三条　有限责任公司的管理人

1. 有限责任公司按照股东通过的设立协议确定一名或多名管理人。管理人可以是股东或非股东。公司设立协议或独立协议没有指定管理人的,由股东大会指定。有多名管理人的,股东可以委任管理人委员会。公司设立协议规定委员会的权限和职能。

2. 除公司管理人的委任协议或公司设立协议或其内部管理规定限制管理人享有的权力外,管理人有权行使关于公司管理的全部权力。只要管理人在作出任何行为时可以表明享有相关权利的,公司应当受管理人行为的约束。

第八十四条　有限责任公司管理人的责任

1. 有限责任公司的任何管理人应当就其实施的任何欺诈行为,对公司、股东和第三人负责,并应当向公司赔偿因滥用权力或违反法律、公司章程、管理人委任协议规定,以及因重大过失造成的任何损失或费用。公司章程或管理人委任协议的任何规定违反本款规定的,均属无效。

2. 对有限责任公司的管理人适用本法对于股份公司董事会成员的规定,且不得违反本法关于有限责任公司的规定。

第八十五条　管理人职位空缺

1. 除公司设立协议或管理人委任协议另有规定外，无论管理人是股东还是非股东，管理人的解职应当由股东大会决定。但是，法院认为有合理事由解雇管理人的，可以应公司一名或多名股东的申请，解除管理人职务。

2. 管理人可以向大会提交书面辞呈，并将辞呈副本提交公司事务主管部门。股东大会应当在提出辞呈之日起三十日内作出决定。未作出的，辞职在上述期限届满后视为生效，但公司设立协议或管理人委任协议另有规定的除外。

3. 公司应当在管理人离职之日起三十日内将离职情况通知公司事务主管部门，并应当在此期间任命接任的管理人。

第八十六条　公司管理人的竞业行为

未经公司股东大会批准，管理人不得承担其他与本公司竞业或有类似目的的公司管理工作，也不得为其本人或他人从事与公司竞业或类似活动。违反上述规定的，管理人可以被解职，并应当承担赔偿义务。

第八十七条　编制账目的义务

公司管理人负责编制资产负债表和损益表，编写公司活动和财务状况的年度报告，并在财务年度结束之日起三个月内向股东大会提交利润分配的建议。

第八十八条　任命监事会

1. 股东人数超过七人的，必须由三名或以上股东组成的监事会开展监督工作。股东大会可以在监事的任期结束后再次任命该监事，也可以另行任命其他股东，并可以随时以合理事由罢免。

2. 管理人无权决定监事会成员的任免。

第八十九条　监事会的权限

监事会可以审查公司的账簿和文件，并要求管理人员随时提交管理报告。监事会应当监督资产负债表、年度报告和利润分配情况，并在不晚于股东大会召开前五日向股东大会提交与上述事项相关的报告。

第九十条　监事会成员的责任

监事会成员不因管理人的工作被问责，但知道管理人存在问题且没有在提交给股东大会的报告中指出该等问题的除外。

第九十一条　非管理股东的权利

不设监事会的有限责任公司中，非管理股东享有本法或公司章程授予股东的所有权利。其他协议违反本条规定的，即属无效。

第三节　股 东 大 会

第九十二条　股东大会的构成和召开

1. 有限责任公司的股东大会由所有股东组成。股东大会由管理人或管理人委员会召开，在财务年度结束后四个月内每年至少召开一次，并召开股东大会提议通告指定时间和地点举行。

2. 持有四分之一或以上资本的一个或多个股东要求召开股东大会的，管理人或被管理人授权的人应当召开大会。

第九十三条　发出召开股东大会的提议通告

1. 除根据本法第九十六条规定因未达到法定人数不足而不召开股东大会外，召开股东大会的提议通告应当根据经济部长作出的相关决定发出，并遵守以下规定：

(1)提议通告应当在不晚于会议日期前二十一日发出通知。

(2)提议通告应当根据经济部长决定规定的方式通知。

(3)应当以挂号信或公司设立协议规定的现代技术手段通知股东。

(4)应当在宣布召开股东大会前，提交公司事务主管部门提议通告的副本。

2. 提议通告包括第一次会议的议程、地点、日期和时间。第一次会议无法达到法定人数的，则包括第二次会议的议程、地点、日期和时间。提议通告还包括，有权出席股东大会的人及其以下权利，即以书面特别授权书委托管理人股东以外的股东或第三人，讨论大会议程的议题，向管理人、董事会或审计员提出问题，以及股东大会及其所作决定的有效性所需的法定人数。

3. 股东大会可以远程出席等方式举行，股东可以根据经济部长的相关规定，审议并表决股东大会的决定。

第九十四条　股东年度大会的职权范围

有限责任公司的股东大会有权在年度会议审议下列事项，并作出决定：

(1)管理人关于公司在上一财务年度的活动和财务状况的报告、审计员的报告和监事会的报告；

(2)资产负债表、损益表，并对予以批准；

(3)分配给股东的利润；

(4)任命管理人并确定其薪资；

(5)任命管理人委员会成员（如有）；

(6)任命监事会成员（如有）；

(7)根据伊斯兰教法经营的公司，任命对内伊斯兰教法监督委员会以及伊斯兰教法监督员；

(8)任命一名或多名审计员，并确定其薪资；

(9)本法规定或者公司设立协议规定的属于其职权范围的其他事项。

第九十五条　出席股东大会

持有任何数额股份的股东有权出席股东大会，并可以特别授权书或公司设立协议允许的其他方式，代表其他非管理人股东出席大会。股东的票数等于持有的股份和代表的股份所享有的票数。

第九十六条　股东大会的召开和表决的法定人数

1. 出席股东大会的股东拥有不少于公司资本的百分之七十五，大会会议方有效。

2. 没有达到前款规定的法定人数的，应在第一次会议后十四日内举行第二次会议，出席第二次股东大会的股东所持公司资本比例不低于百分之五十。

3. 没有达到本条第一款和第二款规定的法定人数的，应在第二次会议后三十日举行第三次会议,无论多少人出席,第三次会议均有效。

4. 大会的决议须经亲自或授权代表出席会议的股东简单多数通过,公司设立协议也可规定更高的比例。

第九十七条　新增问题列入股东大会议程

股东大会不得审议议程以外的事项,但会议期间发现需要审议的重要事实除外。会议开始后,股东申请将特定问题列入议程的,管理人必须作出答复;否则,股东有权提请股东大会决定。

第九十八条　讨论股东大会议程的议题

任何股东有权讨论议程上的议题,管理人有义务在不损害公司利益的前提下回答股东的问题。股东认为管理人的答复不充分的,可以提请股东大会决定。股东大会决定具有强制执行力。

第九十九条　关于免除管理合伙人责任的表决

担任管理人的股东不得参与对免除其管理责任决议的表决。

第一百条　股东大会的会议记录

关于股东大会的讨论,应当编制准确的概要记录,并将股东大会会议记录和大会的决定录入公司总部存档的专门登记簿中。任何股东可以亲自或委托代理人查阅该登记簿,以及资产负债表、损益表和年度报告。

第一百零一条　修订公司设立协议、增资与减资

修订公司设立协议,或增加、减少公司资本的决议,须经出席会议,且持有四分之三资本份额的股东批准。增减资比例应依股东在公司所持份额比例分配,但股东间另有约定的除外。只有在全体股东一致同意的情况下,才能增加股东的义务。

第一百零二条　公司的审计员

有限责任公司每年由股东大会任命一名或多名审计员。除本法第二百四十四条规定外,有限责任公司的审计员应当适用关于股份公司审计员的规定。相关情形中的"证券商品管理局"以"公司事务主管部门"替代。

第一百零三条　法定公积金

有限责任公司必须每年提存其净利润的百分之十作为法定公积金。法定公积金达到资本一半的,股东可以决定不再提存。

第一百零四条　关于股份公司规定的适用

1. 本法没有具体规定的,股份公司的有关规定适用于与其性质一致的有限责任公司。此时,"公司事务主管部门"替代"证券商品管理局"一词。

2. 部长会议应当根据经济部长的提议作出决定,包括在关于股份公司的规定不符合有限责任公司的性质,且不违反本法规定的,适用关于有限责任公司的规定,但该决定应当明确有限责任公司的关联方和交易。

第四章　开放式股份公司

第一节　开放式股份公司的定义及设立

第一百零五条　开放式股份公司的定义

开放式股份公司是将其资本分成等值可转让股份的公司。设立人认购部分股份，其余股份以公开认购的方式向公众发行。股东只在其出资范围内负责。

第一百零六条　开放式股份公司的名称

开放式股份公司应当有商业名称，且不得为自然人名称，但该公司的目的是投资以该人的名义注册的专利，或者该公司拥有商业名称或获得利用该商业名称的权利的除外。在任何情况下，必须在公司名称中使用“开放式股份公司”一词。

第一百零七条　设立人的人数

1. 五人以上可以设立开放式股份公司。

2. 联邦政府或地方政府及其全资公司或实体，可以是开放式股份公司的股东，也可以自行设立开放式股份公司。上述实体参与设立的公司设立人的人数可以低于本条第一款规定的人数。

3. 把其他形式的公司变更为开放式股份公司不受本条第一款规定的限制。

第一百零八条　开放式股份公司的期限

开放式股份公司的期限受公司设立协议及章程的限制。为实现公司的目的，可以作出特别决定，以延长或缩短该期限。

第一百零九条　设立人

1. 设立人是所有在公司章程上签字的人，在公司设立时依本法持有一定比例的货币资本或以实物出资。

2. 设立人对因违反公司设立规则和程序而可能造成的任何损害负责。所有设立人对其义务承担连带责任。关于受委托设立公司，委托人姓名不明或委托协议无效，受托人应当承担个人责任。

第一百一十条　公司设立协议和公司章程

1. 设立人应当订立公司设立协议和公司章程，包含以下内容：

(1) 公司的名称及总部；

(2) 公司的设立目的；

(3) 每个设立人的全名、国籍、出生日期、住所和地址；

(4) 公司的资本金额、股份数量、每股的名义价值以及每股价值的实缴金额；

(5) 设立人承诺完成设立程序；

(6) 关于预计将在公司设立过程中产生的费用、工资和成本数额的说明；

(7) 关于实物出资人的姓名、初始价值、出资条件，以及其抵押及其他财产负担等情况（如有）的说明。

2. 公司设立协议和公司章程应当符合法律及其实施条例的规定，并应当规定公司董事会和股东大会的职权范围。证券商品管理局应当公布公司章程的样本,公司应当采用样本格式。

第一百一十一条　股东对公司章程的遵守

1. 公司章程在公司事务主管部门商业登记簿上登记后,对所有股东发生约束力,但本法另有规定的除外。

2. 股东根据公司章程应当支付给公司的任何款项视为其对公司的债务。

第一百一十二条　设立人委员会

1. 设立人应选举设立人委员会,由三名或以上设立人组成,负责公司组建事宜。设立人委员会应对提交证券商品管理局的所有文件、研究结论和报告的有效性、准确性和完整性负责。

2. 设立人委员会可委托其成员或第三人依证券商品管理局之相关规定,在证券商品管理局和公司事务主管部门办理并完成设立程序。

3. 为公开认购之需,设立人委员会应任命财务顾问、法律顾问和审计员各一名。

第一百一十三条　在公司事务主管部门办理设立程序

1. 设立人委员会应当向公司事务主管部门提交公司设立申请,并提供公司设立协议、拟开展项目的经济可行性报告、拟定的实施时间表,以及公司事务主管部门要求的任何其他文件。

2. 公司事务主管部门应当审议公司设立申请,初步作出批准或驳回该申请,并在完整申请材料提交之日起或在所需文件或数据补全之日起十个工作日内通知设立人委员会。公司事务主管部门未在此期限内初始批准的,视为驳回申请。

3. 公司事务主管部门驳回公司设立申请,或在本条第二款所述期限未能作出决定的,设立人委员会可以在十个工作日内向公司事务主管部门负责人提出申诉。申诉在提出之日起十五个工作日内被驳回或未决的,设立人委员会可以就公司事务主管部门作出的驳回决定向法院提出上诉。上诉需在公司事务主管部门通知其驳回决定之日起三十日内;在未作出决定的情形下,为规定期限届满之日起三十日内。

第一百一十四条　在证券商品管理局的设立程序

1. 经公司事务主管部门初始批准后,设立人委员会应根据证券商品管理局要求的条件,向证券商品管理局提交设立申请、公司章程、公司设立协议、公司拟开展项目的经济可行性报告、拟议的实施时间表、招股说明书以及其他部门颁发作出的相关许可。

2. 设立人提交完整的设立申请之日起十个工作日内,或由证券商品管理局委任的估价人提交其有关实物出资估价的最终报告(如有)之日起十个工作日内,证券商品管理局应当有关申请文件的意见通知设立人委员会。设立人委员会应自通知之日起十五个工作日内,完成证券商品管理局认为必要的补充和修改,否则,证券商品管理局可视其为放弃设立申请。

证券商品管理局应当审议公司设立申请,并在提交完整的申请之日或证券商品管理局任命的估价人提交实物出资估价最终报告(如有)之日起十个工作日内,将其关于公司设立申请的说明及文件通知设立人委员会。设立人委员会应在通知之日起十五个工作日内,补正任何瑕疵或作出证券商品管理局认为完成公司注册申请所必需的修正,否则,证券商品管理局可以视为放弃公司设立申请。

3. 证券商品管理局应当在申请完成审议之日起十个工作日内，将申请文件的副本提交公司事务主管部门。证券商品管理局应当在提交申请之日起十个工作日内与公司事务主管部门会同审议。公司事务主管部门有任何意见的，证券商品管理局应当通知设立人委员会完成公司事务主管部门认为必要的补充和修改，以便在通知设立人委员会之日起十个工作日内完成设立申请，否则，证券商品管理局可以视为放弃设立申请。证券商品管理局应当确保申请及所有文件、说明符合规定，并将修改后的副本提交公司事务主管部门。

第一百一十五条　公司设立协议的认证

设立人委员会应当按照本法规定，鉴定公司设立协议，并提交证券商品管理局一份副本。设立人委员会应当一同提交公司事务主管部门批准许可的初步决定的副本，以及由阿拉伯联合酋长国经授权的银行出具的证明，确认设立人在证券商品管理局批准其作出公开招股书前，已经缴纳了应缴金额。

第一百一十六条　修改设立申请中的数据

在公司设立的任何阶段，一旦向公司事务主管部门提交了设立申请，就不允许修改包括公司的资本、目的、设立人姓名在内的公司设立申请中的数据。发生修改的，应当把修改事项提交公司事务主管部门，以便公司事务主管部门采取其认为合适的行动。

第一百一十七条　设立人对公司的出资

1. 设立人必须认购公司发行的百分之三十以上百分之七十以下的股份。剩余股份实施公开招股。

2. 设立人不得认购公开招股的股份。

第一百一十八条　实物出资的估价

1. 公司的设立人可以以实物出资作为股份。实物出资的估价由出资者承担。

2. 实物出资应当根据证券商品管理局作出的程序估价。

3. 估价人可以查阅其认为必要的任何信息或文件，以便开展估价并有效准备估价报告。设立人委员会或董事会（视情况而定）应采取必要程序，从请求之日起尽快向其提供所需信息、文件和文书。

4. 设立人委员会和董事会（如有）对报告和信息的准确性、充分性和完整性承担全部责任。估价人在履职时应当保持敏锐。

5. 证券商品管理局可以讨论和反对估价报告。证券商品管理局可以根据需要任命另一名估价人，费用由公司承担。

6. 公法人的实物出资可能是使用公共资金的特许权或权利。

第一百一十九条　设立后实物出资的估价

公司设立后实物出资的估价，应当遵守同样的估价规定。

第一百二十条　实物出资估价过高

1. 证券商品管理局确认估价人在对实物出资存在任何夸大或疏忽时，可以采取下列措施：

(1) 禁止估价人从事证券商品管理局的估价事宜两年或以上。

(2) 估价人再次发生上述违规行为的，禁止估价人终身从事证券商品管理局的估价事宜。

2. 估价人可以在接到本条第一款所载决定之一的通知之日起十五个工作日内,向证券商品管理局理事会主席提出申诉。理事会主席驳回申诉或自提交申诉之日起十五个工作日内未处理的,估价人可以向法院起诉。估价人应当在自驳回申诉之日起三十日内,或在规定答复期限届满之日起三十日内(未答复申诉的情况),提出上诉。

第一百二十一条　公开认购邀请书

1. 公开认购邀请书应当由设立人委员会、顾问和参与公司设立程序各方或其代表人签署,并对其中所含信息的真实性承担连带责任。

2. 公开认购邀请书应于公开认购前至少五个工作日,在两份当地报纸上公布,其中应包含一份阿拉伯语报纸。

3. 公开认购邀请书应当符合管理局对于公开认购信息的要求,包括但不限于公司名称、目的、资本、认购条款、认购人姓名、认购人在本国的地址、职业和国籍、拟认购的股份数量,并承诺接受公司设立协议和章程等。

第一百二十二条　经授权可以承接公开招股的机构

1. 公开招股应当由阿拉伯联合酋长国经授权可以承接公开招股的一个或多个机构承担,上述机构由设立人委员会在招股说明书中确定。招股可根据证券商品管理局的有关规定,以电子方式实施。

2. 承接招股的机构负责代正在设立的公司保管认购人支付的资金及产生的收益。证券商品管理局颁布公司设立证书并在公司事务主管部门完成登记后,移交给公司董事会。

第一百二十三条　承销商

1. 在不违反本法第十条规定的情况下,公司在设立或增资时,可由一家或多家管理局认可的承销人包销公开发行剩余的股份。承销人可依管理局确定的条件和程序,再次发行已认购的股份。

2. 管理局理事会可发布决定,规定在本国从事承销业务的从业规则和条件。

第一百二十四条　认购期限

1. 公开认购持续十个工作日或以上,但不得超过三十个工作日。

2. 发行的股份在规定期限内没有认购完毕且没有承销商的,设立人委员会可以申请证券商品管理局授权同意将认购期延长不多于十个工作日。

3. 延长期限届满,股票仍未认购完毕,且设立人认购的股份未达到本法第一百一十七条规定的最高限额的,设立人可以按允许其认购的比例认购剩余部分。否则,证券商品管理局作出的同意设立的决定视为撤销。

第一百二十五条　认购人股份的分配

认购股份超出发行股份数量的,股份需按认购数量占总发行量的比例分配,或按招股说明书确定并经证券商品管理局批准方式分配。分配应当尽可能接近认购数量。

第一百二十六条　股份分配和超出金额的退还

招股结束后承接招股的经授权机构必须采取下列措施:

1. 在招股结束后五个工作日以内,向认购人分配股份。

2. 自向认购人分配股份之日起五个工作日以内,退还认购人的超额付款及产生的收益。

第一百二十七条　投资局的认购

投资局有权认购在阿拉伯联合酋长国设立的任何开放式股份公司公开发行的股票，认购数额不得超过公开发行股份的百分之五，认购结束前需全额支付价款，并告知证券商品管理局。

第一百二十八条　公司未设立公告

公司未设立的，证券商品管理局应当向公众公布，公告须包含下列内容：

（1）作出认购人有权在申请之日起十个工作日内收回已支付的款项及其收益。设立人应当共同承担退还责任，并承担赔偿责任（如有）。

（2）设立人应当承担为公司设立发生的费用，并对在公司成立期间实施的该类行为对第三方承担连带责任。

第一百二十九条　簿记证券

证券商品管理局可以决定根据簿记证券管理认购机制。采用簿记证券的公司，应当执行证券商品管理局作出的相关规定和程序。本法第一百一十七条和第二百七十九条规定同时适用。

第一百三十条　设立的费用

公司应当承担设立人委员会为设立公司及发行证券发生的所有费用。费用的详细报表提交公司设立大会讨论、批准。

第一百三十一条　公司设立大会

1. 设立人委员会应召开股东在不晚于公开招股结束之日起十五日内召开公司设立大会。

2. 本条第一款所述期限届满，但设立人没有召开设立大会的，证券商品管理局应当负责召开大会。费用由公司承担。

3. 除公司章程规定了更高的比率外，本人或由代理人持有公司百分之五十或以上资本的股东出席会议，设立大会的法定人数应为出席人数。未达到法定人数的，设立大会应当自第一次会议之日起延期五日至十五日。出席股东的人数不影响延期会议的效力。

4. 设立大会由大会选举出的一位设立人主持。

5. 组成大会的决定应由半数以上出席会议的持有四分之三或以上的股份的股东通过。

第一百三十二条　设立大会的职能

设立大会有权审议下列事项并作出决议：

（1）设立人关于公司的设立程序及其所需费用的报告；

（2）设立人在设立期间与公司有关的行为；

（3）批准设立公司；

（4）在设立人未任命第一届董事会成员的情况下，选举第一届董事会成员；

（5）在设立人未任命审计员的情况下，任命审计员；

（6）公司按照伊斯兰教法的规定运作的，在设立人未任命内部伊斯兰教法监督委员会成员、教法监督员的情况下，对其进行任命。

第一百三十三条　申请颁发设立证书

公司董事会应当自设立大会召开之日起十个工作日内，向公司事务主管部门申请颁发公司设立证书，并出具下列证明：

(1)负责审计认购账目的机构的报告；

(2)设立人委员会对于资本全部完成认购的确认书，确认书中包括认购人支付的股份金额，并注明认购人的姓名、国籍，以及每个认购人认购的股份数量；

(3)银行的证明，确认公司资本的应付金额已存入；

(4)公司董事会成员的姓名、关于其成员资格与本法的规定以及根据本法作出的决定不冲突的确认书；

(5)公司按照伊斯兰教法的规定运作的，需说明内部伊斯兰教法监督委员会成员和教法监督员的姓名；

(6)设立大会的会议记录；

(7)证券商品管理局要求的任何其他材料。

第一百三十四条　颁发设立证书

本法第一百三十三条所述文件齐备的，由证券商品管理局自公司董事会提出申请之日起五个工作日内颁发公司设立证书。

第一百三十五条　在公司事务主管部门登记公司

1. 公司董事会应当在自公司设立证书颁发之日起十个工作日内，在公司事务主管部门进行登记。

2. 主管机关应当在商业登记簿上登记公司，并在提交材料和支付费用之日起五个工作日内为其颁发营业执照，并将营业执照副本送交证券商品管理局。

第一百三十六条　通知登记处

公司董事会主席应当自公司事务主管部门为其颁发营业执照之日起五个工作日内，把设立证书、章程、营业执照发送登记处，以便公司在商业登记簿上登记并公示。相关费用由公司承担。

第一百三十七条　公司股份在金融市场上市

1. 公开发行股份的公司董事会自在公司事务主管部门的商业登记簿登记之日起十五个工作日内，根据证券商品管理局和相关金融市场对于上市的规定，将公司股份上市。

2. 在阿拉伯联合酋长国任一金融市场上市的公司必须遵守有关金融市场的现行法律、法规。

第一百三十八条　设立人的行为

一旦公司在公司事务主管部门的商业登记簿上登记，设立人在登记前为公司利益所进行的所有行为的影响均转给公司，公司应当承担设立人花费的所有相关费用。

第一百三十九条　修改公司设立协议和公司章程

在不违反本法规定的前提下，经证券商品管理局和公司事务主管部门批准，公司可以作出修订公司设立协议和公司章程的决定。

第一百四十条　查阅数据和信息

1. 公司必须在其网站上提供其公司设立协议和公司章程及其副本，以及证券商品管理局规定的任何其他文件或信息。

2. 公司必须向提出申请的股东发送其公司设立协议和章程及其副本，费用由该股东承担。

第一百四十一条　股东登记册和公司记录

1. 每家公司都必须按照证券商品管理局的规定,保存其股东登记册。

2. 证券商品管理局有权查阅股东登记册和公司的账簿、记录和文件。

第一百四十二条　在第一个财务年度购买资产

在第一个财务年度的大会批准之前,公司用超过百分之二十的总资本,购买资产、其他公司或机构的,董事会必须通知证券商品管理局,证券商品管理局可以根据本法的规定对这些资产、公司或机构进行估价。

第二节　开放式股份公司的管理

第一百四十三条　组建董事会

1. 公司由董事会管理,公司的章程决定董事会的构成方式、成员数量和成员任期,成员人数不得少于三人,不得超过十一人,成员任期自当选或被任命之日起不得超过三年,连选可连任。

2. 董事会成员以无记名投票方式选举产生主席、副主席,副主席在主席缺位的情况下代替主席的位置,或处理禁止主席处理的事务。董事会可以选举一名常务董事,常务董事不得担任其他公司的首席执行官或总经理。

3. 董事会应当将任命董事长、副董事长和常务董事的决定通知证券商品管理局,对于经中央银行许可的公司,上述任命决定还须由中央银行批准。

4. 董事会应当有一名报告人,报告人不得为董事会成员。

5. 证券商品管理局理事会应当作出一项决定,具体说明公司在组建其董事会和提名其成员时应遵守的条件和规定,中央银行也应就其许可的公司作出相关的必要决定。

第一百四十四条　选举董事会成员

1. 在不违反本法第一百四十三条规定的情况下,大会应当以无记名累积投票的方式选举董事会成员。此外,设立人可以根据公司章程任命第一届董事会成员。

累积投票是指每个股东拥有与其拥有的股份数目相等的票数,股东可以把其选票全部投给一名或分配给多名董事会成员候选人,但投给候选人的总票数不得超过其拥有的总票数。

2. 大会可以任命一些具有专门知识的非股东作为董事会成员,但其人数不得超过章程规定的董事会成员人数的三分之一。

3. 公司应当在总部保存董事会成员及报告员名册。证券商品管理局对名册中必须包含的信息作出规定。

4. 本条第三款所述的董事会成员及报告员名册,在工作时间内应当免费供公司的任何股东或董事会成员查阅,但是须考虑公司根据章程施加的任何合理限制。

第一百四十五条　董事会成员位置的空缺

1. 董事会成员的位置出现空缺的,董事会应当在不违反本法第一百四十三条规定的情况下任命一人填补空缺,除非公司章程另有规定,否则之后召开的大会会议有权批准该任命或任命他人,新成员需履行完其前任的任期。

2. 空缺位置达到董事会成员的四分之一的,董事会其余成员应当在最后一个空缺出现之日起三十日内,召开大会。

第一百四十六条　选举董事会成员的表决机制

公司每个股东拥有的票数等于其拥有的股份数量。证券商品管理局作出的决定,规定大会选举董事会成员的表决机制。

第一百四十七条　董事会成员的提名

任何人只有书面确认接受提名,才能获委任或当选为公司董事会成员。书面确认书需披露其从事的直接或间接对公司构成竞争的任何工作,以及受雇或担任董事的公司及机构的名称。

第一百四十八条　政府在董事会中的成员资格

作为本法第一百四十三条规定的例外,联邦或地方政府拥有公司5%或以上资本的,可以在董事会中委任其代表,其代表人数占董事会人数比例与其资本在总资本中的比例相当;占资本比例未达到在董事会中委任代表所需比例的,可委任一名代表。政府的投票权基于其委任在董事会中委任的代表比例,政府委任权的比例尚未用尽的,仍可使用这一部分比例进行投票。

第一百四十九条　在多个股份公司董事会的成员资格

1.任何人无论是以个人身份还是以某法人的法人代表身份,均不得担任总部在阿拉伯联合酋长国的五家以上股份公司的董事会成员,也不得担任总部在阿拉伯联合酋长国的两家以上公司的董事长或副董事长,也不得担任总部在阿拉伯联合酋长国的一家以上公司的常务董事。

2.违反本条第一款规定的,应当按照任命的先后顺序,最先废止其最近接受的成员资格任命,直至达到法定的限制。违法者应当把其在其成员资格被废除的公司的所得,退还给该公司。

第一百五十条　董事报告利益冲突

1.公司董事会任一成员在提交董事会批准的某一事项中,有利益关联或利益冲突的,该董事应向董事会报告并在会议记录中予以确认,且不得参与有关该事项的表决。

2.董事会成员未依照本条第一款的规定向董事会报告的,公司或者其股东可以请求法院宣告合同无效,或者强制违法董事把从交易中获得的任何利润或者利益交还给公司。

第一百五十一条　董事会成员的国籍

董事会主席和董事会百分之五十以上的成员必须具有阿拉伯联合酋长国国籍。阿拉伯联合酋长国公民在董事会中的比例低于适用本条所要求比例的,应当在三个月内提高至该比例,否则,董事会在此期间之后的决议无效。

第一百五十二条　禁止关联方从事的行为

1.禁止关联方利用与其董事资格或职位相关任何信息,通过公司证券交易或其他交易,为自己或他人谋取利益,无论交易结果如何。关联方也不得与任何从事影响公司发行证券价格的机构,有直接或间接利害关系。

2.公司不得与关联方进行交易,除非获得董事会批准且交易额不超过公司资本的百分之五。超过这一比例须经公司大会批准,并由证券商品管理局认可的估价人进行估价。

3.董事会成员不得参与与公司竞争的任何工作,不得在公司任何业务分支为自己或其他人的利益交易,除非经公司大会批准,需每年更新。董事会成员不得披露属于公司的任何信息或数据,否则,公司可以要求该董事赔偿或把该董事为自己利益进行的营利性行为视为代表公司的行为。

第一百五十三条　禁止向董事会成员提供贷款

1. 股份公司不得向其任何董事会成员提供贷款、提供保证或提供与其被授予的贷款有关任何担保。根据本法的规定,将任何向董事会成员的配偶、子女或二等以内的亲属提供的贷款视为向董事会成员本人提供的贷款。

2. 不允许向董事会成员及其配偶、子女或其任何二等以内亲属持有百分之二十以上资本的公司提供贷款。

3. 任何不符合本条规定的协议均属无效,审计员必须在提交给公司大会的报告中说明向董事会成员提供的贷款和信贷,以及公司遵守本条规定的程度。

第一百五十四条　董事会的权限

董事会应当拥有除本法或公司章程为大会所保留的权力之外,公司章程中规定的所有权力。但是,董事会不得签订超过三年的贷款合同,不得出售公司的不动产、商铺或抵押公司的动产和不动产,不得免除公司债务人的义务,不得进行和解或达成仲裁协议,除非上述行为在公司章程中得到授权或符合公司设立的目的。在其他情况下,以上行为必须由大会的特别决议批准。

第一百五十五条　公司的代表

1. 董事会主席是公司在司法机构和第三人面前的法定代表,除非公司章程规定其总经理在司法机构和第三人面前代表公司。

2. 董事长可以委托董事会其他成员行使部分职权。

3. 董事会不得把其所有职权全权委托给董事会主席。

第一百五十六条　董事会会议

1. 董事会应当按照公司章程规定的程序,在董事会主席的召开下,每年至少召开四次会议,公司章程也可规定更多的次数。此外,不少于两名董事提出申请的,董事会主席应当召开董事会会议,除非公司另有规定。

2. 董事会会议应当在公司行政总部举行,除非董事会另有考虑。会议只有在所有成员被邀请且半数以上成员亲自出席的情况下才有效,公司章程也可以允许通过证券商品管理局批准的现代技术手段参加会议。

第一百五十七条　董事会的决定

1. 董事会的决议应当经半数以上票数通过。票数相等的,以主席所在的一方的意见为准。

2. 董事会可以依照证券商品管理局作出相关决定中规定的条件和程序,通过部分决议。此时,本法第一百五十六条第二款规定不予适用。

第一百五十八条　董事会成员的缺席

董事会成员在董事会任期内,连续三次或累计五次缺席董事会会议,且董事会不同意缺席事由的,视为辞职。

第一百五十九条　董事会的会议记录

董事会秘书长负责编写会议记录,并由出席会议的成员和秘书长签字。不同意董事会决议的董事可以在会议记录中注明反对意见。所有在会议记录上签字的人应当对全部内容的真实性负责。证券商品管理局应当对此作出相应规定。

第一百六十条　委托代表参与董事会会议

1. 董事会成员不得委托董事会其他成员代表其出席董事会会议,但公司章程明确许可的除外。每名董事只能代表其他一名董事,亲自出席会议的董事会成员人数不得少于总人数的一半。

2. 不得以信函的方式表决。受托成员应当按照授权书代表缺席成员表决。

第一百六十一条　公司对董事会行为的责任

公司受董事会在其职权范围内开展工作的约束,并应当赔偿因董事会主席和成员关于公司管理的不法行为造成的损害。

第一百六十二条　董事会的责任

1. 董事会成员应当就欺诈和滥用职权的行为、违反法律和公司章程的行为以及管理上的错误,对公司、股东和第三人负责,所有与之相悖的规定均属无效。

2. 因一致通过的决议所致错误,董事会所有成员应当对前款规定的事项承担连带责任;问责决议是经多数人通过的,反对决议的董事可依会议记录免责;有成员缺席通过该决议的会议的,只有在能够证明其不知晓,或尽管知晓但无法反对时,才能免予承担责任。

第一百六十三条　董事会成员的行为

即使选举或委任董事会成员的程序事后确定无效,或不满足选举或任命条件的,公司对善意第三人应当受董事会成员行为的约束。

第一百六十四条　损害公司利益的行为

1. 总计持有公司百分之五或以上股份的一个或多个股东认为公司的行为已经或将要损害全部或部分股东利益的,或者公司拟采取的作为或不作为将损害其利益的,有权以相关证明材料申请证券商品管理局采取措施,证券商品管理局可以作出适当的决定。

2. 证券商品管理局在三十个工作日内驳回或者未对申请作出决定的,股东有权在驳回申请或上述期限届满之日起十日内向法院提出申诉。

3. 证券商品管理局认为公司的行为已经或将要损害全部或部分股东利益,或者公司拟采取的作为或不作为损害股东利益的,证券商品管理局有权向法院提起诉讼。

4. 在本条第二款和第三款所称情况下,法院应当将股东或证券商品管理局提起的诉讼作为紧急事项审理,并可以指定一名或多名专家就公司管理人员的一项或多行为出具报告。法院可以作出该行为无效或禁止该行为的裁定,或继续维持公司之前行为的裁定。

第一百六十五条　股东的起诉

1. 股东因公司、董事会或高级管理人员违反本法规定而遭受损害的,股东可以向法院起诉。

2. 法院作出有利于股东(原告)或不利于股东的终局判决,股东有权要求公司支付实际支出的所有法律费用,包括诉讼费和律师费,但股东应当遵守以下规定:

(1)提交相关证明文件;

(2)股东的起诉不是旨在损害被告或公司及其股东的虚假诉讼,或旨在诽谤、勒索或影响金融市场的股价。

第一百六十六条之一　对相关方的起诉

1. 股东或多名股东可以自己的名义代表公司向法院起讼,要求任何一方赔偿因相关方违反其根据本法或任何其他法律对公司承担的义务而对公司造成的损失,但须符合以下条件:

(1)公司遭受的损害或相关方违反其义务的事实存在。

(2)原告在诉讼事由发生时是公司的股东,或该等股东转让权益或股份后,获得该名股东身份的股东。

(3)原告共同持有公司百分之十或以上的股份。

(4)原告已向公司董事会提交了起讼的书面请求及理由,但董事会驳回请求或没有在三十日内答复。

(5)案件文书包括第四项所称请求的副本,以及要求公司起诉的所有其他证据的详细内容。

2. 根据本条第一款规定,充分披露拟订的调解或和和解内容后,但未经法院批准,原告不得与诉讼中的被告调解或和解。

3. 法院根据本条规定作出有利于原告的判决的,判决返还的金额和损害赔偿应当交付公司,但原告实际支付的诉讼费和律师费等法律费用除外。确定该诉讼不属于虚假诉讼或旨在损害被告、公司或其股东,或旨在诽谤、勒索或影响金融市场的股价,法院应当批准上述法律费用的价格。

第一百六十六条之二　直接起诉

股东或多名股东可以自己的名义向法院起诉,要求任何公司相关方赔偿因其违反本法或任何其他法律规定而遭受的损失。

第一百六十七条　损害赔偿责任诉讼时效届满

股东大会通过的任何解除董事会职务的决定,不妨碍董事会履职过错而被被提起损害赔偿诉讼。造成赔偿责任的行为已提交股东大会并获得批准,损害赔偿诉讼自该大会召开之日起一年后不得提起。但是,董事会成员的行为构成犯罪的,在刑事诉讼终结前,损害赔偿诉讼不得终止。

第一百六十八条　罢免董事会成员

1. 即使公司章程另有规定,股东大会有权罢免董事会的全部或部分成员。股东大会应当根据本法第一百四十三条和第一百四十四条规定,选举新的董事会成员,并通知证券商品管理局和公司事务主管部门。

2. 董事会成员被免职的,不得在作出免职决定之日起三年内再次被提名为董事。

第一百六十九条　董事会成员的薪酬

1. 公司章程规定董事会成员薪酬的计算方法,不得超过扣除折旧和公积金后的净利润的百分之十。

2. 因董事会违反法律或公司章程而造成对公司的罚款,应当在上一财务年度的董事会薪酬中扣除。股东大会发现上述罚款不是董事会的疏忽或过错所致的,股东大会可以决定不在薪酬中扣除该等罚款的数额。

第一百七十条　无效的决议

1. 在不损害善意第三人权利的情况下,任何违反本法、公司章程或章程,不顾公司利益,为特定类别股东的利益或损害其利益,或为关联方或其他人造成特殊利益而决议,均属无效。

2. 法院裁定该等决议无效的,该决议对所有股东自始不存在。

3. 董事会必须在两份当地日报上公布关于决议无效的裁定,其中一份以阿拉伯语出版。

4. 针对决议无效的裁定,应当在作出裁定之日起六十日内起诉。除法院另有指令外,起诉不中止裁定的执行。

第三节　开放式股份公司的股东大会

第一百七十一条　股东大会的召开

1. 召开股东大会由董事会召开,在公司章程指定的时间和地点,在财务年度结束后四个月内,每年至少召开一次。董事会认为有必要时,可以召开大会。

2. 董事会未能在本法规定的情形下召开股东大会的,审计员应当发出股东大会提议。必要情况下,审计员可以发出会议提议,且应当拟订并公布股东大会议程。

第一百七十二条　股东大会的提议通告

1. 除依据本法第一百八十三条之规定,股东大会因法定人数不足而推迟召开的股东大会外,召开大会的提议通告应根据经济部长的相关规定发出,并遵守以下规定:

(1)提议通告应当在不晚于会议日期前二十一日发出通知。

(2)提议通告应当根据经济部长决定规定的方式通知。

(3)应当以挂号信或公司章程规定的现代技术手段通知股东。

(4)应当在宣布召开股东大会前,提交公司事务主管部门提议通告的副本。

2. 提议通告包括第一次会议的议程、地点、日期和时间。第一次会议无法达到法定人数的,则包括第二次会议的议程、地点、日期和时间。提议通告还包括,有权出席股东大会的人及其以下权利:以书面特别授权书委托管理人股东以外的股东或第三人,讨论大会议程的议题,向管理人、董事会或审计员提出问题,以及股东大会及其作出有效性决定的法定人数。

3. 股东大会可以以远程出席等方式举行,股东可以根据经济部长的相关规定,审议并表决股东大会的决定。

第一百七十三条　视为有效的股东提议通告

股东大会提议通告作出时间距大会召开时间低于本法第一百七十二条规定的期限,但经持股百分之九十五或以上股东同意的,该提议通告视为有效。

第一百七十四条　股东提出召开股东大会

1. 依持有公司百分之二十以上股份的股东申请,公司董事会应当召集股东大会,公司章程另有规定更低持股比例的,依其规定。申请提交后,董事会应当在五日内发出大会邀请;发出邀请后,大会应在十五日后,至迟不超过三十日内召开。

2. 前款所称申请应在公司总部保存,并注明会议目的和拟议问题。会议申请人应出示其股份的金融市场证明,该证明应申请人之请求,禁止处置其持有之股份,直至会议召开。

第一百七十五条　审计员申请召开股东大会

审计员申请召开股东大会的，公司董事会应当召开股东大会。董事会未在申请之日起五日内发出大会提议函，审计员应当发出提议函。股东大会在自发出大会提议函之日不少于十五日、不超过三十日内举行。

第一百七十六条　证券商品管理局要求召开大会

1. 下列任何情形中，证券商品管理局可以要求公司董事长或其代表发出召开大会的提议函：

(1)自本法第一百七十一条确定的日期起三十日后，没有提议召开股东大会；

(2)董事人数少于股东大会法定人数的最低限额；

(3)证券商品管理局发现有任何违反法律或公司章程的，或公司管理出现任何问题的；

(4)公司董事会未能根据本法第一百七十四条规定答复股东的申请。

2. 公司董事长或其代表未能在证券商品管理局提出要求之日起五日内提议召开股东大会的，证券商品管理局应当发出提议函。费用由公司承担。

第一百七十七条　年度股东大会的职能

公司年度股东大会有权审议并决定下列事项：

(1)审议并批准董事会关于公司当年活动和财务状况报告、审计员报告以及对内伊斯兰教法监督委员会报告(公司按照伊斯兰教法规定经营)。

(2)公司资产负债表和损益表。

(3)必要时选举董事会成员。

(4)公司按照伊斯兰教法规定经营，任命对内伊斯兰教法监督委员会成员。

(5)任命审计员并确定其报酬。

(6)董事会关于股息分配的建议，无论是以货币方式分配还是以红利股方式分配。

(7)审议董事会关于董事会成员薪酬的建议，并确定其薪酬。

(8)解除董事会成员的职务，或者予以开除，并视情况决定是否对其进行起诉。

(9)解除审计员的职务，或者予以开除，并视情况决定是否对其进行起诉。

第一百七十八条　参加大会的权利

1. 任何股东有权出席大会，并享有相当于其股份数额的表决权。任何有权出席大会的人，可以书面特别授权的形式，委托非董事会成员代表其出席大会。代表人代表的所有股东持有股份的比例不得超过百分之五。未成年股东或无行为能力股东由法定代理人代表出席。

2. 法人可以根据其董事会的决议，委托其一位代表人或管理人，代表其出席。受托人有委托决议授予的权力。

第一百七十九条　对股东大会的监督

1. 证券商品管理局和公司事务主管部门可以各派一名或多名监督员出席公司大会。任何监督员没有表决权，监督员的出席应当在大会会议记录中注明。

2. 中央银行或保险管理局可以派一名或多名监督员出席经其批准设立的公司召开的股东大会。监督员没有表决权，监督员的出席应当在大会会议记录中注明。

第一百八十条　股东大会的权限

1. 在不违反本法规定、依本法发布的决定和公司章程的前提下，股东大会有权审议与公司有关的所有事项。股东大会不得审议大会议程之外的事项。

2. 股东大会有权审议会议期间发现的重大情势,前款规定不适用。管理局或持有公司资本百分之十以上的股东在开始讨论股东大会所列议程之前,可要求将相关问题列入议程,董事会必须答复其要求,否则,大会有权决定讨论这些事项。管理局可发布决定,具体说明将新的事项列入大会议程的条件。

第一百八十一条　股东大会的会议登记册

股东应当根据证券商品管理局作出的决议确定的要求、条件及程序登记姓名,以便出席公司的股东大会。

第一百八十二条　股东大会的主席

股东大会由公司的董事长主持。董事长缺席的,由副董事长主持。董事长和副东董事长都缺席的,由董事会指定的任何董事会成员主持。董事会不指定的,由股东大会指定的任何人主持。股东大会应当任命一名大会秘书。股东大会审议与主席有关的事项,应当在讨论该事项期间从股东中选举一名股东大会主席。

第一百八十三条　股东大会的法定人数

出席会议的法定人数为持有或由代理人持有百分之五十或以上股份的股东,公司章程可以规定更高的比例。第一次会议没有达到法定人数的,应当召开第二次会议。第二次会议距第一次会议的时间不得少于五日,但不得超过十五日。参加股东大会的人数不影响第二次会议的效力。

第一百八十四条　退出股东大会

任何股东或其代表在达到法定人数后退出股东大会,不影响股东大会的有效性。根据本法规定,股东大会的决定由剩余股东所持股份半数以上通过的,即为有效。

第一百八十五条　股东大会议程的审议

1. 出席股东大会的股东有权审议议程事项,并有权向董事会成员和审计员提问。董事会成员和审计员有义务在不损害公司利益的情况下作出答复。

2. 股东认为答复不充分的,可以提请大会作出决定,大会的决定具有强制执行力。公司章程的任何相反规定均属无效。

第一百八十六条　对股东大会决定的表决

1. 在不违反本法第一百四十六条规定的情况下,公司章程应确定大会决议的表决方式,涉及董事会成员选举、罢免或者问责的,应以无记名方式表决。

2. 在不违反本法第一百七十八条规定的情况下,董事会成员不得参加有关免除其管理责任、与其有特殊利益关联、与其与公司间利益冲突或分歧有关的决议之表决。董事会成员为公司法人股东代表的,应当排除该法人的股份。

第一百八十七条　股东大会的会议记录

1. 股东大会的会议记录包括亲自出席或由他人代表出席的股东的姓名、亲自持有或由代理人持有的股份数量、持有的票数、股东大会通过的决议、股东大会决议的赞成和反对票数以及会议记录摘要。

2. 股东大会的会议记录应当在每次会议后按照证券商品管理局的要求,定期录入专门的登记册中。每份会议记录应当由股东大会主席、秘书、计票员和审计员签字。会议记录的签字人应当保证会议记录内容的真实性。

第一百八十八条　大会的决议

1. 股东大会的决议应当经出席会议股东所持股份半数以上或高于章程规定的比例通过。

2. 股东大会根据本法和公司章程通过的决议,股东无论是否出席通过该决议的会议和是否同意该决议,均应当受其约束。

第一百八十九条　股东大会决议的执行

公司董事会主席应当执行大会的决议,并应当按照证券商品管理局的相关规定,将决议副本提交证券商品管理局、公司上市的金融市场以及公司事务主管部门。

第一百九十条　查阅股东大会会议记录

1. 股东大会的会议记录应当保存在公司总部,任何股东可以在工作时间免费查阅。

2. 公司不遵守本条规定或拒绝股东查阅股东大会会议记录的,证券商品管理局可以作出要求查阅股东大会会议记录,并命令公司向请求查阅会议记录的股东提供副本。

第一百九十一条　中止执行股东大会的决议

1. 在持有公司股份百分之五或以上的股东提出申请,证券商品管理局可以决定中止执行公司股东大会通过的不利于股东,或有利于某一类股东,或为董事会成员或其他人带来特殊利益的决定。股东有其他重要事由时,证券商品管理局也可以作出上述决定。

2. 中止执行大会决议的申请,自通过上述决议之日起三个工作日后不再受理。

3. 有关人员应当向法院起诉,请求撤销上述决议,并在证券商品管理局决定中止执行股东大会决议之日起五日内,将起诉书副本提交证券商品管理局;否则,中止视为不存在。

4. 法院应当审理决议是否有效,并在作出裁判前,可以应相对方申请,紧急中止执行证券商品管理局作出的命令。

第一百九十二条　未选举董事会或任命审计员

1. 公司股东大会达到法定人数后连续两次会议上没有选举出董事会成员的,证券商品管理局应当与公司事务主管部门以及阿拉伯联合酋长国有关监督机构协商后,命令董事会主席任命临时董事会,临时董事任期不超过一个财务年度。临时董事会应当在财务年度结束时召开公司大会选举董事,无法选举董事的,证券商品管理局在与公司事务主管部门以及阿拉伯联合酋长国有关监督机构协商后,命令董事会主席作出包括解散公司等适当决定。本法第一百四十三条规定同样适用。

2. 公司股东大会在年度会议上无法根据本法第二百四十三条、第二百四十四条规定作出任命审计员的,证券商品管理局应当指定一名审计员。任期为一财务年度,并确定其报酬。

第四节　开放式股份公司的资本

第一百九十三条　公司的发行资本和注册资本

1. 开放式股份公司的最低发行资本为三千万迪拉姆,内阁可根据管理局理事会主席的提议决定提高限额。

2. 根据管理局的相关规定,公司章程可以规定不高于发行资本两倍的数额作为公司的注册资本。

第一百九十四条　增加公司的资本

1. 公司资本在全部发行资本缴足后方可增加资本。

2. 在管理局批准股东大会发布的增资特别决议后,可以增加公司的注册资本。

3. 公司董事会可以根据管理局的相关规定,在股东大会已批准的注册资本范围内增加发行资本。

4. 增加公司发行资本的决议应说明增资的数额及新股发行价格。

5. 公司增加的发行资本中包含实物份额的,应依本法进行实物份额估价。

6. 在没有增加注册资本的情况下,增加公司发行资本的决议可以包含董事会授权执行增资决定的日期,但期限超过发布决议日期一年的,决议无效。

第一百九十五条　公司增资的途径

公司可以通过以下途径之一增资:

(1)发行新股;

(2)公积金转增资本;

(3)发行的债券或伊斯兰债券转为股份。

第一百九十六条　发行溢价

1. 公司增资发行的股份,其票面价值等于原股份的票面价值。在证券商业管理局同意后,公司可以特别决议,决定在股份的面值上增加溢价,并确定该溢价的数额。法定公积金超过资本一半的,不影响该溢价计入法定公积金。

2. 董事会决定作出计算发行溢价的方式。

第一百九十七条　优先权

1. 在不违反本法第二百二十三条、第二百二十四条、第二百二十五条、第二百二十六条、第二百八十三条规定的前提下,股东在认购新股时享有优先权。公司章程或增资决议中与之相悖的规定无效。

2. 股东可以将优先权有偿出售给其他股东或第三人,董事会应发布决议,规定优先权出售的条件和程序。

第一百九十八条　认购新股

1. 新股的认购适用于原始股份的认购规则。

2. 董事会应当在两份当地日报(其中一份以阿拉伯语出版)上,公布证券商品管理局批准的发行优先权股票的基本信息,以告知股东优先认购新股的权利。

第一百九十九条　新股的分配

1. 新股应当按照股东持股比例分配给要求认购的股东,但是不得超过其要求认购的数量。

2. 在不违反第一百九十七条第二款的情形下,剩余股份应分配给申请认购超出持有股份数量的股东,剩余股份按照证券商品管理局的规定公开募股。

第二百条　法定公积金转入资本

法定公积金转入公司资本,可以基于特别决议并以发行红利股的方式完成。红利股按股东各自持股比例分配给股东,或按资本增加的比例增加股票的名义价值。上述操作不应增加股东的负担。

第二百零一条　债券或伊斯兰债券转换为股份

债券或伊斯兰债券应根据证券商品管理局批准的招股说明书和条件转换为股份。公司经中央银行许可成立的,应当获得中央银行的批准。

第二百零二条　减少公司资本

经证券商品管理局批准,且听取审计员报告后并作出特别决议,减少公司资本。出现下列情形之一的,可以作出减资决议:

(1)资本超过公司的需要;

(2)公司遭受了损失,且可能无法通过未来的利润弥补。

第二百零三条　公司减资的途径

公司可以下列途径之一减少资本:

(1)退还股东的部分出资或免除其全部或部分出资义务,以降低股份的名义价值;

(2)降低股份价值,以此抵销公司亏损额;

(3)注销与减资金额相应的股份;

(4)购买与拟减少、注销的股份同等的股份。

第二百零四条　公司减资的程序

1. 根据本法规定以任何方式减资的,公司应当遵守下列规定:

(1)证券商品管理局决定的措施、条件和程序。

(2)根据证券商品管理局规定的措施、程序公告减资决定。该公告应当包括减资前后的资本金额、每股价值和减资的生效日期。债权人应当自减资决议公告之日起三十日内向公司提供债权证明文件。

2. 以向股东偿付股份的部分票面价值,或免除股东对未支付股份价值(任何部分)的支付义务等方式减资的,对在本条第一款第二项规定的期限内提交债权证明文件的债权人无效,但债权人已收到其到期债务或获得足以偿还未到期债务的证券的除外。

第二百零五条　公司增资或减资的决议

公司董事会应当在执行增资或减资决议之日起五个工作日内,在证券商品管理局、公司事务主管部门及登记处登记该决议。

第五节　股票、债券与伊斯兰债券

第二百零六条　与股票有关的权利

1. 本法未作规定的,关于股票权利,公司任何股东的地位相同。公司不得发行不同类别的股票。

2. 作为本条第一款的例外,部长会议可以根据证券商品管理局理事会主席的建议作出决定,确定其他类别的股票及其发行条件和权利义务,以及管理该等股票的规则和程序。

3. 股东不得要求退还对公司的出资。

第二百零七条　股票的名义价值

1. 公司股票的名义价值不得少于一迪拉姆或超过一百迪拉姆。

2. 股票应当以支付名义价值的四分之一或以上的方式发行。剩余部分应在公司向公司事务主管部门注册之日起不超过三年内支付。

3. 公司经证券商品管理局批准后，可以依据特别决议，将股票名义价值减至更低的价值，但新的名义价值不得低于每股一迪拉姆。

第二百零八条　股票和股息的性质

股票具有名义性，不得发行无记名股票。股票是可以转让。公司章程应当确定股息的形式和派发方式。股息可以具有名义性，也可以不记名。在任何情形下，股息都可以转让。任何限制股息自由转让的规定自始无效。

第二百零九条　股票的处置

股票的处置方式和条件，应当符合本法、法规、证券商品管理局作出的决定以及公司章程。股份处置不得导致阿拉伯联合酋长国公民的公司股份降低至低于本法律规定的限额。

第二百一十条　股票的质押

股票可以按照相关程序，以交付债权人或其代表的方式设立质押。除质押合同另有约定外，质权人可以获得股息并行使股票附带的权利。

第二百一十一条　上市股票所有权的转让

在阿拉伯联合酋长国经授权的金融市场中上市的股票发生所有权转让的，应当符合证券商品管理局和股票所在金融市场的规定。

第二百一十二条　未上市股票的所有权转让

1. 未上市股票的所有权以在公司登记簿登记的方式转让，并在股票上注明该登记事项。此类股票转让仅自该登记事项注明之日起对公司或第三方有效。

2. 在下列情况下，公司可以禁止股票的处分登记：

(1)处分违反本法或其实施条例的规定，或者违反公司章程的。

(2)股票依法院命令被抵押或扣押的。

(3)股票证书丢失，且公司尚未签发新的股票证书的。

(4)公司对股票有债权的，公司有权停止股票转让登记，直至该债权得到清偿。

(5)缔约一方无权利能力或限制权利能力、破产或无力清偿的。

第二百一十三条　通过继承、遗赠或法院判决的股票所有权转移

1. 股票的所有权通过继承或遗赠转移，继承人或受遗赠人应当申请在股票登记簿上登记所有权转移。

2. 法院判决强制执行，导致股票所有权转移的，应当按照该判决在股票登记簿中登记，股票受让人自登记之日起享有由此产生的权利。

第二百一十四条　股票不可分割

股票不可分割。股票由多人继承或由多人持有的，应当选出一名代表在公司开展相关活动，并共同承担由股票所有权所产生的义务。无法选取代表的，任何一人可以申请法院指定代表。

第二百一十五条　对设立人所持股票交易的限制

1. 自在金融市场上市之日起公布两个或以上财务年度的资产负债表和损益表之后，或者未上市公司自在公司事务主管部门注册之日起公布两个或以上财务年度的资产负债表和损益表之后，设立人的货币或实物股票才能交易。上述股票应当注明为设立人股份。本条规定适用于设立人在禁售期结束前、增资时所认购的股票。

2. 在禁售期间，禁售的股票可以在设立人之间设置抵押或买卖。设立人死亡的，可以由其继承人抵押或出售。依照法院判决破产的设立人，可以将其股份抵押或出售。

3. 证券商品管理局理事会可以作出决定，延长本条第一款所述禁售期限，但不得超过三年。

第二百一十六条　扣押股东的股票

任何人不得因股东的债务扣押公司的资金，但股东的债权人可以扣押该股东的股票及其红利。扣押应当在股票登记簿注明和股票上市的金融市场登记。

第二百一十七条　股东未完全缴纳股票的价值

1. 股东未按期清缴股票价值的，董事会可以提醒股东缴纳登记簿记录的未缴价值。三十日内未缴清的，公司可以按照证券商品管理局的规定公开拍卖该股票。

2. 公司从出售价格中获得股份未缴价值及滞纳费，剩余价款退还股票的原所有权人。出售所得价款无法清偿公司权利的，公司有权追偿原股东的私产。股票以买受方的名义在股票登记簿上登记。

第二百一十八条　免除股东义务

1. 公司不得免除股东支付股票价值的义务，该义务不得与股东在公司享有的权利相抵销。

2. 公司的任何债权人都可以起诉股东要求其支付股票价值。

第二百一十九条　库存股

1. 公司不得抵押或购买自己的股票，但为了减资或赎回股票的除外。该等股票在股东大会中没有投票权，无权获得红利。

2. 经股东大会批准，设立两个或以上财政年度的公司可以购买百分之十以内的股份，以便根据证券商品管理局决定的条件、方式处置。库存股不计入股东大会法定人数的计算，库存股所有权转让或注销以前，在股东大会中没有表决权，也无权获得分红。库存注销的，根据注销数量按比例减少公司资本。此等减资不受本法第二百零二条和第二百零四条规定的限制。

第二百二十条　股权登记簿遗漏的信息

任何人的姓名或该人持有的股份数量未记入公司股东名册，或在非股东的情形中，出现任何不合理的不记入或拖延记入的，受影响的人或公司的任何股东可以要求公司修改股东名册的内容。公司拒绝修改的，受影响的人可以向法院起诉。

第二百二十一条　股东的权利

1. 股份公司的股东有下列权利：

(1) 根据本法和公司章程规定的条款和条件，关于股份的所有权利，尤其是获得公司分红、清算时获得资产、出席大会并表决的权利。

(2) 经董事会许可、经股东大会决议或依照公司章程规定，有权查阅公司的账簿和文件，以及公司与关联方交易的任何相关票据或文件。

2. 法院可以在不损害公司利益的情况下，要求公司向股东提供特定信息。

3. 董事会或者公司大会违反本法或者公司章程规定，作出损害股东权利或者增加其义务的决议无效。

第二百二十二条　经济资助

1. 公司及其任何子公司不得让任何人持有公司发行的任何证券(经济资助)。经济资助包括下列内容:

(1)提供贷款;

(2)赠与或捐赠;

(3)将公司资产作为抵押;

(4)为他人债务提供抵押或保证;

(5)以公司的公积金、资金或产生的利润清偿该人的任何债务。

2. 经济资助不包括公司在发行或认购公司股票期间向任何承销商提供的任何担保、承诺或补偿。

3. 经中央银行批准从事融资业务的公司可以向任何人提供贷款,使其持有该等公司发行的任何证券,但发放的贷款不得包括该等公司不向其他客户提供的任何优惠条件,且不违反中央银行的相关法律法规。本条第一款规定不予适用。

第二百二十三条　战略合作伙伴

1. 公司可以通过特殊决议引入战略合作伙伴来增加资本。证券商品管理局理事会作出决定,明确引入战略合作伙伴作为公司股东的条件和程序。本法第一百九十五条、第一百九十七条、第一百九十八条、第一百九十九条规定不予适用。

2. 公司董事会应当向大会提交研究报告,说明公司引入战略合作伙伴作为股东的益处。

3. 战略合作伙伴的出资违反阿拉伯联合酋长国法律法规或者损害公共利益的,证券商品管理局和公司事务主管部门应当驳回其入股申请。

第二百二十四条　战略合作伙伴入股的条件

1. 公司董事会应在批准战略合作伙伴成为公司股东的决定发布之日起三个月内,并执行证券商品管理局的相关要求,向战略合作伙伴提供股份。

2. 董事会未能在本条第一款规定的三个月期限内向战略合作伙伴提供新股份的,或者战略合作伙伴未能在向该合作伙伴提供股份之日起三十日内认购该股份的,股东大会增加公司资本以吸纳战略合作伙伴的决定视为自始无效。

第二百二十五条　将货币债务转换成公司股份

1. 公司可以通过特别决议将货币债务转为股份,以实现增资。本法第一百九十五条、第一百九十七条、第一百九十八条、第一百九十九条规定不予适用。

2. 公司董事会应向股东大会提交研究报告,说明将货币债务转为公司股份的必要性。

3. 根据本法规定,货币债务是指公司对联邦政府、地方政府、公共机构、国家机关、银行和金融公司尚未清偿债务。

4. 证券商品管理局理事会应作出决定,具体说明将货币债务转为公司股份的条件和程序。

第二百二十六条　公司员工的持股激励

1. 公司可以通过特别决议增资,以实施公司员工持股计划。本法第一百九十五条、第一百九十七条、第一百九十八条、第一百九十九条规定不予适用。

2. 公司董事会应当向股东大会提交公司员工持股计划。

3. 董事会成员不得参与公司员工持股计划。

4. 证券商品管理局理事会应作出决定,说明实施公司员工持股计划的条件和机制。

第二百二十七条　股权证书

1. 除公司成立后股份已在阿拉伯联合酋长国任何金融市场上市外,董事会应当在公司向公司事务主管部门商业登记簿登记之日起三个月内,以股权证书替代股份分配通知。

2. 股权证书由两名或以上董事会成员签署,列明股东姓名、认购股份数量、支付股份价值的方式、支付股份价值的部分、支付日期、证书序列号、股东持有的股份数量、公司已发行和授权资本、公司总部和存续期限以及批准公司设立的决定日期。股权证书作为股份的替代物。根据证券商品管理局的相关规定,股票可以以电子方式发行、签署和保存。

3. 如果股份价值分期支付,公司交付股份证书的义务应延期,直至股份价值全部支付。实物出资的股份在该实物出资的所有权转移给公司后方可交付。

第二百二十八条　股权证书、债券、伊斯兰债券的遗失或损毁

1. 股权证书、债券、伊斯兰债券的遗失或损毁的,登记的持有人可以要求补发新的证书,以代替遗失或损毁的证书。持有人应在两份当地日报上公布遗失或损毁的证书号码及数量,其中一份日报以阿拉伯语出版。

2. 公布之日起三十日内没有向公司提出反对意见的,公司应当向持有人提供新证书,以取代遗失或损毁的证书。持有人享有与遗失或损毁的证书有关的所有权利,并承担相关的所有义务。

第二百二十九条　发行债券或伊斯兰债券

1. 经证券商品管理局批准后,公司可以发行可转让债券或伊斯兰债券,且无须可转换为公司股份。每次发行的价值相等。

2. 债券或伊斯兰债券在全额支付其价值之前将保持名义价值。

3. 除招股说明书另有规定外,债券或伊斯兰债券不得转换为股份。决定转换无须转换为股份的债券或伊斯兰债券的,债券或伊斯兰债券的持有人有权接受转换或收取债券或伊斯兰债券的票面价值。

4. 公司可以通过批准发行可转换为股份的债券或伊斯兰债券的特别决议,以此增资。本法第一百九十四条、第一百九十八条和第一百九十九条不予适用。

第二百三十条　发行债券或伊斯兰债券的条件

1. 债券或伊斯兰债券及任何其他债务工具应根据公司股东大会作出的特别决议发行。股东大会可以授权董事会确定发行债券或伊斯兰债券的日期。

2. 证券商品管理局应当具体规定发行债券或伊斯兰债券和任何其他债务工具的条件、措施和程序。

第二百三十一条　发行债券或伊斯兰债券后增加或减少资本

公司在作出可转股债券或伊斯兰债券的发行决议后,在转换或得到支付之日之前,不得减资,也不得提高对股东分红的最低比例。公司由于损失以注销股份或降低股份名义价值减资的,应当将债券持有者作为股东实施减资。

第二百三十二条　债券或伊斯兰债券转换为股票时的收益

债券或伊斯兰债券持有人获得已转股的股份,有权在转换发生的会计年度获得分红,但该等债券或伊斯兰债券的发行说明书另有规定的除外。

第二百三十三条　债券或伊斯兰债券的付款日期

公司不得提前或延迟债券或伊斯兰债券的付款日期,但发行债券或伊斯兰债券的决议和认购书另有规定的除外。公司因合并以外的原因解散的,债券或伊斯兰债券持有人可以要求在到期日之前支付其债券或伊斯兰债券的款项,公司也可以主动提前付款。以上述方式之一完成付款的,不计算贷款剩余期间的利息。

第二百三十四条　债券或伊斯兰债券持有者的权利

公司非公开发行的债券或伊斯兰债券的持有人的权利,应当在设立该等债券或伊斯兰债券的协议中确定。该协议还应当包括债券或伊斯兰债券持有人召开会议和任命任何委员会所需的程序、表决权及其他相关问题,以及转股条件(如适用)。证券商品管理局可以作出决定,规范债券或伊斯兰债券持有人的权利。

第六节　开放式股份公司的财务

第二百三十五条　编制财务年度账目

1. 股份公司董事会必须负责编制公司每个财务年度的账目,包括截至财务年度最后一日的资产负债表和损益表。

2. 公司账目必须按照国际会计准则编制,应当真实、公正反映公司在该财务年度的损益以及在该财务年度结束时的状况,并应当符合本法规定和证券商品管理局作出的相关决定。

3. 财务报表由董事会成员或董事会主席以及审计员签字批准。

第二百三十六条　财务年度账目审计

1. 公司财务年度账目由审计员审计并编制审计报告,审计员在公司每个财务年度结束后四个月内编制报告,经审计的账目连同审计报告在董事会批准后提交大会。

2. 公司应当在提交账目和审计报告的大会召开后七日内,向证券商品管理局和公司事务主管部门交存账目和审计报告的副本。

第二百三十七条　会计准则

公司在编制中期和年度账目以及确定股息分配时,采用国际会计准则。

第二百三十八条　公布公司年度资产负债表

公司的年度财务报表应根据证券商品管理局的规定公布,并向证券商品管理局和公司事务主观部门提交一份副本。

第二百三十九条　法定公积金

1. 公司应当提取公司每年净利润的百分之十作为法定公积金,公司章程可以规定更高的比例。

2. 法定公积金达到公司资本的百分之五十的,大会可以暂停提取,公司章程可以规定更高的比例。

3. 法定公积金不得向股东分配。超过资本百分之五十的法定公积金可以作为利润按照公司章程确定的比例向股东分配,但应当在公司净利润不足以分配该比例的年份分配。

第二百四十条　任意公积金

股份公司的章程可以规定将一定比例的净利润提取任意公积金,并用于章程规定的目的。任意公积金不能用于任何其他目的,但公司股东大会的决议另有规定的除外。

第二百四十一条　利润的分配

1. 在扣除法定公积金和任意公积金后,股东公司大会应当确定分配给股东的净利润的比例。

2. 股东有权根据证券商品管理局的规定获得公司利润。

3. 公司章程可以规定年度、半年或季度派发股息,但应当遵守本条第一款规定。

第二百四十二条　公司的社会责任

公司自设立并实现利润之日起两个财务年度届满后,可以作出自愿捐助的特别决议,捐助额不得超过公司前两个财务年度平均净利润的百分之二,且应当满足下列要求:

(1)自愿捐助以服务社会为目的;

(2)在审计报告和公司资产负债表中注明自愿捐助的受益人。

第七节　开放式股份公司的审计员

第二百四十三条　任命公司审计员

1. 开放式股份公司应当任命一名或多名审计员,由公司董事会提名并由大会批准。

2. 股东大会应当委任一家审计公司,任期一年,可以连任。不得授权公司董事会审计,但审计公司自承担审计之日起连续六个财务年度没有承担公司的审计工作的除外。在此情形下,股东大会应当在三个财务年度结束后更换负责审计公司的股东。审计公司委任期满之日起两个或以上财务年度后可以被重新委任审计公司的账目。公司成立后、股东大会第一个财务年度工作结束前,公司设立人可以委任一家或多家经证券商品管理局批准的审计公司担任审计工作。

3. 股东大会决定审计员的报酬。不得委托公司董事会决定审计员报酬。审计员报酬应当在公司账目中注明。

第二百四十四条　担任公司审计员的条件

证券商品管理局理事会应当颁布关于开放式股份公司审计员资格的决定,公司审计员应当尤其满足下列条件:

(1)具有阿拉伯联合酋长国的执业执照,并有五年以上股份公司审计经验;

(2)获得证券商品管理局认证;

(3)审计员不得担任公司的股东、董事会成员及公司任何技术、管理、行政职位;

(4)不得担任公司的股东,或设立人、董事会成员的代理人或两代以内亲属;

(5)经中央银行批准设立的公司,其审计员必须得到中央银行的批准;

(6)证券商品管理局可以要求提供审计员职业责任保险。

第二百四十五条　审计报告

1. 依照《职业审计员法》及其修正案规定,审计员应当出具审计报告。公司有一名以上审计员的,应当分配审计任务。每名审计员应当提交独立的审计报告和一份联合报告,所有审计员共同对联合报告负责并签名。

2. 报告应当说明所审计的账目是否按照本法规定编制,以及账目是否公允说明公司的财务状况。

第二百四十六条　公司审计员的义务

1. 审计员应当审计公司账目,审查资产负债表、损益表,审查公司与关联方的交易,遵守本法和公司章程规定,并将审计报告提交股东大会,将报告副本提交证券商品管理局和公司事务主管部门。

2. 在撰写审计报告时,审计员必须确保:

(1)公司保存的会计记录的正确性;

(2)公司账目与会计记录一致性。

3. 审计员可以审查公司的所有记录、文件、资料,也可以在职责范围内要求公司作出必要解释,并可以核实公司的资产、权利和义务。

4. 审计员未得到履行职务所需便利的,应当在向董事会提交的报告中予以注明。董事会没有为审计员履职提供便利的,审计员应当向证券商品管理局发送报告副本。

5. 子公司及其审计员有义务向控股公司审计员提供审计所需信息和说明材料。

第二百四十七条　对公司信息保密

审计员应对由于履职知悉的公司信息保密,不得在股东大会之外向第三方或股东披露;否则,应当予以罢免,必要时可以追究其民事责任和刑事责任。

第二百四十八条　禁止审计员的证券交易

禁止审计员及其雇员购买其审计的公司的证券,或者直接或间接出售该公司的证券,或者向任何人提供任何相关建议。违反本条规定的,应当罢免审计员,必要时可以追究其民事责任和刑事责任。

第二百四十九条　犯罪和违法行为的通知

1. 审计员应当将在履职过程中发现的任何违反本法规定的行为或构成刑事犯罪的行为,在其发现之日起十日内通知证券商品管理局。

2. 审计员违反本条第一款规定的,证券商品管理局可以中止该审计员对开放式股份公司账目的审计一年以内,或撤销在证券商品管理局的许可,或在必要时移交检察机关。任何情形中,应当通知经济部和公司事务主管部门。

第二百五十条　公司审计员报告的内容

审计员应当在公司股东大会审议资产负债表时宣读审计报告,并具体说明是否掌握审计所需信息,账目的编制是否符合本法规定,是否尤其说明下列事项:

(1)财务年度结束时公司的状况,尤其是其资产负债表。

(2)损益表。

(3)公司编制了常规账目。

(4)公司是否在该财务年度内购买了任何份额或股票。

(5)董事会报告中的数据是否与公司的记录和账簿一致。

(6)公司与任何关联方之间存在利益冲突的买卖及财务交易,及其采取的措施。

(7)审计员根据掌握的信息,说明在该财务年度内是否存在违反本法或公司章程的行为,并影响公司的经营或财务状况。是否继续存在违法、违规行为,以及公司是否因此遭到罚款。

(8)公司是否在上一财务年度内因违反本法或公司章程遭到罚款,以及违法违规行为是否继续存在。

(9)关于集团账目,说明财务年度末的财务状况和控股公司及其子公司的损益表,包括整体合并报表在内的关于控股公司相关方的报表。

第二百五十一条　罢免公司审计员

1. 公司可以依据股东大会的决议,罢免审计员。

2. 董事会主席应当在股东大会作出罢免决定的七日内,将罢免审计员的决议和罢免理由告知证券商品管理局。

第二百五十二条　公司审计员的辞职

1. 公司审计员可以向公司及证券商品管理局提交书面通知,辞去职务。审计员提交通知即可终止职务,终止时间为提交通知之日或通知指明的较晚时间。

2. 审计员以任何理由辞职的,有义务向公司及证券商品管理局提交辞职说明。董事会应当自审计员提出辞职之日起十日内召开股东大会,审议辞职理由,任命另一名审计员,并确定其报酬。

第二百五十三条　公司审计员的责任

审计人员负责审计工作,并对审计报告内容的真实性负责。审计员应当工作过程中造成的损害承担赔偿责任。有多名审计员的,分别对自身的过错造成损害承担责任。

第二百五十四条　对公司审计员的起诉

审计报告在股东大会宣读一年以后。审计员的行为构成犯罪的,不受诉讼时效限制,但提起公诉后受到相应的时效限制。

第五章　封闭式股份公司

第二百五十五条　封闭式股份公司的定义

1. 封闭式股份公司是股东不少于两人、不超过两百人的公司,其资本被分为名义价值相等的股份,股份价值全额支付,所有股份均不公开认购。公司通过制定公司设立协议设立,并遵守本法关于注册和设立的规定。公司股东只在其拥有的股份范围内被问责。

2. 下列情况是本条第一款所规定的股东人数上限的例外:

(1)本法颁布时,现有的私营股份公司。本法规定生效后,不得增加股东人数;

(2)因继承或法院裁决的发生股权转移。

3. 作为本条第一款所规定的股东人数的例外,一个法人可以设立并拥有封闭式股份公司,公司资本所有者是在设立协议中所载的资本额范围内承担责任。公司名称应当有“一人封闭式股份公司”字样。在不违背其性质的情况下,本法对于封闭式股份公司的规定适用于一人封闭式股份公司。

第二百五十六条　公司资本

1. 公司资本不得少于五百万迪拉姆,并应当全额支付。这一限额可以根据经济部长的提议由部长会议决定调整。

2. 在本法规定生效之前业已存在并在经济部注册的封闭式股份公司,不受本条第一款所述的公司最低资本的限制。

第二百五十七条　设立人委员会

1. 设立人应选举其中至少两人组成委员会,负责在有关部门进行公司设立、登记事务。设立人委员会对所有向有关部门提交的关于公司设立、许可、登记、注册程序的研究、报告,文件的正确性、准确性和完整性负全部责任。在一人公司中,设立人起设立人委员会的作用。

2. 设立人委员会可授权其一名成员或其他人,根据证券商品管理局制定的相关条例,在经济部和公司事务主管部门跟进、完成设立程序。

第二百五十八条　向公司事务主管部门提交设立申请

1. 设立人委员会应当向公司事务主管部门提交设立申请,以及公司设立协议、章程、公司将要开展的项目的经济可行性报告、拟议的实施时间表。

2. 公司事务主管部门应当审议设立申请,并初始批准或驳回该申请,并在完整申请材料提交之日起或在所需文件或数据补全之日起十个工作日内通知设立人委员会。公司事务主管部门未在此期限内初始批准的,视为驳回申请。

3. 公司事务主管部门驳回设立公司的申请或在本条第二款所述期限未能作出决定的,设立人委员会可以在三十个工作日内向法院提出上诉。

第二百五十九条　向经济部提交设立申请

1. 设立人委员会应当根据经济部要求的条件,向经济部提交设立申请、公司事务主管部门的初始批准、公司设立协议、章程、公司将要开展的项目的经济可行性报告、拟议的实施时间表以及其他机关作出的与申请有关的许可。

2. 经济部需在提交完整的设立申请之日起十个工作日内,或提交其有关实物份额估价报告(如有)之日起十个工作日内,将有关申请文件的意见通知设立人委员会。设立人委员会应当自通知之日起十个工作日内,完成经济部认为必要的补充和修改,否则经济部可视其为放弃设立申请。

3. 经济部应当在完成审议之日起五个工作日内,将申请文件的副本送交公司事务主管部门。之后,经济部应当在送交申请副本之日起五个工作日内与公司事务主管部门开会,如果公司事务主管部门提出任何意见,经济部应通知设立人委员会完成公司事务主管部门认为必要的补充和修改,以便在通知设立人委员会之日起五个工作日内完成设立申请,否则,经济部可视其为放弃设立申请。

4. 公司事务主管部门应当在经济部批准后,作出授予许可证的决定。

第二百六十条　股权登记秘书处

1. 封闭式股份公司应当设置专门登记簿,记录股东的姓名、股东持有的股份数量以及对股权的处置,并将登记簿提交股权登记秘书处。

2. 证券商品管理局在与经济部协商后,作出关于管理、监督及规范股权登记秘书处工作的决定。

第二百六十一条　公司设立证书

1. 设立人委员会或其代表向经济部提出颁发设立证书的申请，并提交下列材料：

(1)确认公司交存发行资本的银行证明；

(2)经公证的公司章程；

(3)公司事务主管部门初始批准决定的副本；

(4)公司董事会成员的姓名和董事会成员作出的关于其成员资格与本法规定、根据本法作出的决定不存在冲突的确认书；

(5)公司按照伊斯兰教法规定经营的，注明伊斯兰教法管理委员会成员和伊斯兰教法监督员的姓名；

(6)股东登记簿已向股权登记秘书处提交的证明；

(7)经济部规定的其他材料。

2. 本条第一款所述文件全部提交后，经济部应在提交完整申请之日起两个工作日内颁发公司设立证书。

3. 公司的注册应当按照经济部根据相关规定公布，费用由公司承担。

第二百六十二条　公司营业执照

1. 董事会应当自经济部签发公司设立证书之日起五个工作日内在公司事务主管部门办理登记。

2. 公司事务主管部门应当在公司提交文件并支付费用之日起三个工作日内在商业登记簿上登记，并颁发营业执照。

第二百六十三条　股权转让

1. 经股份登记处登记的，股权才发生转移。股权转让仅在股权登记秘书处登记之日起对公司或第三人发生效力。

2. 除股权登记秘书处外，封闭式股份公司不得签署任何股份弃权书。

3. 在本法第二百一十二条第二款规定的情况下，股权登记秘书处有权拒绝登记股份转让。

第二百六十四条　公司股权转移的限制

1. 在公司在公司事务主管部门商业登记簿上登记后一个或以上财务年度的资产负债表和损益表公布前，封闭式公司的股份不得转让。在禁售期届满前增资的，适用本条规定。

2. 在禁售期内，股份可以由股东抵押或让与其他股东。股东死亡的，股东的继承人可以让与第三人，或者根据法院的终审判决，由股东的破产管理人让与第三人。

3. 经济部长可以作出增加或缩短本条第一款所述禁售期限的决定，但不得少于六个月，且不得超过两年。

第二百六十五条　有关开放式股份公司规定的适用

除有关公开认购的规定外，本法无特别规定的，有关开放式股份公司的规定适用于封闭式股份公司。有关封闭式股份公司的规定中的“经济部”替换有关开放式股份公司规定中的“证券商品管理局”。

第六章 具有特殊的组织的公司

第一节 控股公司

第二百六十六条 控股公司的定义

1. 控股公司是一家股份公司或有限责任公司,在阿拉伯联合酋长国境内外设立子公司或控制已设立的公司,以持有股份的形式控制、影响公司的管理、决策。

2. 在公司所有文件、广告及其发布的其他信息中,公司名称后应当添加“控股公司”字样。

第二百六十七条 控股公司的目的

1. 控股公司仅能具有下列目的:

(1)持有股份公司和有限责任公司的股份;

(2)向子公司提供贷款、担保和融资;

(3)持有开展业务所需的不动产和动产;

(4)管理子公司;

(5)从发明专利、商标、工业标志、特许权及其他实物权利中获得工业产权,并租赁给子公司或其他公司。

2. 控股公司只能通过其子公司开展业务。

第二百六十八条 子公司会计记录的编制

控股公司必须采取必要措施确保子公司编制必要的会计记录,使控股公司董事会或管理人委员会成员可以确认财务报表和损益表的编制符合本法的规定。

第二百六十九条 子公司

1. 在下列任何情况下,公司被视为控股公司的子公司:

(1)控股公司持有主导性和控制性股份,并控制董事会的组成;

(2)是子公司的子公司。

2. 子公司不得成为其控股公司的股东。控股公司的任何股份划拨或让与其子公司的,均属无效。

3. 持有控股公司股份的公司成为该控股公司的子公司的,符合下列情形的,可以继续作为控股公司的股东:

(1)禁止子公司在控股公司董事会会议或股东大会上表决。

(2)子公司必须自控股公司控制之日起十二个月内处理其在控股公司的股份。

第二百七十条 控股公司的财务年度

控股公司应当按照国际会计和审计准则,在每个财政年度结束时为该公司及其所有子公司编制合并资产负债表、损益表和货币流量,连同相关说明和清单一并提交向股东大会。

第二节 投资基金

第二百七十一条 设立投资基金

1. 投资基金应当根据证券商品管理局相关规定设立。

2. 中央银行在本法规定生效之前颁布的投资基金许可证继续有效。本条第一款规定不予适用。

第二百七十二条 基金的法人资格

投资基金有独立的法人资格、法定形式和财务责任。

第七章 公司的变更、合并与收购

第一节 公司的变更

第二百七十三条 公司变更的原则

任何公司可以根据本法规定和经济部或证券商品管理局关于公司形式变更的条例和决定,变更现有公司形式,并保留其法人资格。

第二百七十四条 公司法律形式的变更

1. 根据本法第二百九十二条规定,符合下列条件的,可以将开放式股份公司变更为封闭式股份公司:

(1)经济部长和证券及商品证券商品管理局以及公司事务主管部门决定成立的、专门审议变更为封闭式股份公司申请的联合委员会批准;

(2)在商业登记簿登记为开放式股份公司之日起,经审计的财务年度已满五年,在转为封闭式股份公司并在商业登记簿上登记后,公司只能在再经过经审计的五个财务年度后,才能再申请变更为开放式股份公司;

(3)经持有公司股份百分之九十或以上的股东同意,股东大会作出变更公司法律形式的特别决议。

2. 除开放式股份公司外,公司在满足下列条件时,可以变更为合伙公司、简单两合公司、有限责任公司或者封闭式股份公司:

(1)按照关于公司修改公司设立协议和公司章程的条件,作出决议;

(2)公司自在商业登记簿上登记之日起已满两个或以上经审计的财务年度;

(3)在变更为合伙公司时,全体合伙人一致同意;

(4)完成关于变更后的公司形式的设立和注册程序。

第二百七十五条 变更为开放式股份公司

根据第二百七十三条规定,公司变更为开放式股份公司应当符合下列条件:

(1)已发行股份的价值已全部支付,或合伙人的出资已全部支付;

(2)公司存续已满两个或以上财务年度;

(3)公司以设立目范围内的活动,在申请变更的前两个财务年度实现了可以分配给股东的或合伙人的净营业利润，且平均年净营业利润不低于资本的百分之十；

(4)作出特别决定或以有等同效果的行为，批准公司变更为开放式股份公司；

(5)遵守证券商品管理局理事会规定的其他要求。

第二百七十六条　变更为开放式股份公司所需的文件

1. 任何公司可以变更为开放式股份公司，变更申请应当按照证券商品管理局编制的样表，并由公司授权的代表签署。

2. 下列文件必须附于申请之后：

(1)修订后的公司设立协议和公司章程。

(2)公司的股东大会的决议或经公司半数以上股东同意代替股东大会的任何机构作出的决议，修改公司组织大纲或章程，包括批准任何必要的增资并将公司变更为开放式股份公司。合伙人或股东的变更决议必须包含对公司设立协议或章程的任何必要修订，以及公司名称的变更。

(3)经济部、公司事务主管部门对公司变更为开放式股份公司的批准函。

(4)公司申请变更前六个月以内编制的资产负债表，以及公司审计员对该资产负债表无保留意见报告的副本。

(5)公司审计员的书面声明，确认公司在编制资产负债表之日净资产价值不低于其所需资本和未分配公积金。

(6)根据本法第一百一十八条规定编制的公司实物出资估价书。

(7)经理或董事会对于下列事项的确认函：

①股东大会或代替股东大会的机构批准变更并满足本法其他要求的决定；

②自相关资产负债表编制之日至申请变更之日的期间内，公司的财务状况未发生重大变化。

(8)证券商品管理局要求的有关变更公司形式的其他文件。

第二百七十七条　公布变更决议

1. 公司应在作出变更决议之日起五个工作日内，在阿拉伯联合酋长国出版的两份当地日报上(其中一份以阿拉伯语出版)公布变更决议，并以挂号信通知股东或合伙人以及债权人。

2. 本条第一款所述公告和对股东或合伙人、债权人的通知，应当包括告知公司任何债权人、债券持有人、股东或合伙人等利害关系人反对变更的权利。

第二百七十八条　反对变更决议

1. 反对变更决议的合伙人或股东，可以自公布变更决议之日起十五日内以书面形式向公司提出申请，退出公司并请公司赎回其出资或股份，其出资或股份的价值以变更之日的市场价值或账面价值(与孰高为准)确定。

2. 股东或合伙人、公司债权人、债券持有人以及利益相关人可在通知其变更决议之日起三十日内提出异议，并向经济部或公司事务主管部门提交异议书副本。异议者应当说明反对的事项及原因，以及变更对其造成的损害。

3. 经济部、证券商品管理局或公司事务主管部门收到异议书三十日内，公司因任何事由无法处理异议的，异议者可以向法院起诉。

4. 除异议者撤回异议，或法院作出驳回异议的终审裁定，或公司履行到期债务，或公司对未到期债务提供了充分担保以外,应当中止执行公司变更决议。

5. 在本条第二款规定期间内未对变更决议提出异议的,视为同意变更。

第二百七十九条　公司形式变更时出售一定比例的股份

1. 根据本法第一百一十七条、第一百一十八条以及第一百零九条第一款规定,经证券商品管理局批准后,提出转为开放式股份公司的公司可以采取下列措施:

(1)以公开认购的形式出售经估价百分之七十或以下的股份;

(2)以特别决议发行新股,以增资并向公众发售。

2. 证券商品管理局应当决定公司转为开放式股份公司时,出售股份和公开认购的措施和条件。

3. 公司在阿拉伯联合酋长国金融市场上市之日前六个月或以上,或在公司事务主管部门商业登记之日起(不上市的公司),在转为开放式股份公司后,设立人的股份不得货币或实物交易。设立人的股份应当注明清楚。禁售期届满前增资的,本条规定适用于设立人的认购。本法第二百一十五条第一款规定不予适用。

4. 拟转为开放式股份公司的公司在证券商品管理局董事会批准后,可以公开认购的方式出售高于本条第一款第一项规定比例的股份,且符合经证券商品管理局提议由部长会议决定的条款和条件。本条第一款第一项和本法第一百一十七条第一款规定不予适用。

第二百八十条　公司变更决议的通知

根据本法第二百七十四条规定,公司应当当向经济部或证券商品管理局以及公司事务主管部门提交变更决议的副本,并一同提交下列文件:

(1)公司的资产、权利和义务以及其估值的报表;

(2)异议已解决或异议期限届满的说明。

第二百八十一条　公司变更的结果

1. 合伙人或股东在变更后的公司中所持股份的价值,应当等于变更前所持股份的价值。合伙人的股份的价值低于为股份名义价值设定的最低限额的,应当以货币补足;否则,应当视为退出公司。合伙人的股份价值以变更之日的市场价值或账面价值(以孰高为准)确定。

2. 公司在变更并重新登记为新的法律形式后,承继法人资格和变更前的权利和义务。除债权人书面同意外,变更不得免除普通合伙人对变更前公司债务的责任。

第二百八十二条　公司变更的标志

1. 经济部或证券商品管理局以及公司事务主管部门批准变更决议后,必须在登记处修改相关信息。

2. 公司事务主管部门应当在商业登记簿上登记公司,并为公司颁发变更后形式的营业执照。变更自营业执照签发之日起生效。

第二节　合　　并

第二百八十三条　合并

1. 公司处于清算阶段的,可以依照股东大会作出的特别决定或同等效力的文件,与其他公司订立合并协议。本法第一百九十七条、第一百九十八条、第一百九十九条规定不予适用。

2. 根据中央银行制定的关于经其许可设立的公司的合并规则，经济部长应当作出决定，规范除开放式股份公司以外的所有公司的合并方式、条件和程序。证券商品管理局理事会应当作出关于开放式股份公司的相关决定。

第二百八十四条　合并协议

合并协议应当载明合并的方式和条件，尤其包括下列事项：

(1) 合并后公司或新公司的设立协议及章程；

(2) 合并后公司或新公司拟任董事或管理人的姓名和地址；

(3) 被合并公司的股份转成合并后公司或新公司股份的方式。

第二百八十五条　向股东大会提交合并协议

1. 被合并公司和合并后公司的董事会成员、管理人应当将合并协议提交股东大会或同等机构，由半数以上股东批准，以修订各公司的组织章程大纲。

2. 审议合并事宜的股东大会发出的提议通告应当满足下列要求：

(1) 提交合并协议的副本或摘要；

(2) 合并协议约定任何一名或多名总计持有百分之二十或以上公司资本的股东，有权反对合并，该等股东可以在股东大会或同等机构批准合并协议之日起三十日内，向法院起诉。

第二百八十六条　控股公司与子公司的合并

1. 控股公司可以同一家或多家其全资持有的公司合并，且无须签订合并协议，仅由该等公司作出特别决议，由半数以上股东通过，以修订各公司的组织大纲。

2. 控股公司全资持有的两个或两个以上公司可以合并为一家公司，无须签订合并协议。

3. 被合并的公司为控股公司的，本法及其实施规定中有关合并的规定适用于其全资子公司。

第二百八十七条　赎回股份

1. 除股份公司外，反对公司合并的股东可以要求退出公司并要求公司赎回其股份。股东可以在作出自合并决议之日起十五个工作日内向公司提交书面要求。

2. 赎回股份的估价应当以协商的形式达成。不能达成一致的，应当向法院起诉前，提交公司事务主管部门相关委员会决议。

3. 在合并完成之前，必须在将价值存在争议的股份提交前款规定的委员会决议之前，赎回该股份价值无争议的部分。

第二百八十八条　向债权人宣布合并决定

合并后公司或被合并公司应当在股东大会批准合并之日起十个工作日内通知其债权人，且符合下列规定：

(1) 说明公司的意图是与一个或多个公司合并。

(2) 以书面形式通知公司的每个债权人公司合并事宜。

(3) 在阿拉伯联合酋长国出版的两份当地报纸上公示，其中一份以阿拉伯语出版。

(4) 告知合并后公司和被合并公司的任何债权人、债券持有人及所有利害关系人，有权向公司总部对合并提出异议，并将异议书副本提交经济部或证券商品管理局，且在通知之日起三十日内完成。

第二百八十九条　对合并的异议

1. 债权人可以依照本法第二百八十八条第四项规定向公司提出异议，公司自提出异议之日起三十日内未支付或清偿其债权的，可以向法院申请裁定中止合并。

2. 申请人向法院提交中止合并申请，可以证明合并会对其利益造成不当损害的，法院可以裁定中止，并可以命令作出相应的限制措施。

3. 除异议人撤回异议的，或法院作出驳回异议的终审裁定的，或公司履行到期债务或对未到期债务提供充分担保的外，继续中止合并。

4. 在本法第二百八十八条第四项规定期限内，未对公司合并提出异议的，视为同意合并决议。

第二百九十条　批准合并

1. 关于合并信息的修改应当在经济部或证券商品管理局批准合并决议后，在登记处修改。

2. 公司事务主管部门应当标注被合并的公司终止，并告知经济部或证券商品管理局。

第二百九十一条　合并的结果

合并导致被合并公司不再具有法人资格的，合并后公司或新公司承继所有权利和义务。新合并公司是被合并公司的法定承继人。

第三节　收　　购

第二百九十二条　收购流程

1. 证券商品管理局决定任何利害关系人或团体购买或采取任何可能导致收购在阿拉伯联合酋长国设立的开放式股份公司可转为股票的股份或证券的行为，且该公司股份已公开认购或已在阿拉伯联合酋长国金融市场上市，该个人或团体应当遵守证券商品管理局在收购时发布的规定。

2. 证券商品管理局规定的收购条件和程序可以规定，持有公司股份达到证券商品管理局规定比率的人，可以要求小股东让与所持被收购公司的股份，并规定持有证券商品管理局规定比率的小股东，有权要求达到管理局规定比率的人接受其股份转让，以换取与证券商品管理局关于收购条款和程序规定一致的对价。证券商品管理局应当执行转让标的证券的所有权转让。

3. 公司可以通过特别决议增资，以收购既有的公司，并为被收购公司的合伙人或股东发行新股。本法第一百九十七条、第一百九十八条和第一百九十九条规定不包括收购程序。

第二百九十三条　违反收购规则和程序

任何人违反本法第二百九十二条规定或证券商品管理局作出的相关决定，证券商品管理局可以处以下一项或多项行政处罚，但受影响方的起诉权利不受影响：

(1) 根据公司事务主管部门的规定，对违法行为人作出警告，并规定改正期限；

(2) 在证券商品管理局规定的程序得到改正或实施前，剥夺违约人竞选目标收购公司董事会成员的权利；

(3) 违约人是公司董事会成员的，暂停或取消成员资格；

(4)在违约范围内,剥夺违约人在股东大会的表决权;

(5)证券商品管理局决定的任何其他行政处罚。

第二百九十四条　公布收购决定

收购决定刊登在阿拉伯联合酋长国出版的两份当地日报上,其中一份需以阿拉伯语出版。费用由实施收购的公司承担。

第八章　公司章程的终止

第一节　公司终止的原因

第二百九十五条　公司终止的一般原因

公司因下列原因之一解散,但另有规定的除外:

(1)公司设立协议或章程规定的期限届满,但根据二者之一展期的除外;

(2)公司的设立目的丧失;

(3)公司全部或大部分资金损失,剩余资金无法开展经济上可以盈利的投资;

(4)依照本法规定合并;

(5)股东一致同意终止,但公司设立协议规定股东达到一定比例即可作出终止决定的除外;

(6)作出了解散公司的司法判决。

第二百九十六条　合伙公司和简单两合公司的解散

有下列情形之一的,合伙公司、简单两合公司由于应当解散,但不得损害第三人的权利并遵守本法和合伙人之间签订的协议:

(1)任何合伙人死亡、破产或丧失法律能力。除公司章程另有约定外,可以在公司章程中规定公司在已故合伙人的继承人继承合伙人资格后继续存续。继承人是或继承人中有未成年人的,在所不问。已故合伙人是普通合伙人,其继承人是未成年人的,继承人在被继承人出资范围视为有限合伙人。公司继续存续,无须法院作出命令将该未成年人的资产由公司持有。

(2)唯一的普通合伙人退出简单两合公司。

(3)合伙公司在六个月以内仅有一名合伙人,且在此期间没有变更法律形式。

第二百九十七条　合伙公司或简单两合公司依协议继续存续

1. 合伙公司或简单两合公司的设立协议没有对合伙人退出、死亡、处于禁令期间、破产时,公司的存续作出规定的,合伙人可在上述任何情形发生之日起六十日内达成一致协议决定公司继续存续。上述情形发生之日起六十日内,合伙人应当在公司事务主管部门登记该协议。

2. 公司由剩余合伙人继续经营的,退出的合伙人的出资应当根据前次盘点情况估价,但公司章程另行规定估价方法的除外。该合伙人或其继承人无权获得之后公司新取得的权利,但该等权利是其离开公司之前经营所得的除外。

第二百九十八条 作出解散合伙公司或简单两合公司的判决

1. 法院认为有充分理由的，可以应合伙人的申请解散任何合伙公司或简单两合公司。法院可以因有合伙人未履行承诺，应合伙人的申请解散公司。

2. 特定合伙人的行为造成解散事由的，法院可以决定将其除名。公司将由其他合伙人继续经营，并根据前次盘点或法院认为应当遵循的任何方式估价后，扣除该除名合伙人的出资。

3. 任何剥夺合伙人以司法途径解散公司权利的规定，视为自始无效。

第二百九十九条 解散、清算一人公司或暂停活动

1. 设立一人公司的自然人死亡或者法人资格终止，一人公司应当解散。一人公司的自然人死亡，依照本法规定变更公司形式后，继承人选择继续经营公司的，公司不因该自然人死亡终止。继承人应当该自然人死亡之日起六个月内选择一名代表管理公司。

2. 一人公司的所有权人在企业期限届满之前，或者在实现该所有权人的恶意设立目的之前清算或者中止经营的，所有权人应当以其资产对个人独资企业的债务承担责任。

第三百条 有限责任公司的股东死亡或退出

有限责任公司的股东死亡或由于处于禁令期间、破产判决退出公司的，不导致公司解散，但公司在组织章程中规定的除外。已故合伙人的出资交由继承人，其遗产承受人相当于其继承人。

第三百零一条 有限责任公司的亏损

1. 有限责任公司的亏损达到资本的一半时，管理人应当向股东大会提交解散公司的决议。解散决议应当由半数以上股东通过，以修订公司设立协议。

2. 亏损达到了资本的四分之三的，持有公司股份四分之一及以上的股东可以申请解散公司。

第三百零二条 股份公司的亏损

1. 股份公司的累计亏损达到已发行资本的一半，董事会应当在定期或年度财务报表向经济部或证券商品主管部门（根据各自的权限）披露之日起三十日内，提请股东大会在发出提议函之日起三十日内召开会议，以就公司继续经营或在经营期限届满前解散作出决定。董事会没有提议召开股东大会或股东大会没有作出决定的，各利害关系人可以向法院起诉，要求根据法律规定解散和清算公司。

2. 根据本条第一款规定提议召开股东大会时，公司董事会应当遵守下列规定：

（1）董事会建议继续经营的，批准的重组计划和审计报告附于提议函中，重组方案应当包括可行性研究、债务管理计划和实施时间表；

（2）董事会建议公司在经营期限届满前解散并清算的，经公司董事会及其财务顾问批准的审计报告、公司清算计划和时间表附于提议函中，并附上一名或多名经证券商品管理局批准的清算人提名清单。

3. 董事会监督重组计划的实施，并每三个月向证券商品管理局报告计划实施结果及时间表的遵守情况。获得证券商品管理局批准后，可以任命一名财务顾问协助编制和实施重组计划。财务顾问没有履行委托任务的，证券商品管理局可以解雇，并任命一名新的财务顾问。

第三百零三条 公司的注销

1. 根据本法或任何其他法律规定，经济部或证券商品管理局（根据各自权限）证实公司停止经营的,或者实施违反本法及本法实施规定的行为的,经济部、证券商品管理局或公司事务主管部门(根据其各自权限)有权通知公司,公司没有提供合理事由的,将在通知之日起三个月内从登记簿中注销。

2. 经济部、证券商品管理局或公司事务主管部门(根据其各自权限)在本条第一款所述三个月期限届满后,收到公司没有经营或没有对中断经营提供合理事由确认函的,应当提请法院采取必要措施对公司清算。

3. 依照本条规定从登记簿注销的公司的董事、管理人、股东、合伙人,应当继续承担责任,视为公司尚未解散。

第三百零四条　通知公司事务主管部门和登记处公司解散

1. 出现公司解散事由的,公司管理机构应当通知公司事务主管部门和登记处。

2. 合伙人一致以协议的形式解散公司的,协议应当包括清算方式和清算人姓名。

3. 公司解散或清算时,任何合伙人或股东无权获得股份,但公司债务得到清偿的除外。

第三百零五条　公司解散登记

公司管理人、董事会主席或清算人应当在公司事务主管部门商业登记簿上登记公司解散,并在两份当地报纸上公示(其中一份以阿拉伯语发行)。在登记之日以前,公司解散不得对抗第三人。

第二节　公司清算及其资产分割

第三百零六条　清算规定

公司清算应当执行本法规定,但公司设立协议或者章程对清算方式另有规定,或者股东在公司解散时另有约定的除外。

第三百零七条　管理人或董事会权限的终止

公司解散后,管理人或董事会的权限即告终止。管理人或董事会继续负责公司管理事宜,并在指定清算人之前,对第三人充当清算人。在清算人认为清算工作所需范围内,公司在清算期间继续经营。

第三百零八条　指定清算人

1. 清算应当由合伙人指定的,或由股东大会或同等机构决定的一名或多名清算人实施,清算人不能由公司现任审计员或五年内审计过公司账户的审计员担任。

2. 法院判决清算的,法院应当说明清算方式,并指定清算人。清算人由股东指定的,清算人的工作不因股东的死亡、破产、处于禁令期间终止。

第三百零九条　多个清算人

清算人有多个的,清算人的行为经所有清算人一致同意才有效,但任命文件另有规定的除外。该规定在商业登记簿上登记之前,不得对抗第三方。

第三百一十条　任命清算人的决定

清算人应当在商业登记簿上登记任命决定,以及关于清算方式的股东协议、股东大会决议及司法判决。清算人的任命及清算方式只有在商业登记簿上登记之后才能对抗第三人。清算人的任命文件应当规定薪酬。没有规定的,法院应当予以确定。

第三百一十一条　清算人的罢免

1. 清算人的罢免方式与任命方式相同。罢免决定或裁定必须指定继任人。

2. 清算人的罢免应当在商业登记簿中登记，且登记之后才能对抗第三人。

第三百一十二条　盘点公司资产和负债

清算人一经指定，应当对公司的资产和负债进行盘点，公司管理人或者董事长应当向清算人交付公司的簿册、文件及资产。

第三百一十三条　编制公司资产负债清单

清算人必须编制关于公司资产负债的详细清单，由本人以及公司管理人或董事长签字。清算人必须备置专门记录清算工作的簿册。

第三百一十四条　清算人的义务

清算人必须尽一切可能维护公司的资金和权利，追偿对公司的债务，并将收到的款项及时存入清算中公司的银行账户。

清算人不得要求股东支付股份的剩余价值，但清算工作需要且保证各股东之间平等的除外。

第三百一十五条　清算人对公司的代表

清算人应当执行清算所需一切工作，尤其是在法院作为公司的代表人，履行公司债务，以公开拍卖或其他方式出售公司的动产或不动产。清算人任命文件可以规定以特定方式出售。清算人不得打包出售公司的所有资产，但股东或股东大会同意的除外。

第三百一十六条　通知债权人清算事宜

公司一经解散，所有债务立即全部到期。清算人应以挂号信通知所有债权人已启动清算流程，并申报债权。清算人需在两份当地日报上（其中一份以阿拉伯语出版）刊登该通知。在任何情况下，清算通知应当载明债权人的申报时限。申报时限自通知之日起不少于四十五日。

第三百一十七条　履行公司债务

公司资金不足以清偿所有债务的，清算人按比例清偿债务，但是不得损害优先债权人的权利。清算产生的任何债务优先于其他债务受偿。

第三百一十八条　将负债存入法院金库

特定债权人没有申报债权的，公司应当将该债权款项存入法院金库。公司应当存入充足的资金，以备支付争议债务，但债权人已获得充分担保或者已经决定将收取公司的清偿款项推迟至争议债务处理完毕后实施的除外。

第三百一十九条　公司的新工作

除为了完成先前工作所需事项外，清算人不得开始新的工作。清算人从事了非清算所需的新工作的，应当以其自身所有资产对该工作承担责任。有多个清算人的，应当承担连带责任。

第三百二十条　清算的期限

清算人必须在任命文件规定时间内完成工作。没有规定时限的，任何股东可以申请法院确定。

经审议清算人关于清算未按时完成的原因的说明报告后，由股东决定或股东大会作出特别决议,才能延长清算期限。清算期限由法院确定的,经法院允许,才能延长。

第三百二十一条　提供清算工作临时账户

清算人应当每三个月向所有股东或股东大会提供清算工作临时账户,并按照股东的要求提供清算资料。清算人有义务在股东大会批准后一周内通知股东,在两份当地日报(其中一份以阿拉伯语出版)发表声明之日起二十一日内,收取各自的应收款项。

第三百二十二条　清算结算账户

1. 清算结束时,清算人应当向股东、股东大会或法院提交清算工作结算账户。结算账户经核准后,清算工作终止。

2. 清算人应当将清算终结登记在公司事务主管部门商业登记簿中。清算终结只有在登记后,才能对抗第三人。公司事务主管部门商业登记簿将注销公司的登记。

第三百二十三条　清算人的行为

清算人在职权范围实施的清算工作所需行为,对公司发生约束力。清算人不因上述行为承担任何责任。

第三百二十四条　清算人的责任

清算人在清算期间管理不当的,应当承担责任,并赔偿清算工作中因专业过错对他人造成的损失。

第三百二十五条　公司资金的分配

1. 公司清算所得资金在清偿公司债务后,向股东分配。各股东获得与其出资额相等的金额,剩余部分按股东对利润的分配比率分配。股东没有接收其出资金额的,清算人应当将该款项存放在法院金库中。

2. 如果公司的净资金不足以支付合伙人的全部出资,则损失按合伙人间既定的损失承担比例分摊。

第三百二十六条　责任诉讼的时效

1. 没有正当事由的,以清算工作为由对清算人起诉以及以股东、经理、董事会成员或公司审计员的工作起诉的,应当适用三年的诉讼时效期间,但法律规定了更短期限的除外。

2. 上述第一种情况中,期限的计算从在商业登记簿登记清算结束之日起算。在第二种情况中,期限的计算从引起追责诉讼的行为发生之日起算。

3. 上述人员的行为构成刑事犯罪的,不得禁止追责诉讼,但适用公诉时效。

第九章　外 国 公 司

第三百二十七条　受本法管辖的外国公司

根据联邦政府或地方政府或二者之一的机构与外国公司达成的特别协议,本法规定(不包括有关设立公司的规定)适用于在阿拉伯联合酋长国经营或管理机构位于阿拉伯联合酋长国的外国公司。

第三百二十八条　外国公司的经营

1. 除获准在阿拉伯联合酋长国自由区内经营的外国公司外,外国公司只有在由经济部批准获得公司事务主管部门颁发的执照后,才能在阿拉伯联合酋长国境内开展业务或设立代表处、分公司。执照规定外国公司获准的经营范围。

2. 外国公司或其代表处、分公司在完成本法规定的程序之前在阿拉伯联合酋长国经营的，经营人对此负连带责任。

第三百二十九条

已废止

第三百三十条　外国公司登记程序

1. 依据本法规定在经济部外国公司登记簿登记，且按照阿拉伯联合酋长国相关法律办理所需批准和许可后，外国公司才能在阿拉伯联合酋长国经营。

2. 外国公司登记簿的登记程序和编制外国公司在阿拉伯联合酋长国设立的分支机构的账户、资产负债表的要求，由经济部长决定。关于在阿拉伯联合酋长国的经营，外国公司的办事处或分支机构视为该公司的住所。外国公司拟开展的经营活动，应当遵守阿拉伯联合酋长国相关法律。

3. 经济部应当规定登记申请的所需文件，并可以确定外国公司分支机构或办事处的管理和关闭应当遵守的要求。

4. 外国公司的分支机构关闭的，经济部将从外国公司登记簿中删除该分支机构或办事处的名称。

第三百三十一条　外国公司的资产负债表

除代表处外，外国公司或其分公司必须编制独立的资产负债表和损益表，且由在阿拉伯联合酋长国注册的审计员审计。外国公司须每年向公司事务主管部门和经济部提交资产负债表副本、附有审计员报告的决算账目，及其控股公司的决算账目的副本（如有）。

第三百三十二条　代表处

1. 外国公司可以设立代表处，但仅限于市场和生产能力研究，不得开展任何商业活动。

2. 本法的实施规定应当规定经济部和公司事务主管部门对外国公司代表处的监管范围。

第十章　对公司的监管和检查

第三百三十三条　对公司的监管

1. 除与中央银行的权限冲突外，经济部、证券商品管理局和公司事务主管部门行使各自对股份公司的监管权，并检查其工作、账簿，或其在境内外分公司及其子公司的记录，或其在审计员处或其他关联公司的记录。各部门可以会同一名或多名具有与检查相关的技术和财务专门知识的专家组成的检查委员会，核实外国公司是否执行了本法及其实施规定和公司章程的规定。检查员可以要求董事会、首席执行官、董事、审计员提供必要信息。

2. 公司违反本法的，经济部、证券商品管理局或公司事务主管部门可以要求解散公司。法院应当将该要求作为紧急事项作出裁定。

第三百三十四条　检查制度

经济部长颁布封闭式股份公司的检查制度。证券商品管理局理事会颁布开放式股份公司的检查制度。检查制度应当规定检查程序和检查人员的权力和职责。

第三百三十五条　申请对公司检查

1. 依照本法第三百三十三条、第三百三十四条规定，有证据证明可能发生违法违规行为的，持有百分之十或以上股份的股东可以向经济部或证券商品管理局提出申请，对公司董事或审计员关于履职的严重违反本法或公司章程的行为实施检查。

2. 检查申请必须载明下列内容：

(1)表明申请人有充分理由要求实施检查的证据；

(2)作为申请人的股东提存股份，直至申请结束。

3. 在不公开会议中听取申请人和董事会成员、审计员的陈述后，经济部或证券商品管理局可以要求检查公司的工作、账簿，或其在审计员处或其他关联公司的任何文件或记录。上述部门可以委任一名或多名专家。费用由检查申请人承担。

第三百三十六条　协助检查人员的工作

依照本法第三百三十三条规定，公司的董事长、首席执行官、总经理、员工和审计员应当向检查人员提供要求查看的账簿、董事会、各委员会、股东大会会议记录及其他记录、文件，并提供必要信息和说明。

第三百三十七条　检查报告

1. 依照本法第三百三十四条和第三百三十五条规定，检查员应当在检查完成后，向经济部长（对于封闭式股份公司而言）或证券商品管理局理事会主席（对于开放式股份公司而言）提交最终报告。

2. 经济部或证券商品管理局发现董事会成员或审计员构成刑事犯罪的，应当召开股东大会。股东大会由经济部或证券商品管理局派出的执行主任级别的代表主持，审议下列事项：

(1)罢免董事会成员并对其提起追责诉讼；

(2)罢免审计员并对其提起追责诉讼。

3. 在本条第二款中，股东大会的决议经出席股东所持股份半数以上同意，方为有效，但拟罢免的董事的股份数量不计算在内。拟罢免的董事代表法人的，该法人的股份数量不计算在内。

第三百三十八条　公布检查结果

经济部或证券商品管理局发现申请人对董事会成员或审计员的指控不实的，可以命令在以阿拉伯语出版的当地日报公布检查结果，并命令检查申请人支付费用。必要时，可以追究申请人的民事责任和刑事责任。

第十一章　处　　罚

第一节　可以和解的犯罪

第三百三十九条　和解

1. 本章第一节所列犯罪的刑事诉讼，只能由证券商品管理局主席或其处理有关开放式股份公司犯罪的代表，或者经济部长或其代表以书面的形式提起。在将刑事案件提交法院之前，可以对予以和解。和解的费用应当不低于最低罚额（如有）的两倍；罚款以日计算的，不低于该罚数额。

2. 和解后一年内再犯的，或在作出最终判决后一年内再犯的，应当加倍本章规定的最低和最高罚款额。

3. 经济部长或证券商品管理局应当规定和解的规则和程序。

第三百四十条　不遵守登记处的决定

不遵守登记处关于变更公司名称决定的公司，处以每天一千迪拉姆的罚款。罚款从送达该决定之日起三十个工作日后起算。

第三百四十一条　延迟上市

延迟在阿拉伯联合酋长国金融市场上市的开放式股份公司，处以每天一千迪拉姆的罚款。罚款从本法规定的上市期限届满后起算。

第三百四十二条　拒绝通知利害关系人

公司拒不将股东大会记录、公司账簿和文件、关于公司与关联方交易的任何票据和文件，提交股东或合伙人检查的，处以一万及以上迪拉姆、五万及以下迪拉姆罚款。

第三百四十三条　违反召开年度大会的规定

股份公司董事长没有在本法规定的期限内提议召开年度大会，或者没有事先征得经济部或公司事务主管部门（如适用）的同意发出提议函，处以五万及以上迪拉姆、十万及以下迪拉姆的罚款，并对故意阻止股东大会提议或召开的任何董事处以相同的罚款。

第三百四十四条　公司亏损时未召开大会

股份公司董事会主席或有限责任公司管理人委员会主席，在公司损失达到资本一半时，没有依照本法规定召开大会的，处以五万迪及以上拉姆、一百万及以下迪拉姆的罚款。

第三百四十五条　未根据经济部或证券商品管理局的要求召开大会

股份公司董事长或其代表在接到经济部或证券商品管理局的要求后，未发出大会提议函，处以十万及以上迪拉姆、三十万及以下迪拉姆的罚款。

第三百四十六条　未邀请董事会成员参加董事会会议

未邀请董事会成员参加董事会会议的，对董事会主席或其代表，处以五万以上迪拉姆、十万及以下迪拉姆的罚款。

第三百四十七条　拒绝协助审计员或检查人员

董事会主席、董事、执行主席、总经理、员工拒不向公司审计员或经济部、证券商品管理局的检查员提供执行工作所需文件或信息，或隐瞒信息或提供误导性信息的，处以一万及以上迪拉姆、十万及以下迪拉姆的罚款。

第三百四十八条　未保存会计记录

对未保存公司会计记录以说明交易状况的阿拉伯联合酋长国或外国公司，处以五万及以上迪拉姆、五十万及以下迪拉姆的罚款。

第三百四十九条　保存会计记录不符合本法规定的期限

对保存会计记录不符合本法规定期限的阿拉伯联合酋长国或外国公司，处以两万及以上迪拉姆、十万及以下迪拉姆的罚款。

第三百五十条　未经证券商品管理局认证的审计员

1. 未经证券商品管理局认证的审计员审计阿拉伯联合酋长国股份公司账目的，处以两万及以上迪拉姆、十万及以下迪拉姆的罚款。

2. 股份公司董事会主席委任未经证券商品管理局认证的审计员审计公司账目的，处以五万及以上迪拉姆、二十万及以下迪拉姆的罚款。

第三百五十一条　伊斯兰教法监督员和对内伊斯兰教法监督委员会成员违法违规行为

根据伊斯兰教法规定经营的公司，伊斯兰教法监督员和内部教法监督委员会成员违反部长会议规定的工作要求的，处以一万及以上迪拉姆、五万及以下迪拉姆的罚款。

第三百五十二条　未退还超出认购部分的款项

逾期不退还认购人支付的、在本法规定期限内未分得股份的超额款项及其收益的机构，处以五十万以上迪拉姆、一千万及以下迪拉姆的罚款。

第三百五十三条　违反阿拉伯联合酋长国公民参股比例

公司违反阿拉伯联合酋长国公民的股份比率或者阿拉伯联合酋长国公民在董事会所占比率规定的，处以两万及以上迪拉姆、二十万及以下迪拉姆的罚款。

第三百五十四条　违反本法规定处置股份

任何人违反本法规定处置股份，处以两万及以上迪拉姆、二十万及以下迪拉姆的罚款。

第三百五十四条之一　违反收购规则和程序

任何人违反本法或证券商品管理局颁布的条例和决定关于收购规则、条件和程序的规定和决定的，处以十万及以上迪拉姆、一千万及以下迪拉姆的罚款。本法第二百九十三条规定的行政处罚同时适用。

第三百五十五条　外国公司未在登记处或公司事务主管部门登记

阿拉伯联合酋长国境内的外国公司、其代表处或分公司未向登记处或公司事务主管部门登记的，处以十万及以上迪拉姆、五十万及以下迪拉姆的罚款。

第三百五十六条　代表处从事商业活动

外国公司在阿拉伯联合酋长国的代表处在阿拉伯联合酋长国境内从事商业活动的，处以十万及以上迪拉姆、五十万及以下迪拉姆的罚款。

第三百五十七条　公司延迟依据本法调整公司的状况

公司未按照本法及其实施规定调整状况的，处以每日一百迪拉姆的罚款。期间自规定期限届满后第二天起算。

第三百五十八条　未经证券商品管理局批准邀请公开招股

在获得证券商品管理局批准前，公司、企业、境内外或自由区的自然人、法人，在日报、杂志或国内任何公共媒体，发布公开认购股票、债券或其他金融票据的广告，处十万及以上迪拉姆、一千万及以下迪拉姆的罚款。

第三百五十九条　未经证券商品管理局批准承销公开招股

未经证券商品管理局批准，企业或公司接受承销股票、债券或任何其他金融票据的，处十万及以上迪拉姆、一千万及以下迪拉姆的罚款。

第三百六十条　违反本法及其实施规定的规定

违反本法规定且本法未规定处罚措施的，或违反实施本法的的法规、规章、决定的，处一万及以上迪拉姆、一百万及以下迪拉姆的罚款。

第二节　不可和解的犯罪

第三百六十一条　提供虚假或违法的信息

在公司设立协议、章程、招股书、债券或其他公司文件中故意提供虚假或违法信息的，或明知存在上述情形仍在上述文件签字或散布上述文件的，处以六个月以上、三年以下监禁，单处或并处二十万及以上迪拉姆、一百万及以下迪拉姆的罚款。

第三百六十二条　对实物出资的估价超出实际价值

故意高估设立人或合伙人提供的实物出资价值的，处以六个月以上、三年以下监禁，单处或并处五十万及以上迪拉姆、一百万及以下迪拉姆的罚款。

第三百六十三条　违法分配利润或利益

管理人或董事会成员违反本法、公司设立协议、公司章程规定，向合伙人或他人分配利润或利益的，审计员明知存在上述情形仍批准分配的，处以六个月以上、三年以下监禁，单处或并处五万及以上迪拉姆、五十万及以下迪拉姆的罚款。

第三百六十四条　隐瞒公司财务状况

管理人、董事会成员、审计员或清算人故意在资产负债表、损益表或报告提供虚假数据，或故意省略重事实，以隐瞒公司财务状况的，处以六个月以上、三年以下监禁，单处或并处十万及以上迪拉姆、五十万及以下迪拉姆的罚款。

第三百六十五条　检查报告中的虚假事实

有下列情形之一的，处以六个月以上、两年以下监禁，单处或并处一万及以上迪拉姆、十万及以下迪拉姆的罚款：

(1)经济部、证券商品管理局或公司事务主管部门指定的检查人员故意在检查报告中证明虚假事实或故意遗漏影响检查结果的重大事实；

(2)公司董事长、董事会成员、首席执行官、总经理被经济部或证券商品管理局处本法第三百四十七条规定的罚款后，故意不向检查人员提交文件或资料。

第三百六十六条　清算人故意损害公司利益

清算人故意对公司、股东、合伙人或债权人利益造成损害的，处以三个月以上、三年以下监禁，单处或并处五万及以上迪拉姆、五十万及以下迪拉姆的罚款。

第三百六十七条　违法发行金融票据

违反本法规定发行股票、认购收据、临时证书、债券，或提供票据以供交易的，处以三个月以上、两年以下监禁，单处或并处十万及以上迪拉姆、五十万及以下迪拉姆的罚款。

第三百六十八条　提供贷款、保证或担保

有下列情形之一的，处以三个月以下监禁，单处或并处十万及以上迪拉姆、五十万及以下迪拉姆的罚款：

(1)股份公司的董事会成员，及其配偶、两代以内亲属违反本法规定从公司获得贷款、保证或担保的上述人等有义务退还贷款、保证或担保；

(2)股份公司的董事长、董事会成员、首席执行官、总经理违反本法规定，同意向董事会成员、及其配偶或两代以内亲属提供贷款、保证或担保。

第三百六十九条　泄露公司秘密

有下列情形之一的，处以三个月以下监禁，单处或并处五万及以上迪拉姆、五十万及以下迪拉姆的罚款：

(1)在公司设立阶段，任何人使用从法律顾问、财务顾问、认购经理、认购保荐人参与公司设立的各方或其代表处所获信息；

(2)公司董事会主席或董事会成员或其任何员工，利用或披露公司秘密，或故意企图损害公司经营。

第三百七十条　影响证券价格

公司董事会主席、董事会成员或其任何员工直接或间接参与任何机构旨在影响公司发行的证券价格的行为的，处以六个月以下监禁，单处或并处一百万及以上迪拉姆、一千万及以下迪拉姆的罚款。

第三百七十一条　处以更严厉的处罚

本法规定的处罚不影响判处任何其他法律规定的任何更重的处罚。

第三百七十二条　刑事诉讼

公司违反本法规定的刑事责任，由公司法定代表人承担。

第三百七十三条　司法官员的身份

司法部长与经济部长达成一致，且与证券商品管理局或公司事务主管部门协调后，可以视情况决定指派工作人员，依据各自职责范围核实违反本法及其实施条例和决定的情况。司法部长与经济部长达成一致，且与证券商品管理局将或公司事务主管部门协调后，决定任命的雇员具有司法官员的身份，在其各自职权范围内，报告违反本法规定及其实施条例和决定的任何行为。

第十二章　过渡期条款和最终条款

第三百七十四条　调整状况

1. 适用本法的公司应当依照本法规定，自本法实施之日起一年以内，使得公司状况符合本法规定。根据经济部长的建议，部长会议可以决定将上述期限延长一年。

2. 公司不遵守本条第一款规定的，视公司为根据本法规定解散。本法规定的处罚同时适用。

第三百七十五条　激励公司的规定

部长会议应当制定必要规则，激励公司履行社会责任，并确定实施阶段。

第三百七十六条　废止不一致条文

任何违反本法或与本法不一致的规定应当废止。1989 年 8 号《联邦商业公司法》及其修正案现予废止。

第三百七十七条　颁布实施条例及决定

1989 年 8 号《联邦商业公司法》之实施条例和决定与本法一致的范围内继续有效。经济部和证券商品管理局将在各自职权范围内制定本法实施条例和决定。

第三百七十八条　本法的公布与生效

本法在《公报》上公布,自公布之日起三个月后生效。

哈利法·本·扎耶德·阿勒纳哈扬
阿拉伯联合酋长国总统
阿布扎比总统府颁布
日期:伊斯兰历1436年6月5日
即:公元2015年3月25日

沙特公司法

邓苏宁　译　徐琨捷　审校*

《沙特公司法》译介

《沙特公司法》于2016年颁布①，取代了1965年的旧《沙特公司法》。现行《沙特公司法》是沙特政府近年来为保持经济可持续发展而出台的几个重点经济法律法规之一，代表了沙特公司法体系的重要革新和现代化，旨在使其更加顺应全球公司法和公司治理的发展趋势。

《沙特公司法》的调整对象涉及除挂牌上市的股份公司以外的其他所有类型的公司。根据该法规定，工商部仍为沙特所有类型的公司的主要监管机构，而资本市场管理局负责监管在沙特金融市场上市的股份公司。

该法规定了五种公司形式：合伙公司、简单两合公司、隐名合伙、股份公司、有限责任公司。之前法律准许的三种公司形式（合作公司、合伙股份有限公司和可变资本公司）已被废除，政府将不再允许设立上述三种形式的公司。除了极少数例外，已废除形式的公司若不变更为任何一种法定的公司形式，将被视为无效公司，各合伙人将对该无效公司承担连带责任。

除隐名合伙外，公司在商业登记后获得法律人格。公司章程是公司组织与行为的基本准则，其修改需要经股东大会批准；而隐名合伙没有公司章程，其运作按照合伙人之间的协议进行。

除了变更公司的法定形式以外，现行《沙特公司法》相较于旧法还有以下新规定：

1. 降低了对股东数量的要求。新法取消了有限责任公司至少拥有2名股东的要求，允许设立一人有限责任公司。但是，一人有限责任公司将受到一些限制：一名自然人不可成立一家以上的一人有限责任公司；一人有限责任公司不得成立或拥有另外一家一人有限责任公司。

对于股份公司股东数量的要求也从之前的5名降至现在的2名，而且国家、公共法人和国家的全资公司以及设立时资本不少于500万沙特里亚尔的股份公司，可以设立一人股份公司。

2. 对于设立资本的要求有所放宽。有限责任公司仍无最低资本要求。成立股份公司的最低资本由200万沙特里亚尔减少至50万沙特里亚尔。但是在实际操作中，监管所有外商

---

* 译者：邓苏宁，博士，对外经贸大学讲师；审校：徐琨捷，华东政法大学博士研究生。

① 在本书出版时，沙特已颁布新《沙特公司法》。2022年6月28日，沙特阿拉伯王国内阁批准了第678/1443号决定，批准通过了新《沙特公司法》，新法共有281条，于2023年1月18日正式生效。

投资的沙特投资总局可能会对外商投资要求高于公司法最低资本的注资要求或其他资本要求,具体要求视该公司从事的经营活动的性质而定。

3. 增加了一些对公司治理的规定。现行《沙特公司法》规定,如果股份公司的董事会主席和成员辞职,或者股东大会无法选出董事会成员,则商工部(对于在资本市场上市的公司是资本市场管理局)可介入公司管理,成立由数名具有专门知识和经验的人员组成的临时委员会来监管公司。该法还对董事会主席兼任公司高管的情形加以新的约束。另外,该法要求股份公司成立一个审计委员会来监督该公司的经营。审计委员会由3名至5名成员组成,均不得为董事会管理成员(无论是否来自股东)。关于投票权,董事会选举允许采用累计投票制。新法案允许股份公司发行债务工具和伊斯兰债券。股份公司另可根据有关部门的规定购买或抵押自身股票,但公司回购的股票在股东大会上不具有投票权。

4. 对于亏损作出了限制。该法规定,如果有限责任公司的亏损达到实缴资本的50%,公司管理人必须应当将该情况记录在商业登记册中,并在规定时间内召集股东开会,讨论公司的延续或解散。如果管理人未通知股东,或股东对公司的存续或解散未采取任何行动,则公司将依法被强制解散。

如果一家股份公司在某一财务年度内的任何时候亏损达实收资本的50%,根据第150条的规定,董事会需在规定的时限内召开股东特别大会,以决定是否要增加或减少公司实收资本或进行清算。如果股东特别大会未及时召开,或如果股东大会已经召开但未作出任何决定,或者股东大会决定增资但是融资未能在规定时间内完成,则公司将依法被强制解散。

5. 增加了有关控股公司的条款。根据现行《沙特公司法》第182条的规定:控股公司是股份公司或有限责任公司,拥有其他股份公司或有限责任公司50%以上的资本,或者控制其董事会的组成,以控制该公司。控股公司根据其成立形式受《沙特公司法》相关规定的规制。

根据该法,控股公司对其子公司的控制是通过拥有足以控制公司管理的投票权,即对决策过程的控制来实现的。其子公司不得拥有控股公司的股份。控股公司应在每年年底按照公认的会计准则,编制涵盖其子公司的合并的财务报表。

虽然子公司具有独立的法律人格,使其能够独立享有权利、承担义务。然而,由于控股公司往往控制着子公司一半以上的股份,并在财务和管理上控制子公司,所以控股公司对其子公司的债务负有连带责任。

考虑到所有沙特境内的外商投资仍需得到沙特投资总局的许可,故该《沙特公司法》到底能在多大程度上给外国投资者带来益处,仍取决于投资总局等其他相关部门的具体政策。

值得注意的是,在本法阿拉伯语版本中对“合伙人”和“股东”作出了区分,“合伙人”用于合伙公司、简单两合公司、隐名合伙、有限责任公司;“股东”仅用于股份公司。

第一章　总　　则

第一条

本法中所涉的下列术语和表达含义解释如下,但根据上下文有另外含义的除外:

部委:商工部;

部长:商工部长;

管理局:资本市场管理局;

理事会:资本市场管理局理事会;

主席:管理局理事会主席;

主管机关:商工部,但对于在资本市场上市的股份公司,主管机关特指资本市场管理局;

本法:公司法。

第二条

公司是一种契约,根据该契约,两个或两个以上的人分别通过货币或劳务出资,以营利为目的从事商业活动,共享收益、共担风险。

第三条

(1)在沙特设立的公司应采用以下形式之一:

①合伙公司;

②简单两合公司;

③隐名合伙;

④股份公司;

⑤有限责任公司。

(2)除本条第三款规定的情况,不属于第一款中任何一种形式的公司无效,以其名义订立合同的人应当对该合同所产生的义务承担个人和连带责任。

(3)本法的规定不适用于伊斯兰教法中已知的公司①,除非其采取了本条第一款中规定的公司形式。

第四条

除隐名合伙以外,依照本法设立的公司均应当被视为沙特籍公司,其总部应当位于沙特。拥有沙特国籍的公司不必然享有沙特公民的专属权利。

第五条

(1)合伙人可以货币、实物和劳务出资,但不能以其声誉或影响力。

(2)只有货币和实物出资可以成为公司的资本。该资本只能根据法律规定以及设立协议或公司章程规定的条件进行变更。

第六条

(1)如果合伙人以所有权、用益权或其他实物权利出资,则在发生权利灭失、主张收回权利或发现权利有任何缺陷及短缺的情况下,合伙人应当根据销售合同的条款对其出资负责。如果合伙人仅以个人对财产利益所享有的权利出资,则租赁条款将适用于上述事项。

(2)如果合伙人以其对他人的权利出资,除非其取得这一权利,并在规定期限内把该权利交由公司处置,否则其对于公司的责任不得免除。

(3)如果合伙人以劳务出资,那么他应该履行承诺的劳务,由该劳务产生的所有收益归于公司,该合伙人不能为其个人利益从事该劳务。公司不得要求其提交可能获得的任何专利权,但另有约定的除外。

---

① 即伊斯兰教法中规定的公司类型,但因伊斯兰教法非成文法,故如此表述,而未翻译为“教法中规定的公司类型”。

第七条

合伙人应以其承诺的出资对公司负责，在约定期限之前未能完成出资的，应向公司承担因延迟而造成的任何损害。

第八条

(1)合伙人的个人债权人不得对该合伙人在公司资本中的出资主张权利，但在获得主管司法机关的判决后，其可以根据公司财务报表，对该合伙人在分红中的份额主张权利。如果公司终止的，债权人可在公司偿还债务之后剩余的资产中，对该合伙人所享有的份额主张权利。

(2)除享受本条第一款所述权利外，股东的个人债权人可以要求主管司法机关出售该股东必要数量的股份，以便清偿债务，但未上市公司的股东在购买该股份时享有优先权。

第九条

(1)在不违反本条第二款要求的情况下，利润和损失应由所有合伙人共同承担。协议剥夺某合伙人的利润或免除其损失的，协议无效，在这种情况下，应当适用本法第十一条的规定。

(2)仅提供劳务的合伙人对损失不负责任。

第十条

(1)只能把可分配的利润分配给合伙人。

(2)虚假利润被分配给了合伙人的，公司债权人可要求每位合伙人返还其分得的利润，无论该合伙人是否为善意取得。

(3)公司亏损的，合伙人无须返还其以及分得的实际利润。

第十一条

(1)合伙人在利润或损失中承担的份额应根据其出资比例确定，但是，在公司章程中，可以按照伊斯兰教法的规定商定不同的合伙人比例。

(2)合伙人仅以劳务出资，且公司设立协定未规定其在利润或损失中承担的份额的，其承担的份额应根据其出资在公司设立时的估值确定。多个合伙人均在没有评估的情况下以劳务出资的，除非另有证明，否则这些合伙人的比例是相等的。合伙人除劳务外还提供了货币或实物份额的，其承担利润或损失的份额是劳务份额加货币或实物份额。

第十二条

(1)除隐名合伙外，公司设立协议及其一切修订必须是书面的，并经主管机关公证，否则，设立协议或修订无效。

(2)造成公司设立协议或其修订未按本条第一款进行公证的人员应当对由此给公司、合伙人或第三人带来的损害负连带赔偿责任。根据不同情况，该责任人可以是合伙人、公司经理、董事会成员。

第十三条

(1)根据不同情况，公司的合伙人、经理、董事会成员应当在商工部的网站上公开公司设立协议、股份公司的章程及其修订。商工部有权对公布、认证公司协议、章程及其修订的服务收取费用。应当向商工部提交一份或多份经认证的公司设立协议和章程，以便公布。

(2)第三人可以查阅本条第一款所述文件，从商工部网站上摘录的经认证的信息是对抗他人的依据。

(3)本条所规定的内容不适用于隐名合伙。

第十四条

(1)除隐名合伙外,公司在商业登记后获得法律人格,只要公司完成设立,公司在设立过程中具有设立所需的法律人格。

(2)公司只有在完成商业登记后,才能以其公开的设立协议和股份公司章程来对抗第三人。但是,如果协议或章程中有信息未公开,那么这些信息不得用于对抗第三人。

第十五条

(1)公司的名称、类型、总部位置以及在商业登记簿上的编号必须载明于公司签发的所有合同、清欠收据和其他文件上。

(2)对于除合伙公司和简单两合公司以外的公司,除本条第一款中提到的信息外,还需载明公司资本金额和实付金额。

(3)对于清算中的股份公司,其公司名称之后应标注“清算中”。

(4)本条所规定的内容不适用于隐名合伙。

第十六条

在不违反各类公司终止的特殊原因的情况下,公司因下列原因之一而终止:

①公司规定的存续期限届满,但按照法律规定延期的除外;

②已经实现了公司设立宗旨,或无法实现公司设立宗旨;

③所有出资或股份均转让给了一个合伙人或股东,但该合伙人或股东按照法律规定继续经营公司的除外;

④在存续期限届满前,合伙人一致同意解散公司;

⑤公司合并入其他公司;

⑥应合伙人或任何利益相关方的请求,作出解散公司或宣布其无效的最终司法判决。所有剥夺使用这一权利的规定均属无效。

第二章　合伙公司

第十七条

合伙公司是由自然人组建的公司,合伙人以其全部的个人资产为公司的债务负责,合伙人在公司中具有经营者的身份。

第十八条

(1)合伙公司的名称由全体合伙人的姓名构成,或由其中一个或数个合伙人姓名加上“及其合伙人”或类似意思的字样构成。公司名称必须体现合伙公司的公司形式。

(2)如果公司名称包含某非合伙人的姓名且其知晓此事,则该人以其个人全部财产对公司债务负连带责任。但是,如果退出的合伙人同意或已故合伙人的继承人同意的,公司名称中可以保留退出或已故合伙人的姓名。

第十九条

(1)合伙人不得以可流通的票据出资。

(2)合伙人只有在得到所有合伙人的同意或遵守公司设立协议规定的限制的情况下,才能转让自己的份额。转让份额必须按照本法第十三条的规定公布,任何允许不加约束地转让份额的协议均无效。但是,合伙人可以转让与其份额有关的权利,这种转让只在转让双方之间有效。

第二十条

(1)新合伙人加入公司的,其应以全部财产与其他合伙人为公司的债务负连带责任,无论该债务是否发生在他加入公司之前。但是,可以协议免除其对于其加入前的债务的责任,该协议按照本法第十三条的规定公布后方生效。

(2)合伙人退出公司或者被主管司法机关终局判决剥夺合伙人身份的,根据本法第十三条规定,公开其退出或除名事宜之后,其不再对公司的债务和责任负责。

(3)如果合伙人转让其份额,那么他对公司所负债务不再承担责任,除非公司债权人收到在转让通知之日起三十日内提出反对。债权人提出反对的,受让人与出让人对这些债务承担连带责任。

第二十一条

不得要求合伙人以自己的资产为公司履行债务,除非公司的管理者确定了该债务为公司债务,或者依照法院判决或执行书确定了该债务为公司债务,且公司在债务人给予的合理期限内无法履行该债务。

第二十二条

公司经理或者合伙人应当自公司设立协议公证之日起三十日内,依照本法规定申请公布该协议,并对公司进行商业登记。上述规定同样适用于公司设立协议的任何修订。

第二十三条

公司设立协议应由所有合伙人签署,并应当特别包括以下信息:

①公司的名称、宗旨、总部、分部(如有);

②合伙人的姓名、居住地、职业、国籍、出生日期;

③公司的资本、每个合伙人承诺认缴的全部份额以及应缴足的期限;

④公司所有经理的姓名(如有),以及在不违反本法第二十五条的前提下,有权代表公司签字的人;

⑤公司设立的日期及其期限;

⑥财务年度的开始和结束。

第二十四条

未经其他合伙人同意,合伙人不得为本人或他人利益从事与公司业务类型相同的业务,也不得成为竞争公司的合伙人、经理或董事会成员,或成为从事同一业务的另一公司的控股股东或合伙人。合伙人违反这一义务的,公司可以要求主管司法机关裁决,将该合伙人为自己从事的活动视为为公司从事的活动,此外公司还可以要求赔偿。

第二十五条

公司合伙人可根据公司设立协议或单独的协议,从合伙人或其他人中选择一人或多人作为经理。经理多于一人,且未确定各自的管理权,也未规定不能单独行使管理权的,那么每个经理都能单独从事所有管理工作。如果其他经理在该工作完成前表示异议的,应以大多数经理的意见为准,支持各种意见的经理人数相等的,此事应提交至公司合伙人,由合伙人按照本法第二十七条的规定作出决定。

第二十六条

非经理合伙人不得干涉公司的管理。但是,合伙人或其授权的代表可以在公司总部了解其业务的运行,检查公司的账簿和文件,从公司的账簿和文件中摘录说明公司的财务状况简要信息,向公司经理提出建议。任何与上述规定不符的协议均无效。

第二十七条

合伙人的决议应取得多数同意才可作出,但是如果该决议事关修改公司设立协议,则需要全体合伙人一致同意,但公司设立协议对此另有规定的除外。

第二十八条

合伙人未对公司的管理方式进行规定的,任一合伙人都有权独自进行管理,其余合伙人在工作完成之前有权表示异议,合伙人可以多数决驳回这一异议。

第二十九条

经理应根据公司宗旨负责一切管理工作,并对法院、仲裁庭和其他机构代表公司,但公司设立协议明确限制其权力的除外。在任何情况下,经理根据公司宗旨,以公司名义进行的所有活动都应由公司承受,但交易的相对人是恶意的除外。

第三十条

经理不得在公司宗旨之外开展工作,但根据合伙人的决议或公司设立协议中的明文规定除外。这一禁令特别适用于下列行为:

①捐赠,小额常规捐赠除外;

②以公司名义对第三方进行担保;

③诉诸仲裁;

④对公司的权利进行和解;

⑤出售或抵押公司的不动产,除非出售是在公司的宗旨范围内;

⑥出售或抵押公司的店铺。

第三十一条

经理不得以自己的利益与公司签订合同,除非每一次签订都得到合伙人的特别许可。经理不得从事公司业务类型相同的业务,也不得成为竞争公司的合伙人、经理或董事会成员,还不得成为从事同一业务的另一公司控股股东或合伙人,但得到所有合伙人一致同意的除外。经理违反这一义务的,公司有权向其索赔。

第三十二条

经理对因其违反公司设立协议的规定或因其履行工作过程中的疏忽,对公司、合伙人或其他人造成损害的,应负赔偿责任。任何与上述规定不符的协议均无效。

第三十三条

(1)经理是公司在设立协议中指定的合伙人的,不得对其解职,除非主管司法机关应大多数合伙人的申请对其作出解职决定。任何与上述规定不符的协议均无效。除非公司设立协议另有规定,否则,在上述情况下对经理解职将导致公司解散。

(2)如果经理是单独的协议中指定的合伙人,或者是非合伙人(无论该非合伙人是公司设立协议还是独立的协议指定的），都可以由合伙人的决议对其解职，这种解职不会引起公司的解散。

第三十四条

（1）公司设立协议指定的作为经理的合伙人，无合理理由而辞去管理职务的，应当承担赔偿责任。作为经理的合伙人离职的，公司解散，但公司设立协议另有规定的除外。

（2）公司设立协议指定的非合伙人的经理可以辞去管理职务，应在适当的时间提出，且应在辞职决定生效之前的合理期限内通知合伙人，否则，应承担赔偿责任，除非公司设立协议另有规定，否则其离职不会导致公司的解散。

（3）单独的协议指定的经理，无论是否为合伙人，都可以辞去管理职务，但应在适当的时间提出，且在辞职决定生效之前的合理期限内通知合伙人，否则应承担赔偿责任。除非公司设立协议另有规定，否则，其离职不会导致公司的解散。

第三十五条

（1）利润和亏损以及每个合伙人承担的比例，应在公司财务年度结束时，根据依照公认的会计准则编制的财务报表确定，并按照公认的审计标准由获得许可的外聘审计员进行审查。

（2）合伙人在利润中的份额被确定的，其在此范围内被视作公司的债权人。

（3）因亏损导致公司资本不足的，应当以之后数年的利润进行填补。不得要求合伙人补充因公司亏损导致的份额不足，但合伙人同意补足的除外。

第三十六条

（1）公司设立时规定明确的存续限期的，合伙人不得退出公司，但有主管司法机关认可的合法理由的除外。公司设立时未规定存续期限的，合伙人必须本着善意退出，并在合适的时间告知其他合伙人，否则，主管司法机关可命令其继续为合伙人，并在必要时对公司进行赔偿。

（2）多数合伙人在有正当理由的情况下可向主管司法机关申请将一个或多个合伙人除名。主管司法机关将合伙人除名的，可判决公司继续经营，如果除名未对公司、其余合伙人及第三人产生影响的。主管司法机关在审查除名申请后，认为公司不可能存续的，可判决解散公司。

第三十七条

（1）在任意合伙人死亡、被禁业、破产或退出时，合伙公司到期。但是，公司的设立协议可以规定，合伙人死亡的，继承人可替代其成为公司合伙人以继续存续，继承人是未成年人或被禁止从事贸易活动的人的，不影响其成为合伙人。未成年或被禁止从事贸易活动的继承人成为合伙人的，仅在其继承的份额内对公司债务负责。存在上述情况的，公司应在被继承人死亡之日起一年内转换为简单两合公司，未成年人或被禁止从事贸易活动的人为有限合伙人。未在法定期限内转换公司形式的，公司依法强制到期，但未成年人在此期间成年或被禁业者的禁业原因消除的除外。

（2）公司的设立协议可以规定，合伙人死亡、被禁业、破产或退出的，其他合伙人可以继续运营公司。在这种情况下，该合伙人或其继承人只拥有公司资本的一定份额，该部分的金额由获得认证的估价师估算，并出具的专门报告，该报告显示有合伙人退出时各合伙人所占份额的公允价值，但公司的设立协议或全体合伙人协商达成其他估计方法的除外。退出的合伙人或死亡合伙人的继承人对公司新取得的权利不得主张份额,但这些权利是此前经营行为获得的除外。

第三章　简单两合公司

第三十八条

(1)简单两合公司是由两种合伙人组建的公司,至少包括一个普通合伙人和一个有限合伙人,普通合伙人以其全部财产为公司债务负责,有限合伙人只在其出资范围内对公司债务负责。有限合伙人不具有经营者的身份。

(2)合伙公司对合伙人的规定适用于简单两合公司中的普通合伙人。

(3)若本章无特殊规定,对合伙公司的规定适用于简单两合公司。

第三十九条

(1)简单两合公司的名称由全体普通合伙人的姓名构成,或由其中一个或数个普通合伙人姓名加上“及其合伙人”或类似意思的字眼构成。公司名称必须体现简单两合公司的公司形式。

(2)公司名称包含有限合伙人或非合伙人的姓名且其知晓此事的,其与善意第三人进行商业活动时被视为普通合伙人。

第四十条

即便有授权,有限合伙人不得干涉公司与他人进行的商业活动。有限合伙人干涉公司经营活动的,应当以其财产对其干涉的事务产生的债务负连带责任。有限合伙人的行为足以让第三人相信其为普通合伙人的,其应对公司欠该第三人的债务负连带责任。但是,有限合伙人可以按公司设立协议的规定,参与公司的内部管理事务,参与内部管理并不会导致其承担任何责任。

第四十一条

有限合伙人可以将其份额转让给其他合伙人。经所有普通合伙人和持有多数资本的有限合伙人同意的,有限合伙人也可以将其份额转让给第三方,但公司设立协议对此另有规定的除外。

第四十二条

简单两合公司不会在有限合伙人死亡、被禁业、破产、退出时到期,但公司设立协议另有规定的除外。

第四章　隐名合伙

第四十三条

隐名合伙是不对他人披露、不具有法律人格的公司,不受公示程序约束,也不必进行商业登记。

第四十四条

隐名合伙可以通过任何手段证明存在。

第四十五条

成立公司的协议应规定公司的宗旨、合伙人的权利和义务、如何管理公司,以及合伙人之间的利润和亏损分配等条款。

第四十六条

新合伙人经所有合伙人同意才能加入公司,但公司协议另有规定的除外。

第四十七条

隐名合伙不得发行可流通的金融票据。

第四十八条

第三人只能向与之交易的合伙人主张权利。如果合伙人的行为方式使第三人意识到隐名合伙的存在,则可将公司视为合伙公司,但这不妨碍合伙人之间达成的公司协议条款的有效性。

第四十九条

(1)公司的合伙人是其份额的持续所有者,但合伙人间另有约定的除外。

(2)如果份额是确定的实物资产,则获得该份额的合伙人宣布破产时,该实物资产的所有者在支付其在公司损失中应承担的金额后,可将该份额从破产程序中收回。

(3)如果份额是货币或是不易分割的,其所有权人作为债权人参与破产程序,其债权额为该份额的价值减去其应承担的公司亏损。

第五十条

隐名合伙在有合伙人死亡、被禁业、破产、退出之时到期,但公司协议规定剩余的合伙人可继续运营公司的除外。

第五十一条

有关合伙公司的第二十四条、第二十七条、第三十五条的规定适用于隐名合伙。

第五章　股份公司

第一节　总　　则

第五十二条

股份公司的资本应被分为等价、可转让股份的股份,公司对其经营行为所产生的债务和义务负全部责任。

第五十三条

每个股份公司都应当有表明其宗旨的名称,该名称不得包含自然人的姓名,但以投资以该人的名义注册的专利的公司除外。公司拥有商业机构的,可以其名称命名。股份公司是由其他类型公司变更而来的,原公司名称若包含自然人的姓名,则股份公司可以沿用。如果股份公司由一个人所有,则其必须在名称中体现该公司为一人股份公司。

第五十四条

公司设立时的资本必须足以实现其宗旨,在任何情况下都不得少于五十万沙特里亚尔,设立时实缴的资本不得少于四分之一。

第五十五条

作为本法第二条的例外,国家、公共法人和国家的全资公司以及设立时资本不少于五百万沙特里亚尔的公司,可以设立一人股份公司,设立人拥有包括设立大会在内的股东大会的权限。

第二节　股份公司的设立

第五十六条

设立人是指所有签署了设立协议的人,或申请批准设立的人,或在设立时提供实物出资的人,或积极参与设立过程的人。以上均为成为设立人的方式。提供实物出资的设立人对其份额估值的真实性负责。

第五十七条

设立申请经申请人签字后提交商工部,申请书需附有设立协议及公司章程。

第五十八条

设立人未将所有股票限于内部认购的,应当按照《金融市场法》发行未被其认购的股票以供认购。

第五十九条

认缴股份的款项应以设立中的公司的名义,存入沙特国内一家经授权的银行,在公司宣布设立后,只有董事会才能动用该笔款项。

第六十条

(1)股份公司的设立,包括由国家或公共法人设立或共同设立的股份公司,需要商工部颁布许可。在申请设立公司之前,公司业务范围要求需要主管机关的批准或授权的,只有在获得这种批准或授权后,才能颁布设立公司的许可。

(2)在设立程序完成,并从主管机关获得公司业务范围所需的最终授权(如需)之前,公司不得开展业务。

(3)国家或公共法人设立或参与设立的股份公司,在设立时申请对于本法部分规定进行豁免,该申请应提交内阁审议批准。

第六十一条

(1)公司有实物出资的,其设立申请必须附有由一名或多名经认可的专家或估价师编写的报告,其中包括对该出资公允价值的评估。

(2)设立人应在设立大会召开十五日前将实物出资的评估报告副本交存到公司总部,所有利害关系人均有权查阅。

(3)上述报告应提交设立大会审议,设立大会决定降低实物出资的价值的,这一降低价值的决议应在开会期间得到该实物出资者的同意。实物提供者拒绝认可该减少决定的,公司的设立协议对于各方来说均视为未存在。

第六十二条

(1)在商工部许可设立非公开募集的股份公司之日起四十五日内,或者公开募集的股份公司关闭认购之日起四十五日内,设立人应根据公司章程召集所有认购者召开设立大会。对于非公开募集的股份公司，大会召集日期和召开日期之间不得少于三日；对于公开募集的股份公司，不得少于十日。

（2）每个认购者无论持股数量多少，均有权参加设立大会。占总资本一半以上的认购者出席的，大会方有效。设立大会没有达到法定人数要求的，应当召集第二次会议，第二次会议在发出会议邀请至少十五日后召开。第一次会议的邀请中表明举行第二次会议可能性的，第二次会议也可在第一次会议结束一小时后举行。第二次会议无论出席的认购者持股比例是多少，第二次会议均有效。

（3）设立大会需选出会议的主席、秘书和计票人。设立大会的决议经出席者中的多数股份同意后通过。会议主席、秘书和计票人在会议记录上签字，设立人应当向商工部发送一份会议记录副本；公开募集股份公司，还需向资本市场管理局发送一份副本。

第六十三条

设立大会应当处理下列事项：

①确认所有股份都被认购，并确认已缴纳的最低股本已达到本法规定的资本数；

②审议实物份额评估报告；

③批准公司章程的最终文本，但是不得对提交大会的章程进行实质性修改，除非经全体出席的认购者同意；

④任命第一届董事会成员，其任期不超过五年，公司设立协议和章程未任命审计员的，还需任命第一任审计员；

⑤审议并批准设立人关于公司设立所需的工作和费用的报告。

商工部可派出一名或多名代表作为观察员出席公司的设立大会，以确保本法相关规定的执行。对于公开募集的公司，资本市场管理局亦可派代表参会。

第六十四条

在设立大会结束后十五日内，设立人应当向商工部申请宣布公司设立，并附下列文件：

①公司所有股份均已被认购的确认书，以及认购人支付金额的确认书；

②设立大会的记录及大会的决议；

③经设立大会通过的公司章程。

第六十五条

（1）在确认股份公司满足法律规定的所有设立要求后，商工部可决定宣布公司成立。这一决定公布在该部网站上。

（2）董事会成员应在本条第一款规定的决定发布之日起十五日内申请公司在商业登记簿上登记。商业登记簿应当登记以下数据：

①公司的名称、宗旨、总部位置、期限；

②设立人的姓名、住址、职业、国籍；

③股票的类型、价值、数量，以及已缴纳的资本金额；

④许可设立公司的商工部决定的编号及日期；

⑤宣布公司设立的商工部决定的编号及日期。

第六十六条

（1）商工部宣布公司设立的决定发布，且公司完成商业登记后，公司即有效设立。此后若有因公司违反本法规定或公司设立协议或公司章程而请求判决公司无效的起诉,不予受理。

(2)宣布公司设立的决定发布且完成商业登记后,需要将设立人代表公司进行的交易视为公司所为,公司需承担设立人设立公司所产生的所有费用。

第六十七条

公司未按照本法规定设立的,认购人有权要求归还他们已经支付的金额,经手认购的银行应立即向每个认购人返还他们支付的金额,设立人对此负有连带责任,并在必要时负有赔偿责任。设立人还应当承担设立公司所发生的一切费用。所有设立人对设立期间的行为对第三人负有连带责任。

第三节 股份公司的管理

第一小节 董 事 会

第六十八条

(1)董事会负责管理股份公司,公司章程规定董事会成员人数,但不得少于三人,不得多于十一人。

(2)股东有权在其股权占比范围内提名一名或多名董事会成员,他可以提名自己也可提名其他人。

(3)董事会成员应由股东大会一般会议选举产生,任期由公司章程规定,但不得超过三年。董事会成员可连任,但公司章程另有规定的除外。公司章程规定董事会成员资格如何到期或是在董事会要求下终止。即使公司章程另有规定,股东大会一般会议也可随时罢免董事会的全部或部分成员,但若罢免原因不合理或罢免时间不适当的,被罢免的董事会成员有要求赔偿的权利。董事会成员可以辞职,但未在适当的时间提出辞职的,应对因其离职对公司造成的损失负责。

第六十九条

股份公司董事会主席或成员辞职的,或者股东大会无法选出董事会成员的,商工部(若是资本市场上市的公司,则是资本市场管理局)应当组建一个由具有专门知识和经验的人组成的临时委员会,决定该委员会的人数,并从委员会成员中任命一名主席和一名副主席,监督公司的管理。上述委员会需在成立之日起三个月内召集股东大会,选举公司的新一任董事会。该委员会主席和成员的报酬根据商工部或资本市场管理局的决定,由公司支付。

第七十条

(1)董事会成员职位出现空缺的,董事会可根据各成员获得的票数排序,临时指定一名成员填补空缺职位,但公司章程另有规定的除外。该成员需具有充分的经验和能力。公司应在任命之日起五个工作日内将此事告知商工部,如果该公司在资本市场上市,还应告知资本市场管理局。公司还应将任命提交最近一次的股东大会一般会议。董事会新成员将接续其前任的任期。

(2)董事会成员人数少于法律或公司章程的最低数量而无法召开董事会会议的,其余成员应在六十日内召集股东大会一般会议,选举所需人数。

第七十一条

(1)董事会成员为公司利益从事的活动和签订的合同不得有直接或间接的利益,但每年都得到股东大会一般会议的事先授权的除外。董事会成员应当将其在为公司利益从事的活动和签订的合同中获得的直接或间接利益通知董事会,该通知应当记录在会议记录中。该成员不得参加董事会和股东大会与此相关的表决。董事会主席应当在股东大会一般会议召开时将董事会成员具有直接或间接利益的工作和合同通知股东大会一般会议,并附上公司外聘审计员的专门报告。

(2)董事会成员没有披露本条第一款所述的利益的,公司或任何利益相关方可向主管司法机关申请撤销合同,或强制该成员上交其因此实现的任何利润或利益。

第七十二条

董事会成员不得参与任何与公司竞争的业务,也不得与公司从事的分支业务竞争,否则,公司可向主管司法机关申请适当赔偿,但该成员每年都得到股东大会一般会议的事先授权的除外。

第七十三条

(1)股份公司不得向其董事会成员或股东提供任何种类的贷款,也不得为其任何董事会成员或股东向第三人的借款提供担保。

(2)本条第一款的规定不包括银行和其他信贷公司,它们可在其宗旨范围内,以其与公众交易的条件向其董事会成员或股东提供贷款,或为其开立信用证,或为其向第三人的借款提供担保。

(3)作为本条第一款的例外,公司可根据其章程或股东大会一般会议批准的员工激励方案,为其员工提供贷款和担保。

(4)违反本条规定的合同均无效,公司有权向主管司法机关对违法者主张索赔,以赔偿对其可能造成的任何损害。

第七十四条

董事会成员不得在股东大会以外的会议上透露公司的机密。董事会成员不得利用因其职务而得知的信息为自己或其亲属或他人牟利益。违反本条的,董事会成员应被解雇并负索赔责任。

第七十五条

(1)在不违反股东大会为董事会设定的职权的情况下,董事会为了实现公司宗旨,在管理公司时拥有最广泛的权力,但法律或公司章程特别规定为股东大会所有的权力的除外。董事会可以在其职权范围内,把特定的工作委托给一个或多个董事会成员或非董事会成员。

(2)董事会可以订立任何期限的贷款合同、出售或抵押公司的资产、出售或抵押公司的商铺、免除公司债务人的债务,但公司章程或股东大会一般会议限制董事会实施这些行为的除外。

第七十六条

(1)公司章程是确定董事会成员的薪酬的依据,薪酬形式可包括固定数额、出勤津贴、实物福利或一定比例的净利润,薪酬可同时包括上述多种形式。

(2)如果薪酬是一定比例的公司利润,这一比例不得超过百分之十,该净利润需扣除股东大会一般会议根据本法和公司章程确定的公积金,并扣除分配给股东的利润,分配给股东的利润至少为公司实收资本的百分之五。这笔薪酬的金额与该董事参加的会议次数是成比例的。任何与此不符的薪酬评定均无效。

(3)根据主管机关的规定,在任何情况下,董事会成员获得的薪酬和货币及实物福利总额每年不得超过五十万沙特里亚尔。

(4)董事会提交股东大会一般会议的报告应当全面说明董事会成员在该财务年度获得的所有薪酬、津贴及其他福利。它还应当说明董事会成员作为员工或管理人员所获的报酬,或因技术、行政、咨询工作所获的报酬。它还应当说明自股东大会最近一次一般会议之日起,董事会会议次数,以及每名董事出席董事会会议的次数。

(5)无正当理由连续三次缺席会议的董事会成员,股东大会可根据董事会的建议终止其成员资格。

第七十七条

公司应当遵守董事会的所有行为和处分,即使这些行为和处分不在董事会职权范围内,除非利益相关人是恶意的或知道董事会无相关职权。

第七十八条

(1)因滥用公司管理职权或者违反法律或公司章程而造成损害的,董事会成员对公司、股东或其他人承担连带责任,所有与此不符的条款均无效。如果损害是由一致通过的决议造成的,则董事会的所有成员均应当承担责任。如果损害是由按多数意见作出的决定造成的,那么在会议记录中明确表明反对意见的董事会成员不会被问责。只有在确证缺席的董事不知道该决定或在知晓决定后无法反对该决定的情况下,该董事的责任才能被豁免。

(2)股东大会一般会议通过的免除董事会成员责任的决议,并不能使其免遭追责诉讼。

(3)追责诉讼应在发现损害行为之日起三年内提出,逾期不得受理。除欺诈和伪造案件外,在任何情形下,追责诉讼应在损害行为发生的财务年度结束之日起五年内或有关董事任期届满之日起三年内提出(以二者中较早者为准),逾期不得受理。

第七十九条

公司可就损害股东的过错行为董事会成员提出追责诉讼。提起诉讼的决定由股东大会一般会议作出,并任命一名代表代表公司进行诉讼。公司被宣告破产的,破产管理人有权提起上述诉讼。公司到期的,清算人经股东大会一般会议批准可行使上述诉讼权利。

第八十条

董事会成员的过错对任何一个股东造成损害的,该股东有权代公司对董事会成员提起诉讼。只有在公司对此有诉讼权的情况下,股东才可提起上述诉讼。股东必须通知公司其提起诉讼的意图,且其索赔的额度不得超过其个人所遭受的损失。

第八十一条

(1)在不违反公司章程规定的情况下,董事会可从其成员中任命一名主席、一名副主席和一名常务董事。董事会主席和公司任何其他行政职务不能由一人同时兼任。公司章程应说明董事会主席和常务董事的职权范围、两者的专属薪酬以及董事会成员的一般薪酬。

(2)公司章程中没有与本条第一款相关的规定的,董事会应当划分职权范围、确定专属报酬。

(3)董事会应从其成员或其他人中选择一人作为秘书,公司章程没有规定秘书的职权范围和薪酬的,董事会负责确定其职权范围和薪酬。

(4)除公司章程另有规定外,董事会主席、副主席、常务董事、董事会秘书的任期不得超过其各自作为董事会成员的任期,连选可连任。董事会可在任何时候解除其职务,但解职没有正当理由或不在合理时间的,其有权索赔。

第八十二条

(1)董事会主席在法院、仲裁庭等场合代表公司。董事会主席可以将其从事特定工作的权限,书面授权给董事会其他成员或非董事会成员。

(2)董事会副主席在董事会主席空缺时,代理主席职位。

第八十三条

(1)董事会应当根据公司章程的规定每年至少举行两次会议,会议由董事会主席召集。董事会主席在两名董事会成员要求召开会议时必须召集会议,无论公司章程中是否有与之相反的规定。

(2)董事会会议应有一半及以上的成员出席且不得少于三人,否则会议无效。公司章程也可规定更高的比例或更多的人数。

(3)他人不得代表董事会成员出席董事会会议。公司章程允许的,董事会成员代表其他成员出席董事会会议。

(4)董事会的决定应以出席或派代表出席的成员的多数意见作出。在票数相等的情况下,应以会议主席支持的一方意见作出,但公司章程另有规定的除外。

第八十四条

董事会可通过传阅方式发布关于紧急事项的决议,但有成员书面要求召开董事会会议审议该事项的除外。上述决议在董事会下一次召开会议时提交给会议。

第八十五条

董事会的审议和决议应当以会议主席、出席的董事会成员和秘书签署的记录作为证明。这些记录应当记载在董事会主席和秘书签署的专门登记簿中。

第二小节　股东大会

第八十六条

(1)股东大会由董事会主席主持,在主席缺席时由副主席主持,在主席、副主席均缺席时由董事会委任的一名董事会成员主持。

(2)每名股东均有权出席股东大会,公司章程与之相悖的规定无效。股东可委托非公司董事会成员或雇员的第三人代其参加股东大会。

(3)根据主管机关制定的条例,股东大会的会议可以运用现代技术召开,使股东参加会议审议工作并对会议决议进行表决。

(4)商工部(对于在资本市场上市的公司而言是,资本市场管理局)可派遣一名或多名代表作为观察员出席公司的股东大会,以确保本法规定的实施。

第八十七条

除专属于股东大会特别会议管辖的事项外,股东大会一般会议对与公司有关的所有事项拥有管辖权。股东大会一般会议应当在公司财务年度结束后六个月内每年至少举行一次会议,必要时可多次召集股东大会一般会议。

第八十八条

(1)股东大会特别会议有权修订公司章程,但下列事项除外:

①剥夺或修改股东的基本权利,特别是:

(a)获得分配的红利,无论是以货币形式分配,还是通过向非公司雇员和关联公司发行免费股份;

(b)在清算时获得公司资产的一定份额;

(c)出席股东大会一般会议或特别会议,参加其审议,并对其决议进行投票;

(d)按照法律规定处置其股票;

(e)要求查阅公司的账簿和文件,监督董事会的工作,向董事会成员提出追责诉讼,并对股东大会或特别大会决议的有效性提出质疑;

(f)对以货币发行的新股有优先认购权,但公司章程另有规定的除外。

②增加股东财务负担的修订,但所有股东一致同意的除外。

③把公司的总部搬到沙特之外。

④改变公司的国籍。

(2)股东大会特别会议在其特定的职权范围之外,还可就股东大会一般会议权力范围内的事项发布决议,决议的条件和情形与股东大会一般会议相同。

第八十九条

股东大会一般会议修改某一类股东的权利的,该决议只有根据股东大会特别会议规定的条件,由该类股东中的有投票权者在专门的会议上批准后,才具有效力。

第九十条

(1)根据公司章程规定的条件,股东大会一般会议或特别会议应由董事会召集。审计员、审计委员会或持有公司资本总计至少百分之五的股东提出申请的,董事会必须召集股东大会一般会议。董事会在审计员提出申请之日起三十日内不召集大会的,审计员可自行召集大会。

(2)股东大会一般会议可根据主管机关的决定,在下列情况下召集:

①本法第八十七条规定的召开期限届满,而未召开;

②遵循本法第六十九条的规定,董事会成员人数少于有效召开的最低人数;

③有违反法律规定或公司章程的行为的,或公司管理存在缺陷的;

④董事会没有应审计员、审计委员会或持有公司资本总计至少百分之五的股东的申请,在提出申请之日起十五日内召集股东大会。

(3)在满足本条第二款规定的任何一种情形时,持有公司资本总计百分之二以上的股东可申请主管机关召集股东大会一般会议。主管机关需在股东提交申请之日起三十日内发出召开股东大会的邀请。邀请包括大会的议程以及需要股东批准的项目。

第九十一条

在大会召开日期十日之前,召开会议的邀请需发布在公司总部所在地区的日报上。也可以在上述规定日期仅向全体股东以挂号信的形式寄送会议邀请。邀请函和议程的副本应当在上述发布时限内发送给商工部,如果公司在资本市场上市,则还应当向资本市场管理局发送副本。

第九十二条

希望出席股东大会或专门股东会的股东,应当在大会召开前在公司总部登记姓名,但公司章程中另有规定的除外。

第九十三条

(1)股东大会一般会议只有在持有四分之一及以上公司资本的股东出席时有效,公司章程可以规定更高的比例,但不得超过一半。

(2)股东大会一般会议的出席人数没有达到本条第一款规定的,需在第一次会议召开后三十日内发出第二次会议的邀请。邀请按照本法第九十一条规定的方式发布。在公司章程允许的情况下,第一次会议的邀请中表明举行第二次会议可能性的,第二次会议也可在第一次会议结束一小时后举行。在任何情况下,无论出席第二次会议的股东所占股份有多少,第二次会议均有效。

(3)股东大会一般会议的决定应经出席会议的多数股份通过,但公司章程规定更高比例的除外。

第九十四条

(1)股东大会特别会议只有在持有一半及以上资本的股东出席的情况下才有效,公司章程可以规定更高的比例,但不得超过三分之二。

(2)股东大会特别会议的出席人数没有达到本条第一款规定的,需按照本法第九十一条的规定发出第二次会议邀请。第一次会议的邀请中表明举行第二次会议可能性的,第二次会议也可在第一次会议结束一小时后举行。在任何情况下,只要出席第二次会议的股东所持有资本不少于总资本四分之一,第二次会议即有效。

(3)第二次会议的出席人数没有达到要求的,需按照本法第九十一条规定发出第三次会议的邀请。经主管机关批准后,无论出席第三次会议的股东所占股份有多少,第三次会议均有效。

(4)股东大会特别会议的决议应当经占出席会议的三分之二多数股份的股东通过,但如果决议关于增加资本、减少资本、延长公司期限、在章程规定期限届满前解散公司、与其他公司合并的,则需要经占出席会议的四分之三股份的股东通过才有效。

(5)股东大会特别会议的决议涉及修订公司章程的,董事会应当按照本法第六十五条的规定予以公布。

第九十五条

(1)公司的章程应说明股东大会的投票方法。在董事会选举中,应当使用累积投票制。

(2)股东大会表决免除董事会成员对公司的管理责任的,该董事会成员不得参加表决,也不得参加与其直接或间接利益相关的决议的表决。

第九十六条

每个股东均有权讨论大会议程上的问题,并向董事会成员和审计员提问。公司章程中剥夺股东这一权利的任何规定均无效。董事会或审计员应在不损害公司利益的情况下回答股东的问题。股东认为对其问题的答复不能令人信服的,其可提请股东大会进行审核,大会对此的审核应当执行。

第九十七条

股东大会会议记录应当记录出席或派代表出席的股东人数、股东自身或委托他人持有股份的数目、所投的票数、大会作出的决议、赞成该决议的票数和反对该决议的票数,以及大会讨论的完整摘要。这些记录应在每次会议后定期记录在会议主席、秘书和计票员签字的特别登记簿中。

第九十八条

股东对于股份的认购和持有表明其接受公司章程,遵守依照法律和公司章程发布的股东大会决议,无论其是否出席了股东大会,也无论其是否同意这些决定。

第九十九条

在不损害善意第三人情况下,股东大会违反本法或者公司章程作出的任何决议均属无效。任何在股东大会上反对该违规决议的股东,或者有合理理由缺席该次会议的股东,可以要求撤销该决议。决议无效的,视为该决议对于所有股东从未存在。决议的无效诉讼应在决议作出之日起一年内提起,逾期不予受理。

第一百条

(1)持有资本总计百分之五及以上的股东发现公司董事会成员或审计员有可疑行为的,可以提出申诉,请主管司法机关下令对公司进行检查。

(2)主管司法机关可以在特别会议上听取董事会成员和审计员的陈述后下令进行检查,费用由申诉人承担,如有必要还可令申诉人提供担保。

(3)如果主管司法机关证明申诉情况属实,可下令采取其认为适当的临时措施,并要求股东大会作出必要决议。主管司法机关还可以罢免董事会成员和审计员,并任命一名临时管理人,确定其权力和工作期限。

第四节　审计委员会

第一百零一条

审计委员会应根据股份公司股东大会一般会议的决议组建,其成员不得为董事会成员,无论其是否为股东。审计委员会成员不少于三人,不超过五人。决议应当具体说明委员会的任务、工作标准及其成员的薪酬。

第一百零二条

审计委员会的会议需多数成员出席才有效,委员会的决定以出席者的多数票作出,当票数相等时,会议主席所支持的一方的意见作出。

第一百零三条

审计委员会有权监督公司的工作,并有权查阅公司的记录和文件,以及要求董事会成员或执行管理层成员作出任何澄清或说明。如果董事会妨碍其工作或者公司遭受损害或巨大损失时,审计委员会可以要求董事会召集股东大会。

第一百零四条

审计委员会应审查公司的财务报表和审计员提交的报告和说明,并就其表达自己的观点

(如有)。委员会还应编写报告说明其对公司内部控制效率以及其职权范围内的任何其他活动的意见。董事会应当在股东大会召开之日十日前将该报告足够数量的副本交存公司总部,以便向股东提供。上述报告应在股东大会召开时宣读。

第五节 股份公司发行的证券

第一小节 股 票

第一百零五条

(1)股份公司的股票对公司来说是以名义价值计算且不可分割的,如果一份股票由多人拥有,那么必须选择其中一人代表其行使与股份有关的权利,且这些人对股份所有权所产生的义务负有连带责任。

(2)一股的名义价值为十沙特里亚尔,部长在与主席协商后可修改这一价值。

(3)股票不得以低于名义价值的价格发行,但如果公司章程规定或股东大会批准,则可以高于名义价值的价格发行。在这种情况下,股票溢价发行获得的额外资本需要放在单独项目下,不得作为利润分配给股东。

(4)上述规定适用于在发行股票前交给股东的临时证书。

第一百零六条

(1)公司的股票应以货币或实物认购。

(2)以货币认购的股票,其支付的金额不得低于其名义价值的四分之一,股权证书中应载明所支付的金额。在任何情况下,股票价格的剩余部分应在股票发行之日起五年内支付。

(3)以实物认购的股票应在全部价值得到履行后发行,只有在这些份额的全部所有权转让给公司后,股票才移交给所有者。

第一百零七条

(1)设立人认购的股票只有在财务报表公布两个财务年度后才能交易,每个财务年度距离公司设立之日不得少于十二个月。股权证书载明股票类型、公司设立日期及其禁止交易的期限。

(2)在禁售期内,股份的所有权可以根据权利出售的相关规定由一个设立人转让给另一个设立人;或在设立人死亡的情况下由其继承人转让给他人;或在破产的设立人财产被执行的情况下转让给他人,但其他设立人有优先受让权。

(3)本条规定适用于禁售期限届满前,设立人在增资时认购的股份。

(4)对于寻求上市的公司,资本市场管理局有权增加或缩短本条第一款规定的禁售期限。

第一百零八条

公司章程可规定与股票交易有关的限制,但不得禁止这种交易。

第一百零九条

(1)未在资本市场上市的公司,其股票在公司编制股东登记簿中交易,登记簿中包括股东姓名、国籍、居住地、职业、股票数量和支付的数额。只有在上述登记簿上登记之日起,名义股份的转让才对公司或第三人有效。

(2)在资本市场上市的公司的股票的交易遵循《资本市场法》的规定。

第一百一十条

每一股份具有平等的权利和义务。股东应拥有所有与股份有关的权利，特别是获得分红的权利、清算时获得公司资产份额的权利、参加股东大会及其审议的权利，对其决定进行表决的权利，处置股份的权利，要求查阅公司的账簿和文件的权利，监督董事会工作的权利，对董事会成员提起责任诉讼的权利，对股东大会决议提出申诉的权利。所有这些权利需根据本法和公司章程所规定的条件和限制行使。

第一百一十一条

(1)对于逐渐消亡或以临时权利为基础的企业，公司章程可规定公司存续期间股份赎回的相关事宜。股份只能用利润或可处置的公积金赎回。赎回应当采用逐年抽取或以其他方式实现股东之间的平等。

(2)赎回是由公司回购其股份，条件是购买价格低于或等于名义价值，公司应注销以此方式获得的股份。

(3)股份根据本条第一款被赎回的股东，获得享受股①。按照公司章程的规定，未被赎回的股份在年度净利润中的分配比例要高于享受股所获的比例。

(4)在公司存续期限届满的情况下，股份未被赎回的股东有权优先获得与之所持股份名义价值相当的公司资产。

第一百一十二条

(1)公司可以依照主管机关的规定购买或抵押其股份，公司购买的股份在股东大会没有投票权。

(2)股份可以按照主管机关制定的条例进行抵押。除抵押合同另有约定外，抵押权人有权享有与股份有关的利润并行使与股份相关的权力。但是，抵押权人不得出席股东大会或者参与其表决。

第一百一十三条

(1)股东应按照公司章程的规定，在股东大会一般会议或特别会议上行使表决权。在股东大会上实行一股一票。

(2)公司章程可以规定由代理人投票的最高票数。

第一百一十四条

公司股东大会特别会议可以根据公司章程的规定，按照主管机关制定的原则，发行优先股、把普通股转为优先股、把优先股转为普通股。优先股没有在股东大会上投票的权利。在提存公积金后，优先股所有者有权获得比普通股所有者获得更高比例公司净利润。

第一百一十五条

在已有优先股的情况下，除非根据本法第八十九条经由利益受到损害的优先股股东组成的专门会议批准，并经由各类股东组成的股东大会批准，否则不得发行对于现有优先股有优先权的新股，但公司章程另有规定的除外。本规定也适用于修改或取消公司章程中优先股的既定优先权的情况。

---

① 享受股，阿拉伯语为أسهم تمتع，英语为 jouissance shares，jouissance 一词源于法语，意为享受，Jouissance shares 是与普通股票不同的证券，它不向持有人提供任何股东权利，但带有一些财务权利。

第一百一十六条

(1)任何未分配股息的财务年度,按照本法第一百一十四条的规定向优先股股东支付该年一定比例的利润之后,才能在之后的年份分配股息。

(2)公司连续三年未按照本法第一百一十四条的规定向优先股股东支付一定比例的利润的,由优先股股东组成的专门会议可以根据本法第八十九条决定让优先股股东可以参加股东大会并参与投票,或者可在董事会中任命代表,代表人数与其持股价值在资本中的比例相称,直到公司能够支付之前应当优先分配给优先股股东的所有利润。

第一百一十七条

(1)股东应在指定日期支付股份价值,在指定日期未能支付股份价值的,董事会在以公司章程规定的方式或以挂号信通知该股东后,有权按照主管机关的规定,在公开拍卖中或资本市场上出售这些股份。

(2)公司应以出售所获款项支付这些股份未付金额,并把所剩的出售所获款项还给原股东。出售所获款项不足以支付未付金额的,公司可以以原股东所有的财产为限支付完未付金额。

(3)股东最迟可以在公司出售其股份之日前支付股份价值,并支付公司为此付出的费用。

(4)公司应当注销按照本条规定出售的股份,并给予购买者一个与被注销股份编号相同的新股份,并在股份记录上载明出售事宜以及股份新所有者的姓名。

第一百一十八条

无论公司章程是否规定,公司在发行股票时,不得要求股东支付超过其应付数额的款项。股东不得要求公司退还其在资本中的份额。公司不得免除股东支付剩余股份价值的义务,该义务不得与股东所拥有的公司权利抵销。

第一百一十九条

股权证书丢失或损坏的,所有者可以要求公司颁发新证书,以替换丢失或损坏的证书。所有者必须在日报上公布丢失或损坏的证书的号码。自公布之日起三十日内没有人向公司提出的反对意见的,公司应向其颁发新的证书,并在其中说明该证书用以替换丢失或损坏的证书。该证书赋予持有人与丢失或损坏的证书有关的所有权利,并使之承担与旧证书相关的所有义务。

第一百二十条

(1)反对颁发新证书以替换丢失或损坏证书者,应在提出反对意见之日起十五日内向主管司法机关提出紧急诉讼,否则,反对视为不存在。

(2)本条第一款所述期限届满的,或反对诉讼被终局判决为无效的,公司必须将替换丢失或损坏证书的新证书交给权利人。

第二小节　债务工具和伊斯兰债券①

第一百二十一条

公司在发行和交易债务工具时,必须考虑到伊斯兰教法关于债务的规定。

---

① 伊斯兰债券(sukuk)是伊斯兰国家特有的债券类型,代表的是对特定资产或资产收益权的所有权,对所有权主张权利而非现金流。在中世纪时,伊斯兰债券具有商业票据的性质,随着经济的发展,伊斯兰债券越来越接近于一般意义上的债券,但又有其自身的特质。与一般债券不同,伊斯兰债券持有人无论是在基础资产实现的过程中还是债券到期日都享有对该资产收益的所有权而不是债权。

第一百二十二条

(1)股份公司可以按照《金融市场法》发行可转让的债务或伊斯兰债券。

(2)公司不能发行可转换成股票的债务或伊斯兰债券,除非股东大会特别会议批准,并规定为此类工具可发行的最大股份数量,无论这些工具是同时发行的,还分批发行的,抑或是通过一个或多个债务或伊斯兰债券发行计划发行的。董事会无须股东大会另行批准,即可在宽限期届满后,发行供要求转股的工具的持有者转换的新股。董事会应当采取必要措施,修订公司章程中有关发行股票数量和资本的规定。

(3)董事会应当按照本法规定的公示股东大会特别会议决定的方式,对每次增资程序的完成进行公示。

第一百二十三条

在不违反本法第一百二十二条规定的情况下,公司可根据《金融市场法》将债务或伊斯兰债券转换成股份。但无论如何,这些工具在下列两种情况下不得转换为股份:

①债务工具和伊斯兰债券的发行条款中不包括通过增加公司资本将这些工具转换为股票的可能性的;

②债务工具或伊斯兰债券的持有人不同意转换的。

第一百二十四条

任何利益相关方均可要求主管司法机关撤销违反本法第一百二十二条和第一百二十三条规定的行为,并赔偿债务工具或金融工具持有人遭受的损害。

第一百二十五条

股东大会的决议可以约束债务工具或伊斯兰债券的持有人。但上述股东大会不能更改其权利,除非根据本法第八十九条规定,经持有人专门会议批准。

第六节　股份公司的财务

第一小节　公司的账目

第一百二十六条

(1)本公司的财务年度为其章程规定的十二个月。但第一个财务年度可以是公司商业登记之日起至少六个月,至多十八个月。

(2)董事会应当在公司每个财务年度结束时编制公司财务报表,以及上一财务年度的活动和财务状况的报告。该报告包括拟议的利润分配方法。董事会应当在股东大会召开之日前至少四十五日,将这些文件送交审计员。

(3)公司董事长、首席执行官和财务经理应在本条第二款所述文件上签字,这些文件的副本应在股东大会召开十日之前存放在公司总部,供股东查阅。

(4)董事会主席应当向股东提供公司的财务报表、董事会报告和审计员报告,除非这些文件在公司总部所在地的日报上公布。董事会主席还应当在股东大会召开十五日之前将这些文件的副本送交商工部。如果该公司在资本市场上市,则还应当把这些文件送交资本市场管理局。

第一百二十七条

在不违反公认的会计准则的情况下，每个财务年度的财务报表的类目划分应该参考前几年采用的类目划分，资产和负债估值依据应当保持不变。

第一百二十八条

董事会应在股东大会核准财务报表、董事会报告、审计员报告、审计委员会报告之日起三十日内，将上述报告的副本送交工商部，如果该公司在资本市场上市，则还应把这些文件送交资本市场管理局。

第一百二十九条

(1)在不违反其他相关法律的情况下，每年应提存净利润的百分之十作为公司的法定公积金。一旦上述公积金达到实收资本的百分之三十，股东大会一般会议可决定停止提存。公司章程可以规定，拨出一定比例的净利润，作为协定公积金，用于章程规定的目的。

(2)股东大会一般会议在确定分红时，可在符合公司利益或尽可能确保向股东分配固定利润的情况下，决定设立其他公积金。上述大会还可从净利润总额中扣除一定数额，为公司员工建立社会机构或对现有机构提供支持。

第一百三十条

(1)法定公积金应用于弥补公司损失或增加资本。如果法定公积金超过实收资本的百分之三十，在公司净利润不足按公司章程规定的比例分配给股东的年份，股东大会一般会议可决定将超出的公积金分配给股东。

(2)协定公积金的使用只能由股东大会特别会议决定。如果这一公积金不是专用于特定目的，股东大会一般会议可以根据董事会的建议，决定将这一公积金用于为公司或股东带来利益事务上。

(3)股东大会一般会议可用剩余的利润和可分配的协议公积金支付全部或部分未支付的股份价值，但不得有损股东间的平等。

第一百三十一条

(1)公司章程应当规定在提存法定公积金和其他公积金后，分配给股东的净利润的比例。

(2)股东有权根据股东大会一般会议的相关决议享受其份额带来的利益，该决议应当说明除权日期和分配日期。在除权日结束之时，在股东名册上登记的股东有权参与分红。主管机关应当确定一个最长期限，董事会必须在此期限内执行股东大会一般会议关于向股东分配红利的决定。

第二小节　审　计　员

第一百三十二条

股东应当按照本法和公司章程的规定，对公司账目进行监督。

第一百三十三条

(1)公司应有一名或多名可在沙特执业的审计员，这些审计员应由股东大会一般会议任命，其薪酬和工作期限由大会确定，并可续聘，但总任期不得超过连续的五年。结束上述任期的审计员，可在期满两年后再次续聘。股东大会可在任意时候更换审计员，但更换时间不适当或无正当理由的，被更换的审计员有权获得赔偿。

(2)审计员不得参与公司的设立,不得为董事会成员,不得在公司或为公司利益从事技术或行政工作,即使这些工作是以咨询形式。审计员也不得是公司设立人或董事会成员的合伙人,也不得是其员工或四等以内亲属。任何违反此规定的行为均属无效,由此所得应上缴财政部。

第一百三十四条

审计员有权随时查阅公司的账簿、记录和其他文件,也可要求提供其认为必要的数据和说明,以确定公司的资产、债务以及属于其工作范围内的其他事项。董事会主席应为审计员履行职责提供便利,审计员开展工作遇到困难的,其应向董事会如实报告。董事会没有为审计员的工作提供便利的,审计员应当请董事会召集股东大会一般会议审议这一事项。

第一百三十五条

审计员应向年度股东大会一般会议提交一份报告,该报告应根据公认的审计标准撰写,报告应包括事会对其获得所需的数据和说明的配合程度,以及任何违反法律规定或公司章程规定的行为,以及审计员对公司财务报表公正性的看法。审计员应在股东大会上宣读其报告。大会在不听取审计员的报告情况下批准董事会的报告和财务报表的,该决议无效。

第一百三十六条

(1)审计员不得在股东大会以外向股东或他人披露因其执行工作获取的公司的秘密,否则应解雇他并向他索赔。

(2)审计员有责任赔偿因其履行工作时所犯的过错而使公司、股东或其他人遭受的损害。多个审计员共同造成过错的,需承担连带责任。

第七节　修改公司资本

第一小节　增 加 资 本

第一百三十七条

(1)股东大会特别会议可决定增加公司的资本,前提是出资已被足额缴纳。未支付的资本部分涉及将债务工具或伊斯兰债券转换为股票而发行的股票,且转股期限未到的,则出资不需要被足额缴纳。

(2)在任何情况下,股东大会特别会议均可将增加资本时发行全部或部分股份分配给公司或其子公司的雇员。公司发行分配给员工的股份时,股东不得行使优先权。

第一百三十八条

公司通过以下方式增资:

①发行以货币或实物认购的新股;

②发行特定数额的到期可转成新股的债务,发行金额应由股东大会特别会议在听取专家或权威估价师的意见后决定,董事会和审计员需编写一份材料,说明债务的来源和数额,董事会所有成员和审计员应在这份材料上签字,他们对材料的真实性负责;

③股东大会特别会议决定将一部分公积金纳入资本的,根据这部分公积金的数额发

行新股。这些股票应以与流通股票相同的形式和条件发行，并按股东各自原有的股份比例免费分配给股东；

④发行以债务或伊斯兰债券认购的新股。

第一百三十九条

在股东大会发布决定批准增加资本时，现有股东有权优先认购作为货币份额对价发行的新股。公司应当通过在日报上刊文或挂号信通知的方式，告知这些股东其优先权，通知中应当包括增加资本的决议、认购条件以及持续时间和起止日期。

第一百四十条

公司章程中有相关规定的，股东大会特别会议有权取消股东认购增资时以货币发行的新股优先权，或根据公司利益赋予非股东优先权。

第一百四十一条

股东有权依照主管机关的规定，出售或放弃优先权，出售或放弃的时限自大会决定批准增资时起，至认购与优先权相关新股的最后一日为止。

第一百四十二条

在不违反本法第一百四十条规定的情况下，新股应当分配给要求认购的优先权持有人，分配的比例由其在增资中拥有的优先权占总优先权的比例所决定，但其获得的新股不得超过其要求认购的数量。剩余的新股分配给要求认购超过其份额比例的优先持有人，分配的比例由其在增资中拥有的优先权占总优先权的比例所决定，但其获得的新股不得超过其要求认购的数量。剩余股份发售给其他人，但股东大会特别会议或《资本市场法》有其他规定的除外。

第一百四十三条

根据实物出资发行的新股，适用公司设立时实物份额估价的规定，股东大会一般会议在此时的地位相当于设立大会。

第二小节　减少资本

第一百四十四条

资本超过公司的需求或公司遭受亏损的，股东大会特别会议可以决定减少资本。仅在后一种情况下，资本可以减少到低于本法第五十四条规定的限额。只有在宣读审计员编写的关于减资原因、公司义务和减资对这些义务的影响的特别报告后，才可发布减资决议。

第一百四十五条

因资本超过公司的需求而减少资本的，应当通知债权人，债权人可在减资决议公布于公司总部所在地日报之日起六十日内提出反对意见。债权人反对减资，并在上述期限内向公司提交相关文件的，若债务已到期，公司应向该债权人履行债务，若债务未到期，公司应向该债权人提供足够的担保。

第一百四十六条

公司可通过以下方式减少资本：

①注销一些股份，其价值等于需要减资的金额；

②公司购买价值相当于减资本额的股份，然后注销这些股份。

第一百四十七条

以注销若干股份来减少资本的，应考虑到股东间的公平，相关股东必须在公司规定期限内把决定要注销的股份提交给公司，未按时提交的，视为已注销。

第一百四十八条

(1)公司购买股份后注销来减少资本的，应邀请股东出售其股份，公司可选择通过挂号信或在公司总部所在地日报上的公示以将该邀请告知股东。

(2)股东欲出售的股份数量超出公司决定购买的数量，出售的股份必须减少至符合公司决定购买的数量。

(3)非上市公司股份的购买价格为公正估计的价格。上市公司的股份按照《资本市场法》进行购买。

第八节　股份公司的到期

第一百四十九条

如果股份公司的所有股份均为一个股东所有，但其不符合本法第五十五条要求，公司仍应独立对其债务负全部责任，但该合伙人必须调整公司的状况使之与本章的规定相一致，或在一年内将公司转为一人有限责任公司，否则，公司依法强制到期。

第一百五十条

(1)股份公司的亏损在财务年度的任何时候达到实付资本的一半时，公司负责人或者审计员应当立即通知董事会主席，董事长应当立即通知董事会成员，董事会应当在得知此事后十五日内召集合伙人大会特别会议，合伙人大会特别会议应当在董事会得知亏损情况后四十五日内召开。合伙人大会特别会议应当决定要么依法增加或减少公司资本，使亏损比率降低到实付资本的一半以下，要么在公司章程规定的营业期限届满之前解散公司。

(2)在本条第一款规定的期间内未召开合伙人大会特别会议的，或者召开大会但无法就此事作出决定的，或者大会决定按照本条规定的条件增加资本但增资决定发布九十日内未完成全部资本认购的，则公司应视为已经依法强制到期。

第六章　有限责任公司

第一节　总　　则

第一百五十一条

(1)有限责任公司的合伙人人数不得超过五十人，其财务独立于每个合伙人的财务。公司独立对其产生的债务和义务负全部责任，公司所有者或合伙人不对这些债务和义务负责任。

(2)合伙人人数超过本条第一款规定的，公司应在一年内转为股份公司，未按期完成转换的，依法强制到期，但合伙人人数超标由继承或遗嘱引起的除外。

第一百五十二条

(1)有限责任公司的名称应表明其宗旨。其名称不得包括自然人的姓名,除非该公司的宗旨是投资以该人的名义注册的专利。公司拥有商业机构的,可以用其名称命名。有限责任公司是由其他类型公司变更而来,且原公司名称包含自然人姓名的,有限责任公司可以沿用。公司由一人所有的,必须在名称中体现其为一人有限责任公司。违反规定的,适用本条第二款规定。

(2)在没有标明“有限责任”字样或者未注明公司拥有的资本数额的情况下,公司管理人应当对公司的债务承担个人连带责任。

第一百五十三条

(1)有限责任公司不得从事银行、金融、储蓄、保险或向他人账户投资的业务。

(2)有限责任公司不得因筹集资本、增资或获得贷款而举行股票认购,也不得发行可流通的票据。

第一百五十四条

(1)作为本法第二条规定的例外,有限责任公司可以由一个人设立,或者其全部份额归属于一个人。在这种情况下,该人对公司责任的出资额为限,该人拥有本章规定的公司经理、管理人委员会和合伙人大会的权力。他可以任命一名或多名经理,作为公司在司法机构、仲裁庭和其他机关的代表,代替公司所有人进行公司管理。

(2)在任何情况下,一个自然人都不得设立一家以上一人有限责任公司,一人有限责任公司也不得设立或拥有另一家一人有限责任公司。

第一百五十五条

在下列情况下,有限责任公司的所有者在以公司名义与他人交易时,应当以自己的资产对他人承担公司的义务:

①恶意清算其公司,或者在公司到期之前或在实现其创建目的之前停止其活动;

②公司的业务与其个人业务没有分开;

③在公司获得法律人格之前以公司名义进行业务活动。

第二节　设　　立

第一百五十六条

设立有限责任公司的协议应当由所有合伙人签署,协议应当包括下列信息:

①公司的类型、名称、宗旨和总部所在地;

②合伙人的姓名、居住地、职业和国籍;

③监事会成员的姓名(如有);

④资本数额、货币和实物出资的数额,以及实物出资的详细说明、实物出资的价值及其提供者姓名;

⑤确认合伙人间已分摊了全部的资本的出资,并全额支付了这些份额的价值;

⑥利润和损失的分配方法;

⑦公司起止日期;

⑧公司向合伙人发送通告的形式。

第一百五十七条

(1)在不违反本法第十四条规定的情况下,只有在全部货币和实物份额都已由所有合伙人分摊并已全部支付,且货币存入一家获授权的银行,才可以设立有限责任公司。只有在公司完成商业登记并公示后,银行才能处置这些货币。

(2)对实物份额的估价,应当遵循对股份公司实物股份评估的规定。提供这些份额的合伙人就其所提供实物份额的估价公正性对他人承担连带责任。对于该责任的诉讼在公司根据本法第一百五十八条进行商业登记并公示之日起满五年后不予受理。

第一百五十八条

公司管理人应当在公司设立之日起三十日内,自费在商工部网站上公布设立协议。管理人还必须在上述时间内在商业登记处对公司进行登记。上述规定适用于对公司设立协议的每一项修订。

第一百五十九条

对于所有利益相关人,违反本法第一百五十三条、第一百五十四条、第一百五十六条和第一百五十七条的规定设立的有限责任公司无效,但合伙人不得以这种无效性对抗他人。公司因此被判无效的,造成无效的合伙人共同负责赔偿对其他合伙人和其他人所造成的损害。

第三节　资本与份额

第一百六十条

公司在设立时的资本必须足以实现其宗旨,合伙人应当在公司设立协议中确定资本的金额,并将其分为相等的价值份额,该份额不可分割、不可转让。某一份额由多人拥有的,公司可中止与该份额相关权利的行使,但该份额的全部所有人可选择其中一人单独对公司行使权利。公司可要求在一定期限内选出行使权利人,否则公司有权在该期限届满后自行代表份额所有者将该份额出售,出售所得归于份额所有者。在这种情况下,除非公司设立协议另有规定,否则根据本法第一百六十一条的规定,其他合伙人相对于非合伙人对出售的份额有优先购买权。

第一百六十一条

(1)合伙人可以根据公司设立协议的规定向其他合伙人或第三方转让其份额。合伙人想将其份额有偿或无偿转让给非合伙人的,应通过公司管理人将转让条件通知其他合伙人。每个合伙人均可在接到通知之日起三十日内以公允的价格购买该份额,单公司设立协议规定了估价方式或其他期限的除外。有多个合伙人欲行使回购权的,该份额按照申请回购者所占资本份额比例分配。本条规定的回购权不适用于因继承或遗嘱造成的份额所有权转移,或因主管司法机关的判决造成的所有权转移。

(2)如果在行使回购权的时限届满时没有合伙人行使回购权,份额所有人有权将其份额转让给第三方。

第一百六十二条

公司需编制一份专门的登记簿,列出合伙人的姓名、每个合伙人拥有的份额数量以及对份额所作出的处置。只有在上述登记簿登记份额所有权转让的原因,转让才对公司和第三人生效。公司必须通知商工部在公司登记簿上份额所有权的变化。

第一百六十三条

除非公司的设立协议另有规定,否则所有份额在净利润和清算盈余中享有平等权利。

第四节 管　　理

第一百六十四条

(1)公司管理由一个或多个合伙人或非合伙人负责。合伙人应在公司的设立协议或独立的协议中任命管理人,管理人可以有固定任期也可无固定任期。如果有多个管理人,可以通过合伙人决议组建管理人委员会。

(2)公司设立合同或合伙人决议规定管理人委员会的运作方式和其作出决定所需的票数。管理人为实现公司宗旨所作出的行为对公司有约束力。

第一百六十五条

(1)合伙人可以罢免由公司设立协议或独立的协议所任命的一个或多个管理人,但是,罢免无正当理由或罢免时间不适当的,被罢免的管理人有要求赔偿的权利。

(2)所有管理人对因违反本法或公司设立协议规定,或者因其在工作中犯的过错给公司、合伙人或第三人造成的损害,共同承担赔偿责任。

(3)合伙人同意免除管理人责任的,并不能使管理人免遭追责诉讼。

(4)除欺诈和伪造案件外,追责诉讼应在损害行为发生的财务年度满五年之内或相关管理人在公司的工作结束三年之内提出(以较早者为准),逾期者不予受理。

第一百六十六条

有限责任公司应当按照对于股份公司的相关规定,有一名或者多名审计员。

第一百六十七条

(1)有限责任公司应当设立由所有合伙人组成的合伙人大会。

(2)合伙人大会应当由管理人按照公司设立协议规定召集,每年至少召开一次,召开时间为公司财务年度结束后的四个月内。

(3)应管理人、监事会、审计员或持有一半及以上资本的合伙人请求,可随时召集合伙人大会。

(4)应编写合伙人大会讨论情况记录,并将会议记录、会议决定或合伙人决议记录在公司为此目的编制的专门登记簿中。

第一百六十八条

(1)合伙人决议应在合伙人大会上发布,但在合伙人不超过二十人的公司中,合伙人可以单独发表意见。在这种情况下,公司管理人应向每个合伙人发送关于拟议决议的挂号信,供合伙人以书面形式进行表决。

(2)在所有情况下,只有持有一半及以上资本的合伙人批准的,决议才有效,公司设立协议也可规定更高的比例。

(3)第一轮审议或协商的人数没有达到本条第二款规定的多数的,应当通过挂号信召集合伙人开会,但公司设立协议另有规定的除外。

(4)本条第三款所述会议的决议应当经出席的多数份额通过,无论其在总资本中所占的比例如何,但公司设立协议另有规定的除外。

(5)公司设立协议可以规定任何其他召集会议、传达决议的方式。

第一百六十九条

合伙人大会年度会议的议程应包括下列项目:

①听取公司管理人关于公司在该财务年度活动和财务状况的报告、审计员的报告、监事会的报告(如有);

②讨论和批准财务报表;

③确定分配给合伙人的利润百分比;

④任命公司管理人、监事会成员(如有),并确定其薪酬;

⑤任命审计员并确定其薪酬;

⑥根据本法或公司的公司设立协议,在会议职权范围内的其他事项。

第一百七十条

(1)合伙人大会不能讨论议程以外的事项,除非该事项在会议期间发生且必须讨论。

(2)有合伙人申请将某一特定问题列入议程的,公司管理人必须回应其申请,否则该合伙人有权向合伙人大会提出申诉。

第一百七十一条

每个合伙人都有权讨论合伙人大会议程上的议题,公司管理人有义务回答合伙人的问题。有合伙人认为其问题没有得到充分答复的,可向大会提出申诉。

第一百七十二条

(1)合伙人人数超过二十人的,公司设立协议应当任命一个至少由三个合伙人组成的监事会。在公司设立后合伙人人数才超过二十人的,合伙人大会应当尽快任命监事会。

(2)合伙人大会可在监事会成员任期届满后对其再次任命,或任命其他合伙人为监事会成员。合伙人大会还可在任何时候以合理的理由罢免监事。在任何情况下,公司管理人在选举或罢免监事会成员方面没有投票权。

(3)监事会应当监督公司的业务,并就公司管理人向其提交的事项以及事先需获得监事会授权的行为发表意见。

(4)监事会应当在每个财务年度结束时向合伙人大会报告其对公司业务的监督结果。

(5)监事会成员不因管理人的工作或其结果被问责,除非他们知道其中有过错,但却怠于将过错通知合伙人大会。

第一百七十三条

(1)每个合伙人都有权参加审议和投票,票数与其所拥有的份额数量相等。对此不得另行约定。

(2)每个合伙人均可书面委托另一名合伙人代其出席合伙人大会并进行表决,但公司设立协议另有规定的除外。

(3)在没有监事会的公司中,非管人的理合伙人可以向管理人提出建议,其本人或其代表可以在规定向合伙人提交年度结算账户的日期前十五日内,要求在公司总部查看公司的工作以及审查账目、文件。任何与此相违背的规定均视为无效。

(4)所有根据本条获得任何信息的人都应保密,不得将其用于任何可能对公司或其合伙人有害的用途,并有义务赔偿因不遵守保密而造成的任何损害。

第一百七十四条

(1)所有合伙人同意的,可以改变公司的国籍,或者通过提高合伙人份额的名义价值或发放新的份额来增加资本,所有合伙人都有义务按照各自出资的比例支付资本的增加费用。

(2)除本条第一款规定的事项外,经代表至少四分之三资本的大多数合伙人同意,可对公司设立协议进行修订。但公司设立协议另有规定的除外。

第一百七十五条

(1)公司管理人应在每个财务年度结束后三个月内编制公司财务报表、公司业务和财务状况报告、利润分配建议。

(2)管理人应将本条第一款所述文件的副本、监事会报告(如有)副本、审计员报告的副本,在编写上述文件之日起一个月内发送给商工部和每个合伙人。任何合伙人均可要求管理人召集合伙人大会,对本条所述的文件进行审议。

第一百七十六条

有限责任公司应每年提存至少百分之十的净利润作为法定公积金。当上述公积金达到公司资本的百分之三十时,合伙人可以决定停止提存。

第一百七十七条

公司资本超过其需要或遭受不超过资本一半的损失的,合伙人大会可决定减少公司的资本,具体要求如下:

①必须在减资决定公布于公司总部所在地的日报之日起六十日内,邀请公司的债权人发表其对减资的反对意见。债权人反对减资,并在上述时间提交文件的,若债务已到期,公司需向该债权人履行债务,若债务未到期,公司需向该债权人提供足够的担保。

②合伙人应向商工部提交一个包括减少公司的资本在内的修订公司设立协议的计划,同时附上由公司审计员认证的详细披露,其中包括债权人的姓名和地址、反对减少资本的债权人、债务到期已获偿付的债权人、债务未到期已获足够担保的债权人,与此同时,合伙人还应确认他们对披露中没有提及的业已存在的债务负有连带责任。

③公司没有债务的,合伙人可向商工部提交经审计员的确证的确认书,确认他们对业已存在的债务负有连带责任。在这种情况下,他们可以免于邀请债权人,继续完成减资程序。

第一百七十八条

(1)在不损害善意第三人权利的情况下,合伙人会违反本法或公司设立协议规定的任何决议均属无效。但是,只有对该决议提出书面反对或在获悉决议后无法对其提出反对的合伙人才可请求决议无效,确定决议无效意味着该决议对所有合伙人自始不存在。

(2)无效请求在本条第一款所述决议发布之日起一年后不予受理。

第五节 到 期

第一百七十九条

有限责任公司不因合伙人的死亡、被禁业、破产、退出而到期，但公司设立协议另有规定的除外。

第一百八十条

(1)公司设立协议没有另行规定的，合伙人大会可根据持有一半及以上资本的合伙人或占人数一半以上的合伙人的意见发布决议，在公司到期前延长其期限。

(2)没有发布延长公司期限的决议，且公司继续经营其业务的，则按照与公司设立协议相同的条款，将该协议延长。

(3)不愿意继续留在公司的合伙人可以退出公司，其份额应根据本法一百六十一条规定进行估价。除非退出的合伙人与其他合伙人另有约定，否则只有在合伙人的份额出售给合伙人或其他人并交付价款后，才可进行延期。

(4)与不延期有利害关系的第三人可对延期提出异议，主张延期不能对其生效。

第一百八十一条

(1)有限责任公司的亏损达到其资本的一半的，公司管理人应当将该情况记录在商业登记簿中，并召集合伙人在知悉该损失额之日起不超过九十日内开会，讨论公司的延续或解散。

(2)无论公司延续还是解散，都应按本法第一百五十八条规定的方式公布合伙人决议。

(3)如果公司管理人怠于召集合伙人大会或合伙人无法对延续还是解散公司作出决定，那么公司视为依法强制解散。

第七章 控股公司

第一百八十二条

(1)控股公司是股份公司或有限责任公司，通过拥有其他股份公司或有限责任公司一半以上的资本或控制其董事会的组成，被控制的其他股份公司或有限责任公司为子公司。

(2)控股公司的名称中需标明“控股”字样。

第一百八十三条

控股公司的宗旨包括：

①管理其子公司，或参与其参股的其他公司的管理，并对这些公司提供必要的支持；
②以其资金对股票和其他证券进行投资；
③拥有其活动所需的不动产和动产；
④向其子公司提供贷款、担保和融资；
⑤拥有和利用专利、商业或工业标识、特许经营权等无形权利，并将其出租给子公司或其他公司；
⑥拥有和利用专利、商业或工业标识、特许经营权等无形权利，并将其出租给子公司或其他公司。

第一百八十四条

子公司不得拥有控股公司的份额或股份。任何将份额或股份所有权从控股公司转给子公司的行为都是无效的。

第一百八十五条

控股公司应在每年年底按照公认的会计准则,编制涵盖其子公司的合并的财务报表。

第一百八十六条

控股公司应遵守本章的规定,以及本法对于其采取的公司形式的一般规定,但一般规定与控股公司性质相冲突的除外。

第八章　公司形式的变更及公司的合并

第一节　公司形式的变更

第一百八十七条

(1)公司可以按照修订公司设立协议或公司章程的既定条件作出决定,变更为另一种形式的公司,但是,公司的变更需符合目标公司形式的成立、公示和在商业登记簿登记的条件。在变更成股份公司的情况下,本法第一百零七条适用于公司股东,禁止的期限从发布批准公司变更形式的决议之日起算。但是,如果公司变更的同时通过公开募集增加资本,则禁令不适用于通过此种方式募集的股份。

(2)反对变更决议的合伙人或股东可要求退出公司。

(3)在不违反股份公司的设立、公示、登记的相关规定的情况下,拥有一半以上资本的股东提出请求的,合伙公司、简单两合公司、有限责任公司可变更为股份公司,公司设立协议也可规定更低的资本比例,但所有要求变更的份额必须由具有四等以内亲属关系的人持有。除本款所载变更前提条件以外的条件均为无效条件。

第一百八十八条

公司形式的变更并不产生新的法人,公司仍保留在上述变更之前的权利和义务。

第一百八十九条

合伙公司或简单两合公司变更公司形式并不导致免除普通合伙人对公司变更形式前所负债务的责任,但债权人明确接受或者在收到挂号信通知之日起三十日内未反对变更决议的除外。

第二节　公司的合并

第一百九十条

在不违反相关法律规定的情况下,公司即使处于清算阶段,也可以合并成为与其之前同形式或不同形式的公司。

第一百九十一条

(1)合并是指将一个或多个公司并入另一个公司,或将两个或两个以上的公司混合起来建立新的公司。合并合同应确定合并条件,并说明被合并的公司的估值方法,其在并入的公司或合并产生的新公司资本中的份额或股份数量。

(2)被合并公司,其全部或部分份额或股份的对价为并入的公司的份额或股份的,只有在对被合并的公司和并入的公司的净资产进行估值后,合并才有效。

(3)在所有情况下,每个参加合并公司都应当按照修订公司设立协议或公司章程所要求的条件发布合并决议。

(4)在被合并的公司和并入的公司均拥有股份或份额的合伙人或股东只能在其中一家公司对合并决议进行表决。

第一百九十二条

被合并的公司,其所有的权利和义务应当在合并程序和公司登记手续完成后,按照本法的规定转移到并入的公司或新产生的公司。除合并合同中另有约定外,并入的公司或新产生的公司是被合并公司资产范围内的继承人。

第一百九十三条

(1)合并决议自公布之日起三十日后生效。

(2)被合并公司的债权人可在上述时间内以挂号信的形式表达反对合并。在这种情况下,合并暂停,直到债权人放弃反对意见,或公司对到期债务进行偿还、对未到期债务提供足够的担保。

第九章　外国公司

第一百九十四条

在不违反国家与某些外国公司缔结的特别协定的情况下,除关于设立公司的规定外,本法的规定应适用于下列外国公司:

①在沙特开展业务的公司,无论是通过分支机构、办事处、代理处还是任何其他形式;

②以沙特作为总部,代表、指导或协调在沙特之外所开展的业务的公司。

第一百九十五条

只有在获得投资管理总局和管理监督外国公司从事业务类型的相关机构颁发的许可证之后,外国公司才能在沙特境内设立分支机构、代理处或办事处。外国公司可以发行证券,在沙特境内认购或出售,但必须符合《资本市场法》。

第一百九十六条

投资管理总局向商工部提供其颁发的许可证副本,以及公司设立协议及其章程的经认证的副本。

第一百九十七条

经许可的外国公司只有在商业登记簿上登记后,才可开始进行商业活动。

第一百九十八条

外国公司的每个分支机构、代理处或办事处需在其所有文件、单证和出版物上以阿拉伯语印刷公司的全名、地址、总部和代理人姓名,以及其在沙特境内的地址。

第一百九十九条

外国公司的分支机构、代理处、办事处应按照公认的标准会计准则编制财务报表和外部审计报告,并在该分支机构、代理处或办事处的财务年度结束之日起六个月内将这些文件交存商工部。

第二百条

外国公司在沙特境内的分支机构、代理处、办事处是其在沙特境内活动和业务的所在地,适用所有相关的法律。

第二百零一条

外国公司在完成许可手续和商业登记之前就已经开展业务的,或者从事超过许可范围的业务的,该公司和这些业务的经营者对此负有连带责任。

第二百零二条

沙特境内的外国公司是为在特定时间从事特定业务而设立的应在商业登记簿中进行临时登记,临时登记应在这些业务完成时到期,按照本法和其他相关法律的规定,在清算完其权利和义务后,取消其登记。

第十章 公司的清算

第二百零三条

(1)公司到期后,进入清算阶段,并在清算所需的范围内保留法律人格。

(2)届时,公司管理人的权限终止,但其仍需负责公司管理,并在任命清算人之前,对第三人充当清算人的角色。

(3)公司大会在清算期间仍然存在,但其作用仅限于行使与清算人权限不冲突的职能。

(4)在清算期间,合伙人仍有权依据本法或公司设立协议或公司章程,查阅公司相关文件。

第二百零四条

公司的设立协议、章程没有对如何进行清算作出规定的,合伙人在公司到期前也未就此达成协议的,清算应当按照本法的规定进行。

第二百零五条

(1)清算的清算人可为一个或多个合伙人,或者非合伙人。

(2)司法清算的决定应由主管司法当局作出,任意清算的决定应由合伙人或公司大会作出。如果合伙人未就本条第三款所述事项达成一致,那么司法机关应对此作出裁判。

(3)无论是任意清算还是司法清算的决定,都应包括任命清算人、确定其权力和报酬、对其权力的限制以及清算所需的时间。清算人必须以公布公司设立协议或公司章程修订案的方式来公布清算决定。

(4)任意清算期限不得超过五年,除依照司法命令外,不得再延长。

第二百零六条

清算人不止一个的,应共同行动,其行为只有在全体一致同意的情况下才有效,除非他们的委任决定或指派他们的司法机关授权他们单独行事。清算人因超出权力范围行事或其在履行业务时出现过错，使公司、合伙人或其他人遭受的损害的，应负连带责任。

第二百零七条

（1）清算决定未进行限制的，清算人对于法院和第三人代表公司，执行清算所需的所有工作，特别是将公司资产折现，包括出售动产和不动产，出售可以拍卖或任何其他方式进行，以获得最高折现价格。

（2）清算人不得将公司全部资产打包出售，也不得将其变卖为另一公司的份额，但得到任命机关授权的除外。

（3）清算人只有完成之前的工作后才能开始新的工作。

（4）清算人在其权力范围内的行为由公司承担。

（5）清算人的权限在清算期结束时终止，但按照本法规定延长的除外。

第二百零八条

（1）清算人必须优先偿还公司的到期债务。对于未到期债务以及有争议的债务，则要预留偿还这些债务所需的款项。

（2）清算产生的债务优先于其他债务。

（3）债务偿还后，清算人应当把合伙人的份额在资本中所剩的价值退还给合伙人，所剩的款项按照公司设立协议的规定分配。设立协议中没有规定的，所剩款项按合伙人份额在资本中所占比例分配给合伙人。

（4）公司的净资产不足以支付合伙人的份额的，亏损将根据既定的亏损分配比例在合伙人之间分摊。

第二百零九条

（1）清算人在清算工作开始后三个月内，与公司的审计员（如有）一起，对公司所有的资产和负债进行盘点。但是，任命清算人的机关可在必要时延长这一期限。

（2）公司管理人或董事会成员必须按清算人的要求向其提交公司的账簿、记录、文件、说明和资料。

（3）在每个财务年度结束时，清算人应编制财务报表和清算工作报告，报告应包括其对清算工作的评论和保留意见的说明、清算工作受到阻碍或拖延的原因（如有）以及关于延长清算期限的建议。清算人应向商工部提供这些文件的副本，并根据公司设立协议或其章程的规定，把这些文件提交合伙人或大会批准。

（4）清算工作完成后，清算人应当对其所做的工作提交详细的财务报告。清算应在任命清算人的机关核准该报告后结束。

（5）清算人应按照公司章程或公司章程修订公告规定的方式宣布清算结束。

第二百一十条

除欺诈和伪造案件外，在根据本法第二百零九条的规定公布清算结束，并根据商业注册法从商业登记簿上注销公司五年后，或清算人工作结束三年后（以二者中较早者为准），不受理因清算工作对清算人提起的诉讼，也不受理因公司业务而对合伙人提起的诉讼，还不受理因公司管理人、董事会成员、审计员的工作或职务而对其提起的诉讼。

第十一章 处 罚

第二百一十一条

在不影响任何其他法律规定的更严厉处罚的情况下，对于下列人员应当判处不超过五年的监禁，以及不超过五百万沙特里亚尔的罚款，或两者之一作为处罚：

①任何管理人、负责人、董事会成员、审计员或清算人在财务报表或其提交给合伙人或大会的报告中，记录虚假或误导性数据，或者没有将重要事实列入这些报表或报告，以企图向合伙人或其他人隐瞒公司的财务状况；

②任何管理人、负责人、董事会成员故意以损害公司利益的方式使用公司资金，为了实现个人利益，或者为了偏袒某个公司或个人，或者为了从其有直接或间接利益的项目或交易中受益；

③任何管理人、负责人、董事会成员违背公司利益，故意使用自己的权力或因其身份拥有的表决权，以实现个人目的，或为某个公司或个人徇私，或为从与其有直接或间接利益的项目或交易中受益；

④任何管理人、负责人、董事会成员、审计员知晓亏损已经达到了本法第一百五十条和第一百八十二条规定的限度，但没有召集股东大会或合伙人大会，或者没有采取相关的必要措施，或没有按照本法第一百八十一条的规定公布事实；

⑤任何负责公司清算的清算人故意违背公司利益利用公司资金、资产或其对他人的权利，或故意对合伙人或债权人造成损害，无论其是出于个人目的、为某个公司或个人徇私、为从与其有直接或间接利益的项目或交易中受益，还是在没有合法理由的情况下让某个债权人优先于其他债权人受偿。

第二百一十二条

在不影响任何其他法律规定的更严厉处罚的情况下，对于下列人员应判处不超过一年的监禁，以及不超过一百万沙特里亚尔的罚款，或两者之一作为处罚：

①任何负责公司清算的清算人故意违背公司利益利用公司资金、资产或其对他人的权利，或故意对合伙人或债权人造成损害，无论是出于个人目的、为某个公司或个人徇私、为从与其有直接或间接利益的项目或交易中受益，还是在没有合法理由的情况下让某个债权人优先于其他债权人受偿；

②任何公职人员向非主管机关泄露因其职位而获知的公司秘密；

③任何被指派对公司进行检查的人故意在报告中证实虚假事实，或故意不提及会影响检查结果的重要事实；

④任何人以任何方式宣布、公布或声明因无论何种原因未完成注册程序的公司已完成注册；

⑤任何人为了招揽认购或收取股份价值，以任何方式捏造他人与公司的关联或即将产生关联；

⑥任何人在公司设立协议或其章程或公司的其他文件中，或者在公司设立申请或设立申请所附文件中，故意证实虚假材料或违反本法规定的材料，以及在知情的情况

下签署或公布此类文件的任何人；

⑦在设立公司、增加资本或调整合伙人之间的份额分配时，就实物股份的估值、合伙人间份额的分配或全额缴纳份额，故意夸大或提供虚假证明的任何合伙人或其他人；

⑧任何盗用股东或合伙人身份，在股东大会或合伙人大会上进行投票的人，无论其是代表自己还是代表他人实施上述行为的；

⑨将公司用于许可用途以外的其他用途的任何人。

第二百一十三条

在不影响任何其他法律规定的更严厉处罚的情况下，对于下列人员应判处不不超过五十万沙特里亚尔的罚款：

①任何违反法律、公司设立协议、公司章程，恶意对利润和收益进行决定、分发或扣留的人，以及任何在知情的情况下批准上述分配的审计员；

②任何故意破坏股东大会的召集或召开的董事会成员；

③任何违反本法的规定，接受股份公司董事或常务董事任命的人，或任何违法继续担任董事的人，以及发生违法情形的公司中任何知情的董事；

④任何从股份公司违反获得担保或贷款的董事，以及发生此种违法行为的公司的董事长；

⑤任何在履行或继续履行审计员的职责之前，知道法律有禁止其履行该职责的情形，却仍履行或继续履行审计员职责的人；

⑥任何违反法律故意阻止股东或合伙人参加股东或合伙人大会，或阻止股东或合伙人行使与股份相关的表决权或以合伙人身份行使表决权；

⑦任何以向指定的选项投票或不参加投票，换取利益或获得利益保证、承诺的人，以及所有给予、保证或承诺这些利益的人；

⑧任何未能在法律规定的期限内，履行召集股东大会或合伙人大会的职责的人；

⑨任何未按照法律规定公布公司财务报表的职责的人；

⑩任何未按照法律规定将必要文件放置在可供股东或合伙人查阅之处的人；

⑪任何未能履行向商工部提供本法规定的文件的职责的人；

⑫任何没有按照本法规定编写和汇集会议记录的人；

⑬任何故意阻挠依法有权查看公司资料、单据、账目和文件的人的工作，或使他们无法从事工作的人；

⑭任何未能按照法律履行公布公司设立协议或商业登记簿上登记的义务的人，以及任何未能依法公布公司设立协议或其章程的修订，或对于商业登记簿的数据的修订的人；

⑮任何未能按照法律规定公示清算或清算结束的清算人；

⑯任何未能履行列明本法第十五条规定的数据的职责的人；

⑰任何违反本法任何规定的审计员；

⑱任何没有提供正当的理由，不遵守与公司业务相关的法律和决定，或主管机关发布的指示、通知、规定的公司或其负责人。

第二百一十四条

在累犯的情况下,本法第二百一十一条、第二百一十二条、第二百一十三条规定的罪行和违法行为的处罚应加倍。任何自最终宣判之日起三年内,再实施同样的罪行或违法行为的人被视为累犯。

第二百一十五条

调查和检察机关有权对本法第二百一十一条、第二百一十二条确立的罪行进行调查和公诉。

第二百一十六条

主管机关应对第二百一十三条所述的违法行为作出处罚,被判处处罚的人可向主管司法机构提出上诉。

第二百一十七条

如果不能对第二百一十一条和第二百一十二条规定的刑事犯罪的肇事者提起诉讼,调查和检察机关可向公司提起诉讼,要求判处规定的罚款。

第二百一十八条

适用本章规定的刑罚不影响任何人就本章所述任何罪行和违法行为对其造成的任何损害寻求赔偿的权利。

第十二章　最终条款

第二百一十九条

在不违反本法规定,以及相关法律授予沙特阿拉伯货币机构的权限,特别是银行监管法、合作保险公司监管法和金融公司监管法的情况下,资本市场管理局是监管在沙特资本市场上市的股份公司的主管机构,并应发布规则规范其业务,包括安排合并一方是在沙特资本市场上市的公司的合并规则。

第二百二十条

在不违反第二百一十九条规定的情况下,主管机关有权对公司实施本法、公司设立协议及公司章程的情况进行监督,包括有权对公司进行检查、审查其账目,以及要求董事会、公司管理人提供相关材料。主管机关也可委任一个或多个职员作为代表,或指派专家监督。

第二百二十一条

就第二百二十条规定的工作,公司所有负责人均应当向商工部代表提供公司的所有账簿、记录和文件,并向他们提供所有相关信息和说明。如果股份公司在资本市场上市还应向资本市场管理局提供上述材料。

第二百二十二条

主管机关指定的工作人员,在确定违反本法规定的罪行时,应具有刑事调查权限。为此,可以留存与罪行有关的文件和记录。

第二百二十三条

主管司法当局应当审议因适用本法规定而产生的所有民事诉讼、刑事诉讼和争议,并对违法行为实施惩处。

第二百二十四条

公司应当在本法实施之日起一年内,依法作出调整。商工部和资本市场管理局应就各自管理的公司,制定公司在此期间应遵守的规定。

第二百二十五条

(1)商工部长应在本法颁布之日起一百二十日内,发布各类公司的设立协议和章程的指导性样本,并在该部网站上公布,自本法生效之日起生效。

(2)部长和管理局理事会应发布执行本法与各自相关条款所需的规定。

第二百二十六条

本法取代伊历1385年3月22日国王令颁布的(6/M)号公司法,所有与本法相抵触的规定应被取消。

第二百二十七条

本法自在政报上公布之日起一百五十日后生效。

沙特外商投资法

邓苏宁　译　万　立　审校*

《沙特外商投资法》译介

沙特现行的外商投资法律体系由2000年颁布的《外商投资法》及其实施条例，以及最高经济委员会、投资总局颁布的相关法令组成。

1999年成立的最高经济委员会是沙特负责研究、制定、执行、管理经贸和金融决策的沙特政府最高官方机构，而2000年根据该委员会决议成立的沙特投资总局，是直接负责协调沙特政府各部门处理沙特境内外商投资事务的官方机构。其宗旨是改善沙特国内投资环境，提高对外资的吸引力，为境内外投资者提供全方位的服务，尤其鼓励在能源、运输及知识产业领域的投资。

沙特外商投资法最显著的特点是许可证制度和负面清单制度。外国投资者在沙特进行任何长期或短期的投资活动都必须获得由投资总局颁发的许可证，即投资执照。所有在沙特注册营业的外国公司或其分支机构，以及在沙特成立且有外国股东或合伙人的公司均需获得沙特投资总局的许可。外国投资者将被要求充分证明其在拟从事活动领域具有适当且相关的经验和能力。许可证适用于多个活动领域，其中包括工业、服务业、贸易行业和工程业。

最高经济委员会制定并周期性修订的“负面清单”，规定禁止或限制外资进入的领域。负面清单目前完全禁止外商投资勘探、钻井、生产石油和天然气、道路运输、麦加和麦地那房地产投资、出版、电视和广播和招聘服务，禁止外国投资全资经营城市之间轨道交通、电信、保险和银行业务。最高经济委员会定期核对此清单，将逐步对外资开放部分领域。

投资总局对“负面清单”之外的领域向外国投资者颁发许可证，投资者向投资总局提交在沙特政府有关部门取得的必要证书，投资总局服务中心向投资者提供帮助。除了投资总局，还有其他多个在其权限内有广泛自由裁量权足以影响政策和审批实践的政府实体将会或可能会参与到监督某一特定领域的外国投资中。这些部门主要包括商务与投资部（该部门负责企业的设立和登记事项），能源、工业和矿产资源部，资本市场管理局（证券监管部门）（CMA），沙特货币署（中央银行）（SAMA），教育部，卫生部，通信和信息技术部（CITC）。每个监管机构在其管辖领域内都有广泛的裁量权，可以批准或拒绝交易（包括涉及外商投资的交易）。

---

* 译者：邓苏宁，博士，对外经贸大学讲师；审校：万立，华东政法大学博士研究生。

《沙特外商投资法》中包含一些鼓励外商投资的规定：

1. 对处理投资申请的时间有明确限制。投资总局须在收到投资申请相关文件后30日内对投资申请作出决定。如在规定期限内未作出决定，视为给投资者颁发其申请的许可证。

2. 外国投资者可在不同的活动中获得一个以上的许可证。

3. 一些领域允许外商独资。

4. 外国投资者可以将其出售股权所得、结算盈余或者公司利润所得汇出国外，或者以其他合法方式处置。外国投资者还可以汇出必要的款项，用于履行同项目有关的合同义务。

5. 外国投资者可享受国民待遇。获得许可的外商投资项目，按照相关法律、法规，享受与本国项目相同的优惠、鼓励和保障。但需要说明的是，沙特政府相关部门往往通过独立的规章制度对本国企业和国民给予更多保护，外资企业不易享受到实际意义上的同等待遇。

6. 总投资管理局向投资者提供必要的信息和统计数字。

但由于《沙特外商投资法》一共只有18条，篇幅较小，规定较为笼统，外国投资者可能会遇到该法中未加说明的限制。比如，除负面清单完全禁止或部分禁止的领域，其他领域原则上允许外商100%独资。但一些其他法律、法规、政策中也可能出现特定限制，这些限制可以表现为行业特定许可要求，最低资本要求，或是明确禁止或限制外商参与特定经济活动的法令等。

又如代理人制度。《沙特外商投资法》规定合法注册的外资企业不必通过沙特代理人进行商务活动。但实际上，根据沙特各相关政府部门的内部规定，外资企业与当地注册、劳动、税收、海关等各环节政府部门打交道时必须委托沙特当地人作为代理人，否则不予接待，特别是在协调处理一些难点问题时只能通过当地代理人或中间人协调政府关系，对外资企业不利。

阿联酋、卡塔尔等海湾诸国在近两年来密集修订其《沙特外商投资法》，逐步放开外资准入行业和外资持股比例已成为该地区修法的趋势。沙特在四五年前就传出了正在修订《沙特外商投资法》的新闻，但新法至今仍未出台。

第M/1号国王令①

伊历1421年1月5日(公元2000年4月10日)

第一条

除另有规定外，下列表述的含义：

(1)委员会：最高经济委员会。

(2)管理委员会：投资总局管理委员会。

(3)总局：投资总局。

(4)局长：投资总局局长兼管理委员会主席。

(5)外国投资者：非沙特阿拉伯王国国籍的自然人或所有股东没有沙特阿拉伯王国国籍

① 公布于沙特司法部网：https://www.moj.gov.sa/ar/LawsAndRegulations/Pages/default.aspx；本译文参考了中国驻沙特使馆经商处提供的译文和沙特投资部公布的英译本，http://sa.mofcom.gov.cn/article/ddfg/201101/20110107356448.shtml，https://www.saudiembassy.net/foreign-investment-act-and-executive-rules。

的法人。

(6)外国投资:将外国资本投入本法许可的活动。

(7)外国资本:本法所指外国资本包括但不限于外国投资者持有的下列资金或权利:

①现金、证券和商业票据;

②用于增加资本、扩大现有项目或新增项目的外国投资的利润;

③机器、设备、物资、零件、运输工具以及与投资有关的生产用品;

④许可权、知识产权、技术秘密、管理技能和生产技术等非实物权利。

(8)商品设施:生产工业产品和农产品(植物和动物)的项目。

(9)服务设施:服务和承包项目。

(10)本法:《外商投资法》[①]。

(11)实施条例:《外商投资法实施条例》[②]。

第二条

投资总局应当为外国资本在沙特的任何长期或短期投资活动颁发许可证,但法规和协议另有要求的除外。

投资总局应当在收到《外商投资法实施条例》规定的文件后三十日内对投资申请作出决定。投资总局在规定期限内未作出决定的,有义务向投资者颁发许可证。

总局在上述期限内驳回申请的,应当说明理由。申请人有权依法提出申诉。

第三条

最高经济委员会有权发布不属于外国投资的清单。

第四条

依照第二条规定,外国投资者可以在不同的投资中取得一项或多项许可证。《外商投资法实施条例》予以相应规定。

第五条

根据本法规定,获得许可的外国投资可以采取下列形式:

①本国投资者和外国投资者共有的企业。

②完全由外国投资者所有的企业。

企业的法律形式由法律法规确定。

第六条

根据本法获得许可的项目,按照法律法规,享有与本国项目相同的优惠、鼓励和保障。

第七条

外国投资者可以将其出售股权所得、公司产生的结算盈余或者利润所得汇出本国,或者以其他合法方式处置。外国投资者可以汇出必要款项,以履行与项目有关的任何合同义务。

第八条

根据本法批准设立的外国企业,有权为了开展获批准活动或用于全体或部分员工住宿等合理事由,依据非沙特籍公民购买房地产的规定购买所需房产。

---

① 原文中的 Act,皆以全称《外商投资法》翻译。

② 原文中的 Rules,皆以全称《外商投资法实施条例》翻译。

第九条

外国投资者及其非沙特籍员工应当由获批准的企业担保。

第十条

投资总局为拟投资者提供所有必要信息、说明和统计资料，并提供任何服务和措施，以促进完成所有投资相关交易。

第十一条

除法院作出命令外，不得全部或部分没收外国投资者的投资。除为了公共利益，且依照法规和指令给予公平补偿外，不得全部或部分剥夺外国投资者投资的所有权。

第十二条

发生违反本法及《外商投资法实施条例》规定的，投资总局以书面形式通知外国投资者在投资总局规定的适宜时限内予以改正。

外国投资者没有改正违法行为的，处以下列处罚，且不影响其他加重处罚的适用：

①取消全部或部分给外国投资者的鼓励和优惠。

②处以五十万及以下沙特里亚尔的罚款。

③吊销外国投资者的许可证。

根据投资总局管理委员会的决定实施上述第二款规定的处罚。

可以根据申诉委员会的规定，向申诉委员会对处罚决议提出异议。

第十三条

不得损害沙特阿拉伯王国签署的协议的情形下：

①政府与外国投资者关于依照本法获得许可的投资的争议，应当尽可能友好协商解决。协商不成的，依照有关法律解决。

②外国投资者与其沙特合作伙伴关于依照本法获得许可的投资的争议，应当尽可能友好协商解决。协商不成的，应当依法解决。

第十四条

根据本法获得许可的所有外国投资应当按照沙特阿拉伯王国适用的税收规定及其修正案处理。

第十五条

外国投资者应当遵守沙特阿拉伯王国所有法律、法规和指令，以及沙特阿拉伯参与的国际协议。

第十六条

本法的实施不得侵犯本法施行前外国投资依法取得的权益。但该外国投资从事经营活动或者增加资本的，适用本法规定。

第十七条

投资总局发布《外商投资法实施条例》，自刊登于《公报》之日起生效。

第十八条

本法自刊登于《公报》之日起三十日后施行。伊历1399年2月2日第M/4号国王令颁布的《外商投资法》废止，与本法不一致的规定一并废止。

科威特公司法

邓苏宁　译　韩　驰　审校*

《科威特公司法》译介

科威特于2012年颁布了《2012年第25号公司法》，以取代已适用了50年的原《公司法》，并在2013年第97号法律中颁布了该《公司法》的修正案。2012年《公司法》更新了一些条款，并增加了一些规定，其中包括对专业公司的规定。

2015年科威特宪法法院裁决2012年《公司法》部分条款违宪，科威特遂颁布有追溯力的2016年第1号公司法，以取代2012年第25号公司法。

鉴于外国投资在国家经济发展计划中的重要性，2016年第1号公司法旨在改善公司的经营环境，鼓励在科威特的投资。

2017年颁布了2016年公司法的修正案，主要修订了有关有限责任公司和股份公司的一些规定，以简化公司设立程序。修订主要涉及以下内容：

1. 有限责任公司的设立协议除需注明公司名称和地址外，还需注明公司邮箱或电子邮箱。

2. 删除了设立前需要把资本存入银行的规定。

3. 删除了对有限责任公司最低资本份额为100科威特第纳尔的限制，公司协议可自行规定份额的价值。

4. 对于开放式股份公司，删除了"公司资本必须足以实现其目的"的表述。

2017年15号法律修订

第一章　总　　则

第一条　定义

本法中下列词汇和表达含义解释如下：

公布：在两份公司当地的阿拉伯文日报以及公司网站（如有）上公布。

登载：在政府官报（《今日科威特》）上登载。

---

* 译者：邓苏宁，博士，对外经贸大学讲师；审校：韩驰，华东政法大学硕士研究生。

登记:在商业登记簿上登记。

公示:完成登记并在政报上登载。

管理局:资本市场管理局。

部委:商工部。

部长:商工部长。

监管机构:就不同受监管公司而言,分别指科威特各部委、管理局和中央银行,或其他法定机构。

设立人:任何实际参与公司设立、亲自或通过其代表执行公司设立协议,并以货币或实物出资的人。

公司协议:公司设立协议及公司章程(如有)。

第二条　总则适用范围

本章的规定适用于所有公司,本法对各种形式公司有特殊规定的,从其规定。

第三条　公司的定义

公司应以协议方式设立,按照协议,两人或两人以上共同参与盈利项目,并为项目提供资金或劳务,共负盈亏。

依本法特别规定,公司可以依一人单方意思表示设立。

非营利性公司也可依公司协议设立,协议中应规定合伙人的权利义务,及其他条款。合伙人份额转让,应符合公司协议及本法对合伙人回赎权的规定。公司不得发行可流通债券或票据,亦不得接受捐赠。公司名称须表明其设立目的,并可包含一个或多个合伙人的姓名。有关此类公司的管理及其设立协议模板,由实施条例另行规定。此类公司的形式应符合本法第四条规定,且须与其性质相符,但不得采用开放式股份公司。

第四条　公司的形式

公司应采用下列形式之一设立:

(1)普通合伙公司;

(2)简单两合公司;①

(3)股份两合公司;

(4)隐名合伙;

(5)股份公司;

(6)有限责任公司;

(7)一人公司。

对于未采取前款规定形式的协议,由缔约人对由此产生的义务承担连带责任。

第五条　部委对公司设立及公司目的的批准

依本法及其实施条例之规定,部委应在设立人提交全部文件并履行全部手续后的三个工

① 简单两合公司源于法国公司法中的简单两合公司(Société en Commandite Simple,SCS),该术语在科威特政府提供的非官方英译本中译为Limited Partnership Company。简单两合公司由承担无限责任的合伙人和有限责任的合伙人组成,无限责任合伙以个人财产对公司债务承担无限连带责任;有限责任合伙人仅在出资额范围内对公司债务承担责任,不能参与公司的经营管理,也不能对外代表公司,但有权要求查阅公司的账簿和财务报表。简单两合公司类似于我国的有限合伙企业。——译者注

作日内通知其公司设立。

实施条例应规定设立公司及公司协议修订的程序,以及为实现公司活动必要的许可证的程序,以及其他涉及多个机构手续或批准事项,以确保所有此类程序能够通过部委中的专门部门(包括相关政府机构的代表人)完成。

第六条　监管机构的批准

受科威特中央银行或管理局监管的公司,其设立及其公司协议须经中央银行或管理局(视情况而定)批准。

第七条　公司协议的认证

除隐名合伙外,公司协议非经书面形式认证,即属无效。

合伙人①可以援引前款规定,否认未经书面认证的公司协议效力,但此种否认只得用以对抗其他合伙人,不得对抗第三人。第三人可以援引前款规定对抗合伙人,以否认公司协议效力。应第三人请求,法院判决公司协议无效的,应视该公司对第三人自始不存在。应合伙人请求,法院判决公司协议无效的,自合伙人提起诉讼之日起,公司协议无效。

第八条　基于公司协议无效的法律责任

公司的设立人或合伙人(视情况而定)应对因公司协议无效而造成公司、合伙人或第三人的损失承担连带责任。

第九条　公司协议的公示

除隐名合伙外,公司协议及其修订均应依本法规定予以公示。未按上述要求公示的协议对第三人无效。部分信息未公示的,未公示部分信息对第三人无效。即便尚未履行完成公示程序,善意第三人应确信公司已经存在或公司协议已经修改。

公司的管理人或其董事会成员应对因公司协议未公示而造成公司、合伙人或善意第三人的损失承担连带责任。

第十条　公司设立协议与公司章程

两种形式的股份公司,其公司协议必须包括设立协议和章程;其他公司(除隐名合伙外)须具有设立协议,公司合伙人可以制定章程,公司章程(如有)构成公司协议的一部分。

本法规定的公司,其设立协议和章程的样本,应在实施条例中规定。样本应包含本法及其实施条例要求的信息。实施条例中应进一步规定,合伙人与设立人不得协商同意与本法及其实施条例相悖的条款。合伙人可以在样本的基础上增加相关条款,但不得违反本法及其实施条款的强制性规定。

第十一条　实物出资份额的估价

公司在设立或增资时,其资本中包含实物份额的,该等份额须经管理局批准的审计事务所估价,实施条例应对实物出资估价的基础和标准予以规定。未经合伙人、设立大会或股东大会(视情况而定)批准,此等估价不具终局性。实物出资人无权投票批准估价结果,无论其

---

① 英文本注:在本法阿拉伯语版本中对“合伙人”和“股东”作出了区分,“合伙人”用于普通合伙公司、简单两合公司、股份两合公司和有限责任公司;“股东”仅用于股份公司。在本法第一章(总则)和第十二章(公司的转换、合并、分设和终止)中使用的“合伙人”这一术语同时指称“合伙人”和“股东”。本法第一章(总则)中,只有第十六条和第三十条对这两个术语进行区分。

是否同时持有现金股份或具有货币出资股份。①

实物出资份额经估价,其估价价值比提供时折抵的价值少十分之一以上的,公司应按差额进行减资。实物出资人也可以现金补足差额,或放弃实物认购。

无论任何情况,实物份额仅指已完全支付的股份。

第十二条　公司名称

公司名称不得同与从事相同业务的其他公司名称相同或类似,除非该公司已经进入清算程序并同意其使用该名称。

公司认为另一公司采用了与其相同或类似的名称的,可申请部委责成另一公司更名,部委应在申请提交之日起六十日内作出决定,否则视为驳回申请。

申请的条件和所附文件由实施条例另行规定。

第十三条　公司更名

公司可以修订公司协议变更其名称,公司更名须经公示。

公司更名不影响其权利和义务,亦不影响其提起或应对任何诉讼的能力。

第十四条　公司目的

公司应具有一个或多个特定目的,此等目的应严格以公司协议中规定为限,但是公司可以从事与其目的相似、互补、必要或相关的业务。

公司可以按照本法规定的修改公司协议的程序修改其目的,无论此种修改是否会变更公司业务。

本法允许以发行票据、其他证券化产品,或为其他目的设立具有特殊目的的公司。此种公司的设立标准和具体监管措施由实施条例另行规定。

第十五条　公司运营须符合伊斯兰教法

在不违反2010年第7号法律关于根据伊斯兰教法获许可从业的人员的规定的情况下,其设立目的符合伊斯兰教法的,应当依伊斯兰教法开展活动。此类公司应设立独立的伊斯兰教法监事会以监督公司运营活动,监事会成员不得少于三名,并应由合伙人大会指定。公司协议应对监事会、监事会的组成方式、职权范围和行使职权的方式予以规定。伊斯兰教法监事会成员就伊斯兰教法规定存在争议的,公司可将相关争议诉诸法特瓦和宗教事务及伊斯兰事务部的立法局,此类机构对相关争议具有最终裁判权。

伊斯兰教法监事会应当向公司股东大会或合伙人大会提交年度报告,其内容包括监事会对公司遵守伊斯兰教法规定的情况及监事会对遵守情况的相关评价。该报告应附于公司年度报告中。

无论何时,只要公司行为符合公司目的,并且符合伊斯兰教法规定的合同形式,则《科威特民法》第五百零八条、第九百九十二条和第一千零四十一条和《科威特贸易法》第二百三十七条的规定不适用。

第十六条　公司期限

公司的期限为设立人在公司协议中明确的期限。经持有一半资本以上合伙人或股东同

---

① 英文译本注:在本法阿拉伯语版本中对"股份",即股份公司中的股份和股份两合公司中合伙人持有的股份,和成员权益,即在普通合伙公司、简单两合公司、合资公司、有限责任公司和一人公司中所持有的份额。[考虑到两个术语在使用上并无实际差别,故在译文中使用的"股份"兼有二意,读者可自行在不同公司类型中作出区分。——译者注]

意,合伙人大会或股东大会可通过决议在期限届满前续展。

未通过延期决议且公司继续从事其活动的,应自动续展与公司协议规定期限相同的期限。公司期限届满后无意继续留在公司的合伙人可以退出公司,此时,相关合伙人的权利应按本法第十一条第一款的规定进行估价。

第十七条　公司份额

合伙人的份额可以是为公司目的服务的一定数额的货币(货币出资)、实物(实物出资)或劳务,合伙人出资份额不能是声誉、影响力或财务信用。只有现金份额和实物份额构成公司资本。

除非另有相反约定或习惯,否则合伙人的出资应当具有同等价值。合伙人出资应基于财产的所有权,而非仅仅基于财产的用益权。

第十八条　损益划分

合伙人损益应遵循下述原则,依其出资份额在公司资本中所占比例进行划分:

(1)公司协议没有规定每个合伙人在损益中所占的比例的,合伙人在损益中所占比例为其份额在资本中所占比例;

(2)公司协议规定排除合伙人分享利润的权利或免除其分担损失的义务的,该规定无效,但协议其他内容仍有效;

(3)公司协议仅规定了合伙人的收益分配比例的,其损失承担比例应与其收益分配比例相同,反之亦然。

给予合伙人固定收益的规定均无效。

第十九条　劳务形式出资

合伙人的出资仅限于其劳务,且公司协议中未规定其损益分配比例的,该合伙人有权请求对其劳务估价,该估价是确定其在前述损益分配中所占比例的基础。

如果合伙人并未因其劳务获得报酬,则可约定免除此类合伙人分担损失的义务。

合伙人除劳务外,还以现金或实物出资的,该合伙人应视为具有基于劳务的损益分配份额,同时因其现金或实物出资,而享有独立的损益分配份额。

第二十条　派发虚假收益

禁止派发虚假收益,否则公司的债权人可以要求合伙人以及获益人返还其得到的款项,无论受益人善意与否。指令分配虚假收益的公司管理人或董事会成员对返还义务承担连带责任。

即使公司在接下来的几年中亏损,合伙人也不必返还已获得的实际利润。

第二十一条　公司对其管理人或董事会行为承担责任

公司应对其管理人或董事会以公司名义或为公司利益,在公司目的范围内的行为承担责任,即使该行为超出了公司协议对管理人或董事会的权限范围,但公司能证明行为相对人在行为发生时,知道或应当知道上述限制的除外。

公司不得以管理人或董事会的任命违反了本法或公司协议的规定,拒绝对前款所述的行为向善意第三人承担责任,但公司能证明行为相对人在行为发生时,知道或应当知道上述违法违规事实的除外。

公司管理人和董事会在行使职权和权限时应尽到谨慎注意义务。

第二十二条　公司签发文件中的信息

公司签发的所有信函、收据和其他文件须包含公司名称、公司的法定形式和在登记簿中的登记号码。合伙公司、简单两合公司和股份两合公司外的其他公司，还须写明公司资本金额和实缴金额。

公司正在清算的，应当在其发布的文件中说明。

因违反本条规定而对善意第三人造成损害的，如果公司资金确不足以赔偿，则违法公司的法定代表人应对此承担连带责任。

第二十三条　权利能力、国籍及住所

除隐名合伙外，公司自登记之日起具有法定权利能力。所有在科威特设立的公司均为科威特籍，并在科威特设有住所，相关信息须在商业登记簿中予以记录。该住所是向公司发送信函和司法公告所送达的住所，变更该住所需要在商业登记簿上登记，否则变更无效。

第二十四条　公示与批准后才得开展业务

公司在公示其已获准开展其业务所需的必要许可后，才能开展其业务。

第二十五条　公司协议的实施与以设立中公司名称行事

为公司设立之需要，设立中的公司在设立人以公司名义签订的合同和作出的处分中享有相应的权利。公司应承担设立人花费的所有费用。

第二十六条　设立人行为的实施

只有经公司设立大会表决通过且利益相关的设立人票数不计的情况下，设立中的公司及其合伙人之前的任何行为才对设立后的公司生效，除非该行为是由所有合伙人一致同意作出的。

任何情况下，利益相关设立人应提交报告，其中应包括与行为相关的账册和信息。此类报告应于成立大会召开七日前向公司住所地发出，所有股东都应有权获取相关报告，并在成立大会的邀请函中予以说明。

第二十七条　设立人就其在设立中的行为承担责任

在不违反刑事责任规则的情况下，设立人在公司设立阶段以公司名义并代表公司进行交易时应尽到审慎注意义务。设立人对因其行为或因其违反审慎注意义务而给公司或第三人带来的债务或损害承担连带责任。

设立人收到与设立中的公司有关的任何资金或信息时，应当向公司转移该项资金，以及因资金或信息的使用而获得的利润。设立人对上述义务承担连带责任。

第二十八条　债权人请求时效

就本法规定的所有类型公司而言，在公司到期五年后或合伙人退出公司五年后，公司债权人对该合伙人的债权诉讼不予受理。

在合伙人未退出时设立但在该合伙人退出后到期的债务，其诉讼时效自债务到期之日起算。

依前款规定，对于法律要求公示的情况，相关案件的诉讼时效自公示之日起算。

第二十九条　事实公司

法院判决公司协议无效的，应视公司为事实公司。公司协议中有关公司清算以及合伙人权利清偿的规定仍然适用。公司协议无效并不导致公司在法院作出公司协议无效的终局判决前发生的行为无效，但行为因其他原因无效的除外。

第三十条　设立人、股东或合伙人协议

在公司设立之前或之后，设立人、股东、合伙人可以签订协议以规范相互之间的关系。协议中不得包含免除全部或部分设立人的公司设立责任条款。该协议也不得包含对公司具有拘束力的条款，除非公司主管机构批准这些条款。该协议的规定亦不得与本法强制性规定相抵触。

第三十一条　公司协议的保存

公司协议应保存于公司住所，公司网站（如有）也应发布公司协议。任何人均可获取公司协议正本，但需要支付公司规定的合理费用。

第三十二条　在部委的查阅权

任何利益相关者均可在部委查阅公司协议、公司大会会议记录以及部委保存的其他与公司有关的信息和文件，并获取相关内容正本，但需要支付部委规定的费用。

第二章　普通合伙公司

第一节　导　　言

第三十三条　普通合伙公司的定义

普通合伙公司，是指由两人或两人以上组成并以特定的名称①运营的公司。其合伙人以其个人全部资金对公司的债务承担连带责任。任何与此规定相悖的协议均属无效。

第三十四条　作为商主体的行为能力

普通合伙公司中的合伙人均具有商主体的行为能力，合伙人在公司商号下从事经营业务。公司的破产导致其所有合伙人破产，但合伙人具有商主体的行为能力，并不导致其需承担商主体的义务，除非该合伙人有其他经营业务需要其承担上述义务。

第三十五条　普通合伙公司的名称

公司名称由其所有合伙人的姓名组成，或由其中一个或多个合伙人的姓名加上“及其合伙人”字样组成。公司名称应与其组成形式与实际活动相符并应在其后附有“普通合伙公司”字样。

公司名称不得包含非合伙人姓名。包含知情非合伙人姓名的，该非合伙人应与合伙人就公司对善意第三人的债务承担连带责任。

在不违反前款规定的前提下，公司可在其名称中保留其退出或死亡的合伙人的姓名，但须征得已退出合伙人或已死亡合伙人的继承人的同意。

第三十六条　禁止通过发行债券或伊斯兰债券融资

普通合伙公司不得通过发行可公开认购的债券或伊斯兰债券进行融资。

---

① 英文译本注：在本法阿拉伯语版本中对公司名称和商号进行区分，前者用于普通合伙公司、简单两合公司和股份两合公司；后者用于有限责任公司和股份公司。译本中混用两种译法。

第三十七条　普通合伙公司的资本

公司资本必须足以实现其目的。公司最低资本限额[①]由实施条例另行规定。公司资本应当被分为不可分割的等值份额。

第二节　设立条件

第三十八条　普通合伙公司协议

普通合伙公司的协议必须包括以下信息：

(1)公司名称和商号(如有)；

(2)公司的总部；

(3)设立公司的目的；

(4)公司期限(如有)；

(5)合伙人的姓名、别号和各自住所；

(6)公司的管理方式、管理负责人及其权力；

(7)公司资本数额、每个合伙人所占份额、提供的实物份额、性质及估价,以及科威特人占有资本不得少于百分之五十一；

(8)合伙人之间对损益分配的特别约定；

(9)公司财政年度；

(10)公司清算及其资产分配的特别规定。

合伙人还可以增加其他信息。

第三节　合伙人股份

第三十九条　普通合伙公司合伙人股份的构成

普通合伙公司中合伙人股份不得为可转让的金融证券。

第四十条　普通合伙公司股份转让

合伙人可将其在公司的股份转让给其他合伙人,但不得将份额转让给非合伙人,公司协议另有规定的除外。转让非经登记不得对抗第三人。

第四十一条　财务权利转让

合伙人可以转让与其股份有关的财务权利,民法上的权利转让规定也适用于此种权利的转让。

第四十二条　普通合伙公司的股份抵押

合伙人可以抵押其股份。股份抵押应以书面形式进行。该项抵押自登记于商业登记簿之日起,对公司及第三人生效。

---

① 根据2015年第234号部长决定,普通合伙公司、简单两合公司、股份两合公司、一人公司、有限责任公司和独资企业的最低资本限额为一千科威特第纳尔,封闭股份公司和公开股份公司的最低资本限额分别为一万科威特第纳尔和二万五千科威特第纳尔。

第四十三条　对普通合伙公司股份的执行

合伙人个人债务的债权人不得扣押公司的资产,但可扣押债务人的公司股份。

合伙人的债权人启动公司股份执行程序的,可与债务人及其公司协商股份出售的方式和条件。此种情况下,依本法第四十条的规定转让相关股份。

自扣押之日起十五日内未就股份出售方式达成一致的,该份额应依《民商事诉讼法》规定的程序公开拍卖。其基准价格依本法第十一条第一款估价确定。监督股份售卖的法官应规定三日时限,供除股份被扣押的合伙人外的其他合伙人对最佳报价者加入公司表示反对。上述期限内无合伙人表示反对的,法官应判决准予拍卖。公司协议应据此修改,协议的修改非经登记,不得对抗第三人。准予拍卖判决作出前,公司或其他合伙人可清偿股份遭扣押的合伙人债务,公司还可在前述期限内,公司还可为全部或部分合伙人利益收回被扣押的股份,但不得超过债务人所负债务。

任何合伙人反对因拍卖获得公司股份的人加入公司,且公司或合伙人未能依前款规定清偿债务或收回股份的,法官应作出解散并清算公司的判决,并指定清算人。此等判决可依法律规定上诉。

第四节　管理的权力和责任

第四十四条　普通合伙公司的管理

公司应由一名或多名合伙人进行管理,公司协议应确定管理人的任免方式及其管理权限。

公司存在多个管理人且公司协议中没有专门规定管理方式的,有关管理事项的决议应由管理人简单多数通过;票数相等的,管理人应将该事项提交全体合伙人决定,并以合伙人的多数意见为准。

第四十五条　普通合伙公司没有任命管理人

没有任命公司管理人且公司协议没有规定所有合伙人共同管理的,每个合伙人均有权管理。任何合伙人均有权在管理行为实施之前反对其他合伙人的行为。此种情况下,相关事项应提交全体合伙人决定,以合伙人的多数意见为准。

第四十六条　需要全体合伙人批准的行为

非经全体合伙人同意或公司协议明确规定,管理人不得作出超出正常管理范围的行为,特别是:

(1)捐赠;

(2)出售公司的不动产,除非此类行为可视为符合公司之目的;

(3)抵押公司的资产;

(4)出售或抵押公司的商铺;

(5)借贷;

(6)为第三人债务提供担保;

(7)友好仲裁;

(8)和解与豁免债务。

第四十七条　禁止非管理合伙人干涉与非管理合伙人查阅权

非管理合伙人不得干涉管理事务，但他们有权亲自或通过代理人在公司总部查阅公司的账簿和文件、获取影印件，以及获取公司财务状况简报。任何与此相悖的协议均无效。

每个合伙人均有权向要求公司管理人提供有关公司业务、合同、交易和财务状况信息，公司管理人有义务在收到请求之日起十五日内予以答复。

第四十八条　禁止私益合同

未经全体合伙人事先许可，公司管理人或合伙人不得为自己或第三人私益与公司签订合同，或从事与公司相同类型的业务。此种许可须专案专议。

第四十九条　普通合伙公司管理人造成损害的责任规则

管理人需对因其在管理中的错误，或因其从事违反本法或公司协议的活动而对公司、合伙人或第三人造成的损害承担责任，任何与之相悖的协议条款均无效。

第五十条　普通合伙公司管理人的罢免

非经多数一致不得罢免管理人，多数一致须足以修订公司协议。但应合伙人请求，且确有合理事由的，法院可判决免去管理人职务。管理人的罢免与新管理人的任命均须公示。罢免管理合伙人的行为并不导致公司的解散，但公司协议另有规定的除外。

任何情况下，待罢免的管理人股份均不计入罢免决议所需的法定票数中。管理人股份到达公司资本的一半及以上者，只能通过司法判决罢免。

第五十一条　普通合伙公司的合伙人大会

合伙人大会应公司管理人之邀请或符合会议议程中所需通过决议的法定人数要求的合伙人之申请召开。邀请函应当在会议拟召开之日前至少十五日通过挂号信并附送达凭证的方式发出。邀请函的副本应通过公司所掌握的电子邮件或传真发送给合伙人。邀请函也可以在会议拟召开日期前两日当面递交，但须在邀请函副本上签字以示送达。公司管理人拒绝召集合伙人大会的，部委应当召集会议。

参会合伙人达到通过决议所需法定人数的，会议有效。决议须经持有一半以上资本的合伙人以简单多数通过。

第五节　公司协议的修订、合伙人责任与债权人权利

第五十二条　修改公司协议

公司协议非经持有公司四分之三以上资本的合伙人在合伙人大会上作出决议不得修改，协议修改须经登记方可生效。

不同意修改协议的合伙人有权退出公司。此种情况下，其权利的价值由公司核定并由其他合伙人简单多数同意。该合伙人不接受其权利估价的，其权利价值应依本法第十一条第一款确定。

第五十三条　普通合伙公司的债权人权利

公司债权人对公司资产享有追偿权，对于缔约时为公司合伙人的，债权人也可对其私有资产行使追偿权。所有的合伙人对公司债权人承担连带责任。通告公司清偿债务，且公司在通告发出之日起十五日内未清偿债务的，方能执行合伙人的私有资产。

合伙人清偿公司的债务的,有权向公司追索其清偿的金额,或向其他合伙人追索并按所持股份比例分摊。

公司合伙人有私人债权人的,公司债权人及该私人债权人均有权追索该合伙人的私有资产。

第五十四条　新入伙或已退出的合伙人责任

新合伙人加入公司的,以其所有资金与其他合伙人一起对其加入后公司产生的债务承担连带责任。合伙人退出公司或转让其股份,或其股份被追回或强制出售的,该合伙人仍应对其退出前或其股份被转让、追回、出售前公司产生的债务承担责任,对于公司在此日期之后产生的债务不再承担责任。

第五十五条　合伙人的开除

在不损害公司债权人权利的情况下,应持有公司资本百分之二十五以上的一个或多个合伙人的请求,且确有合理事由的,法院可判令有限合伙公司开除其合伙人。此种情况下,公司仍在其他合伙人间存续。

开除合伙人的合理事由包括:该合伙人的行为可导致公司解散,或者该合伙人意图损害其他合伙人利益,处分其全部或部分资金。

被开除的合伙人,其股份须依本法第十一条第一款的规定估价。

第三章　简单两合公司

第五十六条　简单两合公司的定义

简单两合公司由以下两类合伙人共同组成:

(1)普通合伙人应当以其私人资产对公司的所负债务承担连带责任,并全权负责公司的管理。所有普通合伙人均应具有科威特籍。

(2)有限合伙人以货币出资,并仅在其资本份额限度内承担公司债务。

第五十七条　简单两合公司的设立与公司协议

除本章另有规定外,简单两合公司的设立、在商业登记簿的登记、最低资本、合伙人股份转让,合伙人股份扣押与抵押,合伙人开除、公司协议的修改、公司的管理,均应遵循本法有关普通合伙公司的相关规定。

简单两合公司的协议必须包括普通合伙人和有限合伙人的姓名、国籍、住所及其在资本中所占份额,科威特籍的合伙人须持有公司不低于百分之五十一的资本。

第五十八条　简单两合公司的名称

简单两合公司的名称由所有普通合伙人的姓名组成,或由其中一个或多个合伙人的姓名加上“及其合伙人”字样组成。公司名称中不得包含有限合伙人的姓名,包含有限合伙人姓名且该有限合伙人未提出反对的,该有限合伙人应与普通合伙人共同就公司对善意第三人的所负债务承担连带责任。任何情况下,简单两合公司的名称后须附有“简单两合公司”字样。

第五十九条　简单两合公司的管理

公司由所有合伙人从普通合伙人或第三人中选择的一名或多名管理人管理。有限合伙人不得干涉管理工作,无论是否接受委托或授权行事,否则,需以其全部私有资产对因其行为而致公司负债承担责任。

监督公司管理人的行为、查阅账簿、向管理人提出意见并授权他们超越其权力行事,不应被视为是干预管理。

第四章 股份两合公司

第一节 导 言

第六十条 股份两合公司的定义与名称

股份两合公司是由普通合伙人和出资合伙人①组成的公司:普通合伙人以其全部资产对公司债务承担责任;出资合伙人只在其持有的公司资本范围内对公司债务承担责任。公司的名称可由一个或多个普通合伙人姓名、自创名称或取自公司目的的名称组成。

公司名称中不得包含出资合伙人的姓名,出资人合伙人明知公司名称中包含其姓名的,应与普通合伙人共同就公司对善意第三人的所负债务承担连带责任。

所有情况下,公司名称后须附有"股份两合公司"字样。

第六十一条 不同合伙人适用不同法律规则

股份两合公司的普通合伙人须遵守普通合伙公司合伙人须遵守的法律规则,出资合伙人须遵守封闭式股份公司股东须遵守的法律规则,但不得违反本章的特殊规定。

第六十二条 股份两合公司的资本与股份

公司资本必须足以实现其目的。公司最低资本限制由实施条例另行规定。公司资本应当被分为不可分割的等值份额。

普通合伙人的股份不能交易,但可以按照对普通合伙公司合伙人股份的规定进行转让、扣押、抵押。出资合伙人股份的交易、扣押、抵押应遵守封闭式股份公司的相关规定。

第二节 设立条件

第六十三条 简单两合公司规则的适用

对简单两合公司的规则适用于股份两合公司,但须遵守以下条款的规定。

第六十四条 股份两合公司的公司协议

公司协议须包含以下信息:

(1)公司的名称;

(2)公司的总部;

(3)公司的期限(如有);

(4)公司的目的;

(5)公司合伙人的姓名、在公司的身份、国籍、住所以及持有的股份;

---

① 英文译本注:在阿拉伯语文本中,股份两合公司的有限合伙人被称为"出资合伙人"。[译文中使用的有限合伙人与出资合伙人含义相同,只区别于公司类型不同。——译者注]

(6)公司资本额度、被分成的股份数量和股票的名义价值;

(7)受委托管理公司的普通合伙人的名称;

(8)关于非货币出资的说明,包括出资人姓名、管理出资的特殊规定,以及由该出资产生的抵押权和优先权(如有);

(9)公司因其设立而产生的有待支付费用的预估。

公司协议不得规定排除普通合伙人因设立行为无效而产生的责任。

第六十五条　合伙人数量

公司合伙人人数不得少于五人,其中至少应包括三名出资合伙人。所有合伙人必须签署公司协议,普通合伙人负责完成设立程序,并对设立程序中的错误导致的损害承担赔偿责任。

第六十六条　股份两合公司的资本缴纳

合伙人在公司设立时须至少缴纳一半的资本,并将其存入当地银行以公司名义开立的账户,只有提交公司已在商业登记簿上登记的证明后,存入银行的资本才能转交给公司管理人,其余资本至迟须在登记之日起三年内履行。

第三节　公司管理的权利和义务

第六十七条　股份两合公司的管理

公司由一个或多个普通合伙人管理,公司协议中应对其权力与权限加以确定。

除本章另有规定外,普通合伙公司管理人的义务、责任、罢免以及公司对其行为责任的规定,适用于股份两合公司管理人。

第六十八条　出资合伙人不得干预公司管理

出资合伙人无论是否得到普通合伙人的授权,均不得干预管理工作,否则,需与普通合伙人共同就其管理工作所产生的债务承担责任。

第六十九条　非管理合伙人查阅权

非管理合伙人有权亲自或通过代理人查阅公司的账簿和文件、获取必要的细节并请求获得任何信息,任何与之相悖的协议或决定均属无效。

第七十条　股份两合公司监事会

出资合伙人人数超过七人的,应自公司在商业登记簿上登记之日起三十日内,由合伙人大会在出资合伙人中选举产生监事会,监事会至少由三名成员组成。普通合伙人无权投票选举监事会成员。监事会成员任期为三年,可连选连任。监事会成员实行义务工作制,公司协议另有规定的除外。

第七十一条　股份两合公司监事会的报告义务与责任承担

监事会应向合伙人大会提交其工作成果报告。监事会成员若知晓管理人的错误及其后果,而因故未在报告中提及,监事会成员承担责任。

第七十二条　股份两合公司的审计与公积金

封闭式股份公司有关公司审计员的任命、公积金的构成、公司监管与清算的规定,适用于股份两合公司。

第七十三条　股份两合公司合伙人大会

股份两合公司应召开合伙人大会,参会范围包括全体普通合伙人和出资合伙人,封闭式股份公司股东大会的相关规定,适用于股份两合公司合伙人大会。

公司的管理人与封闭式股份公司董事会的会议召集权力相同。

第七十四条　股份两合公司协议的修改

非经所有普通合伙人以及持有一半以上出资合伙人所持资本的出资合伙人同意,合伙人大会不得修改公司协议,修改自登记于商业登记簿后生效。

第七十五条　股份两合公司的临时管理人

公司管理人职位空缺的,监事会应指定临时管理人处理紧急事项,并要求在任命临时管理人后的十五日内召开合伙人大会,会议应多数一致后通过决议任命公司管理人,多数一致须足以修订公司协议,但公司协议另有规定的除外。

第五章　隐 名 合 伙

第七十六条　隐名合伙的定义

隐名合伙是两名或两名以上合伙人协议组建的公司,公司仅限于规范合伙人之间的关系,不得从事与第三方的业务。

第七十七条　隐名合伙的公司协议

隐名合伙的协议无须在商业登记簿登记,亦无须公示。合伙人间应缔结公司协议,用以确定合伙人的权利和义务、在合伙人间的损益分配方式及其他条款。

有关公司协议的法律原则适用于隐名合伙的协议。隐名合伙的公司协议可以通过明确证据或推定拟制等方式来证明。

第七十八条　隐名合伙不具法律人格

隐名合伙不具有法律人格。法律关系仅存在于第三人及与其订立合同的合伙人之间,与隐名公司之间不存在法律关系。合伙人间可依就公司业务、其与公司业务的关联程度以及每个合伙人的损益份额达成的一致协议相互追责。

第七十九条　对公司协议的信纳

隐名合伙以公司的身份与第三人交易的,第三人可以信纳公司协议存在,此时本法第七十八条规定不适用。

第六章　专 业 公 司

第八十条　专业公司的设立、名称与公司形式

专业公司由两个或两个以上同行的自由职业者设立,但须遵守其所处行业的职业条件和规范。专业公司设立的目的在于通过集体合作开展专业工作。公司名称可取自设立目的、全部合伙人姓名,或者其中一个合伙人姓名后加“及(其)合伙人”字样。

公司应以封闭式股份公司、有限责任公司、普通合伙公司、简单两合公司的形式设立,合伙人不具备商主体的行为能力。公司应受其所采取的公司形式的相关规则拘束,符合客户权益保障标准以及与此类职业保险有关的规定,但不得违反本章的规定。对于可成立专业公司的职业、客户权益保障标准以及与该类职业保险有关的规定,由实施条例另行规定。

第八十一条　专业公司的许可与登记

部委应与经依法授权管理公司所从事的自由职业相关事务的相关机构协调,依部委确定的条件和规则颁发专业公司设立许可。在主管机关同意部委颁发设立许可证后,公司的协议必须在主管机关专为此目的编制的登记簿中登记公示。公司不具有法律人格,且非经登记,不得开展业务。

第八十二条　专业公司的公司协议

部委应与经依法授权管理公司所从事的自由职业相关事务的相关机构协调,确定公司协议应包含的信息。

第八十三条　公司合伙人股份处置

合伙人可以转让、出售或抵押其股份,但应转让给同一行业的执业者,即便强制出售股份,也应如此。

第八十四条　合伙人转让的可执行性

合伙人退出、转让、出售、抵押等行为,非经为此类公司专设的登记簿标注,不得对抗第三人。

第七章　一 人 公 司

第八十五条　一人公司的定义

本法所称的一人公司,是指由一个自然人或法人拥有全部资本的公司。公司所有权人仅在公司的资本范围内承担责任。

公司出现多个股份持有人时,无论原因为何,均应依法变更为有限责任公司。

第八十六条　一人公司的章程

一人公司应制定公司章程,章程中应包含公司名称、目的、期限、所有者信息、管理方式、清算及实施条例要求的其他内容。

第八十七条　一人公司的资本

公司资本应当足以实现其目的,并应全额支付。公司的最低资本限额由实施条例另行规定。资本应被分为不可分割的等值份额。资本可包括实物份额,但应按照本法第十一条的规定进行估价。

第八十八条　一人公司股份的抵押与扣押

一人公司的股份可依《科威特民事诉讼法》进行抵押、扣押、出售。只出售部分股份的,公司应自拍卖结果决定公告之日起依法强制变更为有限责任公司。任何情况下,拍卖结果决定均须公布并公示。

第八十九条　一人公司的管理

公司由资本所有者管理。所有者可以指定一名或多名管理人在司法机关和第三人前代表公司,其公司管理行为对公司所有者发生效力。非经商业登记簿登记,任何委任管理人的决定均属无效。

第九十条　一人公司资本所有者责任

公司资本所有者恶意清算，或者在其期限结束或目的成就前终止其活动的，应以其私有资产对公司债务承担责任。

即便为对善意第三人造成损害，公司所有者未将其个人资金与公司资金和债务分离的，仍应以其私人资产对公司债务承担责任。

第九十一条　有限责任公司条款的准用

一人公司在不与其性质相抵触情况下，适用有限责任公司的相关规定，本章另有规定的除外。

第八章　有限责任公司

第一节　导　　言

第九十二条　有限责任公司的定义

有限责任公司是合伙人人数不超过五十人的公司，且合伙人仅在其资本份额范围内对公司债务负责，公司可以其目的，或一名或多名合伙人姓名命名。

公司名称必须后跟有"有限责任公司"字样或其阿文缩写。

第九十三条　禁止有限责任公司从事的活动

禁止有限责任公司从事银行、保险业务或为他人投资，其他法律另有规定的除外。

第九十四条　禁止公开认购公司股份

有限责任公司不得通过公开认购股份的方式设立或增资，直接或间接向公众发布入股邀请应视为公开认购。

合伙人股份不得流通，公司也不得发行任何可交易的证券进行借贷。

第九十五条　有限责任公司的资本

公司的资本应足以实现其目的，且应使用科威特货币。公司的最低资本限额以及科威特籍合伙人持有公司资本的比例，由实施条例另行规定。

第二节　设立条件

第九十六条　有限责任公司的公司协议

有限责任公司的公司协议中须包括以下信息：

(1)公司的名称；

(2)合伙人的姓名、名称和国籍；

(3)公司的总部地址或电子邮箱或邮箱地址；

(4)公司的期限(如有)；

(5)公司成立的目的；

(6)公司资本数额，以及每个合伙人提供的货币或实物份额；

(7)受托管理公司的合伙人或第三人的姓名或其任命方式，本法规定须有监事会的，还须列出监事会成员的姓名；

(8)损益分配方式；

(9)实施条例规定的其他信息。

第九十七条　有限责任公司的货币出资与实物出资

有限责任公司在各货币出资人依其份额全部缴纳，且实物出资已移交公司时完成设立。

货币出资须存入当地银行，并在提交公司已在商业登记簿上登记的证明后移交公司管理人。

第三节　股份制度

第九十八条　有限责任公司的股份价值

公司的资本应被分为等值的股份，公司协议规定中应规定其价值，且股份不可分割。

多人共有的股份，必须从中选择一人作为他们在公司的代表。

第九十九条　有限责任公司股份的处分

有限责任公司的股份只能依本法规定交易，股份转让须以书面形式进行。向非合伙人转让股份的，其他合伙人有权以相同条件优先购买。

第一百条　有限责任公司合伙人优先购买权

向非合伙人转让股份的，须获得其他合伙人的同意。其他合伙人不同意的，应在政报上登载股份转让条件，若十五日内无合伙人向部委提出申请行使优先购买权，则该合伙人有权处置其股份。如果有不止一名合伙人有意行使优先购买权的，则待出售的股份应按各合伙人在资本中的比例分配。

优先购买权申请须附有以转让人为持票人、金额为转让份额价值的保付支票的，优先购买权申请不予考虑。保付支票应当在转让程序完成后交付转让人，转让人拒绝完成转让的，请求优先购买的合伙人可以撤销优先购买请求或要求受让人依法院决定强制转让。公司协议应依如下方式修改，以表明转让事实存在：由转让人和受让人签署（无须其他合伙人的签字）正式文件，或者由法院对优先购买权的有效与可执行作出决定。

股份转让未经商业登记簿登记，不得对合伙人和第三人产生效力。

第一百零一条　已故合伙人股份转让

已故合伙人股份应转让给其继承人，公司协议可规定其他合伙人对已故合伙人的股份享有购买权。如果股份转让导致合伙人数量超过法定最高限额的，则公司应将继承人所持有的股份视为由一名合伙人持有，但有继承人同意将股份转让给不超过公司合伙人法定限额人数的一些继承人的除外。

就前款规定而言，受遗赠人视为继承人。

第一百零二条　有限责任公司股份抵押

合伙人可以通过经公证的正式文书抵押股份，股份抵押非经商业登记簿登记且通知公司，不对合伙人和第三人产生效力。债权人强制执行负债合伙人股份的，债权人可与债务人及公司就股份出售的方式和条件达成协议，无法达成协议的，须依《科威特民事诉讼法》公开拍卖股份。公司合伙人可参与拍卖，亦可以与拍卖相同的条件获得股份，但须将全部价款在拍卖完成之日起七日内存入法院账户。以上规定也适用于合伙人破产的情况。

第四节 公司管理的权利和义务

第一百零三条 有限责任公司的管理

公司由公司协议指定的一个或多个合伙人或第三人管理,公司协议未指定管理人的,由合伙人大会指定。

第一百零四条 有限责任公司管理人罢免

应拥有四分之一以上资本的一个或多个合伙人的请求,法院可基于以下理由决定罢免公司管理人:

(1)管理人有欺诈行为;

(2)管理人过失给公司造成严重损害;

(3)管理人违反本法第一百零六条的规定。

第一百零五条 有限责任公司管理人的权力与义务

公司协议或任命管理人的合伙人大会决议中未规定公司管理人的权力的,为实现公司目的,管理人有权作出一切必要行为。

违反本法或公司协议规定,以及构成本法有关股份公司一节规定的管理不当,而对公司、合伙人及第三人造成损害的,管理人应承担连带责任。

第一百零六条 有限责任公司管理人限制

公司协议没有对管理人的权限及其职务范围作出规定的,非经普通合伙人大会授权,管理人不得在与本公司有竞争或类似目的的其他公司从事管理工作,不得为自益或他益与其管理的公司订立合同,也不得代表与公司具有相似业务的第三人从事相关业务。

第一百零七条 有限责任公司监事会

合伙人人数超过七人的,公司协议中须规定任命由不少于三名非管理合伙人组成监事会。监事会成员任期不超过三年,可连选连任。监事会有权审查公司的账簿、文件,并清点公司的现金、股票、证券和公司的债权文书,监事会可以随时要求管理人提交其管理情况报告。监事会应审查公司的资产负债表、利润分配情况和年度报告,并就上述事项向合伙人大会提交监事会报告。

监事会成员应当无偿开展工作,但公司协议另有规定或合伙人大会作出相反决议的除外。合伙人大会可以随时罢免监事会成员。

合伙人人数不超过七人,且公司协议未规定设立监事会的,非管理合伙人可以监督管理人的行为,监管方式与普通合伙公司中的普通合伙人监管相同。非管理合伙人可查阅公司的账簿和文件。

第一百零八条 有限责任公司监事会责任

监事会成员不对管理人的行为及结果承担责任,但监事会成员明知管理人过错,而未在提交合伙人大会的报告中指出的除外。

第一百零九条 有限责任公司的审计员

有限责任公司的协议须规定任命一名或者多名审计员审计公司账目。审计员的任命、权力、职责、薪酬、解聘和辞职,适用股份公司审计员的规定。

第一百一十条　合伙人的查阅权

公司应在其主营业地编制记录和账簿,以及文件中应包含的信息,由实施条例另行规定。

每个合伙人均有权在公司主营业地查阅公司的账目及所有文件、单据和账簿,任何与之相悖的规定或决议均属无效。

第一百一十一条　合伙人大会

应公司管理人的召集,有限责任公司应召开全体合伙人大会。

公司管理人可随时召集大会,但须应监事会、审计员或持有公司四分之一以上资本的合伙人的请求召集。公司管理人应当召集大会却未召集的,部委可随时召集并派代表出席大会。

有关封闭式股份公司大会召集程序的规定,准用于有限责任公司合伙人大会。

第一百一十二条　合伙人大会的参与权

每名合伙人都有权亲自或委托其代理人出席合伙人大会,由代理人参加合伙人大会的,须经合伙人亲自委托或授权,公司监事会成员或管理人不得通过委托方式参会。合伙人的投票权与其在公司持有的股份数量相同。

第一百一十三条　合伙人大会的有效性

拥有一半以上资本的合伙人出席,合伙人大会方为有效。出席会议且持有半数股份以上的合伙人通过的决议方为有效,公司协议可规定更高的通过比例。第一次会议没有达到法定人数的,应当在十日内召开第二次会议,两次会议议程应完全相同。无论出席第二次会议的合伙人所持股份的数量,该次会议均为有效,在这种情况下,除非公司协议另有规定,会上持有半数股份以上的合伙人通过决议即为有效。公司管理人或者监事会成员无权对有关免除其责任的决议进行表决。

第一百一十四条　年度合伙人大会议程

公司管理人必须在财务年度结束后三个月内召集年度合伙人大会,年度大会对以下问题审议并作出决议:

(1)管理人关于公司上一财务年度的活动和财务状况的报告,以及监事会的报告(如有);

(2)公司财务报表的审计报告;

(3)公司的财务报表;

(4)管理人对利润分配的提议;

(5)公司协议未规定公司管理人的,管理人的任命、罢免或权利限制;

(6)任命及罢免监事会(如有);

(7)任命下一财务年度的审计员,并确定其费用;

(8)有权要求召开大会的方面认为有必要列入大会议程的其他议题。

第一百一十五条　特别合伙人大会

合伙人大会的相关条文准用于特别合伙人大会,但须遵守本法第一百一十六条的规定。

第一百一十六条　特别合伙人大会的出席人数

持有四分之三以上资本的合伙人出席,特别会议方为有效。特别会议的决议须持有四分之三以上资本的合伙人同意,方为通过。

第一百一十七条　特别合伙人大会的权限

特别会议有权决议处理以下事项:

(1)修改公司协议;

(2)解散公司与公司清算;

(3)公司的合并、转化或分立;

(4)增资或减资;

(5)公司协议任命管理人的,对管理人进行罢免或限制其权限。

特别会议通过的有关合并、转化或分立的决议在商业登记册上登记后生效,无须在官方文件中载明,但须遵守有关公司合并、转化或分立的相关规定。

第一百一十八条　有限责任公司的公积金

有限责任公司每年应从公司净利润扣除一定比例作为公积金,此项扣除准用股份公司公积金的相关条款。

第九章　开放式股份公司

第一节　导　　言

第一百一十九条　开放式股份公司的定义

开放式股份公司是资本划分为等值股份的公司,其股份可依法进行交易。股东的责任仅限于出资认购股份的价值,在所认购股份的名义价值外,不对公司的债务承担责任。

第一百二十条　开放式股份公司的名称

开放式股份公司的名称须表明其目的,公司不得以自然人姓名命名,但有下列情形之一的除外:

(1)其目的是投资以该自然人名义注册的商标或知识产权;

(2)公司收购以该自然人命名的商业机构;

(3)公司是由名称中包括该自然人姓名的公司转化为公共股份公司的。

在任何情况下,开放式股份公司名称后须附有“科威特开放式股份公司”字样或其阿文缩写。

第二节　开放式股份公司的设立条件

第一百二十一条　开放式股份公司的公司协议

开放式股份公司的协议须包含以下信息:

(1)公司名称;

(2)公司总部地址;

(3)公司期限(如有);

(4)公司设立目的;

(5)公司设立人的姓名,公司设立人不少于五人;国家、国家机关或公共机构可单独设立公司,或与其他股东联合设立,但不得超过五人;

(6)公司资本数额及划分的股份数量;

(7)关于非货币出资的说明,包括出资人姓名、出资条件和由非货币出资产生的抵押权和优先权;

(8)赋予设立人的特权及其原因;

(9)公司因设立而履行或承诺履行费用、劳务和成本的估价说明。

第一百二十二条　开放式股份公司设立申请

设立人应向部委提交公司设立申请。设立人须在申请中注明其委托设立程序履行人的姓名、职业及地址,以便送达与设立相关的信函。申请书需附有下列材料:

(1)设立人签署的公司协议草案副本;

(2)开展公司的业务活动需监管机构颁行法律或批准从业的,须在设立申请前完成;

(3)公司资本中包含实物出资的,申请中须附有依本法第十一条进行的实物资本估价情况;

(4)公司的名称取自自然人的姓名的,申请应附相关证明文书,以证明公司之目的在于投资以该自然人的姓名注册知识产权或商标,或证明公司拥有以该自然人命名的商业机构;

(5)公司以另一家公司的名字命名的,申请应附该公司正在清算且同意命名的证明文书;

(6)设立人中有法人的,应当随申请提交其设立文件的核证副本,及公司的相关部门批准其参与设立的证明;

(7)公司项目的经济可行性报告;

(8)实施条例要求的其他文件。

第一百二十三条　开放式股份公司设立的批准

公司设立申请及本法第一百二十二条规定的全部材料提交之日起三十日内,部长应签发决议批准设立公司。申请被驳回的,需说明驳回理由。设立人不服的,可在告知其驳回之日起六十日内,向有管辖权的法院申诉。

设立申请被驳回的,设立人不得再次申请成立同一公司,但驳回事由消失的除外。

第一百二十四条　开放式股份公司设立申请登记

部委应编制记录开放式股份公司设立申请的电子登记册,并以连续的数字编号记录申请。

第一百二十五条　开放式股份公司协议认证

部委应当在发布设立决定之日起至多一周内,将设立决定告知设立人,并在此期限内请设立人签署经部委有关部门认证的公司协议。公司协议的核证副本在认证后应与公司档案一同交存部委。

第一百二十六条　开放式股份公司法律人格的获得

公司自设立决定发布之日起获得法人身份。设立决议和公司协议应履行公布登载程序。公司应依 2010 年第 7 号法律的要求,在设立决定公布之日起三十日内提交招股说明书,当在管理局批准招股说明书或招股说明书生效之日起(以较晚者为准)三十日内开始招股程序。

第一百二十七条　开放式股份公司设立人认购股份

设立人应当认购不少于公司发行资本百分之十的股份。设立人应当在向公众招股之前把应缴的股本金额以设立中的公司名义存入当地银行，并将存入证明提交部委。

设立中公司账户的开立程序、存入和保存相关款项的方式，以及在无须前款所述证明的情形下查验存入款项余额的程序，由实施条例另行规定。

第一百二十八条　招股说明书与邀请公众人士认购股份

公司邀请公众人士认购股份应符合招股说明书，招股说明书中的信息和程序应依 2010 年第 7 号法律及其实施条例规定编制。

设立人应当对招股说明书中信息的真实性承担连带责任。

第一百二十九条　开放式股份公司的股份认购方法

认购应当在科威特境内的一家或多家当地银行①或科威特银行的境外分支机构进行。

认购须向银行缴纳认购款，该款项应存入以公司名义开立的特殊账户中。认购期应不少于二十一日，但不超过三个月。

第一百三十条　禁止虚假认购和匿名认购

任何人都不得多次认购，且认购须诚信且无条件履行，禁止虚假认购、匿名认购或以任何方式更改认购中的事实。

在不违反本法第一百三十四条规定的前提下，设立人不得直接或间接认购超过公司协议规定数量的股份。设立人在分配股份前须仔细核实认购申请不得违反本法规定，违法认购的申请应予以排除。

第一百三十一条　认购申请与支付款项

股东的认购应由其本人或其代表签署认购申请。认购申请书须包含公司名称、公司目的、公司资本、认购人姓名、认购人在科威特的住所、认购股份数目及已付款项，表明其接受公司协议条款，其中还应包括管理局规定的其他信息。认购可通过银行向持有银行账户的客户提供的电子方式进行，或持有交易账户的清算代理人为其被代理人提供的电子方式进行。认购人使用银行或结算机构提供的用户名和密码以电子方式提交的认购申请，应被视为认购人签字的认购申请。

认购人应以科威特第纳尔现金支付认购款项，并获得银行签署的注明认购人姓名、住所、认购日期、认购股份数量、实缴款项的收据。认购人可以使用支票或银行转账支付认购款，支付的款项从其账户中扣除。当认购人收到上述收据，或认购款项从其账户划转至设立中的公司账户时，认购行为即为完成。

第一百三十二条　公司协议可获取

设立中的公司应在其网站上提供公司协议副本，以便认购人可获取相关副本。

第一百三十三条　认购金释放

银行应保管设立中的公司账户所收到的全部认购金，只有公司依本法第一百三十八条的规定将把超出募股资金额的款项退还后，银行才能把这些资金交给第一届董事会。

---

① 英文译本注："当地银行"是指科威特银行和《国家支持金融稳定法》(2009 年第 2 号法案)第 1 条第 2 款规定的在科威特中央银行注册的外国银行分支机构。

第一百三十四条　未被认购的股份

认购期内提供的股份未被完全认购的，设立人可以重启认购，且期限不超过三个月，作为本法第一百三十条第二款之例外，公司设立人可以认购剩余股份。延长认购期限结束时仍有股份尚未认购的，设立人必须撤回公司的设立或进行减资。

第一百三十五条　认购承销

开放式股份公司在设立或增资时可由一个或多个承销商认购尚未认购的股份。拟售股份在规定期限内仍有股份尚未认购的，承销商有义务购买未被认购的股份，并可以重新向公众发售其认购的股份，无须遵守本法规定的股票交易程序和限制。

适用本条规定的承销程序、情形和条件，由实施条例另行规定。

第一百三十六条　开放式股份公司减资

设立人选择减资的，须向部委提交申请并向认购人公布，任何认购人均有权在公布之日起十五日内撤回认购。部委只有在此期限届满后，才能作出减资决定。撤回认购的股份比例未超过招股总股份比例百分之十的，认购具有终局性，但减资后公司资本低于法定最低资本限额的除外。

第一百三十七条　减资失败或撤销设立

不得减资或设立人选择撤销设立的，设立人须公布减资失败或撤销设立的效果，并将认购人已支付的款项及其收益立即全额退还。

此时，设立人就其在设立期间的行为所产生的一切费用对第三人承担连带责任。

第一百三十八条　全部股份认购

认购结束后，认购股份超过招股总股份的，须按认购人认购股份的比例分摊减少其股份，使其获得的股份尽可能接近整数，董事会为公司处分剩余的零散股份。

第一百三十九条　认购无效

违反前述规定的认购均属无效。所有利害关系人均可主张认购因违反前述规定无效。

请求认购无效诉讼的诉讼时效为认购结束之日起六个月。无效是刑事违法行为引起的，其诉讼时效为刑事案件的诉讼时效。即使公司正在清算，也可认定认购无效。

第一百四十条　提交认购声明

设立人应在认购结束后的三个月内，向部委提交说明材料，材料内容包括已认购的股份数量、认购人已缴纳的认购金额、认购人的姓名和地址、每名认购人所认购的股份数量、股份的价值及所支付的股份的价值，以及在筛选认购申请时被排除的认购人。

部委发现在认购或分配股份时未遵守本法相关规定的，其有权向设立大会提交报告，并向主管机关通报相关违法行为。

第一百四十一条　开放式股份公司设立大会的召集

设立人应在认购结束之日起三个月内邀请认购人出席设立大会，期限届满未发出邀请的，部委应在该期限届满之日起十五日内召集设立大会。

第一百四十二条　开放式股份公司设立大会的邀请方式

参加设立大会的邀请应包括会议的议程、时间和地点，邀请应当按照本法规定的方式进行两次公布或以实施条例规定的现代化手段进行公布，两次公布至少间隔七日，且第二次应在会议召开至少七日前公布。

在会议召开至少七日之前，应将会议的议程、日期和地点以书面形式通知部委，以便部委派代表出席会议。已经通知部委的，部委代表未出席并不导致会议无效。

设立大会应当由大会专门选举的主持人主持。

第一百四十三条　设立大会的法定人数

持有认购股份一半以上表决权的股东出席，设立大会方为有效。

未达到法定人数的，必须召集第二次会议，两次会议议程须完全相同，第二次会议与第一次会议的间隔不少于七日，但不得超过三十日，第二次会议无论与会股东人数多少，均为有效。

第一次会议的邀请中确定了第二次会议日期的，可以不再发出新邀请。

会议决议由出席会议的股份持有人简单多数通过。

第一百四十四条　设立人报告

设立人应向设立大会提交报告，报告应包括与公司设立程序有关的全部信息、所花费的费用以及佐证文件。该报告应在设立大会召开前至少七日存放于设立人确定的处所，以便认购人查阅。会议邀请中应当注明存放地等信息。

第一百四十五条　设立大会的权限

设立大会处理下列问题：

(1)确认设立程序有效且符合法律和公司协议规定，并核准公司设立程序；

(2)核准依本法第十一条规定对实物股份(如有)的估价；

(3)选举第一届董事会成员；

(4)选举审计员并确定其薪资；

(5)依照伊斯兰教法运营的公司任命伊斯兰教法监事会成员；

(6)宣布公司设立。

设立大会记录的副本及会议通过的决议应送交部委。大会决议违反法律或公司协议的，部委可以驳回决议，但驳回必须说明理由且须在收到会议记录之日起五个工作日内通知公司。此时，相关决议无效，部委有权要求将此事提交设立大会，以纠正违法行为。

首届董事会须采取必要措施，在公司宣布设立之日起三十日内，在商业登记簿上完成公司登记。

第一百四十六条　公司设立程序的纠正

发现公司设立违反本法规定的，利害关系人可在公示之日起九十日内，催告其纠正违法程序。催告之日起三十日内，公司未纠正其违法程序的，利害关系人可在上述期限届满后三十日内请求法院强制公司纠正其违法程序或请求法院裁定公司无效。法院可指令公司纠正违法程序。法院认定公司违法程序无法纠正的，有权裁定公司无效。

公司股东不得以公司无效对抗第三人。法院裁定公司无效的，应将其视为事实公司对其进行清算。未遵守前款期限的，提起公司无效之诉的诉讼期限届满。

本条前述两款规定不妨碍利害关系人向设立人、首届董事会成员和首任审计员提出连带赔偿责任的权利，该索赔诉讼时效为公司在商业登记簿上登记之日起三年或经终局判决公司无效之日起三年(以较长者为准)。涉及刑事违法的，索赔诉讼时效为刑事案件的诉讼时效。

第三节 资 本

第一百四十七条 股份公司资本的构成

公司的资本须足以实现公司目的，资本额应以科威特货币表示。公司依其不同活动所需的资本最低限额和公司设立时应当缴纳的资本额由实施条例另行规定。

第一百四十八条 发行与授权资本

公司已发行资本应能够代表被认购的股份。公司协议可规定不超过发行资本十倍的授权资本。

第一百四十九条 增加发行资本

公司董事会可发布决议，在授权资本范围内增加发行资本，但是，已发行的资本须已全额缴纳。

第一百五十条 资本划分

公司的资本被分为等值股份，股份的名义价值不少于一百费尔，且每股均不可分割。但可以由两人或两人以上共同持股，但须选择其中一人作为他们在公司的代表，股份的共有人对该股权所产生的义务承担连带责任。

股票应按名义价值发行，不得折价发行，但监管机构依照实施条例规定的条件同意折价发行的除外。

第一百五十一条 股份划分

在不违反本法第一百五十条对股份最低名义价值规定的前提下，已连续两年分配股息的公司在获得管理局批准后，可由特别股东大会作出决议，将其股份进行拆分。对于股份划分的规则和规范由实施条例另行规定。

第一百五十二条 股份价值的支付

股份价值应全额或分期支付，分期支付的，认购时支付的款项不得低于股份名义价值的百分之二十五。

剩余股份的价值金额应在董事会规定的日期支付，最迟不得晚于自公司在商业登记册登记之日起五年。

第一百五十三条 优先股

公司协议可规定某些类型的股份在表决权、利润分配、清算所得等方面的一些特权，但同类型股份其权利、特权或限制应相同。

特定类型股份的权利、特权或限制只能由特别股东大会决议修改，且应获得三分之二以上持有该类型股份的股东同意。

管理局应发布优先股发行及转换为普通股的条件和规则，以及公司回购优先股的规则和程序。管理局还应发布优先股流通的条件和规则。

第一百五十四条 开放式股份公司发行证券的中央存管

开放式股份公司发行的证券应当遵守证券结算机构的中央存管规定，在证券结算机构存放证券的收据应视为证券的所有权凭据，证券持有人均应获得一张载明其持有数量的收据。

第一百五十五条　分期支付迟延

股东未能按时支付分期款的,公司应向股东发出催告后十五日,在证券交易所公开出售该股份。

就股票出售所得,公司享有未支付的分期款及其利息以及公司为此承担的费用的优先权,其余款项应退还原股东。股票出售所得不足以填补上述费用的,公司可令原股东补足差额。

第一百五十六条　股东登记册

公司应制作专门的登记册,用以记录股东姓名、国籍、住所、各自拥有的股份数量、类型和每股已支付的价值,登记册由结算机构保存。

变更股东登记册中登记的数据,应依公司或结算机构收到的数据进行登记。

利害关系人可要求公司或结算机构提供登记册中的信息。

第四节　修改资本

第一百五十七条　增资

依董事会的合理提议和审计员的报告,特别股东大会可决议增加公司的授权资本。增资决议应当包括增资数额和方式。

第一百五十八条　原始股全额支付的条件

只有原始股份的价值全部付清,才能增加授权资本,特别股东大会可委托董事会确定增加授权资本的执行日期。

第一百五十九条　增资与支付方式

可通过发行股票的方式增资,发行的股票应以以下一种或多种方式认购:

(1)公开发行增资股份供公众认购;

(2)把任意公积金、留存的利润或法定公积金中超过最低限额的部分转换为股份;

(3)将公司债务、债券或伊斯兰债券转换为股份;

(4)提供实物出资;

(5)发行新股,引入由董事会成员引荐并经特别股东大会批准的新股东;

(6)实施条例规定的其他方法。

任何情况下,增资股票的名义价值与原始股票的名义价值相同。

第一百六十条　优先认购权

通过公开发行股份增资的,股东有权在接到通知之日起十五日内依其各自持股比例优先认购新股,公司协议中规定股东不得行使优先认购权的除外。

股东可依其与受让人间的协议,向另一股东或第三人转让其优先认购权,转让行为是否存在对价在所不问。

通知和转让的条件和程序,由实施条例另行规定。

第一百六十一条　邀请公众人士认购

增资股份公开发行的,应邀请公众认购公司股份,公开招股须以招股说明书为基础,招股说明书中应包含招股细节,并符合2010年第7号法律及其实施条例中规定的要求。

第一百六十二条　增资股份未认购

增资股份未被全部认购的，增资公司可选择撤回增资或以实际认购的数额增资。

相关程序由实施条例另行规定。

第一百六十三条　发行溢价

特别股东大会可决定在新股的名义价值上溢价，溢价用以支付发行费用，剩余部分归入公司公积金。

确定发行溢价金额的条件和标准，由实施条例另行规定。

第一百六十四条　授予增资股份特权

特别股东大会可依公司协议中的许可，决定授予增资股份特权，决议中应规定授予此类股份特权的类别。

第一百六十五条　实物出资增资

增资股份以实物出资的，须依本法第十一条规定估价，此时股东大会与设立大会在相关事项上权限相同。

第一百六十六条　红利股

由任意公积金、留存的利润、法定公积金中超过最低限额的部分转换而成的增资，公司应按名义价值发行红利股，不收取发行溢价。这些红利股按照每个股东的持股比例在股东中进行分配。

第一百六十七条　债转股

通过将公司债务、债券或伊斯兰债券转换为股份增资的，应当遵守本法及其实施条例的有关规定。

第一百六十八条　减资

特别股东大会根据董事会的合理建议，并经管理局批准，可基于以下理由决定减资：

(1)资本超过公司需要；

(2)公司遭受损失，且公司利润无法填补损失；

(3)实施条例规定的其他情况。

第一百六十九条　超过公司需要型减资

因资本超过公司需要减资的，公司应在执行减资决议前清偿到期债务，并为未到期债务提供足额担保。未清偿到期债务对未到期债务提供足够担保的，公司债权人有权依实施条例规定，在有管辖权的法院对减资决议提出异议。

第一百七十条　减资方式

公司可通过以下方式减资：

(1)降低股份的名义价值，但不得低于法定最低限额；

(2)取消价值等于减资金额的若干股份；

(3)公司回购价值等于减资金额的若干股份。

每种情况下减资的程序，由实施条例另行规定。

第五节 股份的处分和交易

第一百七十一条 设立人处分股份

自公司在商业登记簿登记之日至少两个财务年度起，设立人方可处分其股份。但设立人或其继承人将其股份处分给其二等亲[①]以内的亲属或其他设立人，破产管理人、国家或公共机构将其股份处分给第三人的，无须遵守前段规定。任何违反此规定的处分均属无效。利害关系人可向法院请求确认处分无效，法院应依职权作出决定。

第一百七十二条 股东处分股份

公司发布第一份资产负债表之日起十二个月后，股东方可处分其股份。但股东或其继承人将其股份处分给其二等亲以内的亲属或其他股东，破产管理人、国家或公共机构将其股份处分给第三人的，无须遵守前段规定。

任何违反此规定的处分均属无效。利害关系人可向法院请求确认处分无效，法院应依职权作出决定。

第一百七十三条 股份交易由2010年第7号法律规制

股份交易须遵守2010年第7号法律及管理局颁布的相关细则规定。

第一百七十四条 股份的扣押与质押

公司的资产不得用于清偿股东的个人所负债务。但可扣押债务人股份及股息，股份扣押须记录于股东登记册。扣押股份的债权人虽未提供存管收据原件，也可出售这些股份。结算代理人需依出售结果对股东登记册进行必要的修改。

股份价值尚未全额支付的，股份也可进行质押，质押须质押人和被质押人或二者代表在场，并在股东登记册中记录。

债务人（质押人）可将出席股东大会并投票表决的权利转让给债权人（质押权人）。

股东大会作出的所有决议对扣押股份的债权人和质押权人具有约束力，其拘束方式与对股份遭扣押的股东或对出质人股东的拘束方式相同。

第一百七十五条 股息股票

经特别股东大会批准，公司可将其部分股份根据其名义价值退还给股东，此种价值可从公司尚未分配的利润和任意公积金中支取。

已获偿股份的持有人可获得股息股，股息股持有人享有普通股持有人享有的所有权利，但在公司清算时不得收回其名义价值。

第一百七十六条 设立股份和利润股份

不得创设设立股份。但可依特别股东大会决议创设利润股份，以支付公司成立后的无息对价。利润股的持有人不得为公司股东，且在公司存续期间或清算期间不享有任何股东权利，但应分配给持有人的利润股除外，且须遵守公司股东带回通过的关于年度损益账目的决议。关于如何交易和取消这些份额，由实施条例另行规定。

---

① 《科威特民法》（1980年第67号法律）第十五条至第十七条对亲属关系作出规定。

第六节 股东的权利和义务

第一百七十七条 股份公司成员

设立人和股东是公司的成员,按照法律的规定,享有平等权利,承担同样的义务。

第一百七十八条 股份公司成员权利

公司成员享有以下权利:

(1)获得利润及股息股。

(2)根据法律和公司协议的规定,以董事会成员的身份参与公司管理,出席股东大会并参加审议。公司协议中与之相悖的规定均属无效。

(3)在股东大会召开前至少七日获得公司上一个会计年度的财务报表、董事会报告和审计报告。

(4)依照法律规定和公司协议的规定,处分其持有的股份,优先认购新股、债券和伊斯兰债券。

(5)在公司清算时,获得清偿债务后公司剩余资产的相应份额。

第一百七十九条 股份公司成员义务

公司成员应承担以下义务:

(1)在规定期限支付其股份应付的款项及滞纳金;

(2)清偿公司为其分期付款的股份价值未付部分承担的费用,公司可超出股份价值的范围请求该项费用;

(3)执行公司股东大会的决议;

(4)避免采取有损公司物质利益或名誉的行为,赔偿因此种行为对公司造成的损失;

(5)遵守股份交易规则和程序。

第一百八十条 股东大会不得通过的决议

股东大会不得:

(1)增加股东的财务负担或增加股票的名义价值;

(2)减少公司协议中向股东分配净利润的比例;

(3)在公司协议以外规定股东行使股东大会参加权和投票权的新条件。

但全体股东以书面形式接受或在全体股东出席的股东大会中一致通过,并经管理局批准,相关决议亦可通过。

第七节 开放式股份公司的管理

一、董 事 会

第一百八十一条 董事会的组建及董事会成员期限

公司由董事会管理,公司协议应规定董事会的组建方式、成员人数和任期。董事会成员人数不得少于五人,任期为三年,可连选连任。

无法按时选举新一届董事会的，在障碍事由消失并选举产生新一届董事会前，现有董事会应将继续管理公司业务。

第一百八十二条　董事会成员的选举

股东以无记名投票形式选举董事会成员。公司协议可规定，首届董事会成员中的设立人席位不得超过半数。

第一百八十三条　董事会主席与副主席

董事会以无记名投票方式选举公司董事会主席、副主席。董事会主席对外事务及在诉讼程序中代表公司，并享有公司协议规定的权限。在对外事务中，董事会主席的签字即为董事会签字。董事会主席须执行董事会决议并遵循董事会建议。副主席将在主席缺席或无法履行其职权时代替主席行使权力。

董事会应从董事会成员或公司其他人员中任命首席执行官。首席执行官应管理公司。董事会应确定首席执行官的薪酬，及其代表公司签字的职权。董事会主席和首席执行官不得兼任。

第一百八十四条　董事会权力

董事会有权按照公司的目的从事公司行政管理所需的行为，只有法律、公司协议及股东大会通过的相关决议可限制董事会权力。

公司协议应明确董事会在借贷、抵押公司不动产、签订担保协议、仲裁、和解和捐赠方面的权限。

第一百八十五条　董事会工作分配

董事会可根据公司业务性质，在其成员之间分配工作。董事会可以委托一名成员、由其成员组成的委员会或第三人从事特定工作、监督公司特定活动，或者行使董事会应行使的权力或权限。

第一百八十六条　公司治理规则

有关监管机构应确立受其监管公司的治理规则，以便最大限度保护和平衡公司管理层、公司股东以及其他相关利益相关者的利益，同时应当规定独立董事应满足的条件。

第一百八十七条　独立董事

监管机构可以要求受其监管公司的董事会成员中包括有相关资质和经验的独立董事，独立董事由股东大会选举产生，并根据公司治理规则确定其薪酬。独立董事的人数不得超过董事会成员的一半。独立董事不必为公司股东。

第一百八十八条　董事会成员的任命

自然人或法人股东可按其持股比例任命其在公司董事会代表，从拟选举董事会成员总人数中应扣除以此种方式任命的董事人数。在董事会有代表的股东不得与其他股东一起参与董事会其他成员的选举，但扣除其在董事会代表任命中所使用的持股比例的，仍可参与选举。股东可以结成同盟，按其总持股比例任命董事会代表。

任命产生的代表与选举产生的代表享有相同的权利和义务。股东应就其代表对公司、债权人和股东的行为承担责任。

第一百八十九条　应付给董事会中国家代表的款项

公共机构、国有公司向其出资公司的董事会中指定代表人应付款项，应由公司全额返还，公司董事会主席应在款项到期后一周内直接向上述实体支付款项。这些实体可以确定向其任命的董事会代表支付的薪酬。

第一百九十条　董事会会议有效性

董事会一半以上成员出席,且出席人数不少于三人的董事会会议方为有效,但公司协议另行规定更大出席人员比例或更多出席人数的,依其规定。会议可采用现代通讯方式进行。会议决议应经董事会成员传阅,全体同意方为通过。

董事会在一年内须至少举行六次会议,公司协议也另行规定更多次数的董事会会议。

第一百九十一条　董事会会议记录

董事会应记录董事会会议记录,并由出席会议的董事会成员和董事会秘书签名。不同意董事会决定的董事可以在会议记录中写明其反对意见。

第一百九十二条　空位补缺

董事会成员席位空缺的,应由选举时未获董事会席位的得票最多者补缺。确有理由阻止其补缺的,应当由得票次多者补缺。新董事的任期仅至前任董事任期结束时止。

董事会超过四分之一的席位空缺时,董事会应自发生最新空缺之日起两个月内召集股东大会举行会议,选举新的董事填补空缺。

第一百九十三条　董事会成员的要求

董事候选人须符合下列条件:

(1)具备行为能力;

(2)未被判处限制人身自由的刑罚,未犯有过失破产罪、诈骗罪、影响名誉或诚信的犯罪,未犯有因违反本法而构成的犯罪,但已恢复名誉的除外;

(3)除独立董事外,必须为公司股份的持有者或其代理人。

如果董事会成员丧失上述条件或本法及其他法律规定的其他条件,则自其丧失相关条件之日起丧失董事身份。

第一百九十四条　担任多个公司董事

即使作为他人代表,同一自然人不得担任五家以上总部设立在科威特的开放式股份公司董事会成员,亦不得同时担任两家及以上总部设立在科威特的股份公司董事会主席。违反上述规定的,其新近获得的董事会成员或主席的任命无效,由此产生的影响亦属无效;前段规定不得损害善意第三人的权利。违反上述规定的,应将其获得的奖金和福利,返还其被撤销董事资格所在的公司。

第一百九十五条　利用信息

即便是作为自然人或法人的代表,董事会主席或成员不得利用因职务之便获得的信息谋取私益或他益,也不得未经管理局批准处分其任职公司的股票。

管理局应制定有关公司董事会成员公司股份交易和披露方式有关的规则。

第一百九十六条　董事会成员披露

董事会成员不得在除股东大会外的其他场合,向股东或他人披露因其管理工作获得的公司秘密,否则,应予以解聘,并赔偿由此造成的损失。

第一百九十七条　竞业禁止

董事会主席或成员不得同时在两家具有竞争关系公司的董事会中任职,不得从事与公司业务活动有竞争的活动，不得为私益或他益从事与公司业务相同的业务。违反上述规定，且未获股东大会批准的，公司有权要求其赔偿，或者将上述行为视为其为公司从事的活动。

第一百九十八条　董事会成员薪酬

公司协议应说明董事会主席及成员薪酬的确定方法，董事会薪酬的总额不得超过在扣除折旧和公积金并向股东分配不少于资本的百分之五的红利后净利润的百分之十或公司协议中规定的更高比例。

但从公司成立之日起，至实现上款规定的足以发放薪酬的利润止，向董事会主席及成员每年发放薪酬的总额不超过六千第纳尔。公司股东大会可发布决议，独立董事薪酬可不受上述限制。

董事会应编制年度报告，并提请公司股东大会批准，报告中应详细说明董事会获得的款项、利益、特权，无论其性质或名义如何。

第一百九十九条　利益冲突

有在董事会中任命代表的人、董事会主席、董事会成员、执行管理成员及上述成员的配偶或二等亲以内的亲属，不得在与公司或代表公司订立的合同和交易中具有直接或间接利益，但预先获得了公司股东大会许可的除外。

第二百条　向相关主体提供贷款

除银行和可放贷公司外，公司不得向其董事会成员、首席执行官及上述成员配偶或二等亲以内的亲属或其关联公司提供贷款，但已获公司股东大会特别授权的除外。任何违反此规定的贷款行为均不得执行，但不得损害善意第三人的权利。

第二百零一条　董事会成员责任

董事会主席及成员应就所有欺诈行为、滥用权力、任何违反法律或公司协议的行为以及管理上的过失，对公司、股东和第三人承担责任。

股东大会董事会卸任的决议并不妨碍对董事会提起追责诉讼的权利。董事会成员不得参加大会有关结束履行管理责任的决议、有关其本人、配偶及一等亲个人利益的决议，以及有关其本人与公司之间争端决议的表决。

第二百零二条　个人责任与连带责任

本法第二百零一条规定的责任可以由董事个人承担，也可由董事会所有成员共同承担。在后一种情况下，董事会全体成员应承担连带赔偿责任，但董事会成员已就导致责任产生的决议表示反对，且会议记录中对该反对明确记载的除外。

第二百零三条　对董事会成员的追责诉讼

就董事会成员因其错误对公司造成损害，公司可向董事会提起追责诉讼。公司处于清算阶段的，清算人有权提起追责诉讼。

第二百零四条　股东提起追责诉讼的权利

公司怠于提起诉讼的，股东有权代表公司提起追责诉讼，在这种情况下，公司代位成为索赔人，以获取胜诉的赔偿判决。

因过错造成股东利益受损的，股东个人可提起索赔诉讼。公司协议中的任何与之相悖的规定均属无效。

第二百零五条　向董事会成员提起追责诉讼的诉讼时效

追责诉讼的诉讼时效为自股东大会有关董事会成员罢免或确证其过错的决议作出之日起五年。但是,如果董事会成员的行为属于刑事犯罪,诉讼时效则为刑事案件的诉讼时效。

第八节①

二、股东大会

第二百零六条　年度股东大会的召开

年度股东大会由董事会在财务年度结束后的三个月内召集,会议的时间和地点为公司协议中明确的时间地点。如有必要,董事会可随时召集股东大会。持有公司资本百分之十以上的股东提出合理请求或者审计员提出请求的,董事会应当在请求之日起十五日内召集股东大会。召集大会的机构负责编制会议议程。

设立大会的召集程序、法定人数、表决的有关规定准用于股东大会。

第二百零七条　应部委要求召开股东大会

董事会出于任何原因应召集股东大会而未发出股东大会邀请的,部委应在十五日内召集股东大会。

部委取代董事会采取必要措施举行并主持会议,但股东大会为此目的选举股东主持会议的除外。

第二百零八条　参加股东大会的权利

股东不论持股多少,均有权出席股东大会,并享有所持类型股份对应的投票权。股东不得在涉其私益或其与公司之间争端事项上亲自或通过代表投票,与此相悖的任何条件或决议均属无效。股东可以委托他人代为出席股东大会,但须出具特别委托书或公司专为此目的编制的授权书。

股东权利主张与与公司股东登记册上所载事实不符的,可请求紧急程序法官发布命令,禁止争议股份在紧急程序法官规定的期限内或在有管辖权的法院依《科威特民商事诉讼法》中规定的程序对争议作出判决前行使表决权。

第二百零九条　累计投票权

公司协议可规定公司董事会成员选举采用累积投票制度,该制度赋予每位股东与其拥有的股份数量相等的投票权,股东有权投票给一名候选人或在数名候选人分配。

第二百一十条　主持股东大会

股东大会由董事会主席或副主席,或董事会为此目的委任的人士,或由大会选举出的股东或其他人士主持。

第二百一十一条　股东大会权限

在遵守本法和公司协议规定的前提下,年度股东大会有权就其权限范围的事项作出决议,包括但不限于:

---

① 原文无第八节标题。

(1)董事会关于公司上一财务年度的活动和财务状况的报告；

(2)审计员关于公司财务报表的审计报告；

(3)关于监管机构关注的公司违规行为及其处罚的报告；

(4)公司的财务报表；

(5)董事会关于利润分配的提案；

(6)董事会成员卸任(或结束履行其管理责任)；

(7)选举或罢免董事会成员，确定董事会成员薪酬；

(8)任命公司的审计员并确定其薪酬，或授予董事会薪酬确定的权力；

(9)根据伊斯兰教法运营的公司任命伊斯兰教法监事会，并听取该监事会报告；

(10)与关联方已经进行或将要进行的交易的报告，“关联方”的范围依国际会计准则界定。

第二百一十二条　董事会成员罢免与董事会解散

依拥有公司四分之一以上资本的股东提议，公司股东大会可发布决议罢免董事会主席及成员的职务，或者解散公司董事会并选举新任董事会。

解散董事会的决议发布，且不能在同一次会议上选举新任董事会的，大会应决定由该董事会在新任董事会产生之前继续管理公司，或任命临时管理委员会，该委员会的主要任务是，在获任后一个月内召集股东大会，选举新任董事会。

第二百一十三条　股东大会议程

股东大会不得讨论未列入议程的议题，但发生于议程表编制完成后或在会议期间发生的紧急事件，或应监管机构、审计员、拥有公司资本百分之五以上股东的要求，对相关议题进行讨论的除外。在讨论期间，提交大会讨论的问题信息不足的，应持有已发行资本四分之一以上的股东要求，会议应推迟召开，推迟日期不得超过十个工作日。推迟会议应直接举行，无须新的召集程序。

第二百一十四条　股东大会决议的实施

除非决议违反法律或公司协议，否则，董事会必须执行股东大会的决议。董事会须将其认为违反法律或公司协议的大会决议重新提交给专为讨论违法违规行为而召开的股东大会。

第二百一十五条　股东大会相关规则准用于特别股东大会

与股东大会有关的条文准用于股东大会特别会议，但须遵守以下条款。

第二百一十六条　特别股东大会的召开

特别股东大会应董事会召集，或占公司已发行股本百分之十五以上的股东合理申请或部委的要求召开。董事会必须在提交申请之日起三十日内召集特别股东大会。

董事会未在前款规定期限内召集大会的，部委应在前款所述期限届满后十五日内召集特别股东大会。

第二百一十七条　特别股东大会的法定人数与决议

持有已发行股本四分之三的股东出席，特别股东大会方为有效。未达法定人数的，应召集第二次会议。第二次会议须持有已发行股本一半以上的股东出席方为有效。

大会决议应由持有公司已发行资本一半以上的股东通过。

第二百一十八条　特别股东大会的权限

除法律规定的其他权限外，特别股东大会有讨论如下问题的权限：

(1)修改公司协议；

(2)出售公司从事的所有项目或以其他方式处置这些项目；

(3)解散、合并、转化、分立公司；

(4)增资或减资。

第二百一十九条　特别股东大会决议的效力

特别股东大会通过的决议非经公示不得生效。

决议涉及公司名称、目的或资本的，须经部委批准。但将公司利润或多余的公积金通过发行股票用于增资的，无须部委批准。

第二百二十条　主张特别股东大会决议无效或质疑其效力

董事会、股东大会或特别股东大会的决议违反法律、公司协议，或意图损害公司利益的，股东可提起诉讼主张该决议无效，必要时还可请求赔偿。主张决议无效诉讼的诉讼时效为股东大会发布决议之日，或股东得知董事会决议之日起两个月。

股东大会或特别股东大会决议损害少数股东权利的，股东可向法院起诉提出质疑。持有发行资本百分之十五以上且不同意该决议的股东可提起诉讼。诉讼时效为大会发布决定之日起两个月。在这种情况下，法院可以维持、修改或取消该决议，也可以推迟执行该决议，直到异议人股份被收购，但是公司资本不得用于购买异议人股份。

第九节　公司的账户

第二百二十一条　股份公司财务年度

公司财务年度应至少为十二个月，财务年度的开始和结束应由公司协议确定，但公司的首个财务年度应自公司在商业登记簿上登记之日起算，至公司协议规定的下一财务年度终了之日结束。

董事会为应在财务年度结束编制年度报告，具体规则由实施条例另行规定。

第二百二十二条　法定公积金

股东大会依董事会的建议，以决议形式确定每年扣除不少于百分之十的净利润作为公司的法定公积金。

法定公积金超过公司已发行资本半数的，大会可暂停扣除。

法定公积金只能用于弥补公司亏损，或确保公司在可供分配的利润达不到实收资本百分之五的财务年度补足股息，向股东分配不超过百分之五的股息。

如果下一个财务年度的利润允许，应扣减利润以补足已作为股息分配的法定公积金，但法定公积金已超过已发行资本半数的除外。

第二百二十三条　折旧

应每年从毛利润中扣除一定比例，作为公司资产折旧补偿，扣除比例由公司协议规定，或由董事会咨询审计员的意见确定。此项资金应用于购买或维修必要的材料、机械和设施，不得向股东分配此项资金。

第二百二十四条　履行劳动与社会保障法下义务的扣减

股东大会应通过决议，扣除一定比例的利润，以履行公司根据劳动和社会保障法应承担的义务。

公司协议可规定设立特别基金，以帮扶公司员工。

第二百二十五条　任意公积金

股东大会可依董事会提议通过决议，每年从净利润中扣除不超过百分之十的部分作为任意公积金，用于大会的指定用途。

第二百二十六条　利润分配

在遵守公司协议的前提下，股东大会可依董事会提议，在财务年度终了时向股东派发股息。股息分配须遵守会计原则，利润须为实际利润，股息分配不得影响公司的实缴资本，方为有效。

第十节　审　计　员

第二百二十七条　审计员的任命

依前述2010年第7号法律的规定，开放式股份公司应由股东大会任命一名或多名审计员，受科威特中央银行监管的公司，其审计员的任命须经央行批准。公司设立人可在设立大会召开前任命一名或多名审计员。

在例外或紧急的情况下，股东大会任命的审计员因故无法履行职责的，董事会可任命替代审计员，但须把审计员任命事宜提交下一次股东大会讨论并决议通过。

第二百二十八条　审计员的独立性

审计员不得担任其审计公司的董事会主席或成员。审计员本人及其二等亲以内的亲属不得担任其所审计的公司行政管理人员或账目监督人员。审计期间，审计员不得购买或出售其所审计公司的股票，也不得为该公司提供咨询服务。

第二百二十九条　审计员查阅权

审计员有权随时查阅公司的所有账簿、记录和文件，并有权要求公司提供其认为必要的信息。审计员亦有权核查公司的资产和负债。

审计员无法行使上述权利的，应在提交董事会的报告中书面申明，该报告应同时提交股东大会，并向部委和管理局送达报告副本。

第二百三十条　审计员报告

参加审计的审计师或其授权与其共同参与审计工作的会计师应出席股东大会，并就公司财务报表、及其是否反映该财务年度终了的公司资产负债表以及该财务年度公司业务成绩、董事会报告中所载数据是否与公司账簿和文件中所载数据相符提交审计报告。审计报告应遵循公认会计准则，并遵守本法规定。

公司有多名审计员的，须共同编制报告。各审计员就某些事项上存在分歧的，须在报告中载明各自的观点。

审计报告中应包括但不限于如下信息：

(1)审计员是否获得了其认为履行职责所需信息；

(2)资产负债表和损益表是否符合事实,是否包含法律和公司协议的规定所有内容,是否诚实、明确地表明公司实际财务状况;

(3)公司是否存有妥善账目;

(4)公司盘存是否依公认程序进行;

(5)董事会报告所载数据与公司账簿所载内容是否一致;

(6)在可得资料范围内说明财务年度内是否发生了违反法律或公司协议的情况,并说明这些违反行为是否仍然存在;

(7)实施条例规定的其他信息。

第二百三十一条　数据与信息的保密

审计员应就其在公司工作期间和完成工作后,因其工作而获得的数据和信息保密,不得利用这些数据和信息谋取私益或他益,也不得泄露与公司有关的任何机密。

审计员违反了前款规定的保密义务的,可予以解聘,必要时可要求其赔偿。

第二百三十二条　审计员责任

审计员应当对其报告中所载的财务数据负责,并就其工作期间因工作过错而对公司、股东或他人造成的损害承担责任。公司有多个审计员的,须承担连带责任,但就导致责任的过错而言,能够证明未参与其中的审计员无须承担责任。

审计员还应对其在不适时辞职给公司造成的损害负责。

股东大会期间,每个股东均有权审议审计报告,并要求审计员说明其报告中的内容。

第二百三十三条　更换审计员

董事会或持有已发行资本百分之二十五以上的股东可在财务年度内要求更换审计员。任何不遵守实施条例规定的程序更换审计员的决议均属无效。

第十章　封闭式股份公司

第二百三十四条　封闭式股份公司的定义

封闭式股份公司资本的股份仅设立人可认购。

封闭式股份公司董事会成员不得少于三名。在本公司董事会任董事不计入董事的最大任职数,一人可同时担任多家封闭式股份公司的董事会主席。公司的首席执行官可从董事会成员中产生,也可在董事会外产生。董事会成员可以在其任期内处置其在本公司的股份,但不得违反本法或公司协议对股份处分的限制。开放式股份公司的规定准用于封闭式股份公司,但本章另有规定的除外。

第二百三十五条　封闭式股份公司的设立

封闭式股份公司的设立只需所有设立人出具经认证的官方文件,无须部长决定,但特许经营公司和垄断公司除外。封闭式股份公司的设立人不得少于五人。官方文件应包括公司协议和以下声明:

(1)设立人已认购所有股份,并已将法律规定须支付的股份价值存入当地银行,所支付价款由公司处置;

(2)实物份额已完全履行,且已依本法规定估价;

(3)设立人已为公司指定必要管理机构;

(4)官方文件应与支撑上述声明的文件和材料一同保存。

任何情况下,公司名称后应附“科威特封闭式股份公司”或其阿文缩写。

第二百三十六条　封闭式股份公司法人人格的获得

封闭式股份公司非经公示,不具有法人资格,不得从事其业务。

第二百三十七条　封闭式股份公司成立大会的邀请方式

成立大会的邀请应以下列方式之一发出,会议邀请中应包括会议议程、时间、地点等信息:

(1)成立大会召开至少两周前,以挂号信方式向全体认购人送达;

(2)以公布方式发出邀请的,应发出两次公布,第二次公布应在第一份公布发出不少于七日后,且在会议召开不少于七日前发布;

(3)在会议拟召开日期的至少一日前,向股东或其法定代表人当面转交,但须在邀请函副本上签字以示送达。

实施条例还可规定以其他现代通信方式召集会议。

第二百三十八条　股东处分股份的限制

除在证券交易所上市的公司外,封闭式股份公司的协议可包括以下对股东处分其股份权利的限制:

(1)规定公司股东对待售股份享有优先认购权;

(2)规定股份购买者须经董事会批准。

本法第一百七十二条所述处分不受上述两项限制。公司协议中包括上述限制之一的,公司不得在证券交易所上市。

第二百三十九条　股东优先认购权

封闭式股份公司协议中规定了股东优先认购权的,股东应在其股份处分前将出售条件通知公司。自通知之日起十日内,无股东申请认购该股份的,处分方为有效;有股东申请认购的,应依出售条款中规定的价格认购。

第二百四十条　股东会批准股份购买者

封闭式股份公司的协议规定股份的购买者须经董事会批准的,董事会如果驳回购买人申请,则应在自请求批准之日起十日内,以公司账户购买股票,此时须以股东在出售条款中规定的价格购买。但不得违反法律有关公司购买本公司股份的规定。

第二百四十一条　新股配售

公司决议增资,且部分股东不行使优先认购权的,应将未认购的股份配售给有意认购的公司股东。申请认购的股份超过可资认购的股份的,应当按照认购者已经认购的比例配售。

新股未全部认购的,董事会可将未认购股份配售给新股东,仍未被认购的新股应依法强制注销。

第二百四十二条　以公开招股方式增资

已解除其股份处分禁令的封闭式股份公司,经管理局批准,可依部委决定通过公开招股方式增资。受科威特中央银行监管的公司,须获得科威特中央银行的批准。

自部长允许公司通过公开招股增资的决定发布之日起,公司应转化为开放式股份公司。

任何情况下,已经在证券交易所挂牌交易股份的封闭式股份公司应自上市之日起视为开放式股份公司。本规定适用于本法生效之日起已在证券交易所上市的封闭式股份公司。

第十一章　控股公司

第二百四十三条　控股公司的定义

控股公司,是指在投资科威特或外国的公司或基金的股份、投资机构,或者参与公司设立,并向其提供贷款或对其从第三方获得的贷款提供担保的公司。

第二百四十四条　控股公司的形式

控股公司采取以下形式之一:

(1)股份公司;

(2)有限责任公司;

(3)一人公司。

所有文件、广告、信函及以其商业名称所签发的其他材料中均须提及“控股公司”一词。

第二百四十五条　控股公司的设立方式

控股公司的设立方式为以下之一:

(1)设立业务目的仅限于第二百四十三条规定的公司;

(2)为实现签署目的设立子公司或持有公司股份;

(3)依本法的规定,将现有公司的目的修改为控股公司。

第二百四十六条　控股公司的活动

在遵守本法第二百四十五条规定的前提下,控股公司可以从事以下全部或部分活动:

(1)管理其子公司或参与其参股的其他公司的管理,并为其提供必要的支持。

(2)将其资产用于投资股票、债券和其他证券交易。

(3)在法律允许的范围内持有开展活动所需的不动产和动产的所有权。

(4)向其持有股份的公司融资或贷款,并为其从第三方借款提供担保。在这种情况下,控股公司持有借款公司的资本比例不得少于百分之二十。

(5)拥有知识产权,例如,专利、商标、工业设计、特许经营权和其他无体财产权,行使权利并许可其子公司或其他公司使用(无论公司是否位于科威特境内)。

第二百四十七条　控股公司的资产负债表

每个财务年度结束时,控股公司应自行并为其所有子公司编制合并的资产负债表和损益表,并按照国际会计准则进行必要的解释和说明。

第二百四十八条　控股公司的法律框架

控股公司受其采取的公司形式的相关规定约束,但不得违反本节规定。

第二百四十九条　控股公司就其子公司承担责任

控股公司在以下情形应对子公司的债务承担连带责任:

(1)子公司资金不足,无法履行其债务;

(2)控股公司在子公司持有资本比例,足以控制大多数董事会成员或管理人的任命,或足以控制管理层发布的决定;

(3)子公司为其控股母公司的利益作出的决定或采取的行动,但损害子公司或其债权人的利益,且该决定或行动是子公司不能履行其义务的主要原因。

控股公司也可因其他理由对子公司的债务负责。

第十二章　公司形式的变更及公司的合并、分立、届满

第一节　公司形式的变更

第二百五十条　变更条件与程序

在不违反本法规定的情况下,公司可通过决议变更其形式,决议通过须符合公司协议的修改规则和程序,自公司在商业登记簿上登记至少两个财务年度以后,方可对公司形式进行变更。

公司形式变更前,须完成规定的变更程序、登载和公布的程序,并依本法第十一条第一款所载的实物出资估价规则编制报告,以评估公司的资产和负债。

公司形式变更的条件和程序,由实施条例另行规定。

第二百五十一条　合伙人反对公司形式变更

反对公司形式变更决议的合伙人,[1]可以在登记之日起六十日内向公司申请退出,并回收其股份价值,其股份价值依第二百五十条估价报告所载的实际价值履行。

第二百五十二条　法律人格与普通合伙人责任

公司不因其形式变更获得新的法律人格,公司仍享有变更前的权利和履行变更前的义务。就变更前普通合伙人的无限私人债务,债权人自变更决议在政报上登载之日起三十日内未提出异议的,视为放弃此项连带赔偿的权利。债权人异议应依普通诉讼程序向初审法院提起诉讼。异议提出将导致普通合伙人继续对债权人承担连带责任,直到法院对异议作出终局裁判。

第二百五十三条　公司形式变更对合伙人的影响

在发生变更的情况下,合伙人在变更前后持有的股份价值等值。变更为有限责任公司的,合伙人在变更前持有的股份价值,低于有限责任公司股份最低名义价值的,合伙人须以现金补全差额。

第二百五十四条　债券持有人大会批准公司形式变更

通过发行债券或伊斯兰债券借贷的股份公司,其变更须经债券或伊斯兰债券持有人大会批准变更决议,批准决议须三分之二以上多数持有人同意。公司向大会提交的变更或清算决议未获得三分之二多数批准,或者大会因故无法开会的,债券或伊斯兰债券持有人代表须自变更决议登载之日起三十日内将上述事宜提交初审法院审理,提起诉讼不会导致变更程序的中止。

法院可以驳回异议,或者责令欲变更形式的公司根据发行条款支付债券或伊斯兰债券的价值,或提供足额担保确保债券价值的履行。

---

① 本章中,"合伙人"一词可以指称"合伙人"和"股东"。

第二节　公司的合并

第二百五十五条　合并方式

公司即使处于清算状态，也可以与其他公司合并，公司的法律形式相同与否在所不问。合并可以通过以下方式进行：

（1）吸收合并，即解散一个或多个公司并将其权利义务移转给现有公司进行合并；

（2）新设合并，即解散两个或多个公司并成立一个新公司，将原被合并公司的权利义务移转给新公司；

（3）分立再吸收合并，即将公司的权利义务分为两个或多个部分，并将每个部分移转给一个现有公司。

合并的程序、情形和条件，由实施条例另行规定，但不得违反以下规定。

第二百五十六条　吸收合并

吸收合并依以下程序完成：

（1）被合并公司发布解散公司的决议；

（2）依本法第十一条对实物出资估价的方式，对被合并公司的净资产进行估价；

（3）并入公司依被合并公司的估价，发布增资决议；

（4）按被合并公司的合伙人的持股比例分配增资；

（5）并入公司新参股是股份形式，且已超过本法规定的限制股份交易时限的，该等股份可在发行后依本法有关公司股份交易的规定立即进行交易。

第二百五十七条　新设合并

新设合并依以下程序完成：

（1）被合并公司发布公司解散决议。

（2）新公司应依本法规定设立。新设公司为股份公司的，须按照本法第十一条的规定编制实物份额评估报告，但无须向设立大会提交。

（3）被合并公司在新设公司中的股份依其在新设公司中的资本分配，股份按被合并公司的合伙人在之前公司的份额比例分配给各合伙人。

新参股是股份形式，且已超过本法规定的限制股份交易时限的，该等股份可在发行后依本法有关公司股份交易的规定立即进行交易。

第二百五十八条　合并的公示与执行

合并须经公示。合并决议在政报上登载三十日后方可执行。被合并公司的债权人可在上述期限内以正式通告的方式对公司合并表示异议，此时合并应当中止，但债权人放弃异议、司法机关终局裁判驳回其异议，或者公司履行其到期债务或为未到期债务提供足额担保的除外。在上述期限内未有提出异议的，合并即具终局性。

第二百五十九条　债券或伊斯兰债券持有人大会批准合并

发行了债券或伊斯兰债券的股份公司的合并，其合并决议须经债券或伊斯兰债券持有人大会批准，批准须三分之二以上多数持有人同意；公司应进行债务清算，清算仍需债券持有人大会以三分之二多数批准。

债券或伊斯兰债券持有人大会代表有权依第二百五十八条的规定对合并决议表示异议。

第二百六十条　合并对可转换债券和可转换伊斯兰债券的影响

参加合并的股份公司发行了可转换为股份的债券或伊斯兰债券的，该债券或伊斯兰债券的持有人有权要求在发行时规定的期限内将其转换为并入公司或新设公司的股份，但须遵守第二百五十九条的规定。转换比例须依发行时确定的比例转换，兼顾发行债券或伊斯兰债券的公司在合并协议中可在并入公司或新设公司中取得的股份比例进行转换。

第二百六十一条　合伙人和股东批准合并

合并会增加合伙人或股东的财务负担，或损害其在参加合并的公司中的权利的，公司的所有合伙人或股东应一致批准合并。

有合伙人或股东反对合并决议的，适用本法第二百五十一条的规定。

第二百六十二条　并入公司和新设公司的责任

吸收合并或新设合并的，并入公司或新设公司承担被合并公司的所有权利和义务；分立再吸收合并的，并入公司对合并前被分立的公司的债务承担连带责任。

第三节　公司的分立

第二百六十三条　分立的规则与程序

公司可分立为两个或两个以上公司，公司即便处于清算阶段仍可分立，原公司可继续存在或解散，分立产生的新公司可采取任何法定形式。

公司分立决议应由特别股东大会通过，决议中应包括股东或合伙人的数目、其姓名或名称、其在由分立产生的新公司中所占的份额、新公司的权利义务以及新公司间资产和负债的分配方案。

分立的程序、条件和前提，由实施条例另行规定。

第二百六十四条　分立的效果

分立产生的新公司在分立决议规定的范围内，取代被分立公司的法律地位。公司的债权人和股东有权反对分立决议，本法第二百五十八条的规定准用于公司分立。

第二百六十五条　分立产生的新公司股份交易

原公司股份在分立决议发布时可交易，且由分立产生的新公司满足股份交易条件的，新公司股份可在发行后立刻交易。

第四节　公司的终止与清算

一、公司的解散

第二百六十六条　公司解散的事由

公司可基于以下原因解散，各种类型的公司有特定届满事由的，从其规定：

(1)公司协议规定的期限届满，但依协议或本法规定续期的除外；

(2)公司设立的目的成就或不可能成就；

(3)公司全部或大部分资金折旧，其余资产无法进行投资；

(4)合伙人在公司期限届满前一致同意解散公司,公司协议也可规定一定比例多数有权解散公司;

(5)公司并入另一家公司;

(6)公司宣告破产;

(7)公司连续三年不从事其活动或不发布财务报表,依吊销公司许可证的决定解散;

(8)公司依判决解散。

第二百六十七条　合伙人死亡

普通合伙公司、隐名合伙的合伙人,或简单两合公司、股份两合公司的普通合伙人死亡,或被法院判决宣告为无法律能力或被宣告破产的,公司应即期终止,但公司协议规定公司可在其余合伙人间继续存续的除外。

公司在其余合伙人间继续存续的,应依本法第十一条第一款规定,以发生退出原因当日的价格对退出的合伙人股份进行估价。作为前款的例外,除隐名公司外,已故合伙人的继承人可继续作为公司的有限合伙人,在这种情况下,合伙公司依法强制变更为简单两合公司。

第二百六十八条　因股份扣押终止

合伙人股份已被质押,且其他合伙人既不同意出价最佳的人以合伙人的身份加入公司,公司或其他合伙人也不回购该股份或清偿债务的,普通合伙公司或简单两合公司应终止。

本条准用于股份两合公司的普通合伙人股份被扣押的情形。

第二百六十九条　法院决定解散

除股份公司外,合伙人因其他合伙人未履行承诺请求解散公司,或法院认为有其他足以导致公司解散的重大事由的,法院可以作出判决令其解散。任何与之相悖的协议均属无效。

第二百七十条　所有普通合伙人均死亡、无法律能力或破产

简单两合公司或股份两合公司的所有普通合伙人均死亡,或者被宣告为无法律能力或破产的,公司应当解散,但合伙人或股东在六个月内将其变更为其他公司形式的除外。

第二百七十一条　股份公司损失四分之三资本

股份公司损失四分之三以上实缴资本的,董事会成员须召集特别股东大会,通过决议在公司协议规定期限届满之前维持或解散公司,或采取其他适当措施。

董事会不召集特别股东大会或无法就此作出决议的,部委或利害关系人均可要求有管辖权的法院解散公司。

第二百七十二条　有限责任公司合伙人死亡、无民事行为能力或破产

有限责任公司不因合伙人死亡、被宣告为无民事行为能力或被宣告破产而终止,但公司协议另有规定的除外。

第二百七十三条　有限责任公司损失四分之三资本

有限责任公司损失四分之三以上资本的,管理人须向特别合伙人大会提出补足资本、解散公司,或者采取其他适当措施。

管理人怠于召集合伙人或合伙人无法就此作出决议的,管理人或合伙人(视情况而定)应对因其过失导致公司债务承担连带责任。

第二百七十四条　一人公司的终止

一人公司在其资本所有人死亡后终止,但由一名继承人控制公司全部资本,或在公司所有人死亡后六个月内,所有继承人同意公司以其他法律形式存续的除外。一人公司的资本由法人持有,该法人终止的,一人公司即终止。

第二百七十五条　专业公司的终止

专业公司无论原因为何,仅有一个合伙人的,该专业公司应终止,但不得违反本法第二百六十六条的规定,该合伙人在六个月内引入一名或多名合伙人的,公司可继续存续。

第二百七十六条　专业公司合伙人死亡、退出或禁业

对于符合专业公司合伙人的最低人数限制的,专业公司不会因合伙人的死亡、退出或合伙人丧失从事该项自由职业的能力而终止。

合伙人死亡的,不得将其股份转让给其继承人,继承人有权收回合伙人股份价值,股份价值的估价依本法第十一条第一款进行。继承人希望加入公司的,合伙人可协商让符合公司合伙条件的继承人取代被继承人,但该继承人不得损害其他继承人的权利。对于合伙人丧失职业能力收回股份价值的,准用本条规定。

第二百七十七条　公司终止的公示

除隐名合伙外,公司应就公司终止予以公示。公司终止非经公示,不得对抗第三人。公司管理人或董事会主席(视情况而定)负责本条公示程序的执行。

二、清　　算

第二百七十八条　清算程序的启动

公司一经解散即清算,公司清算期间保有完成清算所需的法人资格,在公司出具的各类文件上,必须在公司名称之后明确注明“清算中”字样。

公司清算应遵循以下规定,但公司协议另有规定的除外。

第二百七十九条　公司解散对其债务的影响

公司债务自公司解散和清算程序启动通告公示之日起到期。清算人应向所有债权人发出开始清算的正式通知,并请债权人申报债权。可以公告方式通知债权人。在任何情况下,通知或公告须给予债权人不少于三十日的债权申报期。

第二百八十条　公司终止对管理权的影响

公司终止时,公司管理人的管理权力终结。但在清算人获任行使权力前,管理人仍负责公司的管理。在清算人任命前,对第三人而言,管理人可视为清算人。公司机构在清算期间保留,但其权限仅限于不属于清算人权限的清算活动。

第二百八十一条　清算人的任命

公司可依公司协议规定的规则和条件,任命合伙人或第三人为清算人。公司协议没有规定的,清算人的任命、清算人薪酬的确定以及清算期限应当由修改公司协议所需的多数票决定。

公司无法作出任命清算人的决议的,应公司合伙人或债权人的请求,法院可指定清算人,法院决定中还应包括清算人薪酬及清算期限。

第二百八十二条　清算人罢免

清算人由其任命机构罢免。应合伙人或债权人的请求,法院可在具有合理理由的情况下,作出决定罢免清算人。

罢免清算人的决议或决定中须指定替代清算人，新任清算人在开始工作前须公示前任清算人罢免和新任清算人任命的决议或决定。

第二百八十三条　清算人任命决定的公示

清算人应公示其任命决议及其权限范围，还应对合伙人协议、合伙人大会决议或法院决定的清算方式进行公示。

清算人的任命或清算方式未经公示的，不得对抗第三人。

第二百八十四条　清算人行为

清算人应从事公司清算所需的全部工作，包括但不限于：

(1)在司法机关和第三人前代表公司。

(2)尽一切可能维护公司的资产和权利。

(3)清偿公司债务。

(4)通过公开拍卖、协商售卖或其他能保证获取最高价格的方式出售公司动产或不动产，但清算人任命决议规定以特定方式出售的除外。非为清算工作必要，清算人不得出售公司资产。

(5)在合伙人之间的划分净资产。

若非完成之前工作所必需，清算人不得开始新的工作。非经法院许可，清算人不得打包出售公司的资产或店铺，不得就公司债权与债务人和解，不得在公司为争议一方的案件中接受仲裁。

第二百八十五条　清算人行为对公司的影响

清算人以公司名义或为公司利益、在其权限范围内所从事的清算行为，对公司具有拘束力。

公司有多个清算人的，非经清算人决定，相关行为对公司不具有约束力，但任命清算人的决议另有规定的除外。

第二百八十六条　公司管理人对清算人的责任

公司管理人、董事会应将公司账簿、记录、文件以及资产交给清算人，相关主体拒绝提交的，清算人可依《科威特民事诉讼法》的规定提交申请，请求法院颁发命令责成公司和董事会成员提交上述材料。清算人在履职后三个月内，清点公司资产，确定公司权利和义务等财务状况。清算人可要求公司的管理人、董事会和审计师(如有)协助。清算人应依商业登记簿的存放规定存放清算所需的账簿。

第二百八十七条　清算人任命的期限

清算人应在其任命决议规定的期限内完成清算工作。任命决议未确定期限的，法院应依利害关系人的请求确定清算期限。

清算期限可经多数合伙人的批准延长，多数一致须足以修订公司协议，也可由法院在审查清算人提交的未能在指定期限完成清算原因的报告后，作出决定延长。利害关系人有权请求法院缩短清算期限。

第二百八十八条　公司业务继续开展

清算人认为，为维护公司利益需要公司在其一定时期内继续其业务的，清算人应召集股东大会或合伙人大会对此作出决议，但公司已司法解散的除外。

第二百八十九条　清算期间召集股东大会

股份公司的清算人应在财务年度结束后三个月内召开股东大会,讨论并批准上一财务年度的资产负债表、审计报告、清算工作年度报告,任命新一财务年度的审计员。清算工作需要的,清算人可以随时召集股东大会。

第二百九十条　清算期间债权收取与债务清偿

清算人应追讨公司对第三人或合伙人享有的债权,并将其收取的款项存入银行中以清算中公司的名义开立的账户。

清算人应当清偿公司债务,并留出必要的款项以清偿有争议的债务,公司的债务应按以下顺序清偿:

(1)清算过程产生的金钱义务;

(2)所有应付公司员工的款项;

(3)优先债务按其优先顺序排列;

(4)在担保物价值的范围内以实物担保的债务。

清偿上述债务后的剩余款项将偿付给普通债权人。剩余的清算所得不足以清偿所有这些债务的,这些款项将在债务人之间进行分配。

第二百九十一条　清算过程中的资产分配

在不损害优先股股东既定权利的前提下,清算人在偿付债务后,将公司的剩余资产在合伙人间分配,合伙人间的分配比例与在公司资本中的股份价值比例相当。

合伙人股份仅限资产使用权的,该合伙人有权收回该项资产,但该项资产已在使用期间灭失,其价值已在灭失时返还该合伙人的除外。

履行完上述程序后仍有资金盈余的,应按利润分配比例分配给所有合伙人。

公司的净资产不足以全额支付合伙人股份的,应当按照约定的亏损分担比例从合伙人股份中扣除。

公司资金不足以清偿债务的,清算人可采取法律规定的必要措施宣告公司破产。

第二百九十二条　清算账目

清算人应向股东大会或有权修改公司协议的合伙人提供公司清算和资产分配的最终账目,大会批准最终账目后,清算工作结束。

清算人应公示清算程序结束。清算结束非经公示不得对抗第三人。

清算结束后,清算人应请求商业登记处注销公司的登记。

第二百九十三条　清算相关账册与文件的保管期限

与公司清算有关的账簿和文件,自公司从商业登记簿注销之日起,在任命清算人的机构指定地点保管十年。

第二百九十四条　清算人责任

清算人对因其越权或在工作中的过失给公司、合伙人、第三人造成损害的,应承担赔偿责任。有多名清算人的,须承担连带责任。

第二百九十五条　对清算人索偿的诉讼时效

针对清算人的清算工作提起的索偿诉讼,对公司工作或对管理人、董事会成员或审计师职务行为提起的索偿诉讼,诉讼时效为三年,诉讼时效从公司公示其完成清算之日起算。

第十三章　监管、检查与处罚

第一节　监管与检查

第二百九十六条　部委的监管与检查权

部委应根据以下规定，调查任何利害关系人对本法的执行提出的申诉。

第二百九十七条　部委有权申请违法行为救济

部委确定公司有违反本法或公司协议的行为，或者公司管理层或其设立人的行为损害了公司、合伙人或股东的利益或影响国民经济的，应召集股东大会或合伙人会议，令其在开会之日起十五日内改正，部委还应向有关调查部门通报。

相关主体提出申诉的程序，以及部委的调查方式，由实施条例另行规定。

第二百九十八条　股东和合伙人有权请求部委检查

持有公司资本百分之五以上的股东或合伙人可基于合理事由，请求部委任命一名负责公司检查的检查员，对公司管理人、董事会成员、审计员、首席执行官对公司履职中的违法违规行为进行检查，申请人须预先支付实施条例规定的费用，并负责支付账簿检查员费用。

公司拒绝向部委指定的账簿检查员提供其所需数据的，前款规定的人员可请求司法机关强制公司依《科威特证据法》关于强制被告提供其掌握的文件规则，向账簿检查员提供所需文件。

第二百九十九条　公布检查报告

部委或监管机构在检查中发现，违法违规行为不应归责于董事会成员、审计员、管理人或首席执行官的，应利害相关人的请求，在两家日报和公司网站上公布报告结果，费用由检查申请人承担，但不应归责并不影响相关责任主体的赔偿责任。

第三百条　驳回检查请求

部委驳回股东或合伙人依本法第二百九十八条所述的检查请求的，被驳回请求人可向初审法院提起诉讼，请求初审法院下达进行必要检查的命令，指派一名专家执行这项任务并确定其费用。申请人或确认须对申请中的违规行为负责的人应承担相关费用。

第三百零一条　检查的保密

检查人员在工作期间和离任后，应就其因工作查阅的簿册、文件、资料保密，不得泄露与被检查公司有关的秘密，但法律允许的除外。因疏忽披露正确事实的，或不当确定影响检查结果的事实的，应当承担责任。

第三百零二条　协作检查的义务

公司董事会主席及其成员、员工、审计师、管理人应将检查所需的所有账簿、记录、文件、资料、信息告知检查人员。

第二节　罚　　则

第三百零三条　欺诈罪行的处罚

在不与其他法律规定的更严厉的处罚相抵触的情况下，对下列行为处以三年以下监禁，单处或并处一万第纳尔以上十万第纳尔以下的罚金：

(1)恶意地在公司协议和章程、公开招股说明书或面向公众的其他公告或文件中，伪造数据或相关数据违反法律规定的，以及明知数据不正确的，仍签署、分发或宣传这些文件的；

(2)邀请公众认购以非股份公司名义发行的股票或债券的；

(3)以舞弊的方式对实物出资估价，使之价值超过实际价值的；

(4)董事会成员、管理人、审计员或清算人，在知情的情况下参与编制不符合事实的资产负债表、财务状况或公司出具的报表，或者意图隐瞒公司财务状况的真实情况，或者故意遗漏重大事实以隐瞒公司财务状况的真实情况的；

(5)董事会成员、管理人、审计员或清算人，明知公司的财务状况不允许或此举违反本法或公司协议的规定，仍分配或批准分配利润的；

(6)除法律允许外，董事会成员、管理人、监事会成员、审计员、公司的任何雇员、受委托对公司进行检查的人，披露工作获取的秘密，或者利用这些秘密谋取私益、他益或损害他人的；

(7)受委托对公司进行检查的人，故意在检查结果中证明与事实相反的情况的，或故意省略能够影响检查结果的重大事实的；

(8)故意陈述或隐瞒与股份公司董事会成员提名条款有关的事实、数据或信息的。

第三百零四条　违反管理义务的处罚

在不与其他法律规定的更严厉的处罚相抵触的情况下，对下列行为处以一年以下监禁，单处或并处五千第纳尔以上一万第纳尔以下的罚金：

(1)董事会成员或管理人故意或通过欺诈手段阻止合伙人或股东参加公司的股东大会或合伙人会议的；

(2)经正式警告一个月后，董事会成员或管理人仍故意且无合理理由，不依法律要求召集股东大会或合伙人会议的；

(3)阻止审计员、监事会成员、官方监管人、清算人或受托检查公司的人查阅公司账簿和文件的，或拒绝向上述人员提供其要求的信息、文件和说明的；

(4)董事会成员、管理人、清算人恶意利用其身份滥用公司的资产或股份，直接或间接谋取私益或他益的。

法院可罢免犯有本条和前条规定罪名的公司董事会成员或管理人。

第三百零五条　罚金

在不与其他法律规定更严厉的处罚相抵触的情况下，公司未在部委规定的期限内，纠正部委提交给公司股东大会的报告中所载违法行为的，可对其处以五千第纳尔以上五万第纳尔以下的罚金。

第三百零六条　检察机关的管辖权

检查机关全权负责本法规定罪行的调查、行动和起诉。

部长应当作出决议，委派足够数量的工作人员监督本法的执行情况，追踪违反本法规定的罪行，并记录能够证明犯罪的材料。

科威特直接投资促进法

邓苏宁 译 万 立 审校*

《科威特直接投资促进法》译介

科威特现行的投资法是2013年颁布的《直接投资促进法》，它取代了2001年颁布的《在科威特的外国资本直接投资法》。

新投资法最主要的内容之一是组建"科威特直接投资促进局"以替代原"科威特外国投资署"，负责管理外资及外部招商，为外国投资者提供服务及便利手续，吸引外国直接投资，促进本国经济多样化。科威特商工部是外国直接投资的主管部门，直接投资促进局隶属于商工部，由商工部部长负责。该法还对直投管理局的任务职责、内部权力机构（直投管理局理事会）、财务运作等问题做了具体规定。

《直接投资促进法》规定了三种外国直接投资方式：一是外资参与出资在科威特注册公司，外资最高持股比例为100%；二是外国公司在科威特设立分公司；三是外资以市场调研为目的在科威特设立代表处（不能从事经营活动）。

与其他海湾国家类似，科威特也是通过许可证制度和负面清单制度对外国直接投资的流入进行管控。关于投资许可申请，该法规定应在提交投资申请以及直投管理局所要求的全部材料后30日内对其作出决定，若申请被驳回则应以书面形式说明理由，申请人可以对驳回提出申诉。关于负面清单，该法规定由内阁编制不受该法管辖的直接投资领域清单，并根据国家的政策和计划以及直投管理局理事会的建议进行更新。

同时，该法还对外资并购审批方式作出了规定，规定并购申请应报请科威特直接投资促进局审批。

该法对外国直接投资优惠政策和鼓励措施主要有：

1. 放宽外资持股比例，首次允许外资在经济特区外100%持股。

2. 便利投资手续流程，开设"综合窗口"，对投资实体许可程序和从事业务有关的政府部门提供"一站式"服务。

---

* 译者：邓苏宁，博士，对外经贸大学讲师；审校：万立，华东政法大学博士研究生。

3. 继续向外国直接投资提供税收减免、划拨土地和不动产等优惠措施，给予投资的优惠和豁免的幅度、类型和期限，与投资项目同国家政策和经济发展计划的契合度挂钩。

2013年116号①

第一条　定义

下列表述的含义如下：

商工部长：商业和工业部部长。

直投管理局：直接投资管理局。

直投局理事会：直投管理局理事会。

直投局理事会主席：商工部部长（兼任）。

直投管理局长：直投管理局局长。

《实施条例》：《直接投资促进法实施条例》。

投资者：任何国籍的自然人或法人。

许可证：依照本法规定颁发投资许可证。

投资实体：依照本法授予许可证的经济项目或活动。

资本：以直接投资为目的直接用于适用本法规定的投资实体的下列事项：

（1）本国或外国的资金、金融及商业证券；

（2）机械、工具、设备、交通运输工具和其他技术设备；

（3）用于投资实体的实际启动或运营的原材料和必要商品；

（4）专利、商标、许可、注册商标名称、工程和技术设计等无形权利；

（5）投资资本的收益和回报，且该投资资本用于资本的增加或者为了直接投资，用于特许投资实体。②

直接投资：投资者单独或者与其他投资者，直接投资于科威特内特许投资实体。

申请：投资者按照适用于各类情形的规则和规定，提交办理许可证、获得优惠或合并投资实体（视情况而定）的申请。

第二条　设立直投管理局

成立的具有法人资格的“直接投资促进局”，由商工部长负责。

直投管理局的总部设于科威特，并可以在国内和国外设立办事处。

第三条　直投管理局的宗旨

直投管理局的宗旨是吸引、促进和鼓励外国和本国的直接投资，包括下列内容：

（1）发展和改善投资环境，为投资者畅通办事流程、消除各种障碍，为鼓励在本国直接投资提供各种支持、便利。

（2）提高对直接投资重要性的认识。以多种宣传、推广手段，提高对直接投资，尤其是对外国投资重要性的认识，并推介科威特的投资环境和在科威特直接投资的机会。

---

① 译本公布于科威特政府网：https://e.gov.kw/sites/kgoArabic/Pages/eServices/LegalPortal/Legal.aspx。译本参考科威特直接投资管理局发布的英译本，https://e.kdipa.gov.kw/main/law1162013.pdf。

② 原文为依据本法许可的投资实体，以下简称“特许投资实体”。

(3)鼓励投资者转让、引入和使用科技、生产及经营方法、管理方法、现代先进技术经验及营销经验。鼓励科威特投资者和外国投资者建立伙伴关系,实现发展目标。

直投管理局应当根据国家公共政策、经批准的经济发展计划、生产行业的发展、本国收入来源多样化、为本国劳动力创造就业机会,以及根据相关最佳国际准则,并采用先进技术提高生产力和专业技能,以开展各项活动。

第四条 直投管理局的任务

直投管理局应当履行下列各项任务,以实现其宗旨:

(1)调查和推介本国直接投资机会,说明投资者享有的优惠、豁免和保障,编写必要的研究和统计报告,为投资者提供信息、说明和统计数据。

(2)接收和评估投资者的申请,并依照本法及其《实施条例》采取必要措施。

(3)与有关部门协调建立经济区,并在总体结构计划框架内对设立地点提出建议。

(4)在内阁批准后,根据内阁确立的原则和规则,建立或参股专门设立和管理符合直投管理局目标的孵化项目的公司。

(5)与所有相关和主管部门协调,简化和畅通必要的程序和服务,以改善和发展本国科威特投资环境,提升竞争优势,跟踪竞争局势及国际准则和报告关于投资领域的表现指数,并鼓励在本国科威特境内直接投资。

(6)组织会议、研讨会、展览、培训,提供符合直投管理局宗旨的服务和培训计划,参与内部和外部活动,编制、印刷和出版与直投管理局工作和活动有关的所有信息。

(7)与有关部门协调,提供融资和信贷便利,以鼓励国家所需的投资。

(8)监督和监测直接投资在国内的表现,并确定可能遇到的障碍,从而与主管部门协调予以克服。

(9)实施内阁或商工部长委托的与鼓励直接投资有关的任务。

第五条

直投管理局应当设立理事会,由商工部长担任理事会主席。理事会成员如下:

(1)三名具有直投管理局相关事务经验和专长的成员。由内阁根据商工部长的建议任命,内阁应当指定一名副主席,在主席缺位时代行主席的权力。

(2)有关直投管理局事务的各部和政府机构三名代表成员。由内阁根据商工部长的提议决定。三名代表成员的等级不得低于助理副部长或同等职位。

(3)直投管理局长应当出席理事会会议,但没有表决权。

直投管理局理事会成员的任期为四年,可以连任。薪酬由内阁确定。

直投管理局理事会主席或受其代理人代表直投管理局签字,并对外(第三人和法院)代表直投管理局。

第六条 直投管理局理事会的会议

直投管理局理事会由主席或副主席提议召开会议。理事会半数以上成员(包括主席、副主席)出席的,直投管理局理事会会议有效。

直投管理局理事会主席从直投管理局工作人员中选任一名秘书。秘书负责筹备会议,编写会议纪要,跟进发布的决定。理事会可以邀请必要人士参加专题讨论,但没有表决权。

直投管理局理事会的决定由半数以上成员通过。票数相等的,由主席所在一方的意见决定。

直投管理局理事会就工作制度、会议规则、程序和日期、执行决议的规定以及下属委员会工作的组织作出必要决定。

第七条　利益冲突

直投管理局理事会成员及直投管理局工作人员不得在任何直投管理局提供的项目或服务中存在直接或间接个人利害关系。上述人员必须披露相关利害关系,不得参与本人及其配偶或一代以内亲属存在利害关系项目的讨论或决定。违反本条规定的决定及其效果即属无效,视为自始不存在。

第八条　直投管理局理事会的权力

直投管理局理事会应当具备所有实现其宗旨所需权力,制定总体政策并予以监督执行。直投管理局理事会的权力主要包括:

(1)制定原则、规则及标准,确保投资者的申请按照本法及《实施条例》审议;

(2)制定分配给直投管理局或受其监督或管理的土地、房地产的使用原则和标准;

(3)确定直投管理局的内部制度和组织结构,制定开展工作所需行政、财务和技术规定;

(4)提交主管部门之前,确认直投管理局的年度预算和决算;

(5)决定本法规定的企业合并申请;

(6)实行本法规定的行政和纪律处分;

(7)批准在国内或国外设立直投管理局办事处;

(8)依照本法规定制定税收优惠和免除受益的标准;

(9)针对主管委员会关于实施本法规定的建议作出决定;

(10)为了实现本法的宗旨,根据本法及《实施条例》作出必要决定。

直投管理局理事会可以授权理事会主席或副主席其他权限。

第九条　直投管理局局长

直投管理局长根据商工部长的建议由法令任命。直投管理局长的级别为助理部长级或以上,任期四年,可以连任。

直投管理局长应当执行理事会的决定,并监督直投管理局的技术、行政和财务机构。直投管理局长应当就提交直投管理局的项目数量、获批项目、驳回项目以及驳回理由编制直投管理局年度统计数据,并提交内阁审审。

由一名或以上助理局长协助直投管理局长工作。助理局长的级别不得低于助理副部长的级别。助理局长根据商工部长的建议由法令任命,任期四年。直投管理局长可以将部分权限授予助理局长。

第十条　直投管理局的财务

直投管理局应当编制预算。财政年度起止与国家财政年度起止时间一致。第一个财务年度自本法生效之日开始至下一财务年度结束时终止。

直投管理局的收入来源构成如下:

(1)国家年度预算分配的资金;

(2)根据直投管理局理事会相关决定,由直投管理局从事的业务、提供的服务或其组织的与直接投资事务有关活动、课程、培训产生的收益或回报;

(3)利用分配给直投管理局或受直投管理局监督或管理的资金产生的收益或回报。

第十一条　负面清单

依据《宪法》第一百五十二条和第一百五十三条规定,内阁应当编制不适用本法的直接投资清单,并根据国家的政策和计划以及直投管理局理事会的建议更新。

内阁负责制定外国法人在科威特投资的原则和规则。

第十二条　投资实体的类型

申请投资许可证应当依照本法规定,由下列投资实体提交:

(1)以直接投资为目的,具有2012年第25号《公司法》规定的任何形式的科威特公司。外国资本可以依据《公司法》持有其全部资本。

(2)以直接投资为目的,在科威特境内获许可设立的外国公司的分支机构。商工部部长应当根据理事会的建议,作出决定以明确分支机构与其法定机构关系的组织原则。

(3)仅为开展市场调研、生产调研,不以参与商业活动或商业代理活动为目的设立的代表处。直投管理局应当为此单独制定规则。

第十三条　申请规则

《实施条例》应当规定申请和登记本法规定的许可的原则、规则及程序。《实施条例》应当说明申请需要载明的信息和数据、申请人应满足的条件、适当的通知方式以及关于颁发许可证的费用。

第十四条　颁发许可证

申请符合直投管理局理事会关于本法规定情形设定的标准、原则和规则后,应当由局长决定颁发许可证。向直投管理局提交申请之前,应当通知投资者上述要求。

《商法》第二十三条第一款、第二十四条关于许可证的规定不适用于外国人。

外国银行及其分支机构依照本法规定办理设立许可,但不得违反1968年第32号法律及其实施决定。

任何情形下,直投管理局应当与商工部就设立和颁发许可证以及对适用本法的公司、分支机构及代表处的监管沟通协调。

第十五条　对申请作出决定的期限

申请人提交申请和直投管理局要求的全部材料后三十日内,直投管理局应当作出决定。

第十六条　驳回申请

直投管理局驳回申请的,应当以书面形式并说明理由。申请人有权申诉。直投管理局收到申诉之日三十日没有答复的,视为驳回申诉。

第十七条　一站式窗口

直投管理局应当设立“一站式窗口”,由政府部门指定的工作人员负责,以处理许可程序和设立投资实体等事宜,并确保在本法规定期限内处理完毕。

直投管理局理事会应当为上述政府机构及其工作人员与直投管理局的协同机制制定必要规则。

申请人可以根据直投管理局确定的规则,委托经直投管理局认可和批准的专业公司或咨询处作为代理人。

第十八条 投资实体的账户

任何特许投资实体,应当开立由审计员监督的标准账户。投资者获得多个投资实体许可证的,各账户应当相互独立。

第十九条 征收补偿

除为了公共利益且依照法律规定以外,不得对特许投资实体实施征收或剥夺其所有权。征收补偿应当等于征收项目被征收时的实际价值。作出征收决定后应当立即支付补偿。

第二十条 投资实体的处置

投资者有权全部或部分转让或放弃其获得特许投资实体的所有权或实施其他处置。转让对象可以是外国投资者或科威特投资者。直投管理局理事会应当制定相关规则。

全部或部分转让投资实体的所有权时,新的所有者或者受让人应当承继原所有者的权利和义务。

第二十一条 投资实体的合并

向直投管理局提交联合申请并经理事会同意后,两个或以上投资实体可以合并。合并后的新实体是被合并实体的法定继受人,承继其权利和义务。

新的实体自动享有被合并投资实体获得的豁免和优惠的最短剩余期限。

第二十二条 境外汇款

投资者有权将其利润、资本、出售投资实体份额产生的收益及依照本法获得的补偿,汇出本国。投资实体的员工有权将储蓄和应收款项汇出本国。

第二十三条 信息的保密

根据本法规定,投资者应当有权享有与投资相关的技术、经济和金融信息的基本保密原则,并有权获得根据本国法律法规对投资计划的保护。

任何人泄露或得益于因受雇或参加直投管理局或其任何分支机构开展的活动而可能获得的任何信息,该等信息涉及投资提议或适用本法投资的技术、经济或金融等事宜,处以一年及以下监禁,单处或并处一千第纳尔或以上、一万第纳尔及以下的罚款,但法律允许或法院的判决或命令另有规定的除外。任何其他法律规定了更重的处罚的,从其规定。

第二十四条 关于直接投资的立法

除本法另有规定外,适用本法的直接投资适用本国法律、法规,并执行与投资和避免双重征税相关的所有国际协议。

第二十五条 本法的适用范围

本法适用于本法生效前已存在或已获得许可的投资,但不影响本法生效前投资已获得的豁免和保障。投资者对本法规定的优惠申请应当提交直投管理局审议。

本法适用于现有投资实体在生效之日后的任何扩大或修改,直投管理局理事会应当对扩大、修改以及颁发许可等事宜作出规定。

第二十六条 将争议提交法院

仅科威特法院有权管辖投资项目与第三人所有可能发生的任何争议。当事人可以协议约定将争议提交仲裁。

第二十七条 投资激励措施和税收豁免

投资者有权享有下列全部或部分投资激励措施:

(1)免征所得税或其他税款,期限不超过特许投资实体实际运营之日起十年。

(2)依照本法规定特许投资实体扩大的,自扩大产生或实际经营之日起,在不短于给予原投资实体的免税期限内,免缴前款所列税款。

(3)依照2003年第10号《海合会成员国统一海关法》规定,用于直接投资的下列进口货物应当全部或部分豁免征税、关税或其他可能支付任何费用:

a. 机械、工具、设备、运输工具及其他技术设备;

b. 前述货物的零部件或者必要的维护品;

c. 商品、原材料、半成品、包装材料和容器。

自通知投资者免除本条所称关税之日起五年内,投资者不得以任何方式处置本条所称货物,包括销售、交换或转让等方式。同一期间内,投资者不得将货物用于进口目的以外的其他目的,但符合直投管理局董事会决定的相关原则和规则,并在处置时支付应付进口税费的除外。

(4)根据直投管理局理事会制定的相关规则,使用划拨直投管理局或受其监督、管理的土地和不动产。

(5)雇佣投资所需的外国劳动力的,应当遵照内阁确定的本国雇员最低比例。

(6)内阁可以决定授予本条没有规定的优惠和豁免。

第二十八条　激励和豁免对公私伙伴关系的适用

本法第二十七条规定适用于所有类型的公私伙伴关系的直接投资,包括2008年第7号法律和2010年第37号法律规定的公司和项目。直投管理局理事会应当制定相关规则。

第二十九条　给予激励措施的申请和标准

投资者应当向直投管理局提交申请,在办理许可证的同时或之后享有本法规定的全部或部分优惠。直投管理局应当审议该申请,确保直投管理局理事会规定的相关原则、规则和程序得到遵守,并符合国家政策和发展计划。

给予投资的优惠和豁免的数量、类型和期限,根据投资的类型和性质,应当与下列所有或部分标准挂钩:

(1)向科威特转让和引入技术、现代管理方式以及先进实践、技术和营销专业知识。

(2)提供的产品和服务的数量与质量。

(3)科威特和海湾国家市场对该直接投资的需求度及其对经济多样化的贡献。

(4)本国出口的增长。

(5)为本国劳动力创造就业机会,并开展培训。

(6)对缺乏类似项目或业务的地区发展作出贡献。

(7)对环境的有益影响。

(8)项目提供的服务范围超出正在实施的特定项目或经济活动的范围。

(9)使用本国产品。

(10)使用本国技术、专业和咨询服务。

直投管理局理事会可以按照国家政策和经济发展计划,修改或增加其他标准。

第三十条　投资登记簿

直投管理局应当编制专门的“投资登记簿”,记录根据本法规定获得许可的所有投资实体,以及所有相关的申请、许可、激励措施、豁免和处罚。所有文件和相关数据录入登记簿中。

直投管理局长应当作出必要决定,说明登记簿的编制方式、内容、登记机制、所需文件及数据。

第三十一条　年度报告

商工部部长应当在将直投管理局年度报告和直投管理局活动、项目统计报告提交内阁之日起三十日内,向国民议会提交两个报告的副本。

第三十二条　对违反本法或许可要求的处罚

投资者违反本法规定或许可要求的,直投管理局理事会可以处以下列处罚之一:

(1)书面警告。第一次警告之日起一年内,同一投资者或同一投资实体受警告三次的,从重处罚。

(2)部分或完全剥夺给予的优惠和豁免。改正违法行为的,可以复议剥夺决定。

(3)临时行政拘留。

投资实体没有合理事由停止经营一年以上(不包括本数)的,或者投资者向直投管理局提交的时间表载明的实际经营日期推迟一年以上(不包括本数)的,依法强制吊销许可证。《实施条例》应当规定必要的原则、规则。其他情形下,除初审法院院长根据直投管理局提交的说明文件发布命令外,不得吊销许可证或清算投资。

投资者可在送达处罚决定之日起三十日内,对本条第二款、第三款规定的处罚提出申诉。直投管理局应当在三十日内作出决定。驳回申诉的,应当以书面形式告知并说明理由。

根据本条规定实施的处罚和向投资者送达的日期,应当记录在本法规定的投资登记簿中关于该投资实体的部分。以上处罚不影响民事责任和刑事责任的追究。

第三十三条　司法官员的委任和权力

商工部长确定的专业工作人员具有司法官员的身份,可以监督本法及《实施条例》、决定的执行情况。该工作人员应当保持忠诚、廉洁、公正,不泄露在工作过程中得知的投资实体的秘密。工作人员应当在部长面前宣誓:

> 我对全能的主发誓,以忠诚、廉洁、公正、诚实的态度开展工作。在我的服务结束后,依然对我在工作中获知的信息保密。

上述工作人员应当在完成工作后立即向直投管理局长提交工作结果的详细报告。直投管理局长应当将该报告连同其意见一并提交直投管理局理事会决定。

第三十四条　投资者的义务

根据本法规定取得许可或者已获得优惠和豁免的投资者应当:

(1)在三十日以内,以书面形式向直投管理局通知特许投资实体启动工作所需的措施和运营步骤的开始日期和完成日期。

(2)特许投资实体实际运作之日起三十日内通知直投管理局。

(3)遵守由财政部颁布的关于金融和税收的规定,包括有关提交纳税确认表和获取税务卡的规定。

(4)提供直投管理局要求的实施本法所需任何信息、资料、统计数据、文件。

（5）允许直投管理局长授权的直投管理局任何工作人员进入与特许投资实体有关的所有建筑、场所、设施，依法实施检查和监测，以确保投资者提交的资料、信息、统计数据、文件的内容与事实相符。上述直投管理局工作人员的工作结束后，应对立即向直投管理局长提交工作结果的详细报告，由直投管理局长作出决定。

（6）任何情况下，投资者开展工作期间应当遵守本国法律法规，尤其是关于保护环境的法律和关于安全、公共卫生、公共秩序、不对他人造成危险等事项的法规。

第三十五条　直投管理局的资金、资产和工作人员

根据2001年第8号法律设立的外国投资管理局的所有资金、资产、义务、权利及所有事项应当移交给直投管理局。

依照1979年第15号法令和1979年4月4日颁布的关于公务员制度的法令，直投管理局应当根据直投管理局董事会制定的条例任命工作人员，包括任命规则和发放实物和现金报酬的规定。商工部长应当在本法生效之日起六个月内颁布必要决定，将上述工作人员从外国投资管理局调至直投管理局。

第三十六条　《实施条例》

商工部长应当在本法在《公报》公布后六个月内颁布本法《实施条例》及必要决定。

第三十七条　废除2001年第8号法律

废止2001年第8号法律以及任何与本法不一致的条文。

第三十八条　本法的事实

首相和商工部长应当履行各自职责，执行本法。本法自《公报》公布之日起六个月后生效。

卡塔尔商业公司法

邓苏宁　译　徐琨捷　审校*

《卡塔尔商业公司法》译介

卡塔尔现行的公司法是2016年颁布的《商业公司法》。该法规定了七种公司形式:合伙公司、简单两合公司、隐名合伙、开放式股份公司、封闭式股份公司、股份两合公司、有限责任公司。

合伙公司由两个或两个以上自然人作为普通合伙人组成,合伙人对合伙公司债务承担无限连带责任。简单两合公司有普通合伙人和有限合伙人两类合伙人,普通合伙人承担无限连带责任,有限合伙人仅以其出资为限承担责任。隐名合伙是不对他人披露、不具有法律人格的公司,不受任何公示程序约束,其公司协议决定其宗旨、合伙人的权利和义务、合伙人之间的利润和损失的分配方式、公司的管理方式以及其他基本要素。开放式股份公司在设立后60日内必须进行公开招股。封闭式股份公司不得进行公开招股。股份两合公司是由普通合伙人和出资合伙人组成的公司,出资合伙人类似股份公司中的股东。有限责任公司的合伙人不得超过50人,每个合伙人以其所认缴的出资额为限对公司承担有限责任。

新《商业公司法》与旧法的区别主要体现在下列几点:

1. 新法取消了对有限责任公司的最低设立资本要求。股东可根据协议决定公司资本,这提供了更加宽松灵活的投资环境,有助于中小企业的设立。

2. 新法把一人公司并入有限责任公司中。

3. 新法规定开放式股份公司在设立后一年内必须上市,否则公司将自动转为非公开股份公司。

4. 新法将股票的名义价值由旧法规定的10里亚尔改为100里亚尔。

5. 新法对公司设立流程冗长的问题予以充分关注。新法规定设立"一站式服务"窗口,集中所有相关部门代表,为公司设立提供便利,以确保设立流程易于完成。新法还解决了股份公司实物份额评估流程缓慢的问题。新法规定实物份额的评估由主管部门任命的专家完成,而无须上法庭,从而节约了更多的时间、手续和费用。

6. 新法规范了公司治理。新法规定治理报告必须经股东大会讨论通过,加强了对董事会工作的监督,增强了对股东利益的保障,并有利于确保经贸部、金融市场管理局、中央银行的

---

* 译者:邓苏宁,博士,对外经贸大学讲师;审校:徐琨捷,华东政法大学博士研究生。

相关决定得以实施。新法还规范了审计员的作用和职责，并规定审计员出席是股东大会决议生效的前提条件。

7. 新法对董事会成员的薪酬作出了限制。新法规定公司董事会成员的薪酬在任何情况下都不得超过净利润的5%。同时，新法还废止了旧法对于董事会成员在公司不盈利的情况下仍获取固定数目的大额薪酬的规定。

8. 新法规定将针对董事会成员的赔偿责任诉讼的诉讼时效从之前的五年缩短为三年，以避免法律关系长期处于不确定的状态。

9. 新法律规范了收购的条件，并规定公司对另一公司的持股比例超过40%时，应被视为对其发起收购。

10. 新法律明确了金融市场管理局对上市公司的监管职权范围，以便加强监管机构之间的协调。

总体来说，新《商业公司法》加强了公司治理和对中小股东的保护，提高了公司设立效率，规范了对各类公司的监管，为国内外投资者在卡投资提供了更大的便利。

值得注意的是，在本法阿拉伯语版本中对“合伙人”和“股东”作出了区分，“合伙人”用于普通合伙公司、隐名合伙、简单两合公司、股份两合公司和有限责任公司；“股东”仅用于开放式股份公司和封闭式股份公司。

第一章　定义与总则

第一条

在执行本法条款时，下列术语的含义如下，但根据上下文另有含义的除外：

部委：经贸部；

部长：经贸部部长；

主管部门：部委中的主管行政单位；

管理局：卡塔尔金融市场管理局；

金融市场：管理局授权的进行金融证券交易的市场；

公司协议：公司章程；

治理：管理和控制商业公司的制度，治理的原则将确定公司各利益相关方（如董事会、管理人、股东和其他利益相关者）之间权利和责任分配，并明确与公司事务相关的决策的规则和程序；

发行承销机构：本国经认证的银行，或持有承销许可证的公司。

第二条

商业公司，即由两个或两个以上自然人或法人，通过金钱或劳务出资，从事盈利性商业活动，并共担风险、共享利润的合同。

根据本法第八章的规定，公司可以由一人设立。

第三条

在卡塔尔设立的每家公司都是卡塔尔籍，必须在卡塔尔设立总部。该公司并不享有卡塔尔人在法律上的特有权利，但卡塔尔公民全资拥有的公司除外。

第四条

在本国设立公司应采取以下形式之一：

1. 合伙公司；
2. 简单两合公司；
3. 隐名合伙；
4. 开放式股份公司；
5. 封闭式股份公司；
6. 股份两合公司；
7. 有限责任公司。

第五条

任何公司如未采用前一条所述形式之一，即无效。以该公司名义签订合同者，对该合同产生的义务负连带责任。

第六条

除隐名合伙外，公司协议及其任何修订均应使用阿拉伯语，并进行公证，否则，协议或修订无效。

公司协议的公证程序由有关部门与部长协调后决定。

公司协议或其任何修订可以附上其他外语的翻译件，出现分歧的，以阿拉伯语版本为准。

第七条

合伙人可以以公司协议非书面形式或未经依法公证主张协议无效，但该主张仅能对其他合伙人提出，不得以此来对抗第三人。

第八条

公司未经本法规定进行公示者，不得享有法律主体资格，但隐名合伙除外。公司未公示给他人造成的损害的，公司管理人或其董事会应当根据实际情况承担连带责任。

第九条

合伙人的份额可以是一定数额的金钱，也可以是服务于公司宗旨的实物。合伙人还可以劳务出资。但是，合伙人的份额不能是声誉或影响力。

公司的资本包括货币份额和实物份额或两者之一。

第十条

合伙人以所有权或其他实物权利出资的，合伙人应当根据适用于销售合同的规则，在其份额在灭失、到期、出现缺陷或短少时，承担相应责任。

合伙人的份额是所有权产生的收益的，有关租赁合同的现行规定适用于前款所述事项。

合伙人的份额包括对第三方的权利的，合伙人对公司的义务在该权利到期履行前不得解除，另有约定的除外。

合伙人的份额是劳务的，除非另有约定，此劳务所产生的每一项收益都是公司的权利，但合伙人从专利权中获得的收益除外。

以劳务出资的合伙人不得为自己或他人的利益从事相同的工作，但另有约定的除外。

第十一条

每个合伙人在其承诺的份额范围内都被视为公司债务人，延迟缴纳份额的，应当对公司赔偿因延迟造成的损害。

第十二条

合伙人的个人债权人无权要求合伙人以其在公司资本中的份额偿还其债务，但是可以依据公司资产负债表，用合伙人份额取得的利润来偿还其债务。公司到期的，债权人有权公司在清偿债务后，以债务人在剩余资产中的份额清偿债务。

合伙人以股份出资的，该合伙人个人债权人除拥有前款所述的权利之外，还可以向主管法院提起诉讼，请求出售其股份偿还其债务，并可请求预备性扣押其股份以确保清偿债务清偿。

第十三条

公司协议不得以规定剥夺合伙人分红的权利或免除其承担亏损，否则无效。

但是，公司协议可以免除以劳务出资的合伙人承担亏损的责任。

第十四条

公司协议没有规定合伙人在损益中所占比例的，其所占比例应当为其份额在资本中的比例。

协议仅规定了合伙人在利润中所占比例的，其在损失中的所占比例等于其在利润中所占的比例；反之亦然。

合伙人仅以劳务出资，且公司协议未规定其在损益中所占比例的，公司应当对其劳务进行评估，该评估作为确定其在损益中所占比例的依据。

同时存在多个仅以劳务出资却未经评估的合伙人的，他们的份额被视为相等，但另有证明的除外。

合伙人除劳务外，还以货币或实物出资的，其在损益中所占比例为其劳务所占比例加上其货币或实物出资所占比例。

第十五条

不得将虚假利润分配给合伙人，无论合伙人善意与否，公司债权人均可要求其退还所得。合伙人不需要退还本年度内获得的实际利润，即使公司在之后的一年或几年遭受亏损。

第十六条

公司出具的所有合同、信函、清欠收据、声明和其他文件必须注明其名称、公司形式、总部及其在商业登记簿上的注册号。

除上述信息之外，还需注明公司资本金额和实缴金额，但合伙公司和简单两合公司除外。

公司正在进行清算的，应当在其出具的文件中标明。

第十七条

本法的规定适用于在境内经营的外国公司，但设立公司的规定除外。

第十八条

封闭式股份公司的治理规定由部长发布，但受卡塔尔中央银行监管的公司除外；在金融市场上市的上市公司的治理规定，由管理局发布。

在任何情况下，公司董事会都有义务执行上述有关治理的决定，并确保公司的设立文件不与上述决定相抵触。

第十九条

如何完成公司设立程序、获得许可证的决定由部长发布,以确保该流程易于完成,并应当规定所有相关部门代表在一个窗口,提供一站式服务。

第二十条

本章的规定适用于本法规定的所有公司,但与各种公司的具体规定相冲突的除外。

第二章 合伙公司

第二十一条

合伙公司由两个或两个以上自然人组成,合伙人以其所有资产对公司债务负连带责任。

第二十二条

合伙公司的名称由全体合伙人的姓名构成,也可由其中一个或数个合伙人姓名加上"及其合伙人"构成。公司名称必须与事实相符。公司名称包含某非合伙人的姓名且其知晓此事的,其对公司债务负连带责任。但是,退出的合伙人或已故合伙人的继承人同意,公司名称可以保留退出或已故合伙人的姓名。

合伙公司可以拥有专属的商业名称,但应以显著标识表明其为合伙公司。

第二十三条

合伙公司的协议应包括下列内容:

1. 公司的名称、宗旨、总部、分部(如有);
2. 所有合伙人的姓名、职业、国籍、出生日期、居住地;
3. 公司的资本额,每个合伙人认缴的以货币、实物或对第三人权利形式的出资,这些份额的估值、缴纳方式以及应缴足的期限;
4. 公司设立的日期及其期限;
5. 如何管理公司,以及所有有权代表公司签字的人的姓名及其权限;
6. 财务年度的开始和结束;
7. 如何分配利润和亏损。

第二十四条

合伙人可以为公司制定书面章程,其中包括合意形成的详细管理条款,并将其副本附于公司协议中。

第二十五条

公司协议及其任何修改应通过在商业登记簿上登记进行公示。公司协议的摘要及其任何修改应在以阿拉伯文出版的当地日报上公示,费用由公司承担。

在登记和公示程序完成之前,不得以公司的存在对抗第三人。在完成上述程序之前,法院不得受理公司对第三人提起的诉讼。

但是,没有完成登记和公示的程序,第三人也可以主张公司存在。

第二十六条

合伙公司的合伙人具有经营者的身份,应被视为已经以公司名义从事商业活动。公司的破产导致其所有合伙人的破产。

第二十七条

合伙公司的合伙人不得以可转让的金融票据出资。

第二十八条

合伙人不得转让合伙公司的份额,但经所有合伙人同意或符合公司协议的除外。在转让情况下,协议应予以修改,转让应按照本法第二十五条的规定公示。

合伙人不得协议不受任何限制地转让份额,否则,协议无效。但合伙人可以向第三人转让其所持有公司份额的相关权利,该转让协议只对转让双方有效。

第二十九条

公司债权人有权要求公司以其资产承担责任,也可要求合伙人以其资产承担责任,全体合伙人对公司债权人负连带责任。

只有在法院对公司的最终判决生效且公司未在催告后及时履行债务时,合伙人才应以其资产为公司债务承担责任。

法院对公司作出的判决,对合伙人也具有约束力。

任一合伙人履行公司债务的,有权向公司追偿,也可以按照份额比例向其他合伙人追偿。合伙人无力承担债务的,履行债务的合伙人和其他有能力承担债务的合伙人按各自份额比例承担该合伙人无力承担的部分。

第三十条

未经其他合伙人同意,合伙人不得为自己或他人的利益从事与公司业务类型的相同的业务,也不能成为与本公司竞争的合伙公司、简单两合公司、股份两合公司、有限责任公司、封闭式股份公司的合伙人。

合伙人违反上述要求的,公司可要求其赔偿,并把合伙人为自己个人利益从事的行为视为公司的行为。

第三十一条

合伙人加入公司的,应当以其所有资产对公司在其加入前和加入后的债务与其他合伙人一同承担连带责任。合伙人之间达成的与之相悖的任何协议,不得对抗第三人。

第三十二条

合伙人退出公司的,在按照本法第二十五条的规定公示其退出后,对公司之后产生的债务不承担责任。

第三十三条

合伙人转让其在公司份额的,不能免除其对公司债权人的责任,但债权人同意免除其责任的除外。

第三十四条

合伙公司的决议应当经全体合伙人同意后发布,但公司协议另有规定的除外。

修改公司协议的决议只有经全体合伙人同意才有效。

第三十五条

公司应当由所有合伙人共同管理,但由公司协议或独立合同委托一个或多个合伙人或非合伙人进行管理的除外。

第三十六条

管理人有多个，且每个管理人都有特定权限的，每个管理人对其权限范围内的工作负责。

管理人有多个，且集体执行管理的，管理人的决定必须是协商一致或以公司协议规定多数作出的，否则无效。

但是，在紧急情况下，每位管理人为避免公司遭受重大亏损或失去大额利润时，可以独自作出决定。

管理人有多个，且协议中没有规定各自权限，也不要求集体执行管理的，每个管理人均可进行任何管理工作，但其他管理人有权在工作完成之前提出反对，在这种情况下，依照管理人的多数意见作出决议，不能形成多数意见的，应当将该事项提交合伙人。

第三十七条

由公司协议指定为管理人的合伙人，未经其他合伙人协商一致，或主管法院应大多数合伙人要求作出的判决，不得对其免职。

在上述两种情况下，管理人被免职均会导致公司解散，但公司协议另有规定的除外。

由独立于公司协议的合同指定为管理人的合伙人，或者是由公司协议或独立合同指定为管理人的非合伙人，可以由大多数合伙人决定对其免职，其被免职不会导致公司解散。

第三十八条

由公司协议指定为管理人的合伙人，若无正当理由不得辞去管理职务，否则应当负有赔偿责任。在该合伙人辞职后，应由所有其他合伙人一致同意，任命一名新合伙人来取代其职位，但协议另有规定的除外。

由独立于公司协议的合同指定为管理人的合伙人，或者是由公司协议或独立合同指定为管理人的非合伙人，可以辞去管理职务，但是须选择适当的辞职时间，并在辞职前至少六十日通知合伙人，公司协议也可另行规定提前通知的期限，否则，应当负有赔偿义务。

第三十九条

管理人应当从事与公司宗旨相符的所有正常管理工作，符合公司利益的，可以代表公司和解或申请仲裁，但公司协议限制其在此方面权力的除外。

无论管理人是否以公司名义谋取自身利益，其在权限范围内以公司名义实施的行为，均对公司产生约束，但合同相对人为恶意的除外。

第四十条

除经合伙人同意或协议中有明确规定，管理人不得实施超出正常管理的行为，特别是以下行为：

1. 捐款，但小额常规捐款除外；

2. 出售公司的不动产，但出售是公司宗旨的一部分除外；

3. 抵押公司的不动产，即使公司协议明确授权其出售不动产；

4. 出售或抵押公司商铺；

5. 担保他人的债务。

第四十一条

管理人每次为自身利益与公司签订合同时，均需取得所有合伙人的书面同意。

管理人不得从事与公司业务类型相同的业务，但得到所有合伙人书面同意的除外。

第四十二条

管理人应当对因违反公司协议或任命合同、或工作中的疏忽或过错而对公司、合伙人或第三人造成的损害负责。任何与此相反的规定均无效。

第四十三条

非管理人的合伙人不得干涉管理工作。但是,该等合伙人可以自行在公司总部查阅公司的工作,检查公司的账簿和文件,自行或通过代理人获取公司财务状况的简报,并可向管理人提出建议。任何与此相反的规定均无效。

第四十四条

利润、亏损以及每个合伙人在其中占比在公司财务年度末的资产负债表和损益表中应当明确。

一旦该占比因资产负债表被批准而得以明确,每个合伙人在其利润份额范围内被视为本公司的债权人。

公司因亏损造成的资本不足将由后续年份的利润亏损补充,但另有约定的除外。不得要求合伙人补充因亏损导致其资本份额的不足,但经其同意的除外。

第三章　简单两合公司

第四十五条

简单两合公司是由两类合伙人组成的公司:

1. 普通合伙人。他们管理公司,并以其个人财产对公司所有债务负连带责任。

2. 有限合伙人。他们缴纳公司资本,并只在其认缴或实缴的资本范围内对公司债务负责。

第四十六条

所有普通合伙人都必须是自然人。

第四十七条

公司协议载明普通合伙人和有限合伙人的姓名。

第四十八条

简单两合公司的名称包括普通合伙人的姓名,并加上表明存在其他合伙人的字样。

简单两合公司可以有专门的商业名称,但需加上表明其为简单两合公司的字样。

有限合伙人的姓名不能出现在公司名称中,出现有限合伙人姓名且其知情的,该有限合伙人应对公司对于善意第三人的债务负连带责任。

第四十九条

有限合伙人即使受委托也不得干预公司的管理,否则应当对其管理工作所产生的债务负连带责任。还可以根据其工作的规模、频率,及其第三人对其管理权限的信赖度,令其对公司所有或部分债务负责。

监督管理人工作、向管理人提供意见、授权管理人在其权限范围之外行事不应被视为干涉行为。

第五十条

有限合伙人可要求提供资产负债表和损益表的副本,并核实其真实性,为此,可以由其本人或其代理人从合伙人或其他人处查阅公司的账簿和文件,但不得对公司造成损害。

第五十一条

简单两合公司的决议需经全体普通合伙人的一致通过,但公司协议另有规定的除外。

修改公司协议的决议需经全体普通合伙人和有限合伙人一致通过,否则无效。

第五十二条

除本章的规定外,简单两合公司须遵守对合伙公司的相关规定。

第四章 隐名合伙

第五十三条

隐名合伙是不对他人披露、不具有法律人格的公司,不受任何公示程序约束。

第五十四条

隐名合伙的协议确定其宗旨、合伙人的权利和义务、合伙人之间的利润和亏损的分配方式、公司的管理方式以及其他基本要素。

隐名合伙的协议可以通过一切手段来证实,包括直接证据和间接证据。

第五十五条

隐名合伙不得发行可流通的金融票据。

第五十六条

公司的合伙人是其承诺提供的份额的所有人,但公司协议另有约定的除外。

份额是确定的实物资产的,占有该份额的合伙人宣布破产时,所有人有权在履行其在公司亏损中应承担的金额后,将该出资从破产程序中收回。

份额是货币或不易分割之物的,份额所有权人只能作为债权人参与破产程序,其拥有的债权额为该份额的价值减去其应对公司亏损所承担的金额。

第五十七条

第三人只能向与之交易的合伙人追偿。

合伙人向第三人披露公司的存在的,第三人可以认为公司所有合伙人对其承担连带责任。

第五十八条

隐名合伙的合伙人只要不亲自从事经营活动,就不是经营者。

第五十九条

每个合伙人均有权由其本人或其代理人查阅公司的账簿和文件,但是代理人的查阅不得对公司造成损害。任何与此相悖的协议均无效。

第六十条

隐名合伙的决议需经全体合伙人的一致通过,但公司协议另有规定的除外。

修改公司协议的决议需经全体合伙人一致通过,否则无效。

第六十一条

隐名合伙中有外国合伙人的，该公司不得从事禁止外国人开展的业务。

第五章　开放式股份公司

第一节　总　　则

第六十二条

开放式股份公司的资本被分为等价、可转让的股份，股东只在其认缴资本范围内负责。

第六十三条

每家开放式股份公司均应当有表明其宗旨的名称，该名称不得包含自然人的姓名，除非该公司的宗旨是投资以该人的名义注册的专利，或该公司拥有以自然人命名的商业机构，公司以该机构的名称命名。

在所有情况下，公司名称中须有“卡塔尔开放式股份公司”字样。

第六十四条

开放式股份公司的公司协议及其章程中应当载明其期限，公司的期限可以通过股东大会特别会议的决定延长。

公司宗旨是执行特定业务的，公司应当在该业务完成时到期。

第六十五条

开放式股份公司资本必须足以实现设立公司的目的。

公司资本不得少于一千万里亚尔。

第二节　公司的设立

第六十六条

设立开放式股份公司的决定由部长发布。

第六十七条

开放式股份公司的设立人应为五人及以上。

公司在设立后六十日内公开招股，公司在此期间内未招股的，则根据法律强制到期，除非其设立人在招股期届满后三十日内修改公司协议和章程，把公司变更为本法规定的其他公司形式。设立人承担这一变更的费用，其中包括部委收取的税费和罚款。设立人以其所有财产，承担公司在此期间的债务。

第六十八条

政府和其他公共机构设立的开放式股份公司、由国家出资至少百分之五十一的公司设立的开放式股份公司，或经内阁批准的国家出资不足百分之五十一的公司设立的开放式股份公司，不受上条最低设立人数的规定限制。上述设立人可单独或与其他一名或多名本国或外国设立人联合设立，其他设立人可以为自然人、公法人或私法人。

第六十九条

在遵守本法第六十六条的前提下,设立人起草公司协议及其章程时,应遵守由部长决定所规定的两种模板。设立人不得违反这两种模板,但有经主管部门认可的充分理由的除外。

两种模板均必须包括以下内容:

1. 公司的名称及其总部;
2. 公司设立目的;
3. 设立人的姓名、国籍、居住地和职业,以及每个人所认购的股份数量;
4. 公司的授权资本金额(如有);
5. 公司已发行的资本金额及其包括的股份数量、类型、名义价值和每股价值实缴金额;
6. 公司的期限;
7. 对非货币份额及其提供者名称的说明,及其提供的所有条件,以及此类份额产生的实物权利;
8. 对公司支付的或公司因成立而承诺支付的费用、薪水和成本的大致说明。

第七十条

所有设立人应当选择一名设立人代表,在主管部门办理设立手续。

第七十一条

公司设立申请须连同公司协议及章程副本一并提交主管部门。

主管部门可以要求提供其认为必要的任何其他数据以及证明此类数据的文件和材料,并可以要求查看可行性研究报告。

主管部门可以要求修改公司协议和章程,使其符合本法及第六十九条所述模板的规定。

在任何情况下,应当在提交所有必要材料之日起十日内对申请作出审核。

第七十二条

主管部门批准公司设立申请的,设立人需签署经主管部门批准的公司协议和章程,并依法向主管部门备案。部长自提交协议和章程之日起三十日内发布公司设立的决定。

第七十三条

主管部门驳回设立申请或前一条规定的期限届满而未作答复的,设立人可以在收到驳回决定之日起三十日内或上述期限届满之日起三十日内,向部长提出申诉。

部长应在提交申诉之日起三十日内就申诉作出答复,并应当以任何方式通知申诉人其申诉被驳回。此期限届满而未作出答复的,视为默示驳回申诉,并具有终局效力。

第七十四条

设立公司的申请最终被驳回的,在申请被驳回满一个月之前,设立人不得提交设立同一公司的新申请。

第七十五条

设立公司的决定应和公司协议及其章程一并在官方公报中公示。公司在公示之前并无法人资格。

公示应当记录在商业登记簿中,并在官方公报上一并公布。

第七十六条

设立人应认购不少于公司资本百分之二十、不超过公司资本百分之六十的股份。设立人不得在公司设立阶段认购公开招股的股份。设立人向公众募股之前,应当向主管部门提交银行证明,确保已在公司账户中存入作为设立人所应认购股份的相当金额。设立人还需提交根据本法第七十七条的规定拟定的招股说明书。

完成上述工作后,主管部门才可允许其在两份当地日报上发布招股说明,其中至少一份是阿拉伯语报纸,并在公司网站上发布(如有)。

第七十七条

在认购开始一周前,招股说明书应在两份或以上当地日报发布,其中至少应有一份阿拉伯语报纸。招股说明书必须包括以下内容:

1. 设立人的姓名和国籍;
2. 公司名称、宗旨和总部;
3. 经批准的资本金额(如有);
4. 发行资本金额和实缴资本金额,股票类型、名义价值、数量,公开认购金额、设立人认购金额,以及股票交易限制;
5. 实物份额及对其的说明,以及与其相关的权利(如有);
6. 给予设立人或其他人的特别福利(如有);
7. 利润的分配方式;
8. 设立公司的预估费用;
9. 设立人履行了所认购股份的价值;
10. 个人可以认购的最低股份数目,以及当不超过设立人既定比例时可认购的最高股份数;
11. 认购日期及其结束日期、地点和条件;
12. 颁发许可设立公司决定的日期;
13. 在认购数量超过所提供的股份数量时,向认购人分配股份的方法说明;
14. 影响股东权利和义务的任何其他事项;
15. 在部长决定中规定的任何其他信息。

设立人或其代表应签署招股公告,并对其所包含的数据完备性和真实性承担连带责任。

公告应当附有审计员签署的报告,证明其已知悉该公告并已审查其中所载的数据,且已确认其真实性。

第七十八条

招股应通过本国一家或多家经认证的银行或经许可的公司进行,应当支付认购应付的金额,并将支付的款项存入以设立中的公司的名义开立的银行账户。

第七十九条

股东认购时需在认购申请上签字,认购申请需说明认购股份数量、认购人对公司协议和公司章程细则的接受、该股东在本国选定的处所,以及承销机构认为必要的所有其他声明。

认购的完成不应有前提条件,认购人设定的任何前提条件均无效。

认购人向承销机构提出认购请求,并支付款项,以获取承销机构签字认证的收据,收据上注明认购人姓名、处所、认购日期、认购股份数量和所缴款项。

认购人收到此收据视为认购完成。

第八十条

应当向每个认购人提供公司协议的印刷本，并在认购收据中确认。

任何利害关系方均可以在认购期内免费或以招股说明书中注明的适当费用获取公司章程细则的印刷本。

公司有专门网站的，应当在该网站上公布公司协议和公司章程细则。

第八十一条

承销机构应当将股东缴纳的全部资金存入设立中的公司的账户中，在公告公司设立并在商业登记簿上完成登记后，才能交付给董事会。

第八十二条

认购开放时间必须不少于两周且不超过四周。

在规定时间内所有招股的股份未完全被认购的，在主管部门批准后，设立人可以延长该期限，但延长期限不得超过两周。在延长期内所有的股份仍未完全被认购的，设立人可以撤销公司的设立，或者在不违反本法第六十五条规定的前提下，将未认购的数额从资本中减除。

第八十三条

公司未能设立的，设立人必须按照上一条规定，在规定的认购结束日期起不超过一周的期限内，全额退还认购人支付的款项。设立人对退款款项和设立公司的费用负连带责任，并为其在设立期间进行的行为和处分对第三人负连带责任。

第八十四条

在减资的情况下，认购人可在不短于第一个认购期的期限内撤回认购，上述期限从在两家当地日报（其中一份为阿拉伯语）和公司网站上（如有）公示减资起算。认购人在此期间没有撤回认购的，视为最终完成了认购。

第八十五条

认购期满后被认购的股份数量超过发行股份数的，必须按照招股说明书的规定向认购人进行分配。

在任何情况下，超额认购资金及其产生的收益，均由负责认购的承销机构在认购结束之日起不超过两周内退还股东。

第八十六条

任何利害关系方可以在认购结束之日起三十日内请求判决违反优先条款的认购无效。

第八十七条

设立人应当在认购结束之日起十日内，通知主管部门认购的结果、认购人已缴纳的金额，以及认购人的姓名及其认购的股份数量。

第八十八条

设立人应当在前一条规定的期限内，根据召集大会的条件，在主管部门批准后，邀请认购人召开设立大会。大会应当自邀请之日起三十日内举行，并应当向主管部门发送邀请函副本，以便其派代表参加会议。

第八十九条

每个认购人，无论其股份数目多少，均有权出席设立大会。

第九十条

设立人应当向设立大会提交一份报告，其中载有关于设立过程及其证明文件的完整资料。

大会应当特别地审议下列问题：

1. 设立人关于公司设立过程及其费用的报告；

2. 批准公司章程细则；

3. 选举第一届董事会成员，任命审计员并确定其费用；

4. 批准对实物份额的估价（如有）；

5. 最终宣布成立公司。

设立大会的决议须根据本法规定的持有绝对多数股份的股东通过。

第九十一条

第一届董事会应当依照本法规定，对公司进行公示。第一届董事会成员应当对未进行上述公示程序所造成的损害承担连带责任。

公司一旦公示，设立人在公示前为公司从事的所有行为，其效果转由公司承担。

公司承担设立人为此支出的所有费用。

第九十二条

非法设立开放式股份公司的，任何利害关系方可以自其设立之日起六个月内发出书面警告，令其必须在警告之日起一个月内整改。公司未在此期间进行必要整改的，该利害关系方可请求宣告公司无效，并将其视为事实公司进行清算。

股东不得以公司无效为由对抗第三人。

第九十三条

公司非法设立的，股东和任何利害关系方可以根据前一条规定，在提起公司无效请求诉讼的期限内，起诉公司设立人、董事会和审计员，要求其负连带责任。

第九十四条

开放式股份公司的股份自其设立或转化为开放式股份公司之日起，一年内未在金融市场上市交易的，自动变更为封闭式股份公司，设立人应对主管部门连带承担公司变更为封闭式股份公司的全部费用。

第三节　公司的管理

第一小节　董　事　会

第九十五条

开放式股份公司由选举产生的董事会管理，公司章程细则确定董事会的选举方式、成员人数和任职期限，董事不得少于五人、不得超过十一人。

董事任期不超过三年，但第一届董事会除外，其任期可为五年。

董事可以多次连选连任，除非公司章程细则另有规定，或者其不满足本法第九十七条规定的条件。

董事可以退出董事会，但是退出需要在适当的时间，否则需对公司负责。

第九十六条

大会以无记名投票方式选举董事，但第一届董事可以由设立人任命。在选举董事时，每股一票，股东可以在一名以上候选人中分配其股份的投票权。一股不得投给多个候选人。在金融市场上市的开放式股份公司，其董事选举应按照管理局所确立的管理制度进行。

董事会任期在全体大会批准公司财务报告之前到期的，应当延长董事会任期至大会一般会议之日。

第九十七条

董事必须：

1. 年满二十一岁且完全适格；

2. 未受过刑事惩罚、未犯有涉及道德败坏和诚实的罪行，或本法第三百三十四条、第三百三十五条规定的犯罪，或已被宣布破产，除非其名誉已恢复；

3. 应当成为公司章程细则规定的公司一定数量股份的股东和所有人。应当在成为董事之日起六十日内将其股份存入一家经认证的银行，其股份将一直保存在银行，不得转让、抵押、质押，直至其董事任职期限届满并已批准了其任职最后一个财务年度的资产负债表。

保管前款所述的股份，是为保证公司、股东、债权人和第三人对董事追责的权利，不以上述方式提供保证的，撤销其董事资格。

三分之一的董事可以是具有专业经验的非股东独立董事，并不受本条第三款规定的持股要求的约束。

董事不满足上述任一条件的，其董事资格从其违反上述条件之日起解除。

第九十八条

除国家在开放式股份公司中的代表或拥有公司至少百分之十资本的人员外，无论是以个人还是法人代表身份，均不得成为三家以上总部在本国的股份公司的董事，也不得成为两家以上总部在本国公司的董事会主席或副主席。

在任何情况下，无论是以个人还是法人代表的身份，都不能成为总部在本国的一家以上的公司的常务董事，或者成为两家从事同类业务的公司的董事。

超过本条规定数量的，其董事资格应当根据任职的时间顺序依次撤销，该董事应当把任职期间所得返还给其董事资格被撤销的公司。

第九十九条

国家对开放式股份公司出资的，可以在不参加董事选举的前提下，按照其拥有的股份比例在董事会中委任代表，董事总数中应扣除此类董事的数量。国家有权随时罢免这些代表或任命其他代表。国家在董事会中任命的代表与其他当选的董事有同等的权利和义务，国家须为其代表的行为对公司、债权人和股东负责。国家在开放式股份公司董事会中的代表不必提交股份作为其董事资格的保证。

第一百条

董事会应当以无记名投票的方式选举主席和副主席，任期为一年，除非公司章程细则对其任期另有规定，但是不得超过三年。

董事会可以无记名投票的方式选举一名或多名常务董事，常务董事有权根据董事会的决议共同或独自代表公司行使签字权。

第一百零一条

董事席位空缺的，未当选董事且得票最多的股东，可以填补该席位，该股东无法成为董事的，应当由得票其次的股东递补。新董事仅需完成其前任的任期。

无人填补空缺席位的，董事会以其现有人数继续运作，但人数少于五人的除外。

空缺席位数达到董事会席位的四分之一，或剩余成员少于五人的，董事会必须召集大会在董事空缺之日起或剩余成员少于五人之日起两个月内举行会议，以选举填补空缺席位的人。

第一百零二条

公司应当每年向主管部门提交一份经董事会主席批准的详细清单，其中包括董事会主席和董事的姓名、职务、国籍、联系方式。公司应当在该清单发生变化时立即通知主管部门。

第一百零三条

董事会主席是公司的首要负责人，对第三人和司法部门代表公司，其应执行董事会的决议并遵照其建议行事。董事会主席可以授权董事会其他董事行使其部分权力。

董事会主席缺席时，由董事会副主席代行其职务。

第一百零四条

董事会由董事长按公司章程细则规定召集会议。两名或以上董事可要求董事会主席召集董事会会议。

当一半以上董事出席且不少于三人时，会议有效，但公司章程细则规定了更高的数量或百分比的除外。

董事会应当在公司财务年度内至少召开六次会议，但章程细则规定召开更多会议的除外。董事可通过现代通讯技术参与会议，参与者可以通过现代技术听取并积极参与董事会的工作。

每三个月内至少召开一次董事会会议。

缺席的董事可以由其他董事代表其出席和表决，但每名董事至多代表一人。

董事会决议由与会者持有或代表的多数票通过，当票数相等时，以董事会主席所在一方的意见为准。

董事不同意董事会作出的任一决议的，可以在会议记录中标明其反对。

如有必要且出于紧急原因，所有董事可以书面同意的形式通过董事会决议，并将上述决议提交下一次股东大会，列入大会会议记录。

第一百零五条

董事无正当理由连续三次或累计四次未出席董事会会议的，视其为已辞职。

第一百零六条

董事会会议记录应当编入专门的登记册，会议记录应当由董事会主席、常务董事（如有）以及担任董事会秘书的董事或员工签署。

会议记录应在每次会议后定期记录在登记簿上，并连续编页。

第一百零七条

在不违反本法及公司章程细则对大会职权范围规定的前提下，董事会拥有最广泛的职权以执行实现公司宗旨所必要的工作,并可在其职权范围内授权一名董事开展一项或多项具体工作,或监督公司某一方面的工作。

第一百零八条

董事会主席或董事不得参与任何与公司竞争的工作,或在公司业务的分支领域中为自己或第三人进行交易,否则公司可要求其赔偿或将其该行为视为为公司进行。

第一百零九条

董事会主席、董事或经理不得从事与公司业务类似的业务,或在公司的合同、项目中有任何直接或间接利益。

第一百一十条

公司不得向任何董事提供任何形式的货币贷款,也不得为董事从第三方处获得的任何贷款提供担保。但是,银行和其他信贷公司可以向其任何董事提供贷款,或为其开立信用证,或为其从第三方获得的贷款提供担保。违反本条规定的任何行为均无效,公司在必要时有要求赔偿的权利。

第一百一十一条

公司董事会主席、董事或公司员工不得利用因其成员资格或因职务而获得的任何信息,直接或间接地买卖公司证券,以实现其本人、配偶、子女或四等以内亲属的利益,也不得与旨在影响公司证券价格的机构有直接或间接利益关系。该禁令在其董事资格终止后或其在公司的工作终止后的三年内有效。

第一百一十二条

公司对受董事会在其职权范围内开展的工作负责。

董事以董事身份实施非法行为造成损害的,公司负赔偿责任。

第一百一十三条

董事会主席和董事因欺诈、滥用权力、违反本法规定或公司章程细则规定及履职中的重大过失,对公司、股东及他人造成损害的,负连带赔偿责任。任何与之相悖的规定均无效。

第一百一十四条

若重大过失是由协商一致决定产生的,前一条规定的责任由董事会全体成员承担。若决定是由多数人作出的,在会议记录中以书面形式提出异议的反对者不被问责。缺席的董事不能免责,但能证明不知道该决定或在知晓该决定后无法反对的除外。

第一百一十五条

董事造成损全体害股东利益的重大过失的,公司可以自重大过失发生之日起五年内向其提起赔偿责任诉讼。

常规股东大会有权决定提起该诉讼,并指定公司的诉讼代表。公司正在清算的,清算人根据大会的决定代表公司提起诉讼。

第一百一十六条

公司没有提起诉讼的,因上述重大过失而受到损害的股东可以单独提起诉讼。提起诉讼的股东应通知公司其起诉意愿。公司章程细则中任何与之相悖的规定均无效。

第一百一十七条

董事在执行公务时存在过失而被起诉的,股东大会关于免除董事会责任的任何决定无法影响起诉的效力。若应负责的行为已提交大会并或其批准的,该责任的追究期限为自该会议召开之日起五年内。董事的行为构成刑事犯罪的,在刑事诉讼时效届满前,对该责任的起诉权不会消灭。

第一百一十八条

股东大会罢免董事会主席或董事会当选成员存在两种方式,或由绝对多数董事会成员提出建议,或由代表至少四分之一认购资本的股东联名提出申请。

在后一种情况下,董事会主席必须在股东提出罢免请求之日起十日内召集大会,否则主管部门将代为召集。

第一百一十九条

公司章程细则规定董事会成员薪酬的确定方法,但在扣除公积金、法定扣除额,以及分配不低于股东实缴资本百分之五的利润后,该薪酬不得超过净利润的百分之五。

第一百二十条

董事会每个财务年度都需编制公司的资产负债表,损益表、资金流量表,以及与上一个财务年度的对比说明,所有报表都需经过公司审计员的认证。董事会还需编制公司上一个财务年度的活动和财务状况报告,以及来年的计划。

董事会编制的报表和文件,在公司财务年度结束后三个月以内提交股东大会,股东大会必须在公司财务年度结束后的四个月内召开。

第一百二十一条

董事会通过在两份当地日报(其中至少一份是阿拉伯文报纸)的公告、金融市场网站和公司网站(如有),向所有股东发出出席大会的邀请。

公告应至少在大会召开日期前十五日作出,其中应当包括大会议程的完整摘要、前一条所述的所有报表和文件以及审计员的报告。

公告的副本在发送给报纸的同时发送给主管部门。

第一百二十二条

董事会应当在每年度股东大会召开前一周以上向股东提交详细说明,以便股东提前审阅公司的资产负债和董事会报告。该详细披露包括以下材料:

1. 公司董事会主席和董事会每位成员在本财务年度收到的所有金额,包括工资、劳务、出席董事会会议报酬、费用津贴,以及以任何名目支付的任何其他金额;

2. 董事会主席和董事会每位成员在该财务年度享有的实物和货币福利;

3. 董事会提议向董事会成员发放的奖金;

4. 分配给每个现任董事会成员的金额;

5. 董事会成员从事的与公司有利益冲突的业务;

6. 用于各式广告的实际支出金额,以及每笔支出的详细信息;

7. 捐赠,并说明受赠机构、捐赠原因及其详情。

对于银行和其他金融机构,这一披露必须附有审计员的报告,说明在该财务年度内该金融机构向其董事长或董事会成员提供的货币贷款、信用证或担保均没有违反本法第一百一十条的规定。

上述详细披露必须由董事会主席和成员签字,董事会主席和成员应执行本条的规定,并保证应编制的材料中所有数据的真实性。

第二小节 股东大会

第一百二十三条

股东大会应由董事会召集，每年至少召开一次，地点和时间由董事会经主管部门批准后确定，且必须在公司财务年度结束后的四个月内召开。

董事会可以在必要时召集股东大会。

第一百二十四条

审计员申请召开大会时，董事会必须召集。董事会未在审计员申请之日起十五日内发出邀请的，审计员可以在主管部门批准后立即自行发出邀请，主管部门必须在收到申请之日起十五日内就申请作出决定。

持有不少于资本百分之十的股东可要求召集股东大会，理由充分的，董事会必须在提出申请之日十五日内召集股东大会。否则，主管部门在收到申请后十五日内批准这些股东的申请，发出邀请召集股东大会，费用由公司承担。在上述两种情况下，议程仅限于申请的事项。

第一百二十五条

在不违反本法第八十八条、第一百二十四条规定的情况下，主管部门应在下列情况下召集股东大会：

1. 超过本法第一百二十三条规定期限三十日未召集大会的；

2. 董事会成员人数低于本法第一百零一条规定的最低人数，而未召集大会的；

3. 任何时候发现存在违反本法、公司章程细则的行为，或公司管理上存在严重违规行为的。

在这些情况下，召开大会的所有既定程序都需得到遵守，公司需承担所有费用。

第一百二十六条

董事会主席必须在股东大会召开十五日前，在两份当地日报（至少一份为阿拉伯文报纸）和公司网站上（如有）公布资产负债表、损益表、董事会报告的完整摘要和审计员报告的全文。上述文件的副本在公布之前需提交主管部门，以确定公布的机制和方式。

第一百二十七条

股东大会年度会议的议程应包括下列内容：

1. 听取和批准董事会关于公司年度活动和财务状况的报告，以及审计员报告；

2. 讨论和批准公司的资产负债表和损益表；

3. 讨论和通过治理报告；

4. 审议和核准董事会关于分配股息的提议；

5. 审议免除董事会成员责任并确定其薪酬；

6. 招标任命审计员并确定他们的报酬；

7. 必要时选举董事会成员。

第一百二十八条

1. 每位股东均有权出席股东大会，其票数与股份数量相等。股东大会的决议由出席会议的拥有绝对多数股份的股东通过。

2. 未成年人和被禁业者由其法定代表人代其出席。

3. 股东可以委托其他股东代其出席股东大会,委托必须有以书面形式订立专门委托书。股东不得委托董事会成员代表其出席股东大会。

4. 在任何情况下,代理人持有的股份数量不得超过公司股本的百分之五。

5. 除法人外,每位股东拥有的票数不得超过出席会议股份所代表的总票数的百分之二十五。

第一百二十九条

在不违反本法第一百三十七条规定的情况下,大会应当特别地负责以下事项:

1. 讨论董事会关于公司业务活动、年度财务状况和公司未来计划的报告。报告应当包括收入和支出项目的完整说明,以及董事会提出的年度净利润分配方案的详细说明,并确定其支出日期。

2. 讨论审计员关于公司资产负债表和董事会提交的决算的报告。

3. 讨论和批准年度资产负债表和损益表,并批准分配利润。

4. 讨论和批准治理报告。

5. 审议免除董事会成员责任。

6. 选举董事会成员、任命审计师,若公司章程细则未规定其薪酬,则确定其在下一财务年度的薪酬。

7. 审议并决定任何由董事会列入议程的其他提案。大会不得审议议程以外的事项。但是,大会有权审议会议期间发现的严重事项。

代表公司资本至少百分之十的股东要求将某些事项列入议程的,董事会应当将其列入。否则,大会可以决定在会议上讨论这些事项。

第一百三十条

大会由董事会主席或副主席主持,主席和副主席均未能出席会议的,大会应当从董事会成员或股东中选取本次会议的主席。大会还应任命会议报告人。

大会正在审议与会议主席有关事项的,大会应当从股东中选取会议主持人。

第一百三十一条

召开股东大会需要满足下列条件:

1. 邀请主管部门派代表出席会议。

2. 代表公司资本至少百分之五十的股东出席,但公司章程细则规定更高比例的除外。没有达到法定人数的,必须根据本法第一百二十一条的规定,在第一次会议后十五日内召开第二次会议。

3. 公司审计员出席。

邀请必须在会议前至少三日发出。第二次会议无论出席会议的股东所代表的股份多少均被视为有效。

大会决议须由出席会议的占绝对多数股份的股东通过,但公司章程细则规定更高比例的除外。

第一百三十二条

每个股东均有权讨论大会议程上的议题,并向董事会成员提问,董事会成员有义务在不损害公司利益的限度内进行答复。

股东认为对其问题的答复不充分的,可以向大会提出申诉,大会对此作出的决定有强制执行力。

公司章程细则中任何与之相悖的规定无效。

第一百三十三条

大会的表决应当按公司章程细则规定的方式进行。

决议与董事会成员的选举、罢免或对其提起责任诉讼有关的,或者主席或代表至少十分之一出席会议票数的股东提出要求的,投票应当以无记名的方式进行。董事会成员不得参加关于免除其责任的大会决议的投票。

大会根据本法和公司章程细则规定发布的决议对所有股东具有约束力,无论股东是否出席发布该决议的会议,也无论股东是否赞成该决议。董事会必须在决议发布后立即执行这些决议,并将这些决议副本在其发布后十五日内向主管部门报告。

第一百三十四条

大会会议记录应当附有出席或代表他人出席的股东姓名、其所持或所代表的股份的数量、其拥有的票数、发布的决定、同意或反对该决定的票数,以及会议讨论的完整摘要。会议主席、报告人、计票员、审计员应当在会议记录上签字。会议记录的签字人应当对其中所载数据的真实性负责。

第一百三十五条

大会会议记录应当编入专门的登记册中。

本法第一百零六条所载关于董事会会议记录及其登记册的规定适用于大会会议记录及其登记册。

公司大会会议记录的副本必须在召开之日起七日内发送给主管部门。

第一百三十六条

在不损害善意第三人权利的情况下,任何违反本法或公司章程细则规定发布的决议均属无效。

任何不考虑公司利益,且为特定股东牟利、损害特定股东利益或能够为董事会成员或其他人带来特殊利益的决议,可被废止。

决议废止的,视同决议对所有股东自始不存在,董事会应当在两份当地日报(其中至少一份是阿拉伯文报纸)和公司网站(如有)上公示决议的废止。请求废止决议的诉讼在决议发布之日起一年后提起的,不予受理。提起诉讼不中止决议的执行,但法院另有命令的除外。

只有反对该决议且其反对意见在会议记录中被证实的股东,或是以正当理由缺席的股东,才能请求废止大会决定。

第三小节　股东大会特别会议

第一百三十七条

关于下列事项的决议只能由股东大会特别会议作出:

1. 修改公司协议或公司章程细则;
2. 增加或减少公司的资本;

3. 延长公司的期限；

4. 公司的解散、清算、变更形式，公司与另一家公司合并或收购另一家公司；

5. 出售或以任何其他方式处置作为公司成立目的的项目。

发布决议批准上述任何一个事项的，必须在商业登记册中注明。

但是，特别会议不得修改公司章程细则使之增加股东负担，也不得修改公司主要目的或更改公司国籍，或将公司总部所在地从本国转移到其他国家。与之相悖的任何决议均无效。

第一百三十八条

特别会议仅可由董事会召集。代表公司资本至少百分之二十五的股东提出申请的，董事会应当召集。

董事会在前述股东提交申请之日起十五日内未发出会议邀请的，申请人可以申请主管部门发出邀请，费用由公司承担。

第一百三十九条

代表公司资本百分之七十五及以上的股东出席的，特别会议有效。

没有达到法定人数的，应当在第一次会议后的三十日内召集第二次会议。

代表公司资本百分之五十及以上的股东出席的，第二次会议有效。

第二次会议没有达到法定人数的，应当在第二次会议预定召开之日起三十日后召集第三次会议。第三次会议无论出席人数多少均有效。

对涉及本法第一百三十七条第四款和第五款的事项作出决定的，代表公司资本至少百分之七十五的股东出席会议方才有效。

特别会议决议包含对公司章程细则的修改的，董事会应当公示特别会议所作决议。

第一百四十条

在不违反本小节规定的情况下，与股东大会有关的规定可适用于股东大会特别会议。

第四小节　审　计　员

第一百四十一条

开放式股份公司必须有一名或多名由大会任命的审计员，并评估其薪酬，任期一年，可连任，但任期不得超过连续的五年。董事会无权任命审计员，但是公司设立人可指定第一次大会召开前的临时审计员。

第一百四十二条

根据现行的法律和法规，审计员必须在审计员的登记册上登记其姓名。

第一百四十三条

公司审计员不得以任何身份参与公司的设立，也不得成为公司董事会成员或在公司从事任何技术、行政或咨询工作，也不得为公司设立人的合伙人、代理人、雇员、董事会成员或四等以内的亲属。

与之相悖的任何任命均无效。

第一百四十四条

审计员有多位的，对审计工作负连带责任。

第一百四十五条

审计员负责以下工作：

1. 根据公认的审计规则和行业要求及其知识和技术原理，审计公司账目；

2. 审查公司资产负债表和损益表；

3. 监督公司对法律和公司章程细则的履行情况；

4. 检查公司的财务系统、行政系统以及内部财务控制系统，确保其适合公司良好运作及维护其资金；

5. 核实公司资产及其所有权，确定公司债务的合法性和有效性；

6. 查看董事会决定和公司发布的指示；

7. 根据本法、《审计职业管理法》和其他相关法规以及审计领域公认的原理，审计员必须履行的任何其他职责。

审计员应当向大会提交其工作的书面报告，审计员或其代表人必须向大会宣读报告，审计员应当将报告副本送交主管部门。

第一百四十六条

上一条中提到的审计报告应当包括以下内容：

1. 审计员已获得其认为开展工作所必需的信息、数据和说明；

2. 公司按照国际公认的会计规则保存定期账目和记录；

3. 审计员认为，其对公司账目进行的审计程序足以形成合理依据，令其根据国际公认的审计规则，就公司的财务状况、业务成果和货币流量发表意见；

4. 董事会向提交大会的报告中所载的财务数据与公司的记录一致；

5. 盘存是按照适当程序进行的；

6. 审计员根据其所掌握的信息，对其审计的一年中发生的违反本法或公司章程细则规定并对公司业务和财务状况的结果有重大影响行为的说明，以及这些违规行为是否仍然存在。

第一百四十七条

公司审计员因故不能履行本法规定赋予的任务和职责的，应当在辞去审计工作之前，向主管部门提交书面报告，并把报告副本提交董事会，报告中包括妨碍或者阻止其工作的原因。主管部门必须和董事会一起努力消除这些原因，主管部门在收到本条所述的审计员报告后三十日内无法作出处理的，应当召集大会，并将该事宜提交大会。

主管部门能够取消审计员请辞的，公司必须在其年度报告中对审计员请辞问题作出说明。

第一百四十八条

公司有两名或两名以上审计员的，只提交一份报告。审计员报告应当在大会上宣读，大会决议批准董事会报告而未听取审计员的报告，该决议无效。

第一百四十九条

审计员作为全体股东的代理人，应当对报告中所载数据的有效性负责。大会期间每个股东均有权与审计员讨论，要求其澄清报告所载内容。

第一百五十条

审计员及其雇员禁止对其审计的公司股份进行投机，无论此类交易是直接还是间接进行,否则,将被问责和解雇,并需赔偿由违反本条规定造成的损害。

第一百五十一条

审计员必须保守公司的秘密,不得在大会以外向股东泄露其因工作得知的公司秘密,也不得向他人泄露公司秘密,否则应当被问责和解雇。

审计员由于其工作中发生的错误而对公司、股东或第三人造成损害的,应对该损害承担赔偿责任,错误涉及多个审计员的,这些审计员应该负连带责任。

前一段所述的追责诉讼,应在宣读审计报告的大会召开之日起一年内提起,超过一年的,不予受理。审计员的过错属于刑事犯罪的,追责诉讼时效等于刑事诉讼时效。

第四节 公司的资本

第一小节 股　　票

第一百五十二条

公司的资本应当被分为价值相等的股票,每股的名义价值不低于一里亚尔且不超过一百里亚尔。发行费用不得超过股票名义价值的百分之一。

第一百五十三条

在卡塔尔设立的公司,股票必须是记名股。

第一百五十四条

开放式股份公司的股票对于该公司来说是不可分割的,同一股票被多人同时持有的,须择一人作为代表行使与股票有关的权利。

多人同时持有同一股票的,应对股票所有权所负义务共同负责。

股票不得以低于其名义价值的价格发行。公司章程细则规定或股东大会特别会议批准的,可以高于名义价值的价格发行,差价纳入法定公积金中。

第一百五十五条

股票价值以货币一次性支付或分期支付,在认购时缴纳的金额不得低于股票价值的百分之二十五。

在任何情况下,全部价格必须在官方公报上公示设立决议后五年内支付。剩余款项未完全支付的,需在不违反本法第六十五条的前提下减少公司资本。

第一百五十六条

公司在股东认购时颁发临时证书,其中需确认股东姓名、认购股份数量、已支付金额及剩余分期付款的金额。这些临时证书为常规股票的替代物,在所有分期支付完成之后即可兑换为股票。

第一百五十七条

股东未能按期支付股票分期付款的,董事会可以执行该股票。董事会先通过挂号信或主管部门批准的方式提醒股东支付到期的分期付款,股东未能在三十日内完成支付的,公司可以拍卖或在金融市场上出售该股票,公司从出售款项中收回未按期支付的分期付款及手续费后,应把剩余的款项退还给股票持有人。出售价格无法满足上述款项的,公司可要求该股东偿还剩余部分,公司应当取消已执行的股票,并给予买受人与被取消的股票同样编号的新股票,股票登记册上应当记载出售的情况以及新股东的姓名。但是,未能按期支付的股东在股票出售前仍可补齐应付金额,但同时还应包括公司的相应支出。

第一百五十八条

设立人或其他人持有实物份额或特殊利益的,主管部门应当应设立人的请求,任命一名或多名经批准的专家或该部门通过的技术和财务专业评估机构的专家,以核实这些股份或特殊利益是否得到适当评估。

专家应在接受委任后三十日内向主管部门提交报告。专家要求展期的,主管部门可以批准不超过三十日的宽限期。

主管部门在认证专家报告后,向设立人发送专家报告的副本,设立人必须在设立大会召开十五日前将其分发给认购人。上述报告应当存放在公司总部,所有利益相关人均有权查阅。

上述报告应当提交设立大会审议,大会决定减少实物份额的分配或减少特殊利益的,必须在大会期间征得实物份额提供者或特殊利益的受益人的同意,拒绝减少的方案的,实物份额提供者或特殊利益的受益人可以退出公司。

实物股份只能代表缴足股款的股份。

代表实物份额的股份只有在相应实物的所有权转让给公司后才可交付。

第一百五十九条

公司应当保存作为股东名册的特别登记册,该登记册记录股东名称、国籍、居住地、各自所持股份及股份的实缴金额。主管部门和管理局有权查阅这些信息并获取登记册的副本。

公司股票在金融市场上市后,公司必须将该登记册的副本存入管理局授权的保存机构,以便跟踪股东事务,并授权该机构维护和管理该登记册,每位股东可免费查看该登记册。

所有利益相关人均有权要求更正登记册中所载的信息,特别是当其被不当登记或不当删除时。

应在规定向股东支付股息的日期前两周内,将登记册中的详细信息和所做的每一项变更的副本发送给该部门。

第一百六十条

开放式股份公司在金融市场上市的,应当遵守国家关于证券上市和交易的法律、条例、指令规定的程序和规则,特别是根据前一条,向法律、法规、指令规定的机构交付登记册。

第一百六十一条

上市公司股份的转让,应当符合管理局及其上市的证券市场的现行规定。

未上市的公司的股份转让的,需在股东名册上登记,在登记之前,股票的处置不得对抗公司及第三人。在下列情况下,公司不得登记对股份的处置:

1. 该处置违反本法或公司章程细则规定的;

2. 该股份根据法院的命令被质押或扣押的;

3. 该股份遗失且遗失者没有获得其替代物的。

第一百六十二条

股份可以交给抵押债权人作质押,质权债权人有权收取股息以及行使与股份有关的权利,但质押合同另有约定的除外。公司股票上市的,质押必须在存管机构的股东登记册上登记。

第一百六十三条

不得因股东债务而扣押公司资产,但债务人的股份和股息可以扣押,扣押应在本法第一百五十九条规定的股东登记册中注明。

第一百六十四条

大会通过的所有决议均对被扣押人和质权人有约束力,同时也对其股份被扣押或质押的股东有约束力。

但是,被扣押人和质权人不得出席大会、参与其审议或批准其决定,也不得在公司大会上享有任何股东权利。

第一百六十五条

在公司设立之日起两年内,设立人不得处分其股份。

在禁售期间,这些股票可以由设立人设置抵押或转让给另一位设立人或政府,或在设立人死亡的情况下由其继承人转让或抵押给他人,或在设立人破产的情况下转让或抵押给他人,或根据法院最终裁决转让。

第一百六十六条

股东大会常规会议或特别会议发布的决议,损害股东依照本法或公司章程细则获得的权利或增加其义务的,决议无效。

第一百六十七条

公司章程细则可以规定与股票交易相关的限制,但不得禁止此类交易。

第一百六十八条

公司可以按照管理局的规定,购买其股份用于出售。

第二小节　债　　券

第一百六十九条

经大会批准,公司可发行每份价值相等的可交易债券,无论该债券是否可转成公司股份。大会有权授权董事会决定发行金额和条件。

债券不得转换成股份,但在发行公告中注明的除外。在转换时,只有债券的所有者有权选择接受转股或是兑现债券的面值。

债券和任何其他债务工具的发行应当符合管理局颁布的条例和规章。

第一百七十条

债券是记名的,在履行完债券的全部价值之前,债券一直是记名的。

第一百七十一条

只有满足下列条件才能发行债券:

1. 公司章程细则中允许发行债券;

2. 公司资本必须全额缴纳;

3. 债券的价格不得超过经认证的最新的资产负债表中公司现有资本的价值,但债券由国家或国内银行担保的除外。

第一百七十二条

持有同一笔贷款的债券者,享有同等权利,任何与之相悖的规定均无效。

第一百七十三条

公开发行的债券,必须通过一家或多家经国家认证的银行或有资质的专门公司发行,并在发行前至少十五日在两份当地日报(其中至少一份是阿拉伯文)以及公司网站上(如有),刊登由董事会成员签署的认购邀请,认购邀请需包括主管部门所规定的内容,包括以下信息:

1. 大会发行债券的决议和决议日期;
2. 拟发行债券的数量和价值;
3. 认购开始日期和结束日期;
4. 债券的到期日期、履行条件和担保;
5. 以前发行的债券的价值,以及在发行新债券时未偿付的债券的价值及其担保;
6. 公司资本;
7. 公司总部及其成立日期及期限;
8. 实物出资的价值;
9. 经审计员认证的公司最近一次资产负债表的摘要。

第一百七十四条

在旧债券认购人支付全部价款前,不得发行新债券,这些旧债券未偿付的价值加上新债券的价值不超过经认证的最新的资产负债表中的公司资本额。

第一百七十五条

在债券发行结束后一个月内,董事会必须向主管部门提供有关认购过程、认购人姓名和国籍及其认购内容的材料。

第一百七十六条

股东大会的决议对债券持有人有约束力。但是,要修改债券持有人的权利,须按照有关股东大会特别会议的规定,召开债券持有人大会,经债券持有人同意后方可修改。

第一百七十七条

债券不得转换为股份,除非贷款条款中有此规定并遵守前一条规定的条件。作出转换决定的,债券的所有者有权选择接受转股或是获取债券的面值。

第一百七十八条

股票或债券证书丢失或损毁的,其所有人可以向公司申请新证书,替代丢失或损毁的证书。

所有者必须在一份当地阿拉伯语报纸上公布丢失或损毁的股票或债券证书的编号。

在上述公布之日起三十日内,公司未收到异议的,必须签发新的证书,新证书需说明该证书代替丢失或损毁的证书,并赋予其持有人与遗失或损毁证书有关的所有权利和义务。

第一百七十九条

任何对签发新证书以代替遗失或损毁证书有有异议的人,应当在提出异议之日起十五日内向主管法院起诉,否则,视其为无异议。

第一百八十条

发证机关在收到最终判决后,应当立即将遗失或者损毁的证书的替代证书交给权利人。

第一百八十一条

经大会批准，公司可发行符合伊斯兰教法规定的可交易的伊斯兰债券①，但需遵守本小节规定的条款和条件，且不得违反其性质。

第五节　公司的财务

第一百八十二条

除第一个财务年度外，公司的财务年度应当按照章程细则规定，为期十二个月。

第一百八十三条

每个财务年度，董事会均应当在大会召开前至少两个月向审计员提交公司的资产负债表、损益表和公司在上一财务年度的活动报告及其财务状况报告。

所有此类文件必须由董事会主席或一名董事签署。

第一百八十四条

公司需以阿拉伯语在当地日报和公司网站（如有）上公布半年财报，以便股东查阅。但是，这些报告在审计员审查、主管部门批准之后方可公布。

第一百八十五条

公司每年应扣除净利润的百分之十以作为法定公积金，公司章程细则也可规定更高的百分比。

法定公积金达到实收资本一半的，大会可以停止扣除。

法定公积金不得分配给股东，除非其超过实收资本的一半，在公司获得的利润不足以发放百分之五的股利的年份中，超出部分可以分配给股东，使股利达到百分之五。

第一百八十六条

大会可以根据董事会的提议，决定每年扣除净利润的一部分作为任意公积金。

任意公积金应当用于大会决定的目的。

第一百八十七条

每年应从公司的毛利润中扣除一定比例，作为公司资产折旧的补偿，具体比例由公司章程细则或董事会确定。这些资金用于维修或购买公司所需的材料和机械。这些资金不得分配给股东。

第一百八十八条

大会应当决定扣除部分利润，以履行劳动法规定的公司应承担的义务。

公司章程细则可以规定设立专项基金，以扶助公司员工。

第一百八十九条

公司章程细则应当规定在扣除法定公积金和任意公积金后，将净利润分配给股东的最低比例。

---

① 伊斯兰债券（sukuk）是伊斯兰国家特有的债券类型，代表的是对特定资产或资产收益权的所有权，对所有权主张权利而非现金流。在中世纪时，伊斯兰债券具有商业票据的性质，随着经济的发展，伊斯兰债券越来越接近于一般意义上的债券，但又有其自身的特质。与一般债券不同，伊斯兰债券持有人无论是在基础资产实现的过程中还是债券到期日都享有对该资产收益的所有权而不是债权。

股东有权按照管理局和公司股票上市的金融市场的规章和条例,获取其利润份额。

第六节　修改公司资本

第一小节　增 加 资 本

第一百九十条

在股东足额缴纳股份出资之前,公司不得增加资本。

第一百九十一条

经主管部门批准后,股东大会特别会议可决议公司增加资本。

特别会议可以授权董事会确定该决议的实施日期,但应在决议签发之日起一年内实施。

第一百九十二条

公司可以通过下列方式增加资本:

1. 发行新股;
2. 将全部或部分公积金或利润转为资本;
3. 将债券转换为股票;
4. 以实物出资或经估价的权利为对价发行新股。

第一百九十三条

认购原始股票的规则适用于新股的认购。

第一百九十四条

新股的发行面值等于原始股票的名义价值,但是特别会议可以决定在股票的名义价值上增加溢价,并可经主管部门批准后决定其数额。该溢价将归入法定公积金中。公司提交附有必要数据和文件的申请的,主管部门应在十五日内对增加发行溢价的申请作出审核。

第一百九十五条

股东在认购新股时有优先权。在股东大会特别会议上获占公司资本四分之三多数同意的,优先权可以由转让给他人,但是转让应当获得主管部门的批准。

第一百九十六条

董事会应当在两份当地日报(其中至少一份是阿拉伯文报纸)和公司网站(如有)上发表声明,公布优先认购的股东、认购开始和结束日期以及新股价格。

第一百九十七条

公司应按照其持股比例向申请认购的股东分配新股,但是不得超过其申请认购的数量。其余股份分配给申请认购超过其持股比例的股东,如还有剩余股份,则公开招股或按照经主管部门批准的方式处置。

增加的资本包括实物份额的,适用有关实物份额估值的规定,股东大会特别会议起设立大会的作用。

第一百九十八条

新股是公开招股的,应当编写招股说明书,招股说明书应包含下列信息:

1. 增资的原因;

2. 股东大会特别会议的增资决议；

3. 公司发行新股时的资本、拟增发金额、新股数量、发行溢价（如有）；

4. 有关经估价的实物份额或权利的说明（如有）；

5. 公司在决定增资前三年的利润分配信息；

6. 审计员对招股说明书所载信息真实性的确认。

招股说明书由董事会主席和审计员签署，他们共同对其中所载信息的真实性负责。

第一百九十九条

将可分配的公积金转换为资本来增资的，应当以股东各自持股比例向股东派发红股，或增加股票的名义价值以冲抵增资，股东对此不承担任何财务义务。

第二百条

债券转换为股份应当通过债券的赎回和注销，向持有人授予股份作为对价，并在资本中增加相应价值。

第二小节　减 少 资 本

第二百零一条

股东大会特别会议应听取审计员报告，并且符合下列情况，在取得主管部门的批准后，才能进行减资：

1. 公司资本超过其需要；

2. 公司遭受亏损。

第二百零二条

公司可通过以下方式减少资本：

1. 减少股票数量，减少股数的价值等于要减少的资本额；

2. 减少股票数量，减少股数的价值等于公司遭受的亏损；

3. 购买并注销一定数量的股票，其数量等于要减少的资本额；

4. 降低股票的名义价值。

第二百零三条

董事会应当在两份当地日报（其中至少一份是阿拉伯文报纸）和公司网站（如有）上公布减少资本的决议，债权人必须在决议公布之日起六十日内向公司提供证明其债权的文件，以便公司履行其到期债务，并对其未到期债务提供足够的担保。

第二百零四条

公司通过购买并注销一定数量的股份来减少资本的，应当向所有股东发出公开邀请，请求其提供股份，邀请应当在两家当地报纸（其中至少一份是阿拉伯语报纸）和公司网站（如有）上发布。

公司可以通过挂号信通知股东其购买股票的意愿，股东申请出售股票数量超过公司决定购买数量的，申请出售数量必须按超出比例减少。购买股票的价格应当遵循公司章程细则的规定，公司章程细则对此没有规定的，公司必须支付公平价格，该价格由审计员根据现行估价方法或市场价格（以较高者为准）确定。

第六章　封闭式股份公司

第二百零五条

封闭式股份公司的设立人应为五人及以上,其股份不是公开认购的,设立人需认购所有股份。公司的资本不得低于两百万里亚尔。

第二百零六条

除公开认购和交易的规定外,本法关于开放式股份公司的规定适用于封闭式股份公司。

第二百零七条

政府、其他公共机构和企业、国家出资至少百分之五十一的公司,或国家出资不足百分之五十一的公司经内阁批准后,可单独或与其他一个或多个本国或外国的自然人或公私法人共同设立一家或多家封闭式股份公司。本法规定与其设立时达成的条件或协议矛盾,或与公司协议、公司章程和细则的规定矛盾的,这些公司可不受本法规定的约束。

经内阁批准,可以允许私人公共机构按照前款规定设立封闭式股份公司。

第二百零八条

满足以下条件的,封闭式股份公司可以变更为开放式股份公司:

1. 已发行股票的名义价值必须已足额缴纳;

2. 公司至少已经历两个财务年度;

3. 公司根据其设立目的开展营业,实现盈利并将净利润分配给股东,在申请转化之前的两个财务年度内,其净利润均值不少于公司资本的百分之十;

4. 在股东大会特别会议上,经占公司资本四分之三多数的股东表决同意,可以决定变更公司形式;

5. 部长可决定宣布此公司转化为开放式股份公司,该决定应附有公司协议和章程细则,费用由公司承担。

第七章　股份两合公司

第二百零九条

股份两合公司包括两种类型的合伙人,一类包括一名或多名普通合伙人,以其全部资产对公司债务负责;另一类是一名或多名只在其出资额范围内对公司债务负责的出资合伙人。

第二百一十条

股份两合公司对于普通合伙人来说是合伙公司,普通合伙人具有经营者的身份,即便其在加入公司之前没有该身份。所有普通合伙人均应是自然人。

第二百一十一条

公司名称应包含一个或多个普通合伙人的姓名,其名称中可以添加与其设立宗旨有关的字样。

公司名称中不得包含出资合伙人的姓名,但出资合伙人知晓公司名称中包含其姓名的,对于善意第三人而言,应被视为普通合伙人。

在任何情况下，公司名称中必须包含“股份两合公司”字样。

第二百一十二条

公司资本应当被分为等值、可交易、不可拆分的股票。

第二百一十三条

公司资本不低于设立时足额缴纳的一百万里亚尔。

第二百一十四条

股份两合公司的股票认购应遵守开放式股份公司股票的认购原则和规定。

第二百一十五条

所有设立合伙人均应签署公司协议和章程细则，公司章程细则中包含普通合伙人的姓名、住所、国籍以及公司管理人。

第二百一十六条

出资合伙人即便是基于授权也不得干预与第三人相关的管理工作，但可以在公司章程细则规定的限度内参与内部管理工作。

第二百一十七条

出资合伙人违反前一条规定的禁令的，应对因其管理工作产生的债务负连带责任。其从事该工作是基于普通合伙人授权的，授权人对该工作产生的债务负连带责任。

第二百一十八条

股份两合公司的大会由全体普通合伙人和出资合伙人组成。

关于开放式股份公司大会的构成、召开、决议表决的规定适用于股份两合公司大会。

股份两合公司的管理人在召集大会上起董事会的作用。

对于管理人来说，大会代表全体合伙人。

第二百一十九条

股份两合公司的大会未得到管理人同意的，不得就公司与第三方的关系采取任何行动，除非章程细则另有规定。

第二百二十条

股份两合公司应当有一个由至少三名成员组成的监事会，由大会根据公司章程细则的规定从出资合伙人或者其他人中选出，普通合伙人在监事会成员选举中没有表决权。

第二百二十一条

监事会应当依照本法规定核实公司设立程序是否完成，并监督其工作。监事会有权要求董事提供其管理账目，也有权审查公司的账簿、文件和票据并盘存其资产。

监事会应当就公司管理人向其提交的事项发表意见，并应批准公司章程细则要求许可的行为。

第二百二十二条

发现公司管理中存在严重违规行为的，监事会有权召集大会。

监事会在每个财务年度结束时应向大会提交一份关于其监督结果的报告。监事会成员不因管理人的工作或其结果被问责，但其知道其中存在过错而没有通知大会的除外。

第二百二十三条

股份两合公司由一个或多个普通合伙人管理，对于合伙公司管理人的权限、责任和罢免的规定适用于股份两合公司。

第二百二十四条

除非公司章程细则另有规定，否则，特别大会只有得到所有普通合伙人同意后，才能决定对公司章程细则进行修改。

第二百二十五条

股份两合公司应当有一名或多名审计员，有关开放式股份公司审计员的规定适用于股份两合公司。

第二百二十六条

在不违反本章规定的前提下，开放式股份公司在下列事项中的规定适用于股份两合公司：

1. 有关公司设立及其公示的规定；
2. 有关公司财务的规定。

第二百二十七条

公司管理人空缺的，监事会必须任命一名临时管理人，负责紧急管理工作，直至大会召开。

临时管理人根据公司章程细则规定的程序，在接受任命后十五日内召集大会。超过此期限未召集大会的，监事会应立即召集大会。

临时管理人只负责执行受委托的工作。

第八章　有限责任公司

第一节　公司的设立

第二百二十八条

有限责任公司是由一人或多人组成的公司，其合伙人人数不超过五十人。

任何合伙人仅在其出资范围内承担责任，合伙人的份额不得为可交易的证券。

第二百二十九条

有限责任公司应根据其成立目的或一个或多个合伙人的姓名取名，在这两种情况下，公司名称均可以包含自主的命名，但该名称不得让人误解其目的或身份。

公司名称必须包含“有限责任公司”字样。管理人不遵守上述规定的，他们需对公司债务负连带责任，并负有赔偿责任。

第二百三十条

公司不得通过公开招股募集资本、增资或获得必要贷款，不得发行股票或可交易的债券。

第二百三十一条

有限责任公司根据合伙人签订的设立文件设立，其中需包含部长决定所规定的下列信息：

1. 公司类型、名称、宗旨和总部；
2. 合伙人的姓名、国籍、住所和地址；

3. 资本金额和每个合伙人份额,以及对实物份额(如有)及其价值、提供者姓名的说明;

4. 公司管理人的姓名和国籍,无论他们是否为合伙人,只要他们的名字载入了公司的设立文件;

5. 监事会成员的姓名(如有);

6. 公司期限;

7. 利润和亏损的分配方式;

8. 转让份额的条件;

9. 公司对合伙人的通知应遵循的形式。

公司设立文件可包括关于规范收回合伙人份额的权利、行使该权利时估计其价值的方法、形成可选公积金、组织公司的财务事项和账目以及解散原因的条款。

第二百三十二条

除非所有货币和实物份额已在合伙人中分派且已足额缴纳,否则,不得设立有限责任公司。

公司的货币份额应存入由国家批准的银行,银行不能向除了管理人之外的人支付上述份额,银行只有在公司管理人提交公司在商业登记簿上登记的证明后,才能将货币份额转给公司管理人。

合伙人提供的是实物份额的,必须在公司设立文件中说明其类型和价值、其他合伙人认可的价格、合伙人的姓名及其提供实物对应的资本份额。

实物份额的提供人应对份额的真实价值与公司设立文件中其估计价值之间的差额对第三人负责。能证明其他合伙人知晓该差额的,该合伙人应当对履行该差额负连带责任。

但是,这种情况下的责任索赔应在公司于商业登记簿上登记之日起三年内提出,逾期不予受理。

第二百三十三条

公司管理人必须提交在商业登记簿上登记公司的申请,申请书应当附有公司设立文件,以及说明合伙人之间份额的分配情况及其足额缴纳和在国家认证的银行存管情况的文件,还有表明公司收到实物份额(如有)的文件。申请应在提交申请书及必要附件之日起十五日内进行审核。

在商业登记簿上登记之前,公司不得从事任何业务。

第二节 份额及资本

第二百三十四条

合伙人决定公司资本。利润和亏损应平均分摊,除非公司的设立文件另有说明,但须遵守本法第十三条的规定。

第二百三十五条

公司资本应分成价值相等的份额,合伙人在公司设立时应足额缴纳。公司的份额不可分割。多人拥有一个份额的,公司可以中止该份额所有人行使相关权利,直至这些所有者从其中选出个人所有者,其对于公司来说,为该份额的唯一所有人。公司可以为此选举规定截止日期,截止日期到期未选出个人所有者的,公司有权出售该份额,合伙人有优先购买权,出售所得归其所有者。

第二百三十六条

公司应当在其总部编制合伙人登记册,包括以下内容:

1. 合伙人的姓名、住所、国籍和职业;
2. 每个合伙人拥有的份额的数量和价值;
3. 对于份额的处置,包括其日期、所有权转让的原因、转让人和受让人的姓名及其签名;
4. 处置后合伙人持有的总份额。

公司的管理人对此登记册及其数据的真实性负连带责任,合伙人和所有利益相关者均可查阅登记册。

第二百三十七条

合伙人可根据公司设立文件的条款,向其他合伙人或非合伙人转让其份额。份额转让未在合伙人登记册和商业登记簿上登记的,不得对抗公司和第三人。

除非违反公司设立文件或本法规定,否则,公司不得禁止在登记册中登记转让。

第二百三十八条

合伙人把其份额有偿转让给非合伙人的,应当通过公司管理人将转让条件通知其他合伙人,但公司设立文件中另有规定的除外。

管理人必须在收到通知后立即通知其他合伙人,其他合伙人可以以份额的实际价格和同样的转让条件追回该份额。在价格上存在分歧的,公司审计员应对追回日该份额的价值作出评估。如果通知之日起三十日内没有合伙人行使追回权,该合伙人可以自由处置其份额。

第二百三十九条

合伙人的份额转让给其继承人的,不适用于第二百三十八条。

第二百四十条

多个合伙人行使了追回权的,待售份额按照其在资本中所占比例分配,但须遵守本法第二百三十五条的规定。

第二百四十一条

合伙人的债权人对其份额申请执行的,可以与债务人和公司就份额的出售方式和条件进行协商,否则该份额将进行公开拍卖。公司可以在拍卖成交之日起十五日内为其合伙人以同样的条件对售出的份额行使追回权。

上述规定适用于合伙人破产的情况。

第三节　公司的管理

第二百四十二条

公司管理人对管理事项拥有完全权力,但公司的设立文件确定了其权限的除外。

管理人的行为对公司具有约束力,前提是他在交易中表明了其身份。而任何更换管理人或限制其权力的决定,在商业登记簿上注明之前,均不能对抗第三人。

公司管理人对司法机构和其他人代表公司。

第二百四十三条

有多个管理人的，公司的设立文件可以规定组成管理人委员会，公司的设立文件确定该委员会的运作方式及其发布决议所需的多数票。

第二百四十四条

管理人的责任相当于股份公司中董事会成员的责任。

第二百四十五条

未经公司大会批准，管理人不得担任与本公司竞争或具有类似目的的其他公司管理职务，不得为自己或他人利益从事与公司业务竞争性或类似的业务。违反此规定的，可以解除该管理人职务并使其承担赔偿责任。

第二百四十六条

合伙人人数超过二十人的，公司设立文件必须指定由三个及以上合伙人组成监事会，并确定其任期。

大会在监事会任期结束后可再次对其进行任命或任命其他合伙人，也可以对其进行罢免。

管理人在选举或罢免监事会成员时没有表决权。

第二百四十七条

监事会可以审查公司的账簿和文件，清点公司的资本、货物、证券和确认公司权利的文件，并要求管理人员随时提交其管理报告。监事会还可以监督资产负债表、年度报告和利润分配，并在大会召开前至少十五日向大会就此提交报告。

第二百四十八条

监事会成员对管理人的工作负责，但其知晓管理人工作中所犯的过错但未将其提交给合伙人大会的除外。

第二百四十九条

公司未设监事会的，非管理人的合伙人可以对管理人提出建议，并可以要求在公司总部检查其业务并检查其账簿和文件。任何与之相悖的规定均无效。

第二百五十条

公司应当召开由所有合伙人组成的大会，大会在公司财务年度结束后的四个月内由管理人召集，每年至少召集一次，时间和地点由公司设立文件规定。邀请函必须包括会议的地点和时间，并附有会议议程和资产负债表副本。

监事会、审计员或拥有至少百分之二十资本的合伙人提出要求的，管理人必须召集大会。出席大会的邀请须在其召开二十一日前以挂号信的形式发给每个合伙人，邀请函必须包括会议的地点和时间，并附有会议议程和资产负债表副本。

大会未在本条规定的期限内召开的，主管部门应当在上述期限届满之日起十五日内发出会议邀请，管理人应当对不召开或推迟召开大会对合伙人或他人造成的任何损害负连带责任。

第二百五十一条

管理人员应当在财务年度结束后的两个月内编制公司的资产负债表、损益表、公司活动和财务状况报告以及利润分配建议。自上述文件编制之日起一个月内，管理人应当把上述文件的副本以及监事会报告、审计员报告的副本发送给主管当局和所有合伙人。没有监事会的公司,任何合伙人均可以要求管理人邀请合伙人参加会议,审议这些文件。

第二百五十二条

任何合伙人均有权出席大会,无论其拥有的份额数量多少。合伙人也可通过特别授权委托其他非管理人的合伙人代表其出席大会。每个合伙人拥有的票数等于其持有的份额数加上其代表的份额数。

第二百五十三条

大会年度会议的议程应当包括以下事项:

1. 讨论管理人关于公司年度活动和财务状况的报告和审计员报告;

2. 讨论并批准资产负债表、损益表;

3. 确定分配给合伙人的利润百分比;

4. 任命管理人、管理人委员会或监事会成员(如有),并确定其薪酬;

5. 任命审计员并确定其薪酬。

根据本法或公司设立文件属于其管辖范围的其他事项。

第二百五十四条

大会不得审议议程以外的其他问题,但在会议期间发现了需要审议的严重事项除外。

合伙人请求将某一问题列入议程的,管理人必须答复该请求,否则合伙人有权向大会提出申诉,大会对此作出的决定有强制执行力。

第二百五十五条

每个合伙人均有权讨论议程上的议题,管理人有义务回答合伙人的问题。任何合伙人认为其回答不充分的,有权向大会提出申诉,大会对此的决定有强制执行力。

第二百五十六条

除非得到代表一半资本以上份额的合伙人批准,否则大会决议无效,公司设立文件也可规定更高的比例。

第一次会议没有获得这一多数票的,必须邀请合伙人参加在第一次会议后二十一日内召开的第二次会议,本次会议以出席会议的多数票作出决定,但公司设立文件另有规定的除外。

第二百五十七条

管理人不得参加关于免除其管理责任及对其罢免的投票。

第二百五十八条

未经代表四分之三及以上资本的合伙人批准,不得修改公司设立文件,也不得增加或减少其资本,公司设立文件也可规定比法定比例更高的比例。但是,公司义务的增加须经所有合伙人一致同意。

第二百五十九条

会议记录应当包含大会讨论的完整摘要,会议记录和大会决议应当编入公司总部的专用登记册,任何合伙人均可自行或通过其代理人查阅,并可查阅资产负债表、损益表和年度报告。

第二百六十条

公司每年由大会任命一名或者多名审计员,有关股份公司审计人员的规定对其适用。

第二百六十一条

在不损害善意第三人权利的情况下,大会或合伙人违反本法规定或公司设立文件规定作出的任何决定均无效，但无效只能由曾书面反对该决定或在知晓该决定后无法提出反对意见的合伙人提出。

决定无效即其被视为对所有合伙人来说自始不存在。该决定的无效诉讼应在决定发布之日起一年内提出，否则不予受理。提起无效诉讼不导致中止执行该决定，但主管法院另有规定的除外。

第二百六十二条

公司每年应当扣除其净利润的百分之十作为法定公积金。公积金达到资本一半的，合伙人可决定停止扣除。

法定公积金可用于弥补公司亏损或根据大会决议增加资本。

第二百六十三条

由一人组成的有限责任公司受本章所有条文的约束，但与其资本归一人所有的性质不符的规定除外。

公司由资本所有者管理，可以任命一名或多名管理人，管理人对第三人和司法机关代表公司，并为资本所有者管理公司。

公司资本所有者恶意清算，或在其期限结束前或成立目的实现之前暂停其活动的，应当以其财产对公司债务负责。公司所有者不将其个人财产与公司资本分开的，应当以其财产对公司债务负责。

第九章　控股公司

第二百六十四条

控股公司是股份公司或有限责任公司，通过拥有其他股份公司或有限责任公司一半以上的资本，来操控其他股份公司或有限责任公司的财务和管理，被操控的公司被称为子公司。

第二百六十五条

控股公司不得持有合伙公司和简单两合公司的份额，不得持有其他控股公司的任何股份或份额。

第二百六十六条

控股公司的资本不得少于一千万里亚尔。

第二百六十七条

控股公司的宗旨包括：

1. 参与其子公司或其参股的公司的管理；

2. 以其资金对股票、债券和其他证券进行投资；

3. 向其子公司提供必要的支持；

4. 拥有和利用专利、商业或工业标识、特许经营权等无形权利，并将其租给子公司或国内外的其他公司；

5. 在法律允许范围内拥有其活动所需的不动产和动产。

第二百六十八条

控股公司出具的所有资料、广告、信函和其他文件中均要在其商业名称中加上“控股公司”字样。

第二百六十九条

控股公司应采取必要措施，确保子公司保存必要的会计记录，使控股公司的董事会成员或管理人能够确保财务报表和损益表按照本法的规定编写。

在每个财务年度结束时，控股公司必须按照国际公认的会计和审计的标准和原则，为其及其所有子公司编制合并的资产负债表、损益表和货币流量表，将其提交给大会并附上相关说明或材料。

第二百七十条

在不违反本章规定的情况下，对股份公司或有限责任公司的规定适用于控股公司。

第十章　公司形式的变更、合并、分立和收购

第一节　公司形式的变更

第二百七十一条

公司可以根据以修改公司协议或章程细则的条件发布的决议，变更为其他法律形式的公司，但前提是满足拟变更为的公司形式的设立和公示要求。

变更决议必须附有公司资产负债清单以及这些资产负债大致价值的报表。

公司形式的变更需在商业登记簿上标记。

变更为股份公司的，必须在商业登记簿上登记满两年。

主管部门认为有必要的，可以随时发布变更公司形式所需的条件。

第二百七十二条

公司形式的变更不产生新法人，公司保留变更前的权利和义务。

第二百七十三条

公司形式的变更不免除普通合伙人对公司形式变更前所负债务的责任，但债权人同意的除外。债权人在接到变更决议的通知后三个月内，未对变更表示反对的，视为接受变更，变更决议应按照部长决定所规定的程序发布。

第二百七十四条

在变更为股份公司、股份两合公司或有限责任公司的情况下，每个合伙人拥有的股份或份额价值等于其在变更前经估价的份额价值。

第二百七十五条

合伙人、股东、份额所有人可以反对公司形式的变更并要求退出公司。

第二节　公司的合并

第二百七十六条

公司处于清算阶段，可以与相同或不同法律形式的公司合并。

第二百七十七条

合并包括将一个或多个公司与另一现有公司合并,或将两个或两个以上公司合并为一家正在成立的新公司。合并合同应确定合作条件,特别是评估被合并公司的债务及其在合并后公司资本中的股份或份额的数量。

除非参与合并的各公司根据确定的修改公司合同和公司章程细则的条件作出决定,否则合并无效。

合并决议应以明确的方式宣布,即对合并后的公司协议和章程细则进行修改。

第二百七十八条

吸收合并按照以下程序依次进行:

1. 被合并的公司发布解散公司的决定;

2. 被合并公司的净资产按照本法关于评估实物份额的规定进行评估;

3. 进行合并的公司根据被合并公司评估结果,发布增资决定;

4. 增加的资本在被合并公司合伙人中分配,分配依据为其份额比例。

第二百七十九条

新设合并需每个被合并的公司发布解散公司的决定,然后根据本法规定的条件设立一家新公司,每个被合并的公司拥有的股份或份额根据其在新公司的资本份额占比确定,这些股份或份额根据合伙人或股东在被合并公司中的份额比例对其进行分配。

第二百八十条

合并决议应当公布在两家当地报纸(其中至少一份是阿拉伯文报纸)和两家公司的网站(如有)上。

第二百八十一条

被合并公司的所有权利和义务,应当按照本法的规定,在合并程序和公司注册完成后,转给吸收合并后的公司或者合并产生的公司。

吸收合并后的公司或合并产生的公司是被合并公司的合法继承者,替其承担所有权利和义务。

第三节　公司的分立

第二百八十二条

公司可以分立为两个或两个以上公司,被分立的公司到期后可以继续存续。分立在资本估值方面应当遵循与合并相同的规定。由分立产生的每个公司应当具有独立的法律人格。

分立决议应当确定股东或合伙人的数量和名称、各自在分立产生的公司中的份额、每个公司的权利和义务以及资产和负债在它们之间如何分配。

第二百八十三条

分立产生的公司可以采用任何公司的法律形式,这些形式应按照法律的规定的完成。

第二百八十四条

分立应当由公司股东大会特别决议或合伙人大会以四分之三资本多数票通过。分立产生的公司是被分立公司的继承者,依法取代其地位,在不影响债权人权利的情况下,归被分立公司的权利义务按照分立决议的规定进行分割。

第二百八十五条

被分立公司的股份在发布分立决议时可以交易的，则分立产生的公司股份可在其发行后可立即交易。

第二百八十六条

合伙人、股东、份额所有人可以反对分立决议并要求退出公司。

第四节　公司的收购

第二百八十七条

满足以下任何情况的，视为公司收购另一家公司：

1. 直接或间接获得另一家公司拥有具有表决权多数的资本。

2. 根据与另一家公司合伙人或股东的协议，控制大部分表决权。协议不得与被收购公司的利益和宗旨相冲突。

3. 拥有的表决权使其能够有效地控制被收购公司大会的决议。拥有百分之四十的股份或份额，且该比例是公司中最高的持股比例，则被认为收购。

4. 拥有的表决权使其能够任免大多数董事会成员、监事会成员或管理人。

第二百八十八条

有效的收购需要满足以下条件：

1. 收购和被收购的公司的大会特别会议发布决议，批准收购，放弃股东优先权，主管部门批准两家公司的决议。

2. 收购公司根据公司协议和章程细则发布增资决议，按照合伙人或股东的份额或股份在公司资本中的比例向其分配增加的资本。

3. 完成被收购公司股份所有权转让给收购公司的程序，只有在根据本法规定进行股份登记后，收购公司才能获得所有权。

4. 通过购买的方式进行收购的，收购公司应当向被收购公司支付收购标的的股份或份额的价格，被收购公司将其存入专门账户，用以分发给在批准出售股份或份额的公司大会特别会议之日在册的股东或合伙人；通过发行股票或债券的方式进行收购的，收购公司必须将这些股份或债券提交给被收购公司，以便其分发给在批准出售股份或份额的公司大会特别会议之日在册的股东或合伙人。

5. 被收购公司根据公司协议和章程细则，采取必要措施修改公司协议和章程细则，选举新董事会。

6. 收购公司应当采取必要措施保护少数股东的权利，包括提供不少于三十日的要约，以不低于收购标的股份或份额的价格或根据按本法第一百五十八条指定的专家确定的价格，购买剩余股份或份额。

第二百八十九条

大会特别会议批准收购的决议应当在两份当地日报上公布（其中至少一份是阿拉伯文报纸），费用由收购公司承担，并在两家公司的网站（如有）上公布。

第二百九十条

《管理局工作组织法》及其实施条例、规章的规定适用于收购在金融市场上市的公司。

第十一章　公司的到期

第一节　公司的解散

第二百九十一条

在不违反本章列明的与各类公司相关的到期事由的前提下,公司有如下解散原因:

1. 公司协议或章程细则规定的期限届满,但根据协议或章程细则所载的规则延长该期限的除外;

2. 公司设立的目的终结或不可能实现该目的;

3. 股份或份额经过转让,股东或合伙人人数低于法定最低限额的,除非公司在转让之日起六个月内变更成另一种法律形式的公司,或者合伙人或股东人数已增至最低限度;

4. 公司的全部或大部分财产遭到损毁,剩余部分无法有效利用;

5. 合伙人在公司期限届满前一致同意解散公司,但公司协议规定只需特定多数同意解散的除外;

6. 公司并入另一家公司;

7. 司法判决要求解散公司或宣布破产。

第二百九十二条

合伙人有充分理由的,法院有权应其请求解散任何合伙公司、简单两合公司或隐名合伙。剥夺合伙人行使此项权利的任何规定均无效。

因某一个合伙人的行为而引起解散理由的,法院可以将其从公司中除名,在这种情况下,公司将由其他合伙人继续运营。

合伙人被除名的,其份额按照被除名之日的价值进行估算,该份额应以货币支付。此后该合伙人不得再享有公司的任何权利,但权利是其被免职之前的经营而产生的除外。

法院还可以应某一合伙人的请求,因其他合伙人未履行其承诺为由,判决公司解散。

第二百九十三条

合伙公司、简单两合公司、隐名合伙因某个合伙人的死亡、被禁业、破产、退出而到期。但是,公司协议可以规定有合伙人死亡的,其继承人继承其份额,公司可以继续存续,即使该继承人是未成年人。

合伙人在不适当的时间恶意退出的,法院可以判决该合伙人继续留在公司,并在必要时承担赔偿责任。

第二百九十四条

合伙公司、简单两合公司或隐名合伙的协议中没有规定在合伙人退出、死亡、被禁业、破产的情况下公司继续存续的,合伙人可以在上述任何情况发生之日起六十日内一致协定公司由他们继续运营。对于合伙公司和简单两合公司来说,该协议未在商业登记簿登记公示之前不得对抗第三人。

公司在其余合伙人的运营中继续存续的,退出公司的合伙人份额均根据最新盘存估算,但公司协议规定其他估算方法的除外。此后该合伙人或其继承人不得再享有公司的任何权利,但权利是其被免职之前的经营而产生的除外。

第二百九十五条

股份公司的亏损达到资本一半的,董事会成员必须在公司章程细则规定的期限内召集股东大会特别会议,讨论公司继续存续还是解散。

董事会不召集大会特别会议的,或大会无法就此事作出决定的,任何利害关系人均可以请求主管法院解散公司。

第二百九十六条

股份公司的股东人数低于最低法定人数的,可以变更为有限责任公司,其留存的股东在公司资产范围内对公司债务负责。

股东人数不足最低法定人数已满一年的,任何利害关系人均可以请求主管法院解散公司。

第二百九十七条

有限责任公司不因合伙人的退出、死亡、被禁业、破产而解散,但公司协议另有规定的除外。

第二百九十八条

有限责任公司的亏损达到资本一半的,管理人必须在三十日内请大会作出注资或解散公司的决议,解散决议必须以修改公司协议所需的多数票通过。

管理人未能召集合伙人,或者合伙人无法就此事作出决定的,管理人或合伙人(视情况而定)应当对公司因其过失产生的债务承担连带责任。

第二百九十九条

股份两合公司因任一普通合伙人的退出、死亡、被禁业、破产而解散,但公司章程细则另有规定的除外。

公司章程细则对此没有规定的,大会特别会议可以遵照修改公司章程细则的程序,决定公司继续存续。

第三百条

股份两合公司的所有普通合伙人均退出、死亡、被禁业、破产的,必须解散公司,但其章程细则规定可以将其变更成其他法律形式的公司的除外。

第三百零一条

股份公司的到期原因适用于股份两合公司。若到期原因是所有股份的所有权都归于某个合伙人,且该合伙人是普通合伙人的,该合伙人以其财产为公司债务负责。

第三百零二条

一人有限责任公司因其资本所有人死亡而到期,除非所有份额集中于一个继承人或所有继承人在其死亡之日起六个月内决定让公司以其他法律形式继续存续。

一人有限责任公司的资本所有人是法人的,公司因该法人到期而到期。

第三百零三条

除隐名合伙外,解散公司的决议应当在商业登记簿上公示,并在两份当地日报上公布(其中至少有一份是阿拉伯语)。在公示之前不得以解散决议对抗第三人。公司的管理人或董事会主席负责执行上述程序。

第二节　清　　算

第三百零四条

公司一旦解散立即进入清算阶段,在清算期间公司的法律人格仅限于清算工作所必需的范围内,在此期间,公司名称中必须清晰地加入“清算中”字样。

第三百零五条

管理人或董事会的权力因公司解散而终结,但在任命清算人之前,他们仍然负责公司管理,对第三人起清算人的作用。

在清算期间,公司机构仍然留存,其权限仅限于处理不在清算人职权范围内的清算工作。

第三百零六条

公司按照其公司协议、章程细则或合伙人就解散公司达成的协议进行清算,无规定或协议的,遵循本节的以下规定。

第三百零七条

公司清算由合伙人或大会任命一个或多个清算人进行,清算人的任命决议须经发布公司决议所需的一般多数通过。

基于判决而进行的清算,主管法院需指明清算方法,并指定清算人。

即便清算人是由合伙人指定,清算人的工作也不会因合伙人的死亡、破产、被禁业而结束。清算人应当有报酬,报酬由其任命文件确定,否则,由主管法院决定。

第三百零八条

清算人应当以公示公司协议或章程细则修订的方式,公示其任命决议、其权力的限制、关于清算方式的合伙人协议或大会决议以及相关判决。

只有公示之后,清算人的任命和清算方式才能对抗第三人。

第三百零九条

有多个清算人的,应共同工作,但公司任命独立工作的除外,并应对因超出其权力范围或由于在履行其职务时犯下的过错而对公司、合伙人和第三人造成的损害共同承担赔偿责任。

第三百一十条

清算人执行清算所需的所有工作,特别是:

1. 代表公司对第三人行使权利;

2. 偿还公司的债务;

3. 通过拍卖或任何其他方式出售公司的动产或不动产,以求获得最高价格,但在清算人的任命文件中规定出售应当以某种方式进行的除外;

4. 尽一切可能维护公司的资产和权利;

5. 对司法机关代表公司,并可以接受和解和仲裁。

第三百一十一条

清算人不得开始新的工作,但为完成之前工作所必需的除外。清算人从事非清算所需的新工作的，需以自有财产对该工作负责，有多个清算人的，需负连带责任。

第三百一十二条

公司一旦解散，其所有债务立即到期。清算人应当以挂号信通知所有债权人，并请其提交债权申报。债权人身份不明或其住所不明的，可以在两份当地日报（其中至少一份是阿拉伯文）和公司网站上（如有）公布该通知。在任何情况下，提交清算债权申报的通知必须包括自通知之日起至少七十五日的申报期限，在此期间，通知在生效一个月后需再次公布。有债权人未申报其债权的，必须将其债权金额存入主管法院的金库，直到权利所有人出现或时效到期。

第三百一十三条

清算人应当在扣除清算费用（包括清算人的费用）后，按以下顺序支付公司债务：

1. 应付给公司员工的金额；
2. 应付给国家的金额；
3. 应付给公司租赁的不动产所有者的租金；
4. 根据现行法律按优先权顺位的其他应付款项。

第三百一十四条

清偿公司债务时，清算人应当预存有争议的债务所需的金额。清算产生的债务优先于其他债务。

第三百一十五条

公司受清算人在其权力范围内进行清算行为的约束。上述行为不会导致清算人承担任何责任。

第三百一十六条

清算人必须在其开始工作之日起三个月内与公司审计员（如有）合作编制公司的所有资产和负债的清单，管理人或董事会成员必须向清算人提供其要求的公司账簿、文件、说明和数据，清算人应当提供合伙人要求的有关清算状况的说明或数据。

清算持续一年以上的，清算人必须编制资产负债表、损益表和清算工作报告，这些文件需提交给合伙人、大会或主管法院，以便依照公司协议或章程细则获得批准。

在所有情况下，公司的清算期不得超过三年，但主管法院或部长另有规定或决定的除外。

第三百一十七条

在支付公司债务后，清算人应向合伙人退还其货币份额的价值，并按照合伙人在利润中的份额分配超额部分。

公司的实物资产应按照分割多人所有的资产的规则进行分割，但公司章程细则另有规定的除外。

第三百一十八条

公司的净资产不足以偿付合伙人全部份额的，损失按照合伙人间损失分配比例分配。

第三百一十九条

清算完结时，清算人必须向合伙人、大会或主管法院提交最终账目，合伙人、大会或主管法院核准最终账目后，清算才能结束。清算结束的，清算人必须进行公示，自公示之日起，清算才能对抗第三人。清算人在清算结束后应当申请将公司登记从商业登记簿中删除。

第三百二十条

罢免清算人的方式应当与其任命方式相同。

清算人的罢免应公示,非经公示不得对抗第三人。

第三百二十一条

在不违反本法第三百三十九条有关债权人权利的规定的前提下,清算结束公示之日起满三年的,对清算人因其清算工作提起的诉讼不予受理。上述期限届满后,对管理人、董事会成员、审计员因其职务工作而提起的诉讼不予受理。

第十二章　对公司的监管

第三百二十二条

部委负责监管开放式股份公司、封闭式股份公司、股份两合公司和有限责任公司,以确保本法、该公司的执行规定及其章程细则规定的执行。

第三百二十三条

管理局根据其法令,对在金融市场上市的股份公司有下列管辖权:

1. 在设立或增资时批准公司发布并经部委批准的招股说明书;

2. 确定公开认购股票的日期,并跟踪在此期间的认购进度;

3. 跟踪经部委批准的公司大会关于增资、减资、分割股票面值、公司发行其他证券的决议,或管理局职权范围有关的任何决定;

4. 在公司增资时,制定股东认购权交易的规范;

5. 规定财务报告、公司状况、公司财务年度治理报告的披露条件,监督其实施,对其进行评论并批准其发布;

6. 确定控股、收购、合并和分立的规则,确定转化成开放式股份公司的规则;

7. 在设立、增资或是在变更为金融市场上市的开放式股份公司时,确定评估公司实物份额的程序。

可以根据管理局立法所规定的程序,对管理局就此作出的决定进行申诉。

第三百二十四条

公司违反本法或该公司的执行决定,主管部门在通知违法者并对其进行核查后,可以采取以下部分或全部处罚:

1. 警告;

2. 斥责;

3. 永久或在一定期限内禁止违法者担任任何公司的董事会成员或管理人;

4. 对持续的违法行为处以每日不超过一万里亚尔的罚款;

5. 不超过一百万里亚尔的罚款。

主管部门应当通知违法公司其处罚决定,并可以按其认为适当的方式公布决定。

主管部门的处罚决定可以以任何方式通知公司。公司可以在接到通知公司之日起三十日内向部长或其代表决定进行申诉。须在提交申诉之日起三十日内对申诉作出审核,并以任何方式通知申诉被驳回人。上述期限届满没有回复的,视为默示的驳回。该审核决定是最终决定。

主管部门可以根据部长决定的程序和规则与违法公司进行和解。

第三百二十五条

总检察长在与部长达成一致后，可决定授权主管部门职员进行司法稽查，以稽查并核实违反本法及其执行决定的罪行。

第三百二十六条

发生本法规定的任何罪行的，前一条所述的司法稽查人员应当按照部长发布的样本编制备忘录。

备忘录的副本应当移交主管警察局以便其依法采取行动。

第三百二十七条

根据本法第三百二十五条的规定获得司法稽查授权的主管部门职员，有权检查本法第三百二十二条所述公司，并审查其账户。

经授权的主管部门职员可以查阅和检查公司总部或其他地方的记录、簿册、单据和其他文件，董事会成员、审计员、管理人和其他员工应当向他们提供他们为此目的要求提供的数据、摘录和副本。

监督和检查程序产生的报告应当提交给部长，以便部长采取其认为适当的行动。

第三百二十八条

部长委派获得司法稽查授权的职员出席公司大会，但政府对公司的股东或其他利益相关者不负有任何责任。相关人员必须编写大会会议记录，以证明部委委派的职员在场。这些职员不得发表意见或参与表决，他们的任务仅限于在会议结束后撰写的专门的会议记录上记录所发生的事件。

第三百二十九条

根据本法的规定注册的公司，任何股东和合伙人均可查阅主管部门保存的与该公司及其自身有关的已公布信息和文件，并可在经批准后获得其核证的文件副本。并可以向主管法院请求获取任何未公布数据的副本，但需支付相关法律规定的费用。

第三百三十条

持有股份公司、有限责任公司或股份两合公司百分之二十资本的股东或合伙人，在有理由认为存在违法、违规行为时，可以申请部长对董事会成员和审计员在履行法律或公司章程细则规定的职责过程中的严重违法、违规行为进行检查。

申请中必须包括证据，申请人必须有采取此类行动的严谨理由，并且应将其拥有的股份和申请书存管至问题得到解决。

部长应当把申请移交给主管部门，主管部门应当听取申请检查人、董事会成员、审计员和其认为应听取其发言的人的意见，并编写一份关于工作结果的报告，报告中包括主管部门意见，并把报告提交部长。

第三百三十一条

部长在查看前一条中提到的报告后，可任命一名在审计员登记册注册的审计员检查公司的工作和账簿，费用由申请检查人承担。

公司董事会成员及公司员工应向被指派进行检查的审计员提供与公司有关的所有事项

的访问权限，包括他们保存的或他们有权获得的账簿和文件。

负责检查的审计员必须在部长规定的期限内向部长提交其任务的详细报告。

第三百三十二条

部长发现申请检查人对董事会成员或审计员指控不属实的，可以命令在两份当地日报（其中至少一份为阿拉伯文报纸）和公司网站（如有）上公示全部或部分报告或报告结果，申请人必须支付公示费用，必要时还需承担赔偿责任。

部长发现董事会成员或审计员确有被指控的违法行为的，应当下令采取必要措施，并立即召集大会，会议由部长从主管部门选出的代表主持。

第三百三十三条

大会可以罢免董事会成员或审计员，并对其提出追责诉讼。在排除待罢免的董事会成员的份额后，该罢免决议经持有一半资本的股东或合伙人通过即可通过。

被罢免的董事会成员在罢免决定发布之日起五年内不得再次当选。

第十三章　处罚及最终条款

第三百三十四条

在不影响其他法律规定的更严厉的处罚的前提下，下列人员应判处两年以内监禁及一百万里亚尔以内的罚款，或其中一种处罚：

1. 故意在发行股票、债券或其他证券的招股说明书中记载虚假信息或违反本法规定的信息的，以及明知招股说明书中的违规行为而签署招股说明书的；

2. 有限责任公司任何设立人，故意对公司设立协议中关于合伙人之间资本份额分配及其足额缴纳进行虚假认定；

3. 任何以欺诈方式对实物份额进行超过其实际价值估价的人；

4. 除股份公司和股份两合公司以外的公司的设立人或管理人，邀请公众认购公司任何种类的证券，以及提供这些证券以认购的任何人；

5. 任何人违反本法或公司章程细则的规定，恶意决定或分配的利润、利息或回报的，以及任何恶意为上述做法提供保证的审计员；

6. 任何审计师或其雇员故意就其审计结果编制虚假报告，或故意在根据本法规定提交给大会的报告中隐瞒或忽视重要事实，或投机或披露其审计的公司的任何秘密；

7. 任何董事会成员、管理人或清算人在知情的情况下参与编制与事实不符的资产负债表、财务报表，或故意隐瞒公司财务状况的真相，或故意遗漏重大事实以隐瞒公司财务状况的真实情况，或恶意利用公司的资金或股份直接或间接地为自己或他人获取个人利益；

8. 故意对公司、合伙人或债权人造成损害的任何清算人；

9. 任何披露与其工作有关的商业公司机密的公职人员，或在其报告中故意证实不正确的事实，或在这些报告中故意遗漏影响结果的事实；

10. 在公司的记录中造假或故意证明错误事实的任何人，或编制或向大会提交其中载有可能影响大会决定的虚假或错误数据的报告；

11. 任何董事长、董事会成员或员工泄露公司的秘密，或故意试图损害其业务，或与从事旨在影响公司发行证券价格的任何实体有直接或间接利益。

第三百三十五条

在不影响其他法律规定的更严厉的处罚的前提下,下列人员应判处五十万里亚尔以内的罚款:

1. 任何违反本法规定的处置份额或股份的人;

2. 任何违反本法的禁止性规定被任命为股份公司的董事或常务董事或审计员的人,任何知晓公司中存在上述违法情况的常务董事;

3. 未在收到任命决定通知后六十日内按公司章程细则的规定提交其股份以确保其董事资格的任何董事,或未按时提交必须提交的确认书,或提供虚假数据,或故意省略董事会编写报告所必需的数据,或公司报告中确认错误数据或故意省略其数据的;

4. 任何人故意阻止主管部门职员、审计员、监事会成员或清算人查阅他们按照本法规定有权查阅的公司账簿和文件的,以及任何人拒绝提供其要求的信息、文件和说明的;

5. 任何人故意破坏大会的召集或召开的;

6. 任何违反本法规定从公司获得贷款或担保的董事会成员,以及同意提供此类贷款或担保的人员。

第三百三十六条

在累犯或拒不更改已终审定罪的违法行为情况下,对上述两条规定的行为加倍处罚。

第三百三十七条

在不影响必要时索赔权利的情况下,违反本法规定发布的任何行为、交易或决定在不损害善意第三人权利的情况下无效。

无效的原因归于多个人的,应负连带赔偿责任。

有关当事方应在知悉违法行为之日起一年内提出无效诉讼,逾期的不予受理。

第三百三十八条

大会发布的任何决议均不能限制对董事会成员因其在履行职责时所犯的过错提起民事责任诉讼。

引发责任诉讼的行为已由董事会或审计员的报告提交给大会的,其诉讼时效为大会发布核准董事会报告的决定之日起三年内。董事会成员的行为属于刑事犯罪的,责任诉讼的时效为刑事诉讼的时效。

主管部门和每个股东均有权提起此类诉讼,公司章程细则中关于放弃起诉或要求事先获得大会许可或采取任何其他程序的任何规定均无效。

第三百三十九条

除隐名合伙外,债权人对公司行为的诉讼时效为行为结束后三年,对清算人行为的诉讼时效为从清算工作结束之日起三年。

第三百四十条

对于所有商业公司,公司债权人对合伙人的诉讼时效为公司到期之日起三年,对于已退出的合伙人来说为其退出之日起三年。

对于所有必须在商业登记簿上标注的行为,其诉讼时效从完成标注之日起算。对于由清算本身引起的诉讼,其诉讼时效从宣布清算之日起算。

卡塔尔投资法

邓苏宁　译　万　立　审校*

《卡塔尔投资法》译介

卡塔尔现行的《外商投资法》于2019年颁布，取代了2000年颁布的原《外商投资法》。

新法与旧法最明显的区别在于大大放宽了非卡塔尔投资者在卡塔尔的投资项目的持股比例限制。旧法的核心内容为：非卡塔尔投资者在卡塔尔投资要有卡塔尔合伙方，且卡塔尔方股份不低于项目资本的51%，仅允许在其自由区和经济特区内设立外商全资企业。而新法规定：投资者可参与卡塔尔所有经济部门投资，持资比例最高可达100%；对于卡塔尔的上市公司而言，经卡塔尔商工部审核同意上市公司设立协议和章程中外方持股比例之后，外方投资者可持有在卡塔尔证交所上市公司不超过49%的股份，经由商工大臣提议，并报内阁讨论同意之后，持股上限还可突破49%。

虽然该法原则上规定非卡塔尔投资者可以以100%的持资比例投资于所有经济部门，但对此也有一些限制。首先，该法规定了非卡塔尔投资者禁入的领域：银行业和保险业（内阁特批的银行及保险公司除外）、商业代理，以及内阁决定规定的任何其他领域。值得一提的是，旧法中禁止外商投资的房地产领域新法中未专门提及。其次，该法规定非卡塔尔投资者参股比例若超过49%，须向商工部提交申请。

除放宽持股比例外，该法还规定了一些投资鼓励措施和优惠政策，如划拨投资用地、依法免征所得税和关税、投资及利润自由汇出等。依照该法，法律未明文规定的投资鼓励措施和优惠政策，可由内阁讨论决定。

国家依靠其开采、利用或管理自然资源的公司和个人、获得卡塔尔石油行业许可从事石油业务的公司和个人，以及政府和其他公共机构设立或参股达一定比例的公司不受《外商投资法》管辖。

卡塔尔油气资源丰富，人均国内生产总值在世界一直名列前茅。卡塔尔投资环境吸引力主要体现在政治稳定、支付能力较强、社会治安状况良好和市场化程度较高等几方面。但卡塔尔国土小、人口少，市场容量相对有限，对外资虽有需求，但并不过分依赖。卡塔尔官方称，颁布新的《外商投资法》"旨在增加税收，保护外国和本地投资商，以及提高卡塔尔在国际经济领域的声誉"。事实上，卡塔尔此次颁布新投资法有国内外的大背景。

---

* 译者：邓苏宁，博士，对外经贸大学讲师；审校：万立，华东政法大学博士研究生。

第一,2017年开始的沙特等国与卡塔尔断交事件促使卡塔尔政府加速推进国家收入来源多元化,进一步改善营商环境,加大吸引外资力度,鼓励制造业和本国中小企业发展,确保基本消费品实现自给自足。

第二,2022年足球世界杯来临在即,卡塔尔政府继续推进世界杯场馆和相关基础设施项目的建设,并以此为契机大力鼓励金融、建筑、加工制造、航空海运、物流、旅游和商贸服务等行业的发展,以实现经济多元化战略及“2030国家愿景”,促进经济可持续发展。

第三,近年来,国际能源价格的波动对海湾国家的经济造成了不同程度的冲击,各国实现经济多元化的需求变得更为迫切。海湾各国陆续颁布了新的投资法,放宽外资准入条件,为外国投资提供更多的优惠、便利和保障,力图改善严重依赖能源出口的经济结构,创造更多非能源收入。卡塔尔此次颁布新投资法正是海湾地区经济立法趋势的体现。

关于非卡塔尔投资经济活动的法律①

2019年第1号

第一章　总　　则

第一条

除另有规定外,本法下列表述的含义:

经工:经济和工业部。

经工部长:经济和工业部长。

主管部门:经工部下设的主管行政单位。

非卡塔尔投资者:根据本法规定将投资于本国允许直接投资的特定项目的外国自然人和法人。

非卡塔尔资本投资:非卡塔尔投资者投入本国的现金、实物资产或在本国具有货币价值的权利,包括:

(1)通过银行和经许可的金融公司汇入本国的现金;

(2)根据本法规定用于投资而进口的实物资产;

(3)非卡塔尔资本投资于增加项目资本的项目或根据本法规定投资于任何经许可项目产生的利润、收入和准备金;

(4)许可权、专利权和本国注册商标等权利。

公司:任何根据《商业公司法》设立的公司。

① 公布于卡塔尔法律门户网:https://www.almeezan.qa/Default.aspx。译本参考了非官方英文本 Law No.(1) of 2019 Regulating the Investment of Non-Qatari Capital in the Economic Activity, https://investmentpolicy.unctad.org/investment-laws/laws/314/qatar-law-no-1-of-2019。

第二章　非卡塔尔资本投资

第二条

不违反关于外国人从事商业活动和职业的法律以及本法第四条规定的,非卡塔尔投资者可以按照本法实施条例,以百分之百的持资比例投资于所有经济行业。

第三条

依照本法第二条规定,外国人参股比例超过百分之四十九的,应当按照主管部门提供的样例向主管部门提交申请,并提交主管部门规定的证明文件,支付规定的申请费用。

主管部门应当自提交文件之日起十五日内作出决定,并以挂号信或任何其他方式将结果通知申请人。逾期未通知的,视为驳回。

申请人可以在知道驳回决定之日起十五日内或者从申请视为驳回之日起十五日内,向经工部长提出申诉。

经工部长应当在申诉提交之日起三十日内作出决定。逾期未作出决定的,视为驳回。经工部长的决定为最终决定。

本法实施条例规定依照本条规定对投资者申请作出决定的机制。

第四条

禁止非卡塔尔投资者在下列行业投资:

(1)银行和保险公司,但内阁决定豁免的银行及保险公司除外。

(2)商业代理。

(3)内阁规定的任何其他领域。

第五条

在本国执行商业合同的外国公司应当遵照下列规定:

(1)合同应当通过公司在本国的分支机构执行。

(2)合同应当与经工部、政府机构、公共机构或国家参股的公司及企业签订。

(3)确定合同内容但在签订合同以前,在商业登记簿登记并申请为公司分支机构颁发在本国执行该合同的商业许可证。

(4)在合同存续期间,根据本国有关部门的法律,符合有关部门的所有要求。

(5)在合同存续期间,完成商业登记簿登记展期以及公司分支机构许可证的展期。

内阁决定可以根据部长的提议,修改、增加、删除、合并上述规定。

第六条

本法未特别规定的,非卡塔尔投资者办理开展允许投资的任何活动所需许可证,应当遵循关于该类活动的法律规定。

第七条

经工部长批准公司设立协议和公司章程提出的比率后,非卡塔尔投资者可以持有在卡塔尔证券交易所上市的卡塔尔股份公司百分之四十九及以下的股份。在内阁根据部长的提议批准之后,非卡塔尔投资者可以持有超出上述比率的股份。

第三章 投资激励

第八条

非卡塔尔投资者建立投资项目所需土地,可以根据现行法律通过租赁或用益权转让的方式划拨。

第九条

非卡塔尔投资者可以按照本国现行法律规定,为投资项目进口用于建设、运营、扩建项目所需任何物品。

第十条

外国投资项目可以依照所得税法规定的条件、程序和期限,免交所得税。

第十一条

外国投资项目进口为建设项目所需仪器和设备的,可以免除关税。工业领域的外国投资项目进口生产所需、本国市场缺乏的原材料和半成品的,可以免除关税。

第十二条

内阁可根据部长的建议,给予投资项目除本法规定以外的激励和优惠。

第十三条

对于直接或间接外国投资,不得实施征收,或采取同等效果的措施。为了公共利益,根据适用于本国公民的相同程序,以非歧视方式,并予以公正合理补偿的,可以征收。

第十四条

非卡塔尔投资者可以自由将投资随时汇入和汇出,汇款内容包括:

(1)投资收益。

(2)出让或清算部分或全部投资的所得。

(3)解决投资争议产生的所得。

(4)依照本法第十三条规定获得的补偿金。

汇款可以使用任何一类可汇出货币,按当日牌价汇出。

第十五条

非卡塔尔投资者可以根据本国相关法律法规向任何其他投资者转让投资所有权;或在合伙投资的情况下,将投资向本国合伙人转让。

投资转让后可以继续享有本法规定的投资待遇,但是新的投资者应当继续开展该投资项目,并承继前任投资者的权利和义务。

第十六条

除劳动争议外,非卡塔尔投资者之间及与他人之间的任何争议,可以依照本法,以仲裁或其他任何方式解决。

第四章　一 般 条 款

第十七条

非卡塔尔投资者应当维持环境不受污染，并遵守有关安全和公共卫生的法律、法规及指令，不得违反本国的公序良俗。

第十八条

本法生效期间，本法规定不影响已决定予以现有公司和企业的优惠、免税以及其他保障、激励措施。该等公司和企业将根据法律、各项协议及订立的合同，继续享有该等优惠、免税、保障及激励措施。

第五章　惩罚与其他规定

第十九条

非卡塔尔投资者违反本法规定的，主管部门应当告知该投资者违法事实，且命令该投资者自通知发送之日起三个月内予以改正。拒不改正的，主管部门应当吊销投资项目许可证，并在商业登记簿上注销公司或其分支机构的登记，并通知有关政府部门对投资项目采取相关措施。

该投资者可以依照本法第三条规定，就吊销许可证和注销公司或其分支机构登记的决定，向经工部长提出申诉。

第二十条

对从事违反本法规定或参与经济活动的人，应处以不超过五十万里亚尔的罚款。任何人从事或参与违反本法的任何经济活动的，处以五十万或以下里亚尔的罚款。任何其他法律规定了更重的处罚措施的，从其规定。

第二十一条

法人的雇员以自己名义或以法人的名义违反本法规定的，对法人处以前款规定的处罚，但不影响追究该雇员的刑事责任。

第二十二条

总检察长与经工部长协商之后，可以决定授权经工部工作人员作为执法人员，对违反本法规定的犯罪展开调查并提供证据。

第二十三条

依照本法规定提供服务的收费，由经工部长决定发布。

第二十四条

经工部长应当颁布本法实施条例及所有必要的细则和决定，以执行本法规定。依据本法规定，上述条例、细则和决定颁布前，现行决定继续有效。

第二十五条

本法规定不适用于：

(1)根据特许合同或特殊协议，国家依靠其开采、利用或管理自然资源的公司和个人，但特许合同或特殊协议不违反本法规定的除外；

(2)根据《商业公司法》规定，政府和其他公共机构设立或参股的公司，以及国家与外国投资者联合出资的公司，其中本国政府出资比例为百分之五十一或以上，但内阁批准更低出资比例的除外；

(3)获得卡塔尔石油行业许可，从事石油业务的公司和个人，或从事石油、天然气、石化行业投资的公司和个人。

第二十六条

2000 年第 13 号法律现予废止。

第二十七条

所有专门机构在各自职权内应当执行本法。本法刊载于《公报》。

阿尔巴尼亚外国投资法

万　立　译　詹继续　审校*

《阿尔巴尼亚外国投资法》译介

《阿尔巴尼亚外国投资法》于1991年通过，规定关于国内外投资者向阿尔巴尼亚投资的各类事宜。该法规定国内外投资者享有平等待遇，即外国投资者可获得阿尔巴尼亚法律予以本国投资者相同的资助和行使同等的权利。此外，阿尔巴尼亚共和国签署、批准的多项双边条约为国际投资者提供了更为优惠的投资待遇，各缔约国的公民或法律实体普遍享有较阿尔巴尼亚国民更多的优惠。①

适用范围

1991年《外国投资法》十分简略，主要适用于外国投资者向阿尔巴尼亚境内的投资。根据该法总则部分规定，外国投资者是指：(a)外国公民。(b)长期居住于国外的阿尔巴尼亚共和国公民。(c)根据外国法律建立，按照阿尔巴尼亚共和国法律直接或间接于阿尔巴尼亚共和国境内开展或正在开展投资的法律实体；或根据1990年7月31日以来生效法律开展投资的法律实体。应注意的是，该法对"外国投资"采取了列举式规定，显露出阿尔巴尼亚政府对外国投资活动领域的倾向。该词是指外国投资者于阿尔巴尼亚共和国领土直接或间接所有的各类投资，包括：(a)占有动产或不动产、有形或无形资产或任何其他财产；(b)公司、股份和任何形式的公司参与；(c)具有经济价值并与投资相关的贷款、经济义务或其他义务；(d)知识产权，包括文学、艺术、科学、技术、录音、发明、工业设计、半导体光罩、专有技术；(e)法律或协议赋予的权利，以及根据法律作出的许可或授权。

投资方式

《阿尔巴尼亚企业和商业公司法》准许外国投资者收购当地企业的股份(未规定外国法人、个人收购股份的限额)，或参与当地企业的经营，但该等公司须具备法人资格。根据《企业和商业公司法》，外国投资者可收购或参与下列公司的股份或经营：普通合伙企业；有限合伙

---

* 译者：万立，华东政法大学博士研究生；审校：詹继续，法学博士，华东政法大学讲师。

① 参考资料：https://assets.kpmg/content/dam/kpmg/bg/pdf/Investment-in-Albania-Web.pdf。

企业;有限责任公司;股份公司;个人独资企业。一般而言,设立上述实体无须政府机构的事先许可,但涉及银行或保险活动、投资或私人养老金基金的情形除外。

此外,阿尔巴尼亚和外国投资者最常用的工具是有限责任公司,因为该工具形式为投资者提供了独资经营的可能性、灵活的公司结构和个人的有限责任。外国投资者一般不得在阿尔巴尼亚发行证券,但阿尔巴尼亚的资本市场本身发展尚不充分,外国投资者亦较少考虑这一点。

投资激励措施

《外国投资法》予以外国投资者的激励措施主要涉及征税优惠。如投资超过5000万列克,企业可申请进口清单上项目所用设备和机械的增值税豁免。应注意的是,阿尔巴尼亚议会于2015年通过战略投资法。如投资金额在500万至5000万欧元间或更高,并在能源、运输或农业等关键经济行业开展,则视为战略性投资。

具体而言,《外国投资法》及相关法律向外国投资者于各环节提供政府资助、扶持,如申请执照和许可证;收购基础设施;使用公共资产。2017年期间,阿尔巴尼亚议会还通过了一系列关于旅游和软件开发行业部投资的税收激励措施,包括:住宿服务增值税自20%降至6%;五星级酒店和度假村提供的所有服务的增值税自20%降至6%,包括获得“特别地位”的酒店和度假村,其由国际知名连锁酒店管理,或者连锁酒店的特许经营。最迟于2024年12月前获得特殊地位的四星级和五星级酒店和度假村内提供的服务可免交十年公司税。对所有从事软件开发活动的实体降低公司税,自15%降至5%。该类税收优惠的要求将在实施细则内详细规定。

此外,阿尔巴尼亚政府最近提出一项新的旅游行业法律修正草案。修正案包括以下与特别地位住宿设施相关的最低投资限度:四星级特别地位住宿设施,为800万欧元;五星级特别地位住宿设施,为1500万欧元。

投资者权利

《外国投资者》关于外国投资者的权利规定的较为笼统,似乎未予以严格限制,主要载于第2条、第3条及第7条当中。第2条规定:“1. 对阿尔巴尼亚共和国的外国投资无须事先批准。审批待遇不低于类似情况适用于国内投资的条件,但不包括由特别法律规定的土地所有权。2. 任何情形下,投资均享有平等公正的待遇和充分的保障。3. 任何情形下,外国投资享有的待遇不亚于国际认可的一般准则予以的待遇。”第3条规定:“外国投资公司有权雇用阿尔巴尼亚公民和外国公民。”第7条规定:“1. 外国投资者有权将与外国投资相关的所有资产转移出阿尔巴尼亚共和国领土,包括下列资产:(a)收入;(b)补偿;(c)投资争议产生的款项;(d)根据合同支付的款项,包括根据贷款协议支付的本金和利息;(e)出售或支付投资产生的收入;(f)公司减资产生的股东权益收入。2. 外国投资者有权在阿尔巴尼亚共和国境内以可自由兑换的货币转账,并按转账当日的市场汇率计算,用于转账货币的即期交易。3. 阿尔巴尼亚共和国可通过普遍适用法律规定的平等和非歧视方式限制转移,如关于纳税和索赔的法律及法院的裁判。”

关于征用和国有化，第 4 ~ 5 条规定：“除为法律规定的公共目的外，不得直接或间接征用或国有化外国投资，并且不受任何措施或类似活动的限制”；“1. 补偿相当于受征用投资的公允市场价值。2. 应立即支付补偿金，包括自征用之日起按市场利率计算的利息；补偿可转让、可兑换，并按征用之日的市场汇率计算。3. 根据本法第 8 条，外国投资者有权通过适当的法律或行政机构要求立即审查征用行为或补偿。”

目前，由于受欧元区金融不稳定的影响（希腊、意大利是阿尔巴尼亚最大的投资者），阿尔巴尼亚经济形势不容乐观。2013 年阿尔巴尼亚税率的提高对 2014 ~ 2015 年度新投资项目和并购交易水平产生了影响。此期间，争议解决、破产、重组和债务回收案件数量有所增加。然而，2018 ~ 2019 年前两个季度，投资者的新项目设立和并购有所回升，尤其是石油和采矿行业，该等行业及电力、基础设施项目是外国投资者的主要目标。

根据部长委员会拟定的《主要宪法性条款》第 16 条
（1991 年 4 月 29 日第 7491 号法律）
阿尔巴尼亚共和国议会通过

第一条　总则

本法中：

1.“领土”是指阿尔巴尼亚共和国享有主权的领土，包括水道、海洋区和大陆架，阿尔巴尼亚共和国根据国际规则在领土范围内行使主权。

2.“外国投资者”是指：

（a）外国公民；

（b）长期居住于国外的阿尔巴尼亚共和国公民；

（c）根据外国法律建立，按照阿尔巴尼亚共和国法律直接或间接于阿尔巴尼亚共和国境内开展或正在开展投资的法律实体；或根据自 1990 年 7 月 31 日以来生效法律开展投资的法律实体。

3.“外国投资”，是指外国投资者于阿尔巴尼亚共和国领土直接或间接所有的各类投资，包括：

（a）占有动产或不动产、有形或无形资产或任何其他财产；

（b）公司、股份和任何形式的公司参与；

（c）具有经济价值并与投资相关的贷款、经济义务或其他义务；

（d）知识产权，包括文学、艺术、科学、技术、录音、发明、工业设计、半导体光罩、专有技术；

（e）法律或协议赋予的权利，以及根据法律作出的许可或授权。

4.“外国投资争议”是指由外国投资引起的或与之相关的所有分歧。

5.“收入”是指源自投资或与投资相关的金额，包括利润、股息、利息、资本重组、管理费、技术资助或其他费用或出资。

第二条　权能和待遇

1. 对阿尔巴尼亚共和国的外国投资无须事先批准。审批待遇不低于类似情况适用于国内投资的条件,但不包括由特别法律规定的土地所有权。

2. 任何情形下,投资均享有平等公正的待遇和充分的保障。

3. 任何情形下,外国投资享有的待遇不亚于国际认可的一般准则予以的待遇。

第三条　雇佣权

外国投资公司有权雇用阿尔巴尼亚公民和外国公民。

第四条　征用和国有化

除为法律规定的公共目的外,不得直接或间接征用或国有化外国投资,并且不受任何措施或类似活动的限制。

第五条　征用和国有化补偿

1. 补偿相当于受征用投资的公允市场价值。

2. 应立即支付补偿金,包括自征用之日起按市场利率计算的利息;补偿可转让、可兑换,并按征用之日的市场汇率计算。

3. 根据本法第八条,外国投资者有权通过适当的法律或行政机构要求立即审查征用行为或补偿。

第六条　战争和武装冲突

外国投资者的投资因战争、武装冲突、国家紧急状态或其他类似事件遭受损失,享有与阿尔巴尼亚投资者就该等损失获得的同等优惠待遇。

第七条　转移

1. 外国投资者有权将与外国投资相关的所有资产转移出阿尔巴尼亚共和国领土,包括下列资产:

(a)收入;

(b)补偿;

(c)投资争议产生的款项;

(d)根据合同支付的款项,包括根据贷款协议支付的本金和利息;

(e)出售或支付投资产生的收入;

(f)根据阿尔巴尼亚法律,因公司减资产生的股东权益收入。

2. 外国投资者有权在阿尔巴尼亚共和国境内以可自由兑换的货币转账,并按转账当日的市场汇率计算,用于转账货币的即期交易。

3. 阿尔巴尼亚共和国可以通过普遍适用法律规定的平等和非歧视方式限制转移,如关于纳税和索赔的法律及法院的裁判。

第八条　争议解决

1. 如外国投资者与阿尔巴尼亚公民、国有企业或组织发生外国投资争议,无法以友好方式解决,则外国投资者可以适用任何先前商定的争议解决程序。如未就争议解决程序达成一致,外国投资者可根据阿尔巴尼亚法律将争议提交阿尔巴尼亚共和国认可的法院或仲裁员。

2. 如果外国投资者与阿尔巴尼亚共和国行政部门发生外国投资争议,无法友好协商解决,外国投资者可以将争议提交阿尔巴尼亚法律认可的法院或仲裁员。如争议产生于或有关征用、歧视、补偿或转移，根据本法第七条，外国投资者可提交国际投资争端解决中心，阿尔巴尼亚共和国应当同意提交。该中心根据 1965 年 3 月于华盛顿批准的《关于解决国家与其他国家公民之间投资争端的公约》设立。

3. 根据本条作出的任何国际仲裁裁决均一裁终局，对争议双方均发生约束力。阿尔巴尼亚共和国应立即处理任何该类裁决，并在阿尔巴尼亚境内执行。

第九条　本法的地位

1. 1992 年 8 月 4 日《外国投资法》(第 7549 号法律)及部长委员会制定的法律或决定与本法抵触的所有其他条款均予以废止。

2. 如本法不符合阿尔巴尼亚共和国或阿尔巴尼亚政府为成员的任何其他国际协议或条约(议会批准)，以后者为准，但向外国投资者提供的权利或保护应当多于本法的规定。

第十条　国家安全

本法不妨碍阿尔巴尼亚共和国采取必要措施维护公共秩序，履行阿尔巴尼亚在维护和恢复国际和平与安全、保护本国国家安全或国防利益等方面的义务。

第十一条　法律的公布

阿尔巴尼亚共和国将公布所有关于外国投资的法律、规则和程序。

第十二条　生效

本法于公报公布十五日后生效。

由阿尔巴尼亚共和国总统萨利·贝里沙
于 1993 年 11 月 10 日作出的第 687 号法令宣告

阿尔巴尼亚竞争保护法

万 立 译 韩 驰 审校*

《阿尔巴尼亚竞争保护法》译介

《阿尔巴尼亚竞争保护法》于2003年12月1日正式生效,该法的主要目的是保证自由有效的市场竞争,保障社会公共利益。《阿尔巴尼亚竞争保护法》通过重点打击以下三种情形以保护阿尔巴尼亚国内竞争秩序:(1)滥用市场支配地位;(2)垄断协议;(3)经营者集中。当通过串通垄断协议(卡特尔协议),滥用市场支配地位,可能产生市场支配地位或可能增强既有的市场支配地位的经营者之间的合并协议从事限制竞争行为时,阿尔巴尼亚共和国即可通过《阿尔巴尼亚竞争保护法》保护竞争秩序不受上述协议的影响。①

主要内容

《阿尔巴尼亚竞争保护法》包括四个主体部分:

第一,有关竞争保护的实体性规范(第二编),该部分中主要界定了垄断协议和可得豁免的横向协议、纵向协议与许可协议,滥用市场支配地位和经营者集中的概念与条件,对需要进行竞争保护的情形的判断是后续程序开展的重要基础。

第二,有关竞争保护的实施机构(第三编第一章),这部分对阿尔巴尼亚政府的竞争主管机构——竞争管理局的设立、组织机构和运作,以及相关人员的职能和职责进行规定,竞争管理局就性质而言是一个公共机构,其独立完成监督和调查垄断协议、滥用市场支配地位和集中控制的任务,并且可以对违反本法的行为进行罚款或制裁。

第三,有关竞争保护的程序性规范(第三编第二章至第四章),这一部分是对阿尔巴尼亚竞争管理局的竞争保护调查与决定程序的细化规定,其中第二章的一般调查程序规定了适用于所有竞争保护案件的程序,包括经营者的信息提供义务、竞争保护调查的场所与方法、竞争保护过程中的保全措施、听证与申诉程序等;第三章与第四章分别涉及关于协议和滥用支配地位的程序以及经营者集中的调查程序,其中每个程序中又包含了初步调查程序和深度调查程序,以及对调查结果的救济措施等内容。

第四,有关竞争保护的法律责任的规定(第四编、第六编),其中第四编的民事程序规定了

---

* 译者:万立,华东政法大学博士研究生;审校:韩驰,华东政法大学硕士研究生。

① 参考资料:https://assets.kpmg/content/dam/kpmg/bg/pdf/Investment-in-Albania-Web.pdf。

行政责任与民事责任竞合的情形中,因垄断行为受到损害之人享有提起民事诉讼的权利;第六编的行政违法与制裁中,则规定了实施垄断行为或其他《竞争保护法》中的违法行为应承担的行政责任。

垄 断 协 议

该法禁止所有阻碍、限制或以其他方式扭曲市场竞争的协议,特别是那些直接或间接影响销售或购买价格、限制或控制市场、分享市场、对类似交易适用不同条件和其他的协议。根据《竞争保护法》第4条的规定,具有以下情形的垄断协议是应受禁止的协议:(1)直接固定购买或出售价格,或其他任何交易条件;(2)限制或控制生产、市场、技术开发或投资;(3)共享市场或供应来源;(4)在同等交易条件的其他交易者之间区别对待,使之处于竞争劣势地位;(5)使合同订立受制于对其他各方补充义务的接受,就其性质或依照商业管理,此种补充义务与合同标的无关。但同时法律规定了三种可被豁免的情形,即在具有经济效益上的正当性的情况下,相同层级的经营者之间的横向垄断协议、不同层级经营者之间的纵向垄断协议,以及特殊情况下的工业产权许可协议和销售协议可以获得禁止性规定的豁免。

可得豁免协议经济效益的正当性具有严格的判断标准,按照《竞争保护法》第5条第2款的规定,下述的三种情况可被认为具有经济效益上的正当性:(1)降低生产和销售成本,提高生产率,改进产品或生产工艺,促进技术或专业知识的研究或传播,或更加合理开发资源,促进中小经营者发展,并且不签订协议无法实现;(2)使消费者公平分享收益;(3)不在实质上限制竞争。

滥用市场支配地位

该法禁止具有市场支配地位的一个或多个经营者的任何滥用行为,根据《竞争保护法》第9条第2款的规定,以下的情形一般被视为滥用市场支配地位:(1)直接或间接强制实施不公平的买卖价格或其他不公平的交易条件;(2)限制生产、市场或技术开发;(3)对相同交易的不同贸易方适用不同的条件,使之处于竞争优势;(4)使合同签订以其他各方接受补充义务为前提;(5)压低价格或其他条件,以阻止特定竞争者或其产品进入市场,或者将其驱逐出市场;(6)拒绝交易或拒绝许可;(7)拒绝允许另一经营者以充分的报酬进入其拥有支配地位的经营者的网络或基础设施,并且如果不同时使用,另一经营者则无法作为拥有支配地位的经营者的竞争者实施经营。此外,《竞争保护法》还规定了构成市场支配地位的判断标准。

经营者集中

《阿尔巴尼亚竞争保护法》的第三个重点关注对象是经营者集中的程序,控制集中的政策有助于促进阿尔巴尼亚的结构和经济改革,以巩固市场经济。这项政策的目的是在市场上保持足够数量的公司,以支持有效的竞争和潜在的低价;同时,集中是产业结构调整的一部分,被认为是对全球经济挑战的必要回应。《竞争保护法》语境下的经营者集中主要是由以下原因导致控制权发生重大变化的情形：(1)两个或两个以上的独立经营者或其部分进行合并；(2)由一个或多个自然人获得直接或间接的控制权，他们同时拥有至少一个其他经营者或其部分的控制权，由一个或多个经营者通过购买股份、配额或资产、协议或任何其他法律手段对一个或多个经营者或其一部分进行控制；(3)直接或间接控制一个或多个经营者或其部分。

阿尔巴尼亚议会

2003年7月28日第9121号法律

根据部长理事会提请，基于《宪法》第十一条第一款、第七十八条、第八十三条第一款规定，阿尔巴尼亚议会颁布如下法律：

第一编　总　　则

第一条　本法宗旨

本法旨在保障公平和有效的市场竞争，制定经营规则，以及确定负责保护竞争的机构及其权限。

第二条　适用范围

1. 本法适用范围包括：

(a)直接或间接对市场产生或可能产生影响的所有经营者和经营者协会。

(b)根据第一款规定，在阿尔巴尼亚境内开展活动的所有经营者，以及在境外开展活动，对国内市场造成影响的经营者。

2. 本法不适用于雇佣关系，亦不适用于雇主和工会签订的集体合同项下的法律关系。

第三条　定义

本法中，下列术语的含义如下：

1. "经营者"是指从事经济活动的法人或自然人、私主体或公主体。公共和地方行政机构以及公共部门和实体从事经济活动的，视为经营者。

2. "经营者协会"是指依据法律或事实成立的，无论法人或自然人、私主体或公主体、盈利或非盈利的，保护其经营者成员利益的协会。

3. "经济活动"是指与购买、销售货物或提供服务相关的制造、商业、金融或具有职业性质等类型的活动。

4. "协议"是指经营者之间签订的任何类型的协议(无论是否有强制力)、决定、经营者协会的建议或相同层级的一致做法，即横向协议；或者，不同层级的一致做法，即纵向协议。

5. "支配地位"是指一个或多个经营者相对其他市场参与者，如竞争对手、客户或消费者，在供给或需求等方面可以通过实质独立的方式取得的地位。

6. "产品"是指由经营者出售或购买的任何商品或提供的服务。

7. "相关市场"是指就消费者而言，与其在区域的特征、价格及预期用途相关的产品可以互换，并由相关经营者在竞争条件极其相似的地理区域内供应和销售，可以与相邻区域明确区分的产品市场。

8.“竞争管理机构”(下称机构)是指负责监管本法之适用的机构。

9.“竞争委员会”(下称委员会)是指竞争管理机构的决策机构。

第二编 限制竞争

第一章 协 议

第四条 禁止的协议

1. 禁止签订以防止、限制或扰乱竞争为目的或具有上述效果的所有协议,特别是以下协议:

(a)直接固定购买或出售价格,或其他任何交易条件;

(b)限制或控制生产、市场、技术开发或投资;

(c)共享市场或供应来源;

(d)在同等交易条件的其他交易者之间区别对待,使之处于竞争劣势地位;

(e)使合同订立受制于对其他各方补充义务的接受,就其性质或依照商业管理,此种补充义务与合同标的无关。

2. 本条第一款规定的禁止协议和第五条、第六条和第七条规定的豁免协议无效。

第五条 横向协议豁免

1. 以下具有经济效益上的正当性的横向协议,可以不受第四条禁止性规定的限制,此种协议包括但不限于以下协议,即对经济活动的专业化或合理化、产品和工艺的研究和开发、向单一来源实施产品联合采购或销售。

2. 符合下列条件的,协议具有经济效益上的正当性:

(a)降低生产和销售成本,提高生产率,改进产品或生产工艺,促进技术或专业知识的研究或传播,或更加合理开发资源,促进中小经营者发展,并且不签订协议无法实现;

(b)使得消费者公平分享收益;

(c)不在实质上限制竞争。

第六条 纵向协议豁免

1. 以下具有经济效益上的正当性的纵向协议,可以不受本法第四条禁止性规定的限制,此种协议包括但不限于以下情形,特别是以之为目标或效果:

(a)将主动销售限制在专属区域或独家客户群,或由供应商分配给另一买方,该类限制不限制买方客户的销售。

(b)在贸易的批发层面经营的买方对最终用户对销售限制。

(c)选择性分销系统成员限制向未经授权的分销商销售,其中供应经营者根据特定标准直接或间接向选定的分销商销售合同产品。

(d)限制买方销售部件的能力,此种部件系为组装之目的供给使用该类部件制造与供应商生产相同类型的产品的客户。

2. 本法第五条第二款参照适用于本条第一款。

第七条　许可协议豁免

1. 下列情况中,工业产权的许可协议和销售协议,可以不受本法第四条的禁止:

(a)工业产权的受让方、被许可方或其他经营者的商业自由不受不公平的限制;

(b)市场竞争未受到实质性损害。

2. 下列情形中,第四条规定的限制尤其不适用于限制工业产权的受让方或被许可方的承诺:

(a)卖方或许可方对受保护权利的标的进行技术上符合要求的利用是正当的;

(b)对在改进或新应用有关的发明施加开展经验交流或授予非排他性许可的义务,并且该类义务与卖方或许可方的类似义务相适应;

(c)不对许可受保护权利提出质疑;

(d)最低限度使用许可受保护权利或支付最低费用;

(e)以显示制造商的方式标记许可产品;

该类限制不超过获得或被许可的受保护权利或构成许可对象的权利的期限。

第二章　滥用市场支配地位

第八条　支配地位评估

经营者的支配地位综合下列情形确定:

(a)被调查经营者和其他竞争对手的相关市场份额;

(b)进入相关市场的障碍;

(c)潜在竞争;

(d)经营者的经济和财务状况;

(e)供应商和买方的经济依赖性;

(f)买方/消费者的平衡能力;

(g)经营者分销网络的发展和产品供应来源的获取;

(h)与其他经营者的联系;

(i)相关市场的其他特征,如产品的同质性、市场的透明度、经营成本和规模的对称性、需求的稳定性或最大生产能力。

第九条　滥用支配地位

1. 禁止任何滥用市场支配地位的行为。

2. 滥用行为尤其包括:

(a)直接或间接强制实施不公平的买卖价格或其他不公平的交易条件;

(b)限制生产、市场或技术开发;

(c)对相同交易的不同贸易方适用不同的条件,使之处于竞争优势;

(d)使合同签订以其他各方接受补充义务为前提;

(e)压低价格或其他条件,以阻止特定竞争者或其产品进入市场,或者将其驱逐出市场;

(f)拒绝交易或拒绝许可;

(g)拒绝允许另一经营者以充分的报酬进入其拥有支配地位的经营者的网络或基础设施;条件是如果不同时使用,另一经营者无法作为拥有支配地位的经营者的竞争者实施经营。

3. 如果市场上占支配地位的经营者能够证明其行为系出于客观原因的,如技术原因或法律商业原因,不视为滥用支配地位。

第三章　对集中的控制

第十条　集中的定义

1. 经营者集中是指:

(a)现有的两个或以上独立的经营者或其部分的合并;

(b)一个或多个经营者直接或间接获得一个或多个其他经营者的全部或部分控股权的任何交易;

(c)行使自主经济实体所有职能的合资经营者。

2. 本条第一款第二项所称控制权应由权利、合同或任何其他手段构成,可以单独或合并考量其法律上或事实上,对经营者施以决定性影响的可能性,尤其通过:

(a)经营者所有或部分资产的所有权或使用权;

(b)对经营者的组成、承诺或决定具有决定性影响的权利或合同。

第十一条　为转售而收购股票

金融、信贷或保险机构为转售目的收购另一经营者股份,不行使股份附带的表决权,并且在一年内转售的,不视为经营者集中。

第十二条　适用范围

1. 经营者集中之前最后一个营业年度有下列情形的,其集中行为应当申报并获授权:

(a)所有参与经营者全球总营业额高于七千万列克,或所有参与经营者国内总营业额高于八亿列克;

(b)一个或以上参与经营者国内营业额高于五亿列克。

2. 本条第一款规定的集中应当在达成协议、取得控股权或公开招标公告后一周内进行申报。

3. 本条中,参与经营者是指:

(a)企业合并时,实施合并行为的经营者;

(b)控制收购的情形中,取得控制权和控制收购对象的经营者;

(c)经营者的一部分,并且交易对其产生影响。

第十三条　集中评估

1. 委员会禁止经营者实施可能造成或加强支配地位的集中。

2. 在下列情形中,其中一个经营者存有重大失败风险的,并且除集中外没有其他反竞争的选择,委员会不得禁止集中:

(a)该情形下,不集中的,预计将退出市场;

(b)经营者实施重组的可能性过低。

第十四条　集中暂停

1. 有下列情形之一的，第十条规定的集中不生效：

(a) 向管理机构申报之前；

(b) 取得管理机构批准之前；

(c) 不符合批准条件。

2. 违反本条第一款的法律行为和契约交易无效，但根据第六十条从轻处理的除外。

第十五条　总营业额计算

1. 总营业额包括扣除与营业额直接相关的款项后，上一营业年度自属于经营者正常活动的产品销售中获得的金额。

2. 集中收购一个或多个经营者的部分，无论是否构成法人实体，只应考虑卖方与交易标的有关的营业额。

3. 本条第二款所称两次或以上交易，两年内发生在相同经营者之间的，视为上一次交易之日发生的同一集中。

第十六条　集团参与经营者的总营业额

1. 相关经营者为集团部分的，根据第十五条规定，总营业额应当将下列各项营业额累加计算：

(a) 相关经营者；

(b) 相关经营者直接或间接拥有半数以上资本业务资产，或有权行使半数以上表决权，或有权任命半数以上监事会、执行委员会或依法代表经营者的机构成员，或有权管理经营者事务的附属经营者；

(c) 对相关经营者享有第二项所列权利或权力的经营者的母公司；

(d) 本款第三项所称经营者享有第二项所列权利或权力的母公司和子公司；

(e) 本款前四项所指两项或多项经营者共同享有第二项所列权利或权力的经营者。

2. 相关企业的累计营业额不包括本条第一款所列经营者之间的产品销售。

3. 集中的经营者共同享有本条第一款第二项所列权利或权力的，计算相关经营者的总营业额时：

(a) 根据本条第一款第二项至第四项，不得计入联合经营者、每一相关经营者或有关任一经营者的任何其他经营者之间销售产品产生的营业额；

(b) 对联合经营者和任何第三方经营者之间销售产品所产生营业额，并由相关经营者平均分配。

第十七条　信贷机构、其他金融机构和保险经营者的总营业额

1. 关于信贷机构和其他金融机构，应当将银行和其他金融机构的年度账户和综合账户下列收入项目的总和，扣除与该项目直接相关的税款，以代替本法第十五条第一款中的营业额：

(a) 利息和类似收入；

(b) 股票和其他可变收益证券、参与利息、附属经营者的权益收入；

(c) 应收佣金；

(d) 金融业务净利润；

(e) 其他业务收入。

2. 关于保险经营者第十五条第一款所称总营业额，应当使用承保的总保费价款，包括与保险经营者或其代表之前签订的保险合同相关的所有已收和可收金额，包含到期的再保险保费，并参照扣除上述金额的手续费后的金额。

3. 本条第一款和第二款比照适用第十五条第二款、第三款和第十六条。

第三编　竞争主管机构和行政程序

第一章　竞争主管机构的组织和运作

第十八条　竞争管理机构

1. 竞争管理局是公共部门，独立履职。该机构是法人实体，办公地设于地拉那。

2. 竞争管理由委员会和秘书处组成。

第十九条　竞争委员会

委员会是竞争管理局的决策机构，由五名成员组成，为常设的合议机构。

第二十条　委员会成员的选任标准

符合下列要求的，可以选任为委员会成员：

(a)阿尔巴尼亚公民；

(b)拥有不少于十五年专业工作经验；

(c)闻名于经济和司法领域，或者其在不同经济行业杰出的素养和专业能力；

(d)未由于纪律处分被解聘或开除的公务员职务。

第二十一条　委员会成员的选任

1. 委员会成员由多数票选举，阿尔巴尼亚议会半数以上成员出席，任期五年。议会任命委员会主席。委员会第一次会议上，应以全体成员的多数票选出委员会副主席。

2. 委员会成员可以连选连任两届。只有在本法生效第一次任命时，主席任期五年，副主席任期四年，其他三名成员任期三年。

3. 委员会成员由议会根据下列提名任命，实施差额选举：

(a)一名成员由阿尔巴尼亚共和国总统提名；

(b)两名成员由部长委员会提名；

(c)两名成员由议会提名；

(d)委员会成员的报酬由议会决定。

第二十二条　限制条件和解任

1. 政党高级领导机构的成员、商业协会领导机构的成员或从事经济活动的人员不得担任委员会成员。

2. 存在以下情形之一的，委员会成员应当终止任期：

(a)任期届满；

(b)根据本条第三款解任；

(c)死亡；

(d)辞职；

(e)法院终审判决认定构成刑事犯罪;

(f)法院禁止或暂停公务员、其他公职人员或相关人员行使职能。

3. 有下列情形之一的,委员会成员应当在议会半数以上成员出席情形下,由多数成员决定解除职务:

(a)履职过程中严重违反职业道德;

(b)精神或身体上无法履行职责;

(c)无故缺席超过三个月;

(d)丧失阿尔巴尼亚国籍。

第二十三条　利益冲突

委员会成员,包括委员会主席和副主席,不得介入有利害关系的案件,或代表或曾经代表其中一方的案件。提出异议的,委员会应当在主席、副主席或相关成员缺席的情形下作出决定。

第二十四条　委员会的职责

委员会的职责如下:

(a)编制国家竞争政策;

(b)批准秘书处组成及其人员安排;

(c)批准竞争管理局的内部运行规定;

(d)监督秘书处执行本法规定的事项;

(e)基于本法作出决定;

(f)根据本法颁布细则和指导方针;

(g)下一年度三个月以内向议会提交竞争管理局年度报告;

(h)根据议会各委员会要求,对竞争和立法相关问题实施评估;

(i)就有关竞争的事项向中央和地方政府、公共机构、行业协会、工会、消费者协会、商业和工业商会提供评估和建议;

(j)代表竞争管理局在国内外与其他同类机构建立联系。

第二十五条　委员会主席的职责

1. 委员会主席的职责如下:

(a)准备、召集和主持委员会会议;

(b)协调委员会成员工作;

(c)签署委员会的法案,但需由所有出席会议的成员签署的决定除外;

(d)代表管理局与第三方交涉。

2. 主席缺任的,由副主席履职。

第二十六条　作出决定

1. 委员会作出决定的会议,四名以上成员出席方为有效,其中一名成员担任主席或副主席,但本法第二十三条规定的情形除外。

2. 会议采取简单多数进行表决。会议主席有决定票,不得投弃权票。

第二十七条　竞争管理局秘书处

1. 秘书处由秘书长管理,秘书长由委员会选举产生。

2. 秘书处雇员应当是公务员。

3. 秘书处调查员应当依照《行政诉讼法》、本法及其他法律规定实施行政调查。

第二十八条　秘书处职责

为监督本法的实施，秘书处应当：

(a)监测和分析市场状况，达到发展自由和有效竞争的必要程度；

(b)按照《行政诉讼法》、本法和其他法律规定的程序实施调查；

(c)汇编调查报告并提交委员会，以供决策；

(d)公布作出的决定、根据本法颁布的细则以及管理局的年度报告；

(e)跟进和监督委员会决定的执行情况。

第二十九条　秘书长的职责

1. 秘书长负责秘书处的日常工作。缺席或无行为能力的，经委员会批准，可以将职权转予秘书处其他成员。

2. 秘书长负责：

(a)适用本法规定的程序处理案件；

(b)编写并向委员会提交调查报告以供决策；

(c)协调秘书处各部门工作；

(d)编写管理局年度报告；

(e)与国内外其他机构合作，以解决所涉案件；

(f)签署秘书处出具的书面信函。

第三十条　保守机密和商业秘密

1. 委员会成员和秘书处所有雇员，或委员会授权适用本法的其他人员，应当遵守专业保密规定，除出庭作证外，不得向任何人或机构泄露其履职时获得的任何机密信息。保密义务延续至履职结束以后。

2. 秘书处公告或其他公开出版物中不得载有属于商业秘密的信息。

第三十一条　管理局经费

1. 议会核准竞争管理局活动经费的年度预算，构成国家预算的单独项目。

2. 根据本法取得的收入，包括制裁收入，向国家预算支付，并根据现行法律使用。

3. 机构根据阿尔巴尼亚会计法律规定，对实际支出和收入记账。

第二章　一般调查程序

第三十二条　一般规定

机构适用《行政程序法》履行职责，但本法另有规定除外。

第三十三条　通知义务

1. 正在接受调查的经营者、要求豁免的经营者、参与集中的经营者以及可能为案件提供有价值信息的其他经营者或自然人，有义务应秘书处要求，在调查程序的任何时间提供任何信息。

2. 经营者或自然人在秘书处要求的期限内未提供要求的信息，或提供的信息不完整，或委员会认为有必要的,委员会可以通过决定要求其提供有关信息。

3. 秘书处的请求和委员会的决定应当规定提供该类信息的法律依据、目的、期限,以及本法对不遵守要求或决定的处罚。

第三十四条　公共行政机构的职责

中央和地方行政机构以及其他公共机构与机构合作,保障必要信息和证据的提供。

第三十五条　调查职责

1. 秘书处根据本法规定的程序,针对经营者和经营者协会实施所有必要调查。

2. 应秘书处请求,委员会向秘书处调查人员发出书面授权,根据本法规定的程序实施必要调查。为实施调查,秘书处调查人员必须出示授权书,其中载有调查事项与目的,以及本法第七十三条、第七十四条、第七十六条和第七十八条规定的处罚。

3. 必要调查受阻的,管理局可以要求税务警方协助。

第三十六条　对经营者的调查

秘书处调查员和委员会授权的其他调查人员可以通过下列方式调查:

(a)在工作时间进入场所、运输工具和经营者用地;

(b)检查账簿和其他业务记录,无论存储方式,如以书面或电子形式;

(c)自账簿或记录提取、拷贝或摘录;

(d)有必要的,可封存将任何场所、账簿或商业记录进行不超过七十二小时的封存;

(e)要求经营者任何代表或成员就有关检查事项的事实和文件作出解释。

第三十七条　其他场所的调查

1. 实施检查地法院决定授权的秘书处调查员,有权进入下列场所:

(a)管理人员、经理、董事及其他工作人员的住所,以及负责商业、会计、行政、税务及财务管理的自然人和法人的住所和营业场所(包括内部和外部),期间为七时至十八时。

(b)视同住所的其他场所,基于事实和具体情况有理由认为于该等场所查获账簿或其他专业文件,并且可能证明严重违反《劳动法》第四条和第九条规定。

2. 经委员会决定授权实施调查的秘书处调查人员享有本法第三十六条第一项、第二项、第三项、第四项和第三十八条规定的权力。

第三十八条　扣押

1. 有必要实施调查的,调查人员有权在不超过七十二小时的时限内扣押作为调查证据的重要物品。调查人员应当将有关情况立即通知利益相关人。

2. 扣押发生地法院应管理局要求,可以将第一款规定的扣押期限延长但不得超过六个月。

3. 调查人员必须制作扣押记录,并将副本交给利益相关人,并告知其有权提请司法审查。

第三十九条　听证会

委员会作出最终决定之前,经营者和经营者协会有权就程序事项进行听证。委员会仅可根据有关各方提出的异议作出决定。

第四十条　对决定的申诉

1. 可以在收到决定通知后三十日内,对竞争管理局作出的决定向地拉那法院提出申诉。

2. 原告不停止适用依照本法第四十四条授权集中和临时措施的决定。

3. 地拉那区法院可以决定中止全部或部分措施。

第三章　关于协议和滥用支配地位的程序

第一节　调 查 程 序

第四十一条　对经济行业的调查

某一经济部门内,僵化的价格机制或其他情况表明市场竞争受到限制或扰乱,竞争管理局可以主动或应议会或特定行业监管机构要求,对该行业实施全面调查。

第四十二条　初步调查程序

1. 秘书处可以主动、应相关经营者要求或由第三方投诉,启动初步调查程序。委员会要求的,必须启动调查程序。初步调查程序根据机构职能规定实施。

2. 初步调查不必然有权查阅档案。

第四十三条　深度调查

1. 存有竞争限制迹象的,经委员会批准,秘书处可以展开深入调查。委员会要求的,必须启动调查程序。

2. 委员会应当根据机构职能的规定,确定应当实施调查的内容。

第四十四条　临时措施

1. 委员会可以主动或应相关企业要求,在可能发生重大、不可弥补的竞争损害,并可能违反第四条和第九条规定的紧急情况下,随时采取第六十一条第三款、第四款、第五款、第六款规定的临时措施。

2. 本条第一款规定的决定具有确定期限,必要时可以延长。

第四十五条　委员会决定

1. 委员会认定违反第四条和第九条的,委员会可以决定要求相关经营者及协会停止违法行为。为禁止违法行为,委员会可以对经营者及协会施加任何必要义务,包括结构性救济措施。基于比例原则,采取或不采取特定行为的措施无效的,可以实施体系化救济措施。

2. 相关经营者作出承诺,满足委员会在送交经营者初步评估中提出的异议,委员会可以决定将该等承诺作为对经营者发生拘束力的条件和义务。

第四十六条　决定的撤销

有下列情形之一的,委员会可以施加条件或补充义务撤销或修改决定:

(a)作出决定的部分基础事实发生变化;

(b)当事人违反决定规定的义务;

(c)决定是基于不实信息或欺诈而取得的。

第四十七条　公开调查和决定

1. 管理局应当在《竞争管理局公报》发布启动深度调查的通知。通知应当说明调查目的和相关当事方。相关第三方提出参加调查的,应当发出邀请。不发布通知不妨碍调查的实施。没有发布的,通知应当在紧邻下一期《竞争管理局公报》发布。

2. 委员会针对违反第四条和第九条作出的决定，应当在《竞争管理局公报》发布。应当说明相关经营者的名称、办公地点、经济活动、决定的主要内容，包括施加的任何处罚。

第二节　协议免于禁止的程序

第四十八条　决定豁免的权限

委员会是决定授予本法第五条、第六条和第七条所称豁免的唯一机构。

第四十九条　协议的告知

1. 根据第五条、第六条和第七条规定，为对特定竞争协议豁免，必须将横向、纵向许可协议及其变更和修订告知机构。

2. 通知应当载明下列条款：

(a)参与经营者的名称或其他标识及营业地或注册地；

(b)经营活动的类型；

(c)协定的形式、内容和标的；

(d)说明经计算和评估基础的经营者市场份额；

(e)代表经营者的被授权人。

3. 根据本条第一款和第二款向管理局发出的通知不得包含为以下目的的不实信息，以便根据本法第五条和第六条规定为告知方或第三方取得豁免，或使管理局根据第七条规定，不提出反对意见。竞争管理局应发布关于告知形式的指南。

第五十条　授予豁免的决定

1. 本法第五条和第六条规定的协议，仅经委员会决定，才不受第四条限制。第七条所称协定的豁免应当在收到告知后三个月内生效，但委员会不同意的除外。

2. 豁免可以自告知之日起生效。本法第五条、第六条和第七条所称豁免存有期限，可以根据一定条件和义务授予经营者。

3. 符合本法第五条、第六条和第七条所称条件，并经由申请，豁免期限可以立即延长。至少对以书面形式向竞争管理局声明延期的经营者，应当予以延期。声明应当由经营者独立做出，仅能在豁免期届满前三个月作出。

第五十一条　豁免的撤销

1. 委员会可在下列情况下通过规定条件或补充义务撤销或修改其决定：

(a)作出决定的部分基础事实发生变化；

(b)当事人违反决定规定的义务；

(c)豁免基于不实信息或欺诈取得；

(d)双方滥用已授予的豁免。

2. 有本条第一款第二项、第三项和第四项所称情形的，应当撤销豁免决定，并具有溯及力。

第五十二条　豁免通知和决定的公布

1. 豁免申请公布于《竞争管理局公报》。公告应当载明相关经营者的名称、办公地点、经营活动、协议的主要内容以及第三方发表意见的期限。

2. 委员会根据第五条、第六条和第七条作出的决定发布于《竞争管理局公报》。公告应当载明相关经营者的名称、办公地点、经营活动、协议的主要内容。

第四章　集中的程序

第五十三条　通知义务

1. 负有申报义务的包括：

(a)参与集中的经营者；

(b)取得一个或以上经营者全部或部分控制权的经营者。

2. 申报应当表明集中的形式和任何参与经营者的下列内容：

(a)经营者的名称和营业地或注册地；

(b)业务类型；

(c)国内市场和世界范围内的总营业额；

(d)经营者的市场份额，包括计算或评估基础；

(e)由于收购另一经营者股份，经营者取得的权益规模占该经营者总权益的份额；

(f)代表经营者的被授权人。

3. 机构发布关于通知形式和简易通知条件的指南。

第五十四条　收到通知后的确认

竞争管理局应当向经营者发出书面收到通知，并告知申报已完成。内容申报不完整的，机构应当要求经营者在限期内完成申报。

第五十五条　额外信息和文件

1. 相关经营者、属于本法第十六条所称集团的经营者及出售参与或部分的经营者，由于其对评估集中存有利益，应当在管理局规定的期限内，向其提供额外信息和文件，即便已发送收到全部信息的确认函。

2. 只要其对评估集中存有利益，竞争管理局可以自其他经营者提供额外信息和文件。竞争管理局对相关集中实施管理，对参与经营者、属于本法第十六条所称集团的经营者及出售参与或部分的经营者予以保密。

第五十六条　初步程序

1. 集中存在产生或加强支配地位的迹象的，委员会应当在收到通知后两个月内决定启动深度程序或通过条件和义务准许集中。否则，委员会将决定准许集中。

2. 相关经营者承诺采取措施消除产生或加强支配地位的迹象的，在附有条件和义务的前提下，本条第一款的期限延长两周。经营者作出的承诺最迟在收到通知之日起一个月内提交机构。

3. 未于规定期限内告知的，集中视为有效，无须重新说明。

第五十七条　深度程序

1. 委员会应在启动深度程序起三个月内，决定是否禁止相关的集中行为。

2. 关于附有条件和义务的准许集中，相关经营者承诺采取措施消除支配地位的产生或加强的，本条第一款规定的期限可以延长至一个月。经营者提出的承诺最迟在启动深度程序之日起两个月内提交机构。

3. 下列情形中，未在规定的期限内通知，视为决定准许集中，并可以不受影响地实施，但以下情形除外：

(a)经通知经营者同意，委员会延长期限；

(b)经营者要求延长期限；

(c)委员会认定参与经营者妨害深度程序的，期限已经中止。

第五十八条　期限

1. 根据第五十六条启动初步程序，其期限为两个月，应从完成集中申报之日的下一个工作日起算。根据本法第五十七条第一款启动深度程序，其期限为三个月，自决定启动深入程序之日的下一个工作日起算。

2. 本法规定的期限应当在以周为单位定义的期限起算之日的最后一周同一日届满，在以月为单位定义的期限起算之日的最后一个月同一日届满。上个月未发生该情形的，期限应当在该月最后一日届满。最后一日不是工作日的，该期限应当在下一工作日届满。

第五十九条　未申报的程序

经营者集中在未经申报而发生的，委员会在发现违反申报义务后，应当主动启动本章规定的程序。本法第五十六条规定的时限，在委员会知道应当在集中通知中提供的全部信息时起算。

第六十条　禁止实施的减免

1. 委员会可以应相关经营者请求，在程序任何阶段减免集中产生的责任，使得企业免于承担本法第十四条规定的义务。有重要原因的，尤其是为防止对参与经营者或第三方造成严重和不可挽回的损害，并考虑集中对竞争产生的威胁，可以予以减免。

2. 为保障有效竞争，减免须遵循特定条件和义务的限制。

第六十一条　条件和义务

1. 施加条件和义务的，应当与集中的反竞争效果相适应，条件和义务包括但不限于：

(a)部分出售经营企业；

(b)限制参与任何形式的活动；

(c)解除或缔结合同；

(d)发放许可证；

(e)以特定方式作为或不作为的义务；

(f)可以消除反竞争效果的任何其他补救措施；

(g)可以正确适用条件和义务的任何其他补救措施。

2. 确定条件和义务的，竞争管理局应当予以经营者参与相关程序的机会。

第六十二条　竞争的重建

1. 受禁止的集中实施完毕后，未完全实现根据本法第五十六条和第五十七条作出的授权决定所附条件实施集中的，委员会要求参与经营者采取必要救济措施，尤其是合并经营者的分立或自参与经营者撤出或收回被收购财产。

2. 委员会可以要求参与经营者提出建议，重新建立有效竞争，并为此设定最后期限。委员会接受的，可以决定参与经营者实施的方式和时间。

3. 经营者未采取必要措施，或者委员会收到建议并拒绝，委员会可以决定采取任何必要措施，恢复先前状况。委员会可以采取临时措施，避免限制有效竞争。

第六十三条　撤销

有下列情形之一的，委员会可以撤销决定：

(a)基于参与经营者提供的不实信息；

(b)通过欺诈手段获得；

(c)相关经营者违反授权所附义务。

第六十四条　发布通知和启动深入程序

1. 集中申报和启动深入程序的决定公布于《竞争管理局公报》。未公布不影响启动时限和深度程序。

2. 公告应当载明相关经营者的名称、办公地点、营业活动、集中的主要内容和第三方提出意见的期限。第三方必须以书面形式提出意见。

3. 委员会的决定公布于《竞争管理局公报》。公告应当载明相关经营者的名称、办公地点、营业活动、集中的主要内容，包括施加的处罚。

第四编　民事程序

第六十五条　由于妨害竞争引起的诉讼

1. 受本法第四条所称禁止协议或本法第九条所称滥用行为而受妨害之人，可以在法院提起诉讼并要求：

(a)终止或避免可能违反相关规定实施或正在实施的限制竞争的行为；

(b)根据《民法典》相关规定，对造成的损害予以赔偿或补偿。

2. 竞争管理局已经启动程序的，仍可以提起诉讼。

3. 法院无权管辖关于协议禁令豁免和集中控制程序的请求。

第六十六条　诉讼的实施

1. 为保障消除或避免障碍，地拉那地区法院可以应原告请求，确定：

(a)合同全部或部分无效，具有追溯效力；

(b)关于妨害源头，基于通常相关的条件，受到妨碍的经营者必须以市场条件签订合同。

2. 地拉那地区法院根据作出裁判后一个月内，应当抄送竞争管理局。

第六十七条　临时救济措施

违反本法第四条和第九条，并且由于可能对原告造成严重和无法挽回的损害，出现合理紧急情况的，地拉那地区法院可以应原告请求决定实施临时救济措施。

第六十八条　管辖

1. 根据本法申请采取行动由地拉那地区法院管辖。

2. 被告要求解除对协议的禁止的，地拉那地区法院应当中止程序，等待委员会决定。

第五编　部门协作

第六十九条　中央和地方行政机关的职责

1. 中央和地方行政机构可以要求机构评估任何涉及以下事项的规范性法案草案：

(a)关于交易和市场准入的数量限制；

(b)特定地区内，授予特定经营者或产品专属权利或特别权利；

(c)统一制定价格和销售条件。

2. 竞争管理局根据本条第一款所称规范性法案草案评估限制或妨碍竞争的程度。

第七十条　竞争管理局的监管及改革作用

1. 阿尔巴尼亚共和国、中央及地方行政机构执行与经济活动监管相关的指定任务时，监管机构应当保障公平有效的竞争。

2. 出于一般利益等因素，纳入经济和行政法规的竞争监管障碍应当由竞争管理局评估。竞争管理局负责提出相关建议。

3. 在受监管行业实施本法时，竞争管理局应当与监管部门及其他监管机构合作。

第七十一条　部门间信息交换

1. 根据双边或多边协议，管理局可以在职权范围内，根据请求向欧盟委员会相关机构或行使类似职能的其他国家机构移交其持有或收到的信息或文件，并且主管外国机构应当遵照互惠原则和遵守与在阿尔巴尼亚适用的相同贸易保密规则。

2. 管理局还可以应行使类似职能的外国机构的请求在对等条件下实施调查。

3. 关于调查或移交由阿尔巴尼亚机构持有或接收的信息等事宜，如果接受请求损害阿尔巴尼亚主权、安全、基本经济利益或公共秩序的，则应拒绝行使类似职能的外国机构提出的援助请求。

第七十二条　程序的中止和终结

已经达成双边或多边协议的其他国家机构和竞争主管机构收到对同一违法行为的异议或正根据本法主动采取行动，其中一个机构正在处理该案的，其他机构可以中止或终结审理程序。

第六编　行政违法和制裁

第七十三条　对非严重违法的罚款

1. 经营者有下列情形之一的，委员会可以决定对经营者或协会处以低于上一营业年度总营业额百分之一的罚款：

(a)根据本法第三十三条第一款和第二款提出的要求出具不正确、不完整或误导性信息，或根据本法第三十三条第二款和第四十一条作出的决定，在规定的期限内不提供信息；

(b)根据第十二条和第四十九条发出的通知中出具不正确、不完整或误导性的信息，或根据第五十五条出具额外不正确和不完整的信息和文件；

(c)本法第三十六条第二项和第三项所称检查中，出具不完整的账簿或者其他业务记录，或者拒绝按照本法第三十五条第一款和第三十六条第一项规定接受检查；

(d)根据第三十六条，拒绝回复作为证据的问题；

(e)作出不正确、不完整或误导性回应，或妨害第三十六条所称检查；

(f)毁坏机构官员根据本法第三十六条第四项授予的印章。

2. 计算总营业额时，本条第一款规定应当比照适用第十五条、第十六条和第十七条。

第七十四条　对严重违法行为的罚款

1. 经营者有下列情形之一的，委员会可以决定对违反参与经营者处以上一营业年度营业额百分之二至百分之十的罚款：

(a)违反本法第四条或第九条；

(b)违反根据本法第四十四条采取临时措施的决定；

(c)不履行根据本法第四十五条、第五十条第二款、第五十六条、第五十七条、第六十条第二款作出的决定规定的条件和义务；

(d)不履行本法第十条、第十二条规定的集中申报义务；

(e)实施违反第十四条规定的集中，但第六十条明确授权的除外；

(f)实施委员会禁止的集中，或者未采取本法第六十二条所称的必要补救措施。

2. 计算总营业额时，本条第一款规定应当比照适用第十五条、第十六条和第十七条。

第七十五条　罚款的确定

1. 确定罚款金额时，应当同时考量违反行为的严重性和持续时间。可以客观估计违反本法获得的非法收益的，收益构成最低罚款数额。

2. 对协会处以罚款的，根据本法第七十三条规定，罚款不得超过上一营业年度总营业额的百分之一，或者根据本法第七十四条规定，罚款不得超过有关市场中每一活跃经营者成员上一营业年度总营业额的百分之十。

3. 协会缺乏清偿能力，竞争管理局可以要求违法行为发生时为协会成员的任何经营者支付赔偿金。根据本法第七十三条规定，每一成员应当缴纳的金额不得超过上一营业年度总营业额的百分之一，或根据本法第七十四条规定，不得超过上一营业年度总营业额的百分之十。

第七十六条　定期罚款

1. 管理局可以决定对经营者实施定期罚款，罚款金额不超过自作出决定之日起算上一营业年度平均日营业额的百分之五，迫使经营者履行下述义务：

(a)根据基于本法第四十五条作出的决定，制止违反第四条和第九条的行为；

(b)遵照基于本法第四十四条采取临时措施的决定；

(c)遵照基于本法第四十五条、第五十条第二款、第五十六条、第五十七条和第六十条第二款作出的决定，作出的承诺；

(d)提供委员会本法第三十三条第二款要求出具的完整和正确信息；

(e)遵照根据本法第三十六条规定作出决定的检查；

(f)履行基于本法第六十二条采取必要措施，以恢复竞争的义务。

2. 计算总营业额时，本条第一款比照适用第十五条、第十六条和第十七条。

3. 经营者已经支付定期罚金的，机构可以将定期支付罚金的限额调整为低于原决定规定的金额。本条本款比照适用于第七十五条第二款。

第七十七条　从轻处理

1. 经营者一同实施第四条规定的禁止行为,并通过提供机构先前无法获得的信息协助确定禁止行为的事实和违法者的,可以获得全部或部分的经济处罚减免。

2. 根据《罚款和从轻处理条例》规定,委员会向经营者发出说明适用条件的通知。该意见告知经营者,并保密。

3. 委员会作出决定,并符合从轻意见通知规定的条件的,委员会可以根据对查明和制止违法行为的协助予以适当比例的罚款减免。

第七十八条　个人罚款

1. 如果个人故意或过失实施或协调本法第七十四条第一款和第七十五条第一款规定的行为,委员会将对其处以最高五百万列克的罚款。

2. 处以本条第一款规定的罚款的,应当遵照本法第七十四条第一款规定的三年期限和第七十五条第二款规定的五年期限。

第七十九条　异议

针对委员会罚款的决定,当事方可以在做出决定后三十日内向地拉那地区法院起诉。

第八十条　负责执行罚款的机构

负责执行罚款的机构为税警局。

第七编　过渡期规定

第八十一条　议会选举委员会

议会负责选举委员会的五名成员,并在2003年11月30日之前任命委员会主席。

第八十二条　规范性法律文件的评估

1. 本法生效之日起,竞争管理局应当评估限制或防止竞争的规范性法律文件的实施程度,尤其是第六十九条第一款规定的法律。

2. 两年以后,与相关国家机构协商后,竞争管理局应当编写特别报告,并随附向部长理事会和议会提出改革的建议,以及上述法律文件有关竞争限制的问题。

第八十三条　过渡期规定

1. 本法生效之日,现有协议必须在九个月内予以申报,以豁免第四条所称的禁止性规定。自本法生效之日起,予以豁免。

2. 经营者集中自本法施行之日起一个月内,并且本法施行前已签订收购控制协议并公告收购或置换的,不适用本法,而适用1995年12月7日第8044号《竞争法》。

3. 经营者告知限制竞争的协议或滥用支配地位的行为,并且本法生效后六个月内消除对竞争的影响的,不适用机构将实施的制裁。

第八十四条　规范性法律文件的颁布

机构负责发布下列规范性法律文件:

(a)关于机构职能的管理;

(b)关于明确经费以遵循机构相关程序的规定;

(c)关于适用经营者集中程序的规定；

(d)关于罚款和从轻处理的规定。

第八十五条　废止

1995 年 12 月 7 日第 8044 号《竞争法》废止。

第八十六条　生效

本法自 2003 年 12 月 1 日起生效。

爱沙尼亚所有权变更法

万　立　译　韩　驰　审校*

《爱沙尼亚所有权变更法》译介

2019 年世界银行集团《营商环境报告》显示，爱沙尼亚在全球 190 个经济体内排名高居第 16 位。其中登记财产、执行合同、办理施工许可证、开办企业、获得信贷等指标均位于前 20 名，表明爱沙尼亚比较优越的营商投资环境。《爱沙尼亚所有权变更法》是外国投资者应当关注的主要法律，该法于 1991 年制定，历经多次修正（最新的是 2013 年），涉财产征收、征用等问题。

适用范围

《所有权变更法》规定包括：所有权变更的目的、内容、客体、主体及程序，是其他立法开展所有权变更的基础法律。该法第 2 条规定了所有权变更的目的：(1) 所有权变更旨在重构所有权关系，保障财产、自由企业不可侵犯，消除侵犯所有权造成的不公，并为向市场经济过渡创造先决条件。(2) 所有权变更过程中，将财产返还原所有人或其合法财产继承人，或予以赔偿，不得损害第三人受法律保护的权益或造成新的不公。关于所有权变更的内容：所有权变更过程中，应当返还或者赔偿下列非法征收的财产：①根据不合宪法律国有化的财产，该法律由爱沙尼亚共和国最高委员会 1990 年 12 月 19 日关于恢复所有权持续性（去国有化）的决议宣布为非法；②集体化（去集体化）过程中的公有财产；③非法剥夺或以其他侵犯所有者权利的方式征收的财产。所有权变更过程中，财产所有权形式发生下列变化：①国有财产无偿转为市有财产（财产市有化）；②有偿或无偿向私人转让国有财产或转为市有的财产（财产私有化）；③先前由国家无偿向合作企业、国家合作企业或非营利性组织转让的财产，收归爱沙尼亚共和国（财产再国有化）。

所有权变更的权利主体和义务主体

该法第 4 条规定：所有权变更的权利主体是依法有权要求返还或赔偿财产，或有权要求

* 译者：万立，华东政法大学博士研究生；审校：韩驰，华东政法大学硕士研究生。

或申请有偿或无偿转让财产的人(包括国家)。第5条规定:(1)所有权变更的义务主体是国家和其他依法应返还或补偿财产或有偿或无偿向所有权变更的权利主体转让财产的人。(2)所有权变更由爱沙尼亚共和国政府保障,政府将任命负责不同所有权变更事项的部长。开展所有权变更过程中,地方政府依法执行法律和爱沙尼亚共和国政府规定的事项。

该法第6条对非法征收财产有比较详细的定义:(1)非法征收财产是指违背所有人意愿征收财产,或者出于实在胁迫,并且所依据的法律被宣布为不合宪,或者根据非法决定或官员的滥权行为征收,该人被迫交出财产。(2)该法中,1940年6月16日至1981年6月1日,大规模胁迫和通过该条第1款规定的其他方式实施财产国有化、集体化及征收,视为非法征收财产。(3)该法中,非法胁迫是指根据事后宣布为非法的决定,开展的司法或非司法胁迫(死刑、监禁、流放或驱逐出境)。(4)根据该条第2款实施的任何非法征收,非法征收的财产予以平等返还或补偿,但该法第13条第3款和第14条规定的情形除外。

面临上述情形时,下列人士有权要求返还或赔偿非法征收的财产:(1)财产集体化过程中遭受国有化或公有化的自然人,以及由于非法胁迫遭受非法征收之人;如果该法生效之日,该等自然人永久居住于爱沙尼亚共和国境内,并由爱沙尼亚共和国管辖,或者在1940年6月16日是爱沙尼亚共和国公民,该等自然人恢复自由。(2)根据非法决定或由于官员的滥权行为,遭受非法征收财产的自然人,或由于实在胁迫交出财产的自然人;如果该法生效之日,该等自然人永久居住于爱沙尼亚共和国境内,并受爱沙尼亚共和国管辖,或者在1940年6月16日是爱沙尼亚共和国公民,并且法院已确认存在非法决定、滥权行为或实在胁迫。(3)基于该法第8条规定,是条第1项和第2项规定之人的继承人。(4)基于该法第9条规定的组织。(5)地方政府涉及1940年6月16日属于地方政府所有、位于申请返还的地方政府区划内的非法征收的市有财产;如果非法征收的属于地方政府所有的财产位于另一地方政府区划内,应在征收财产所在地政府委员会同意后,向地方政府返还财产。(6)爱沙尼亚共和国关于在1940年6月16日属于爱沙尼亚共和国的财产。(7)该法生效时,第8条所称爱沙尼亚公民或永久居住于爱沙尼亚共和国领土内的继承人,关于外国公民和无国籍人士所有遭受非法征收的财产。(8)根据该法第16条获得索赔权或继承索赔权之人。

非法征收财产的返还

该法第12条规定:(1)除非该法另有规定外,拥有作为所有权变更客体的非法征收财产之人,应返还权利主体。除国有公司、地方政府独资公共有限公司、地方政府独资私营有限公司以及农业改革、再国有化义务主体外,私法人依法根据买卖合同获得应返还财产的,国家应就购买财产支付的金额予以补偿。赔偿程序由爱沙尼亚共和国政府确定。基于该条第10款规定,依照《财产法》要求被返还财产的权利主体赔偿有关财产的费用。(2)如果两个或以上主体有权要求返还财产,其中一人以上要求返还的,应全数返还财产。该情形下,获得返还财产之人应根据法律规定的程序支付其他人的应得份额。如果两个或以上权利主体要求返还财产,则根据各自份额以共同共有的形式返还。如果应返还财产属于共同共有,则根据各自份额,返还共同共有财产的相应部分。返还部分财产后,则以法定份额返还。(3)下列情形中,不得返还作为所有权变更客体的非法征用财产:①所有权变更主体不要求返还财产,但要求补偿;②财产未按照该条第8款规定保有先前的特性;③财产归善意自然人所有;善意购买人不得参与对财产所有权人的非法胁迫或征收该人的财产;④财产为建筑物,属于国家、法人或者市政府所有,按照商业租赁合同或者住宅租赁合同归自然人或者法人所有,且权利主体不同意承继合同产生的权利、义务;⑤根据政府部门或地方政府委员会提议,爱沙尼亚共和国政府决定不予返还国家或地方政府所有的军事物品、执法场地、文物、社会资产或受国家保护的物品以及行政场所;⑥根据地方政府提议,郡长决定分离非法征收财产,使得剩余财产的特定使用技术不可能,或者返还有经济价值的附属建筑时,将阻碍该建筑的正常使用;⑦财产位于根据《爱沙尼亚共和国土地改革法》第31条第1款第2项所称未返还土地。

1991年6月13日通过

1991年6月20日生效

第一章 总　　则

第一条　本法宗旨

《所有权变更法》规定所有权变更的目的、内容、客体、主体及程序,是其他立法规定所有权变更的基础。

第二条　所有权变更的目的

(1)所有权变更旨在重构所有权关系,保障财产、自由企业不可侵犯,消除侵犯所有权造成的不公,并为向市场经济过渡创造先决条件。

(2)所有权变更过程中,将财产返还原所有人或其合法财产继承人,或予以赔偿,不得损害第三人受法律保护的权益或造成新的不公。

第三条　所有权变更的内容

(1)所有权变更过程中,应当返还或者赔偿下列非法征收的财产:

①依照法律规定进行国有化的财产,但该法律由爱沙尼亚共和国最高委员会1990年12月19日关于恢复所有权持续性(去国有化)的决议宣布为非法;

②集体化(去集体化)过程中的公有财产;

③非法剥夺或以其他侵犯所有者权利的方式征收的财产。

(2)所有权变更过程中,财产所有权形式发生下列变化:

①国有财产无偿转为市有财产(财产市有化);

②有偿或无偿向私人转让国有财产或转让后的市有财产(财产私有化);

③先前由国家无偿向合作企业、国家合作企业或非营利组织转让的财产,收归爱沙尼亚共和国(财产再国有化)。

(3)根据本法和爱沙尼亚共和国其他法律规定的条件、程序,对财产进行返还、补偿或转让。

第四条　所有权变更的权利主体

所有权变更的权利主体是依法有权要求返还或赔偿财产,或有权要求或申请有偿或无偿转让财产的人(包括国家)。

第五条　所有权变更的义务主体

（1）所有权变更的义务主体是国家和其他依法应当返还财产或予以补偿，或有偿或无偿向所有权变更的权利主体转让财产的人。

（2）所有权变更由爱沙尼亚共和国政府保障，政府将任命负责不同所有权变更事项的部长。所有权变更过程中，地方政府依法执行法律和爱沙尼亚共和国政府规定的事项。

第二章　非法征收财产的返还和赔偿

第六条　非法征收财产的定义

（1）非法征收财产是指违背所有权人意愿征收财产，或者出于实在胁迫，并且其所依据的法律被宣布为不合法，或者根据非法决定或官员的滥权行为征收，所有权人被迫交出财产。

（2）本法中，1940 年 6 月 16 日至 1981 年 6 月 1 日，通过大规模胁迫或本条第一款规定的其他方式实施财产国有化、集体化及征收，视为非法征收财产。

（3）本法中，非法胁迫是指根据当时的非法决定或以后被宣布为非法的决定，开展的司法或非司法胁迫（死刑、监禁、流放或驱逐出境）。

（4）根据本条第二款实施的任何非法征收，该财产均应予以平等返还或补偿，但本法第十三条第三款和第十四条规定的情形除外。

第七条　非法征收财产的前所有权人作为所有权变更的权利主体

（1）下列人士有权要求返还或赔偿非法征收的财产：

①财产集体化过程中遭受国有化或公有化的自然人，以及由于非法胁迫遭受非法征收之人；如果本法生效之日，该等自然人永久居住于爱沙尼亚共和国境内，并由爱沙尼亚共和国管辖，或者在 1940 年 6 月 16 日是爱沙尼亚共和国公民，该等自然人恢复自由。

②根据非法决定或由于官员的滥权行为，遭受非法征收财产的自然人，或由于实在胁迫交出财产的自然人；如果本法生效之日，该等自然人永久居住于爱沙尼亚共和国境内，并受爱沙尼亚共和国管辖，或者在 1940 年 6 月 16 日是爱沙尼亚共和国公民，并且法院已确认存在非法决定、滥权行为或实在胁迫。

③根据本法第八条规定，是本款第一项和第二项规定之人的继承人。

④根据本法第九条规定的组织。

⑤地方政府涉及 1940 年 6 月 16 日属于地方政府所有、位于申请返还的地方政府区划内的非法征收的市有财产；如果非法征收的属于地方政府所有的财产，并位于另一地方政府区划内，应在征收财产所在地政府委员会同意后，向地方政府返还财产。

⑥爱沙尼亚共和国对于在 1940 年 6 月 16 日属于爱沙尼亚共和国的财产。

⑦本法生效时，外国公民和无国籍人士所有遭受非法征收的财产，其继承人系本法第八条所称爱沙尼亚公民或永久居住于爱沙尼亚共和国领土内。

⑧根据本法第十六条获得索赔权或继承索赔权之人。

（2）已废止。

(3)已废止。

(4)1940年6月16日前与财产所有人订立财产合同,履行相关义务,并且出于不可归责于缔约人的原因,所有权未正式转让,有权要求返还非法征收的财产。其第八条所称继承人享有相同的权利。该等人士或其继承人对其享有该权利负有举证责任。如果另一人申请返还或赔偿财产,应当提交法院解决。

第八条　所有权变更权利主体的继承人

(1)如果非法征收财产的前所有人已死亡并立有遗嘱,遗嘱继承人有权于遗嘱范围内变更所有权。

(2)前所有人的遗嘱应符合立遗嘱时的法律,并且成立于遗嘱中所确定的非法征收之前或本法生效之后。

(3)如果非法征收财产的前所有权人已死亡,未立遗嘱或所立遗嘱不符合本条第二款规定,或者遗嘱不包括所有被非法征收的财产,或者遗嘱继承人已死亡,下列人员有权要求变更全部或部分被非法征收财产的所有权:

①原所有权人的父母、配偶和子女享有相同份额;

②如果前所有人的子女已死亡(无论死亡日期),则为前所有权人子女的配偶;如果其父母已死亡(无论死亡日期),则前所有权人的孙子女及其他后代享有相同份额;上述人士仅有权要求返还或赔偿其配偶或父母的应得财产。

(4)养父母和养子女收回非法征收财产或获得赔偿时,享有与本条第一款和第三款规定三人平等的权利。

(5)仅本条所称之人视为非法征收财产的继承人。除本条第三款第二项所称人士外,如果前所有权人的继承人死亡,要求分割遗产的权利不得向其继承人转让。

(6)如果根据本条第三款或第四款,申请宣告为非法征收财产的前所有权人的权利主体之人的父母或祖父母亲属关系尚未确定,该人可申请法院根据《家庭法》规定确定亲属关系。

第九条　作为所有权变更权利主体的组织

(1)1940年6月16日之前于爱沙尼亚共和国运作的非营利组织和宗教团体,如果未终止其章程规定的活动,有权实施所有权变更。

(2)本条第一款所称组织成为所有权变更权利主体的权利应由法院确立。如发生争议,交由法院解决。

(3)本法中,非营利组织是指活动不旨在向成员分配收入的组织。

(4)公法人仅可依法被宣布为权利主体。财产根据本法规定和爱沙尼亚共和国政府规定的程序向该等法人返还。不补偿该等法人未返还的财产。

第十条　宣告组织为所有权变更主体的程序

(1)收到本法第九条第一款规定的组织申请宣告该组织为所有权变更的权利主体后,法院应于十日内于全国性报纸发布相应公告。

(2)所有对申请持有异议之人应于公告公布之日起三个月内通知法院。

(3)法院须传唤本条第一款、第二款所称所有人士出席关于该事宜的审理。

第十一条　作为所有权变更对象的非法征收财产

(1)所有权变更的客体是非法征收土地,存有不可分割的自然物、建筑工程、登记船舶、农业库存、生产建筑中的机械、股票和股份,不包括既有贷款。

(2)所有权变更客体的价值应依法确定。

(3)如果股票、股份按照1940年7月18日《证券流通管理法》第六条和第七条登记,或者按照1940年8月1日《国有化组织法》第十二条提交并列入适当名单,则股票、股份是所有权变更的客体。

(4)本法中,农业存货是指用于农业的机器、设备、工具及动物。

(5)本法中,生产建筑中的机器是指用于生产的机器、设备和工具。

第十二条　非法征收财产的返还

(1)除本法另有规定外,拥有作为所有权变更客体的非法征收财产之人,应当返还权利主体。除国有公司、地方政府独资公共有限公司、地方政府独资私营有限公司以及农业改革、再国有化义务主体外,私法人依法根据买卖合同获得应返还财产的,国家应当就购买财产支付的金额予以补偿。赔偿程序由爱沙尼亚共和国政府确定。基于本条第十款规定,依照《财产法》第二十七条和第二十八条的规定,由国家对其购买财产价金进行赔偿的私主体有权请求返还财产过程中的各项费用。

(2)如果两个或以上主体有权要求返还财产,其中一人以上要求返还的,应全数返还财产。该情形下,获得返还财产之人应当根据法律规定的程序支付其他人的应得份额。如果两个或以上权利主体要求返还财产的,则根据各自份额以共同共有的形式返还。如果应返还财产属于共同共有,则根据各自份额,返还共同共有财产的相应部分。返还部分财产后,则以法定份额返还。

(3)下列情形中,不得返还作为所有权变更客体的非法征用财产:

①所有权变更主体不要求返还财产,但要求补偿。

②财产未按照本条第八款规定保持先前特性。

③财产归善意自然人所有;且该善意购买人未参与对财产所有权人的非法胁迫或征收该人的财产。

④财产是国家、法人或者市政府所有的建筑物,按照商业租赁合同或者住宅租赁合同归自然人或者法人所有,且权利主体不同意承继合同产生的权利、义务。

⑤根据政府部门或地方政府委员会提议,爱沙尼亚共和国政府决定不予返还国家或地方政府所有的军事物品、执法场地、文物、社会资产或受国家保护的物品以及行政场所。

⑥已废止。

⑦根据地方政府提议,郡长决定分离非法征收财产,使得剩余财产的特定使用技术不可能,或者返还有经济价值的附属建筑时,该建筑的正常使用将受到阻碍。

⑧财产位于根据《爱沙尼亚共和国土地改革法》第三十一条第一款第二项所称未返还土地。

(4)已废止。

(5)除法律另有规定外,返还财产由农村政府或市政府决定和组织。

(6)返还财产之前,爱沙尼亚共和国政府或地方政府委员会可通过决议,要求权利主体与财产当前所有权人或国家部门或地方政府部门订立合同,将财产用于当前指定目的,期限为五年,作为返还财产的先决条件。获得财产之人应执行财产保护制度。除非该保护制度产生于法律或保护义务通知,该义务的履行由国家主管部门或地方政府部门与权利主体订立的合同保障。如果权利主体拒不订立指定用途合同或保护制度确保执行的合同,则不予返还财产。

(7)返还财产程序中,权利主体应当在爱沙尼亚共和国政府规定的期限内,并根据规定的程序开展必要的活动。如果权利主体无正当理由未于书面通知权利主体的期限内采取必要行动,该人视为已放弃索赔,返还程序终止。如果返还财产决定作出后,权利主体无正当理由未于书面通知权利主体期限内接收财产,返还程序终止,返还决定将被撤销。该情形下,不启动财产赔偿程序。

(8)由于实施行动的截止日期最迟为 2016 年 6 月 30 日,地方政府可以延长土地返还程序中权利主体所需期限。如果返还财产所需行动由于法院诉讼或索赔权承继发生的问题而无法于规定期限内实施,权利主体应当在接受承继或裁判生效之日后一年内实施决定返还财产所需行为。

(9)由于下列情况,财产的形式、价值和规模未发生重大变化,视为财产保有先前特性:

①如果由于重大修理、改建或扩建,建筑工程价值增加不超过建筑工程总价值的四分之一,视为保有先前特性;

②如果由于重大修理、改建或扩建,建筑工程价值增加总价值的四分之三或以上,视为未保有先前特性;

③即使在重大修理或改建期间,船舶的用途已发生改变,电力装置、导航设备、电气设备和通信设备已更换或安装有新设备,视为保有先前特性;

④即使技术状况不佳或用于其他目的,生产建筑中的农业库存和机械视为保有先前特性;

⑤如果地方政府执行机构确定住宅建筑的可居住性受到限制或在非法征用后有倒塌风险,并且自然人或其配偶通过合法方式,使其可居住,则该住宅建筑视为未保有先前特性。返还财产决定作出时,长辈或晚辈根据住宅租赁合同居住,并且已提出住宅私有化申请。

(10)如果建筑工程价值由于重大修理、变更或增加而显著增加,并且不存在本条第八款第一项和第二项规定的返还或拒绝返还建筑工程的理由,则返还建筑工程剩余价值的相应部分。如果建筑工程增加住宅,根据本条第八款第一项规定,应当返还与建筑工程剩余价值的相应部分。该限制不适用于自非住宅房屋改建的住宅。

(11)评估本条第八款所称物品时,不包括《爱沙尼亚共和国所有权变更法》生效后的修理和翻新。建筑工程价值的评估基于评估时的价值,并计算折旧程度。评估建筑工程的价值时,如果建筑工程的新建部分由于不符合《建筑法》第三条规定而拆除,则不评估新建部分的价值。如果根据本条第八款规定不予返还建筑工程,则不返还附属建筑,对建筑工程保有先前特性的评估应基于建筑工程及其附属建筑的总体条件。

(12)评估前建筑工程保有特性的程序和方式,由爱沙尼亚共和国政府确定。

第十二条之一　返还住宅时住宅租赁合同的效力

(1)返还住宅建筑时有效的住宅租赁合同,推定住宅建筑所有权转移权利主体后的有效期为三年，但承租人和出租人于返还住宅建筑时另有约定除外。未与承租人订立书面房屋租赁合同的，所有权变更的义务主体应当在返还的房屋转让前与承租人订立合同。

(2)已废止。

(3)本条第一款规定的住宅租赁合同期满后，合同延长五年。出租人仅可于本条规定的情况下对住宅租赁合同的延期提出异议。存有争议时，延期由法院决定。如果根据《爱沙尼亚共和国住宅法》第四十五条，承租人获取另一住宅，住宅租赁合同将延伸至该住宅。

(4)出租人仅于下列情形中，才可对住宅租赁合同的延期提出异议：

①承租人多次不履行合同义务或违反合同其他条款，且出租人已履行主要义务；

②出租人或其家庭成员需要租赁住宅，并且出租人或其家庭成员未被授予使用当地政府区划内同等住宅的权利，或返还住宅建筑后未转让，或返还住宅建筑前未与承租人置换住宅使用权；

③出租房屋返还前或非因出租人产生倒塌的风险；

④由于自然折旧、损耗，租赁住宅不属于住宅。

(5)根据本条第四款第二项、第三项或第四项规定逐出承租人后，当地政府应准许承租人使用位于同一区域内的住宅，该住宅的修缮状况不低于先前住宅，居住面积和房间数量符合社会合理标准。该情形下，地方政府适用《住宅私有化法》和《私有化程序适用法》。

(6)已废止。

(7)如果承租人对住宅有合法的重大修理或改建，住宅所有权人应当在拒绝延长住宅租赁合同时，补偿承租人在重大修理或改建期间发生的《物权法》规定的必要费用。如果住宅出租人不同意补偿，承租人可以在不造成损害的情况下拆除。

(8)居住在返还住宅的承租人有权根据《住宅私有化法》规定的程序获得新的住宅，或者有权根据《私有化程序适用法》向中央或地方政府申请贷款或补助，以便重新安置或购买住宅。

(9)承租人关于返还住宅建筑和相应注册不动产或部分的转让中享有优先购买权。转让不受商业限制的实物股份时，实物股份的承租人有权优先购买。优先购买权不适用于转让配偶、后代、父母、兄弟姐妹及其后代。《物权法》适用于优先购买权。

(10)本条规定延伸至在住宅返还之日的住宅租赁关系。根据本条延长的住宅租赁合同期满后，可根据《爱沙尼亚共和国住宅法》第三十二条和第三十三条延长住宅租赁合同。本条规定的情形下，《债法》关于住宅租赁合同的规定不适用于住宅租赁合同的延期。

(11)要求地方政府于返还住宅之前，将返还财产的决定通知承租人。

(12)本条规定的租赁关系中，可基于取消租金限额提高租金，并根据《债法》规定解决争议。

第十三条　非法征收财产的补偿

(1)如果作为所有权变更客体的非法征收财产灭失，未根据本法第十二条返还，或者该财产包括股票或股份，国家将根据法律规定的程度、程序予以补偿。自然人、法人和地方政府拥有非法征收财产，而该等财产于本法第十二条规定的情形中未予以返还，或者其所有权灭失，或者以任何其他方式转移所有权，除本法第十四条规定的情形外，无须支付补偿。

(2)除本法另有规定外，本法第七条第一款第一项至第四项规定的人士可获得与财产价值相应的补偿。

(3)根据本法第十一条第一款,遭受非法胁迫并恢复自由之人可根据法律规定的范围,就不属于所有权变更客体的非法征收财产获得补偿。

(4)收入损失不予补偿。除法律另有规定外,国家不赔偿非法征收的已灭失财产。

(5)已废止。

(6)已废止。

(7)财产赔偿程序期间内,权利主体应当对在爱沙尼亚共和国政府规定的期限内,并根据相关程序实施必要的活动。如果权利主体无正当理由未于书面通知权利主体的期限内采取必要行动,视为已放弃索赔,赔偿程序终止。如果作出赔偿决定后的六个月内,权利主体无正当理由未提交将赔偿转入私人凭证账户的申请,或者支付金钱赔偿时权利主体指定的银行账户,赔偿程序终止,赔偿决定无效。如果权利主体及时向私人凭证账户提交赔偿转移申请,但发行私人凭证期限内未实现,权利主体应当在规定到期日之后的六个月内向银行账户提交赔偿转移申请。如果权利主体无正当理由未及时提交申请,赔偿程序终止,赔偿决定无效。

(8)地方政府应当不迟于2016年12月31日作出财产赔偿决定。如果由于法院诉讼或财产返还请求权承继产生的问题无法作出财产赔偿决定,应于法院决定生效后或承继人设立后六个月内作出财产赔偿决定。

第十四条　公有财产的返还或补偿

(1)除本法或爱沙尼亚共和国其他法律另有规定外,设立集体农场时公有的财产可以获得与其他非法征收的财产平等返还或补偿。

(2)已废止。

(3)如果公有财产未按照本法返还或灭失,以下主体应当按照法律规定的程序予以补偿:

①财产被公有化期间所在的集体农场;集体农场重组时,为公有财产转移所有权的目标集体农场;

②集体农场重组或清算时成立的另一法人,并且该法人是集体农场的合法继承人或已受转让集体农场的全部或部分财产;

③如果建立于财产公有基础上的集体农场已重组为基于国家所有权的企业,则为中央政府;如果集体农场的合法继承人不存在或无法确定,或者集体农场或其合法继承人缺乏必要的补偿资产。

(4)本法生效时,集体农场已返还或补偿的共有财产应当与本条第三款规定的补偿抵销。

(5)权利主体是农民的,享有优先获得实物补偿的权利。

(6)根据爱沙尼亚共和国的相关法律,共有财产可以早于本法第十七条第二款规定返还。

第十五条　国有土地返还和补偿的例外规定

除《爱沙尼亚共和国地产权利变更法》另有规定外,本法适用于返还和补偿不可分割的国有土地和附属自然物。

第十六条　返还或赔偿非法征收财产申请的提交和登记

(1)所有权变更权利主体在1992年1月17日之前提出返还或赔偿非法征收财产的申请。申请人关于财产所有权、构成及价值的文件应附于该等申请之后。

(2)提交、审查申请的程序和提交、评估证据的程序应由爱沙尼亚共和国政府确定。郡长组成的返还和赔偿非法征收财产的郡委员会决定宣布申请人为权利主体。

(2[1])2010 年 12 月 31 日之前,市委员会正在处理的返还或赔偿非法征收财产的任何财产档案应移交所在地的郡委员会。市委员会移交所有文件后应终止活动。市政府负责在诉讼中,对市委员会决定提出异议。如果根据法院裁判,须审查市委员会的决定,财产的返还或赔偿文件移交郡委员会。

(3)根据提交的关于返还或赔偿财产的申请和决定,编制关于应返还或赔偿的权利主体和财产的登记簿。登记簿的编制程序由爱沙尼亚共和国政府确定。

(4)权利主体有权在收到宣布为权利主体的决定后一个月内变更申请载明的权利主张。如果返还的财产是住宅建筑和与其相邻的土地或建筑工程所有权人使用的土地,将有优先购买权的土地私有化后,该等土地不视为包括在于建筑工程提供服务所需土地之内,则返还决定作出前,权利主体有权将返还申请变更为赔偿申请。

(5)如果在 1997 年 12 月 31 日之前,申请人未提交根据爱沙尼亚共和国政府规定的程序应证明事项的证据,应在爱沙尼亚共和国政府规定的期限内,并根据规定的程序提交证据。如果申请人无正当理由未在书面通知期限内提交证据,郡委员会将终止申请处理程序。

(6)委员会应综合评估收到的文件。如果提交和收集的证据无法证明待证事实,并且地方委员会认为无法获得额外证据,郡委员会应驳回该申请。

(7)关于决定某人为权利主体的法院命令生效前,不得终止申请的处理,不得驳回申请。

第十六条之一　请求权的继承与财产返还请求权的转让

(1)权利主体死亡后,请求权应转移给其继承人。

如有必要,义务主体向公证人提交申请,要求启动继承程序。如果权利主体死亡后六个月内无法确定继承人,并且其他人无权管理遗产,则义务主体向法院提出申请,要求启动遗产管理措施。如果有充分理由,义务主体可于六个月期满前提交申请。

(2)返还财产决定作出前,权利主体可将返还财产的权利转让至其配偶、后代、姐妹和兄弟及其后代,或向其他权利主体转让建筑工程中的同一财产或土地。除本法另有规定外,民法有关请求权的转让的规定适用。如果向组织者提交关于债权转让的协议或其公证文本,债权转让对返还财产的组织者具有约束力。

(3)任何人仅可完全转让对某一客体的请求权。如果请求权分属多个权利主体,可以全部转让其请求权份额。债权转让协议应当公证。

第十七条　返还和赔偿非法征收财产的程序

(1)为补偿非法征收财产,向所有权变更权利主体发放补偿凭证。补偿凭证发放后,财产通过法律规定的其他方式补偿。本法第十四条第三款第一项和第二项规定的情况下,集体农场或其他法人对公有财产补偿时,不得颁发该等凭证。

(2)返还非法征收的财产应遵照爱沙尼亚共和国政府规定的程序进行。除法律另有规定外,财产的价值不于返还财产时确定。

(2[1])根据现行有效的程序,2006 年 3 月 1 日之后返还非法征收的财产。2006 年 3 月 1 日之后,就建筑工程或部分作为动产返还财产的程序,不赋予接收返还财产的人将住宅作为动产转让的额外权利。

(3)非法征收财产通过用本条第一款规定的凭证置换为股票或其他私人财产,或通过其他方式补偿。

(4)已废止。

(5)除非确定该财产返还未经授权之人,或者在缺乏法律依据的情况下对未经授权之人予以赔偿,所有权变更权利主体无权要求返还非法征收财产,并要求赔偿已返还或赔偿的部分财产。

(6)作为所有权变更客体的非法征收财产,返还由于胁迫而遭受征收财产之人,或者由于胁迫、滥权行为造成的实在风险或根据官员或该等人员的非法决定而被迫交出财产之人,提交证明征收非法的恢复证明或法院命令后,将予以赔偿。为获得法院命令或恢复证明,该等人士应在地方政府行政机构要求证明本条规定的财产征收方式后一个月内,提交法院或相应国家部门。

(7)法律可以规定恢复和证明征收财产非法的简易程序。

(8)地方政府应不迟于2016年12月31日作出财产赔偿决定。如果由于法院诉讼或财产返还请求权继承产生的问题无法作出财产赔偿决定,应当在法院决定生效或继承人确定后六个月内作出财产赔偿决定。

(9)根据爱沙尼亚共和国政府规定的程序,由郡行政长官监督财产的返还,郡行政长官有权实施《爱沙尼亚共和国政府法》的规定。财政部长有权要求县长实施监督程序。

第十八条　非法征收财产的交易和财产保存的责任

(1)除本法另有规定外,作出返还作为所有权变更客体的非法征收财产的决定前(包括解决非司法争议或诉讼争议),禁止国家部门、地方政府部门、拥有或占有该财产的其他法人及自然人转让或抵押该财产。违反该规定的交易无效。该财产可转让州或地方政府,或经权利主体公证同意的其他人。作出返还非法征收财产的决定之前,既有财产所有权人有权予以商业租赁,或仅通过任何其他方式予以财产占有权,无须具体说明期限,但权利主体同意确定具体期限的除外。本法第十二条之一不适用于无期限住宅租赁合同。无期限合同的终止应提前三个月通知。

(2)本条第一款所称财产的所有权人及占有人须确保财产得到保存。如果违反该要求,应当赔偿损失。

(3)作出返还土地的决定之前,禁止对非法征收土地实施再生砍伐。权利主体有权无偿实施改良砍伐和边界砍伐;土地私有化的权利主体有权无偿砍伐边界部分,地方政府发布土地私有化命令后,有权优先购买,并根据爱沙尼亚共和国政府制定的程序实施改良砍伐。放弃土地返还或私有化后,权利主体应对根据现有作物的通常价值支付采伐费用。对非法砍伐非法征收土地造成的损害收取的赔偿和国家部门出售的非法砍伐木材收取的款项(扣除出售木材的相关费用)将予以提存,并在土地登记后,按照爱沙尼亚共和国政府规定的程序支付返还人或其继承人。如果非法砍伐经由该等人士的参与或同意,无权获得上述金额,并且不提存该等金额。

(4)返还非法征收财产作出决定前,仅经由获得爱沙尼亚共和国政府许可的郡长请求,或者得到权利主体公证同意后,才可拆除或改变待返还建筑工程。拆除的建筑工程应当得到补偿。

第十九条　关于返还或赔偿非法征收财产的争议解决

(1)返还或赔偿非法征收财产引起的争议可通过非司法或诉讼程序解决。就返还或赔偿非法征收财产过程中作出的决定向行政法院提起诉讼的期限,自该人知道侵犯其权利的决定之日起两个月起算。其他法律规定的时效期限适用于民事纠纷。

(2)以非司法方式或通过郡委员会解决关于财产返还或赔偿程序所作决定的上诉。郡委员会可以充当调解委员会。

(3)一方当事人向法院提起上诉,另一方当事人向郡委员会申请处理的,法院应当不予受理。向郡委员会申诉的期限是该人明知或应知权利受到侵犯之日后一个月。要求郡委员会处理争议免交相关费用。如果提出上诉,郡委员会可以停止处理返还或赔偿财产的申请。

(4)以书面形式向郡委员会提出的上诉,于收到上诉后两个月内审理。应申请人或郡委员会请求,上诉在相关人士或其代表到场时处理。如果有理由认为郡委员会成员与争议处理存有利益关联,或者其他情形导致其公正性受到质疑,将予以撤职。郡委员会有权要求提交所有相关文件。

(5)郡委员会会议听取有关人员的解释,审查、评估文件和其他证据。郡委员会应当予以记录。郡委员会于审议当日作出决定。郡委员会的决定实行多数票机制。票数相等时,郡委员会主席另有一票决定票。该决定由郡委员会主席和秘书签署。决定作出后五个工作日内,将副本亲自送达或寄送相关人士。

(6)如果相关人员不同意郡委员会的决定,相关人员可在收到郡委员会决定的副本之日起两个月内提起诉讼。如果未向法院提起诉讼,郡委员会的决定在提起诉讼期限届满后生效。已生效的决定对相关人员产生约束力。

(6^1)已废止。

(7)爱沙尼亚共和国政府应制定具体的非司法争议解决程序。

第三章　市　有　化

第二十条至第三十一条

已废止

第四章　私　有　化

第三十二条　私有化的定义

私有化是指所有权变更过程中,国有或市有财产有偿或无偿变更为其他人所有,财产所有权人发生变更。

第三十三条　私有化的客体

(1)私有化的客体是依法实行私有化的国家、国有公司或地方政府所有的财产。

(2)~(4)已废止。

第三十四条　私有化的主体

(1)法律应规定各类国家和市有财产的私有化主体。

(2)已废止。

(3)各类财产私有化时,爱沙尼亚共和国法律可以限制或对权利主体施加额外条件。

(4)私有化的义务主体是根据法律规定的条件、程序,应当将国有和市有财产私有化的州和地方政府,以及依法将财产私有化的法人。

第三十五条　私有化的组织

(1)爱沙尼亚共和国政府组织国有财产私有化,并确定私有化的客体,但爱沙尼亚共和国法律另有规定的除外。

(2)市有财产的私有化由地方政府组织,但法律另有规定的除外。

(3)财产根据法律规定的条件、程序分阶段私有化,同时考虑物品的具体特性。

第三十六条　私有化的方式

(1)私有化的主要方式为出售财产,以及为补偿非法征收财产发行的补偿券和公共债券。

(2)已废止。

(3)爱沙尼亚共和国法律可以规定除出售以外的私有化方式。

第三十七条　公共债券

(1)长期居住于爱沙尼亚的人可以成为发行的公共债券的对象;发行条件和确定公共债券价值的依据由法律规定。

(2)公开发行的债券可登记、可继承。法律应规定在国家和市有财产私有化以及所有权变更的其他事项中使用该等工具。

第三十八条至第三十九条

已废止

第四十条　合作企业和非营利组织的财产私有化

(1)根据法律规定,合作企业、国家合作企业和非营利组织可能应要求,根据本法或爱沙尼亚共和国其他法律规定的程序将财产私有化。

(2)集体农场的财产根据本法规定的程序和仅基于本法颁布的法律,有偿或无偿向私人转让。

第四十一条　关于私有化的争议解决

(1)除爱沙尼亚共和国法律另有规定外,关于国家或市有财产私有化的争议分别根据爱沙尼亚共和国政府或地方政府委员会确定的程序解决。

(2)如对根据本条第一款作出的决定持有异议,可向法院提出诉讼。

第五章　再 国 有 化

第四十二条　再国有化的财产

(1)本法中,财产的再国有化是指将国家财产自向合作企业、国家合作企业或非营利组织无偿转让的财产返还爱沙尼亚共和国。

(2)根据法律规定的程序,财产再国有化后,有关返还财产赔偿的争议由法院基于当事人申请予以解决。

保加利亚经济活动行政规制法

万　立　译　王孜政　审校*

《保加利亚经济活动行政规制法》译介

《保加利亚经济活动行政规制法》于2003年通过并生效，历经数次修订和补充，该法现行版本是经2012年3月30日保加利亚官方公报第26号法律补充，于2012年7月1日生效的版本。该法的主要目的是将国家机构和地方自治政府机构对上述活动的行政管理和行政控制限制在社会合理的范围内，促进和鼓励经济活动的正常运行。

主要内容

《保加利亚经济活动行政规制法》中规定了两种政府可以进行的经济监管与规制的制度——许可和登记，在保加利亚从事经济活动，依照经济活动的性质和对保加利亚主权、安全、环境等方面的不同影响，根据《保加利亚经济活动行政规制法》第9条和第14条的规定，将对保加利亚国家安全或公共秩序、公民或法人的人身权或财产权以及环境造成极大威胁，或涉及保加利亚国家专属财产等经济活动列为需要经许可的经济活动；而对于实施的活动对保加利亚国家安全或公共秩序、公民和法人的人身权、财产权或环境造成威胁，并且遵照监管要求，通过检查记录和/或现场可以客观证明其合规性，此类经济活动通常情况下仅需要登记即可进行。

属于应当获得许可的经济活动包括银行业、保险业、受监管的证券市场、投资中介机构、投资公司或管理公司以及特殊目的投资股份公司、商品交易所、海关机构、免税贸易、武器、爆炸品贸易、赌博业务、私人安保、消防设备、邮政业务、机场运营、地勤服务、航空公司、精子和卵子回收、处理和储存，人工授精中心和胚胎移植中心的胚胎移植、酒精制品生产与销售、烟草工业处理和烟草制造、有色金属废料贸易、广播电视、职业培训、儿童社会服务等四十余项，并规定在该法的附件当中。

除此之外，法律规定所有监管与规制制度，以及对单独交易和单一行动的许可、认证和通知的要求都必须得到法律的授权。该法在第一章中就明确规定了经济自由、相称性和合法期望等经济活动立法与行政程序的指导原则，引入了对所有类型的法规的必要性进行论证的需

---

* 译者：万立，华东政法大学博士研究生；审校：王孜政，华东政法大学博士研究生。

要,限制了政策制定者的自由裁量权,并且要求对每项法规进行事前影响评估,同时有义务将其公开并提前告知所有受该法规影响的利益相关者。对于特定交易或特定活动的授权,该法引入了行政机构在颁发许可证和证书时的“默许”原则,即对于此类活动如果行政机关在宣布的期限届满以前并未向申请人发出拒绝通知的,视为默示同意其实施独立交易或者单一活动。①

经济活动便利措施

该法在第一章中对行政机构的职能和职责进行明确,规定了行政机关在行使权力时必须向申请人履行的义务,如第5条第1款明确规定,行政机构应当:(1)以适当方式提供对所有行政行为及表格的持续和无条件查阅,并为撰写文件提供协助;(2)提供有关诉讼时效、应付费用及确定方式等信息,并协助撰写文件;(3)在服务场所内组织实施相关活动,为相关方提供服务;(4)保证工作期间利害关系人便利获取第1款及第2款规定的服务;(5)确保根据《电子治理法》以电子方式提供服务的可能性。

此外,第7条规定如果与申请有关的情况证明已经在另一机构得到认证并且录入登记簿中,则审批机构在颁发许可证或其他特定活动的授权证书时,便不得要求申请人再次提供情况证明,以避免申请人向众多机构提交相同证明。第7条之一进一步规定了有关相关费用的收取规则和禁止超过必要额度收取管理费用的规定。

第一章 总　则

第一节　行政管理和行政控制的原则和目的

第一条

(1)本法规定限制经济活动的行政管理和行政控制的一般规则。

(2)本法旨在将国家机构和地方自治政府机构对经济活动的行政管理和行政控制限于社会合理范围内,并促进、鼓励经济活动。

(3)“行政管理”,是指确立监管要求,实施行政控制以保障规范得到执行。

(4)本法所称“行政控制”,是指行政机构通过以下方式行使的控制:

①开始或从事经济活动,以及从事或意图从事经济活动之人实施特定交易和行为时,检查记录、现场;

②颁发许可证或登记,不予颁发许可证或登记;

③批准和不予批准从事或意图从事经济活动之人特定交易或行为的授权和证书;

④实施行政强制措施,处以行政处罚。

(5)实施行政管理和行政控制后,从事或意图从事经济活动之人享有非歧视性待遇,不论

---

① Rositsa Dzhekova & Colin C. Williams, Tackling the Undeclared Economy in Bulgaria: A Baseline Report. GREY Working Paper No. 1, Sheffield University Management School of University of Sheffield.

所有权形式、法律形式或国籍。

第二条

(1)国家机构和地方自治政府机构应当对经济活动实施行政管理和行政控制,以保护:

①保加利亚共和国的国家安全和公共秩序以及《保加利亚共和国宪法》第十八条第一款到第四款所称国家主权。

②公民、法人的人身权及财产权。

③环境。

(2)国家机构和地方自治政府机构应当根据本法原则和宗旨对经济活动实施行政管理和行政控制。

第三条

(1)针对经济活动实施行政管理时,应当考虑:

①从事经济活动的人员为遵守既定要求发生的费用;

②实行有效行政控制的可行性及相关费用。

(2)根据对经济活动的行政管理和行政控制,国家机构和地方自治政府机构不得强加致使限制竞争的要求、条件及阻碍。

(3)根据对经济活动的行政管理和行政控制,国家机构和地方自治政府机构不得施加对实现法律宗旨不必要的限制和阻碍。

(4)计划、起草议案,载有本法第四条第一款所称计划的,将议案纳入部长理事会立法计划的主管部门或负责起草该议案的主管部门,应当分别就该议案必要性以及不载有该议案的情形下,就实现本法第二条所称目的的可能性提出合理意见。

(5)向议会提交议案,载有本法第四条第一款所称含义范围内计划的,提案人应当连同该议案及相关说明,就必要性提出合理意见。

(6)第四款和第五款所称合理意见,须载有经济分析及对管理计划对受管控经济活动的影响评估。上述意见应当以互联网或其他适当方式公布。

第四条

(1)关于经济活动许可证、登记以及颁发授权和证书或通知实施特定交易或行为的要求,只能由法律予以规定。

(2)实施特定经济活动、特定交易或行为所需的任何要求,应当由法律予以规定。

(3)本法规定的二级立法可以具体规定第二款所称要求,以执行第三条第三款规定。

第二节　行政机构的职责

第五条

(1)行使有关监管和控制经济活动的权力时,行政机构有义务:

①以适当方式提供对所有行政行为及表格的持续和无条件查阅,并为撰写文件提供协助;

②提供有关诉讼时效、应付费用及确定方式等信息,并协助撰写文件;

③在服务场所内组织实施相关活动,为相关方提供服务;

④保证工作期间利害关系人便利获取第一款及第二款规定的服务；

⑤确保根据《电子治理法》以电子方式提供服务的可能性。

(2)行政机构不得要求提供可以获得的或其他机构可以获得的信息或文件。上述行政机构应当根据相关诉讼需要依职权获取该类信息和文件。

(3)本法第四条第一款所称行政诉讼中,事实情况可以由行政机构有义务接受的书面声明证明。根据《刑法》第三百十三条的规定,申报者不实申报的,应当承担刑事责任。教育资格程度、专业资格和健康状况,以及法律规定其他程序确定的其他事实情况,不得以声明加以证明。

第六条

(1)行政机构应当立即公开宣布在适用有关经济活动的行政管理和行政控制的法律文件、执行的政策、习惯,及其修订理由。

(2)有关适用第一款所称法律文件的政策,应当包括为实现法律目的,行政机构选择和使用自由裁量权的方式。

第七条

(1)行政机构可以仅一次要求消除不合规事项和/或向申请发放许可证或登记以及授权实施特定交易或行为的申请提供补充资料。

(2)消除不合规事项和/或提供附加信息的期限由法律规定,不得短于十日,不得长于公告期限。有关消除不合规事项与额外提交由其他行政机构发布的文件的,期限不得短于由所称机构公布的法律文件规定的期限。

(3)规定的期限应当自消除不合规事项和/或提供补充信息之日起算。

第七条之一

(1)行政机构根据本法对经济活动的管理和控制收取的费用,应当根据部长理事会确定费用及其支出成本的方式确定。

(2)第一款所称方式应当按照下列原则采用:

①费用必须符合行政机构为履行相关服务及控制产生的费用,包括必要的后勤费用以及根据资质和工作时间,官员履职的所有行政费用;

②第一款所称管理费用,不得超过费用的百分之二十。

(3)不得为消除不合规事项和/或提供附加信息收取费用。

(4)收取的费用可以用于提升服务质量。

(5)已记账费用所得不得用于对行政机构工作人员的额外奖励。

(6)第一款所称方式不适用于确定有关保护特别重大国家或公共利益领域执行政策的费用。

第二章　从事经济活动的许可和登记

第一节　许　　可

第八条

(1)办理许可证时,行政机构应当审查申请是否符合法律规定,并酌情批准或不予批准从事特定经济活动。

(2)许可证只能由中央行政机构颁发。

第九条

(1)许可证可以仅为下列经济活动颁发：

①有关根据《保加利亚共和国宪法》第十八条第一款构成专属国家财产的任何物品，以及有关国家根据第十八条第二款和第三款行使主权的任何物品；

②对保加利亚国家安全或公共秩序、公民或法人的人身权或财产权以及环境造成极大威胁，并开列于本法附件。

(2)第一款第二项所称附件未列出的新许可事项由法律设立的，附件须据此补充。

第十条

(1)许可证的有效期不确定，但本法第九条第一款第一项所称情形或法律另有规定的除外。

(2)许可证载明的权利不得转让，并且不可转让。

(3)许可证是合法实施相关经济活动的先决条件。

第十一条

(1)管理许可证制度的法律应当具体规定：

①颁发许可证的条件及不予颁发的理由；

②许可证颁发、中止、终止及撤销程序的特别规定。

(2)许可机构应当建立并备置公共登记簿，记录已颁发、暂停、终止及撤回的许可证持有人，并单独记录申请许可证的人员，编辑成册所附文件的数量和类型。按照提交申请的顺序记录及办理进度。

(3)第二款所称登记簿应但按照特别法和《个人数据保护法》规定保存。

(4)根据《电子治理法》，许可机构应当保障以电子方式免费访问第二款所称登记。

第十二条

(1)关于许可证制度的法律应当明确下列要求：

①必须由另一权威机构认证；

②以申报的形式认证；

③以声明的形式，可能无法获得认证。

(2)记录检查和现场检查时，比照适用本法第十九条、第二十条、第二十一条和第二十二条。

第十三条

(1)为开展特定经济活动颁发许可证的数量受限的，颁发机构有义务根据法律规定公开宣告竞标或拍卖。

(2)已废止。

第二节　登　　记

第十四条

(1)行政机构登记的，应当查阅具体监管规定，确定符合后，应当授权开展经济活动，并且不考虑其适当性。

(2)从事经济活动仅在以下情形中必须登记:实施的活动对保加利亚国家安全或公共秩序、公民和法人的人身权、财产权或环境造成威胁;遵照监管要求,通过检查记录和/或现场可以客观证明其合规性。

第十五条

(1)登记机构应当备置公共登记簿,记录已确定符合相关经济活动监管要求的主体,并颁发登记证书。申请登记之人应当记录在案,所附文件数量、类型应当独立登记于公共登记簿。按照申请顺序记录,并记录登记簿档案进展情况以及证书的签发情况。

(2)登记簿记录和颁发登记证书是合法开展相关经济活动的必要条件,但登记机构未在特别规定期限内明示宣告的情形除外。本法第二十八条和第二十九条比照适用。

(3)根据第一款,不符合具体监管要求的,登记机构应当不予登记并颁发证书,不考虑上述要求的合理性。

(4)登记及证书永久有效。登记及证书效力有限的,期限不得低于三年。要求延长期限的,可以比照适用本法第二十八条和第二十九条。

(5)第一款所称登记簿应当按照特别法和《个人数据保护法》保存(应当与特别法和《个人数据保护法》的规定保持一致)。

(6)登记机构应当保障根据《电子治理法》以电子方式无偿访问第一款所称登记。

第十六条

(1)有关登记事项的法律应当具体规定:

①意图从事经济活动之人可以登记于第十五条第一款所称登记簿并颁发证书的条件,以及不予登记的理由;

②第十五条第一款所称登记簿登记及证书颁发程序的特别规定;

③暂停和终止相关经济活动或删除本法第十五条第一款所称登记人员的特别规定,以及已颁发证书无效的特殊规则(视情况而定)。

(2)有关登记事宜的法律应当具体确定第十二条第一款所称条件。

第十七条

(1)登记机构不得要求提供非法律文书规定的遵守任何要求的信息。

(2)实施记录检查和现场检查时,比照适用本法第十九条、第二十条、第二十一条和第二十二条。

第三章　对经济活动的后续控制

第十八条

关于从事许可证或登记经济活动,行政机构应当对既定要求的执行情况予以后续控制。

第十九条

(1)监管机构可以根据法律规定检查记录,并于现场检查。

(2)监管机构应当以要求独立或定期提交书面报告及其他书面通知、文件的方式检查记录。

(3)二级立法规定的法律文件可以对提交的报告、通知和文件的期限和内容作出规定,只要直接源于第一款所称要求,并且不违反第三条第三款和第二十一条。

第二十条

(1)现场检查须在从事经济活动的地点实施,并须有被检查人或其工作人员在场。没有上述人员的,应当有一名或以上见证人。

(2)实施现场检查的人员有权:

①进入有权控制的经济活动实施的地点;

②要求提交根据法律规定应当在检查地点提交的文件;

③要求被检查人的工作人员提供书面和口头解释;

④招聘考试复杂或者相关专业领域的专家。

(3)现场检查发现任何证明符合既定要求的文件丢失,应当给予被检查人合理期限提交。

(4)第一款、第二款和第三款规定的行政机构的职权应当由法律规定。

第二十一条

监管机构应当检查记录和现场,检查范围、持续时间及次数不对被检查人员造成不必要妨碍,并足以实现检查目的。

第二十二条

工作人员应当保守商业秘密,检查结束前不得披露获取的任何数据,不得将获得的任何信息用于规定以外的其他目的。

第二十三条

(1)查明违反法律规定后,监管机构可以:

①规定适当期限内终止不合规行为,或终止违反法律规定的行为;

②限制、暂停或撤销许可证;

③终止违反法律规定的行为之前,禁止活动的开展,给予合理的宽限;

④禁止实施已登记经济活动,并记录于本法第十五条第一款所称登记簿内,并撤销已颁发的证书;

⑤实施行政处罚;

⑥法律规定的其他措施。

(2)第一款所称措施应当由法律规定。

(3)规定期限内未书面通知监管机构执行规定的措施或根据第一款第一项取消的,机构可以采取第二项、第三项和第四项所称措施,无须再行检查。

(4)实施第一款所称行政强制措施,监管机构应当根据上述措施违反法律规定的严重程度以及法律目的。

(5)关于不执行第一款所称措施的要求及其理由,应当在有关相关经济活动的法律详细说明。

第四章　关于特定交易或活动的授权和证书及接收通知

第二十四条

(1)从事或意图从事经济活动之人开展特定交易或活动,仅对保加利亚国家安全或公共秩序、公民或法人的人身权、财产权或环境构成高度风险时,才须办理授权。

(2)办理授权后,行政机构对是否可以开展相关交易或行动,以及对其内容、期限及地点等事宜在法律规定范围内酌情决定。

(3)办理关于特定交易或活动的授权后,比照适用本法第十条第二款、第十一条第一款、第十二条、第十三条、第十九条、第二十条、第二十一条和第二十二条。

第二十五条

(1)从事或意图从事经济活动之人开展特定交易或活动的证书,仅对保加利亚国家安全或公共秩序、公民或法人的人身权、财产权或环境构成高度风险时,才须办理。

(2)颁发证书后,行政机构应当在开展相关交易或程序前查明是否符合法定要求,并在确定符合上述要求后,酌情授权。

(3)特定交易或活动的证书一经发出,比照适用第十四条、第十六条第二款及第十七条规定。

第二十六条

为执行特定交易或活动办理授权或证书的机构应当实施后续控制,以确保符合法定要求以及许可证规定的要求。本法第十九条、第二十条、第二十一条和第二十二条比照适用。

第二十七条

(1)法律规定有义务事先或事后向行政机构发出通知,实施相关交易或活动之人应当提交关于交易或活动的内容、地点、期限及方式的书面信息。

(2)获授权接收通知的主管机构可以在现场查明提交的数据准确性。本法第二十条、第二十一条和第二十二条比照适用。

第二十八条

(1)除法律另有规定外,默示同意适用于为实施独立交易或活动办理的授权和证书。

(2)行政机构在宣布期限届满之前未向申请人发出拒绝通知的,默示同意即行生效。

(3)第二款所称行政机构应当获得默示同意的证明,以提交附有编号的申请书副本,证明在该行政机构的记录处收到该申请书。默示同意还可以通过法律准许的所有其他方式证明。

(4)有必要向其他行政机构证明默示同意的,除第三款前段所称文件外,利害关系方还应当提交书面声明,说明在本法第二十九条第一款所称期限届满后三日内未收到明确驳回。

第二十九条

(1)如申请人已向主管行政机构发出书面通知,机构收到通知后十四日内未根据第二十四条或第二十五条(视情况而定)作出决定的,默示同意生效的,授权或证书的申请人可以继续交易或活动。

(2)根据默示同意的规定,只要相关交易或活动的履行导致对法定要求的重大违反,行政机构可以合理中止上述交易或活动,直至违反行为消除。

(3)该违法是指第二款所称"重大"违反,即违反法定要求可能导致保加利亚国家安全或公共秩序、公民或法人的人身权、财产权或环境受到损害。

第五章 行政处罚

第三十条

(1)任何玩忽职守或不于规定期限内履职的工作人员,并且该职责有关授权或颁发证书,申请颁发许可证的期限届满的,应当处以一千列弗或一千列弗以上五千列弗以下的罚款。

(2)任何工作人员没有定期备置第十一条第二款和第十五条第一款所称登记簿的,应当处以一千列弗或一千列弗以上五千列弗以下的罚款。

(3)任何工作人员违反第五条、第六条、第七条第一款、第十七条第一款、第二十一条、第二十二条和第二十九条第二款的,应当处以一千列弗或一千列弗以上五千列弗以下的罚款,但该行为构成刑事犯罪的除外。

(4)再次实施第一款、第二款或第三款所称违法行为的,应当处以五千保加利亚列弗或五千列弗以上一万列弗以下的罚款。

第三十一条

(1)任何违反第二十九条第二款规定的合理中止令或第二十九条第一款规定的通知要求开展交易或活动的,应当处以一千列弗或一千列弗以上五千列弗以下的罚款,除该行为构成刑事犯罪的除外。

(2)再次实施第一款所称违法行为的,应当处以三千列弗或三千列弗以上一万列弗以下的罚款。

第三十二条

(1)关于根据第三十条和第三十一条确定的任何违法行为的书面声明应当由监管机构指定的人员起草(该机构仅有一人),或由该机构负责人起草(该机构为集体制)。处罚命令应当由该等机构根据具体情况发布。

(2)违反第三十条的行为是由市长实施的,应当由发布处罚命令的州长授权人员起草确定行政违法行为的书面声明。

(3)书面声明的起草、处罚命令的发布和申诉遵照《行政处罚法》执行。

第三十三条

第三十条规定不适用于部长理事会成员、一人监管机构及由国民议会或保加利亚总统选举或指定的集体监管机构成员。

补充规定

(1)本法中:

①“行政机构”,是指属于政府的行政部门,以及根据特别法律获得行政授权的任何其他机构。

②“中央行政机构”,是指第一款所称全国范围内行使权力的任何机构。

③“经济活动”,是指以商人身份从事的活动、《商法》第二条所称人员的活动,以及为获利实施的任何其他活动。

④"再次违法",是指在处罚命令生效后一年内实施的任何违法行为,根据该命令,行为人由于同类违法行为受到处罚。

过渡期及其他规定

《法律文件法》新增以下新条款:

第二条之一

应当于新法律文件生效前告知利益相关人由于新法律文书产生的义务。通知应当向该等人员的代表组织发送,并通过大众媒体、互联网或其他适当方式公布方可生效,利益相关人可以于一个月或以上期限内向相关机构提出建议和意见。

(1)《行政程序法》第十四条新增以下条款:

(2)根据《经济活动行政规制法》规定,规定期限内不提交意见的视为默示同意。

(3)①本法于《国家公报》公布后六个月内,部长理事会、其他行政机构以及地方自治政府机构应当在职权范围内采取相应措施,修正所有先前与本法冲突并且不为执行另一法律颁布的次级立法。

②第一款规定的期限届满后,任何次级立法与本法冲突并且不为执行另一法律颁布的,该法规定本法第四条第一款所称计划或要求的,利益相关方可以向最高行政法院和有管辖权的地方法院提出异议。

(4)除第四条第一款规定外,本法应当在《国家公报》公布之日起六个月生效,第四条第一款应当在《国家公报》颁布之日生效。

(5)本法除第九条第一款第二项所称附件外,应当仅通过特殊法律修正、补充及废止。

(6)所有有权处理本法第四条第一款所称计划的机构负责实施本法。本法于 2003 年 6 月 4 日由第 39 届国会通过,并加盖国会印章。

波黑外国直接投资政策法

万　立　译　王孜政　审校*

《波黑外国直接投资政策法》译介

波黑近年来持续改善营商环境,所采取的一系列措施颇有成效,于2019年营商便利度排名全球第八十九位,其中办理破产、跨境贸易和获得信贷指数位居前列。波黑政府以强有力的改革、制定战略文件及相关法律和条例,为外国投资者的进入尽可能提供便利。其中,2016年修正的《外国直接投资政策法》规定了外国投资者的准入、享有的权利及投资促进措施等各项内容。①

适 用 范 围

《外国直接投资政策法》主要调整"外国投资者"向波黑展开直接投资活动等事宜。前者是指非波黑居民自然人,和主要营业地不在波黑或根据外国法律成立的法人,其注册地、核心行政机构或主要营业地位于外国;后者是指对国内新设立公司的投资或对既有公司的投资,以及对新设立机构或既有机构的投资,投资方式可为现金、物品和权利。同时,该法赋予外国投资者与波黑投资者同等待遇:"不违反本法规定的情形下,外国投资者有权按照波黑、实体和布尔奇科特区的相关法律规定,与适用于波黑居民同等的形式、条件,向波黑所有经济行业投资,并以该投资所得再投资。"(第3条)

限制、禁止投资的领域

《外国直接投资政策法》采取负面清单的形式规定外国投资者不可或限制投资的行业,除此之外的其他行业均向外国投资者开放。该法第4条规定"(a)尽管本法第三条准许外国直接投资自由进入波黑,但从事生产和销售武器、弹药、军用爆炸物、军事设备和媒体的商事实体的外国股权,不得超过该商事实体股权的百分之四十九。(b)如投资于受本条第一款限制的行业,外国投资者须事先获得相关部门的审批。"关于向上述领域的投资审批,该条继而规定:"本条第(b)款所称审批申请提交之日起三十日内,相关部门应将决定通知申请人。如决

---

* 译者:万立,华东政法大学博士研究生;审校:王孜政,华东政法大学博士研究生。

① 参考资料:http://ba.mofcom.gov.cn/article/tzzn/201406/20140600632549.shtml。

定未于上述期限内作出，外国直接投资应视为获得批准，但该部门已书面通知申请人推迟至三十日后作出决定除外。(d)此外如相关部门主在提交适当的外国投资审批申请之日起三十日内未作出决定，则应于此后三十日内通知申请人。附有外国投资说明的决定应由相关部门作出，并在提交申请之日起六十日内送达申请人。如六十日内未作出决定，直接外国投资应视为已获得批准。”此外，如波黑政府认为合理，可决定外国实体于本条第一款所称商事公司所占份额不受本条第一款的限制，但应符合该领域的相关规定。

外国投资者的权利、利益和义务

《外国直接投资政策法》赋予外国投资者征税、汇兑及征用、国有化等诸多权利。第 8 条赋予外国投资者国民地位：“(a)根据本法规定和波黑其他法律、条约及波黑实体和布尔奇科特区的法律，外国投资者的权利和义务与波黑居民相同。(b)波黑、波黑实体和布尔奇科特区不得以任何形式歧视外国投资者，包括但不限于其公民身份、居住地、宗教或投资来源国。本法关于商事实体的征税应遵照波黑、实体和布尔奇科特区的税法。”

第 11 条规定了关于设立账户、外币汇兑等事宜：“(a)外国投资者有权为其投资，于波黑境内以本国货币或任何可自由兑换货币计价的任何商业银行开户。(b)外国投资者与其波黑投资相关的所有付款等事项，有权将波黑货币自由兑换成任何其他可自由兑换货币。(c)外国投资者有权以可自由兑换货币自由、任意将其于波黑的投资收益转移至国外，包括但不限于：(i)以利润、股息、利息和其他形式收到的投资收入；(ii)投资者于波黑的投资部分或全部清算或处置投资财产或所有权后的所得；和(iii)本法第十六条所称的补偿。(d)本条第一款、第二款和第三款所称的外国交易，基于波黑公共收入，应在履行所有纳税和法律规定的其他义务后，通过商业银行开展。”

第 12 条规定了一般财产权利：“外国投资者就不动产享有与波黑公民和法律实体相同的财产权。如外国投资者是前南斯拉夫社会主义联邦共和国继承国之一的公民，拥有波黑公民身份和法律实体地位的投资者在各自继承国享有类似权利的情形下，应享有该等权利。外国投资者应根据国际认可的会计和审计准则、原则及实体的法律备置账簿和提交报告。”第 13 条规定的“根据波黑劳工和移民法，外国投资者有权自由雇用外国员工。”

关于征用和国有化，第 16 条规定：“(a)除根据相关法律、法规符合公共利益外，外国投资不受任何具有国有化、征收、征用或措施等效果的行为影响，但不得有任何类型的歧视，且不支付适当的补偿。(b)如该补偿充分、有效和及时，则视为适当。(c)本条第一款所称国有化、征收、征用或者类似行为的赔偿标准，应符合国际标准，并在本法第二十一条所称实施规则内予以规定。”

除上述权益外，外国投资者还享有快速通关、关税减免等利好激励措施。例如，外国投资者作为股本进口的设备免征关税(但乘用车、老虎机和赌博机除外)。为获取该激励措施，外国投资者应向海关部门(根据公司所在地确定)提交免除缴纳进口税的书面请求，同时提交下列文件：1. 进口设备所依据的投资合同或其他相关文件。2. 投资在相关部门登记的证明。3. 投资者确定的设备规格，包括税号、单个价值和总价值。4. 投资者声明设备的使用年限不超过十年。5. 相关部门证实，进口设备符合环境和就业保护标准。海关应于请求提交后十五日内作出决定。此外,向波黑自由贸易区投资的外国投资者享有更多优惠措施。根据《波黑自由贸易区法》,国内外法律实体或自然人均可建立自由贸易区,前提是提交的可行性研究和其他证据表明自自由区出口的货物价值于12个月内将超过离开自由区的制成品总价值的50%或以上,则自由区的建立于经济上是为合理。

(说明:此文本包括波黑第17/98号《波黑外国直接投资政策法》原本和波黑第13/03号、第48/10号和第22/15号《政府公报》公布的3项修正案)

第一章 一般规定

第一条

《外国直接投资政策法》(下称本法)规范外国投资者参与波黑经济活动的基本政策和原则。

第二条

本法下列用语的含义如下:

"外国投资者",是指非波黑居民自然人和主要营业地不在波黑或根据外国法律成立的法人,其注册地、核心行政机构或主要营业地位于外国;

"外国直接投资",是指对国内新设立公司的投资或对既有公司的投资,以及对新设立机构或既有机构的投资,投资方式可以是现金、物品和权利。

"外国控制",是指为在波黑设立公司或机构而投资的股份。

"波斯尼亚和黑塞哥维那居民",是指在波黑有住所或主要住所、就业、从事独立服务或有主要经济利益的自然人,或根据波黑法律、波黑实体或布尔奇科特区设立,并在波黑有注册地、核心行政机构或主要营业地的法人;

"股权",是指投资者在企业中持有的所有权权益;

"可自由兑换货币",是指国际货币基金组织确定的任何货币;

"实体",是指波黑联邦和塞族共和国。

"媒体",是指通过地面无线电传输的无线电广播和电视广播活动。

"商事实体",是指外国投资者开展外国直接投资的任何国内公司或机构,包括部分或全部国内公司或机构的扩张。

第二章 外国直接投资的进入

第三条

不违反本法规定的情形下,外国投资者有权按照波黑、实体和布尔奇科特区的相关法律规定,与适用于波黑居民同等的形式、条件,向波黑所有经济行业投资,并以该投资所得再投资。

第四条

(a)尽管本法第三条准许外国直接投资自由进入波黑,但从事生产和销售武器、弹药、军用爆炸物、军事设备和媒体的商事实体的外国股权,不得超过该商事实体股权的百分之四十九。

(b)如投资受本条第一款限制的行业,外国投资者须事先获得相关部门的审批。

(c)本条第二款所称审批申请提交之日起三十日内,相关部门应当将决定通知申请人。如决定未于上述期限内作出,外国直接投资应视为获得批准,但该部门已书面通知申请人推迟至三十日后作出决定的除外。

(d)如相关主管机关在提交适当的外国投资审批申请之日起三十日内未作出决定,则应于此后三十日内通知申请人。附有外国投资说明的决定应由相关部门作出,并在提交申请之日起六十日内送达申请人。如六十日内未作出决定,直接外国投资应视为已获得批准。

(e)本条所称外国直接投资审批的有效期不设存续期间限制。

(f)实体政府如认为合理,可以决定外国实体于本条第一款所称商事公司所占份额不受本条第一款限制,但应当符合该领域的相关规定。

第五条

(a)外国投资的登记程序应遵照波黑商事实体、波黑实体和布尔奇科特区的登记程序。

(b)主管登记机关依职权有义务向波黑对外贸易和经济关系部提交电子形式的关于含有外国投资的已登记公司的信息。

(c)主管机关应在登记册附登记通知,显示外国投资者的姓名、创立人的国籍、活动和合同(注册)初始资本的金额。

(d)对外贸易和经济关系部将为相关部门送交数据提供技术条件。

(e)波黑、实体和布尔奇科特区可公布关于外国投资的一般信息,但应当尊重相关实体的合法权益,确保不披露其商业秘密。

第六条

(a)为促进和便利对波黑的外国直接投资,波黑部长理事会应为此设立相关机构。

(b)实体也可在其各自的区域内设立该等促进、便利机构。

第七条

如设立本法第六条所称机构,则该机构应合作、交流任何必要的信息,以实现促进波黑外国直接投资的目标,并确保实现本法目的。

第三章 外国投资者的权利、利益和义务

第八条

(a)根据本法规定和波黑其他法律、条约及波黑实体和布尔奇科特区的法律,外国投资者权利和义务与波黑居民相同。

(b)波黑、波黑实体和布尔奇科特区不得以任何形式歧视外国投资者,包括但不限于其公民身份、居住地、宗教或投资来源国。

第九条

本法关于商事实体的征税应遵照波黑、实体和布尔奇科特区的税法。

第十条

除《波黑海关政策法》(《波黑政府公报》第57/04号、第51/06号、第93/08号、第54/10号和第76/11号)另有规定外,外国直接投资免交关税。

第十一条

(a)外国投资者有权为其投资,于波黑境内以本国货币或任何可自由兑换货币计价的任何商业银行开户。

(b)外国投资者与其波黑投资相关的所有付款等事项,有权将波黑货币自由兑换成任何其他可自由兑换货币。

(c)外国投资者有权以可自由兑换货币自由、任意将其于波黑的投资收益转移至国外,包括但不限于:

(i)以利润、股息、利息和其他形式收到的投资收入;

(ii)投资者于波黑的投资部分或全部清算或处置投资财产或所有权后所得;

(iii)本法第十六条所称的补偿。

(d)本条第一款、第二款和第三款所称外国交易,基于波黑公共收入,应在履行所有纳税和法律规定的其他义务后,通过商业银行开展。

第十二条

外国投资者就不动产享有与波黑公民和法人相同的财产权。如外国投资者是南斯拉夫社会主义联邦共和国继承国之一的公民,拥有波黑公民身份和法人地位的投资者在各自继承国享有类似权利的情形下,应享有该等权利。

第十三条

外国投资者应当根据国际认可的会计和审计准则、原则及实体的法律备置账簿和提交报告。

第十四条

根据波黑劳工和移民法,外国投资者有权自由雇用外国员工。

第十五条

(a)外国投资者应遵守波黑及实体的法律、法规。

(b)基于公共政策、公共卫生和环境保护而适用于国内投资的限制同样适用于外国投资。

第十六条

(a)除在公共利益领域符合适用的法律法规外,外国投资不受任何具有国有化、征收、征用或类似效果的措施等行为影响,但不得有任何类型的歧视,并且不给予适当的补偿。

(b)如该补偿充分、有效和及时,则视为适当。

(c)本条第一款所称国有化、征收、征用或者类似行为的赔偿标准,应当符合国际标准,并在本法第二十一条所称实施规则内予以规定。

第四章 争议解决

第十七条

外国投资争议应由波黑法院处理,但各方同意以其他方式解决除外,包括但不限于国内或国际调解或仲裁。

第五章　过渡期和其他规定

第十八条

(a)本法自波黑《政府公报》公布之日起第八日生效。

(b)实体《官方公报》应同时公布本法。

第十九条

(a)本法生效之日起,将废止与本法抵触或不一致的有关波黑外国投资的法律、法规,但不影响根据先前法律、法规予以既有外国投资者的权益和规定的义务。

(b)既有外国投资者可以在本法生效后一百二十日内向各自实体的相关部门书面,提交受本法约束的书面说明。

第二十条

本法赋予外国投资者的权益及规定的义务不得因之后通过的法律、法规终止或撤销。如之后通过的法律、法规对外国投资者更为有利,其有权选择管辖法律。

第二十一条

波黑及实体应于各自职权范围内,在本法生效之日起六十日内颁布本法的实施规则。该等规则应分别于《波黑政府公报》和《实体政府公报》公布,并自在该等公报公布之日起第八日生效。

第二十二条

波黑实体和布尔奇科特区应于各自区域内负责执行本法。

第二十三条

波黑、实体和布尔奇科特区应当充分合作,实现本法规定的政策目标,并应采取一切步骤确保履行由本法规定的义务。

第二十四条

如存有不一致,波黑加入的国际协议、条约的规定应优先于本法规定。

波兰经济活动自由法

万　立　译　王孜政　审校*

《波兰经济活动自由法》译介

根据世界银行集团《2019 年营商环境报告》，波兰于全球 190 个经济体中排名第三十三位。其中，跨境贸易指标排名位列第一，办理破产和获得信贷等指标也位居前列，显示出波兰总体较优的营商投资环境。目前，关于外国投资者向波兰的投资主要由 2004 年通过的《经济活动自由法》调整，该法详细规定了投资者的登记程序，并予以外国投资者诸多优惠措施。

适用范围

2004 年《波兰经济活动自由法》主要规制于波兰境内开展、实施和终止经济活动等事宜，并规定了相关行政部门的职责。根据该法第 2 条规定，"经济活动包括与制造业、建筑业、贸易、提供服务和勘探、识别及开采矿藏有关的经营活动，以及有组织和持续开展的专业活动"，但该法"不适用与农作物种植、畜牧业、园艺、蔬果生产、林业和内水渔业等有关的农业生产活动，以及租赁空间、出售自制食品和农民向游客于农业用地提供其他服务等活动"，该等事项由其他专门法律调整。该法第 5 条第 2 款和第 3 款规定规定，"外国人"是指：(1)于波兰共和国境外有永久居住地，且无波兰籍的自然人；(2)注册地在外国的法人；(3)具有法律行为能力，于外国注册的非公司组织。"外国经营者"是指"从事经济活动的外国人"。外国投资者享有与波兰公民同等的投资待遇。

投资登记

根据《波兰经济活动自由法》规定，于波兰开展投资事宜的人均应办理登记："经营者于国家法院登记处或经济活动档案（档案）的经营者登记簿中登记后，方可从事经济活动。股份有限公司或有限责任公司登记之前，可从事经济活动。从事经济活动的自然人需于档案内登记，并另行规定于经营者登记簿登记经营者的规则。"应注意的是，该法第 15 条规定"从事经济活动的经营者亦可能须获得特许或于受管控活动登记簿登记，但应遵守第 75 条规定。"可

---

* 译者：万立，华东政法大学博士研究生；审校：王孜政，华东政法大学博士研究生。

见，外国投资者开展经营活动前，必须向上述机构办理登记，受管控活动还应获得进行特别登记。关于登记机关、程序，该法有详细规定，主要规定于该法第三章。

关于外国经营者在波兰设立代表机构。《波兰经济活动自由法》第89条规定："尽管存有关于国家法院登记簿的义务，外国经营者应：(1)明确波兰共和国境内分支机构中，外国经营者授权代表的姓名和地址。(2)附有上文第1项所称人员的经公证签名样本。(3)如经营者根据公司设立协议、公司章程或附则运营，应将上述文件的相关副本连同经认证的波兰语译本录入分支机构的档案；如经营者于波兰共和国境内设立多个分支机构，上述文件可录入某一分支机构的档案，但其他分支机构的档案须注明该分支机构的名称、保存该档案的部门以及分支机构登记编号。(4)如经营者基于录入档案的信息运营——应将上述文件的相关副本连同经认证的波兰语译本录入分支机构的档案；如经营者于波兰共和国境内设立多个分支机构，上述文件可录入某一分支机构的档案，但其他分支机构的档案须注明该分支机构的名称、保存该档案的部门以及分支机构登记编号。"

特许权和受管控活动

一般而言，外国投资者可向波兰任何行业投资，但《波兰经济活动自由法》将特定行业归为应获得特许权或受管控活动等类别之下，限制了外国投资。该法第46条规定："于下列领域开展经济活动的经营者应获得特许权：(1)勘探或识别矿物资源，自矿床提取矿物，物料非罐储存和岩体废物储存，包括地下采矿；(2)爆炸物、武器弹药及军事或警察产品和技术的制造和贸易；(3)燃料和能源的制造、加工、储存、运输、分销和贸易；(4)保护人身、财产；(5)广播电台和电视节目；(6)空运服务"，"开展特许权内经济活动的详细范围和条件由其他法律规定。对国家安全或公民安全或其他重要公共利益具有特殊意义的经济活动领域，仅于该等活动不得作为自由活动开展或录入受管控活动登记簿或获得许可证后，方允许实行该等事项的其他特许权，并应修正本法。"应办理特许权的行业并非一般外国投资者的主要投资目的，该等规定仅旨在限制于国防、国家安全等有关的领域。

如外国投资者决定向上述领域投资，应遵照该法第四章规定办理特许权审批。如特许权授予数额存有限制，相关机构可展开招投程序。标书应包括"(1)经营者的公司名称、注册地及地址或住所和地址，以及经济活动主要所在地的地址；(2)授予特许权的费用"等内容。应注意的是，如发生下列情形，特许权授予部门可不予授予特许权或限制授予特许权的相关范围，或不予变更特许权：(1)如经营者未遵守《波兰特许经营法》关于开展经济活动的要求，或根据本法第48条第2款或第51条第1款告知经营者的要求；(2)如国家防卫、国家安全和公民安全面临威胁；(3)如由于本法第52条所称招标程序，特许权授予其他经营者；(4)另行规定的情形中。

此外，该法第50条规定："决定授予或变更特许权前，授予特许权的部门可以：(1)要求申请人于规定期限内提供缺失的文件，确认经营者符合法律规定的条件和开展特定经济活动的要求，否则不审核该申请；(2)核实授予特许权申请书所述事实，确定经营者是否符合开展特许经营活动的条件，以及是否为特许权下活动的合理开展予以保证。"因而，有意向的投资者应予以充分准备，以符合获得特许权的前置条件。

管控经营者

《经济活动自由法》对外国投资者的限制较少，但在一些特殊情形下，波兰相关部门会采取特别措施予以管控。该法第78条规定“如主张经济活动不符合本法规定，并发生以下情形：活动导致生命或健康面临威胁，可能造成极大的财产损失或环境影响，乡镇首长、市长或镇主席应立即通知相关部门”；“如发生该活动对生命或健康造成任何威胁、重大财产损失风险或重大环境影响等情形，应作出立即暂停经济活动的决定。”

关于管控期限，该法第83条规定：“管控部门于一个日历年内对一个经营者的所有管控总期限不得超过：(1)关于第7章所称经营者——4周，(2)关于其他经营者——8周。”但是，下列情形中，管控期不受任何限制：(1)签署的国际协议另有规定；(2)在经营者的起诉或调查过程中，有必要实施管控；(3)其他条款已规定，于有关经营者的诉讼过程中应实施管控；(4)由于已确认对人类生命和健康造成威胁及对环境造成的极大风险，该管控合理；(5)该控制涉及退货前增值税退货的税基；(6)实施管控是欧共体竞争法或欧共体金融利益保护法规定的义务。

第一章 总 则

第一条

本法规定于波兰共和国境内开展、实施和终止经济活动的原则及行政部门的相关责任。

第二条

经济活动包括与制造业、建筑业、贸易、提供服务和勘探、识别及开采矿藏有关的经营活动，以及有组织和持续开展的专业活动。

第三条

本法不适用与农作物种植、畜牧业、园艺、蔬果生产、林业和内水渔业等有关的农业生产活动，以及租赁空间、出售自制食品和农民在农业用地向游客提供其他服务等活动。

第四条

1. 本法中，“经营者”是指自然人、法人和根据其他法律具有法律行为能力，以自身名义开展经济活动的非公司组织。

2. “经营者”也指在其经济活动范围内的民事合伙。

第五条

本法所用术语的含义如下：

(1)授予特许权的部门——根据本法有权授予、不予授予、变更和撤销特许权的行政部门。

(2)外国人：

(a)于波兰共和国境外有永久居住地，并且无波兰籍的自然人；

(b)注册地在外国的法人；

(c)具有法律行为能力，于外国注册的非公司组织；

(3)外国经营者——从事经济活动的外国人。

(4)分支机构——在经营者的注册地或总部之外开展经济活动的独立机构。

(5)受管控活动——根据法律规定的特定条件,开展的经济活动。

第六条

1.任何人有权根据法律规定,并享有平等的权利,自由从事、开展和终止经济活动。

2.除法律另有规定外,行政部门不得要求或以遵守任何额外要求为条件,尤其是提交任何文件或披露任何数据,作出关于个人从事、开展和终止经济活动的决定。

第七条

国家另行规定为经营者提供公共援助的条款、条件,同时合理尊重平等、公平竞争原则。

第八条

1.行政部门应当为经营者开展经济活动创造有利条件,支持经营活动的发展,尤其是扶持微型、小型和中型企业。

2.行政部门的任务是在予以经营者公共援助的资格范围内执行援助方案,并监督公共援助的实施,该部门应以电子形式向经济部部长提交关于援助条款和形式的信息;该等信息将公布于该部门的网站上。

3.本条第二款所称信息应在援助方案确定之日后三十日内提交,且不得迟于确定提交援助申请之日前十四日提交。

第九条

行政部门执行任务,尤其关于监督、管控相关时,应当合理尊重经营者的合法利益。

第十条

1.经营者可向行政部门提出申请,就经营者缴纳公共税义务所依据的法律规定的范围和适用条件作出书面解释;该解释可能仅适用于个案。

2.与经营者遵照作出的解释相关的范围内,不得对经营者征收公共税、金融制裁或处罚。

3.作出解释的规则另行规定。

第十一条

行政部门应当尽速处理经营者事宜。

第十二条

行政部门执行任务时,应当与雇主组织、雇员组织、经营者组织及贸易与经济自治政府合作。

第十三条

1.来自欧盟成员国和欧洲自由贸易联盟成员国(即《欧洲经济区协定》缔约方)的外国人可按照与波兰经营者相同的条款和条件开展经济活动。

2.除本条第一款所称国家的公民外,如果获得波兰共和国境内定居许可、容许居留、难民地位或临时保护,可以按照与波兰公民相同的条款和条件于波兰共和国境内开展经济活动。

3.除本条第一款和第二款所称之人外,外国人有权以有限合伙、有限合资合伙、有限责任公司及股份公司的形式开展经济活动,获得该类合伙、公司,以及接管或收购该等实体的股份,但国际协议另有规定的除外。

第二章　从事和开展经济活动的原则

第十四条

1. 经营者于国家法院登记处或经济活动档案(以下简称档案)的经营者登记簿中登记后,方可从事经济活动。股份有限公司或有限责任公司登记之前,可以从事经济活动。

2. 从事经济活动的自然人须于档案内登记。关于在经营者登记簿登记经营者的规则另行规定。

第十五条

根据本法规定,从事经济活动的经营者可能须获得特许或于受管控活动登记簿登记,但应当遵守第七十五条规定。

第十六条

1. 于经营者登记簿或档案登记的经营者,须于所有与经济活动相关的书面声明中注明纳税识别号,并向特定的人和部门提交;该识别号亦须用于所有法律事项和商业交易。

2. 本法第一款所称义务不影响具体条款规定的其他义务。

3. 根据登记簿内的纳税识别号识别经营者。

第十七条

经营者应当基于公平竞争、合理尊重良好实践及消费者合法利益的原则,开展经济活动。

第十八条

经营者应当符合与经济活动有关的所有法律规定,尤其是与保障生命、人体健康和公共道德及环境相关的要求。

第十九条

如果具体规定要求经营者为特定经济活动持有相关专业证书,经营者应当确保该类活动由持有该类专业证书之人直接开展。

第二十条

于波兰市场销售物品的经营者,应当确保产品、包装、标签或说明注明下列波兰语信息:

(1)经营者的公司名称和地址;

(2)产品名称;

(3)另外要求的其他名称和信息。

第二十一条

如经营者通过大众媒体、信息技术网络或无收件地址邮件提供直接销售或远程销售的商品或服务,经营者应当于要约内注明下列信息:

(1)经营者的公司名称;

(2)纳税识别号;

(3)经营者的注册地址。

第二十二条

1. 下列情形中,与经营者开展的经济活动相关的款项须通过经营者银行账户支付或收取:

(1)另一经营者为交易一方;并且

(2)交易的一次性价值(无论由此产生的款项数额)高于一万五千欧元。该数额根据波兰国家银行于交易完成当月的上一个月最后一日设定的平均外汇汇率换算为波兰兹罗提。

2. 如果经营者为合作储蓄和信贷银行的成员,可以通过合作储蓄和信贷银行账户履行本条第一款所称义务。

3. 如果经营者就处理、居间外贸汇票事项开展经济活动,应当分别适用1997年8月29日《银行法》第六十三条之七和第一百一十一条第一款第七项规定。

第三章　经济活动档案

第二十三条

1. 档案应当由经营者居住地的乡镇部门保存,以执行行政管理职责。"居住地"是指经营者居住并有永久居住意图的城镇/村庄。

2. 2002年7月27日《关于欧盟成员国公民及其家庭成员入境波兰共和国及居住法》第四条第二款所称外国人,如于波兰共和国境内从事经济活动,由主要从事经济活动所在地的乡镇部门负责登记事宜。

3. 乡长、市长或镇长负责保管档案。

4. 档案保存于信息系统中。

第二十四条

1. 档案不保密。

2. 任何人有权访问档案数据,浏览任何已登记经营者的记录。

3. 推定档案数据为准确。如任何档案数据与经营者的申请不一致,或并非根据申请录入数据,如果经营者未及时提交补正、完善或移除错误记录的申请,则经营者不可以对任何善意第三人主张数据错误。

第二十五条

1. 应当保存录入信息的每位经营者的登记信息,尤其是特定基础文件。

2. 如果任何具体规定要求提交具体数据至档案保存机构或档案,且根据本法规定,该等数据不得录入档案,则包含该等数据的文件应当保存于登记档案。

第二十六条

1. 档案录入应基于相关申请,但根据具体规定依职权录入的除外。

2. 档案条目的移除或修改亦构成档案条目。

第二十七条

1. 录入档案申请应以符合第四十三条第一项规定的官方模板的相关表格提交。申请人提交申请时,应交纳相关费用。

2. 申请录入的内容包括:

(1)经营者的公司名称和个人身份证号码(如有);

(2)纳税识别号(如有);

(3)居住地及地址、邮寄地址和开展经济活动所在地地址,如经济活动于居住地以外开展,则为开展经济活动主要所在地及任何分支机构(如设立)的地址;

(4)符合《波兰活动分类》规定的经济活动;

(5)关于当前或先前夫妻共有财产的信息;

(6)关于民事合伙协议的信息(如有);

(7)授权开展经营者业务的常任代理人的信息(如经营者已授权)。

3. 如申请不包含本法第二款所称任何信息,或未支付到期费用,档案保存机构应当立即要求经营者于七日内完成申请,否则,不再审议该申请。

4. 如果经营者未获发个人身份证号码,经营者应当将护照或确认经营者身份及公民身份,并经乡镇办公室正式授权的雇员认证的任何其他文件的经鉴证副本予以登记。

5. 档案录入申请可通过挂号信发送。如按此方式,申请人的签名应当由公证机构认证。

第二十八条

1. 档案录入的费用为一百兹罗提,修改费用为五十兹罗提。向经营者收取的费用构成保存档案的部分乡镇预算收入。

2. 移除条目的申请不收取任何费用。

3. 乡镇委员会可决定降低收费或实行免费,尤其关于经济活动的费用。

第二十九条

1. 档案保存机构应当就录入档案作出决定。

2. 根据第二十七条第三款规定,应当在不迟于提交申请之日后三个工作日内,尽快作出录入档案的决定。

3. 录入档案的决定应明确:

(1)经营者的公司名称和个人身份证号码(如有);

(2)纳税识别号(如有);

(3)经营者的居住地及地址、邮寄地址,开展经济活动的地址,如经济活动于居住地以外开展,则为开展经济活动的主要所在地和任何分支机构(如设立)的地址;

(4)符合《波兰活动分类》的经济活动。

4. 该决定还应当包括第三十条第一款第五项至第十五项所称信息(如与项目相关)。

5. 应当立即执行录入档案的决定,但不适用于自档案移除经营者信息的决定。

第三十条

1. 应当在档案内录入下列数据:

(1)经营者的公司名称;

(2)纳税识别号;

(3)经营者的居住地及地址、邮寄地址、开展经济活动的地址,如经济活动于居住地以外开展,则为开展经济活动的主要所在地和任何分支机构(如设立)的地址;

(4)符合《波兰活动分类》的经济活动;

(5)关于当前或先前夫妻共有财产的信息;

(6)关于限制或丧失法律行为能力的信息;

(7)破产申请、破产程序中止及终止的情况;

(8)关于正在开展的重组程序的信息；

(9)授予、变更和撤销特许权的信息；

(10)根据其他规定确认特许权到期的信息；

(11)受管控活动登记簿内条目及该条目的移除的信息；

(12)关于颁发或撤销的许可证或执照的信息；

(13)关于民事合伙协议的信息(如有)；

(14)授权开展经营者业务的常任代理人的信息(如经营者已授权)；

(15)受托人的委任信息。

2. 应当依职权录入第一款第六项、第七项、第九项至第十二项和第十五项所称数据。

第三十一条

1. 决定作出后,应当立即将决定内的数据录入至信息系统中,以便生成档案条目。条目于数据录入档案时生成。

2. 如已作出移除经营者的档案信息的决定,则条目在该决定具备终局性时生成。

第三十二条

下列情形中,档案保存机构应当作出不予录入的决定：

(1)申请涉及本法未规定的经济活动；

(2)申请由未经授权之人提出；

(3)根据具有法律约束力的决定,经营者不得从事申请书涉及的经济活动。

第三十三条

1. 经营者须就以下事项提交申请：

(1)条目的修改——第二十七条第二款所称数据录入档案后,七日内该数据发生变更；

(2)条目的移除——经营者永久停止经济活动后七日内。

2. 申请修改和移除条目时,应当分别适用第二十七条规定。

3. 经营者居住地的变更应由先前居住地相关保存机构录入档案。档案变更后,档案保存机构应当立即将档案保存决定连同登记信息一同移交新居住地的档案保存机构。

4. 第三款规定应当分别适用于2002年7月27日《欧盟成员国公民及其家属入境波兰共和国及居留原则与条件法》第四条第二款所称外国人经济活动主要所在地的任何变更。

第三十四条

当地法院(指商业法院)应当立即向档案保存机构提交破产决定及破产程序暂停、终止的副本。

第三十五条

1. 授予特许权的部门应立即向档案保存机构提交授予、变更或撤销特许权最终决定的副本,以及关于确定特许权期满决定的副本(如另由法律规定)。

2. 第一款规定应当分别适用于第七十五条所称许可证与执照。

第三十六条

录入档案及作出移除经营者档案信息的决定后,受管控活动登记簿保存机构应向档案保存机构移交登记证书或移除决定。

第三十七条

1. 除本法规定外，不得移除录入档案的数据。

2. 如发生下列情形，可以依据职权移除档案中的条目：

(1) 根据有法律约束力的决定，禁止经营者从事条目规定的经济活动；

(2) 由民事合伙企业变更为商业公司，并已于经营者档案登记——于经营者档案录入的经济活动范围内；

(3) 已确认经营者的经济活动永久终止。

3. 如档案保存机构录入时违反法律，可移除条目。该情形中，应当分别适用关于恢复程序或决定无效的行政诉讼条款。

4. 档案保存机构收到国家法院登记处中央信息办公室发出的通知，表明该经营者已根据《国家法院登记处法》规定，录入经营者登记簿时，应移除本条第二款第二项所称条目。

第三十八条

1. 经营者收到七日内提交相关声明的要求后，档案保存机构可以依职权移除载有错误数据的条目。

2. 档案保存机构应当依职权补正有明显错误或与依职权决定的不一致的条目。

第三十九条

档案保存机构应当将移除经营者的信息，移交经营者最后居住地的统计局、税务局和社会保险机构的分支机构。该信息应当在相关决定发布后七日内通过电子邮件移交。

第四十条

1. 档案录申请可以电子形式提交。电子申请应当包含基于本法第四十三条第一项规定的官方模板的特定电子化数据，并使用经过有效合格证书验证的注明日期的安全电子签名，遵照电子签名相关规定。

2. 本法第四十四条所称申请可按第一项规定提交。

3. 根据经济部部长意见，信息技术部部长应当发布规定下列内容的条例：

(1) 数据通信和信息技术系统的具体要求；

(2) 关于用于提交申请的电子信息技术载体和电子通信媒体的要求；

(3) 申请数据包含的数据处理程序及数据存储和保护方法。

合理考量确保申请数据完整性的需要和数据自动传输至档案的可行性。

第四十一条

1. 应当设立中央经济活动信息办公室(以下简称中央信息办公室)，其分支机构附属保存经济活动档案机构。

2. 中央信息办公室由经济部部长管理。

3. 中央信息办公室的任务是：

(1) 保存一套录入档案的数据信息；

(2) 公布录入档案的信息；

(3) 颁发与录入档案内容相关的证书。

第四十二条

1. 任何人均可收到录入档案内容的证书或信息。

2. 证书和书面信息应由本法第四十一条第一款所称分支机构出具。

3. 颁发证书或书面信息应收取费用。

4. 第三款所称费用构成部分国家预算。

5. 与公共财政部部长协商后,经济部部长应颁布条例,确定本条第三款所称费用的数额,并应考量颁发证书和书面信息的合理费用。

第四十三条

根据信息技术部部长的意见,经济部部长应发布条例,规定:

(1) 申请表格的官方模板、程序和提交申请表格所在地,并适当考虑确保获取表格的一般要求以及记录保存于信息技术系统中的事实;

(2) 条目的详细内容,并适当考虑申请内容和依职权录入条目的范围;

(3) 管理中央信息办公室和保存档案的有序、详细程序,适当考虑确保信息有效流动及于条目中登记的数据范围;

(4) 经济活动档案保存机构向中央信息办公室提交数据的程序,同时适当考虑数据通信及信息技术系统的使用;

(5) 第四十一条第一款所称分支机构颁发载有条目内容的证书或条目书面信息的程序,同时适当考虑档案输入数据的非机密性和一般访问权限。

第四十四条

申请录入经营者登记簿或档案时,从事经济活动的经营者可申请:

(1) 录入国家经济实体官方登记处的条目;

(2) 关于应纳税人员和纳税人的档案和身份识别确定的身份识别或更新条目;

(3) 社会保险制度中的保险费缴纳人登记、社会保险计划登记或变更。

第四十五条

1. 本法第四十四条所称申请,应当由负责保存经营者登记簿机构或档案保存机构,在登记后立即发送(亦可通过数据通信和信息技术系统)。申请应与录入经营者登记簿决定或录入档案决定的副本一同发送。

2. 如具体规定要求经营者额外提交文件及第四十四条所称申请,经营者登记簿保存机构或档案保存机构应当发送经营者提交的文件及申请。

3. 应经营者要求,乡镇办公室获得授权的雇员应当证明该等文件的副本符合规定或备份该等副本。

4. 经济部部长应发布条例,确定向相关部门提交申请和文件的程序,并适当考量电子数据处理的可行性及数据内容。

第四章 特许权和受管控活动

第四十六条

1. 在下列领域开展经济活动的经营者应当获得特许权:

(1) 勘探或识别矿物资源,矿床矿物提取,物料非罐储存和岩体废物储存,包括地下采矿;

(2)爆炸物、武器弹药及军事或警察产品和技术的制造和贸易；

(3)燃料和能源的制造、加工、储存、运输、分销和贸易；

(4)保护人身、财产；

(5)广播电台和电视节目；

(6)空运服务。

2. 开展特许权内经济活动的详细范围和条件由其他法律规定。

3. 对国家安全或公民安全或其他重要公共利益具有特殊意义的经济活动领域，仅在该等活动不得作为自由活动开展或录入受管控活动登记簿或获得许可证后，才可以实行该等事项的其他特许权，并应当修正本法。

第四十七条

1. 除另有法律规定外，授予、不予授予、变更和撤销特许权或限制其范围应由相关部门对申请特许权的公司活动负责。

2. 应以决定的方式作出授予、不予授予、变更和撤销特许权或限制其适用范围。

3. 除非经营者申请更短时限的特许权，特许权授予时限不得少于五年多于五十年。

第四十八条

1. 特许权授予部门可在其他法律规定的范围内，确定开展特许权内经济活动的特殊条件。

2. 特许权授予机构应在特许权授予程序启动后，立即向每一相关经营者提供本法第一款所称条件的详细信息。

第四十九条

1. 授予或变更特许权的申请应包括：

(1)经营者的公司名称、注册地及地址或住所和地址，以及经济活动开展主要所在地的地址；

(2)经营者登记簿或档案和纳税识别号中的编号；

(3)授予特许权经济活动的类型和范围。

2. 本条第一款所称申请应包含关于有特许权需要的经济活动规定的信息和附件。

第五十条

决定授予或变更特许权前，授予特许权的部门可以：

(1)要求申请人于规定期限内提供缺失的文件，确认经营者符合法律规定的条件和开展特定经济活动的要求，否则，申请不予审核；

(2)核实授予特许权申请书所述事实，确定经营者是否符合开展特许经营活动的条件，以及是否为特许权下活动的合理开展予以保证。

第五十一条

1. 如授予特许权的部门授予一定数量的特许权，该情形应于波兰共和国《政府公报》公布。

2. 第一款所称公告的内容应包括：

(1)授予的特许经济活动的目标和范围；

(2)特许权数量；

(3)开展经济活动的特殊条件,如授予特许权的部门规定应在其他法律规定的范围内予以规定,则应授予特许权;

(4)向特许权授予机构提交申请的期限和地点;

(5)所需文件和额外信息;

(6)特许权可能授予的期间。

3. 本条不适用本法第六十条规定。

第五十二条

1. 如符合授予特许权条件并保证特许权下活动正常开展的经营者人数超过预期授予特许权的人数,特许权授予部门应当启动特许权授予的招标程序。

2. 授予广播电台和电视节目特许权程序中,如根据1992年12月29日《广播法》第三十六条评估申请后,经营者人数仍多于特许权授予人数,特许权授予部门应当启动本条第一款所称招标程序。

第五十三条

1. 特许权授予部门应当于波兰共和国《政府公报》公布向第五十二条第一款所称经营者启动招标程序的必要性。

2. 公告中,特许权授予部门应当确定:

(1)授予特许权所需的最低费用,该费用不低于授予特许权的其他规定内的印花税或公法规定的其他费用;

(2)提交标书的地点和期限;

(3)供应商应当符合的具体要求;

(4)投标保证金的金额、形式和支付日期;

(5)招标结果的日期。

3. 招标应当由特许权授予部门开展。

4. 波兰语标书应在本法第一款和第二款规定的期限、地点和形式内以密封形式提交。

5. 标书应包括下列内容:

(1)经营者的公司名称、注册地及地址或住所和地址,以及经济活动主要所在地的地址;

(2)授予特许权的费用。

6. 不得撤销提交的标书。

第五十四条

1. 特许权授予部门应当根据竞标价格,选择与第五十一条第二款第二项所称特许权数量相应的标书。

2. 如数名经营者的竞标价格相同,特许权授予部门应要求该经营者再次竞价,并选择竞标价格最高的经营者。

3. 特许权授予部门应当于招标结果公布后,立即书面通知投标人招标结果;并

(1)应将投标保证金退还未中标经营者;

(2)应当考量已中标经营者的投标费用的投标保证金。

4. 特许权授予部门应当向中标经营者授予特许权。

第五十五条

1. 授予特许权的程序中，提交公平交易条款范围内的公司机密信息的经营者可提交申请，要求就该等信息制定保密条款。

2. 经营者信息受保密条款约束，但存在以下情形的除外：

(1) 提交该类信息时证明其要求的合理性；

(2) 备份所提交信息的概要，投标其他各方可获取。

3. 未经提交该信息的经营者同意，保密条款规定的信息不得向投标其他各方提供。

第五十六条

1. 特许权授予部门可不予授予特许权或限制授予特许权的相关范围，或不予变更特许权：

(1) 如经营者未遵守《特许经营法》关于开展经济活动的要求，或根据本法第四十八条第二款或第五十一条第一款告知经营者的要求；

(2) 如国家防卫、国家安全和公民安全面临威胁；

(3) 如由于本法第五十二条所称招标程序，特许权授予其他经营者；

(4) 另外规定的情形中。

2. 特许权授予部门可根据本条第一款第二项规定的理由暂不予授予特许权，并于波兰共和国《政府公报》发布适当公告。

第五十七条

1. 特许权授予部门有权检查经济活动的下列事项：

(1) 开展的活动符合授予特许权的条件；

(2) 符合开展经济活动的要求；

(3) 国家防卫、国家安全，公民安全或个人财产的保护。

2. 特许权授予部门授权执行管控之人，尤其应当获得授权：

(1) 于开展或应开展特许经营活动的期间内，进入开展特许经营活动的场所、不动产、设施或其组成部分；

(2) 要求作出口头或书面说明，提交文件或其他信息载体，并获取与管控范围相关的数据。

3. 特许权授予部门可要求经营者于规定期间，改正已查实的侵权行为。

第五十八条

1. 下列情形中，特许权授予部门应撤销特许权：

(1) 根据法院具有法律约束力的决定，经营者不得从事特许经营活动；

(2) 经营者未于在固定期限内从事特许经营活动，或特许经营活动已永久终止。

2. 特许权授予部门应当撤销特许权或变更其范围，如果经营者：

(1) 严重违反特许权条件或法律规定的特许经营活动的其他条件；

(2) 未于规定期限内改正与特许权条件或特许经营活动规定不一致的事实或法律情形。

3. 鉴于国家防卫、国家安全和公民安全面临的威胁，以及经营者在宣告破产的情形下，特许权授予部门可撤销特许权或变更其范围。

第五十九条

经营者应在本法第四十九条所称数据发生任何变更之日起十四日内通知特许权授予机构。

第六十条

1. 意图从事特许经营活动的经营者,可以申请作出授予特许权的允诺(以下简称允诺)。根据该允诺,特许权的授予须符合应特许从事经济活动所规定的条件。

2. 授予允诺的程序中,适用关于授予特许权的规定,但不包括第五十二条至第五十四条。

3. 允诺具有不低于六个月的固定有效期。

4. 允诺有效期内,不得拒绝允诺内规定的开展经济活动的特许权,但下列情形除外:

(1)授予允诺的申请提交的数据发生变化;

(2)申请人不符合申请书列明的所有条件;

(3)第五十六条第一款、第二款所称情形已发生。

第六十一条

因第五十八条第一款第一项和第五十八条第二款所称原因被撤销特许权的经营者,可在撤销特许权的决定作出之日起三日内,另行提交于同一范围内申请批准特许权。

第六十二条

1. 根据第二款规定,授予或变更特许权及授予允诺,应当收取印花税,但另有规定除外。

2. 如特许权通过招标授予,则收取本法第五十四条第一款或第二款所称费用。

3. 除另有规定外,第五十四条第一款或第二款所称费用应转入特许权授予机构的银行账户。

第六十三条

第四十七条至第六十一条未作规定的事项中,应当适用管控特许经营活动的其他法律规定。

第六十四条

1. 如其他法律规定,某特定类型的活动是本法所称受管控活动,经营者可开展该活动,并且其符合该法律规定的具体条件,遵照第七十五条规定,在受管控活动登记簿完成登记。

2. 除另有规定外,在受管控活动登记簿登记应当收取印花税。

第六十五条

1. 根据涉及特定经济活动的规定,受管控活动登记簿保存机构应于经营者提交关于符合开展该活动所需条件的声明后,登记该经营者申请。

2. 该声明应当以书面形式提交受管控活动登记簿保存机构。

3. 录入档案的经营者亦可连同声明将申请提交档案保存机构,通知受管控活动登记簿保存机构。

4. 该声明的内容、受管控活动登记簿保存方式和须登记的数据载于调整某项活动的法律之中。

5. 受管控活动登记簿保存机构应当依职权颁发于登记簿所列条目的证书。

第六十六条

1. 受管控活动登记簿不得保密。任何人有权通过登记簿保存机构获取数据。

2. 登记文件,尤其是登记簿条目的基础文件和关于自登记簿移除的决定,应当为受管控活动登记簿内的每一经营者保存。

3. 仅根据本法规定,才可移除登记簿内的条目。

4. 登记簿保存机构应当依职权改正明显存有错误或与实际情况不一致的条目。

5. 经营者应当在引发数据变更的情形发生后十四日内告知登记簿内的数据变更。

第六十七条

1. 受管控活动登记簿保存机构应于收到登记申请之日起七日内,为经营者登记,并附有符合其登记簿内经济活动所需条件的声明。

2. 如相关部门未于第一款所称期限内登记,且自收到申请之日起已超过十四日,经营者可在事先书面通知该登记部门后开展活动。如相关部门要求经营者于收到申请之日起七日内提供缺失的数据,本规定不予适用。该情形下,前段所称时限应当自收到申请缺失的数据之日起计算。

第六十八条

下列情形中,受管控活动登记簿保存机构应当决定不予登记经营者信息:

(1)根据具有法律约束力的决定,禁止经营者从事条目范围内的经济活动;

(2)由于第七十一条第一款所称原因,提交申请前三年内,经营者已自受管控活动登记簿移除。

第六十九条

经营者应保存所有必要文件,以确认已符合开展受管控经济活动的所需条件。

第七十条

经营者履行受管控经济活动所需条件,尤其应遵照特定受管控活动登记簿保存机构的管控。第五十七条规定应当分别予以适用。

第七十一条

1. 受管控活动登记簿保存机构应当发布决定,禁止经营者从事该条目范围内的活动,如果:

(1)经营者已提交第六十五条所称与实际情况不符的声明;

(2)经营者未于机构规定的时限内改正违反开展受管控活动所需条件的行为;

(3)已确认经营者严重违反开展受管控活动的所需条件。

2. 本法第一款所称决定应当立即生效。

3. 如作出本法第一款所称决定,机构依职权将经营者自受管控活动登记簿移除。

第七十二条

1. 由于本法第七十一条第一款所称原因,已自受管控活动登记簿移除的经营者,可在作出移除决定之日起三年后,再次申请登记。

2. 本条第一款规定应当适用于未在受管控活动登记簿登记的从事经济活动的经营者。

第七十三条

受管控活动登记簿保存机构应当根据经营者的申请将其自登记簿内移除。

第七十四条

本法第六十四条至第七十三条未作规定的事项中,应当适用根据受管制活动登记簿内条目,明确经济活动执行情况的法律规定。

第七十五条

1. 在下列规定范围内开展经济活动,应当办理许可证:

(1)1982 年 10 月 26 日《戒酒和预防酒精中毒教养法》;

(2)1992 年 7 月 29 日《游戏和同注分彩赌博法》;

(3)1994 年 10 月 20 日《经济特区法》;

(4)1996 年 9 月 13 日《乡镇内部清洁与秩序维持法》;

(5)1997 年 4 月 24 日《药物滥用预防法》;

(6)1997 年 6 月 20 日《道路交通法》关于车牌颁发的规定;

(7)1997 年 8 月 21 日《证券交易法》;

(8)1997 年 8 月 28 日《退休养老基金组织和运营法》;

(9)1997 年 8 月 29 日《银行法》;

(10)2000 年 7 月 21 日《电信法》;

(11)2000 年 10 月 26 日《商品市场法》;

(12)2001 年 4 月 27 日《废物处理法》;

(13)2001 年 5 月 11 日《计量法》;

(14)2001 年 6 月 7 日《公共供水和排水系统法》;

(15)2001 年 6 月 22 日《转基因生物法》关于参比实验室运行的规定;

(16)2001 年 8 月 23 日《动物饲料法》;

(17)2001 年 9 月 6 日《药品法》;

(18)2001 年 9 月 6 日《道路运输法》;

(19)2004 年 2 月 19 日《渔业法》;

(20)2002 年 7 月 3 日《航空法》;

(21)2002 年 9 月 12 日《电子支付工具法》;

(22)2003 年 5 月 22 日《保险活动法》;

(23)2003 年 5 月 22 日《保险经纪法》;

(24)2003 年 6 月 12 日《邮政法》;

(25)2004 年 1 月 23 日《消费税法》;

(26)2004 年 5 月 27 日《投资基金法》。

2. 根据 2000 年 11 月 29 日《原子法》规定,开展与电离辐射相关活动,应办理许可证或提交通知。

3. 开展下列规定内所称经济活动应当办理许可证:

(1)2001 年 9 月 6 日《道路运输法》;

(2)2003 年 3 月 28 日《铁路运输法》。

4. 在 2001 年 8 月 24 日《支付系统清算和证券清算系统法及监管规则》规定范围内,运营支付系统或证券清算系统应办理许可。

5. 第一款至第四款所述条款规定,授予许可证和执照机构及开展许可证、执照及其范围内活动的所有条件,以及授予执照、许可证和许可决定的规则和程序。

第七十六条

如调整特定经济活动规则规定,授予、不予授予、变更范围和撤销特许权和许可证及受管控活动登记簿的保存应由地方行政部门承担,并于行政任务范围内执行。

第五章　管控经营者

第七十七条

1. 行政部门应根据本法规定管控经营者。

2. 本章未作规定的,应当适用其他法律的规定。

3. 经营者经济活动的实质控制范围和获得授权管控的部门由其他法律规定。

第七十八条

1. 如主张经济活动不符合本法规定,并发生以下情形:活动导致生命或健康面临威胁,可能造成极大的财产损失或环境影响,乡长、市长或镇长应立即通知相关部门。

2. 接到该类情形通知的部门应当立即将采取的行动通知乡长、市长或镇长。

3. 如果无法发出第一款所称通知,乡长、市长或镇长可决定暂停经济活动,但不得超过三日。

4. 如果发生该活动对生命或健康造成任何威胁、重大财产损失风险或重大环境影响等情形,应当立即作出暂停经济活动的决定。

第七十九条

1. 管控机构人员可以根据其授权其开展该类管控活动的官方证件,并于经营者收到授权决定后,开展管控活动,但有权根据官方证件直接实施管控的除外。该情形下,应当在相关规定确定的适当期间予以经营者授权书。

2. 如果其他法律规定该类程序,可由管控部门人员以外之人实施管控。

3. 如果其他人员获得执行管控的权限,每次均应单独授权。该变更不得延长较早规定的管控完成日期。

4. 第一款所称授权至少应规定下列内容:

(1)法律依据;

(2)管控部门;

(3)作出的日期和地点;

(4)获得授权管控的机构人员的姓名及官方证件;

(5)受管控经营者公司的名称;

(6)管控的实质范围;

(7)管控的开始日期和预计完成日期;

(8)授权人的签名、职务或职能;

(9)关于受管控经营者权利和义务的说明。

5. 管控范围须与授权指定范围一致。

第八十条

1. 应当在受管控经营者或其授权代表在场时实施管控。

2. 存在以下情形的，第一款规定不适用：

(1) 签署的国际协议另有规定；

(2) 在经营者的起诉或调查过程中，有必要实施管控；

(3) 其他条款已有规定，于有关经营者的诉讼过程中应当实施管控；

(4) 由于已确认对人类生命和健康造成威胁及对环境造成的极大风险，该管控视为合理。

3. 受管控经营者应于管控期间，尤其是不在场时，委任授权代表。委任应以书面形式作出。

第八十一条

1. 经营者应当维护和保存以下文件：管控簿、管控报告及授权。该等文件应保存于经营者登记办公室，并向管控部门提供。

2. 管控簿包括由管控机构制定的条目，包括：

(1) 管控部门的说明；

(2) 管控授权的说明；

(3) 管控的实质范围；

(4) 管控的始期和终期；

(5) 后续建议和后续措施的确认。

3. 管控簿中，经营者应记录由管控机构、其管理机构或行政部门实施或废弃的所有后续建议。

第八十二条

1. 一次不得对经营者的经济活动实施多类管控。但下列情形除外：

(1) 签署的国际协议另有规定；

(2) 在经营者的起诉或调查过程中，有必要实施管控；

(3) 其他条款已规定，于有关经营者的诉讼过程中应实施管控；

(4) 由于已确认对人类生命和健康造成威胁及对环境造成的极大风险，该管控视为合理；

(5) 该控制涉及退货前增值税退货的税基；

(6) 实施管控是《欧共体竞争法》或《欧共体金融利益保护法》规定的义务。

2. 如经营者的经济活动已受另一机构管控，管控机构应当终止管控，并与经营者确定适当实施管控的日期。

第八十三条

1. 管控部门于一个日历年内对一个经营者的所有管控总期限不得超过：

(1) 第七章所称经营者——四周；

(2) 其他经营者——八周。

2. 下列情形中，管控期不受任何限制：

(1) 签署的国际协议另有规定；

(2) 在经营者的起诉或调查过程中，有必要实施管控；

(3) 其他条款已规定，于有关经营者的诉讼过程中应当实施管控；

(4)由于已确认对人类生命和健康造成威胁及对环境造成的极大风险,该管控是为合理;

(5)该控制涉及退货前增值税退货的税基;

(6)实施管控是《欧共体竞争法》或《欧共体金融利益保护法》规定的义务。

3. 如延长管控期,则须书面说明理由,并致送经营者,于管控簿内登记,方可实施管控。

4. 如管控结果显示,经营者严重违反法律,则可于同一实质范围内的日历年实施另一管控,其持续时间不计入第一款所称时间。

第八十四条

第八十二条和第八十三条规定不适用于经营者下列范围内的经济活动:

(1)特别税务监督,其法律依据为1999年7月24日《海关服务法》;

(2)资本市场和商品市场监督,其法律依据为1997年8月21日《证券交易法》、2004年5月27日《投资基金法》和2000年10月26日《商品市场法》;

(3)银行监管,其法律依据为1997年8月29日《银行法》和1997年8月29日《波兰国家银行法》,以及根据2002年9月12日《电子支付工具法》对电子货币机构的监管;

(4)保险监管,其法律依据为2003年5月22日《保险活动法》和2003年5月22日《养老金和保险监管及被保险人监察专员法》;

(5)养老金监督,其法律依据为1997年8月22日《雇员养老金计划法》、1997年8月28日《养老金基金组织和运营法》以及2003年5月22日《养老金和保险监督及监察专员法》;

(6)兽医监督,其法律依据为1997年8月21日《动物保护法》、2001年8月23日《动物饲料法》、2001年9月6日《药品法》、2003年8月27日《兽医边境管控法》、2003年12月10日《兽医交易管控法》、2004年1月29日《动物产品兽医条件法》、2004年1月29日《兽医检查法》以及2004年3月11日《动物健康保护法》。

第六章　外国经营者的分支机构和代表机构

第八十五条

1. 为在波兰共和国境内开展经济活动,外国经营者可根据互惠原则于波兰共和国境内设立分支机构(以下简称分支机构),且注册地设于波兰共和国境内,但已批准的国际协议另有规定除外。

2. 如分支机构由欧盟成员国和欧洲自由贸易联盟成员方(《欧洲经济区协定》缔约方)的外国经营者设立,分别适用第十三条第一款规定。

第八十六条

设立新分支机构的经营者仅可于确定的业务范围内开展经济活动。

第八十七条

设立新分支机构的外国经营者应指定一名授权代表,代表该分支机构的外国经营者。

第八十八条

外国经营者仅在分支机构于经营者档案登记后,可以于分支机构从事经济活动。录入经营者档案的规则另由法律规定。

第八十九条

尽管存有关于国家法院登记簿的义务,外国经营者应当:

(1)明确波兰共和国境内分支机构中,外国经营者授权代表的姓名和地址。

(2)附有前项所称人员的经公证签名样本。

(3)如经营者根据公司设立协议、公司章程或附则运营——应将上述文件的相关副本连同经认证的波兰语译本录入分支机构的档案;如经营者于波兰共和国境内设立多个分支机构,上述文件可录入某一分支机构的档案,但其他分支机构的档案须注明该分支机构的名称、保存该档案的部门以及分支机构登记编号。

(4)如经营者基于录入档案的信息运营——应当将上述文件的相关副本连同经认证的波兰语译本录入分支机构的档案;如经营者于波兰共和国境内设立多个分支机构,上述文件可录入某一分支机构的档案,但其他分支机构的档案须注明该分支机构的名称、保存该档案的部门以及分支机构登记编号。

第九十条

设立分支机构的外国经营者应当:

(1)使用外国经营者的原名作为该分支机构的名称,同时将外国经营者的法律形式译成波兰语和"波兰分支机构"(波兰语);

(2)根据《会计法》规定,为分支机构单独设立波兰账目;

(3)上述事项完成后十四日内,将与第九十一条第一款第二项所称情况有关的事实和法律地位的任何变更通知经济部部长。

第九十一条

1. 经济部部长应作出决定,禁止外国经营者于分支机构从事经济活动,如果:

(1)分支机构严重违反波兰法律或不履行第九十条第三项所称义务;

(2)设立分支机构的外国经营者已启动清算程序或该经营者丧失从事经济活动的权利;

(3)外国经营者的活动对国家安全和国家防卫、保护国家机密或任何其他重要公共利益造成威胁。

2. 如本条第一款所称决定已公布,经济部部长应当通知第八十九条第一项所述人员应在至少三十日内启动分支机构清算程序。部长应将第一项所称决定副本致送登记部门。

第九十二条

分支机构的清算应当分别遵守《商业公司法》关于有限责任公司清算的规定。

第九十三条

外国经营者可在波兰共和国境内设立代表机构(以下简称代表机构)。

第九十四条

代表机构的活动范围应当包括专为外国经营者的广告和宣传。

第九十五条

1. 代表机构亦可由委任为促进其总部所在国经济的外国人设立，但该代表机构的活动范围可能仅限于宣传和促进该国经济。

2. 本章规定分别适用第一款所称代表机构。

第九十六条

1. 设立代表机构须在经济部部长保存的外国代表机构登记簿（以下简称代表机构登记簿）内登记。

2. 代表机构登记应基于相关申请，并与其内容一致。

第九十七条

1. 第九十六条第二款所称申请应以波兰语书就，包括：

（1）外国经营者的姓名、注册地和法定形式；

（2）外国经营者的经济活动范围；

（3）获得授权于波兰共和国境内代表机构代表外国经营者之人的姓名和地址；

（4）波兰共和国境内代表机构的地址。

2. 申请应当附有下列文件：

（1）如外国经营者根据公司设立协议、公司章程或细则经营，则为文件的副本；

（2）如外国经营者根据登记簿内条目经营或开展经济活动，则为条目的副本；

（3）外国经营者关于在波兰共和国境内设立代表机构的声明；

（4）确认外国经营者对开展经济活动的场所（不动产）合法权利的相关文件。

3. 第二款所称以外语起草的文件应连同经认证波兰语译本一并提交。

第九十八条

1. 应当依职权签发代表机构登记簿的登记证书。该证书包含第九十七条第一款中所称数据，以及条目编号和日期。

2. 代表机构的登记不得保密。

第九十九条

1. 下列情形中，经济部部长应作出不予登记的决定：

（1）代表机构的设立可能对国家安全和国家防卫、保护国家机密或任何其他重要公共利益造成威胁。

（2）第九十六条第二款所称申请是指第九十四条和第九十五条第一款规定范围之外的经济活动，或不包含所要求的信息（该信息未于固定日期前完全提交），或第九十七条第二款所称文件未附于申请之中。

2. 如由于本条第一款第一项所称原因不予登记，则无须事实上的理由。

第一百条

设立代表机构的外国经营者应当：

（1）使用外国经营者的原名称作为该代表机构的名称，同时将外国经营者的法律形式译成波兰语，并使用波兰语“代表机构”一词；

（2）根据《会计法》规定，为代表机构单独设立波兰语账目；

（3）上述情形发生后十四日内，告知经济部部长与第九十七条所称数据有关的实施和法律地位的任何变更，外国经营者企业清算程序的启动和完成，及外国企业家丧失开展经济活动或管理资产的权利；变更通知应分别遵照本法第九十七条的规定。

第一百零一条

1. 下列情形中，经济部部长应作出禁止外国经营者于代表机构开展经济活动的决定：

（1）代表机构严重违反波兰法律或不履行第一百条第三项所称义务；

（2）设立代表机构的外国经营者已启动业务清算程序，或该经营者丧失开展经济活动的权利；

（3）外国经营者的活动对国家安全和国家防卫、保护国家机密或任何其他重要公共利益造成威胁。

2. 代表机构的清算应分别遵守本法第九十一条第二款和《商业公司法》关于有限责任公司清算的规定。

第一百零二条

1. 代表机构清算结束后，外国经营者应于清算程序结束后十四日内通知经济部部长。

2. 代表机构清算后，经济部部长应作出移除代表机构档案登记的决定。

第七章　微型、小型和中型企业

第一百零三条

基于合理尊重平等和公平竞争原则，国家应为微型、小型和中型企业的经营和发展创造有利条件，尤其通过：

（1）变更法律地位，以支持微型、小型和中型企业的发展，包括变更从信贷、贷款及信用担保获得财政资助的途径；

（2）作为部分国家援助计划，扶持提供资金以优惠条件资助商业活动的机构；

（3）确保关于公共和法律义务等开展经济活动的平等条款和条件；

（4）便利获取信息、培训和咨询服务；

（5）扶持采取有利于经营者活动的机构和组织；

（6）促进微型、小型和中型企业与其他波兰和外国经营者合作。

第一百零四条

“微型企业”是指过去两个财政年度内，在一个或以上年度符合下列条件的企业：

（1）年均雇用人数低于十名员工；和

（2）产品、货物和服务的销售及金融业务产生的年净营业额低于二百万欧元（以波兰兹罗提表示），或其中一年结束时资产负债表总值低于二百万欧元（以波兰兹罗提表示）。

第一百零五条

“小型企业”是指过去两个会计年度内，在一个或以上会计年度符合下列条件的企业：

（1）年均雇用人数低于五十名员工；和

（2）产品、货物和服务的销售及金融业务产生的年净营业额低于一千万欧元（以波兰兹罗提表示），或其中一年结束时资产负债表总值低于一千万欧元（以波兰兹罗提表示)。

第一百零六条

“中型企业”是指在过去两个会计年度内,在一个或以上会计年度符合下列条件的企业:

(1)年均雇用人数低于二百五十名员工;和

(2)产品、货物和服务的销售及金融业务产生的年净营业额低于四千三百万欧元(以波兰兹罗提表示),或其中一年结束时资产负债表总值低于四千三百万欧元(以波兰兹罗提表示)。

第一百零七条

第一百零四条至第一百零六条所称以欧元表示的价值应根据波兰国家银行设定的平均汇率兑换为波兰兹罗提,该汇率是选定财政年度的确定经营者地位的最后一日。

第一百零八条

如其他经营者、国库或地方自治部门享有下列事项,不得变更微型、小型或中型企业的地位:

(1)百分之二十五及以上的股份或出资;

(2)百分之二十五及以上的股权;

(3)股东大会、合伙人大会或合作社大会获得百分之二十五及以上选票。

第一百零九条

1. 年均就业人数应当基于全职岗位计算。

2. 年均就业计算不包括休产假和育儿假的雇员以及实习雇员。

3. 如经营者开展业务低于一年,应当根据经营者记录的上一期数据,预估产品、货物和服务销售、金融业务和年均就业的预期净营业额。

4. 经济部部长应颁布条例,确定产品、货物和服务销售、金融业务和年均就业净营业额的具体计算程序,同时考虑经营业务低于一年的经营者。

第一百一十条

1. 如果获得公共援助,经营者应当向援助提供机构提交声明,说明已符合第一百零四条至第一百零六条和第一百零八条规定的条件。

2. 除另有规定外,该声明应当以书面形式作出。

3. 第一款和第二款规定不影响援助部门管控经营者企业实际情形的任何权利。

第八章　其他规定

第一百一十一条

本法于《经济活动自由法》序言规定的日期,符合相应条款和条件后生效。

波兰共和国总统:亚历山大·克瓦斯涅夫斯基

波兰竞争和消费者保护法

万　立　译　韩　驰　审校*

《波兰竞争和消费者保护法》译介

《波兰竞争和消费者保护法》是波兰主要的反垄断和不正当竞争的法律规范，现行的波兰竞争法体系包括2007年《竞争和消费者保护法》以及2014年欧盟部长会议《关于经营者意向性集中申报条例》。其中《竞争和消费者保护法》中主要涉及反垄断、合并控制、垄断宽恕原则等规定，并对竞争和消费者保护的主管机关（竞争和消费者保护署，简称UOKiK）及其职权与职能进行规定。对于消费者保护而言，波兰竞争和消费者保护署作为中央政府的行政机构，负责执行消费者保护政策并为公共利益而采取行动措施，对侵犯消费者集体利益的行为提起行政诉讼，审查经营者与消费者交易中所使用的标准协议是否存在滥用。①

反垄断立法

为保护波兰国内竞争秩序，竞争和消费者保护署署长的主要职责在于抵制破坏经营者之间公平竞争的各种行为，对反竞争协议和滥用市场支配地位的行为提起反托拉斯诉讼，所有竞争和消费者保护署进行的反垄断程序均为依职权启动的程序，经营者和消费者可以就反竞争行为提交书面告知书，但告知书并不具有法律拘束力，作为反垄断的措施，署长可以根据案件的实际情况发布决定，对相关经营者施以禁令并要求其支付最高为前一年收入10%的罚款。《竞争和消费者保护法》中规定的垄断行为主要包括以下几种情形：

第一，限制竞争协议行为（第二编第一章）。根据第6条的规定，具体包括：(1)直接或间接固定价格和其他贸易条件；(2)限制或控制生产或销售以及技术开发或投资；(3)划分销售和购买市场；(4)将复杂或不一致的合同条款和条件应用于与第三方的相同协议，制造不同竞争条件；(5)在另一方接受或履行与协议缺乏实质性或习惯性联系的其他履行的前提下，订立协议；(6)限制市场准入或禁止非协议方的参与市场；(7)参与投标的经营者或经营者与投标组织者串通投标条款和条件，尤其是工程范围和价格。此外，对于限制竞争协议的行为，该法第8条规定了诸多因经济效益的正当性而可得豁免的情形。

第二，滥用市场支配地位的行为（第二编第二章）。根据第9条的规定，具体包括：(1)直

---

* 译者：万立，华东政法大学博士研究生；审校：韩驰，华东政法大学硕士研究生。

① 参考资料：https://www.uokik.gov.pl/consumer_protection_in_Poland.php。

接或间接强加不公允价格,包括极高、极低的掠夺性定价、长期付款限制或其他贸易条件;(2)限制生产、销售或技术发展,损害缔约方或消费者利益;(3)将复杂或不一致的合同条款和条件应用于与第三方的同等协议,制造不同竞争条件;(4)以另一方接受或履行补充义务为条件缔结协议,该补充义务实质上或习惯上与协议标的无关;(5)抵制竞争出现或发展所需的条件;(6)由一个经营者强加复杂的合同条款和条件,服务于经营者的不合理利益;(7)根据地域、产品或实体的相关标准划分市场。

对于限制竞争的垄断行为,竞争和消费者保护署署长可以依据第二编第三章的规定,对此类行为采取限制措施或颁布禁令,要求相关经营者进行改正或赔偿,也可以由相关经营者提出相应承诺并补救因垄断行为而造成的后果,署长可以决定要求经营者履行该承诺,并规定承诺的履行期限、监督经营者承诺的执行情况。

合并控制立法

由于经营者合并或集中可能对竞争产生负面影响,波兰竞争和消费者保护署有控制经营者之间交易的义务,特别是涉及合并、接管控制权、收购有组织的部分资产或建立联合商业实体等情形。根据《竞争和消费者保护法》第 13 条规定,当拟进行经营者集中的经营者在从事集中活动的前一年营业额在全球超过 10 亿欧元或在波兰超过 5000 万欧元时,便具有项竞争和消费者保护署申报合并的义务,集中行为必须得到署长的许可才可以进行。但对于目标经营者的营业额在申报钱的两个财政年度中的任何一年都不超过相当于 1000 万欧元的情形时,或合并涉及的对象是一个资本集团的实体时,由于对市场的影响并不显著,而不需要履行相应的申报义务。对于经营者集中的行为,波兰的立法相对比较严格,根据《竞争和消费者保护法》第 106 条的规定,即便实施集中行为的经营者无意违反法律,但在未得到竞争和消费者保护署署长同意的情况下进行合并或收购行为,署长可以对其处以最高达前一年度收入百分之十的罚款,如果该项合并被证明具有反竞争性质的,还可以适用结构性制裁措施。

除《竞争和消费者保护法》第三编集中控制措施和第四编第三章对经营者集中行为署长采取的措施及其程序外,波兰竞争和消费者保护署还颁布了有关集中意向申报的标准和程序指南,以及对集中申报评估的具体解释等规范性文件以确保对经营者集中行为加以控制。

与竞争有关的消费者保护立法

《竞争和消费者保护法》中对有关消费者权益保护的内容集中体现在第三编之一关于禁止在格式协议中的滥用权利条款,以及第四编关于禁止侵犯消费者集体利益的行为中。侵犯消费者集体利益的行为在该法的语境下(第 24 条),是指违反既定习惯或违反向消费者提供可靠、真实和完整信息的义务的行为,不公平商业行为或不公平竞争行为,向消费者推销与其需求不匹配的警容服务行为或推荐以不匹配服务性质的方式购买服务的行为,经营者实施上述行为导致不特定人数的利益受损,即构成对消费者集体利益的侵犯。对于消费者保护,寻求救济的个人消费者可以从当地消费者监察员或非政府消费者组织获得免费的法律援助,选择替代性纠纷解决方案(ADR)解决纠纷或向法院提起诉讼。

对于限制竞争行为中侵犯消费者集体利益的程序,也由竞争和消费者保护署署长依职权进行;而对于格式协议中滥用权利条款以及是否应当禁止使用此类条款的诉讼,则可以有消费者自己、消费者监察员以及消费者组织提出。根据行政程序的结果,竞争和消费者保护署可以发布决定,确定消费者集体利益受到侵犯或确定格式协议中的条款具有滥用的性质,并禁止使用此类条款,对于上述经营者,竞争和消费者保护署可以对其处以不超过该经营者上一年度收入百分之十的罚款,如果经营者不执行上述决定,竞争和消费者保护署还可以对经营者的延迟处以每天最高一万欧元的罚款。此外,在最终决定发布以前,竞争和消费者保护署还可以发布临时决定,在临时决定中可以规定经营者有义务停止可能给消费者带来严重且难以补救的具体行为,此种临时措施在特定时限内具有拘束力。

宽恕减免方案

宽恕减免方案是一套允许经营者与反垄断机构合作,并提供证据证明存在非法限制竞争协议的经营者可以免于罚款或减少罚款的一套工作机制,几乎全部的欧盟成员方都在竞争法领域实施这一宽恕减免方案。根据《竞争和消费者保护法》第 111 条和第 113 条诸附项的规定,波兰竞争和消费者保护署享有确定经营者在宽恕方案下免于罚款或减少罚款的权利。根据第 113 条之一的规定,经营者对于限制竞争协议可以提出相应的申请并配合署长的调查以获得宽恕减免的可能,第 113 条之三规定,即便经营者未按照第 113 条之一进行申请,在反垄断程序中,只要满足相应条件也可以获得最高减免百分之五十罚款的可能。

第一编　总　　则

第一条

1. 本法规定关于发展和保护竞争的制度,并规定基于公共利益,为保护经营者和消费者利益采取行动的原则。

2. 本法所规定的原则和程序适用于对限制竞争、侵犯消费者群体利益、在格式合同中设置滥用权力条款、经营者或经营者协会的反竞争性几种行为的规制,并且上述行为已经或可能在波兰共和国造成影响。

3. 本法规定负责竞争和消费者保护事宜的部门。

第二条

1. 本法不影响关于保护知识产权和工业产权规定中的任何权利,尤其关于保护发明、实用新型及工业设计、集成电路的拓扑图、商标、地理标志、著作权及邻接权的规定。

2. 本法适用于经营者之间的下列交易行为:

(1)合同,尤其是许可合同,以及关于行使第一款所称权利的非合同行为;

(2)有关以下为向公众披露信息的合同:

(a)技术或工艺信息;

(b)组织和管理原则。

此类合同系采取防止披露的措施,但产生对商业活动自由的不合理限制或对市场竞争的重大限制。

第三条

本法不适用于其他规定中允许的限制竞争行为。

第四条

本法中，下列术语含义如下：

(1)“经营者”，是指商业活动自由条款范围内的经营者，以及：

(a)自然人和法人，以及由法律赋予其行为能力的无法人资格的组织；组织或提供公共服务，并且不构成商事活动自由规定所称商事活动；

(b)以其个人名义从事某一职业的自然人，以及从事有关该职业的商业活动；

(c)符合本条第四项所称的对一个或多个经营者拥有控制权的自然人，即便该人不从事商事活动自由条款所称商事活动，在采取第十三条所称集中控制下的进一步行为时；

(d)第二项所称经营者协会，但关于集中的规定除外。

(2)“经营者协会”，是指第一项所称经营者所属的商会、机构及其他组织，以及该类组织的协会。

(3)“支配经营者”，是指第四项所称对另一经营者拥有控制权的经营者。

(3a)“管理人”，是指经营者的管理人员，尤其是担任管理职务或隶属管理机构的人。

(4)“取得控制权”，是指经营者在法律上或事实上以任何形式直接或间接取得权力，使该经营者可以对另一经营者或其他经营者施加决定性影响。该权力尤其源自：

(a)在股东大会或一般股东大会直接或间接持有多数票，包括以抵押权人或用益权人的身份，或在另一经营者(附属经营者)管理委员会中，前述情形可以根据与第三人的协议产生；

(b)任命或罢免另一经营者(附属经营者)管理委员会或监事会多数成员的权利，前述情形可以根据与第三人的协议产生；

(c)经营者管理委员会或监事会的成员占另一经营者(附属经营者)管理委员会成员半数以上；

(d)在从属合伙或从属合作经营者的股东大会直接或间接持有多数票，前述情形可以根据与第三人的协议产生；

(e)持有另一经营者(附属经营者)全部或部分财产所有权；

(f)约定管理另一经营者(附属经营者)或转让其利得的合同。

(5)“协议”，是指：

(a)经营者之间、经营者协会之间以及经营者与协会之间缔结的协议，或该类协议的特定定条款；

(b)两个或以上经营者或协会以任何形式采取的一致行动；

(c)经营者协会或其法定主体的决议或其他行为。

(6)已废止。

(7)“商品”，是指物品以及能源、证券及其他产权、服务和建筑工程。

(8)“价格”，是指与价格、贸易差额、佣金及加价累加的价格和费用。

(9)"相关市场",是指商品市场,由于预期用途、价格和特征(包括质量),被买方视为替代品,并在由于该类商品的性质和特征、市场壁垒、消费者偏好、价格和运输成本的巨大差异、竞争条件充分同质的地区提供。

(10)"支配地位",是指经营者的市场地位,该地位使经营者可以在很大程度上独立于竞争对手、合同当事方及消费者采取行动,防止相关市场有效竞争;经营者相关市场份额超过百分之四十的,推定具有支配地位。

(11)"竞争对手",是指在相关市场上出售或可能出售商品的经营者,或者同时在相关市场购买或可能购买商品的经营者。

(12)"消费者",是指1964年5月23日《民法典》(第16号法律公报,第93条,已修订)所称消费者。

(13)"消费者组织",是指独立于经营者及协会的社会组织,其法定任务包括保护消费者利益。消费者组织可以根据普遍适用的规则开展商业活动,并且活动收入仅用于资助组织执行任务。

(14)"资本集团",是指由单一经营者直接或间接控制的所有经营者,包括该经营者。

(15)已废止。

(16)"平均工资",是指竞争和消费者保护署署长发布决定前一季度最后一个月,其所在商事部门平均月工资,该决定由中央统计局局长根据单独规定发布。

(16a)"财政年度",是指1994年《会计法》第三条第一款第九项所称财政年度。

(17)"商业秘密",是指1993年《反不正当竞争法》第十一条第四款所称商业秘密。

(18)"署长",是指竞争和消费者保护署署长。

(19)已废止。

(20)"第1/2003/EC号条例",是指欧洲理事会2002年12月16日关于执行《欧洲联盟运作条约》第八十一条和第八十二条规定的竞争规则的第1/2003/EC号条例。

(21)"第139/2004/EC号条例",是指欧洲理事会2004年1月20日关于经营者集中控制的第139/2004/EC号条例。

(22)"第2006/2004/EC号条例",是指欧洲议会和欧洲理事会2004年10月27日关于负责执行《消费者保护法》的国家合作的第2006/2004/EC号条例(《消费者保护合作条例》)。

第五条

将欧元和其他外币兑换成波兰兹罗提和将波兰兹罗提兑换成欧元的汇率,应当遵照波兰国家银行在通知集中意向或处以罚款年度的前一日历年的最后一日公布的外币平均汇率计算。

第二编　限制竞争行为的禁止

第一章　限制竞争协议的禁止

第六条

1. 禁止以消除、限制或任何其他形式危害相关市场竞争为目的或效果的协议,尤其包含下列内容：

(1)直接或间接固定价格和其他贸易条件；

(2)限制或控制生产或销售以及技术开发或投资；

(3)划分销售和购买市场；

(4)将复杂或不一致的合同条款和条件应用于与第三方的相同协议，制造不同竞争条件；

(5)在另一方接受或履行与协议缺乏实质性或习惯性联系的其他履行的前提下，订立协议；

(6)限制市场准入或禁止非协议方的参与市场；

(7)参与投标的经营者或经营者与投标组织者串通投标条款和条件，尤其是工程范围和价格。

2. 根据第七条和第八条，第一款所称协议全部或部分无效。

第六条之一

经营者有违反本法第六条第一款第一项至第六项或《欧洲联盟运作条约》第一百零一条第一款第一项至第五项所称事项禁止的，管理人履职时故意作为或不作为准许经营者违反该类禁令，也应当承担违法责任。

第七条

1. 第六条第一款规定的禁止不适用于下列各方缔结的协议：

(1)竞争经营者。在协议涉及的相关市场总份额不超过百分之五；

(2)非竞争经营者。在协议涉及的相关市场所占份额均不超过百分之十。

2. 第六条第一款所称禁止不适用于第一款所称相关市场份额在相关协议生效期间连续两个日历年内未超过百分之二的情形。

3. 第一款和第二款规定不适用于第六条第一款第一项至第三项和第七项规定的情况。

第八条

1. 第六条第一款所称禁止不适用：

(1)有助于改进生产、销售或技术或经济发展；

(2)允许买方或使用者公平分享最终收益；

(3)不对相关经营者设置对实现该等目标不必要的障碍；

(4)不使得经营者可能消除绝大部分商品相关市场竞争。

2. 第一款所称情形的举证责任由经营者承担。

3. 部长理事会可以规定，将符合上条第一款所称条件的特定协定排除于第六条第一款所称禁止之外，同时考量该类协议的益处。在该规定中，部长理事会应当规定：

(1)免除禁止必须满足的条件；

(2)在协议中约定违反第六条的条款；

(3)豁免适用的期限，但可以约定不视为存有违反第六条的条款。

第二章 禁止滥用支配地位

第九条

1. 禁止一个或多个经营者滥用相关市场支配地位。

2. 滥用支配地位的情形尤其包括：

(1)直接或间接强加不公允价格，包括极高、极低的掠夺性定价、长期付款限制或其他贸易条件；

(2)限制生产、销售或技术发展，损害缔约方或消费者利益；

(3)将复杂或不一致的合同条款和条件应用于与第三方的同等协议，制造不同竞争条件；

(4)以另一方接受或履行补充义务为条件缔结协议，该补充义务实质上或习惯上与协议标的无关；

(5)抵制竞争出现或发展所需的条件；

(6)由一个经营者强加复杂的合同条款和条件，服务于经营者的不合理利益；

(7)根据地域、产品或实体的相关标准划分市场。

3. 构成滥用支配地位的法律行为全部或部分无效。

第三章 关于限制竞争行为的决定

第十条

1. 违反本法第六条或第九条或《欧洲联盟运作条约》第一百零一条或第一百零二条规定的禁止行为的，署长应当作出决定，认定限制竞争的行为。

2. 第一款所称决定中，相关行为于决定发布前未停止，署长应当命令停止违反本法第六条或第九条或《欧洲联盟运作条约》第一百零一条或第一百零二条所称禁止的行为。

3. 经营者承担证明已经违反本法第六条或第九条或《欧洲联盟运作条约》第一百零一条或第一百零二条规定的禁令行为的举证责任。

4. 第一款所称决定中，为停止或补救特定措施造成的后果，署长可以命令采取下列措施：

(1)在非歧视性条件下授予知识产权许可；

(2)在非歧视条件下批准使用特定基础设施；

(3)修改合同；

(4)批准其他实体以非歧视条件提供特定产品或特定服务。

5. 第四款所称措施对经营者无效，或虽为有效但对经营者更为繁重的，署长可以在第一款所称决定中命令采取措施，委托资本团体内特定实体或经营者内独立组织实施具体经营活动，包括在不同层次的贸易中实施经营活动。

6. 第四款和第五款所称措施应当与违法行为严重程度和性质相适应，并且是终结或补救违法行为产生的后果所需。

7. 发布命令实施第四款和第五款所称措施的决定前，署长应当通知经营者意图采取具体措施。经营者可以在信息送达之日起十四日内就实施的措施提出意见。

8. 第一款所称决定中，署长可以基于违法行为的严重性、性质以及适用的措施，规定采取第四款和第五款所称措施的期限。

9. 执行第四款和第五款所称措施，署长应当在第一款所称决定内命令经营者于规定期限内提交关于措施执行程度的信息。

第十一条

已废止

第十二条

1. 反垄断程序中，根据特定案件的具体情况、通知内提供的信息或构成诉讼基础的信息，有理由认为违反《反垄断法》第六条、第九条或《欧洲联盟运作条约》第一百零一条或第一百零二条中的禁止规定，鉴于指控违反该禁止的经营者同意终止该违法行为或补救其后果，署长可以决定要求经营者履行该承诺。经营者已停止违反本法第六条或第九条或《欧洲联盟运作条约》第一百零一条或第一百零二条所称禁止，并同意补救违法行为产生的后果，相应适用前段规定。

2. 第一款所称决定中，署长可以规定履行承诺的时限。

3. 第一款所称决定中，署长应当责令经营者于规定期限内提供承诺的执行情况。

4. 作出第一款所称决定的，除第七款另有规定外，第十条、第一百零六条第一款第一项至第二项以及第一百零六条之一不予适用。

5. 下列情形中，署长可以依职权撤销第一款所称决定：

(1)根据虚假、不完整或误导性信息或文件作出的决定；

(2)经营者未履行第一款至第三款所称承诺或义务。

6. 作出决定的主要考虑因素发生变更的，且经营者同意的，署长可以依职权撤销第一款所称决定。

7. 撤销决定的，署长应当根据实际情况作出决定。

第十二条之一

署长可以声明，第六条之一所称管理人员故意作为或不作为，允许经营者违反本法第六条第一款第一项至第六项或《欧洲联盟运作条约》第一百零一条第一款第一项至第五项所称禁令，但仅当第十条第一款所称决定对经营者处以第一百零六条第一款第一项或第二项规定的罚款。

第三编 经营者集中

第一章 对集中的控制

第十三条

1. 有下列情形之一的，实施集中的经营者应当向署长申报：

(1)通知前一财政年度参与集中经营者的全球总营业额超出十亿欧元；

(2)通知前一财政年度，参与波兰境内集中经营者的总营业额超出五千万欧元。

2. 第一款所称义务涉及以下经营者：

(1)拟合并的两个或两个以上独立的大型经营者；

(2)一个或多个经营者通过收购或收购股票、其他证券或股份，或以其他方式，直接或间接控制一个或多个经营者；

(3)拟建立合资企业的经营者；

(4)经营者收购另一经营者资产（全部或部分），通知发出前两个财政年度中，通过该方式实现的营业额在波兰境内超出一千万欧元。

第十四条

集中意向的申报义务不适用于下列情形：

(1)根据第十三条第二款第二项控制的经营者总营业额，在波兰共和国境内申报前两个财政年度中未超出一千万欧元。

(1a)申报前两个财政年度中，在波兰境内未有第十三条第二款第一项或第三项所称总营业额超出一千万欧元；

(1b)集中涉及控制属于同一资本集团一个或多个企业，同时收购属于该资本集团一个或多个经营者的部分资产，在波兰境内申报前两个财政年度中，将被控制的一个或多个经营者总营业额和由被收购资产发生的总营业额合计不超过一千万欧元。

(2)金融机构的正常活动包括为其自身或第三方投资股票和其他企业的股份，临时但不出售收购股票及股份，并且转售发生于收购或接管之日起一年内。同时：

(a)该机构不行使与该类股票或股份相关权益，但分红除外；

(b)该机构行使该等权利完全出于转售全部或部分经营者、资产或股票和股份。

(3)经营者为获得债务担保而临时取得股票和股份，并且不行使该等股票或股份的附带权益，但出售除外。

(4)由于破产程序产生的集中，但不包括被收购企业的竞争对手或被收购资产所属资本集团的参与者将接管控制权或收购部分资产的情况。

(5)同一资本集团的企业的集中。

第十五条

从属经营者实施集中视为支配经营者实施该集中行为。

第十六条

1. 第十三条第一款所称总营业额，包括直接参与集中经营者和直接参与集中经营者所属资本集团其他经营者的总营业额。

2. 第十三条第二款第二项和第四项的情形中，第十三条第一款所称总营业额，包括经营者取得或控制的资产部分，属于同一资本集团的其他经营者的总营业额，以及取得的资产部分产生的或被取得控制权的经营者的总营业额。

3. 第十三条第一款所称总营业额应当包括下列经营者总营业额的部分：

(1)直接参与集中并行使控制权的经营者，或者与直接参与集中经营者属于同一资本集团，并共同行使控制权的经营者与控制经营者的数量成比例。第一款的规定准用；

(2)对直接参与集中经营者所属资本集团，并共同行使控制权的经营者与控制经营者的数量成比例。第一项和第一款的规定准用。

4. 第十四条第一项所称总营业额包括被接管经营者及其附属经营者的总营业额。被收购企业或者其附属经营者与其他经营者共同控制该经营者的，适用第三款第一项规定。

5. 不超过二年内：

(1)取得属于同一资本集团两个以上经营者的控制权——第十四条第一项所称总营业额包括所有该类经营者及其附属经营者的总营业额；

(2)经营者收购属于同一资本集团的经营者部分资产——第十三条第二款第四项所称总营业额包括所有该部分资产发生的总营业额；

(3)控制属于同一资本集团的一个或多个经营者，并从属该资本集团的一个或多个经营者获得部分资产——第十四条第一项之二所称总营业额包括被接管的所有经营者及其附属经营者的总营业额，以及所有被收购资产发生的总营业额。

第十七条

部长理事会应当通过条例规定计算总营业额的方式，以确定向署长申报集中意向的义务，同时考量经营者开展活动的具体性质以及适用于特定经营者（包括银行、保险公司和投资基金）的会计准则。

第二章　关于集中的决定

第十八条

署长应当批准不对市场竞争造成重大障碍的集中，此种集中特指建立或加强市场上支配地位的集中。

第十九条

1. 意图实施集中的经营者符合第二款规定的条件，不严重妨害市场竞争，特别是不建立或加强市场支配地位的，署长应当决定同意实施集中。

2. 署长可以对一个或多个拟进行的集中行为的经营者施加义务或要求其接受承诺，包括但不限于：

(1)处置一个或多个经营者的全部或部分资产；

(2)放弃一个或多个特定经营者的控制权，尤其是处置特定股票或股份，或解除一名或多名管理层或监事会成员的职务；

(3)授予竞争对手独占许可。

3. 第一款所称决定中，署长应当要求一个或多个经营者有义务在决定规定期限内提供关于履行要求的信息。

4. 应有义务履行第二款所称要求的经营者的请求，署长应当决定只要未符合该要求，但不超出截止日期，即不在符合该等要求的截止日期范围内披露第一款所称决定。不得对署长的决定提出异议。

5. 第四款所称情况中，署长不得在第四款规定范围内向公众公布或披露该决定。即使根据 2001 年《公共信息公开法》，该决定亦不得被公开。

6. 第四款所称决定的作出不免除其他条款确定的信息披露义务。

第二十条

1. 署长应当决定禁止对市场竞争造成重大妨害的集中，尤其是通过建立或加强支配地位。

2. 有不禁止集中的理由的，署长应当同意实施严重妨害市场竞争的集中，尤其是建立或加强支配地位，此种情形包括但不限于：

(1) 集中有助于经济发展或技术进步；

(2) 对国家经济产生积极影响。

第二十一条

1. 第十八条、第十九条第一款和第二十条第二款所称决定乃是基于参与集中经营者提供的不实信息，或经营者不符合第十九条第二款和第三款所称条件的，署长可撤销决定，并根据实际情况作出决定。

2. 第一款所称情形中，已经实施集中，并且无法恢复竞争的，署长可以规定包含下述执行措施的决定的实施期限，具体包括：

(1) 根据决定规定的条件分割合并的经营者；

(2) 处置经营者的全部或部分资产；

(3) 处置股票或股份，确保对经营者的控制，或解散经营者共同控制的公司。

3. 自实施集中之日起五年后，不得发布第二款所称决定。

4. 未按照第十三条第一款规定将集中的意图向署长申报，并且禁止集中的决定未得到执行的，第二款和第三款规定相应适用。

第二十二条

1. 第十八条、第十九条第一款或第二十条第二款所称决定，自发布之日起两年内未实施集中的，失去效力。

2. 参与集中的经营者在第一款所称期限届满前三十日内申请的，参与集中的经营者证明没有发生集中可能对市场竞争造成重大障碍的，署长可以决定延长一年。

3. 署长可以在发布延长第一款所称时限的决定之前实施初步程序。

4. 发布不予延长第一款所称期限的决定，所称期限到期，实施集中应当要求将集中意向向署长申报，并根据本法规定的规则和程序获得同意后实施。

第二十三条

金融机构在收购日起一年内证明转售股票或股份不可行或在经济上不合理，经金融机构请求，署长可以决定延长第十四条第二项所称期限。

第三编之一　禁止在格式协议内滥用权利条款

第一章　滥用格式条款

第二十三条之一

禁止在与消费者签订的格式协议中使用 1964 年 4 月 23 日《民法典》第三千八百五十一条第一款所称滥用权利条款。

第二章　格式协议内滥用权利条款的确定

第二十三条之二

1. 署长发现违反第二十三条之一规定的禁止的,可以决定将格式协议内的特定条款归为滥用权利条款,并禁止使用该条款。在该决定中,署长应引用该条款的措辞。

2. 署长可以在第一款所称决定具体说明补救违反第二十三条之一所称持续影响的措施,尤其要求其承担:

(1)按照决定规定的方式,告知第一款所称格式协议的消费者,该格式协议的特定条款已归为滥用权利条款;

(2)按照决定规定的格式,另行或重复措辞。

3. 署长可以公布第一款所称决定的全部或部分内容,并明确表明该决定是否具有法律约束力,并由经营者承担所需费用。

4. 第二款所称措施应当与违法行为的严重性及性质相适应,并且是补救后果所需。

第二十三条之三

1. 发布第二十三条之二第一款所称决定前,经营者承诺采取或停止特定活动,以停止违反第二十三条之一所称禁令,或补救由此产生的任何后果,署长可以通过第二十三条之二第一款所称决定,要求该经营者遵守该等承诺。

2. 第一款所称决定中,署长可以规定履行承诺的期限。

3. 第一款所称决定中,署长应当规定经营者有义务于规定期限内,提供承诺履行信息。

4. 第二十三条之一第二款第一项和第一百零六条第一款第三项之一规定不适用于第一款所称决定。

5. 下列情况中,署长可以依职权撤销第一款所称有关承诺的决定,并处以第一百零六条第一款第三项之一所称罚款:

(1)根据虚假、不完整或误导性信息或文件作出的决定;

(2)经营者未遵守第一款至第三款所称承诺或义务。

6. 第五款所称情形中,署长可以具体说明第二十三条之二第二款所称违反禁止的持续影响的补救措施。第二十三条之二第三款不予适用。

7. 对已发布决定有重大影响的情况发生变更的,经经营者同意,署长可以依职权撤销第一款所称决定有关承诺的部分。第六款相应适用。

第二十三条之四

将格式协议的条款归为滥用权利条款的具有法律约束力的决定,对被确定使用滥用权利条款的经营者以及根据该决定规定的格式协议与该经营者签订协议的所有消费者有效。

第四编　禁止侵犯集体消费者利益的行为

第一章　侵犯消费者集体利益的行为

第二十四条

1. 侵犯消费者集体利益的行为应受禁止。

2. 侵犯集体消费者利益的行为是指违反既定习惯的违法行为,尤其是损害下列利益的行为:

(1)已废止。

(2)违反向消费者提供可靠、真实和完整信息的义务;

(3)不公平商业行为或不公平竞争行为;

(4)向消费者推销与其需求不匹配的金融服务,该需求根据经营者可获得关于消费者特征的信息确定,或者推荐以不匹配服务性质的方式购买服务。

3. 个人消费者利益总和不等同于集体消费者的利益。

第二十五条

本法规定的对集体消费者利益的保护不影响其他法律规定,尤其是关于抵制不公平商业惯例的条款和关于打击不公平竞争的条款。

第二章　关于侵犯集体消费者利益行为的决定

第二十六条

1. 署长发现违反第二十四条规定的禁止情形时,应当决定宣布特定行为侵犯集体消费者利益,并责令停止。

2. 署长可以在第一款所称决定具体说明补救侵犯集体消费者利益的持续影响的措施,以确保遵守该命令,尤其是要求经营者发布决定明指明的内容明确、形式明确的简易或经常性声明。

3. 署长可以公布第一款所称决定全部或部分内容,并以决定规定的形式,并明确表明该决定是否具有法律约束力,并由经营者承担所需费用。

4. 第二款所称措施应当与违法行为严重性和性质相适应,并对由此产生的后果予以补救。

第二十七条

1. 相关经营者已停止第二十四条所称行为,不得发布第二十六条所称决定。

2. 第一款所称情形中,署长应当作出决定决定宣布特定行为侵犯消费者的集体利益,并认定该行为已经停止。

3. 经营者承担第一款所称情况的举证责任。

4. 第二十六条第二款至第四款规定相应适用。

第二十八条

1. 关于侵犯消费者集体利益的程序中，根据案件具体情形、第一百条第一款所称通知包含的信息或构成提起程序的基础的信息，有理由相信其行为已构成对第二十四条第违反，被指控违反禁止的经营者承诺采取或停止特定行为，以制止该违法行为或补救由此产生的任何后果，署长可以决定要求经营者遵守该承诺。经营者承诺停止违反第二十四条所称禁止，并承诺补救违法后果的，相应适用前段规定。

2. 第一款所称决定中，署长可以规定履行承诺的时限，或要求经营者就决定规定的内容和形式作出单一或经常性声明，或公布决定的全部或部分内容，明确表明该决定是否具有法律约束力，经营者承担相关费用。

3. 第一款所称决定中，署长应当责令经营者于规定期限内提供经营者执行情况的信息。

4. 作出第一款所称决定的，除第七款另有规定外，第二十六条和第二十七条以及第一百零六条第一款第四项不予适用。

5. 下列情形中，署长可以依职权撤销第一款所称决定：

(1) 基于虚假、不完整或误导性信息或文件发布；

(2) 经营者不符合第一款至第三款所称承诺或义务。

6. 对发布决定有重大影响的情形发生变更，经经营者同意，署长可依职权撤销第一款所称决定。

7. 撤销决定的，署长应当根据实际情况作出决定。

第五编　竞争和消费者保护组织

第一章　署　　长

第二十九条

1. 署长是主管保护竞争和消费者的中央政府行政机构。总理监督署长的各项活动。

2. 署长是：

(1) 根据《欧洲联盟运作条约》第一百零四条和第一百零五条执行欧洲联盟成员方当局规定任务的机构，即第 1/2003/EC 号条例第三十五条所称主管竞争的机构；

(2) 第 2006/2004/EC 号条例规定的独立联络处，以及在署长法定职权范围内的第 2006/2004/EC 号条例第四条第一款所称主管部门。

3. 总理应当通过公开和竞争程序，差额选任竞争和消费者保护组织署长。

3a. 署长的任职条件如下：

(1) 持有硕士学位或同等学历；

(2) 波兰籍公民；

(3) 享有完整的公共权利；

(4) 未故意犯罪或故意金融犯罪；

(5) 拥有管理能力；

(6) 拥有六年或以上工作经验，包括三年以上的管理职位；

(7)拥有署长负责领域的资质和知识。

3b. 关于署长的选聘信息在可以普遍获悉的地点公布，以及机构公共信息公报和总理办公厅公共信息公报内公布。公报应当具体说明：

(1)机构名称和地址；

(2)地点；

(3)相关法律规定的任职要求；

(4)职责范围；

(5)所需文书；

(6)提交文件的期限和地点；

(7)聘任方式和技术信息。

3c. 第三款之二第六项所称期限不得少于十日，自总理办公厅公报公布之日起算。

3d. 署长选聘由总理办公厅主任根据总理授权任命的小组负责，小组由三人或以上成员组成，成员的知识和经验保障选中最佳候选人。在选聘过程中，应当评估候选人的专业经验、执行岗位任务所需的知识以及管理能力。

3e. 前款所称知识和管理能力的评估可以委托小组成员以外，具有充分资助评估的人员负责。

3f. 小组成员和前款所称人员有义务对选聘中获得的申请人员的所有信息保密。

3g. 招聘过程中应最多选择三名候选人，并向总理办公厅主任提名。

3h. 小组应当起草选聘流程报告，具体说明：

①机构的名称和地址；

②职位和选聘日期；

③不多于三名最佳候选人的姓名和地址，按选聘公告规定的要求排序；

④关于选聘方式、方法的信息；

⑤说明选聘或不选聘的原因；

⑥小组的组成。

3i. 选聘结果应当立即在机构公报和总理办公厅公报公布，并具体说明：

①机构名称和地址；

②选聘的职位；

③所选候选人的姓名，《民法典》规定的居住地，或者关于未能选聘的信息。

3j. 总理办公厅公报免费公布选聘及其结果。

4. 总理可以解除署长职务。继任者赴任前，署长应当继续履行职责。

5. 已废止。

6. 署长应当在竞争和消费者保护办公室(以下简称办公室)的协助下履职。

7. 已废止。

8. 已废止。

第三十条

1. 机构副署长应当由总理自公开和竞争选聘程序选出的人员内任命。总理应署长要求，可以免除副署长的职务。

2. 选聘第一款所称副署长的小组由署长任命。

3. 第二十九条第三款之一至第三款之十规定相应适用于第一款所称职位的选聘。

第三十一条

署长职权范围包括：

(1)监督经营者执行本法指的情况；

(2)针对限制竞争的行为、经营者集中、将格式协议的条款归为滥用权利条款、侵犯集体消费者权益的行为以及本法规定的其他决定作出决定；

(3)分析经营者的经济集中度和市场行为；

(4)编写促进竞争的政府方案草案和政府消费者保护政策草案；

(5)与波兰和国际消费者和竞争保护机构以及负责竞争和消费者保护的机构合作；

(6)根据第1/2003/EC号条例和第139/2004/EC号条例规定，履行欧洲联盟成员方竞争机构的任务并行使职权；

(7)根据第2006/2004/EC号条例，履行欧洲联盟成员国竞争机构和独立联络处的任务并行使职权；

(8)编写并向部长委员会提交关于保护竞争和消费者的法律议案；

(9)向部长理事会提交关于竞争发展和消费者政策政府方案执行情况的定期报告；

(10)在政府消费者政策规定的范围内与地方政府合作；

(11)已废止；

(12)编写和出版公告和教育方案，提高竞争和消费者保护意识；

(13)就竞争和消费者保护事宜联系经营者；

(14)履行波兰关于消费者和竞争保护以及国家援助事项等方面的合作和信息交流的国际义务；

(15)收集和发布关于竞争和消费者保护案件的裁判，尤其是将署长发布的决定公布于机构网站；

(16)与国家犯罪信息中心负责人合作，以完成国家犯罪信息中心负责人对法定任务；

(17)执行本法或其他法律规定的其他任务。

第三十一条之一

署长可以就职权范围内的事项发布关于法律适用相关重要问题的释义。释义应当于机构公报公布。

第三十一条之二

署长应当在机构网站公布根据本法作出的决定的全部内容，同时公布的理由声明不得包括商业秘密或受其他规定保护的任何其他类型信息。公告应当说明决定是否具有法律约束力。

第三十一条之三

署长可以在与主管公共广播和电视部门协商，按照商定的形式和时间，在公共电视和广播中免费发布：

(1)关于可能对消费权益构成严重威胁的行为或情况的信息；

(2)已发布第七十三条之一第二款所称决定的信息。

第三十一条之四

关于竞争和消费者保护的案件中,署长基于公共利益考量,可以向法院提出重要意见。

第三十二条

已废止

第三十三条

1. 机构由华沙中央办公室、比得哥煦、格但斯克、卡托维兹、克拉科夫、卢布林、罗兹、波兹南、华沙和沃罗乔办公室以及由署长监督的其他机构组成。

2. 分支机构由各自的主任管理。

3. 总理应当以条例规定分支机构对属于署长活动范围的案件的地域和事项权限,同时考量相关地域发生的案件的性质和数量。

4. 除属于职权范围内的案件外,分支机构可以处理署长指派的其他案件。

5. 尤为合理的情形下,署长可以处理分支机构职权范围的案件,或移送另一分支机构处理,或将其职权范围内的案件指派分支机构处理。

6. 分支机构职权范围内的案件和根据第五款由署长指派的案件的决定由分支机构的主任代表署长发布。

第三十四条

机构的组成由总理通过条例确定。

第三十五条

1. 已废止。

2. 已废止。

3. 署长可以命令贸易检查局实施检查或执行署长职权范围内的其他任务。

4. 已废止。

第三十六条

已废止

第二章　地方政府和消费者组织

第三十七条

本法和其他条款规定有关保护消费者权益的任务应由地方政府和消费者组织及其他机构执行,其任务包括保护消费者权益。

第三十八条

地方政府关于消费者保护的任务包括提高对消费者相关问题的认识。

第三十九条

1. 区级地方政府主管部门关于保护消费者权利的任务由区级(市级)消费者监察员(以下简称消费者监察员)执行。

2. 各区可以协商一致共同任命一名消费者监察员。

第四十条

1. 消费者监察员由区长或与区长同级的市长选聘。

2. 消费者监察员应当持有大学学位,尤其是法律或经济学学位,并拥有五年或以上的专业经验。

3. 消费者监察员直接隶属于区长(市长)。

4. 消费者监察员在组织结构内独立于区长办公室(市长办公室),在人口超过十万的地区,消费者监察员在相关机构的协助下履职。

5. 关于消费者监察员法律性质的其他事宜适用2008年11月21日《地方政府工作人员法》规定。

第四十一条

已废止

第四十二条

1. 消费者监察员的任务包括:

(1)免费提供关于保护消费者权益的建议和法律信息;

(2)要求颁布和修订关于保护消费利权益的地方性法规;

(3)就消费者权益保护事宜联系经营者;

(4)与地区主管分支机构、贸易检查机构及消费者组织合作;

(5)执行本法或其他法律规定的其他事项。

2. 消费者监察员可以代表消费者起诉,经由消费者同意的,可以参与保护消费者权益的诉讼程序。

3. 涉及损害消费者的轻罪案件中,消费者监察员应在2001年《轻罪诉讼法》规定范围内担任检察官。

4. 消费者监察员根据第一款第三项规定联系的经营者,有义务向提供要求的解释和信息,并回应消费者监察员提出的意见。

5. 1964年《民事诉讼法》第六十三条规定相应适用于消费者监察员。

第四十三条

1. 每年3月31日前,消费者监察员应向区长(市长)提交关于上年活动的报告,以供批准,并向竞争和消费者保护署的分支机构提交报告副本。

2. 已废止。

3. 消费者监察员应当定期向分支机构提交由政府解决的有关消费者保护事宜的相关研究和信息。

第四十四条

1. 全国消费者监察员理事会(下称理事会)是协助署长的机构。

2. 委员会是常设意见征询机构,就区级消费者权益保护相关事项向署长提供意见。

3. 理事会的任务包括但不限于:

(1)建议保护消费者权益的法律改革;

(2)对立法建议或政府消费政策提出意见;

(3)就署长可能向委员会提出的有关保护消费者的其他事项提出意见;

(4)发布署长指定范围内的消费者保护信息。

4. 理事会由九名消费者监察员组成,每个分支机构各一名。

5. 署长选聘或解任理事会成员。选聘应当基于第四款所称分支机构主任提名,并获得消费者监察员的书面同意。消费者监察员职能的停止将丧失理事会成员资格。

6. 机构为委员会提供行政支持。

7. 机构根据关于津贴的法律规定,为理事会成员报销出席理事会会议的差旅费,受雇于预算资助的国家或地方政府的工作人员,于波兰境内出差的,有权享有上述津贴。

8. 理事会工作程序由署长制定的条例规定。

第四十五条

1. 消费者组织在中央和地方政府当局代表消费者利益,并可以参与政府消费者政策的实施。

2. 第一款所称组织有权:

(1)就涉及消费者权益的法律和其他文件发表建议、意见;

(2)制定和发布增强消费者意识方案;

(3)测试产品和服务并公布结果;

(4)发行期刊、研究论文、宣传册及传单;

(5)向提出索赔的消费者免费提供咨询和援助,但组织章程规定可以收费的除外;

(6)参与标准制定工作;

(7)执行中央和地方政府部门交的国家消费者保护任务;

(8)为第七项所称任务申请公共资金。

3. 中央和地方政府应当就关于保护消费者权益事宜咨询消费者组织。

第四十六条

根据公共财政法律规定,自国家预算为执行第四十五条第二款第七项所称任务分配的年度封闭式补助金数额,应当在《预算法》中由署长管理的国家预算部分规定。

第六编　署长处理的程序

第一章　总　　则

第四十七条

1. 向署长提起的程序按照以下方式实施:初步程序、反垄断程序、关于将格式协议的条款归为滥用权利条款的程序,或关于侵犯集体消费者权益的行为的程序。

2. 初步诉讼可以在提起反垄断诉程序、关于将格式协议的条款归为滥用权利条款的程序或侵犯集体消费者权益的程序之前进行。

第四十八条

1. 如果在某一经济部门或在保护消费者方面可能存在违反本法规定的情形,或本法规定的其他情形,署长可依职权启动初步程序。

2. 启动初步程序的目的包括:

(1)初步确定是否发生违法行为,如是否有理由提起反垄断程序,包括案件是否具有反垄断性质等;

(1a)初步确定是否发生违法行为,如可能有理由就格式协议中的条款归位滥用权力行为而启动程序;

(2)初步确定是否发生侵权行为,如可能证明有理由对关于侵犯集体消费者权益的行为提起程序;

(3)市场研究,包括确定其结构和集中程度;

(4)最初确定是否存在提交集中意向申报的义务;

(5)确定是否发生侵犯受法律保护的任何消费者权益的行为,例如可能证明有理由采取其他法律规定的行为。

3. 初步程序应当以决定的方式终结。

4. 初步程序处理不超过四个月,针对特别复杂的事宜,自程序启动之日起,不超过五个月。

5. 第二款第三项所称情形中,1960 年《行政程序法》第三十五条第四款规定不予适用。

第四十九条

1. 限制竞争行为案件中的反垄断程序、侵犯集体消费者权益案件程序、对将格式协议的条款归为滥用权利条款程序以及涉及罚款案件程序应当依职权提起。

2. 有关集中的反垄断程序应当根据请求或依职权提起。

第四十九条之一

1. 署长可以在不启动程序的情况下就竞争和消费者保护事项与经营者联系。

2. 署长联系的经营者可以在机构规定期限内提交声明,就经营者被联系的事项提交立场声明。

3. 第二款所称期限自联系经营者之日起不少于十四日。

第五十条

1. 根据署长要求,经营者必须提供所有必要的信息和文件。

2. 第一款所称请求包括:

(1)信息的范围;

(2)请求的目的;

(3)提供信息的期限;

(4)由于未提供信息或提供虚假或误导信息受到处罚的信息。

3. 任何人有权主动或应署长要求,以书面形式提交关于特定案件基本情形的解释。

第五十一条

1. 仅原始文件或经公共机构、公证人、律师、法律顾问、税务顾问、专利律师或经营者授权员工证明的副本,才可以在署长处理的程序中作为书证。

2. 署长处理的程序中,证据为以波兰语起草的文件,但应当遵照第三款的规定。

3. 文件以外语起草的,应当提交文件或拟作为证据的文件之一部分的波兰语译文,并由经宣誓的翻译人员认证。

第五十二条

1. 援引证人证言的一方必须准确指出所证实的事实,并提供数据,适当总结证言。

2. 传唤证人的,署长应当在传票中写明被传唤人的姓名、居住地、询问时间及地点、案件当事人和事项,并说明关于虚假证词的刑事处罚。

第五十三条

1. 对于记录在案的证人证言,应当在证人在场时宣读,并根据意见完善或核对。

2. 对证人的询问笔录由证人和询问人签名。

第五十四条

1. 需要获取特别信息的,署长听取各方关于专家人数及其选用的意见后,可传唤一名或多名专家发表意见。

2. 第一款所称专家可以是专门从事相关领域工作的法人。

第五十五条

专家调查完毕前,当事人可以申请将专家排除,理由与可以申请将机构雇员排除于程序之外的理由相同。专家开始调查后申请排除专家的一方,应当说明排除的事由是随后发生或事先不知晓的事由。

第五十六条

署长可以命令向专家出示案卷和调查事项。第七十一条第一款规定相应适用。

第五十七条

1. 专家发表的意见必须包含理由陈述。

2. 专家可以作出联合意见。

第五十八条

1. 不违反第三款的情形下,署长根据关于在庭审中提出专家证言的费用的规定,给予专家报酬。

2. 署长可以要求申请出具专家证言的一方预付费用。

3. 认定未发生限制竞争行为,或者作出集体消费者权益受到侵犯决定的,专家费用由国家承担。

第五十九条

1. 就资助科学研究规定等事宜,署长可以要求科学研究所发表意见。

2. 研究所应当明确实施研究和发表意见的人员。

3. 第五十四条至第五十八条规定相应适用。

第六十条

1. 程序中,署长可以举行听证会。

2. 除第四款另有规定外,第一款所称听证会应当公开。

3. 署长可以召集听证会,询问当事人和证人,并征求专家意见。

4. 审理的对象为商业秘密或受其他规定保护的秘密的,第一款规定的庭审应当不公开。1964 年《民事诉讼法》第一百五十三条和第一百五十四条规定相应适用。

第六十一条

由于证据的性质或出具证据的重大不便或费用,署长可以合理要求有管辖权的地区法院询问证人或获取专家意见。要求法院提供证据的,署长应当发布决定,具体说明:

(1)提供证据的法庭;

(2)证据的形式;

(3)有待证实的事实。

第六十二条至第六十八条

已废止

第六十九条

1. 准许查阅证据有泄露商业秘密或受其他规定保护的任何类型秘密风险的,署长可以根据请求或依职权决定,在必要范围内限制查阅案卷证据的权利。

2. 第一款所称限制适用于根据第七十三条第五款开展程序中包括的证据。

3. 可以针对根据第一款发布的决定提出异议。

4. 申请取得限制证据的,应当附有说明和不包含第一款所称限制信息的文件版本,并附上相关解释。

4a. 申请不符合第四款所称要求的,署长应当要求申请人在规定期限内提供有关申请的补充材料或信息。第四款所称文件版本未于规定期限内提交,不得审查该申请。

5. 不包括受第一款所述限制任何信息的证据应提供给有关各方和实体,并附上相关注释。

第七十条

1. 除第二款和第三款规定的情形外,署长获得的适用第八十九条之一和第一百一十三条之一至第一百一十三条之十一相关的任何信息和证据,包括经营者或管理人申请完全豁免的信息和处理程序中获得的信息,均不得公开。

2. 发布决定之前,署长应当准许双方当事人获取第一款所称信息和证据。

3. 经营者或管理人申请免除或减少罚款,或进行和解的经营者或管理人书面同意提供第一款所称信息和证据,第一款不予适用。

4. 包含信息和证据的文件构成经营者或管理人员提出的声明,该声明要求完全免除或减少罚款,或经营者或管理人员和解,仅经营者或管理人员书面同意的,一方当事人才可以复制。

5. 可以对第四款所称信息和证据手写记录,并且记录一方承诺将由此获得的信息仅用于由署长处理的程序或由于有关案件的上诉在法院进行的诉讼。

6. 根据2001年《获取公共信息法》的规定,不得提供第一款所指的信息和证据。

第七十一条

1. 机构工作人员应当保护商业秘密以及程序中可能获得受其他规定保护的信息。

2. 第一款规定不适用于可以公开获取的信息、关于提起程序的信息或关于程序结束时发布决定及其内容的信息。

3. 第一款和第二款规定适用于贸易检查局工作人员和参与第一百零五条之一第二款所称检查的其他工作人员。

第七十二条

公共行政机构应当向机构提供其拥有的档案以及有关机构开展的程序的信息。

第七十三条

1. 除第二款至第四款另有规定外,过程中获得的信息不得用于根据其他规定开展的任何其他程序。

2. 第一款规定不适用于：

(1)通过公诉程序或金钱罚程序开展的刑事诉讼；

(2)由署长开展的其他程序；

(3)根据第 1/2003/EC 号条例，与欧洲联盟委员会和欧洲联盟成员国竞争机构共享信息；

(4)根据第 2006/2004/EC 号条例，与欧洲联盟委员会和欧洲联盟成员国主管当局共享信息；

(5)向主管机构提供可能表明违反任何其他规定的信息。

3. 署长应当向负责电信和邮政服务市场以及燃料和能源管理的监管机构(下称监管机构)提供信息，包括开展程序所需的市场研究和分析结果，但下列信息除外：

(1)国际承诺产生的保密义务，尤其是根据《欧洲联盟运作条约》第一百零一条或第一百零二条提起的程序程中获得的信息；

(2)适用第八十九条之一和第一百一十三条之一至第一百一十三条之十一的过程中获得的信息。

4. 监管机构有义务保护根据第三款获得的信息，不得用于监管机构开展的程序以外的程序。第六十九条和第七十一条规定相应适用。

5. 程序中，自欧洲联盟成员国竞争机构获得的信息可以在上述程序中，根据该机构提供该类信息的条件使用，包括在该类信息不得用于对特定人员实施处罚的条件下使用。

6. 署长开展的任何其他程序中获得的信息被纳入证据库中，署长应当通知有关各方。

第七十三条之一

1. 程序中获得的关于侵犯集体消费者权益的行为的信息表明，有理由怀疑经营者正在实施侵犯集体消费者权益的行为，该行为可能对广大消费者造成重大损失或不利影响，署长应当向公众披露，包括通过机构网站披露程序中获得有关经营行为及其可能后果的信息。

2. 第一款所称信息应当根据决定向公众披露。相关方可以提出异议。

第七十四条

决定终结程的，署长应当仅处理相关各方可以回应的指控。

第七十五条

1. 存在下列情形的，署长应当决定中止程序：

(1)已撤回集中经营意向申报；

(2)未处以第一百零六条第二款、第一百零七条、第一百零八条规定的罚款；

(3)案件已移交欧盟委员会根据共同体法处理。

2. 案件已由欧洲联盟成员国竞争机构解决的，署长可以决定中止程序。

第七十六条

除第九十三条、第九十九条之六和第一百零五条的规定外，有下列情形之一的，程序终结所在年度五年内不得提起程序：

(1)违反本法规定的行为业已发生；

(2)罚款决定具有法律约束力。

第七十七条

1. 署长认定经营者违反本法的，经营者以及第六条之一所称管理人员应当承担相关程序的费用。

2. 尤为合理的情形下，署长可以决定一方仅承担部分费用或不收取该类费用。

第七十八条

无论案件结果如何，署长可以命令一方承担由于其疏忽或明显不当行为产生的费用，尤其是由于提供的解释含混或不实，或由于隐瞒或延迟出示证据产生的费用。

第七十九条

参与集中的经营者应当承担资助科学研究所需专家和科研机构的必要意见的费用。

第八十条

署长应当就费用问题作出决定，决定可以包括在终结程序的决定中。

第八十一条

1. 署长的决定可以在送达之日起一个月内向华沙地区法院，即竞争和消费者保护法院（以下简称竞争和消费者保护法院）提出上诉。

2. 提出申诉的，署长应当立即将决定连同案卷一同移交竞争和消费者保护法院，且不得迟于上诉结束之日起三个月。

3. 署长认为上诉合理的，可以不向法院移交案卷，并全部或部分撤销或修改署长的决定，并以新的决定及时通知当事方，当事方可以上诉。撤销或修改决定的，署长应当同时说明决定在缺乏法律依据或者严重违法的情况下作出。

3a. 对允许一方当事人就和解程序发表最后声明的决定提出申诉的，署长应当不向法院移交案卷的同时：

(1) 认为申诉合理的，应当：

(a) 根据第三款规定撤销署长的决定；

(b) 根据第三款规定，全部或部分修改署长的决定，同时修改关于罚款的决定；罚款数额应当等于当事方未实施和解程序应当适用的数额。

(2) 认为申诉不合理的，修改署长关于罚款的决定，按照当事人未进入和解程序的情况下本应适用的金额罚款，并立即通过发送新的决定通知当事人，该决定可以申诉。

4. 申诉移交竞争和消费者保护法院之前，或者根据第三款或第三款之一撤销或修改决定之前，有正当理由的，署长可以开展旨在解决关于申诉的其他事项。

5. 第一款至第四款规定相应适用于被提出异议的署长决定，该异议应当在决定送达之日起一周内提出。

第八十二条

1.《行政程序法》规定的撤销关于恢复诉讼或撤销、修正或宣布无效决定的方式不适用于署长发布的决定。

2. 第一款规定相应适用于署长发布的决定。

第八十三条

本法未规定的事项中，署长处理程序应当遵循 1960 年《行政程序法》，但第八十四条另有规定除外。

第八十四条

本章未规定的事项中,署长处理的程序中涉及证据的事项,相应适用1964年《民事诉讼法》第二百二十七条至第三百一十五条。

第八十五条

本章规定适用于由于违反本法规定被处以罚款的案件。

第二章 关于限制竞争行为的反垄断程序

第八十六条

1. 任何人可以就涉嫌限制竞争的行为向署长提交申报书,并说明理由。

2. 第一款所称申报书可以具体说明:

(1)被指控实施限制竞争行为的经营者;

(2)基本事实;

(3)提交之人声称被违反的法律或《欧洲联盟运作条约》的规定;

(4)违反本法或《欧洲联盟运作条约》行为的事实;

(5)提交之人的信息。

3. 任何可能构成违反本法规定的证据文件应当附于告知书之后。

4. 署长应当在1960年《行政诉讼法》第三十五条至第三十七条规定期限内,向提交告知书之人提供书面信息,说明处理通知的方式以及理由。

第八十七条

1. 根据第1/2003/EC号条例第十一条第六款,有下列情形之一的,署长不得提起反垄断程序:

(1)欧盟委员会正在处理同一案件;

(2)案件已由欧盟委员会处理完毕。

2. 根据第1/2003/EC号条例第十三条,有下列情形之一的,署长可以不予提起反垄断程序:

(1)其他欧盟成员国主管竞争机构正在处理同一案件;

(2)案件已由其他欧盟成员国主管竞争机构处理完毕。

3. 第二款第一项所称情形下,署长已就特定案件提起反垄断程序的,可以决定中止,等待其他欧盟成员国主管竞争机构的处理结果。

第八十八条

1. 程序一方应当是受指控限制竞争行为的任何人。

2. 署长应当公布启动反垄断程序的决定,并通知有关各方。

3. 关于本法第六条第一款第一项至第六项或《欧洲联盟运作条约》第一百零一条第一款第一项至第五项所称限制竞争协议,署长应当在反垄断案件中提起程序,涉及:

(1)经营者违反上述规定的禁令;

(2)准许经营者违反相关禁令的管理人员。

4. 第三款适用于以下情形：署长已获得有关情况的信息，表明经营者在提起关于经营者违反此类禁令的反垄断程序后，管理人员允许经营者违反本法第六条第一款第一项至第六项或《欧洲联盟运作条约》第一百零一条第一款第一项至第五项规定的禁令。

第八十九条

1. 反垄断程序中，再实施被指控行为可能对竞争造成无法补救的严重威胁，在反垄断程序结束前，署长可以责令被指控经营者停止，以避免上述威胁。提出申诉不中止决定的执行。根据1960年《行政程序法》第十条规定，发布决定之前，相关方无权就收集的证据和材料或提交的请求提出意见。

2. 第一款所称决定中，署长应当具体说明决定具有约束力的期限。作出终结案件程序的决定后，决定不再有约束力。

3. 署长可以决定延长第一款所称决定具有约束力的期限。第二款后半段相应适用。

4. 第一项决定不得处以第一百零六条第一项第一款及第二款规定的罚款。

5. 对第一款所称决定提出申诉的，署长应当在收到申诉后十日内连同案卷移交法院。

6. 竞争和消费者保护法院应当在署长发出上诉通知之日起两个月内处理申诉。

第八十九条之一

1. 反垄断程序终结前，署长认为适用该程序有助于加速程序的，可以依职权或应当事人请求，向所有当事人提出参与和解程序的建议。

2. 当事人提出第一款所称请求的，署长应当在十四日内通知和解程序已经开始或未获同意。

3. 适用第一款所称程序的，对第七款所称最终立场已在决定内考量的当事人可能处以的罚款数额，应当相较参与和解程序，而根据第一百零六条第一款第一项或第二项或第一百零六条之一第一款本应处以的罚款减少百分之十。

4. 各方当事人应当在送达之日起十四日内，就第一款所称署长提议提交自己意见。

5. 同意参与和解程序的，署长应当通知同意的当事人相关反垄断程序的初步调查结果和预期的决定内容，包括根据第三款减少的罚款数额，此项数额的确定系根据第一百零六条第一款第一项或第二项或第一百零六条之一第一款决定内容，通知还包括第八十一条第三款之一规定的提出上诉的结果，与第四款的规定相应适用。

6. 审查当事人意见后，署长应当再次向当事人提供第五款所称信息，同时处理当事人提供信息和证据，第四款规定相应适用。

7. 审查当事人对第六款所称信息的意见后，署长应当要求当事人在规定期限内（不少于十四日）表达其最终立场。

8. 第七款所称最终意见应当包含和解方的声明，以及确认：

（1）当事人接受的罚款金额；

（2）当事人已得知被指控实施的违法行为，可以提出意见，并得知根据第八十一条第三款之一提出上诉的后果。

9. 第十条所称决定中，除第十款和第十一款另有规定外，署长应但考虑第七款所称最终立场。

10. 署长认为适用程序无助加速程序的，可以在任何阶段中止和解程序，并将立即通知参与程序的当事人。

11. 当事人可以在任何阶段退出和解程序,并通知署长。

12. 在第十款或第十一款所称情形中,署长获得有关和解程序的任何信息和证据,构成参与该程序的当时人陈述,不得用作有关程序、署长实施的其他诉讼以及根据其他规定开展程序的证据。

第九十条

基于重大消费者利益,署长可以决定立即执行某项决定的全部或部分内容。

第九十一条

1. 有合理理由的,执行公务部门关于数字化运作规定所称任何物品、档案、记录、文件和数据载体存放于住宅或任何其他场所、不动产或交通工具中,并且可能影响未决程序至关重要的事实确定,竞争和消费者保护法院根据署长的要求,可以同意警察部门予以搜查,包括扣押可以在程序中用作证据的物品。第一百零五条第三款和第四款规定相应适用。

2. 机构授权的工作人员或第一百零五条之一第二款所称其他人员应当参与第一款所称搜查。

3. 根据竞争和消费者保护法院指令,警察部门应当执行第一款所称行动。

4. 关于本法未尽之事项,1997 年《刑事诉讼法》比照适用于第一款所称搜查。

第九十二条

关于限制竞争行为的反垄断程序应当在启动之日后五个月内审结。1960 年《行政程序法》第三十五条至第三十八条规定相应适用。

第九十三条

1. 如果自限制竞争行为停止那一年年底起算已经超过五年,则不得提起竞争行为的程序。

2. 管理人员终止第六条之一所称行为年度以后五年内,不得对管理人员提起限制竞争行为的程序。

第三章　关于集中的反垄断程序

第九十四条

1. 根据第二款提交集中意向申报的任何人应当是程序的一方当事人。

2. 集中意向应当通过下列方式申报:

(1)第十三条第二款第一项所称情形中,经营者合并;

(2)第十三条第二款第二项所称情形中,接管另一经营者的经营者;

(3)第十三条第二款第三项所称情形中,参与创建合资企业的所有经营者;

(4)第十三条第二款第四项所称情形中,经营者取得另一经营者的部分资产。

3. 支配经营者通过两个以上从属经营者实施集中的,应当由支配经营者提交集中意向申报书。

4. 经营者在集中过程中,提起反垄断程序的,应当交纳费用。已提交申请但未支付费用的,署长应当于七日内通知申请人支付费用,不支付费用的,不处理申请。

4a. 有关集中的反垄断程序申请被驳回或中止的，第四款所称费用不予偿付。

5. 第四款所称费用收归国库。

6. 部长理事会应当以条例的形式确定：

(1)集中意向通知应当满足的具体要求，包括相关信息和文件清单，同时考虑各类经营者，尤其是金融机构开展的商业活动的具体性质；

(2)第四款所称费率以及支付程序，同时保障其不构成实施集中的障碍。

第九十五条

署长：

(1)无须集中意向申报的，应当退还集中意向申报书；

(2)集中意向申报不符合要求的，可以于十四日内退还；

(3)可以向提交集中意向申报方发出通知，要求其在规定期限内提交缺失的信息和其他补充信息；

(4)已经根据第三项发出通知，要求提交缺失信息和补充信息，但提交通知方未能于规定期限内提交的，可以退还集中意向申报。

第九十六条

1. 关于集中的反垄断程序应当于提起之日起一个月内审结。

2. 下列情况产生的期间不计入第一款规定的期限：

(1)集中的其他参与方发出通知；

(2)提供第九十五条第三项规定的缺失信息或者补充信息；

(3)支付第九十四条第四款所称费用。

第九十六条之一

1. 有下列情形之一的：

(1)特别复杂；

(2)根据集中意向申报书包含的信息或其他信息(包括署长处理程序时获得的信息)，可以合理推断集中将妨害市场竞争；

(3)有待市场研究。

审结期限应当延长四个月。

2. 第一款所称情形中，署长应当决定延长审结期限，并说明理由，不得对该决定提出异议。

3. 可以合理推断集中可能导致市场竞争受到严重阻碍的，署长应当向参与经营者提出关于集中的反对意见，并说明理由。

4. 经营者可以在自送达之日起十四日内提出意见。署长在经营者提出正当要求后，将期限至多延长十四日。

5. 署长可以向参与集中的经营者提出第十九条第二款所称条件。第四款规定相应适用。

6. 参与集中的经营者可以提出第十九条第二款所称条件，并承诺履行。该等条件可以在经营者关于其对署长提出的条件的意见声明中提出。

7. 经营者未提出意见，或不同意署长提出的条件，或署长不接受经营者提出的条件，署长应当作出第二十条第一款所称决定。

8. 第十一款规定的期限不包括下列期间：

(1)提供第九十五条第三项规定所需的缺失或补充信息；

(2)提出关于第三款所称署长的反对意见或第十九条第二款所称的条件的意见声明。

9. 经营者提出第十九条第二款所称条件的，第一款所称期限延长十四日。

第九十七条

1. 有义务提交集中意向通知的经营者在署长发布决定或发布决定期限届满之前不得实施集中。

2. 实施集中的法律行为，可以根据署长批准集中的条件，或在第九十六条或第九十六条之一所称期限届满后实施。

第九十八条

根据第十三条第一款规定的程序通知署长实施公开收购或置换股份的要约，不构成对第九十七条第一款所称义务的违反，但买方不得行使被收购股份所附表决权或仅出于维持资本投资的全部价值或避免参与集中的竞争遭受重大损害。

第九十九条

第二十一条第一款或第四款所称决定未执行的，署长可以决定分割经营者。该分割应当遵循2000年《商事合伙和和公司守则》第五百二十八条至第五百五十条关于公司的分割的规定。署长应当拥有参与分割公司的权力。署长可以向法院申请废止协议或申请旨在恢复先前情形的其他救济措施。

第三章之一　关于将格式协议的条款归为滥用权利条款的程序

第九十九条之一

1. 消费者、消费者监察员、保险监察员、消费者组织或在欧洲联盟成员国有权力的组织名单上的注册外国组织，有权提起格式协议条款归为滥用权利程序，并在《欧洲共同体公报》上公布，如果活动目标需提交关于在波兰使用的格式协议的通知，并且协议妨害该组织所在成员国的集体消费者利益，该组织可以书面形式向署长提交关于涉嫌违反第二十三条之一所称禁令的通知。

2. 第一款所称通知应当说明：

(1)被指控在格式协议中使用滥用权利条款的经营者；

(2)构成通知基础的事实；

(3)格式协议中违反第二十三条之一所称禁令的条款；

(4)可能违反第二十三条之一所称禁令的事实；

(5)提交通知方的具体信息。

3. 第八十六条第三款和第四款应当适用。

第九十九条之二

1. 提起关于将格式协议条款归为滥用权利条款的程序的一方应当是程序相关方。

2. 署长发布一项决定，对格式协议条款归为滥用权利条款提起程序，并通知相关方。

第九十九条之三

1. 署长认为同意提交申请的当事人参与程序可能有助于案件调查,可以同意该当事方作为利害关系方参与程序。

2. 有权提交通知的实体要求的,可以准予作为利害关系方参与程序。

3. 驳回或准许作为利害关系方参与程序的,应当以决定形式作出,并可以提出异议。

4. 署长应当通知当事方接纳利害关系方参与程序。

5. 利害关系方有权就案件事实提交文件和解释。

6. 利害关系方有权查阅案卷。

7. 署长应当将处理案件的方式通知相关方。当事人无权对决定提出上诉。

第九十九条之四

基于重大消费者利益,署长可以决定立即执行一项决定的全部或部分内容。

第九十九条之五

将格式协议条款归为滥用权利条款的程序不得超过四个月。特别复杂的,自提出之日起不得超过五个月。1960 年《行政程序法》第三十五条至第三十八条相应适用。

第九十九条之六

格式协议条款归为滥用权利条款的,自滥用权利条款终止适用年度当年年末起超过三年的,不得提起程序。

第四章　关于侵犯集体消费者利益的行为的诉讼

第一百条

1. 任何人可以就涉嫌侵犯集体消费利益的行为向署长提交书面通知。

2. 第一款所称通知可以由欧洲联盟成员国中有权提出请求的外国注册组织提交,并于《欧盟公报》公布,要求提交有关在波兰实施的非法不作为或作为造成的违法行为的通知,此等不作为或作为损害该组织所在成员方的集体消费者利益。

3. 第八十六条第二款至第四款规定相应适用。

第一百条之一

1. 涉及侵犯集体消费者利益行为的程序处理期间,被指控行为可能对集体消费者利益造成无法补救的重大威胁的,涉及侵犯集体消费者利益行为的程序终结之前,署长可以决定要求相关经营者终止,以避免发生上述威胁。申诉不中止上述决定的执行。根据 1960 年《行政程序法》第十条规定,决定作出之前,当事人无权对收集的证据和材料或提交的要求提出意见。

2. 第一款所称决定中,署长应当具体说明决定的约束力期限。该决定在终结案件程序的决定提出后不再具有约束力。

3. 署长可以决定延长第一款所称决定的约束力期限,与第二款末段相应适用。

4. 关于第一款所称决定,不得规定实施第一百零六条第一款第四项。

5. 第八十九条第五款、第六款相应适用。

第一百零一条

1. 任何由于侵犯集体消费者利益的行为被提起程序之人应当是程序的当事方。

2. 署长应当决定对侵犯集体消费者利益的行为启动程序,同时应当通知相关方。

第一百零二条

已废止

第一百零三条

基于重大消费者利益,署长可以决定立即执行一项决定的全部或部分内容。

第一百零四条

关于侵犯消费者集体权益行为的程序,应当于四个月内审结。特别复杂的,应当在提起程序之日起五个月内审结。1960 年《行政程序法》第三十五条至第三十八条规定相应适用。

第一百零五条

自终止侵害消费者集体权益行为的年度当年年末起算,超过三年的,不得再次提起程序。

第五章　署长审理过程中实施的检查和搜查

第一百零五条之一

1. 署长处理程序时,检查可以由机构或贸易检查局的授权工作人员(以下简称检查方)对任何经营者(以下简称被检验方)实施。

2. 署长可以授权下列工作人员参与检查:

(1)根据第 1/2003/EC 号条例第二十二条,欧盟成员方竞争机构的工作人员;

(2)根据第 2006/2004/EC 号条例第六条第三款的规定,系第三条第六项所称申请机构的工作人员;

(3)持有特定信息的工作人员,并且检查需要该类信息。

3. 根据第三十三条第四款和第五款,对属于分支机构职权范围内的事项,或者对于署长委托分支机构的事项,分支机构的工作人员应当根据分支机构主任代表署长签发的授权实施检查。

4. 授权实施或参与检查的授权应当规定:

(1)检查权限;

(2)法律依据;

(3)授权日期和地点;

(4)检查方的姓名和职务以及官方身份证件号码;第二款所称工作人员获得授权参与检查,则该等工作人员的姓名、护照号码或其他身份证件号码;

(5)被检查方;

(6)检查事项、期间等;

(7)检查的起始日期和预计完成日期;

(8)授权之人的签名,及其职位或职能;

(9)被检查方的权利和义务。

5. 第一款所称检查授权可以由署长签发,也可以根据主席的要求,由地区贸易检查局检查人员签发。

6. 检查方应当向被检查方或其授权工作人员送达实施检查的授权，并出示官方身份证，而第二款所称被授权参与检查的工作人员应当出示个人身份证、护照或其他身份证明文件。

7. 没有被检查方或其授权工作人员的，实施检查的授权以及官方身份证、个人身份证、护照或其他形式的身份证明可以送达被检查方的雇员，并视为1964年《民法》第九十七条所称之人，或提交公职人员但非检查机构雇员的见证人。授权应当立即送达被检查方，不得迟于检查结束之日起三日。

第一百零五条之二

1. 为获取可能构成案件证据的信息，应当授权实施检查人员：

(1) 进入被检查方持有的土地和建筑物、房屋或其他区域和交通工具；

(2) 要求查阅档案、记录、各类信函和文件及其副本和摘录、电子信件、执行公务部门关于数字化运作规定的信息技术数据载体、含有信息技术数据的其他设备或信息技术系统，包括查阅另一方含有属于被检查方的数据的信息技术系统，并且被检查方可以查阅；

(3) 根据第二项所称材料和信件记录；

(4) 要求被检查方印制第二项所称材料、信件以及第二项所称载体和装置或系统收集的信息；

(5) 要求第一百零五条第一款所称人员就检查事项作出口头说明；

(6) 要求第一百零五条之四第一款所称人员提供和移交可能构成证据的其他物品。

2. 根据第一百零五条之一第二款被授权参与检查的工作人员，进入土地和建筑物、房屋或其他区域、被检查方持有的运输工具以及进入第一款第二项所称载体和装置或系统收集的材料、通信和信息等，应当具有与实施检查的人员相同的权力，并予以记录。该人员有权与实施第九十一条和第一百零五条所称搜查的一方共同参与。

3. 在检查过程中，实施检查的一方可以获取其他国家检查部门或警察协助。国家检查部门或警察应当根据实施检查一方的指示采取行动。

4. 在合理的情形下，检查过程中的程序或检查过程中执行的任何具体行动可以使用视频或音频设备记录。检查报告应当附有执行公务部门关于数字化运作规定的信息技术数据载体，检查过程中的程序或检查过程中执行的任何具体操作记录于该载体上。

第一百零五条之三

已废止

第一百零五条之四

1. 第九十一条第一款所称被检查方、被检查方授权人员、拥有房屋或其他场所、不动产或运输工具之人有义务：

(1) 提供要求的信息；提供进入土地和建筑物、房屋或其他场所和交通工具的通道；

(2) 提供第一百零五条之二第一款第二项所称材料，或其他可能构成证据的物品。

(3) 提供第一百零五条之二第一款第二项所称数字化载体、设备或计算机系统的访问，涉及存储该载体、设备或系统中的信息，包括电子通信。

2. 第一款所称人员仅在可能导致自身或其配偶、长辈、后代、兄弟姐妹或同阶亲属以及被收养、看护或监护之人或生活伴侣承担刑事责任的,才能拒绝提供信息或在检查期间予以配合。检查期间内,拒绝提供信息或不予配合的权利在婚姻或收养、看护或监护关系存续期间有效。

第一百零五条之五

1. 被检查方应向实施检查的一方和被授权参与检查的人员提供有效执行检查所需条件和设施,被检查方应当:

(1)自行准备第一百零五条之二第一款第二项所称材料和信件的副本或打印件,以及该条所称载体、设备或系统中存储的信息;

(2)可能的情形下,提供独立可以封锁的房屋,以便检查;

(3)提供独立场所存放文件和安全物品;

(4)执行检查所需的范围内,提供可用通信手段。

2. 被检查方应当确认文件和打印件副本为原件的真实副本。拒绝确认的,由实施检查一方确认,并于检查报告注明。

第一百零五条之六

1. 实施检查的各方或被授权参与检查的人员应当根据检查期间收集的证据,包括文件、物品、检查卷宗、口头或书面解释和陈述以及其他数据载体,查明事实。

2. 第一款所称证据可以通过下列方式获取:

(1)将该类证据存放于被检查方财产封闭或独立、上锁并加盖印章封条的场所;

(2)提交文件,并向被检查方出具接收确认书,以便存储于贸易检查局办公室或区域检查局的办公场所。

第一百零五条之七

1. 第一百零五条之一第一款所称检查期间内,署长可以决定于检查所需期限内,扣押档案、记录、任何公函、文件、通信或数据载体、第一百零五条之二第一款第二项所称装置以及可能构成案件证据的其他物品,但不得超过七日。

2. 实施检查一方应当要求拥有第一款所称物品之人自愿交出,拒不交出的,可以根据行政执行程序规定予以扣押。

3. 权利受到侵犯之人有权就没收物品的决定提出申诉,但不中止决定的执行。

4. 第一款至第三款规定不适用于检查期间,在检查现场保护第一百零五条之二第一款第二项所称文件、记录、任何公函、文件、通信、信息技术数据载体和装置以及可能构成案件证据的其他物品,不适用于被检查方存储该等文件或物品的场所。

第一百零五条之八

1. 实施目视检查并拟定扣押报告后,第一百零五条之七第一款所称被扣押物品应当移至或存放于可靠场所,并有义务执行该程序机构的要求出示。

2. 扣押报告应当说明与扣押有关的案件、行动起止的确切时间、被扣押物品详细清单,并在必要时予以说明,指明署长为执行扣押而作出的决定。报告应当由执行扣押各方和被检查方代表签署。

3. 执行扣押人员有义务立即向利害关系方出具收取确认书,具体说明被扣押物品和扣押方,并立即通知被扣押物品的经营者。

4. 被扣押物品确定与程序无关的,或竞争和消费者保护法院撤销扣押该类物品的决定的,应当立即归还。任何情形下,不得超过第一百零五条之七第一款所称期限。

第一百零五条之九

1. 第1/2003/EC号条例第二十二条和第139/2004/EC号条例第十二条规定情下,署长可以根据第一百零五条之十四实施检查或搜查,或根据第九十一条请求同意实施搜查,而无须单独启动程序。

2. 第一款所称情形下,署长可以授权下列人员参与检查或搜查:

(1)机构工作人员;

(2)欧盟委员会或欧盟成员国竞争机构的工作人员;

(3)有专门知识的人员,并且该类信息为执行检查所需。

3. 经营者或被授权代表经营者之人,或第九十一条第一款所称拥有房屋或其他场所、不动产或运输工具之人,反对欧盟委员会根据第1/2003/EC号条例或第139/2004/EC号条例规定提出的程序,第二款第一项和第三项所称署长授权参与检查的人员在检查过程中,应当具有第一百零五条之二、第一百零五条之六至第一百零五条之八、第一百零五条之十四和第一百零五条之十五中规定的权力。第九十一条规定应当使用。

第一百零五条之九分条

1. 为获得可能构成侵犯集体消费者权益行为证据的信息,应当授权实施检查方采取措施采购产品。

2. 采买后,应当立即向被检查方或被检查方授权的人员出示授权实施检查活动的官方身份证件,并送达第四款所称检查授权和法院许可。

3. 第一款所称程序可以使用视听设备记录,无须通知被检查方。检查报告应当附有信息技术数据载体,该信息技术数据载体规定于执行公务部门关于数字化运作规定,检查期间的程序或检查期间执行的任何具体行动应当记录于信息技术数据载体。应当告知被检查方,第一款所称程序在前段所称行动完成后立即记录在案。

4. 第一款和第三款所称行动应当获得竞争和消费者保护法院同意,并应署长要求给予同意。

5. 竞争和消费者保护法院应当在四十八小时内发布第四款所称决定。不得提出异议。

第一百零五条之十

1. 检查过程中的程序应当由实施检查方记录于检查报告中。

2. 价差报告应当特别说明:

(1)被检查方的姓名和地址;

(2)检查的起止日期;

(3)实施检查人员的姓名和职务;

(4)检查的内容和范围;

(5)查明的事实;

(6)有关扣押的信息;

(7)就被检查方对报告提出异议的权利和拒绝签署报告的权利发出的指示。

3. 检验收集的证据应当附于检查报告中。

第一百零五条之十一

1. 检查报告应当由实施检查方和被检查方签字。

2. 被检查方收到报告后七日内,可以在签署报告前就报告提出书面反对意见。

3. 提出第二款所称异议的,实施检查方应当分析,并在必要时采取补充检查措施;异议合理的,实施检查方应当以报告附件的形式修改或补充报告相关部分。

4. 全部或部分驳回异议的,实施检查方应当书面通知被检查方。

5. 拒绝签字的,实施检查方应当在报告内注明。

6. 报告一式两份,一份交由被检查方,但被检查方保存的证据除外。

第一百零五条之十二

对经营活动的检查应当遵守2004年《商事活动自由法》第五章规定。

第一百零五条之十三

1. 第一百零五条之二第一款第二项所称实体,其权利在检查过程中受到侵犯的,可以在检查活动实施后七日内向竞争和消费者保护法院就超出检查事项或其他违法活动提出申诉。

2. 提出申诉不中止检查的实施。

3. 申诉通过署长移交竞争和消费者保护法院,署长应当在提起之日起七日内连同回应一并移交法院。

4. 竞争和消费者保护法院应当在机构移交申诉之日起七日内予以审查。法院应当依职权作出裁定,并说明理由。法院的裁定可以向二审法院提出上诉。

5. 竞争和消费者保护法院受理申诉的,通过相关检查活动获得的证据不得在相关程序、署长实施的其他程序以及基于独立调查实施的程序中用作证据。

第一百零五条之十四

1. 有限制竞争行为的,在初步程序和反垄断程序过程中,为自档案、记录、公函、任何通信或信息技术数据载体、系统和装置以及其他可能成为案件证据的物品获取信息,有理由认为有关信息或物品存于上述地点,署长可以搜查经营者的房屋和物品。

2. 搜查必须获取竞争和消费者保护法院的同意,并根据署长的要求。

3. 仅合理认为发生违法行为的,尤其证据不足时,署长才可以在初步程序内提出实施搜查的要求。

4. 竞争和消费者保护法院应当在四十八小时内就第二款所称案件作出裁定。竞争和消费者保护法院的裁决不得提出异议。

第一百零五条之十五

为获得可能构成案件证据的信息,实施搜查方有权自第一百零五条之二第一款第二项所称材料和通信,以及有关规定的载体和装置或系统中储存的信息中,作出相应记录,包括复制和打印。

第一百零五条之十六

被搜查方和权利受侵犯之人,可一在执行其他活动后七日内,就内容涉及超出搜查事项范围活动,或违反法律实施其他搜查活动,向竞争和消费者保护法院申诉。第一百零五条之十三第二款至第五款规定相应适用。

第一百零五条之十七

下列规定适用于第一百零五条之十四所称搜查：

(1)第一百零五条之一第二款至第七款、第一百零五条之二、第一百零五条之四至第一百零五条之八、第一百零五条之十和第一百零五条之十一；

(2)2004年《商事活动自由法》第八十条之一第一款和第八十条之二前段，关于本章未规定的事项；

(3)1997年《刑事诉讼法》第一百八十条、第二百二十四条第一款、第二百二十五条、第二百二十六条和第二百三十六条之一；关于适用上述条款，具有管辖权的法院是竞争和消费者保护法院。

第七编　罚　　款

第一章　处以罚款

第一百零六条

1. 经营者有下列情形之一的，即便非故意实施，署长可以决定对经营者处以的最高罚款数额，相当于处以罚款年度之前的财政年度总营业额的百分之十：

(1)违反第六条规定的禁令，并且第七条和第八条未予豁免，或违反第九条规定的禁令；

(2)违反《欧洲联盟运作条约》第一百零一条或第一百零二条；

(3)未经署长同意实施集中；

(3a)违反第二十三条之一规定的禁令；

(4)违反第二十四条规定的禁令。

2. 经营者有下列情形之一的，即便非故意实施，署长可以决定对经营者处以五千万欧元的罚款。

(1)第二十三条所称申请或第九十四条第二款所称通知内提供不实数据；

(2)未按照第十条第九款、第十二条第三款、第十九条第三款、第二十三条之三第三款、第二十八条第三款或第五十条的要求提供信息，或提供不实或误导信息；

(3)妨害根据第一百零五条之一或第一百零五条之九实施的检查，包括不遵守第一百零五条之四第一款或第一百零五条之五第一款规定的义务；

(4)妨害根据第九十一条或第一百零五条之十四实施的搜查，包括不遵守第一百零五条之四第一款或第一百零五条之五第一款规定的义务。

3. 第一款所称总营业额应为下列各项总和：

(1)根据会计准备金编制账户的经营者，损益账户登记的收入；

(2)年度财务报表中登记的收入，相当于根据会计准则编制的损益账户，或在统计财政年度所得收入的其他文件中登记的收入，如果经营者未根据会计准则编制损益账户，则包括预算报表；

(3)财政年度内产生的登记收入，尤其是产品、货物或材料的销售收入、财政收入以及根据法规或其他规定经营者活动范围的文书的活动收入，以及经营者获得的补贴金额，并且没有第一项或第二项所称文书；

(4)关于市、区及街道，个人税后所得。

4.经营者通过合并或变更其他经营者成立的，计算第一款所称总营业额时，署长应当考虑针对该等经营者处以罚款的前一财政年度的总营业额。

5.经营者被处以罚款前一财政年度没有总营业额或不足十万欧元，根据第一款罚款时，署长应当考虑针对该等经营者处以罚款的前三个连续财政年度的平均营业额。

6.第五款所称三年期间，经营者没有总营业额或不足十万欧元，署长可以决定处以不超过一万欧元的罚款。

7.作出决定前，经营者无法提供必要财务数据确定被处以罚款的前一财政年度的总营业额，署长根据第一款处以罚款时，应当考虑：

(1)经营者有关年度之前的财政年度实现的总营业额；

(2)第五款所称情况中，经营者有关年度之前连续三个财政年度实现的平均营业额。第六款相应适用。

第一百零六条之一

1.第六条之一所称管理人员故意准许违反本法第六条第一款第一项至第六项或《欧洲联盟运作条约》第一百零一条第一款第一项至第五项规定的禁令，署长可以对其处以最高二百万兹罗提的罚款。

2.第一款所称罚款，应在根据第一百零六条第一款第一项或第二项对经营者的罚款决定中对管理人员实施。

3.经营者管理人员由于违反本法第六条第一款第一项至第六项或《欧洲联盟运作条约》第一百零一条第一款第一项至第五项所述禁令，根据第一百零六条第一款第一项或第二项被处以罚款，不再处以第一款所称罚款。

第一百零七条

关于第十条、第十二条第一款、第十九条第一款、第二十条第一款、第二十一条第二款和第四款、第二十三条之二、第二十三条之三第一款、第二十六条、第二十七条第二款、第二十八条第一款、第八十九条第一款和第三款、第一百零一条之一第一款和第三款、根据第一百零五条之七第一款作出的决定或法院对限制竞争行为、侵犯消费者集体权益行为、在格式协议使用滥用权利条款和集中案件等情形，署长可以决定对经营者处以最高一万欧元的罚款。罚款自决定规定的日期实施。

第一百零八条

1.经营者管理人员故意或非故意未能执行下列事项的，署长可以决定处以其平均薪酬五十倍的最高罚款。

(1)遵守第一百零七条所称任何决定、决议或裁判；

(2)提交第十三条所称集中意向申报。

2.担任管理职务或经营者管理人员有下列情形之一的，署长可以处以第一款所称数额的罚款：

(1)妨害根据第一百零五条之一或第一百零五条之九实施检查；

(2)妨害第九十一条或第一百零五条之十四实施搜查。

3. 署长可以决定对下列人员处以第一款所称数额的罚款：

(1)第一百零五条之一第六款所称被检查方或被搜查方授权的人员，第九十一条第一款所称拥有房屋及其他场所、不动产或运输工具的人员：

(a)检查或搜查过程中，向署长提供不实或误导信息；

(b)妨害根据第一百零五条之一或第一百零五条之九实施的检查，包括不遵守第一百零五条之四第一款或第一百零五条之五第一款所称义务；

(c)妨害根据第九十一条或第一百零五条之十四实施的搜查，包括不遵守第一百零五条之四第一款或第一百零五条之五第一款所称义务。

(2)第一百零五条之一第七款所称被检查方工作人员，妨害提交该条款规定的文书。

4. 第一百零五条之一第六款所称被检查方或被检查方授权的人员，或第一百零五条之一第七款所称人员，是被检查方的管理人员，则署长可依据第三款进行罚款。

5. 署长可以决定对未经经营者或该条款规定的管理人员书面同意，复制第七十条第四款所称文书的任何人，处以最高两万兹罗提的罚款，或者将由于获取该类文件获得的信息用于提起程序后开展的程序或诉讼以外的目的，但用于刑事诉讼或金融刑事诉讼的除外。

6. 署长可以决定对下列人员处以最高五千兹罗提的罚款：

(1)无正当理由拒绝作证，或者无正当理由在署长传唤时，拒不出庭的证人；

(2)无正当理由拒不提交意见，或者无正当理由在署长传唤时，拒不出庭的专家。

第一百零九条

已废止

第一百一十条

已废止

第一百一十一条

1. 确定罚款数额时，署长应当尤其考虑违反本法规定的情况，以及先前违反本法规定的情况，并且罚款涉及：

(1)第一百零六条第一款和第一百零八条第一款第二项：违反本法规定的期限、程度和市场影响，违反的程度由署长根据下列事项评估确定：违法的性质，商业活动的违法属性；以及第一百零六条第一款第一项至第三项和第一百零八条第一款第二项所称情况下，违法发生的市场具体特性；

(2)第一百零六条之一：管理人行为对经营者实施违法行为的影响程度，管理人取得的收入，违法的期限，以及违法行为的持续时间和市场影响；

(3)第一百零六条第二款和第一百零八条第二款和第三款：违法对程序起止日期的影响；

(4)第一百零六条、第一百零八条第一款第一项：不遵守第一百零七条所称决定、决议或裁判造成的市场影响。

2. 根据第一款确定罚款数额时，署长应当考虑案件的减轻或加重情节。

3. 第二款所称减轻情节尤其包括：

(1)实施限制竞争行为的：

(a)主动救济违法后果；
(b)提起程序前后立即停止；
(c)主动停止违法行为或补救造成的影响；
(d)配合署长，尤其促进程序快速有效实施；
(e)经营者关于违反禁止限制竞争协议方面的消极作用，包括避免执行限制竞争协议的条款；
(f)基于胁迫开展活动，并且实施禁止限制竞争行为。

(2)在违反禁止侵犯集体消费者利益的做法或在标准协议中使用滥用条款的情况下：第一款第一项至第四项中提到的情况。

(3)管理人员准许经营者违反本法第六条第一款第一项至第六项或《欧洲联盟运作条约》第一百零一条第一款第一项至第五项所称禁止性规定的：
(a)基于胁迫；
(b)促使经营者对违法后果主动救济；
(c)提起程序前后，主动促使经营者停止违法行为；
(d)第一款第三项和第四项所称情况。

(4)未提交第十三条所称集中意向通知的，通知署长已经实施集中，并说明第一款第四项中所称情形。

4. 第二款所称加重情节包括：

(1)实施禁止限制竞争行为的：
(a)违反限制竞争协议，限制竞争协议的提出者或发起者，或诱使其他经营者参与该协议；
(b)强迫、胁迫或对其他经营者或个人采取报复措施，以实施或继续违法行为；
(c)先前相似的违法行为；
(d)违法行为的故意目的。

(2)实施禁止侵犯集体消费者权益行为或在格式协议使用滥用权利条款的：
(a)该行为造成大范围的严重影响；
(b)经营者由于违法获利极多；
(c)第一款第三项和第四项所称情况。

(3)管理人员准许经营者违反本法第六条第一款第一项至第六项或《欧洲联盟运作条约》第一百零一条第一款第一项至第五项所称禁止性规定的：
(a)限制竞争协议的组织者或发起者，或诱使其他经营者或个人参与协议；
(b)管理人自违法行为获利极多；
(c)第一款第二项和第三项所称情形。

(4)未通知第十三条所称集中意向的，第一款第一款第三项和第四项所称情形。

第一百一十二条

1. 已废止。

2. 第一百零六条至第一百零八条所称罚款收入纳入国家预算收入。

3. 应当在署长发布的决定具有法律约束力之日起十四日内支付罚款。

4. 第三款所称期限届满未支付的,依照行政强制执行程序收缴。

5. 逾期缴纳罚款的,不收取利息。

6. 撤销罚款或减少罚款数额的具有法律约束力的决定被撤销或修改,应当在提出退还罚款的要求之日起十四日内退还全部或部分已付罚款,同时附有法院裁判,并酌情确认裁决具有法律约束力。退还罚款不得收取利息。

第一百一十三条

1. 应经营者、管理人员或第一百零八条所称之人要求,署长可以出于申请人的重大利益,推迟支付罚款或制定支付罚款的分期付款计划。

2. 申请书应当附有申请人重大利益说明书。

3. 延期或确定支付罚款的分期付款计划的,署长应当根据 1997 年《税务条例》第五十六条第三款规定,自驳回请求次日起,按未支付金额的百分之五十的罚息利率收取年利。

4. 确定支付罚款的分期付款计划,第三款所称利息在每次付款时收取。

5. 延期支付罚金的期限或支付每笔分期付款的期限届满之日前,收取利息。

6. 发现有关案件解决的新情况或以前未知的情况,或未在期限内支付分期付款,署长可以推迟支付罚款或宣布分期支付罚款计划无效。

7. 署长应当以决议的形式决定延期罚款或制定分期付款计划。

第二章　限制竞争协议中免除或减少罚款

第一百一十三条之一

1. 签订本法第六条第一款或《欧洲联盟运作条约》第一百零一条所称协议的经营者,可以向署长提交免除或减少罚款的申请(以下简称申请)。

2. 申请书应当说明协议具体内容,尤其包括:

(1)签订协议的经营者;

(2)货物或服务;

(3)所涉区域;

(4)协议事项;

(5)协议订立情况;

(6)协议生效及其方式;

(7)协议的期限;

(8)特定经营者的参与作用;

(9)关键人员的姓名和正式职位,以及对职位的描述;

(10)申请是否已经提交欧盟成员国竞争机构或欧盟委员会。

3. 第一款所称经营者不得披露申请意图。

4. 署长应当确认提交申请的日期。

5. 提交申请之时起,申请人有义务充分配合署长,尤其是:

(1)主动并应署长要求,迅速提供持有或可能持有的有关案件任何证据或信息;

(2)不妨碍经营者的职工和管理人员说明;

(3)不得销毁、伪造或者隐匿有关案件的证据或者资料；

(4)未经署长同意，不得披露已提交申请的事实。

6. 提交申请前未停止参与协议的申请人有义务在提交申请后立即停止。

第一百一十三条之二

署长应当根据第一百零六条第一款第一项或第二项规定，对已签署《欧洲联盟运作条约》第六条第一款或第一百零一条所称协议的经营者豁免，并且经营者应当符合下列所有要求：

(1)首个提交符合第一百一十三条之一第二款规定的申请，并符合第一百一十三条之一第三款、第五款和第六款规定的条件的申请协议的参与者。

(2)已经提交：

(a)足以提起反垄断程序的证据，或使署长可以获得该类证据的信息；或者

(b)申请在反垄断程序启动后提交的，证据有助于第十条所称决定的作出；或者应署长要求，信息使获得该类证据成为可能，前提是，署长当时未掌握该类信息或证据。

(3)未强迫其他经营者参与协议。

第一百一十三条之三

1. 签署本法第六条第一款或《欧洲联盟运作条约》第一百零一条所称协议的经营者，不符合第一百一十三条之二规定的所有要求，并且符合下列所有条件，署长应当减少罚款：

(1)提交符合第一百一十三条之一第二款要求的申请；

(2)符合第一百一十三条之一第三款、第五款和第六款规定的条件；

(3)提交有关在审案件的证据，并且署长未掌握。

2. 第一款所称情形中，署长应当减少罚款：

(1)百分之三十至百分之五十，适用于经营者未提交申请，对经营者处以罚款，该项规定适用于第一个符合第一款规定条件的经营者；

(2)百分之二十至百分之三十，适用于经营者未提交申请，对经营者处以罚款，该项规定适用于第二个符合第一款规定条件的经营者；

(3)经营者未提交申请，最高可减少百分之二十的罚款，适用于符合第一款规定条件的其他经营者。

第一百一十三条之四

1. 第一百一十三条之三第一款所称经营者在已提交申请的案件作出决定之前，是另一未提起反垄断程序或初步程序的协议首个参与者，就该另一项协议提交申请，并向署长提交第一百一十三条之二第二款第一项所称证据或资料的，署长在已提交下列文件的案件中：

(1)根据第一百一十三条之三第二款，首次申请的，应当减少罚款的百分之三十；

(2)关于另一协议的申请，应当根据第一百零六条第一款第一项或第二项规定免除罚款，并且经营者符合第一百一十三条之二规定的所有条件。

2. 第一百一十三条之五第一款第二项所称另一协议，根据第一百一十三条之五所称申请提交后，在第一百一十三条之五第二款规定期限内，提交了缺失的信息或数据，署长应当减少对第一款第一项所称经营者的罚款。

第一百一十三条之五

1. 经营者没有第一百一十三条之一第二款所称范围内信息，或第一百一十三条之二第二款或第一百一十三条之三第一款第三项所称证据或信息的，可以向署长提交标记版申请，并提供第一百一十三条之一第二款第一项至第四项、第七项至第九项所称信息。

2. 经营者提交申请后，署长应当立即说明必须提交的信息或证据的范围以及提交期限。

3. 第二款规定期限内提交信息或证据的，申请应当视为在提交标记版申请之日提交。

4. 未于规定期限内提交资料和证据的，不予处理。

第一百一十三条之六

1. 经营者向欧盟委员会提交第1/2003/EC号条例第二十三条第二款第一项所称豁免申请，要求参加涉及欧盟三个以上成员国领土的禁止性协定的，也可以同时向署长提交简易申请。

2. 第一款所称申请应当说明下列内容：

(1)缔结协议的经营者；

(2)协议涉及的货物或服务；

(3)协议涉及的区域；

(4)协议的目标；

(5)协议的期限；

(6)表明存有该类协议证据所在的欧盟成员国。

3. 简易申请中应当包含企业在欧盟其他成员国或欧盟委员会提交或将提交的申请信息。

4. 关于简易申请中所称协议提起程序的，署长应当要求经营者保证于规定期限内提交第一百一十三条之一第二款所称资料以及第一百一十三条之二第二款或第一百一十三条之三第一款第三项所称证据或资料。

5. 第四款所称期限内提交资料或证据的，申请视为在提交简易申请之日提交。

第一百一十三条之七

署长驳回或经营者撤回申请的，应当于七日内将申请退还经营者。

第一百一十三条之八

第一百一十三条之一至一百一十三条之五和第一百一十三条之七相应适用于第六条之一所称管理人员，并且遵照第一百一十三条之九和第一百一十三条之十。

第一百一十三条之九

管理人员应当在申请中提供所需信息，仅包括由于任职和对协议的作用拥有的信息。

第一百一十三条之十

1. 符合第一百一十三条之一第二款规定要求的经营者申请书，附有第一百一十三条之二第二款或第一百一十三条之三第一款第三项所称证据或资料，应当包括第六条之一所称经营者管理人员。

2. 管理人员得知以第一百一十三条之一第五款所称方式提交申请后配合署长的，署长应当根据与经营者罚款相同的规则减少对该人员的罚款。

3. 未免除提交申请的经营者的罚款，或未减少由于经营者不符合第一百一十三条之一第三款、第五款和第六款或第一百一十三条之二第三款规定的条件处以的罚款的，署长仍应免除或减少符合第二款规定条件的管理人员的罚款。

第一百一十三条之十一

部长理事会应当确定经营者或管理人员提交申请的具体方式和程序，申请实体的类别和符合第一百一十三条之二和第一百一十三条之三第一款规定的条件予以可靠评估的必要性，以及申请的适当分类。

第八编　刑事规定

第一百一十四条

1. 违反第四十二条第四款规定，违反向消费者监察员作出解释和信息的义务，或违反就消费者监察员的意见作出回应的义务的，应当处以二千兹罗提以上的罚款。

2. 涉及第一款所称行为的案件应当根据 2001 年《轻罪法》规定予以审查。

第九编　修正、过渡期及其他规定

第一百一十五条至第一百二十九条

已删除。

第一百三十条

确定第一百一十一条所称罚款金额的，应当考虑违反 2000 年《竞争和消费者保护法》规定的情形。

第一百三十一条

1. 根据 2000 年《竞争和消费者保护法》规定提起的程序，于本法生效之日尚未终结的，遵照现有规定处理。

2. 集中意图不受本法规定的通知义务约束的，根据 2000 年《竞争和消费者保护法》提起的关于集中的反垄断程序应当中止。

3. 根据 2000 年《竞争和消费者保护法》提出的关于限制竞争行为和侵犯集体消费者利益的行为提起程序的申请，根据该申请，尚未对限制竞争行为或侵犯集体消费者利益行为提起反垄断程序的，视为本法规定的对该类行为的嫌疑提示。

第一百三十二条

根据第二十九条规定的程序任命署长前，这一职能由根据现有规定任命的署长履行。

第一百三十三条

根据 2000 年《竞争和消费者保护法》规定设立的全国消费者监察员理事会成员，于本法生效后，将据其规定保有理事会成员资格。

第一百三十四条

1. 根据本法第四十条规定的程序解任前，根据现有规定任命的消费者监察员履行应当职能。

2. 区长具体规定新的条件前，消费者监察员的雇用和薪资的现有条件继续有效。

第一百三十五条

1. 本法生效之日起，机构将承担根据现有规定设立的竞争和消费者保护机构的所有权利、义务。

2. 本法生效之日起，根据现有规定设立的竞争和消费者保护机构的资产依法归为机构资产。

3. 根据现有规定设立的竞争和消费者保护机构的权利和资产无偿转让于机构，免予征收任何税费。

4. 本法生效之日起，根据现有规定设立的竞争和消费者保护机构的工作人员依法成为机构的工作人员。

第一百三十六条

1. 根据2000年《竞争和消费者保护法》第十六条、第二十八条第三款、第五十七条第六款、第七十七条第六款、第九十四条第五款和第一百零三条之一第五款颁布的实施细则，在根据本法第十七条、第三十三条第三款、第六十三条第五款、第九十四条第六款和第一百零九条第五款发布的实施细则生效之前持续有效。除第二款规定的情形下，不得超过本法生效之日起十二个月。

2. 根据2000年《竞争和消费者保护法》第七条颁布的实施细则在其有效期内持续有效。

第一百三十七条

2000年《竞争和消费者保护法》即行废止。

第一百三十八条

本法自公布之日起三十日起生效。

黑山外国投资法

万　立　译　詹继续　审校*

《黑山外国投资法》译介

2019 年世界银行集团《营商环境报告》显示，黑山于全球一百九十个经济体中营商便利度排名第五十位，其中获得信贷指标高居第十二位，跨境贸易、执行合同及办理破产等指标均居于前五十位。《黑山外国投资法》于 2011 年正式颁布，为外国投资者提供了诸多便利措施和保障。①

适用范围

根据 2011 年《外国投资法》第 1 条规定，该法“规范外国投资方式、外国投资者权利、对外国投资者的保护、促进和黑山外国投资等其他重要事项”。其中，外国投资者是指：(1) 外国实体或自然人；(2) 外资占实体资本总额 10% 及以上的实体；(3) 外国人于黑山设立的实体；(4) 于国外有居住地的黑山公民。值得注意的是，该法第 2 条第 2 款规定，“本法中，外国投资者应视为根据已执行投资，依法获得黑山公民身份的人”，这意味着外国投资者在投资层面的活动与黑山公民享有的权利和遵守义务完全一致。再者，该法所称外国投资是指依法开展的金钱投资、货物投资、服务投资、所有权投资和证券投资。“根据会计准则，对货物和所有权的外国投资应解释为对固定资产的投资。”

投资者权利和义务

关于投资形式，该法第 4 条规定：“黑山的外国投资者可以：1. 设立企业（独资或与其他投资者合资）；2. 设立外国实体关联机构；3. 收购法律实体的权益和股份；4. 收购企业。”同时，黑山境内的外国投资者，可按设立企业时与黑山公民相同的条款和条件（国民待遇），设立并投资企业，即向企业资产投资。该法还赋予外国投资者同政府签订各类特许协议的形式展开投资事宜：“外国投资可通过政府特许经营协议、商业特许经营协议、融资租赁协议、不动产买卖协议和法律规定的其他协议开展。”应注意的是，该法对外国投资者的投资份额有所限制，即

---

* 译者：万立，华东政法大学博士研究生；审校：詹继续，法学博士，华东政法大学讲师。

① 参考资料：http://www.chinatax.gov.cn/n810219/n810744/n1671176/n1671206/c3317940/part/3317957.pdf。

不得拥有高于49%的资本或权益份额(无表决权)。此外,外国投资者如以资产投资国内实体,仅与国家实体或自然人设立武器和军备制造及贸易企业。

除投资形式的多样化外,《外国投资法》为外国投资者提供各类保护。例如,该法第四章规定,除公共利益由法律或依据法律确定外,不得征用外国投资者的资产,且征用后应依法支付补偿。因战争或紧急情况而遭受损害的外国投资者有权获得赔偿,赔偿金额不得低于依法由国内实体和自然人补偿的费用。根据该法,外国投资者有权就公职人员或公共部门的非法或不合规活动造成的损害获得赔偿。

黑山促进外国投资署

黑山促进外国投资署是负责黑山外国投资事宜最主要的部门。投资署是执行关于公共利益活动的实体。根据该法第16条,投资署应履行下列职责:(1)根据《战略》和投资署年度工作方案,执行促进黑山投资机会的任务,具体涉及:①备置、开发和公布关于黑山投资机会的信息;②为外国投资者于某些经济领域和部门的投资提供技术援助;③安排国内外企业直接接触;④加强与相关国际机构合作,促进对外投资。(2)监管外国投资的执行情况,与黑山国家部门、地方自治机构和国家机构合作,以促进和支持投资的实现。(3)向政府提供关于外国投资的信息,以改善投资环境。(4)保存外国投资者和外国投资的记录。(5)和外国投资领域的其他活动。此外,投资署的运行资金由黑山预算和拨款提供。

同时,根据本法和《投资署规约》,投资署由理事会管理。投资署理事会应当:(1)采用政府批准的法规、投资署组织条例及其他条例;(2)一同与财务计划制定年度工作方案;(3)决定投资署资金的使用;(4)通过关于投资署工作和年度财务状况的年度报告;(5)决定理事会成员的赔偿金额,并由政府批准;(6)决定独立审计员的任命;(7)根据法律和投资署法规决定其他事项。此外,理事会设主席一名,理事两名。投资署主任应:(1)代表投资署;(2)管理投资署运作,并对投资署活动的合法性负责;(3)起草投资署工作报告和投资署理事会的其他报告;(4)执行政府理事会决定;(5)提出投资署组织和制度化规定;(6)履行法律和《投资署规约》规定的其他职责。

除投资署外,与其平行的外国投资委员会负责吸引外国投资和指引外国战略活动。委员会应:(1)考虑战略的执行情况,并就外国投资的发展发表意见;(2)根据投资实际情况和战略执行期间的市场变化,为促进外国投资活动的变化提供指引;(3)考虑与促进和指引外国投资相关的其他事宜。

投资争议解决

根据《外国投资法》第30条规定,由外国投资引起的任何争议应由黑山法院解决,除关于设立的决定外,即投资协议约定该类争议应根据国际公约于国内或外国仲裁之前解决。如缔约方为政府,则于《国际投资争端解决中心公约》签署之前,由外国投资引起的争议应根据《关于解决国家与其他国家国民之间投资争端公约》对非该公约签署国的附件便利规则,于国内或国外仲裁之前解决。如缔约方为国内或外国实体和自然人,则由外国投资引起的争议应根据联合国国际贸易法委员会规则于国内或国际仲裁前解决。

总体而言,《外国投资法》十分简略,外国投资者还应根据黑山政府颁布的优先发展清单等细化规定开展投资。黑山拥有约8亿消费者的市场,加入了世界贸易组织、与欧盟签署了稳定与联系协议、与俄罗斯、土耳其和乌克兰分别签署了自由贸易协定,并加入中欧自由贸易区、欧洲自由贸易联盟。得益于其在亚得里亚海/地中海的优越地理位置(经巴尔港可与东欧和中欧的铁路和公路连接,具有便捷的贸易通道)和较好的商业环境,成为"通往巴尔干半岛的门户"。

《黑山外国投资法》颁布令

《黑山政府公报》,2011年4月1日第18/11号

本人特此公告第二十四届议会会议于2011年3月17日第一届常会(春季)第二次会议通过《外国投资法》。

编号:01－373/2

2011年3月25日于波多理察

黑山总统菲利普·武亚诺维奇　议员

根据《黑山宪法》第八十二条第一款第二项和第九十一条第二款,黑山第二十四届议会会议于2011年3月17日第一届常会(春季)第二次会议制定法律如下:

第一章　总　　则

第一条

本法规范外国投资方式、外国投资者权利、外国投资者保护、促进和黑山外国投资等其他重要事项。

第二条

本法中,外国投资者是指:

(1)外国实体或自然人;

(2)外资占实体资本总额百分之十及以上的实体;

(3)外国人于黑山设立的实体;

(4)在境外有居住地的黑山公民。

本法中,外国投资者视为根据已实施投资而依法获得黑山公民身份的人。

第三条

本法所称外国投资,是指依法开展的金钱投资、货物投资、服务投资、所有权投资及证券投资。

根据会计准则,对货物和所有权的外国投资是指对固定资产的投资。

第二章　外国投资的方式

第四条

黑山的外国投资者可以：

(1)设立企业(独资或与其他投资者合资)；

(2)设立外国实体关联机构；

(3)收购法律实体的权益和股份；

(4)收购企业。

第五条

外国投资可通过政府特许经营协议、商业特许经营协议、融资租赁协议、不动产买卖协议及法律规定的其他协议开展。

第三章　外国投资原则

第六条

除本法另有规定外，黑山境内的外国投资者设立企业时，与黑山公民适用相同的条款和条件(国民待遇)设立并投资企业，即投资企业资产。

第七条

外国投资者以资产投资国内实体，即仅与国家实体或自然人设立武器和军备制造及贸易企业。

外国投资者在本条第一款所称企业中不得拥有高于百分之四十九的资本或权益份额，即表决权。

第八条

外国投资者经国家对外贸易主管部门(以下简称外贸部)批准，并征得国防主管部门意见后，方可投资本法第七条所称企业。

本条第一款所称批准程序中，尤其应当虑及相关外国投资的质量、类型和范围。

本条第二款所称外商投资质量、类型及范围的评估方法，由外贸部于本法颁布之日起一百二十日内制定。

第九条

武器和军备制造及贸易企业获得外贸部批准前，不得就本法第四条和第五条所称安排展开谈判。

第十条

应当依法设立外国投资保险公司、银行和其他金融机构及保税区。

第四章　外国投资者保护

第十一条

除由法律或依据法律确定的公共利益外，不得征用外国投资者的资产，且征用后应当依法补偿。

第十二条

因战争或紧急情况而遭受损害的外国投资者有权获得补偿，补偿金额不得低于依法向国内实体和自然人支付的补偿费用。

根据本法，外国投资者有权就公职人员或公共部门的非法或不合规活动造成的损害获得赔偿。

第五章　吸引和促进外国投资

第十三条

吸引和促进有益于黑山经济发展的外国投资应当根据《促进外国投资战略》（以下简称《战略》）展开。

黑山政府（以下简称政府）将通过一项为期五年的《战略》。

第十四条

《战略》应包括下列内容：

（1）外国投资领域的形势分析；

（2）外国投资领域合同义务履行情况分析；

（3）关于促进外国投资的障碍及消除的指南；

（4）按地区、地域和目标市场分析投资机会；

（5）关于吸引和促进外国投资的指南；

（6）鼓励和促进外国投资的优先举措；

（7）实施《战略》的最后期限，确定优先事项和可能的资金来源；

（8）与吸引和促进外国投资有关的其他数据。

第十五条

促进外国投资的任务应当由黑山促进外国投资署（以下简称投资署）执行。

投资署是执行公共利益活动的实体。

第十六条

投资署应当履行下列职责：

（1）根据《战略》和投资署年度工作方案，执行促进黑山投资机会的任务，具体涉及：

①备置、开发和公布关于黑山投资机会的信息；

②为外国投资者于某些经济领域和部门的投资提供技术援助；

③安排国内外企业直接接触；

④加强与相关国际机构合作，促进对外投资。

（2）监管外国投资的执行情况，与黑山国家部门、地方自治机构和国家机构合作，促进和支持投资的实现。

（3）向政府提供关于外国投资的信息，改善投资环境。

（4）保存外国投资者和外国投资的记录。

（5）外国投资领域的其他活动。

投资署的运行资金由黑山政府预算和拨款提供。

第十七条

投资署设理事会和主任。

第十八条

根据本法和《投资署规约》，投资署由理事会管理。投资署理事会应当：

（1）采用政府批准的规约、投资署组织条例及其他条例；

（2）与财务计划一同制定年度工作方案；

（3）决定投资署资金的使用；

（4）通过关于投资署工作和年度财务状况的年度报告；

（5）决定理事会成员的赔偿金额，并由政府批准；

（6）决定独立审计员的任命；

（7）根据法律和《投资署规约》决定其他事项。

第十九条

理事会设主席一名，理事两名。

理事会应当由政府根据国家负责经济事务机构的提议任命和罢免，任期四年。

理事会成员的工作方式和决策应当遵照《投资署规约》。

第二十条

投资署由主任管理。

理事会应根据公开竞聘情况，向政府推荐投资署主任。

政府任命投资署主任，任期四年。

第二十一条

投资署主任应当：

（1）代表投资署；

（2）管理投资署运作，对投资署活动的合法性负责；

（3）起草投资署工作报告和投资署理事会的其他报告；

（4）执行政府理事会决定；

（5）提出投资署组织和制度化规定；

（6）履行法律和《投资署规约》规定的其他职责。

第二十二条

投资署主任及雇员应根据一般议事规则行使权利和履行义务。

第二十三条

投资署应当向政府提交工作及运行报告，构成附有独立审计员报告的年度财务报表。

第二十四条

外国投资委员会(以下简称委员会)负责吸引外国投资和指引战略活动。

委员会应当:

(1)考虑《战略》的执行情况,并就外国投资的发展发表意见;

(2)根据投资实际情况和战略执行期间的市场变化,为促进外国投资活动的变化提供指引;

(3)考虑有关促进、指引外国投资的其他事宜。

第二十五条

委员会由一名主席和六名委员组成。

总理任委员会主席。

委员会成员包括:政府任命的三名部长、市政协会理事会主席、黑山经济商会主席和外国投资者协会提议的一名成员,选举应当获得政府批准。

外国投资者协会代表任期两年,可连选连任。

委员会所需行政、技术事务由投资署执行。

委员会应制定《议事规则》。

第六章　外国投资记录

第二十六条

投资署应当记录外国投资。

外国投资记录尤其应当包括:

(1)姓名和位置,即外国投资者的姓名和地址;

(2)外国投资者设立外国企业时,母公司的名称和地址;

(3)外国投资者的业务类型;

(4)外资金额、类型和资本结构;

(5)与外国投资记录相关的其他信息。

本条第一款所称记录,应当基于本法第二十七条所称数据记录。

第二十七条

外国投资数据由下列人员提交:

(1)商事法院中央登记处(根据本法第二条具有外国投资者地位的企业和部分企业的数据);

(2)中央存管机构(外国投资者的股本数据);

(3)负责不动产地籍登记的国家机关(外国实体和自然人不动产所有权和其他物权的数据)。

第二十八条

本法第二十七条所指数据的修改应当每季度向投资署提交。

记录的数据仅可集体发布、披露,不得披露任何个人信息和法律规定为机密的数据。

第二十九条

本法第二十六条所称数据的详情和根据本法第二十七条提交信息的方式应当由主管经济事务部门制定的条例规定。

第七章 争议解决

第三十条

由外国投资引起的任何争议应由黑山法院解决,除关于设立的决定外,即投资协议约定该类争议应根据国际公约在国内外通过仲裁解决。

如缔约方为政府,则在《关于解决国家与其他国家国民之间投资争端公约》签署之前,由外国投资引起的争议应当根据《关于解决国家与其他国家国民之间投资争端公约》关于非该公约签署国的附件便利规则,在国内或国外仲裁解决。

如缔约方为国内或外国实体和自然人,则外国投资引起的争议应当根据联合国国际贸易法委员会规则通过国内或国际仲裁解决。

第八章 过渡期和其他规定

第三十一条

本法第十五条和第十六条所称促进外国投资活动应由投资署执行,投资署根据《关于设立外国投资促进署的决定》(《黑山共和国政府公报》第33/04号、第11/07号、第25/07号和第8/07号)设立。

投资署有义务于本法颁布之日起一百二十日内设立外国投资记录。

商事法院中央登记处、中央存管机构和负责不动产登记部门有义务于本法颁布之日起九十日内根据本法第二十七条提交数据。

第一款所述机构有义务于任命投资署理事会之日起三十日内使其运作符合本法。

第三十二条

理事会成员应于本法颁布之日起四十五日内任命。

任命理事会成员前,理事会所有职责应由本法生效时任命的理事会成员履行。

投资署主任应于理事会任命之日起四十五日内任命。

任命为投资署主任前,主任所有职责应由本法生效时任命的主任履行。

第三十三条

《外国投资法》(第52/00号、第36/07号及第40/10号《政府公报》)自本法生效之日起废止。

第三十四条

本法自《黑山政府公报》公布之日起第八日生效。

波多理察,2011年3月17日

黑山议会第24届会议

议长兰科·克里沃卡皮奇 议员

黑山对外贸易法

万　立　译　万　立　审校*

《黑山对外贸易法》译介

《黑山对外贸易法》由2011年4月1日《黑山政府公报》第18/11号法律公布，2011年4月8日起生效实施。黑山共和国第三产业发达，主要经济支柱是旅游业和制铝工业，在对外贸易方面主要对外出口铝制品相关工业产品，服务贸易商以住宿餐饮、房地产、电信金融和旅游业为主。《对外贸易法》是黑山共和国为加入世界贸易组织而颁布和修改的对外贸易管理方面的法律规定，其中大量内容与世界贸易组织的协定保持一致，主要涉及对外贸易的基本原则、对外货物贸易、对外服务贸易、贸易救济措施等。

对外贸易的基本原则

《对外贸易法》在第一编就规定了黑山共和国从事对外贸易的基本原则，主要包括贸易自由原则、透明度原则、国民待遇原则和最惠国待遇原则。根据《对外贸易法》第2条的规定，货物贸易中的"国民待遇"是指不得对进口货物直接或间接征收高于国内同类产品的国内税或其他任何形式的国内费用；就有关其国内销售、许诺销售、购买、运输、分销或使用的法律、法规及其他规定而言，进口货物享有不低于国内原产同类产品的待遇，且不得为了保护国内产品，对其征收或施加税款、国内费用、法律、法规或其他要求；货物贸易中的"最惠国待遇"是指外国或境外进出口、关税和任何就进出口而征收的费用或因进出口产生的国际转移支付、该类关税和费用的适用方式、与进出口相关的所有规定和手续、以任何形式征收的国内税项，以及有关国内销售、许诺销售、购买、运输、分销或使用的所有要求方面的待遇，均不得低于同类产品向其他任何国家进出口，享有的相同待遇。

服务贸易中的"国民待遇"是指针对国外服务或服务提供者，在服务供给的措施方面，应获得不低于国内同类服务和服务提供者的待遇；服务贸易中的"最惠国待遇"是指给予任何国家的服务和服务提供者的待遇，均不得低于其他任何国家同类服务和服务提供者享有的待遇。除此之外，《对外贸易法》还保障参与对外贸易的本国人或外国人可以享受贸易自由的规定，但黑山共和国政府可以根据需要采取特定的限制性措施，此类限制性措施必须在政府公

* 译校：万立，华东政法大学博士研究生。

报中进行公布，以保证对外贸易的参与方可以获得有效的信息服务。

对外货物贸易与服务贸易

《对外贸易法》第二编和第三编分别针对对外货物贸易和服务贸易进行规制，就对外货物贸易而言，除法律明确规定禁止进出口的产品、需要进行数量限制或进出口配额、需要进行进出口许可的货物以外，其他的货物一律可以进行自由贸易。对于进出口许可证的颁发标准，《对外贸易法》中采取了与 1994 年《关税与贸易总协定》第 × × 条“一般例外”条款相同的规定，并与《进口许可程序协定》的有关规定保持一致，如对于保护人类、动物或植物的生命与健康、维护国家安全、保护环境或可耗竭自然资源、维护社会公德、保护知识产权和执行有关金银的特殊规定的情况下需要进口和过境许可（第 20 条）；对于保护具有艺术、文化、历史或考古价值的国宝、保护濒危物种或植物保护国家安全、保护环境或可耗竭自然资源、保护知识产权和执行有关金银的特殊规定的情况下需要出口许可证（第 21 条）。此外，《对外贸易法》还规定了有关动植物检验检疫的有关要求和技术性规范（第 29 条和第 30 条）。就对外服务贸易而言，《对外贸易法》规定了有关国民待遇和最惠国待遇的基本原则，以及遵循《服务贸易总协定》中跨境支付、境外消费、商业存在、自然人流动的标准对服务进行分类。

贸易救济措施

《对外贸易法》中规定了与世界贸易组织有关协定一致的贸易救济措施，包括反倾销税、反补贴税和保障措施，其中，第 35 条对于“倾销”和“补贴”的定义，第 40 条有关反倾销税与反补贴税的决定，第 41 条有关反倾销与反补贴的临时措施，分别与《关于实施 1994 年关税与贸易总协定第 6 条的协定》（以下简称《反倾销协定》，ADA）和《补贴与反补贴措施协定》一致，而第 44 条关于保障措施的定义、第 45 条关于保障措施的决定、第 47 条关于保障措施的期限、第 50 条关于临时保障措施的实施等条款与《保障措施协定》的内容一致。这充分说明，黑山共和国颁布《对外贸易法》的主要目的和初衷是修改国内立法以期加入世界贸易组织。

第一编　总　　则

第一条　适用范围

本法调整对外贸易事项。

第二条　定义

本法下述术语含义如下：

（1）“对外贸易”，是指黑山共和国与其他国家或地区之间关于货物、有形资产、无形资产、财产权利或服务开展的过程中所涉任何贸易、经济活动、商务往来、合同、交易及其他活动。

（2）“国民待遇”，就货物而言，是指不得对进口货物直接或间接征收高于国内同类产品的国内税或其他任何形式的国内费用；就有关其国内销售、许诺销售、购买、运输、分销或使用的法律、法规及其他规定而言，进口货物享有不低于国内原产同类产品的待遇，且不得为了保护国内产品，对其征收或施加税款、国内费用、法律、法规或其他要求。就服务而言，是指针对国外服务或服务提供者，在关于服务供给的措施方面，应获得不低于国内同类服务和服务提供者的待遇。

(3)"最惠国待遇"，是指外国或境外进出口、关税和任何就进出口而征收的费用或因进出口产生的国际转移支付、该类关税和费用的适用方式、与进出口相关的所有规定和手续、以任何形式征收的国内税项，以及有关国内销售、许诺销售、购买、运输、分销或使用的所有要求方面的待遇，均不得低于同类产品向其他任何国家进出口，享有的相同待遇。就服务而言，是指给予任何国家的服务和服务提供者的待遇，均不得低于其他任何国家同类服务和服务提供者享有的待遇。

(4)"人"，是指自然人或法人。

(5)"本国人"，是指：

(a)住所或经常居住地在黑山共和国（以下简称黑山）的自然人；

(b)住所在黑山的法人；以及

(c)外国法人在黑山的分支机构或代表机构，其：

①根据黑山法律登记；

②在黑山登记的地址实际开展业务；并且

③在该地址内设有独立账簿和经营记录。

(6)"外国人"，是指：

(a)住所或经常居住地在黑山境外的自然人；

(b)住所在共和国境外的法人。

(7)"货物"，是指任何动产或资产，但不包括证券、商业票据及现金。

(8)"货物出口"，是指根据海关规则，将货物自黑山境内运输或交付至外国或境外地区。

(9)"进口"，是指根据海关立法，将货物或服务从其他国家或境外运输或交付至黑山境内。

(10)"过境"，是指根据海关立法，货物运输经过但未进入黑山领土展开一般贸易。

(11)"限制性措施"，是指国家机关为限制对外贸易实施的任何禁令、数量限制、特殊税费（关税、国内税或实际提供的服务收费除外）、条件、许可证、批准或其他措施，但不包括技术规范。

(12)"数量限制"，是指某类货物在规定期限内允许进口或出口的最高总值或数量，包括禁止进出口的数量。

(13)"配额"，是指向出口商或进口商分配的进出口总值或数量的份额。

(14)"许可证"，是指国家机关在行政程序中，根据利害关系人的申请所授予的许可或权限，是实施进出口的前置条件。

(15)"国家机关"，是指任何行政机关、公共机构、部、署或任何其他行使立法、行政或司法权的政府部门。

第三条　一般规定

(1)除本法另有规定外，对外贸易不受限制。

(2)任何人均可以根据其法定资格和商业能力,以及规范商业活动的相关法律开展对外贸易。

(3)行政机关任何违反本法规定且限制对外贸易的法律行为均属无效。

(4)依照本法规定办理的事项不得限制对外贸易或变相保护国内产品。

第四条　制定限制性措施的权利

黑山政府(以下简称政府)是唯一有权制定限制性措施的国家机关。

第五条　制定限制性措施的条件

(1)政府仅可在下列情况中制定限制性措施:

①经本法特别授权;

②为执行本法规定有必要采取限制性措施;

③限制性措施的类型和范围是为实现执行本法所需的最低限度。

(2)本条第一款所称限制性措施必须在缺乏证明其存在的正当理由,或其适用条件发生变更时,予以废除或限制其适用范围。

第六条　公开

(1)除本法另有特别规定外,限制性措施自《黑山共和国政府公报》公布之日起三十日后生效。

(2)国家外贸易主管机关(以下简称主管机关)依照利害关系人的书面请求,应当对本法实施情况进行通报。

(3)政府应当通过具体决定,建立、维护并公布进出口管制清单,包括不受限制的进出口货物信息,以及本法规定受限制的进出口货物信息。

第七条　申诉权

(1)除本法另有规定外,关于一般行政程序的法律适用任何依照本法实施的程序。

(2)本法第六条第二款所称主管机关,依照本法在行政程序中作出决定。

(3)对本条第二款所称决定,可以提出申诉。

(4)法院可以对本条第三款所称上诉程序中作出的决定,实施司法审查。

第八条　保密信息

(1)关于任何具有保密性质的信息,或本法规定程序中的当事人在保密基础上提供的信息,有充分理由的,应视为保密信息。

(2)本条第一款所称具有保密性质的信息,包括披露将为竞争对手造成重大竞争优势的信息,或对信息提供方或信息获得方产生重大不利影响的信息。

(3)依照本法及其实施规定,未经供应商明确许可,程序处理部门或其人员不得泄露任何供应商要求保密处理的信息。

第九条　服务费

(1)除与实际提供的服务明确相关,且有必要补偿该服务外,不得征收任何进出口相关费用。对外贸易相关收费应当低于提供服务的近似成本,且不得作为对国内产品的间接保护以及获取财政收入的手段。

(2)政府应当发布定期对外贸易服务收费表。

(3)根据本条第一款收取的资金应当纳入黑山财政预算收入。

第十条　争端解决

(1)对外贸易参与各方之间可以就其交易、管辖法院或仲裁庭选择,约定适用的法律。

(2)当事人未约定适用的法律或争端解决地的,应当依照国际私法的一般原则确定。

(3)本条第二款所称情形下,争端一方为黑山政府或国家机关的,“外国人”一方可以根据国际投资争端解决中心的《附加便利规则》向其申请解决。

(4)加入《国际投资争端解决中心公约》之前,国内外的仲裁可以适用《国际投资争端解决中心公约》的《附加规则》。该规则适用于未加入《国际投资争端解决中心公约》的国家。

第二编　对外货物贸易

第一章　进口和出口

第十一条　进出口货物的权利

根据相关法律以及本法颁布的法律和其他法律规定确定的地位,任何人均可以从事货物进出口贸易,包括但不限于:

①受制于管理商业活动的立法规定,用于出售、进出境加工或其他商业交易的货物;

②供法人、个人或家庭自用的货物;

③从事专业活动所需的货物(企业家、农民和从事专业活动或提供服务的自然人)。

第十二条　国民待遇

(1)依照本法规定从事货物进出口贸易的外国人,享有与本国人同等的待遇。

(2)进口货物有权享有国民待遇。

第十三条　最惠国待遇

(1)根据对黑山具有约束力的国际协定,进出口货物享有最惠国待遇,政府也可以另行确定。

(2)本条第一款所称最惠国待遇不是为促进边境贸易而予以毗邻国或地区的优惠,不是双边或多边自由贸易区、关税同盟协定以及旨在促进建立自由贸易区或关税同盟的临时协定予以的优惠。

第十四条　禁止进口

(1)黑山法律禁止进口或过境的货物,不得进口或过境。

(2)货物出口国、原产国或目的国法律禁止此类货物流通的,政府可以禁止其进口、暂时进口或过境。

第二章　数量限制和许可证

一、数量限制

第十五条　条件

(1)仅下述情形之一,政府可以施加进口数量限制:

①黑山必需品严重短缺,或为减轻必需品短缺造成的后果;

②为保护不可再生自然资源,并且出口限制与国内生产或消耗限制同时施行。

(2)政府可以依照本法第四十四条至第五十条规定,对进口货物采取数量限制的保障措施。

第十六条　数量通知

主管机关应当在指定期限内作出具体决定,公告本法允许进出口的货物总量或总值,以及该总量或总值的变化。

第十七条　配额分配

(1)主管机关应当以公开招标提交配额分配要求的方式分配配额。

(2)公开招标必须在配额分配前八日或以内公布。

(3)主管机关应当根据公开投标公告规定的客观合理标准和条件分配配额,该分配不得有保护目的或扭曲竞争效应,尤其包括:

①经济合理的货物配额数量;

②申领者使用先前分配配额的绩效;

③为先前未被分配配额之人分配配额。

(4)配额分配决定应当明确规定配额获得者应当具备的条件,包括使用配额的时间不得超过一年。

(5)对于不按本条第一款规定的公开投标使用配额者,主管机关可撤销其配额分配决定,向其他人分配配额。

(6)配额有效期内货物装运量不受限制。

(7)进口方有权选择供应国,出口方有权选择目的国。

第十八条　不可转让配额

配额分配获得者不得将配额转让他人,也不得允许他人代用。

二、许　可　证

第十九条　一般规则

(1)政府可以依照本法规定,基于客观合理的标准、条件和程序,对某些货物的进口、出口或过境收取许可证。

(2)政府可以出于行政或统计目的规定许可证(以下简称自动许可),并确保对外贸易不受该许可证限制。只要自动许可证仍然存在优势,且不能以更适当的方式实现其基本行政目的,自动许可证制度应当继续有效。

第二十条　进口和过境许可证标准

仅下述情形之一,政府可以要求持有进口或过境许可证:

(1)保护人类、动物或植物的生命或健康;

(2)保护国家安全;

(3)保护环境或可耗竭自然资源;

(4)维护社会公德;

(5)保护知识产权;

(6)执行有关金、银的特殊规定。

第二十一条　出口许可证标准

仅下述情形之一,政府可以要求持有出口许可证:

(1)保护具有艺术、文化、历史或考古价值的国宝;

(2)保护濒危物种或植物;

(3)保护国家安全;

(4)保护环境或可耗竭自然资源;

(5)保护知识产权;

(6)执行有关金、银的特殊规定。

第二十二条　授予许可证的权利

(1)主管机关是唯一有权决定进口、转口或出口许可证申请的机关。

(2)主管机关在决定本条第一款所称申请时,必要时可以同其他有关国家机关协商。

(3)除本条第一款规定外:

①国家文化事务主管部门决定具有艺术、文化、历史和考古价值的文物出口许可证申请;

②国家动植物卫生保护主管部门对动物、动植物产品和其他可能携带或传播病虫害、动物疫病或人畜共患疾病的货物的进口许可证申请作出决定;

③国家环境保护主管部门对有害垃圾和珍稀动植物物种的进口、过境或出口许可证的申请作出决定;

④国家卫生主管部门对进口药品、医疗器械和其他可用作医疗用途物品的许可证申请作出决定。

第二十三条　许可证申请决定期限

(1)进口、过境或出口许可证自申请之日起,按先到先受理的原则,处理期限不得超过十五日。

(2)同时受理多起申请的,自公告规定的申请期限届满之次日起算,处理期限不得超过三十日。

第二十四条　许可证条件

(1)发放的许可证应当具体说明许可证持有人应满足的条件和理由。

(2)某些货物的进口、出口或过境许可证的具体发行条件由政府规定。

(3)可为一类或多类货物签发许可证。

(4)除本条第三款规定外:

①对于农产品以及可能携带对黑山动植物健康和生命安全造成严重危害的有害生物或疫病的其他货物,按一种货物类型签发许可证;

②对艺术、文化、历史、考古类文物,实行一件一证;多件物品构成一批货物的,实行多件一证。

第二十五条　程序性错误

(1)不得因未改变基本数据的程序性文件错误,拒绝发证申请。

(2)拒绝发证的决定应当以书面形式通知申领者并说明理由。

第二十六条　吊销许可证

(1)许可证一经签发,仅发生下列情形之一,发证机关可以吊销许可证:

①颁发许可证后,本法规定禁止该许可证下的货物进出口;

②持证人违反许可证条件的;

③违反本法或其他相关法律规定颁发许可证的;

④签发决定是基于错误信息或以欺骗形式获取。

(2)本条第一款所称情形中,除紧急情形外,对于已支付但未交付的大量货物,不得吊销许可证。

(3)本条第二款所称紧急情形,包括黑山暴发动植物疫病或病虫害时,出口易受感染的农产品,或自外国拟进口可能对人、动植物造成不可接受程度危害的货物。

第二十七条　许可证的有效期

(1)许可证的有效期不得超过一年。该期间内装运数量不受限制。

(2)主管机关应当备置许可证发放登记簿。

(3)主管机关规定已发放许可证的登记内容和登记簿的备置方式。

第二十七条之一

(1)自动许可证应当在行政可行范围内,收到申请后在十个工作日内立即发放。自动许可证也可在已提交的申请材料副本上以备注形式签发,并注明备案编号。

(2)在货物进入适当的海关处理程序前,应向每一位申请者发放自动许可证。按照现行规定缴纳发证费的,须随附已缴纳发证费的证明。

(3)自动许可证有效期为一年,可根据持证者要求自动延期。有效期延续次数不受限制。

第三章　特 殊 要 求

第二十八条　认证

(1)合同、国内外法律或国际协定要求进出口货物附有特定证书或核证文件,其签发或认证不属于某一特定机关职权范围的,该证书和证明文件由政府指定机构签发或认证。

(2)政府规定本条第一款所称签发证书和证明文件的方式。

第二十九条　动植物卫生检疫要求

(1)根据国际倡议和准则、现有科学依据以及特定国家或地区相较黑山的动植物卫生状况,禁止自该等国家或地区进口、转口及出口动物、植物、动植物产品以及其他可能携带或传播危害人类和动物健康的病虫害的货物。

(2)法律规定特定类型货物的进口、过境和出口应当遵守相关动植物卫生检疫要求。

第三十条　技术规范

(1)符合黑山适用的技术规范,可以规定为货物进口条件。

(2)为保护国家安全、环境以及人类和动植物生命健康,本条第一款所称技术规范确立货物流通强制性标准。技术规范适用于任何产地的货物,包含货物的特征、技术规格、专门术语、符号、包装、标记、生产方式及方法。

(3)除标准构成本条第一款所称技术规范外,不得以符合标准作为货物进口的条件。

第三编　对外服务贸易

第三十一条　范围

(1)本法所称对外服务贸易,是指提供服务:

①自黑山领土至其他国家领土,或自其他国家领土至黑山领土;

②黑山领土内由本国人向外国人提供;

③由本国人通过其他国家领土内的商业存在,或由外国人通过黑山领土内的商业存在;

④由在他国领土内的本国自然人和在黑山领土内的外国自然人提供。

(2)本条第一条第三款所称商业存在,是指任何类型的企业或专业形式的组织。

(3)行使政府职权时提供的服务不视为本条第一款所称服务。

第三十二条　最惠国待遇

根据对黑山有约束力的国际协定,外国人在共和国境内提供服务享有最惠国待遇,政府也可另行决定。

第三十三条　国民待遇

根据对黑山有约束力的国际协定,以及特定服务的法律规定,外国人在黑山境内提供服务享有国民待遇。

第四编　特殊贸易措施

第三十四条　一般条款

(1)依照本法第三十五条至第五十条规定,政府可以采取下列特殊贸易措施限制货物进出口。

①反倾销税;

②反补贴税;

③保障措施。

(2)政府应当考虑相关世贸组织协定和欧盟法律规定,制定本条第一款所称特殊贸易措施的实施程序和条款。

第一章　反倾销税和反补贴税

第三十五条　定义

下列术语在第三十五条至第四十三条中的具体含义如下:

(1)“反倾销税”,是指为消除倾销影响而对进口货物征收的特殊关税。

(2)“倾销”,是指货物以低于其正常价值的价格进口至黑山,对黑山国内产业造成实质损害或实质损害威胁,或对黑山建设该产业造成实质阻碍。

(3)“正常价值”，是指：

①同类产品在出口国正常贸易过程中用于消费时的可比价格；或

②如果该产品未在出口国市场销售，则为：

(i)同类产品出口至与黑山市场状况相当的第三国的最高可比价格；或

(ii)该产品在原产国的生产成本因管理、销售、一般成本及利润提高的合理价格。

(4)“反补贴税”，是指对进口货物征收的特殊关税，以消除为生产或向共和国出口此种货物而直接或间接给予原产国或出口国的补贴所产生的影响。

(5)“补贴”，是指原产国或出口国政府或机构直接或间接给予生产商或出口商的任何资金或其他补助；除非根据世界贸易组织的相关协定，所涉财政补助为不可申诉补贴。

(6)“国内产业”，是指国内同类产品的生产者总体，或其产品总产量占国内总产量主要部分的生产者；本法第三十七条第三款规定的情形除外。

(7)“同类产品”，是指各方面与所涉产品相同的产品；若无相同产品，则指不是各方面相似，但特征与所涉产品特征极为相似的另一产品。

第三十六条　申请标准

(1)仅基于依照本法规定开展调查，政府才可以征收反倾销税或反补贴税：

①与国内生产或消费水平相比，倾销或补贴进口产品大量增加；

②倾销或补贴的进口产品的价格明显低于国内同类产品的价格，或该进口产品的价格很大程度降低国内同类产品的价格，或抑制国内同类产品价格的正常上涨；

③由此对国内产业造成实质损害或实质损害威胁。

(2)调查显示造成国内产业损害的主要因素为补贴或倾销以外因素的，不征收反补贴税或反倾销税。

(3)反倾销税税额不得超过消除国内产业损害所需金额或倾销幅度(货物正常价值与拟出口至黑山的价格之间的差额)，以二者孰低为准。

(4)反补贴税税额不得超过消除国内产业损害所需金额或补贴金额二者中较低者。

第三十七条　调查程序

(1)主管机关应当根据国内产业或以其名义作出的书面申请开展调查。

(2)申请通过以下方式提交的，视为由国内产业或以其名义作出：

①国内生产者的总产量占国内同类产品总产量的百分之二十五以上的；

②本款第一项所称生产者的总产量占提出、支持或反对申请的国内生产者产出的同类产品总产量的百分之五十以上；

(3)与补贴或倾销产品的进出口商有关联的生产者，或其本身是进口商品生产者的，不视为国内产业的一部分。

(4)主管机关应当对本条第一款所称申请展开审查，并决定是否立案调查。

(5)尽管存有本条第一款规定，但有充分证据证明存在倾销或补贴、实质损害以及二者之间有因果关系的，主管机关可以依职权立案调查。

(6)主管机关不得提供与立案调查请求有关的信息。主管机关应当公布立案调查的决定及后续各阶段程序。

(7)调查应自立案之日起一年内结束。

第三十八条　申请

立案调查申请应当附有所有必要证据，尤其包括：

①产品说明；

②申请者在本条第一项所称产品国内生产总量中所占份额的信息；

③本条第一项所称产品的出口国、已知每一出口商或外国生产商的名称和进口商的名单；以及

④有关倾销和/或补贴进口产品对国内生产造成的损害以及倾销或补贴进口产品与损害之间因果关系的信息。

第三十九条　利害关系方

（1）利害关系方，包括受调查产品的工业用户、有代表性的消费者组织，可以参与调查，维护其利益，并有权：

①会见利害冲突方；

②口头陈述自己的观点；

③自由使用相关非保密信息。

（2）主管机关在对倾销和/或补贴作出最后决定之前，应当将审议中构成立案调查程序的依据的基本事实通知所有利害关系方，在三十日内采取明确措施并征求意见，且在到期后作出决定。

第四十条　决定

确认存在倾销或补贴的，政府应当决定是否征收反倾销税或反补贴税。

第四十一条　临时措施

（1）确定下列情况的，政府可以在立案调查之日起六十日后采取临时措施：

①可能同时存在倾销和/或补贴以及对国内产业造成的损害；

②延误造成很难补救的损失；

③利害关系方有机会提交保护其利益所需的资料。

（2）在下列情况下实施本条第一款所称的临时措施：

①确定存在倾销或补贴以及对国内产业造成实质损害；

②延误造成很难补救的损失；以及

③程序当事方和其他利害关系方有机会提交保护其利益所需的资料。

（3）采取临时措施的决定应在《黑山共和国政府公报》上公布。

（4）临时反倾销税措施实施的期限不超过六个月，临时反补贴税措施实施的期限不超过四个月。

第四十二条　征税和退税

（1）反倾销税或反补贴税确定金额高于已缴纳的临时税或担保预估金额的，差额部分不予收取。

（2）调查程序完成时，发现不存在倾销或补贴，或确定税款低于已缴的临时税或担保金额的，应当立即退还差额。

第四十三条　期限

（1）反倾销税或反补贴税应在补救损害期间内持续有效，但实施期限不得超过四年。

(2)在本条第一款规定期间内,主管机关应当依照本法相关调查程序的规定,复审继续征收反倾销税的必要性。

(3)本条第二款所称复审表明,由于终止反倾销税或反补贴税,倾销、补贴或二者对国内产业造成的因果关系损害不可能继续或再次发生时,政府应当根据具体情况取消征收反倾销税或反补贴税。

第二章 保障措施

第四十四条 申请标准

(1)根据第四十五条至第五十一条规定,确定某特定产品在一定时期内正以相对或绝对快于国内生产的速度大量进口,致使国内产业相同或类似产品造受严重损害或严重损害威胁的,政府可以采取措施以补救进口增加对国内产业造成的损害和扰乱(以下简称保障措施)。

(2)本条第一款所述的"国内产业",是指同一、同类或直接竞争产品的生产者,其总产量占黑山此类产品总产量的主要部分。

(3)本条第一条第二款所称"严重损害",是指国内产业遭受全面重大减损。

(4)本条第一款所称所有产品的进口,无论其原产国或出口国,均适用保障措施。

第四十五条 决定

(1)实施保障措施的决定应当以主管机关依职权立案调查的结果为依据。

(2)立案调查的决定应在《黑山共和国公报》上公布。

第四十六条 形式

(1)保障措施可以采取数量限制或提高关税的形式。

(2)以数量限制为保障措施的,进口数量不得低于过去三个有代表性年份的平均进口水平。

(3)保障措施应当仅在防止或补救严重损害并促进国内产业调整所必需的范围内实施。

第四十七条 期限

(1)保障措施应在补救损害期间持续有效,但实施期限不得超过四年。

(2)除本条第一款规定外,政府遵照本章规定的程序确定有必要继续采取保障措施,且有证据证明该产业正在进行调整的,可以延长实施期限。

(3)依照本条第二款规定,延长期内保障措施不得比延期前更加严格。

(4)保障措施的实施期限不得超过八年。

第四十八条 自由化

(1)保障措施实施期限超过一年的,政府应当逐步放宽该措施。

(2)保障措施实施期限超过三年的,政府应当在实施期限的中期之前审查实施该措施的必要性。

第四十九条 保障措施的实施

(1)在与先前措施适用期限相等的期限届满之前,不得对已适用该措施的进口产品实施保障措施。任何情形下,该期限不得少于两年。

(2)除本条第一款规定外,对同一产品在过去五年内未实施两次以上保障措施的,在保障措施实施满一年后,政府可以对该产品的进口再次实施期限至多一百八十日的保障措施。

第五十条　临时保障措施

(1)政府有权以提高关税的形式,采用不超过两百日的临时保障措施,如有证据明确表明:

①进口增加已对国内产业造成严重损害或严重损害威胁的;

②延误采用保障措施将造成难以弥补的损害。

(2)依照本条第一款所收取的任何款项,经后续调查确定进口增加未对国内产业造成严重损害或严重损害威胁的,应当及时退还相关进口商。

(3)任何临时保障措施的期限应当计入第四十七条所述措施的总期限。

第五编　监　　督

第五十一条　执行监督

国家对外贸易主管部门、国家文化事务主管部门、国家动植物卫生保护主管部门、国家环境保护主管部门和国家国民健康保护主管部门,依照本法规定的权限范围对本法和根据本法制定的规章的实施进行监督。

第六编　其他规定

第五十二条

个人法律行为或行政决定授予的与对外贸易活动有关的所有权利,未在本法生效之日完全行使的,可以在该法律或行政决定规定的期限内行使。

第五十三条

本法生效日前已经启动对外贸易相关程序的,应当依照本法生效之日的规定执行。

第五十四条

根据对外贸易法(《南联盟政府公报》第46/92号、第49/92号、第16/93号、第24/94号、第28/96号、第29/97号)规定的罪行,针对犯罪和商业犯罪立案的所有犯罪和商业犯罪程序,根据本法生效之日的规定执行。

第五十五条

适用本法所必需的规定于本法生效之日起六个月内通过。

第五十六条

自本法生效之日起,根据对外贸易法实施《对外贸易法令》(《马其顿共和国官方公报》第33/00号、第44/00号),《对外贸易法》(《南联盟政府公报》第46/92号、第49/92号、第16/93号、第24/94号、第28/96号、第29/97号),以及根据该法律或法令颁布的任何条款终止执行。

第五十七条

本法自《黑山共和国政府公报》公布之日起第八日施行,立即生效。

捷克投资促进法

万　立　译　韩　驰　审校*

《捷克投资促进法》译介

《捷克投资促进法》于2000年5月1日生效，捷克按照欧盟关于国家鼓励和内部市场的法规和外资结构变化情况分别于2002年、2004年和2007年对该法进行了修订，主要是放宽对外资投资领域的限制，采用欧盟国家支持规则，减少对制造业投资项目的税收优惠和资金补贴，加大对技术中心和商业支持服务投资项目的支持力度。2015年5月1日，《投资促进法修正案》生效，主要扩大了外国投资者享有的税收优惠。

适用范围

《投资促进法》的适用范围十分广泛，未规定主体性限制。该法第1条规定，"本法调整予以投资促进措施的一般条件、应遵循的程序及为支持捷克共和国经济发展和创造就业机会而行使相关国家行政管理"，工业和贸易部（工贸部）是负责管理外国投资事宜的主要部门。关于投资项目，该法第1a条规定有下列事项："1.生产制造业的启动或扩大；2.技术中心的建设或扩大；或3.战略服务中心的启动或扩大。"此外，该法还规定有优先予以投资奖励的战略项目："1.政府批准的制造业投资项目，合格成本为5亿克朗或以上，其中二亿五千万克朗或以上用于为制造收购机器，并创造500个或以上新的工作岗位。2.政府批准的技术中心领域投资项目，合格成本为二亿克朗或以上，其中一亿克朗或以上用于购买机器，并创造100个或以上新的就业机会。"

投资奖励

《投资促进法》对外国人获得投资奖励的条件有详细规定。一般而言，"如法律实体或自然人证明可遵照本法规定的一般条件和特别法律规定列出的具体条件以及欧盟直接相关立法规定的条件，可获得投资奖励"，但对合格支出高于一亿欧元的投资项目的投资奖励，仅可在投资项目获欧洲联盟委员会禁止国家援助的个别豁免情形下授予。一般条件包括：(a)于

---

* 译者：万立，华东政法大学博士研究生；审校：韩驰，华东政法大学硕士研究生。

捷克共和国境内开展某一投资项目;(b)项目、结构或设施的环境友好程度;(c)根据第3条第1款提交投资奖励申请表之日后,开始与实施投资项目的相关工作;(d)自根据第5条第4款或第5a条作出契约奖励决定之日起,遵照第3款至第5款规定的条件3年以内。此外,制造业领域和技术中心投资项目还包括创造、填补新工作岗位的要求。

2015年修正的《投资促进法》最大的变化在于对外国投资者予以大力征税减免。该法规定:"(1)根据特别法律规定获得投资奖励契约的纳税人,如为获得契约而开办企业并登记为所得税纳税人,如符合特别法律规定的一般条件和本法规定的特别条件,可申请退税,即:(a)如所得税纳税人是法律实体,第21条第1款规定税率和第20条第1款规定税基的乘积,减去根据第34条和第20条第8款规定的项目和第20条第1款包括在税基内的利息收入超出相关支出(成本)的差额;(b)如所得税纳税人是自然人,根据第16条以部分税基(第7条)计算的税额。'如随后适用更高的税率,退税金额不变。'(2)关于土地税,下列事项免交土地税:(a)捷克共和国所有的土地;(b)其所在地籍范围的市政府所有的土地;(c)捷克共和国授权的外交代表、职业领事和根据国际法律享有外交和领事特权和豁免的其他人使用的土地,前提是并非捷克共和国公民,且基于互惠;(d)构成单一功能单位的土地,具有可征税的结构,公众可进入的遗产地,并宣布为文化纪念碑①由捷克共和国所有,或②根据文化部和业主达成的书面协议,可用于教育事宜;(e)构成单一功能单位的土地,其建筑物或单位用于根据《教会和宗教团体管理法》注册的教会和宗教团体举行宗教仪式,以及建筑物或单位用于该等教会和宗教团体的精神管理;(f)构成单一功能单位的土地,建筑物或单元归公益公司、协会、工会、雇主组织、国际工会组织及其附属组织所有;(g)构成具有应税结构或使用单位的单一功能单位的土地;(h)构成单一功能单元的土地,具有应税结构或专用单元"等。

积极的劳动政策

值得注意的是,《投资促进法》对外国投资者的雇佣、聘请事宜予以特别的优惠规定。例如,投资奖励是积极的就业政策工具,借此根据特定法律规定获得契约批准决定的雇主可提供实质资助:(a)创造新工作岗位;(b)新员工的再培训或培训。捷克政府可向雇主提供创造新工作岗位的实质资助,该雇主将于提交投资奖励申请之日前两年内平均失业率高于捷克共和国平均失业率25%或以上的地区创造新工作岗位,或政府根据特别法律规定批准的特许工业区创造新工作岗位。投资奖励申请提交之日后创造的工作岗位应包括新工作岗位的总数。再如,向雇主提供雇员再培训或培训的实质资助,作为对实际投入新雇员再培训或培训资金的部分补偿。第3款规定地区的最低失业水平的条件亦适用于为雇员的再培训或培训提供实质资助。于投资奖励申请提交后接受再培训或培训的员工应包括再培训或培训员工的总数。此外,劳动局为创造新工作岗位提供实质资助,为新雇员的再培训或培训提供实质资助。

投资奖励申请

如外国投资者向捷克政府申请投资奖励,应提交申请表,并于表内填写:(a)申请人是法律实体时，申请人的身份信息，包括法定机构或法定机构的成员，表明其可以其名义行事的方式；拥有20%或以上表决权之人的身份资料，或拥有20%或以上股本的商业股份之人的身份资料；申请人是受控人员时，公司的身份资料或控制人的名称或姓名和注册地所在国家。(b)主要业务范围、申请人的规模，根据本法的诉讼中，申请人代表的信息、申请人的特定经济信息及过去3个会计或纳税期间归入捷克共和国和欧盟成员国的雇员人数的信息。(c)关于投资项目、地点、启动和完成日期及财务、人员配备和材料保护方式的信息。(d)投资项目的环境影响信息。(e)关于申请投资奖励形式的信息。(f)关于申请或提供投资项目的额外援助的信息。(g)关于合格成本的信息。(h)申请人或视为单一商业集团的人根据欧盟关于最低限度援助的相关条例，于某地区内提交投资奖励申请表之日前3年内实施的其他投资项目的信息。(i)申请的国家援助金额。

附《所得税法》(经修正)(第586/1992号)、《劳动法》(经修正)(第435/2004号)、《税法》(经修正)(第280/2009号)及《不动产税法》(经修正)(第338/1992号)的部分条款。

第一编 《投资促进法》

第一条

(1)根据欧盟关于提供区域投资及就业、教育援助等相关条例，①本法调整给予投资促进措施的一般条件、应遵循的程序及为支持捷克共和国经济发展和创造工作岗位而行使相关国家行政管理等事宜。

(2)工业和贸易部(以下简称工贸部)有义务根据欧盟相关条例②为捷克共和国提供关于本法规定的投资促进措施的报告。

第一条之一 基本术语的定义

(1)本法下列术语的含义：

(a)投资促进措施，是指国家以下列形式提供的援助：

①特别法律规定的减免所得税；③

②以特定优惠价格转让附有技术基础设施的土地；

③特别法律规定的为创造新工作岗位提供财政支持；④

④特别法律规定的为雇员再培训或培训提供财政支持；

⑤为战略投资项目收购有形和无形资产⑤提供经济支持；

---

① 欧盟委员会2014年6月17日第651/2014号条例规定，适用《欧洲联盟运作方式条约》第一百零七条和第一百零八条时，可向国内市场提供某些类别的援助。

② 例如，《洁净空气法》(经修正)(第86/2002号)、《保护农业土地基金法》(经修正)(第334/1992号)、《自然保护和景观保护法》(经修正)(第114/1992号)、《水及其他法律修正法》(经修正)(第254/2001号)、《废物和其他法律修正法》(经修正)(第185/2001号)、《化学物质和化学制剂及其他法律修正法》(经修正)(第356/2003号)。

③ 《所得税法》(经修正)(第586/1992号)第三十五条之一和第三十五条之二。

④ 《劳动法》(经修正)(第435/2004号)第一百一十条。

⑤ 《会计法》(经修正)(第563/1991号)。

⑥特别法律规定[1]的对特许工业区的不动产免税。

(b)投资项目,是指:

①启动或扩大生产制造业;[2]

②建设或扩大技术中心;

③启动或扩大战略服务中心。

(c)有关投资项目实施工作的启动,是指:

①建设工程的开始;

②开始购置有形和无形资产,不包括购置土地和获取实施投资项目所需文件的费用;

③颁发建筑许可证或通知,或开展与收购机器[3]有关的法律交易。

(d)战略投资项目,是指:

①政府批准的制造业投资项目,合格成本为五亿克朗或以上,其中二亿五千万克朗或以上用于为制造收购机器,[4]并创造五百个或以上新工作岗位;

②政府批准的技术中心领域投资项目,合格成本为二亿克朗或以上,其中一亿克朗或以上用于购买机器,并创造一百个或以上新工作岗位。

(e)技术中心,是指商业工厂或其部分,主要应用研究、高科技产品、技术和制造工艺的开发和创新,[5]包括用于生产和提升附加值的发明、创新或其软件。

(f)软件开发中心,是指商业工厂或其部分,主要从事新软件开发或既有软件创新。[6]

(g)修理中心,是指商业工厂或其部分,主要修理高科技设备,尤其是办公机器和计算设备、电子机械和装置、无线电、电视和通信设备及装置、光学和测量仪器、航空器以及车辆电子和控制系统,但不包括修理汽车、公共汽车和用于地面运输的车辆部件。

(h)共享服务中心,是指商业工厂或其部分,主要自控制或受控人员[7]或合作伙伴接管内部运营的管理、运营和行政事务,如会计、财务、人力资源、营销或信息系统的管理,该等活动并非其主要业务,但建筑安全、印刷、餐饮或清洁服务或类似服务除外。

(i)数据中心,是指商业工厂或其部分,主要使用其计算机系统及其相关组件存储、分类和管理数据。

(j)客户支持中心,是指商业工厂或其部分,主要通过电子通信网络管理客户关系和通信。

---

① 《不动产税法》(经修正)(第338/1992号)。

② 捷克统计局《经济活动分类》(第244/2007号)第C节。

③ 1987年7月23日欧盟理事会《关税和统计标准及共同关税条例》(第2658/87号)第八十四章、第八十五章和第九十章。

④ 1987年7月23日欧盟理事会《关税和统计标准及共同关税条例》(第2658/87号)第八十四章、第八十五章和第九十章。

⑤ 《关于研究、发展和创新的国家援助制度》第2.2条。

⑥ 《关于研究、发展和创新的国家援助制度》第2.2条。

⑦ 《商法典》(经修正)(第513/1991号)第六十六条之一。

(k)战略服务中心,是指软件开发中心、维修中心、共享服务中心、数据中心或客户支持中心,该中心提供的服务覆盖两个或以上国家。

(l)新工作岗位,是指与投资项目直接相关的工作工位,相较日历月之前过去十二个月的平均值,新工作岗位的数量有所增加,过去十二个月中,根据第三条第一款提交投资奖励申请表,由同意无固定期限工作的雇员出任,且该雇员为捷克共和国公民或其他欧盟成员国的国民或其家属。

(2)本法不适用于旅游服务、娱乐、文化和体育服务,也不适用于卫生和社会服务、运输和航运服务、分销、物流、邮政和快递服务、咨询和建议服务、银行、房地产、租赁服务、音像服务①或直接营销、有关环境保护和职业介绍服务的服务。

第一条之二

(1)特许工业区是指由工贸部提出并经政府批准的,旨在促进国家平衡和动态经济发展的工业区。

(2)工贸部应根据对国家支持的既有工业区内闲置地块的持续分析,并虑及捷克共和国各地区当前经济发展状况,向政府提出设立特许工业区。

第二条

(1)如法律实体或自然人证明可遵照本法规定的一般条件和特别法律规定②列出的具体条件以及欧盟直接相关立法规定的条件,③可以获得投资奖励。对合格支出高于一亿欧元的投资项目的投资奖励,仅可在投资项目获欧洲联盟委员会(以下简称欧盟委员会)禁止国家援助的个别豁免情形下授予。

(2)一般条件包括:

(a)于捷克共和国境内开展某一投资项目;

(b)项目、结构或设施的环境友好程度;④

(c)根据第三条第一款提交投资奖励申请表之日后,开始与实施投资项目的相关工作;

(d)自根据第五条第四款或第五条之一作出契约奖励决定之日起,遵照第三款至第五款规定的条件三年以内。

(3)制造业领域投资项目的一般条件还包括:

(a)分配资金于制造业各部门;

(b)根据第六条之一第一款第一项收购价值一亿克朗或以上的长期有形和无形资

① 欧洲议会和欧盟理事会 2007 年 12 月 11 日第 2007/65/EC 号指令,修订欧盟理事会关于协调成员国法律、法规或行政活动中关于开展电视广播活动的规定的指令(第 89/552/EEC 号)。

② 《所得税法》(经修正)(第 586/1992 号)第三十五条之一和第三十五条之二、《劳动法》(经修正)(第 435/2004 号)第一百一十一条、《不动产税法》(经修正)(第 338/1992 号)。

③ 欧盟委员会 2014 年 6 月 17 日第 651/2014 号条例规定,适用《欧洲联盟运作方式条约》第一百零七条和第一百零八条时,可向国内市场提供某些类别的援助。

④ 例如,《洁净空气法》(经修正)(第 86/2002 号)、《保护农业土地基金法》(经修正)(第 334/1992 号)、《自然保护和景观保护法》(经修正)(第 114/1992 号)、《水及其他法律修正法》(经修正)(第 254/2001 号)、《废物和其他法律修正法》(经修正)(第 185/2001 号)、《化学物质和化学制剂及其他法律修正法》(经修正)(第 356/2003 号)。

产，其中五千万克朗或以上须为制造以市场价格收购机器，[1]并且收购前两年内未用于生产；

(c)创造和补充二十个或以上新工作岗位；

(d)推介产品。

(4)技术中心投资项目的一般条件包括：

(a)根据第六条之一第一款第二项第一目收购价值一千万克朗或以上的长期有形和无形资产，其中五百万克朗或以上须用于以市场价格收购机器，[2]并且收购前两年内未用于生产；

(b)创造和补充二十个或以上新工作岗位。

(5)战略服务中心领域投资项目的一般条件是，软件开发中心和数据中心创造和补充二十个或上新工作岗位，维修中心和共享服务中心创造和补充七十个或以上新工作岗位，客户支持中心创造和补充五百个或以上新工作岗位。

(6)第三款第二项和第四款第一项所称金额不包括获得财产权前，根据资产使用转让协议支付的款项。

(7)如投资奖励申请表显示，制造业领域的投资项目将于提交申请表时，失业率较劳动和社会事务部前两个半年统计数据报告的捷克共和国平均失业率高出百分之五十或以上的地区实施，或在政府根据特别法律规定[3]划定的国家资助区内，或在特许工业区内，工贸部应当将第三款第二项规定的数额降低一半。第三款所称其他条件维持不变。

(8)如投资奖励根据第一条之一第一款第一项第一目至第四目和第六目的投资奖励为可支付费用，该等费用同时由根据第一条之一第一款第一项第五目的投资奖励支付，该等费用可以根据第六条第一款规定的最高国家援助金额支付。

(9)第一条之一第一款第一项第二目规定的投资奖励，仅可授予与投资项目相关的已开展业务的人员。

第三条

(1)法律实体或自然人可以成为投资奖励的申请人(以下简称申请人)。申请人应当提交根据第三款至第六款投资奖励申请表(以下简称投资奖励申请表)。申请人应以书面形式，同时以指定技术数据媒介形式，或以电子形式，向工贸部设立的机构(以下简称指定机构)提交授予投资奖励的文件。本法附件载有表格的形式。

(2)申请人应当在申请表内填写：

(a)申请人是法律实体时，申请人的身份信息，包括法定机构或法定机构的成员，载明以其名义行事的方式；拥有百分之二十或以上表决权之人的身份资料，或拥有百分之二十或以上股本的商业股份之人的身份资料；申请人是受控人员时，公司的身份资料或控制人的名称或姓名和注册地所在国家。

---

① 1987年7月23日欧盟理事会《关税和统计标准及共同关税条例》(第2658/87号)第八十四章、第八十五章和第九十章。

② 1987年7月23日欧盟理事会《关税和统计标准及共同关税条例》(第2658/87号)第八十四章、第八十五章和第九十章。

③ 《区域发展扶持法》(经修正)(第248/2000)。

(b)主要业务范围、申请人的规模,[①]根据本法的诉讼中,申请人代表的信息、申请人的特定经济信息及过去三个会计或纳税期间归入捷克共和国和欧盟成员国的雇员人数的信息。

(c)关于投资项目、地点、启动和完成日期及财务、人员配备和材料保护方式的信息。

(d)投资项目的环境影响信息。

(e)关于申请投资奖励形式的信息。

(f)关于申请或提供投资项目额外援助的信息。

(g)关于合格成本的信息。

(h)申请人或视为单一商业集团的人根据欧盟关于最低限度援助的相关条例,[②]于某地区内提交投资奖励申请表之日前三年内实施的其他投资项目的信息。

(i)申请国家援助的金额。

(3)申请人应当将下列信息附于申请表内:

(a)如是法人,则为设立章程或其官方认证副本,公司章程(非设立章程)和商业登记摘录;外国实体应附有类似文件。

(b)如是自然人,则为营业执照,如该自然人已于商业登记簿内注册,则为商业登记簿摘录;外国自然人应附有类似文件。

(4)申请人还应将下列信息附于申请表内:

(a)宣誓书:

①根据第三条第一款规定,提交申请表第二日起与投资项目实施相关的工作,以获取投资奖励;

②中小型企业与否;[③]

③外国实体未作出破产或类似决定,亦未面临破产风险;

④于技术数据媒介上以电子形式提交的投资奖励发放文件,与以纸质形式提交的投资奖励发放文件一致;

⑤未处于困难之中,[④]未获得委员会未认定违法或不符合国内市场的资助;如获得任何该等资助,已归还该等资助;

⑥提交投资奖励申请表之日前两年内,捷克统计局的《经济活动分类》内属于同一类别的欧洲经济区内的某项活动,未终止作为获得投资奖励申请表主要事项的投资项目实施后将开展的某项活动,并且不计划于投资项目完成后两年内终止该类活动。

(b)相关部门确认未有拖欠税款记录,未拖欠社会保障险或国家失业政策费用(包括罚款),亦未拖欠公共健康保险费用(包括罚款);该等确认可能不超过两个月,须

---

① 欧盟委员会第651/2014号条例附件二。

② 关于《欧洲联盟运作方式条约》第一百零七条和第一百零八条适用于最低限度援助的欧盟委员会第1407/2013号条例。

③ 欧盟委员会第651/2014号条例附件二。

④ 欧盟委员会2014年6月17日第651/2014号条例规定,适用《欧洲联盟运作方式条约》第一百零七条和第一百零八条时,可向国内市场提供某些类别的援助。

符合提交申请之日的实际情况。

(c)投资项目融资方式的说明。

(d)投资项目的描述。

(e)如申请人是企业集团一部分,则为企业集团的组织结构。

(5)如申请人同为投资奖励的受益人,还应当在申请表中附上文件,声明放弃根据捷克共和国金融管理局雇员和财政部雇员税务规则,而负有对捷克共和国工贸部的保密义务,以便根据第七条第一款和特别法律规定开展检查,[①]在记录依照第二条第二款第三项和第四项、第三款第二项和第四款第一项一般条件的数据范围内,依照第六条之一第二款、第三款和第六款规定的要求,以及依照第一条之一第一款第一项第一目和第六目授予的投资奖励金额的数据。

(6)外国人可以英语形式提交公司的设立章程和公司章程(而非设立章程)。

(7)如是技术中心领域的投资项目或战略服务中心领域的投资项目,申请人应根据第六条之一第一款第二项于申请表内选择认定的合格成本。

第四条

(1)指定机构应当备置投资奖励批准文件的评估,并在提交文件之日起最迟三十日内向工贸部提交。评估应当说明申请人是否符合一般及特殊条件,是否涉及战略投资项目或合格成本高于一亿欧元的投资项目,并评估申请表内提出的投资项目是否符合欧盟直接适用的条例。[②] 对于合格成本高于一亿欧元的投资项目,不得评估投资项目是否符合欧盟直接适用的条例。[③] 如评估表明申请人同时符合授予投资奖励的一般及特殊条件,并且申请表提出的投资项目符合欧盟直接适用的条例[④](合格成本高于一亿欧元的投资项目除外),应当在评估中附有授予投资奖励的建议。应当在授予投资奖励的提议内具体说明可能提供的形式、金额及适用条件。如评估结果显示申请人不符合一般及特殊条件,或申请表中提出的投资项目不符合欧盟直接适用的条例[⑤](合格成本高于一亿欧元的投资项目除外),指定机构应于评估中附有不予授予投资奖励的建议。

(2)如根据第一款的评估得出结论,可能涉及战略投资项目,在根据本条第五款或第五条之一契约批准决定,就授予投资奖励的授予作出决定(以下简称授予决定)之前,工贸部应当向政府提交将该投资项目批准为战略投资项目的提议;政府作出批准决定前,应当暂停根据第五款作出授予决定或第五条之一作出契约批准决定的截止日期。

(3)如根据第一款评估得出结论,涉及合格成本高于一亿欧元的投资项目,工贸部应当于根据第五款作出关于授予决定或第五条之一作出契约批准决定之前,向委员会提交个人豁免

① 第215/2004号法律(修订国家援助领域和《促进研究和发展法》的事项)。

② 欧盟委员会2014年6月17日第651/2014号条例规定,适用《欧洲联盟运作方式条约》第一百零七条和第一百零八条时,可向国内市场提供某些类别的援助。

③ 欧盟委员会2014年6月17日第651/2014号条例规定,适用《欧洲联盟运作方式条约》第一百零七条和第一百零八条时,可向国内市场提供某些类别的援助。

④ 欧盟委员会2014年6月17日第651/2014号条例规定,适用《欧洲联盟运作方式条约》第一百零七条和第一百零八条时,可向国内市场提供某些类别的援助。

⑤ 欧盟委员会2014年6月17日第651/2014号条例规定,适用《欧洲联盟运作方式条约》第一百零七条和第一百零八条时,可向国内市场提供某些类别的援助。

国家援助禁令的申请。政府作出批准决定前，应当暂停根据第五款作出授予决定或第五条之一作出契约批准决定的截止日期。

(4)劳动和社会事务部、财政部、农业部和环境部(以下简称有关部门)应当评估是否符合予以投资奖励的一般及特殊条件，并在收到根据第一款提交的文件后三十日内作出有约束力的意见，批准或不予提供投资奖励。如果有关部门授予投资奖励前须获取额外文件，应当中止作出有约束力意见的时限，并延长补充该等文件的所需时间。拥有将实施投资项目的土地的市或地区(以下简称土地所有者)应当作出有约束力的意见，并于收到工贸部请求后六十日内，根据第一条之一第一款第一项第二目，决定批准或不予提供投资奖励。投资项目将于其地籍范围内实施的市(以下简称市政当局)应当作出有约束力的意见，并于收到工贸部要求后六十日内，根据第一条之一第一款第一项第六目，决定批准或不予提供投资奖励。如于最后期限内未根据本款作出否定意见，则推定已作出肯定意见；除在第三句或第四句规定的期限内批准外，推定土地所有者或市政府未作出批准。

(5)工贸部应当在第四款规定的截止日期后三十日内，根据对授予投资奖励文件的评估和第四款规定的截止日期内作出的意见，就是否授予作出决定，包括关于削减投资奖励的条件，或作出不予授予投资奖励的决定。如任何有关部门作出否定意见，工贸部不得就授予事项作出决定。如果土地所有者作出否定意见，工贸部不得根据第一条之一第一款第一项第二目提供投资奖励。如果市政当局作出否定意见，工贸部不得根据第一条之一第一款第一项第六目提供投资奖励。工贸部应当通过指定机构作出授予决定或不予授予投资奖励的决定，并抄送有关部门，如果有关部门对授予投资奖励作出意见，还应当抄送土地所有者和市政当局。

第五条

(1)投资奖励申请人(以下简称申请人)可以在提交投资奖励契约申请书之日起至多三个月内，通过指定机构向工贸部提交投资奖励契约申请。申请人可为实施授予决定规定的投资项目的法人实体，该投资项目于提交投资奖励申请之日前六个月内尚未成立，并且申请人拥有该法律实体全部注册资本。

(2)申请人提交的投资奖励契约申请书中应当包含申请人对投资奖励的同意及关于授予决定规定的条件。

(3)申请人应当在投资奖励契约申请中附有下列内容：

(a)三个月以内的商业登记簿摘录，并符合提交契约申请之日的实际情况。

(b)申请人的宣誓书，确认授予投资奖励文件载明的投资项目相关信息的准确性。

(c)根据第三条第五款放弃保密义务的声明。

(4)工贸部收到根据第一款提出的申请后三十日内作出契约批准决定。

(5)契约批准决定应包含下列内容：

(a)投资申请人的身份证明；

(b)授予投资奖励的形式；

(c)管理投资申请的条件；

(d)国家援助的最高限度和数量；

(e)提供国家援助的条件；

(f)不同形式的投资奖励之间提供补偿的应急机制。

(6)应申请人申请,如申请人尚未提取投资,工贸部应取消针对该申请人作出的契约批准决定。

(7)工贸部应根据第四款或第六款向有关部门、地方税务部门抄送决定全文的副本。如果后者就授予投资奖励作出意见,还应当抄送土地所有者和市政当局。

第五条之一

如申请人同时是投资奖励的受益人,工贸部应当审查授予投资奖励的文件,评估在第四条第四款规定的截止日期之前收到的意见,并于第四条第四款规定的截止日期到期后三十日内,根据第五条作出契约批准决定或不予授予投资奖励的决定。如任何有关部门作出否定意见,工贸部不得作出契约批准决定。如土地所有者作出否定意见,工贸部不得根据第一条之一第一款第一项第二目提供投资奖励。如市政当局作出否定意见,工贸部不得根据第一条之一第一款第一项第六目提供投资奖励。

第六条

(1)除第一条之一第一款第一项第四目规定的投资奖励外,国家对投资项目援助的最高限度以投资奖励的形式提供的国家援助金额与合格成本的比例,用百分比表示,并根据法律实施规定确定。

(2)投资项目的国家援助的最高金额是指根据第三条规定的国家援助的最高限度,根据申请表包含的预期合格成本计算的绝对金额。

(3)捷克共和国各地区国家援助的数量上限于实施法律规定内有所规定。

(4)欧盟直接适用的条例[①]内规定了不提供投资奖励的领域。

(5)如投资奖励的受益人未返还委员会认定不合法或不符合国内市场的资助,则不提供投资奖励。

第六条之一

(1)合格成本是在根据第三条第一款提交投资奖励申请表之日后发生的费用,该费用与投资项目有关,先前未获得国家援助,且受益人对此有单独记录;合格成本包括:

(a)制造领域的投资项中,根据第二条第三款第二项,机器形式的长期有形资产[②]的价值,以及以市场价格自非联营公司[③]购买的土地、建筑物或长期无形资产[④]形式[⑤]的价值或部分价值,最高不超出合格成本包含的机器价值。仅于契约批准决定作出之日起五年内获得的资产,或战略投资项目中,于契约批准决定作出之日起七年内获得的资产,可计入合格成本。下列事项可能不包括在合格成本中。

①已折旧资产,但建筑物形式的长期有形资产除外,该等资产于市场条件下自联营公司以外的人收购,受益人于根据第七条开展的检查期间内,提交前所有人的书面声明,声明未对该等资产授予国家援助,且该等资产是企业或其诸多部分之一,其经营于所有权转让之日前终止;

---

① 欧盟委员会第651/2014号条例第一条和第十三条。

② 《会计法》(经修正)(第563/1991号)。

③ 《所得税法》(经修正)(第586/1992号)第二十三条第七款。

④ 《会计法》(经修正)(第563/1991号)。

⑤ 《会计法》(经修正)(第563/1991号)。

②受益人投资项目实施现场未使用的资产；

③投资项目完成后获得的资产。

(b)如属技术中心领域的投资项目或战略服务中心领域的投资项目，由申请人选定：

①第一项所称资产价值；此情形下，机器是指第二条第四款第一项规定的机器；

②紧临职位补充当月的二十四个月内新创造工作岗位的工资成本值。根据前文首句，仅在根据第三条第一款提交投资奖励申请表之日起至作出契约批准决定之日起三年内，由周工作时间固定①的雇员创造和补充的新工作岗位，才可列为新创造工作岗位。申请人提交申请表的日历年之前的日历年的第一季度至第三季度，最高为国民经济平均工资的三倍，可计入新创造的工作岗位的月工资成本。

(2)合格成本包括第一款第一项或第二项第一目规定成本的投资奖励的受益人，须保有授予投资奖励的长期有形和无形资产，其范围对应当在由此提取的实际援助金额，但其金额和结构至少应满足第二条第三款、第四款或第五款规定的一般条件。即使于根据第一条之一第一款第一项第一目或第六目实施投资奖励的期限后，但至少于投资项目完成后五年内，以及于根据第一条之一第一款第一项第一目或第六目实施投资奖励的期限后，根据第二条第三款、第四款或第五款维持工作岗位，并以周固定工作时间②补充该等职位，但至少于每个职位首次招聘之日起五年内。投资完成后，如已作出契约批准决定，受益人须尽速通知工贸部该投资项目已完成及其范围。如未能于契约批准决定作出之日起五年内完成，或战略投资项目未能于契约批准决定作出之日起七年内完成，长期有形和无形资产的五年维护期自契约批准决定作出之日起五年后的第一日开始；战略投资项目，则自契约批准决定作出之日起七年后的第一日开始。

(3)合格成本包括第一款第二项第二目规定的工资成本价值的投资奖励受益人，须维持工作岗位，并以周固定工作时间补充该等岗位职位，③投资奖励针对该等岗位发放。根据第二条第四款第二项和第五款，即使于根据第一条之一第一款第一项第一目或第六目实施投资奖励期之后，但至少于每个受补贴工作岗位首次招聘之日起五年内，提取的援助数量应与实际金额相符，但至少满足一般条件。就技术中心而言，于根据第一条之一第一款第一项第一目或第六目实施投资奖励期之后，还应根据第二条第四款第一项保有长期有形资产和无形资产，自符合第二条第四款第一项规定的条件之日起至少保有五年。

(4)根据第一款，以价值相等或更高、用途相同且符合条件的资产替换因其毁坏、故障或陈旧而产生的资产，亦视为履行保有长期有形和无形资产的义务。

(5)第一条之一第一款第一项第三目规定的投资奖励的受益人须维持新工作岗位的数量，并以周固定工作时间补充该等岗位，④自受益人收到投资奖励的第一笔实质资助之日起至少五年内，根据第一条之一第一款第一项第三目规定的投资奖励是为该等岗位提取。如新创造工作岗位于受益人收到投资奖励的第一笔实质资助之日尚未完成，则前文第一句规定的期

---

① 《劳动法》(经修正)(第435/2004号)第七十九条。

② 《劳动法》(经修正)(第435/2004号)第七十九条。

③ 《劳动法》(经修正)(第435/2004号)第七十九条。

④ 《劳动法》(经修正)(第435/2004号)第七十九条。

限应自该工作完成之日起算。

(6)为授予国家援助而评估的投资项目须以以下方式实施，即投资总额的百分之二十五或以上须由不含有任何国家援助的基金提供资金。

(7)关于战略投资项目，于作出契约批准决定后三年内：

(a)制造业领域的投资项目中：

①须投资五亿克朗或以上的合格成本，其中二亿五千万克朗或以上须为制造收购机器；

②须创造五百个或以上新工作岗位。

(b)技术中心领域的投资项目中：

①须投资二亿克朗或以上合格成本，其中一亿克朗或以上须用于收购机器，和

②须创造一百个或以上新工作岗位。

(8)援助受益人或提供者不得超出第六条第二款规定的投资项目的国家援助最高金额。如受益人获得的国家援助超出国家援助的最高金额，则须退还超出某投资项目国家援助最高限度的部分，并支付由预算规则规定的罚款，至少应支付委员会于作出契约批准决定之日确定的利息。[①] 工贸部应展开持续检查，以确保在实施投资奖励期间不超出国家援助的最高限度和金额。工贸部应根据欧盟直接适用的条例，向委员会提交投资奖励评估报告；[②]应工贸部要求，投资奖励的受益人应提供关于投资项目执行情况和实际资助金额提取的信息。

(9)根据第一条之一第一款第一项第二目或第五目开展投资奖励的情形下，投资奖励应当在未完成时停止生效：

(a)第二款规定的义务，但通知投资项目完成和范围的义务除外；

(b)第三款或第六款规定的义务；

(c)根据第八款规定，有义务应要求提供关于执行项目的情况和实际提取的资助数额的信息；

(d)根据第二条第二款的一般条件；

(e)根据第一条之一第一款第一项授予投资奖励的情形下，第七款规定的义务。

此情形下，即投资奖励的受益人应当支付投资奖励提供者予以的国家援助的价值，包括委员会设定的利息和自契约批准决定作出之日至国家援助返归之日提供的援助金额。

(10)如未履行第五款规定的义务，根据第一条之一第一款第一项第三目获得的投资奖励的受益人应根据预算规则，返还所获得的投资奖励中与尚未维持的新创造工作岗位数量的相应部分。

(11)未遵守第二条第二款规定的一般条件或未遵守第二款规定的义务，但有义务通知工贸部投资项目完成及其范围，或第三款，或第六款，或未遵守应要求提供如第八条规定，关于投资项目的实施情况和提取实际资助数额的信息的义务，应当停止生效契约批准决定，以投

① 2004年4月21日欧盟委员会第794/2004号条例第九条。其执行欧盟委员会第659/1999号条例，其中规定适用《欧洲联盟条约》第九十三条的详细规则。

② 欧盟委员会2014年6月17日第651/2014号条例规定，适用《欧洲联盟运作方式条约》第一百零七条和第一百零八条时，可向国内市场提供某些类别的援助。

资奖励形式获得的所有资助须返还或偿付,包括根据特别法律规定①的适当处罚或其他制裁,但至少以委员会在契约批准决定作出之日设定的利息②的数额返还或偿付。如果不满足特定条件,应当遵循特别法律规定③的程序。

(12)如投资奖励受益人参与合并、分割或向股东转让资产,且正在清算的商业公司,并将契约批准决定产生的权利和义务向其合法继承人转让,于公布计划合并、分割或向股东转让资产的信息前,应申请工贸部批准转让契约批准决定产生的权利和义务,并具体说明转让的合法继受人。工贸部应当协调有关部门,评估授予投资奖励的目的是否得到维持,以及授予投资奖励的条件是否得到满足。得出积极评估结果时,应当作出同意转让契约批准决定产生的权利和义务的决定,并具体说明将受让人。未经同意,不得转让由契约批准决定产生的权利或义务,正在清算的商业公司须按照第九款至第十一款执行。

第七条

(1)特别法律规定适用于对投资奖励实施情况的检查以及违反授予投资奖励条件的后果。相关行政部门应予以合作,并相互提供检查所需信息;同时遵照保密规定。

(2)检查应由下列部门执行:

(a)工贸部——第一条之一第一款第一项所称投资奖励,第二条第二款第一项和第四项所称符合第二条第三款第一项、第三项和第四项,第二条第四款第二项和第二条第五款规定的条件范围内的一般条件,以及第六条之一第二款、第三款规定的维持新创造工作岗位的义务;

(b)环境部——根据第二条第二款第二项所称一般条件;

(c)捷克共和国劳动总局——第一条之一第一款第一项第三目和第四目所称投资奖励的情形;捷克共和国劳动局—区域办事处以及布拉格首都地区办公室——第六条之一第五款所称义务的情形。

(d)财政部和税务局——符合第二条第三款第二项和第二条第四款第一项规定的条件范围内,第一条之一第一款第一项第一目和第六目所称投资奖励和第二条第二款第三项和第四项所称一般条件的情形,根据第六条之一第二款、第三款保有长期有形和无形资产的义务及第六条之一第五款规定的义务。

(3)相关机构有义务根据第二款第一项和第四项在作出契约批准决定后最迟三年内展开检查,但根据第一条之一第一款第一项第五目检查是否符合第六条之一第二款和第三款所称条件以及投资奖励除外。

(4)关于根据第六条之一第二款和第三款规定的保有长期有形和无形资产的检查,应当在根据第六条之一第二款和第三款规定的保有长期有形和无形资产的五年期届满后开展,如根据第一条之一第一款第一项第一目和第六目规定的投资奖励,则于该期限届满后适用,根据第一条之一第一款第一项第一目和第六目规定的投资奖励,可以在最后一个纳税期届满后的一年内最后一次适用。根据第六条之一第二款和第三款维持新创造工作岗位条件的检查

---

① 例如,《所得税法》(经修正)(第586/1992号)、《劳动法》(经修正)(第435/2004号)。

② 2004年4月21日欧盟委员会第794/2004号条例第九条。其执行欧盟委员会第659/1999号条例,其中规定适用《欧洲联盟条约》第九十三条的详细规则。

③ 参见《劳动法》(经修正)(第435/2004号)第一百一十一条、《不动产税法》(第338/1992号)。

应在契约批准决定作出之日起八年后开展,如根据第一条之一第一款第一项第一目和第六目实施的投资奖励,则应当在最后一个纳税期届满后一年内开展,该纳税期内,根据第一条之一第一款第一项第一目和第六目可最后一次授予投资奖励。

(5)根据第二款第二项开展的检查应根据规范环境保护的特别法律①实施。

(6)根据第一条之一第一款第一项第三目至第五目检查投资奖励的,应当在根据第十一条之一或特别法律规定②签订的书面协议规定的期限届满后实施,对符合第六条之一第五款所称条件的检查,应当在收到投资受益人首次偿付的实质资助之日起五年后实施。

第八条

除本法另有规定外,根据本法作出决定应遵照《行政程序法典》。③

第九条

已废止

第十条

(1)本法生效前授予的投资奖励应在授予的条件和范围内继续有效。

(2)契约批准决定不得取代有关部门根据特别法律规定的要求作出的任何决定、意见、声明同意、评估或其他措施。

第十一条　授权

政府应发布实施第六条第一款和第三款的条例。

第十一条之一　为购置长期有形和无形资产提供实质资助形式的投资奖励程序

(1)工贸部应当根据第一条之一第一款第一项第五目,根据工贸部与代表其作出契约批准决定的受益人达成的协议,为战略投资项目的长期有形和无形资产的购置提供实质资助。

(2)为购置长期有形和无形资产提供实质资助的协议包括:

(a)协议双方的身份信息;

(b)实质资助可报销负担费用的确定;

(c)实质资助的数量;

(d)提供实质资助的方式和日期;

(e)结算实质资助的方式和日期;

(f)合规监控的方式;

(g)如受益人违反协议提取或使用实质资助或其部分,则返还实质资助或其部分的截止日期和条件;

(h)终止协议的安排,包括终止协议的最后期限。

(3)如工贸部拖欠予以实质资助高于六十日,受益人有权终止协议。如受益人不再遵守第二条第二款规定的一般条件或不遵守协议产生的义务,工贸部有权终止协议。

(4)购置长期有形和无形资产的实质资助应专为其设计,不得用于协议规定以外的任何

---

① 例如,《洁净空气法》(经修正)(第86/2002号)、《保护农业土地基金法》(经修正)(第334/1992号)、《自然保护和景观保护法》(经修正)(第114/1992号)、《水及其他法律修正法》(经修正)(第254/2001号)、《废物和其他法律修正法》(经修正)(第185/2001号)、《化学物质和化学制剂及其他法律修正法》(经修正)(第356/2003号)。

② 《劳动法》(经修正)(第435/2004号)第一百一十一条第六款、第七款。

③ 《行政程序法》(经修正)(第71/1967号)。

事宜。

（5）根据投资项目的规模，协议规定的购置长期有形和无形资产的实质资助金额最高可达合格成本总额的百分之十，制造业领域的战略投资项目，最高可达十五亿克朗，技术中心领域的战略投资项目，最高可达五亿克朗。如投资项目的范围需引进或扩大生产，同时需建设或扩大技术中心，则根据前文第一句向受益人提供的实质资助可提升到合格总成本的百分之十二点五。为购置长期有形和无形资产提供的实质资助不应降低合格成本的价值。

（6）未遵守第二款规定的协议条件或未于规定的截止日期前返还实质资助，即构成违反预算规定，应根据预算规则就违规事项支付相应款项。

修正案部分条款

第453/2001号法律

第二条　过渡期规定

（1）应当根据现行条例开展本法生效之日前提起的程序。

（2）根据现行法规授予的投资奖励根据授予条件继续有效。

（3）第七条规定比照适用于投资奖励的受益人，本法生效之日前开始的程序中，作出投资奖励的契约批准决定。

第19/2004号法律

第二条　过渡期规定

工贸部于本法生效之日前向竞争保护办公室提交豁免禁止国家援助申请的程序，应根据现行法律规定执行。

第159/2007号法律

第二条　过渡期规定

（1）本法生效之日前授予的投资奖励于授予的条件和范围内仍有效。

（2）应根据现行法律法规进行本法生效之日前提起的诉讼，投资奖励申请应根据现行法律规定作出决定，但第二条第二款第七项规定除外，该规定仅适用至2007年6月30日。

第192/2012号法律

第二条　过渡期规定

（1）根据第72/2000号法律开展的程序（本法生效之日前有效的形式），于本法生效之日前开始，但该日前尚未完成，应当根据现有法律规定评估与之相关的权利和义务。

（2）根据现行法律规定授予的投资奖励应在授予的范围和条件内继续有效。

(3)应根据现行法律规定检查本法生效之日前的投资奖励。

(4)未遵照根据第72/2000号法律(本法生效之日前有效)授予投资奖励的条件,应当根据现有法律规定处理,但下列情形除外,即未遵照第72/2000号法律第六条之一第三款规定的条件,以本法生效之日前有效的形式展开,则根据第72/2000号法律第六条之一第八款第二句(于本法生效之日起生效)处理。

第___/2014号法律

第二条　过渡期规定

(1)根据第72/2000号法律于本法生效日之前启动但于该日前尚未终结的程序,应当根据第72/2000号法律进行,相关权利、义务应按本法生效日前有效规定评估。

(2)根据第72/2000号法律(按本法生效之日前有效规定)授予的投资奖励,应当在授予投资奖励的范围和条件内继续有效。

(3)第72/2000号法律第六条之一第二款最后一句的规定(自本法生效之日起生效的规定),亦应适用于根据第72/2000号法律(本法生效之日前生效的规定),根据投资奖励契约提供的投资奖励的受益人。

《所得税法》(第586/1992号)部分条款

第三十五条之一

(1)根据特别法律规定获得投资奖励契约的纳税人,如为获得契约而开办企业并登记为所得税纳税人,如符合特别法律规定①的一般条件和本法规定的特别条件,可以申请退税,即:

(a)如所得税纳税人是法律实体,第二十一条第一款规定税率和第二十条第一款规定税基的乘积,减去根据第三十四条和第二十条第八款规定的项目和第二十条第一款包括于税基内的利息收入超出相关支出(成本)的差额;

(b)如所得税纳税人是自然人,根据第十六条以部分税基(第七条)计算的税额,

如随后适用更高的税率,退税金额不变。

(2)根据第一款适用退税的特别条件如下:

(a)自符合《投资促进法》规定的通常情形的纳税期始,同时将税基设定于可能的最高水平,纳税人应申请:

①根据第二十六条至第三十三条的所有折旧;退税期间不得中断折旧(第二十六条第八款),应当由纳税人决定根据本法折旧的方式。

②根据特别法律规定对应收款的调整。②

③根据第三十四条,最近纳税期限内可自税基扣除的项目。

(b)纳税人被评估为捷克共和国境内长期有形资产的首个所有者,③但为提供国家援

---

① 《投资促进法》(经修正)(第72/2000号)。

② 《所得税基储备金确定法》(经修正)(第593/1992号)。

③ 《会计法》(经修正)(第563/1991号)。

助而评估的投资项目下获得的有形资产除外；本项内容不适用于根据特别法律规定[①]清算资产获得的财产。

(c)第三款规定的退税期限内，纳税人不得解散，不得裁定为破产，自然人不得终止或者中断经营。

(d)自符合《投资促进法》规定的一般条件的纳税期开始，纳税人不得以不符合正常商业关系经济原则的方式增加对第二十三条第七款所称人员的商业经营退税计算基数。

(e)纳税人占有长期有形资产和无形资产，[②]应当遵照《投资促进法》规定的投资项目一般条件内规定的数额，并记录于资产清单中。

(f)根据特别法规定，[③]《投资促进法》对同一类型的投资项目规定有多项投资奖励契约，纳税人仅能于特定纳税期间选择一项退税。如果退税根据日后授予的契约实施，不得根据先前授予的契约于所有后续纳税期间对调整投资奖励法法律定义的相同类型的投资项目退税。

(3)根据前述第一款规定的退税可适用于连续十个纳税期，其中可申请退税的首个纳税期是纳税人符合特别法律规定[④]的一般条件和本法规定的特殊条件的纳税期，但最迟不得超出根据特别法律规定作出投资奖励契约批准决定后三年的纳税期。

(4)实际发生的适格支出中，个人纳税期内的退税不得超出《投资促进法》规定的国家援助限度，总额加上其他形式的投资奖励不得超出《投资促进法》规定的国家援助最高数额。

(5)退税金额四舍五入至个位数捷克克朗。

(6)如纳税人未遵守第二款规定的任何条件(非第二款第一项和第四项规定的条件)，或未遵守特别法律规定的任何一般条件，或任何不履行等同于投资奖励契约批准决定则停止生效的条件，则应当停止适用第一款规定的退税，并要求纳税人为适用退税的每个纳税期提交补充纳税申请表。如纳税人提交补充纳税申请表，该申请表是基于对联营公司之间达成协议的价格方式有约束力的评估的决定，该决定针对国际条约的申请作出，则根据第一句获得退税的权利不应当停止适用。如纳税人未遵守第二款第一项和第四项规定的条件，则在不符合该条件的纳税期内，应当减去部分退税金额，该金额以如下方式计算，即第二十一条第一款规定的税率总和，和减去第二十条第八款和第三十四条所称项目后的税基变化部分。如由于违反第二款第一项和第四项规定的条件造成，纳税人须为不符合条件的每个纳税期提交补充纳税申请表。退税不导致负面评估的作出。

(7)如纳税人参与合并，或作为某企业的继承企业通过合并分割，或作为继承企业接管已解散企业法人的资产(向联营公司转让资产)，自投资奖励契约批准决定发布之日起，至根据第三款规定的可适用退税的期限届满之前，自根据第二十一条之一第三项规定的纳税期限开始，根据第一款规定的退税不得适用于随后的纳税期限。纳税人应当通知相关税务机关、财政部和工贸部。履行《投资促进法》规定的条件的义务不受影响。

---

① 《破产法》(经修正)(第182/2006号)。

② 《会计法》(经修正)(第563/1991号)。

③ 《投资促进法》(经修正)(第72/2000号)。

④ 《投资促进法》(经修正)(第72/2000号)。

(8)如纳税人向第二十三条第七款所称人士转让资产(或部分),以增加退税税基,则导致税基减少或税损增加,直至作出投资奖励契约批准决定至第三款适用退税的期限届满;自该行为发生的纳税期始,根据第一款规定的退税不得于随后纳税期内适用。纳税人应通知相关税务机关、财政部和工贸部。《投资促进法》规定的条件的义务履行不受影响。

(9)如纳税人通知相关税务机关,于根据第三款可适用退税期间内,第一款所称退税不再适用;则自相关税务机关获悉这一事实的纳税期间始,第一款所称退税不得于随后纳税期间适用。纳税人还应通知财政部和工贸部。《投资促进法》规定的条件的义务履行不受影响。

第三十五条之二

(1)根据特别法律规定获得投资奖励契约,且不受第三十五条之一约束的纳税人,如符合特别法律规定下一般条件和本法规定的特别条件,可申请退税,退税额根据公式——S1 减去 S2——计算,其中

(a)S1 等于根据第二款计算适用退税的纳税期的税额;如随后适用更高的税率,金额不变。

(b)S2 等于根据第二款计算最初可适用退税的纳税期前三个纳税期的税额的算术平均值。如纳税人所得税注册期低于三个纳税期,则计算每个纳税期的税额算术平均值。如相关纳税期限短于或长于十二个月,则调整根据第二款计算的税额,以计算税额的算术平均值调整为涵盖十二个月的期限。这一税额的算术平均值将根据捷克统计局公布的个别年份的行业价格指数调整,自计算税额算术平均值的最后一个纳税期的指数开始;如随后相关纳税期间适用较低的税率,税额的算术平均值不变。

(2)关于第一款,税额为:

(a)如所得税纳税人为法人实体,则等于根据第二十一条第一款,基于第二十条第一款规定的税基计算的税额,减去根据第三十四条和第二十条第八款的项目,和根据第二十条第一款包含于税基的利息收入超出相关支出(成本)的金额。

(b)如纳税人为自然人,则所得税等于根据第七条规定的增量税基,依照第十六条计算的金额。

(3)如纳税人于根据第一款第二项计算税额的算术平均值的相关纳税期内,发生税损或不纳税,则于相关纳税期内以零价值计算第一款第二项下税额的算术平均值。

(4)第一款规定的退税可连续适用十个纳税年度,其中可适用退税的首个纳税期是纳税人符合特别法律规定①的一般条件和本法规定的特殊条件的纳税期,但最迟不得超过根据特别法律规定作出投资奖励契约批准决定后三年的纳税期。

(5)实际发生的合格支出中,单个纳税期内的退税不得超出《投资促进法》规定的国家援助限度,总额加上其他形式的投资奖励,也不得超出《投资促进法》规定的国家援助最高数额。

(6)应比照适用第三十五条之一第二款、第五款、第七款、第八款和第九款规定。

(7)如纳税人未遵守第三十五条之一第二款规定的任何条件(第二款第一项和第四项规定的条件除外),或未遵守特别法律规定下任何一般条件,或任何不履行等同于投资奖励契约

① 《投资促进法》(经修正)(第72/2000号)。

批准决定则停止生效的条件,则应当停止适用第一款规定的退税,并要求纳税人为适用退税的每个纳税期提交补充纳税申请表。如纳税人提交补充纳税申请表,该申请表是基于对联营公司之间达成协议的价格方式有约束力的评估的决定,该决定针对国际条约的申请而作出,则根据第一句获得退税的权利不应停止适用。如纳税人未遵守第三十五条之一第二款第一项或第四项规定的条件,则在不符合该条件的纳税期内,应减部分退税金额,该金额以如下方式计算,即第二十一条第一款规定的税率总和,和减去第二十条第八款和第三十四条所称项目后的税基变化部分。此由于违反第二款第一项或第四项规定的条件造成,纳税人须为不符合条件的每个纳税期提交额外的纳税申请表。退税可能不导致作出负面评估。

第三十八条之十八

(1)如以退税的形式给予投资奖励,确定退税权利产生的纳税期及适用退税的所有纳税期税率的截止日期应与确定第三十五条之一第七款、第八款或第九款所称事实发生的纳税期税率的截止日期或适用退税权利的截止日期同时终止。

(2)如税损或其部分可于其发生的纳税期之后的纳税期内适用,作为可自税基扣除的项目,则为于税损的纳税期内设定税额截止日期,以及适用该税损或其部分的所有税务期间,应当于设定适用该税损或其部分的最后一个税务期间税额的截止日期同时终止。企业转让、合并或分立的损失适用于类似程序。

(3)由于未考虑作为支出的有形资产融资租赁,确定税收水平的最后期限自首次可能核实遵照该等强制性条件的日历年年底开始。

(4)第二款和第三款规定适用于所有纳税人,无论其是否根据特别法律规定①获得投资奖励。

修正案的部分条款

第192/2012号法律

第四条　过渡期规定

(1)第586/1992号法律第三十五条之一和第三十五条之二规定(自本法生效之日起生效的规定),应首先适用于根据第72/2000号法律(自本法生效之日起生效的规定)的程序中获得投资奖励契约的纳税人。

(2)第586/1992号法律第三十六条第三款规定(本法第三条第六款生效之日前有效的规定),应当适用于本法第三条第六款生效之日前发行的债券利息收入。

(3)如根据第586/1992法律第三十八条之十三第二款第五项或第六项提交纳税申请表的义务于2012年1月1日至本法生效前一日期间产生,纳税申请表最迟应于本法生效后三个月内提交。

---

① 《投资促进法》(经修正)(第72/2000号)。

第__/2014 号法律

第四条 过渡期规定

第 586/1992 号法律规定(本法生效之日前有效的规定),应适用于根据关于投资奖励的第 72/2000 号法律的程序授予的投资奖励契约,但第三十五条之一第二款第一项、第三项和第四项,第三十五条之一第六款、第七款、第八款和第九款,第三十五条之二第六款和第七款和第三十八条之十八第一款除外,上述条款应遵照第 586/1992 号法律适用。

《劳动法》(第 435/2004 号)部分条款

第三章 投 资 奖 励

第一百一十一条

(1)投资奖励是积极的就业政策工具,借此根据特定法律规定①获得契约批准决定的雇主可提供实质资助:

(a)创造新工作岗位;

(b)新雇员工的再培训或新雇员的培训。

(2)关于投资奖励,培训是指理论和实践教育,获取所担任职位的知识和技能,并符合雇主的要求。培训还可以由雇主提供。

(3)物质支持该雇主将于提交投资奖励申请之日前两年内平均失业率高于捷克共和国平均失业率百分之二十五或以上的地区创造新工作岗位,或于政府根据特别法律规定批准的特许工业区创造新工作岗位,可向雇主提供创造新工作岗位的物质支持。投资奖励申请提交之日后创造的工作岗位应当包括于新工作岗位的总数。

(4)可向雇主提供雇员再培训或培训的物质支持,作为对实际投入新雇员再培训或培训资金的部分补偿。第三款规定地区的最低失业水平的条件亦适用于为雇员的再培训或培训提供物质支持。于投资奖励申请提交后接受再培训或培训的员工应包括于再培训或培训员工的总数。

(5)劳动局为创造新工作岗位提供物质支持,为再培训或新雇员的培训提供物质支持。自根据第五条第五项对容许从事非法工作处以罚款的决定生效之日起三年内,不得向雇主提供创造新职位空缺的物质支持或对再培训或新雇员培训的物质支持。

(6)为创造新工作岗位提供物质支持的协议包括下列内容:

(a)协议各方的身份信息;

(b)待创造的新工作岗位的数量;

(c)商定数量雇员赴任该工作岗位的日期;

(d)可使用物质支持的成本类型;

---

① 《投资促进法》(经修正)(第 72/2000 号)。

(e)提供物质支持的金额和日期;

(f)监督遵守约定条件的方式;

(g)物质支持的方式和记账日期;

(h)如雇主未于约定截止日期前提取物质支持,或由于其过失导致付款不合理或金额高于到期金额,以及返还物质支持的截止日期和条件,雇主承诺返还任何物质支持(或部分);

(i)如在根据第五条第五项对容许非法工作处以罚款的决定之前十二个月内提供资助,雇主承诺立即返还任何物质支持,并承诺返还物质支持的截止日期和条件;

(j)终止协议的条款。

(7)为新雇员再培训或新雇员培训提供物质支持的协议应包含:

(a)协议各方的身份信息;

(b)参加再培训或培训计划的雇员人数;

(c)再培训或培训的内容,其执行的方式和时间;

(d)再培训或培训的预计费用;

(e)再培训或培训的员工人数的商定截止日期;

(f)可以使用物质支持的成本类型;

(g)提供物质支持的金额和日期;

(h)监控遵守约定条件的方式;

(i)物质支持的方式和会计截止日期;

(j)如果雇主未于约定截止日期前提取直至资助,或由于其过失导致付款不合理或金额高于到期金额,以及返还物质支持的截止日期和条件,雇主承诺返还任何物质支持(或部分);

(k)如于根据第五条第五项对容许非法工作处以罚款的决定之前十二个月内提供资助,雇主承诺立即返还任何物质支持,并承诺返还物质支持的截止日期和条件;

(l)终止协议的条款。

(8)雇主为创造新工作岗位提供物质支持的协议和为再培训或新雇员的培训提供物质支持的协议义务,须在根据特别法律规定发布契约批准决定后三年内履行。

(9)为创造新工作岗位提供的物质支持和为再培训或新雇员的培训提供的物质支持专门指定,不得用于协议规定以外的任何其他事项。

(10)未遵照第六款和第七款规定的出资条件或未于到期日前返还出资应视为违反预算纪律,并应当根据特别法律规定①对违反预算规定的行为处以罚款。

(11)地区是指投资项目所在地区。

(12)对新创造工作岗位的物质支持数量和对雇员再培训或培训的物质支持水平由政府条例根据劳动力市场情况确定,以失业率或其他指标表示,可安置于新补贴工作的群体,且提供物质支持的形式应由政府于条例内确定。

(13)根据第一款获得物质支持的雇主,与劳动局签订的协议有效期内,不得出于与提供

---

① 第218/2000号法律(经修正)。

物质支持相同的目的自积极就业政策基金获得其他补助。

第__/2014 号法律

第四条 过渡期规定

第 435/2004 号法律(本法生效之日前有效的规定),应适用于根据《投资促进法》(第 72/2000 号)启动的程序内,授予投资奖励的契约,于本法生效之日前启动。

《不动产税法》(第 338/1992 号)的部分条款

第四条 豁免

(1)下列事项免缴土地税:

(a)捷克共和国所有的土地。

(b)其所在地籍范围的市政府所有的土地。

(c)捷克共和国授权的外交代表、职业领事和根据国际法律享有外交和领事特权和豁免的其他人使用的土地,其使用者不是捷克共和国公民,且此等免税是基于互惠。

(d)构成单一功能单位的土地,具有可征税的结构,公众可进入的遗产地,并宣布为文化纪念碑:

①由捷克共和国所有;

②根据文化部和业主达成的书面协议,可用于教育事宜。

(e)构成单一功能单位的土地,其建筑物或单位用于根据《教会和宗教团体管理法》注册的注册教会和宗教团体举行宗教仪式,以及建筑物或单位用于该等教会和宗教团体的精神管理。

(f)构成单一功能单位的土地,建筑物或单元归公益公司、协会、工会、雇主组织、国际工会组织及其附属组织所有。

(g)构成具有应税结构或使用单位的单一功能单位的土地:

①作为学校或学校设施于学校登记簿登记;

②根据商业许可证为三岁以下的儿童提供看顾;

③作为博物馆或美术馆,管理文化部交存的博物馆藏品中央记录内登记的藏品;

④于图书馆登记簿注册的图书馆;

⑤根据《档案和记录服务管理法》,作为公共档案馆;

⑥作为医疗机构,于授权提供医疗服务的决定内命名;

⑦作为社会服务设施;

⑧作为开展社区服务的基金会或机构。

(h)构成单一功能单元的土地,具有应税结构或专用单元:

①根据关于废物的法律规定处理废物,以便回收;

②根据关于废物的法律规定整治和回收垃圾填埋场;

③为修复受污染土地、地下水和建筑物；

④为垃圾分类和收集；

⑤为热、生物、化学或物理废物的处理；

⑥为使垃圾填埋场符合关于垃圾的法律规定中垃圾填埋场的运行条件；

⑦为运行输出功率高达一兆瓦的小型水力发电厂；

⑧利用风能运行发电厂；

⑨如产生的能量向电网或其他消费者提供，使用生物能源运行发电厂和热电厂；

⑩为使用地热的能源，包括向消费者供热的热泵；

⑪为废水处理厂；

⑫为符合《能源法》的热量分配系统。

(i)根据《埋葬法》建立公共和私人墓地的土地。

(j)根据自然保护和景观保护法律，特别保护区内的土地，但国家公园和景观保护区除外；包括在一级国家公园和受保护景观区内的土地。

(k)包含绿篱、树林和防风林的土地，以及可耕地、永久草原、包含一级水源保护区的土地和其他不得开发区。

(l)公众可进入、使用的公园、开放区域和体育设施。

(m)农业用地为五年，林地为二十五年，自采取技术恢复措施或生物制剂化后恢复农业或林业生产的次年起算。

(n)具有下列结构的建筑区域范围内，具有《建筑法》规定结构的建筑用地：

①调节水流；

②水坝；

③用于防洪；

④用于灌溉和排水；

⑤水管和供水设施，包括水处理厂；

⑥下水道、排水设施或废水处理厂，以及在废水排入下水道之前对废水展开处理的设施；或

⑦《能源法》规定的传输、运输或分配系统或热分配设备。

(o)根据《建筑法》建造的土地，包括高速公路、主干道路、地方道路、公用事业道路、铁路、跑道、水道和港口结构，只要符合主管公共交通的建筑部门的决定，于该等结构的建造区域内，以及指定用于公共交通的其他土地。

(p)已建立测量标志点的部分土地，包括标志点区域的信号和保护设备，以及指定用于电力和煤气分配的林地区域。

(q)公立高等教育机构所有的土地，[①]用于实施经认证的学习方案。

(r)指定森林用地，包括受排放影响的生产性森林，分为两个最高风险类别。

(s)某地区所有的土地，位于其范围内。

(t)公共研究机构所有的土地。

---

① 《高等教育法》(第111/1998号)。

(u)可耕地、啤酒花园、葡萄园、果园和永久性草地,并且市政府发布普遍适用的法令;如市政府免除该类别土地的土地税,则该免除不适用于该市政府所有的建筑区域内土地或可抵押土地,①如市政府通过普遍适用的法令规定,该法令亦根据其地块编号界定该土地并命名其所在的地籍区域。

(v)土地构成单一功能单位,由公共预算供资,由公共监测网络提供关于各环境要素情况的信息。

(w)政府根据《投资促进法》批准的特许工业区内土地,作为投资项目的部分,以不动产免税的形式作出关于投资奖励的契约批准决定,最长期限为五年,但市政府以普遍适用的条例授予特许工业区内土地全部或部分免税的除外。

(x)政府根据《投资促进法》批准的特许工业区内土地,作为投资项目的部分,以不动产免税的形式作出关于投资奖励的契约批准决定,最长期限为十年,自符合《投资促进法》规定的一般条件的次年开始。

(2)与应税建筑物或单位构成单一功能单位的土地,是指对该应税建筑物或单位的运作至关重要的部分土地。

(3)第一款第一项所称土地,如未用于商业、租赁或出租,则免征土地税。如该土地由市政府、地区或国家组织单位或受补贴组织租赁或出租,只要不用于商业活动,即可免税。第一款第四项至第七项、第十二项、第十八项、第二十项及第二十一项所称土地,如不用于商业、租赁或出租,亦可免土地税。

(4)纳税人须根据第一款第四项至第八项、第十项、第十一项、第十三项、第十六项、第十八项、第二十一项至第二十四项于报税表中申请免纳土地税。

(5)第一款规定的豁免亦适用于部分土地。

(6)根据第一款第二十四项,关于至今实际发生的合格成本,免除的土地税不得超过《投资促进法》规定的各纳税期国家援助水平;与其他形式的投资奖励累加,不得超过契约投资奖励批准决定规定的国家援助最高金额。根据《投资促进法》,如超过特定纳税期的国家援助水平,关于当年实际发生的合格成本,或投资奖励契约批准决定规定的国家援助最高金额,纳税人应于纳税期 1 月 31 日前申报。

(7)如根据第一款第二十四项申请免除土地税的纳税人未遵守调整投资法律规定的任何一般条件或第六款规定的条件,则根据第一款第二十四项免除土地税的权利失效,纳税人应为适用不动产税例外的每个纳税期提交补充纳税申请表。

第九条　豁免

(1)下列建筑物和单位免税:

(a)捷克共和国所有的应税建筑物或单位;

(b)应纳税建筑物或其所在地籍范围市政府所有的单位;

(c)捷克共和国授权的外交代表、职业领事和根据国际法律享有外交和领事特权和豁免的其他人使用的外国所有的应税建筑物或单位,只要不是捷克共和国公民,并基于互惠;

① 《建筑法》(183/2006 号)。

(d)公众可进入遗产地并宣布为文化纪念碑的应税建筑物：

①由捷克共和国所有；或

②根据文化部和所有者达成的书面协议，为教育目的提供无障碍环境；协议应说明开放时间和可进入的区域，并根据文化价值和建筑物的其他使用方式制定规则，规范该等进入。

(e)根据《教会和宗教社团管理法》，注册教会和注册宗教社团所有的建筑物或单位，用于提供宗教服务和该等教会和宗教社团的精神管理。

(f)公益公司、协会、工会、雇主组织、国际工会组织及其附属组织所有的建筑物或单位。

(g)已废止。

(h)已废止。

(i)应税结构用于：

①水管理结构，包括水处理厂；

②污水处理系统或污水处理厂，以及设计用于污水排入下水道前处理的应税结构；

③为土地灌溉和排水；

④《能源法》规定的传输、运输或分配系统或热分配系统。

(j)铁路、机场、水路和港口的应税结构，只要该等结构符合适用于公共交通的特定建筑部门的决定。

(k)应税建筑物或单位用于：

①学校登记簿登记的学校或学校设施；

②根据商业许可证为三岁以下的儿童提供看护；

③作为博物馆或美术馆，管理文化部保存的博物馆藏品中央记录内登记的藏品；

④图书馆登记簿注册的图书馆；

⑤根据《档案和记录服务管理法》设立的公共档案馆；

⑥医疗机构，于授权提供医疗服务的决定内命名；

⑦社会服务设施；

⑧开展社区服务的基金会或机构；

⑨残疾人协会。

(l)提供集体运输的应税建筑物或单位。

(m)专用应税建筑物或单位：

①根据关于废物的法律规定处理废物以便回收；

②根据关于废物的法律规定整治和回收垃圾填埋场；

③为修复受污染土地、地下水和建筑；

④为垃圾分类和收集；

⑤为热、生物、化学或物理废物的处理；

⑥为使垃圾填埋场符合关于垃圾的法律规定中垃圾填埋场的运行条件；

⑦为运行输出功率高达一兆瓦的小型水力发电厂；

⑧利用风能运行发电厂；

⑨如产生的能量向电网或其他消费者提供，使用生物能源运行发电厂和热电厂；

⑩为使用地热的能源，包括向消费者供热的热泵；

⑪作为生物质能源。

(n)由领取生活津的部分或完全残疾者，或与生活津贴领取者一同评估的人，所有的居住建筑物或单元，该等建筑物或单元用于永久住房的程度。

(o)由下列人士所有的家庭康乐建筑物：

①生活津贴的领取者或与生活津贴领取者一同评估的部分残疾者；或

②完全残疾者。

(p)应税建筑物或文化遗产单位[①]建筑工程竣工后，自建筑工程验收后第二年开始，为期八年。

(q)改造完成后五年内的应税建筑物或单位，包括自固体燃料系统转为使用可再生能源系统，以改变供热系统（无论自太阳能、风能、地热或生物质能）。

(r)已废止。

(s)地区所有的位于其范围内的应税建筑物或单位。

(t)公共研究机构所有的应税建筑物或单位。

(u)公立高等教育机构所有的应税建筑物或单位。

(v)政府根据管理为实施投资项目而获得或建造《投资促进法》批准的特许工业区内的应税建筑物，以不动产免税的形式作出关于投资奖励的契约批准决定，最长期限为五年，但市政府于其具有约束力的法规内，对特许工业区范围内土地予以全部或部分免税除外。

(2)如仅部分应税建筑物或单位符合第一款规定的免税条件，免税申请应适用于应税建筑物地面以上部分的建筑面积，或符合免税条件的单位建筑面积与应税建筑物地面以上部分的总建筑面积或单位建筑面积之比。

(3)如为第一款第九项和第十项规定的应税建筑物，根据第一款享有豁免资格的应为应税建筑物全部。

(4)第一款第一项所称应税建筑物，除住宅建筑物及带有地下室或储物间以外的商业空间的单位外，免纳建筑物和单位税，但该等建筑物和单位不得商用、租赁或出租；如由市政府、地区或国家单位或受补贴组织租赁或租用，只要不商用，即可免税。第一款第五项、第六项、第二十一项、第二十二项规定所称应税建筑物或单位，如不商用、租赁或出租，免交建筑物和单位税。

(5)纳税人须根据报税表第一款第四项至第六项、第十一项、第十三项至第十八项、第二十一项至第二十三项申请建筑物及单位免税。

第十二条之四　特许工业区不动产免税

(1)根据《投资促进法》，相对于至今实际发生的合格成本，对特许工业区不动产免税，不得超过《投资促进法》规定的各纳税期国家援助水平；与其他形式的投资奖励累加，不得超过

---

① 《国家纪念碑保护法》（经修正）（第20/1987）。

契约投资奖励批准决定规定的国家援助最高金额。根据《投资促进法》,如超过特定纳税期的国家援助水平,关于当年实际发生的合格成本,或投资奖励契约批准决定规定的国家援助最高金额。

(2)特许工业区不动产部分的免税应由市政府在普遍适用的法令内以百分比的形式表示。

(3)市政府应于具有普遍适用的法令内,划定特区工业区的范围,以地块编号,标明其所在地籍区。

第十四条　关于纳税申报和纳税评估的特别规定

(1)如申请对特许工业区不动产免税的纳税人未遵守《投资促进法》规定的任何一般条件、义务或条件,且不履行将导致投资奖励契约批准决定不再有效,则土地或应税建筑物的免税失效。

(2)根据第一款,如免税失效,纳税人须为享有免税的每个纳税期提交补充纳税申请表。

(3)如根据第一款授予免税形式的投资奖励,产生免税权利的纳税期和适用免税的所有纳税期的纳税评估截止日期应与行使免税权利的纳税期的纳税评估截止日期同时终止。

第十六条之一

(1)市政府须于生效之日起五个日历日内,将其根据第四条第一款第二十二项和第二十四项、第六条、第九条第一款第二十三项、第十一条和第十二条作出的普遍适用的法令副本致送相关税务部门,而普遍适用的法令最迟应于前一纳税期的10月1日前生效,并最迟于下一纳税期的1月1日前生效;如法令具有追溯力,则视为无效。市政府于普遍适用的法令内确定的系数亦应用于计算1994年纳税期的税款,即便该法令于1994年1月31日生效。

(2)根据第四条第一款第二十二项、第六条、第十一条和第十二条规定,可于2009年11月30日前发布2010纳税年度有效且普遍适用的法令,并自2010年1月1日起生效。

第__/2014号法律

第八条　过渡期规定

第338/1992号法律(本法生效之日前有效的规定),应当适用于根据《投资促进法》(第72/2000号)规定的程序授予投资奖励的契约,且于本法生效之日前启动。

捷克许可贸易法

张　智　译　韩　驰　审校*

《捷克许可贸易法》译介

《捷克许可贸易法》系1991年由捷克斯洛伐克联邦共和国议会通过的关于许可贸易的立法，该法律历经170余次修订和增补沿用至今，最近一次修订是2021年1月1日生效的2020年法律汇编的第527号法律，其修订内容涉及许可贸易中的反洗钱和反恐怖主义融资等内容。《捷克许可贸易法》主要调整与许可贸易的条件及其遵守情况监管的事宜，规定内容广泛条文众多，既包括贸易许可的一般条件与特殊条件等实体性规范，也包括贸易许可设立、变更与终止等程序性规范，还包括贸易监查与罚则。

贸易的范围与条件

《捷克许可贸易法》第2条规定，该法所称的贸易是以个人名义并由个人承担责任，独立实施的以营利为目的的一系列活动。但并非所有上述活动都构成贸易，第3条规定了54项不构成法律所规定的贸易的情形，其中包括自然人从事专业职业（如医生、牙医、兽医师、律师、公证员、专利代理人、翻译人员、审计师、股票经纪人、劳资纠纷调解与仲裁人员等）、法人从事特定领域业务（如银行业务、保险业务、基金业务、货币汇兑业务、博彩业、采矿业、电力与热力供应、医药产品研究与分销、军用材料对外贸易、就业中介、学校等）以及由国家或指定人员开展的活动（如考古学研究、著作权与相关权集体管理、修复文化古迹等），此类行为均不构成该法所称的"贸易行为"。

在捷克共和国境内开展贸易需要满足诸多条件，《捷克许可贸易法》第5条规定了许可贸易的主体资格和外国自然人与法人在捷克共和国从事许可贸易的国民待遇；第6条和第7条分别规定了开展许可贸易的一般条件和特殊条件，其中自然人开展许可贸易的一般条件为：(1)具有完全民事行为能力，或经法定监护人同意并获得司法批准可以独立开展商业活动的未成年人；(2)品行纯良，不得因相关业务或行业有关的故意犯罪而受到处罚。开展许可贸易的特殊条件一般是指专业资质条件，对于不同人员（经营者、贸易负责代表人等）和不同贸易类型（须申报贸易、许可贸易等）与贸易领域，所需要的专业资质条件各不相同。

---

* 译者：张智，华东政法大学翻译硕士；审校：韩驰，华东政法大学硕士研究生。

许可贸易的类型

《捷克许可贸易法》中规定的贸易主要分为两大类、四小类，按照是否需要进行申报和取得许可，区分为须申报贸易和许可贸易，其中须申报贸易又区分为职业贸易、专业贸易和无资格要求贸易，分别对应于该法附件一、附件二和附件四的贸易类型列表，许可贸易的范围列于附件三当中。按照《捷克许可贸易法》的规定，职业贸易、专业贸易和许可贸易均需要特定的专业资质才可以从事，不同类型的贸易要求的专业资质不同，对于无资格要求贸易而言，则无须任何专业资质或其他能力上的要求，但从事无资格要求贸易的经营者其条件必须符合从事贸易活动的一般条件（第 6 条第 1 款的规定）。

贸易许可的获得

《捷克许可贸易法》中对所有的须申报贸易和许可贸易都规定了详尽的贸易许可申请与审批程序，第 45 条规定拟开展须申报贸易的自然人或法人，应向贸易许可办公室据实申报，第 45 条至第 49 条分别规定了获得贸易许可申请所需要递交的材料、补充材料以及发生变更情形时的处理，第 47 条还规定如果进行申报的经营者符合本法规定的所有条件，贸易许可办公室应自收到申报书之日起 5 个工作日内在贸易许可登记簿上登记，并向该经营者出具摘录，以及向经营者出具摘录的具体内容。

贸易许可登记簿

在捷克许可贸易法中比较具有特色的是贸易许可登记簿制度，贸易许可登记簿是以电子形式保存的公共行政信息系统，凡是对贸易许可有关的信息，如身份识别数据、业务对象、贸易类型、经营场所、贸易许可有效期、贸易许可启动日期、贸易中断或暂停日期、贸易许可终止日期、摘录出具日期、破产决议等一系列信息包括与开展贸易有关的统计和参考性质的数据都应当记录在贸易许可登记簿当中。近期有关贸易许可登记簿的实践发生了值得关注重大变化，2021 年 5 月 12 日，捷克共和国最高法院根据第 27 Cdo 3549/2020 号案件发布了一项决定，该决定涉及商业登记册中的商业活动业务范围的必要确定性。商业公司业务范围应与现实相符，这对许多目前业务活动业务范围确定不明确的商业公司来说，将意味着对公司章程进行必要的修改，并随后在商业登记处进行修改。如果公司在商业登记处登记的业务活动业务范围的措辞是“未列入附件 1 至 3 的生产、贸易和服务”或其他模糊的措辞，则应当尽快安排补救措施，修改公司章程，并随后在商业登记册中改变商业活动业务范围，以便在极端情况下（在没有达到登记法院规定的期限后），商业公司不会被清算解散。①

① 参考资料：https://www.peytonlegal.cz/en/certainty-of-the-business-activity/。

第一编 总 则

第一章

第一条 调整范围

本法案调整许可贸易(以下简称贸易)的条件及其遵守情况的监管等事宜。

第二条 贸易

“贸易”是指根据本法之规定,以个人名义并由个人承担责任,独立实施的以营利为目的的一系列活动。

第三条

(1)下列事项不构成贸易:

(a)开展依法由国家或指定的法人统一开展的活动;

(b)使用由特定法律、发明者或作者①保护的智力创造成果;

(c)根据特定法律②,对著作权与和与著作权相关的权利的集体管理行为;

(d)全部或部分修复属于艺术作品或实用艺术的文化古迹;③

(e)开展考古学研究。④

(2)根据特定法律规定,贸易不包括下列自然人的活动:

(a)医生、牙科医师和药剂师⑤、提供医疗卫生服务的医疗辅助人员⑥和自然疗法医师;

(b)兽医师、其他兽医服务人员;包括提供与选种工作和饲养牲畜有关专业服务的服务人员和其他人员;⑦

(c)律师⑧、公证员⑨、专利代理人⑩和法警;⑪

(d)专家和翻译人员;⑫

---

① 关于发明、工业设计和改进建议的1990年法律汇编第527号法案(经1991年法律汇编第519号法案加以修正)。关于著作权及其相关权利,以及某些法律修正的2000年法律汇编第121号法案(版权法案)。关于保护半导体元件拓扑图的1991年法律汇编第529号法案(经2000年法律汇编第116号法案加以修正)。关于实用新型的1992年法律汇编第478号法案(经2000年法律汇编第116号法案加以修正)。

② 2000年法律汇编第121号法案。

③ 关于国家保护古迹的1987年法律汇编第20号法案,修正本。

④ 关于国家保护古迹的1987年法律汇编第20号法案第二十一条第二款。

⑤ 关于获得和承认作为执业医生、牙科医师或药剂师专业资质和专家能力条件的2004年法律汇编第95号法案,修正本。

⑥ 关于获得和承认从事辅助医疗行业、开展与医疗卫生服务提供相关的活动能力的条件,以及相关法律修正的2004年法律汇编第96号法案(辅助医疗法案),修正本。

⑦ 关于兽医护理与相关法律修正的1999年法律汇编第166号法案(兽医法案),修正本。

⑧ 关于法律职业的1996年法律汇编第85号法案,修正本。

⑨ 关于公证员及其活动的1992年法律汇编第358号法案。

⑩ 关于专利代理人的1991年法律汇编第237号法案(经1993年法律汇编第14号法案修正)。

⑪ 关于法警和强制执行(强制执行规则)以及其他法律修正的2001年法律汇编第120号法案。

⑫ 关于专家和翻译人员的1967年法律汇编第36号法案。

(e)审计师[①]和税务顾问;[②]

(f)股票经纪人;[③]

(g)劳资纠纷的调解员和仲裁员[④]以及财产纠纷的仲裁员;[⑤]

(h)注册测绘师;[⑥]

(i)以自由建筑设计师和自由工程师的身份积极参与建设施工的授权建筑设计师和授权工程师;[⑦]

(j)以自由职业人士身份参与其职业活动的授权检验员;[⑧]

(k)道路安全审核员;[⑨]

(l)根据《调解法》注册登记的调解员。

(3)下列事项不构成贸易:

(a)银行业务[⑩]、支付服务提供商[⑪]、发行电子货币[⑫]、运营设有不可撤销结算功能的支付系统[⑬]、货币汇兑业务[⑭]、保险业务[⑮]、证券基金、保险经纪人或根据《保险和再保险分销法》获得认可的人员、养老基金[⑯]、养老保险公司[⑰]、储蓄和贷款协会[⑱]、商品市场[⑲]、受管制市场的组织者[⑳]、券商[㉑]及其受约束代表[㉒]、参与投资基金或国外投资基金经营管理者的活动、提供证券交易结算业务者的活动[㉓]、在特别法规定条件下接受和发出与投资工具有关指示或投资建议的人员及其受约束代表的活动[㉔]、信用评级机构的活动[㉕]、报告服务提供商的活动、根据《资本市场

---

① 关于审计师和捷克共和国审计公会的1992年法律汇编第524号法案。

② 关于税务咨询与捷克共和国税务顾问公会的1992年法律汇编第523号法案。

③ 关于商品市场的1992年法律汇编第229号法案,修正本。

④ 关于劳资谈判的1991年法律汇编第2号法案第十一条和第十三条第一款(经1991年法律汇编第519号法案、1995年法律汇编第118号法案和1995年法律汇编第155号法案加以修正)。

⑤ 关于仲裁和仲裁裁决执行的1994年法律汇编第216号法案。

⑥ 关于测绘和修订与法律实施有关的某些法律的1994年法律汇编第200号法案。

⑦ 关于参与建设工程中授权建筑师职业与授权工程师和技术人员职业的1992年法律汇编第360号法案第十四条第一款第一项,修正本。

⑧ 关于土地使用规划和建筑规则的2006年法律汇编第183号法案(建筑法案)第一百四十四条第四款。

⑨ 关于公路的1997年法律汇编第13号法案(经2011年法律汇编第152号法案加以修正)。

⑩ 关于捷克国家银行的1993年法律汇编第6号法案,修正本。关于银行的1992年法律汇编第21号法案,修正本。

⑪ 关于支付系统的2009年法律汇编第284号法案。

⑫ 关于支付系统的2009年法律汇编第284号法案。

⑬ 关于支付系统的2009年法律汇编第284号法案。

⑭ 关于外汇的1995年法律汇编第219号法案,修正本。

⑮ 关于保险和一些相关法律修正案的1999年法律汇编第363号法案(保险合同法)。关于保险中介机构、独立保险理赔师和贸易许可法修正案的2004年法律汇编第38号法案(保险中介机构和独立保险理赔师法)。

⑯ 关于国家缴纳补充养老保险,和与该等保险引入相关的某些法律修正的1994年法律汇编第42号法案,修正本。

⑰ 关于补充养老金储蓄的2011年法律汇编第427号法案。

⑱ 关于储蓄和贷款合作社、信用合作社、某些相关措施,以及关于1992年法律汇编第586号所得税法案修正案的1995年法律汇编第87号法案(后经修正)。

⑲ 关于商品市场的1992年法律汇编第229号法案,修正本。

⑳ 2004年法律汇编第256号法案。

㉑ 2004年法律汇编第256号法案。

㉒ 2004年法律汇编第256号法案。

㉓ 关于资本市场商业活动的2004年法律汇编第256号法案第八十二条和第八十三条。

㉔ 2004年法律汇编第256号法案。

㉕ 2009年9月16日欧盟议会和欧盟理事会1060/2009/EC信用评级机构条例第三条第一款第二项。

经营法》获得认可人员的活动、提供消费信贷与就消费信贷问题进行调解、根据消费者信贷法案获得认可人员的活动；

(b)进行机会博弈；

(c)采矿和其他使用采矿技术的活动；①

(d)根据特别法律获得许可而进行的发电、燃气生产、输送电气、输送燃气、配电、配送燃气、存储燃气、电力交易、燃气交易、热力的生产与供应；②

(e)农业(包括销售未经加工的农产品以供加工或转售,专业植物检疫护理除外)；

(f)销售自然人内部小规模培植和繁殖的未加工植物和动物产品；

(g)海上运输和海洋捕鱼；③

(h)铁路和铁路运输业务；④

(i)根据特定法律从事通信业务；⑤

(j)医药产品研究、生产和分销；⑥

(k)处理成瘾物质、包含成瘾物质的产品,以及在依特定法律生产或加工成瘾物质使用的特定物质；⑦

(l)处理状态测试事项的授权或认证人员⑧和获通知对象⑨的活动；

(m)军用材料的对外贸易；⑩

(n)实施劳动监查；⑪

(o)电台和电视广播；⑫

(p)提供直接满足性需求的服务；

(q)就业中介机构；⑬

(r)技术检验中心的运行；⑭

(s)纳入学校和教育机构登记名录的学校、幼儿园和教育机构的教育和培训,学士、硕士和博士学位教育,以及根据特定法律实施的终身学习项目；⑮

---

① 关于采矿、爆炸物和国家采矿管理局的1988年法律汇编第61号法案第二条和第三条,修正本。

② 关于业务条件、国家能源管理部门,以及某些法律修正的2000年法律汇编第458号法案(能源法),修正本。

③ 关于海上运输的2000年法律汇编第61号法案。

④ 关于铁路的1994年法律汇编第266号法案第六十条第三款。

⑤ 关于电子通信和某些相关法律修正的2005年法律汇编第127号法案(电子通信法)。

⑥ 关于医疗产品和某些相关法律修正的1997年法律汇编第79号法案。

⑦ 关于致瘾物质与某些其他法律修正的1998年法律汇编第167号法案。

⑧ 关于产品技术要求与某些法案修正、补充的1997年法律汇编第22号法案,修正本。

⑨ 关于对投放到市场上的指定产品进行合格性评估的2016年法律汇编第90号法案。

⑩ 关于军用材料对外贸易与1991年法律汇编第455号法案修正的1994年法律汇编第38号法案;贸易许可法,修正本;1961年法律汇编第140号法案(《刑法典》),修正本。

⑪ 关于劳动监查的2005年法律汇编第251号法案。

⑫ 关于电台和电视广播,以及其他法律修正的2001年法律汇编第231号法案,修正本。

⑬ 关于雇佣的1991年法律汇编第1号法案,修正本。关于雇佣和捷克共和国当局在雇佣领域权限的1991年法律汇编第9号法案,修正本。

⑭ 关于高速公路车辆运行技术规范的1995年法律汇编第38号法案。

⑮ 关于国家对教育的管理权和自治权的1990年法律汇编第564号法案,修正本。关于小学、中学和高等职业院校体制的1984年法律汇编第29号法案(学校法),修正本。关于教育机构的1978年法律汇编第76号法案,修正本。

(t)处理高危物质;①

(u)经营机场、经营商业航空运输和航空作业,提供航空服务、执行飞行员业务和提供民用航空防范非法行为的专业培训;②

(v)根据特别立法③成立的组织按照其宗旨开展的活动;

(w)根据特别立法授权实施儿童保护的法人和自然人,对儿童实施保护;④

(x)勘探、勘测和开采国家领土范围以外,海底和洋底之中或以下的矿产资源;⑤

(y)经营墓地;⑥

(z)依特别立法获得授权的包装公司实施的活动;⑦

(aa)处理具有高度风险和危险性的生物制剂和毒素;⑧

(ab)根据环境部颁发的许可证经营动物园;⑨

(ac)档案业务;⑩

(ad)根据特别立法提供的社会服务;⑪

(ae)根据特别法律,授权人员验证专业资格证书申请人专业能力,实施的活动;⑫

(af)出租物业、住宅和非住宅房屋;

(ag)提供医疗卫生服务;⑬

(ah)根据特别立法实施专业植物护理业务;⑭

(ai)根据特别法规经营邮政服务和海外邮政服务。⑮

第四条

已废止

第二章　开展贸易

第五条　有资格开展贸易的实体

(1)符合本法规定的自然人或法人(以下简称经营者)可以开展贸易;仅本法另有规定

---

① 关于某些与禁止化学武器相关措施,以及1976年法律汇编第50号土地使用规划和建筑规则法案(建筑法)修正的1997年法律汇编第19号法案,修正本;关于贸易许可的1991年法律汇编第455号法案,修正本;1961年法律汇编第140号法案(刑法典),修正本。

② 关于民用航空与1991年法律汇编第455号贸易许可法修正的1997年法律汇编第49号法案,修正本。

③ 关于分区预算规则的2000年法律汇编第250号法案第二十七条。

④ 关于儿童保护的1999年法律汇编第359号法案第四条第二款第二项,第四十八条至第五十条。

⑤ 关于勘探、勘测和开采国家领土范围以外海底矿产资源,以及某些法律修正的2000年法律汇编第158号法案。

⑥ 关于殡葬服务与某些法律修正的2001年法律汇编第256号法案。

⑦ 关于包装和某些相关法律修正的2001年法律汇编第477号法案(包装法)。

⑧ 关于某些与禁止细菌(生物)和毒素武器相关措施,以及贸易许可法案修正的2002年法律汇编第281号法案。

⑨ 关于经营动物园条件与某些法律修正的2003年法律汇编第162号法案(动物园法)。

⑩ 关于档案、登记服务与某些法律修正的2004年法律汇编第499号法案。

⑪ 关于社会服务的2006年法律汇编第108号法案。

⑫ 2006年法律汇编第179号法案。

⑬ 关于医疗卫生服务和提供该等医疗卫生服务条件的2011年法律汇编第372号法案(医疗卫生服务法)。

⑭ 关于植物护理和某些相关法案修正的2004年法律汇编第326号法案第八十一条(经2012年法律汇编第199号法案加以修正)。

⑮ 关于邮政服务与某些法案修正的2000年法律汇编29号法案(邮政服务法),修正本。

时,才须国家授权开展贸易(以下简称特许贸易)。

(2)在捷克共和国境内无居所的自然人或注册地不在捷克共和国境内的法人(以下简称外国实体)可以根据与捷克人相同的条件和范围,在捷克共和国开展贸易,但本法或特定法律另有规定的除外。本法中,捷克人视为在捷克共和国境内拥有住所的自然人或注册地的法人。本法中,捷克共和国境内住所是指捷克共和国境内永久居住地。①

(3)如果法律规定应当提交确认事实的文件,其是指一并提交相关文件与由登记于专家和翻译人员登记名录的翻译人员②,翻译成捷克语的译文,但相关文件已在捷克境内出具的除外。提交的境外出具文件原件的签字和盖章须经鉴证。

(4)除非译文正确性或者签字、盖章的真实性存有异议,本法第三款关于由在专家和翻译人员登记名录登记的翻译人员,将文件翻译成捷克语的要求不适用于欧盟成员国公民提交的文件,亦不适用于在欧盟成员国境内拥有注册地、总部或主要营业地的法人提交的文件。

(5)拟在捷克共和国境内开展贸易,并且特别法律规定③应当办理居住许可的捷克共和国境内外国自然人,应当提交文件,证明已获发九十日以上居留签证或长期居留许可证,并同时提交贸易申报书和特许贸易申请书。④ 前段规定的文件提交义务不适用于拟在捷克共和国境内通过开设分支机构进行贸易的自然人。

(6)已获得国际保护的自然人及其家庭成员可以根据与捷克共和国公民相同的条件开展贸易。

(7)已废止。

第六条　开展贸易的一般条件

(1)除本法另有规定外,自然人开展贸易应当符合下列一般条件:

(a)具有完全民事行为能力。如果是未成年人的,经法定监护人同意,并获得司法批准,该未成年人可以独立开展商业活动;⑤

(b)品行端正。

(2)本法中,由于故意犯罪被处以刑罚,该项犯罪与其正在申请或报告的业务或行业有关,犯罪人不视为品行端正,但该人视为未处以刑罚的除外。⑥

(3)如果是捷克共和国公民,通过犯罪登记簿摘录内容证明品行端正。如果是其他欧盟成员国公民,通过第四十六条第一款第一项规定的文件证明品行端正。上述情形以外的,通过第四十六条第一款第二项所列明文件与犯罪登记簿摘录内容证明,但该类人士已获得捷克共和国永久居留权的除外;该类人士以与捷克共和国公民相同的方式证明品行端正。贸易许可办公室有权根据特定法律,获取犯罪登记簿摘录内容。⑦ 出具犯罪登记簿摘录内容的申请书与犯罪登记簿摘录内容应当以便于远程查阅的方式电子传输。

(4)为评估品行端正与否,贸易许可办公室有权向法院索取终审判决书副本。如果终审

---

① 关于人口登记和出生登记号码,以及某些法案修正案的2000年法律汇编第133号法案,修正本。

② 关于专家和翻译人员的1967年法律汇编第36号法案。

③ 关于外籍人士在捷克共和国境内住所,以及某些法案修正案的1999年法律汇编第326号法案,修正本。

④ 《民事诉讼法》第五百零三条。

⑤ 《民事诉讼法》第三十三条。

⑥ 例如,《刑法》第六十条、第六十条之一和第七十条。

⑦ 关于犯罪登记的1994年法律汇编第269号法案,修正本。

判决书未包含对品行评估的决定性事实，贸易许可办公室可以查阅包含该等事实的部分刑事档案。如果判决书由他国法院出具的，贸易许可办公室有权向申报贸易或申请特许贸易者索取该法院的终审裁判文书副本。除该人士在规定期限内将终审裁判文书副本提交至贸易许可办公室外，未补正申报或特许贸易申请存在瑕疵，贸易许可办公室应当根据第四十七条第五款或第五十三条第二款处理。

第六条之一

已废止

第七条　开展贸易的特殊条件

（1）根据本法或特别法律规定，专业能力/专业资质或者其他能力视为从事贸易的特殊条件。

（2）贸易许可出具后，相关专业能力要求发生变更的，已经获得贸易许可的经营者，或者相关贸易负责代表人（变更前已担任该职务）无须再出具专业资历证明。

（3）如果向自然人出具的文件无法证明其具有专业能力或其他能力，可以根据特别立法，①由相关专业部门出具给经营者的文件证明该自然人具有专业能力。

（4）关于专业能力的培养，本法中要求的具备贸易领域专业资历，是指贸易领域或其相关领域内，获得商业授权的个体经营者，获得业务工厂（以下简称工厂）或分厂管理层或负责代表人授权的人士，直接负责管理贸易活动的人士，或作为雇员、公务员、组织成员或类似法律地位（以下简称雇佣关系）的人士，实施与该贸易领域相应的独立专业工作的人士，实施的关于贸易领域或其相关领域的专业活动。工作年限应被理解为在雇佣关系中每周工作时间从事专业活动的时间，或在同一雇佣关系的短期工作期限或另一雇佣关系中相应的从事业务活动的期限，或由个体经营者、工厂管理层或工厂分管领导授权的人或授权代表从事专业活动的相应期限。相关领域是指适用相同或相似工作程序和专业知识的领域。

（5）捷克共和国或其他欧盟成员国公民可以证明曾在下列期限内在其他欧盟成员国境内实施相关活动的专业资质证明，证明其具有专业能力：

（a）连续六年作为个体经营者或担任管理职位；在申报贸易或提交特许贸易申请书之前终止实施该活动十年以内。

（b）连续三年作为个体经营者或担任管理职位；且持有可以证实欧盟成员国适格部门或机构已出具的正规资质证明或承认其正规资质的文件；该文件同时确认其为准备在原成员国实施相关活动；接受三年或以上职业教育、培训。

（c）连续四年作为个体经营者或担任管理职位；且持有能证实某成员国适格部门或机构已出具正规资质证明或承认其正规资质的文件；该文件同时确认其为准备在原成员国实施相关活动；接受了至少二年的职业教育和培训。

（d）连续三年作为个体经营者；且证明其受雇实施相关活动至少五年；在申报贸易或提交特许贸易申请书之前终止实施该活动不超过十年。

（e）连续五年担任管理职位；其中至少三年担任专业职位；负责工厂的至少一个部门；且持有能证实某成员国适格部门或机构已出具正规资质证明或承认其正规

① 关于劳动监查的2005年法律汇编第251号法案。

资质的文件；该文件同时确认其为准备在原成员国实施相关活动；至少接受了三年的职业教育和培训。

(f)连续五年作为个体经营者或担任管理职位；在申报贸易或提交特许贸易申请书之前终止实施该活动不超过十年。

(g)连续三年作为个体经营者或担任管理职位；且证明受雇实施相关活动至少五年；在申报贸易或提交特许贸易申请书之前终止实施该活动不超过十年。

(h)连续五年受雇工作；且持有能证实某成员国适格部门或机构已出具正规资质证明或承认其正规资质的文件；该文件同时确认其为准备在原成员国实施相关活动；至少接受了三年的职业教育和培训。

(i)连续六年受雇工作；且持有能证实某成员国适格部门或机构已出具正规资质证明或承认其正规资质的文件；该文件同时确认其为准备在原成员国实施相关活动；至少接受了二年的职业教育和培训。

(j)连续三年作为个体经营者或担任管理职位；在申报贸易或提交特许贸易申请书之前终止实施该活动不超过十年。

(k)连续二年作为个体经营者或担任管理职位；且持有能证实某成员国适格部门或机构已出具正规资质证明或承认其正规资质的文件；该文件同时确认其为准备在原成员国实施相关活动；接受了职业教育和培训。

(l)连续二年作为个体经营者或担任管理职位；且证明受雇实施相关活动至少三年；在申报贸易或提交特许贸易申请书之前终止实施该活动不超过十年。

(m)连续三年受雇工作，且持有能证实某成员国适格部门或机构已出具正规资质证明或承认其正规资质的文件，该文件同时确认其为准备在原成员国实施相关活动，至少接受了职业教育和培训。

如果第二十一条第二款对本法附件一所称职业贸易或者本法附件二或附件三规定的个人专业贸易或许可贸易作出上述规定；《专业资质认可法》应当适用于专业资质评估。①

(6)经营者应当保证附件五所称构成贸易的活动，仅由满足该附件规定专业资质要求的自然人实施。该条不得影响关于自然人实施特定贸易所需专业资质的特别法律。经营者应当保存满足专业资质条件人士的档案，并且自该类人士停止实施相应活动之日起三年或以上，保存证明该等能力的文件副本；保存档案和副本时，经营者也应当遵守关于个人信息保护的法律。②

第七条之一

已废止

第八条　开展贸易的障碍

(1)自然人或法人的财产纳入破产令的，不得自如下日期起开展贸易：

(a)清算资产时通过单一合同出售工厂之日；

(b)法院据以终止工厂经营的决定生效之日，或者决定指定的终止工厂经营之日。

(2)自由于债务人财产不足以支付破产费用，驳回破产申请的裁定生效之日起三年内，或

---

① 关于承认欧盟成员国国民专业资质和其他能力，以及关于某些法律修正的2004年法律汇编第18号法案（专业资质认可法），修正本。

② 关于个人信息保护与某些法案修正的2000年法律汇编第101号法案，修正本。

者自由于债务人资产完全不足以清偿债权人,终止破产程序的裁定生效之日起三年内,自然人或法人不得开展贸易。债务人可支配财产完全不足以清偿债权人,撤销破产程序的裁定生效之日起三年内,自然人或法人亦不得开展贸易。如果出于其他原因,撤销破产程序,则撤销破产程序的裁定生效之时,第一款所称开展贸易的障碍予以终止。如果债务人证明已经适当履行商业义务和适当偿还金融债务,贸易许可办公室可以不根据第一句或第二句禁止开展贸易。

(3)破产程序中,法院采取限制该程序中破产或即将破产的自然人或法人处置资产的临时措施的,该人士有权采取与贸易授权的设立、变更或撤销有关的行动,在仅由临时接管人书面批准后才能在中断贸易的期限届满之前,通知中断贸易或者恢复贸易。

(4)破产程序期间,自然人或法人财产受破产令限制的,可以采取与贸易授权的设立、变更或撤销相关的措施,仅由临时接管人书面批准后才能中断贸易的期限届满之前,申报中断贸易或者恢复贸易。

(5)自然人或法人不得在禁止期限内,开展涉及该等活动的贸易。如果开展贸易无须相应资质,相关人员不得在禁止期限内,开展活动禁令的处罚或制裁措施适用的无资质要求贸易范围以内的活动;实施无资质要求贸易范围以内的其他活动不受影响。法人可以顺利开展贸易的,应当通过犯罪登记簿摘录内容证明。如果是外国法人,还应当按照第四十六条第二款第一项或第二项由其注册地所在国出具文件证明。贸易许可办公室有权根据特别法律①获取犯罪登记簿摘录内容。提交犯罪登记簿摘录内容的申请书和犯罪登记簿摘录内容,以电子形式和可以远程访问的方式提交。

(6)除特别法律另有规定外,自撤销贸易授权的裁定依法生效之日起三年内,下列人员不得开展相同的贸易:

(a)根据第五十八条第二款或第三款规定,已撤销贸易授权的自然人或法人。

(b)导致第五十八条第二款或第三款规定的撤销法人实体贸易授权的事件发生或持续时,已担任该法人实体法定机构成员的自然人或法人;本项规定不适用于曾担任法定机构成员的自然人或法人,证明已尽其所能,避免导致撤销贸易授权的违反法律义务行为的情况。

(c)法人实体,其法定机构成员是指依第五十八条第二款或第三款已撤销贸易授权的自然人或法人。

(d)法人实体,其法定机构成员是导致第五十八条第二款或第三款所规定的撤销该法人实体贸易许可的事件发生或持续时担任该法人实体法定机构成员的自然人或法人;本项规定不适用于法人实体证明该成员已尽其所能避免导致撤销贸易许可的违反法律义务行为的情况。

(7)已废止。

第九条　贸易类型

贸易类型如下:

(a)须申报贸易,申报后才能开展,并符合规定的条件;

(b)许可贸易,可以根据特许开展的贸易。

---

① 关于犯罪登记的 1994 年法律汇编第 269 号法案,修正本。

第十条　贸易许可

(1)关于已经在商业登记簿或类似登记簿上注册的法人、无须在商业登记簿上注册的法人,以及自然人,除第五款所称例外情形外,对其开展贸易的许可(以下简称贸易许可)应当在下列日期生效:

(a)关于须申报贸易,自申报之日起生效;本规定不适用于第四十七条第五款第二句和第四十七条第六款至第八款所称情形。

(b)关于许可贸易,自授予特许权的决定生效之日起生效;本规定不适用于第五十四条第三款所称情形。

(2)依据特别法律①设立的法人,只有在依照第一款第一项和第二项规定设立时,同时获得贸易许可后,才能在商业登记簿上注册。

(3)经营者应当通过下列方式证明其贸易许可:

(a)通过载有第六十条第五款第一项、第二项、第三项所称信息的贸易许可登记簿摘录(以下简称摘录);

(b)在摘录发布之前,通过申报书副本以及经由公共办事机构交付贸易许可办公室的凭证②,或通过可强制执行的特许权授予决定。

(4)贸易许可办公室应当向拟在捷克共和国建立分厂开展贸易的外国自然人、企业创始人、获准提交在商业登记簿或类似登记簿上注册为捷克法人申请的机构和主体(显示该法人已成立)或者外国法人出具摘录,确认其满足开展贸易的条件。

(5)第四款所称人士,在商业登记簿或类似登记簿注册时,应当持有贸易许可证,并已按照其他法律在该登记簿注册。如果未能在摘录交付之日起九十日内提交注册申请书,或提交的申请书未获得批准,贸易许可办公室应当认定申报人不符合贸易许可的生效条件;由于涉及特许贸易,这一事实应当记录在档案中,并登记于贸易许可登记簿。

(6)如果尚未分配个人识别号码的自然人获得贸许可权,贸易许可办公室应当给予其由个人基本登记簿管理员提供的个人识别号码。③

(7)贸易许可不得向其他人转让。其他人仅在本法规定的情况下方得从事贸易行为。

(8)已废止。

第十一条　通过负责代表人开展贸易

(1)经营者可以通过负责代表人开展贸易。该负责代表人是由经营者(同前)委任的自然人,该代表人对贸易的合理开展和贸易许可法的遵守负有责任,并与经营者具有合同关系。一位自然人至多可以担任四名经营者的负责代表人。

(2)负责代表人应当满足第六条和第七条所规定开展贸易的一般和特殊条件。

(3)禁止开展活动的人士,不得与禁止期限内,担任涉及该等活动的贸易负责代表人。即使根据第五十八条第二款或第三款撤销贸易许可的人士亦不得自撤销贸易许可的决定生效之日起一年内担任同一贸易的负责代表人。法人监督机构的成员不得担任该法人的负责代表人。

---

① 关于分区预算规则的2000年法律汇编第250号法案,修正本。

② 关于公共行政信息系统与某些其他法律修正的2000年法律汇编第365号法案第八条之一。

③ 关于基本登记簿的2009年法律汇编第111号法案。

(4)委任负责代表人的义务适用于：

(a)由一名自然人构成的经营者，并且不符合开展贸易的条件(第七条)。

(b)由法人构成的经营者，针对需符合贸易开展特定条件(第七条)的贸易。由捷克法人委任的负责代表人应担任该法人法定机构的成员，并且符合本法规定担任负责代表人的条件。由外国法人委任的负责代表人应担任捷克共和国境内分厂的负责人，该负责人符合本法规定担任负责代表人的条件。如果负责代表人无法自上述人士委任，经营者应当选任其他人士担任负责代表人。

(5)委任须申报贸易的负责代表人及终止该委任，经营者应当在上述事件发生后十五日内向贸易许可办公室申报。如果负责代表人自行申报其职位终止事宜，该负责代表人应当证明其已事先将职位终止事宜书面通知经营者。如果负责代表人职位终止日期无法根据经营者的申报书确定，则该负责代表人职位的终止应当在将负责代表人的申报书提交贸易许可办公室时生效。如果负责代表人在其申报书中指定了终止其职位的较晚日期，则其职位的终止应当在该较晚日期生效。

(6)须申报贸易的负责代表人可自委任之日起担任其职位，前提是其符合本法所规定的条件。

(7)经营者应将许可贸易负责代表人的委任情况呈报许可办公室批准。该委任自批准决定生效之日起生效。经营者应在负责代表人职位终止后十五日内向贸易许可办公室申报职位终止事宜。如果负责代表人自行申报其职位终止事宜，则应证明其已事先将其职位终止事宜书面通知经营者。如果负责代表人职位的终止日期不能根据经营者的申报书确定，则该负责代表人职位的终止应在将该负责代表人的申报书交付给贸易许可办公室时生效。如果负责代表人在其申报书中指定了终止其职位的较晚日期，则其职位的终止应在该较晚日期生效。

(8)如果负责代表人不再履行职责或不再符合相关条件，经营者应在十五日内重新委任一名负责代表人。如果贸易暂停或者经营者通知贸易许可办公室贸易已暂时中止(第三十一条第十二款)，则不适用此规定。

(9)经营者也可以在本法未作规定的情况下委任负责代表人。第十一条(除第八款外)应在加以必要变通后适用于该委任。

(10)在经营者委任的负责代表人不再履行职责或不再符合法定条件的情况下，如果按照另一法规并依其所规定条件，经营者只能在没有负责代表人的情况下进行贸易。贸易许可办公室应将负责代表人职务终止情况登记在贸易许可登记簿上，并注明该贸易暂时在无负责代表人的情况下进行。

(11)如果特别法规规定了通过负责代表人进行贸易的不同条件，则上述第一款至第九款规定不适用。

第十二条

已废止

第十三条　经营者死亡后贸易的延续

(1)如果经营者死亡，在遗嘱检验程序结束前，下列任何一方皆可以根据第二款至第五款规定的条件开展贸易：

(a)死者的遗产管理人,或遗嘱执行人(同时管理遗产[①]);

(b)死者的法定继承人(无遗嘱继承人);

(c)遗嘱继承人,及其配偶或合伙人。[②] 即使不是继承人,只要是用于开展贸易的资产的共同所有权人;

(d)法院根据特别法律委任的破产管理人,[③]但该破产管理人的任期不超出破产程序和遗产清算管理程序结束;

(e)符合上述第三项规定条件的配偶或合伙人,[④]并且继承人不继续开展贸易;或

(f)信托管理人[⑤](该工厂在经营者死亡后作为遗产,投入信托基金)。

(2)由已故经营者指定的遗产管理人或者遗嘱执行人,如果此人同时也管理遗产或管理本条第一款第二项和第三项规定的人,或拟经过已故经营者或遗嘱执行人授权继续从事贸易,除本法另有规定外,该遗嘱执行人应当在经营者死亡之日起三个月内将上述事宜向贸易许可办公室申报。如果此期限届满前未采取任何行动,已故经营者的贸易许可权自其死亡之日起视为逾期,但该贸易由法院指定的死者遗产管理人,或者由信托、破产或清算管理人继续开展的除外。如果上述第一句所称人士不符合第六条和第七条规定的条件,或者第八条所称法定障碍适用于该人士,或者如果该人士未居住在捷克共和国境内,根据本法规定,该人应当委任一名代表,并且不得无故拖延。

(3)如果第二款第一句所指的人已根据第二款申报贸易继续进行,后又决定不再按照已故经营者的贸易许可权继续进行贸易,则此人应向贸易许可办公室申报此事。继续进行贸易的许可权将自通知送达贸易许可办公室之日起失效,并且如果该贸易未由另一被授权人按照第一款规定继续进行,已故经营者的贸易许可权也将从即日起失效。

(4)由法院指定的死者遗产管理人,或者信托、破产或清算管理人应自经营者死亡之日起一个月内通告贸易延续情况,如果被委任到此职位的日期较晚,则应在上任的一个月内进行通告。如果由法院指定的死者遗产管理人,或者信托或破产管理人未能满足第七条规定条件,他们应立即委任一名负责代表人,不得无故拖延。

(5)如果已故经营者的贸易许可权根据第二款或第三款尚未失效,该贸易可在继承程序终止后由第一款第二项、第三项、第五项所指的证实已经获得与该贸易经营有关所有权的人继续进行,即使此人没有按照第二款规定申报该贸易将会继续进行,或者如果与该贸易经营相关所有权在经营者死亡后被置于信托基金中作为遗产处置,则由信托管理人继续进行。该人应在继承程序完成后三个月内向贸易许可办公室申报其将继续进行贸易,并应按照本法规定申报贸易或申请特许贸易,否则,若不采取行动,继续进行贸易的权利将在此期限届满后失效。已经按照第二句的规定申报继续进行贸易者,其继续进行贸易的权利将不迟于贸易许可权授予之日失效,或对于须申报贸易,不迟于贸易许可办公室根据第四十七条第五款或第六

---

① 《民事诉讼法》第一千五百五十三条至第一千五百六十条。关于特别司法诉讼程序的 2013 年法律汇编第 292 号法案第一百五十七条至第一百五十九条。

② 关于注册合伙及某些相关法案修正案的 2006 年法律汇编第一百一十五条,修正本。

③ 关于破产和清算的 2006 年法律汇编第 182 号法案(破产法),修正本。

④ 关于注册合伙及某些相关法案修正案的 2006 年法律汇编第一百一十五条,修正本。

⑤ 关于公司及合作社转型的 2008 年法律汇编第 125 号法案,修正本。

款规定发布决定之日失效，或对于许可贸易，不迟于程序中止之日或驳回特许贸易申请的决定作出之日失效。已故经营者的贸易许可权将在第二句所规定的三个月期限届满时失效，或者在最后一名继续进行贸易者的继续进行贸易权利终止后失效。第四十五条、第四十六条和第五十条应准用于第二款至第五款规定的要求。(同前)

(6)为协助完成贸易许可登记簿登记，法院应当根据贸易许可办公室的请求，提供关于合法终结已故经营者遗产继承程序的资料。

第十四条

公司或合作社合并或分立的，或者根据特别法律[①]向成员转让资产的，尚未获得相关贸易许可权的承继公司或合作社，或尚未获得相关贸易许可权的自然人接受方成员，可以基于不再存续的或已发生分立的公司或合作社的贸易许可权开展贸易，并且合并、分立或向成员转让资产生效后十五日内向贸易许可办公室申报继续经营事宜，同时根据本法规定申报须申报贸易或申请特许贸易。第一句规定的继续开展贸易的权利在向法定承受人授予贸易许可权之日灭失，或对于须申报贸易，在贸易许可办公室根据第四十七条第五款或第六款规定发布决定之日灭失，或对于许可贸易，在程序中止或驳回特许贸易申请的决定作出之日灭失。

第十五条

已废止

第十六条

已废止

第十七条　设施

(1)本法所称“设施”是指开展贸易的场所。用于销售商品或提供服务的自动售货机或类似设备(以下简称自动售货机)和移动设施视为设施。

(2)“移动设施”是指可能变迁地址，并在相同地点营业三个月或以下的设施。

(3)贸易可以在多个设施中开展，只要经营者对该设施的使用享有合法权利。应贸易许可办公室的要求，经营者应当证明所使用实施享有合法权利；本条不适用于移动设施和自动售货机。关于移动设施，应贸易许可办公室的要求，经营者应当证明设施选址的合法性。如果设施位于住宅内，经营者并非该住宅所有权人，只有经所有权人允许，该经营者才可在该住宅内进行贸易。经营者应提前向贸易许可办公室就该设施贸易的开始和终止进行申报；此条规定不适用于根据第四十五条第二款第七项和第四十五条第三款第六项在贸易申报书中，或根据第五十条在特许贸易申请书中的指定设施内贸易的开始，亦不适用于自动售货机和移动设施。在申报中，经营者应述明第五款所要求的信息。

(4)经营者应确保依据特别立法，设施适于进行贸易。[②] 应针对每个设施指定一人负责设施运营；此项规定不适用于自动售货机。

(5)在第三款所述的申报中，经营者应说明：

(a)公司名称、商号或姓名全称；

(b)身份识别号码；

---

① 关于公司及合作社转型的 2008 年法律汇编第 125 号法案，修正本。

② 例如，关于土地使用规划和建筑规则的 2006 年法律汇编第 183 号法案(建筑法)。

(c)设施的地址或其所在地点(如适当),以及设施的业务对象;如果是无资格要求贸易,说明业务领域;

(d)贸易于该设施内开始(终止)的日期。

(6)贸易许可办公室收到第三款所规定申报书的,应当分配由人员基本登记簿管理人[①]提供的设施识别号。除已分配设施识别号外,贸易许可办公室应当在贸易许可登记簿登记该设施,并将登记情况通知经营者。

(7)设施应当在外部永久、突出标注公司名称、商号或经营者的姓名及其身份识别号。移动设施和自动售货机应当标注关于外国实体分支机构所在地的注册办事处或地址的信息。

(8)用于向消费者[②]销售商品或提供服务的设施,应当在外部永久、突出标注以下信息:

(a)设施运营负责人的姓名,不包括自动售货机;

(b)与消费者接触的开放或营业时间,不包括移动设施和自动售货机;

(c)提供临时住宿的住宿设施的类别和级别。

(9)如果第八款规定的设施关闭,经营者除强制性理由而受阻外,应当在外部适当、可见之处以通知的形式提前标明设施关闭的开始和结束时间;本规定不适用于移动设施和自动售货机。

(10)如果销售商品或提供服务无须办理贸易特许权,经营者可以通过消费者自助的自动售货机出售商品或提供服务。通过自动售货机销售商品或提供服务不得为受特别法律[③]保护之人获得特定商品提供便利。

第十八条

(1)市政当局可以通过市政条例[④]发布市场规则。市场规则中,市政当局应当通过决定、措施或其他《建筑法》规定的行动,划定在设施以外的其他为提供和销售商品(以下简称销售商品)以及提供和供应服务(以下简称提供服务)之目的而使用的场所。该等场所应当包括集市和市场(以下简称市场)。

(2)根据市场规则,市政当局有权规定:

(a)市场设施的容量和条件;

(b)在市场上销售商品和提供服务的营业时间;

(c)保持市场清洁和安全的规则;

(d)市场运营商为确保市场正常运营而应遵守的规则;或

(e)市场运营商应遵守的规则,旨在确保行动或活动不便者可以适当使用市场。

(3)根据市场规则,市政当局还有权:

(a)根据销售的商品或提供的服务划分市场;或

(b)规定市场规则不适用于在设施外进行特定类型的商品销售和服务提供活动。

(4)市政当局有权以市政条例的形式规定,在本市范围内或部分区域内,禁止在设施外开展特定类型的商品销售和服务提供活动。

---

① 关于基本登记簿的 2009 年法律汇编第 111 号法案。

② 关于消费者保护的 1992 年法律汇编第 634 号法案,修正本。

③ 例如,关于对防止烟草制品、酒精和其他致瘾物质造成的损害提供保护的措施,以及某些相关法律修正的 2005 年法律汇编第 379 号法案。

④ 关于市政条例的 2000 年法律汇编第 128 号法案(市政令)第十一条第一款,修正本。

第二编　贸易类型

第一章　须申报贸易

第十九条

以下贸易属于须申报贸易：

(a)职业贸易，进行贸易的条件是第二十一条和第二十二条所指的专业资质；

(b)专业贸易，进行贸易的条件是本法附件二所称专业能力，下列条文另有规定的除外；

(c)无资格要求贸易，未规定具有专业能力为进行贸易的条件。

第一节　职业贸易

第二十条

本法附件一所列贸易属于职业贸易。

第二十一条　职业能力

(1)职业贸易所要求的专业资质应由下列凭证予以证明：

(a)正式完成相关教育领域的中等教育，并获得学徒证书；

(b)正式完成相关教育领域的中等教育并通过毕业考试①，或正式完成相关领域的中等教育并通过职业培训科目；

(c)正式完成相关教育领域的高等职业教育；②

(d)正式完成相关学习计划和研究领域的高等教育；③

(e)权威认定机构根据《职业资格认定法》④颁发的职业资格认定证书；或

(f)取得在国家职业资格证书系统⑤中设定为合适全面职业资格证书的完整职业资格证书。

(2)捷克共和国或其他欧盟成员国公民可以通过下列事项证明其具备专业资质：

(a)第七条第五款第二项、第三项或第五项所规定的文件，证明具有与本法案附件一第一部分所列贸易相关的专业资质；

(b)第七条第五款第二项、第三项、第六项或第八项所规定的文件，证明具有与本法案附件一第二部分所列贸易相关的专业资质；

(c)第七条第五款第十项、第十一项、第十二项或第十三项所规定的文件，证明具有

① 例如，1984 年法律汇编第 29 号法案，修正本；2004 年法律汇编第 561 号法案，修正本。

② 例如，1984 年法律汇编第 29 号法案，修正本；2004 年法律汇编第 561 号法案，修正本。

③ 关于高等学府与其他法律修正的 1998 年法律汇编第 111 号法案（高等学府法）第四十五条、第四十六条和第九十八条第一款，修正本。

④ 关于承认欧盟成员国国民专业资质和其他能力，以及关于某些法律修正的 2004 年法律汇编第 18 号法案（专业资质认可法），修正本。

⑤ 2006 年法律汇编第 179 号法案。

与本法案附件一第三部分所列贸易相关的专业资质。

第二十二条

下列证明文件可以替代第二十一条规定的证明专业资质的文件:

(a)正式完成相关教育领域的中等教育并获得学徒证书①,且在该领域有一年工作经验的证明;

(b)正式完成相关教育领域的中等教育并通过学校毕业考试②,且在该领域有一年工作经验的证明;

(c)正式完成相关教育领域的高等职业教育③,且在该领域有一年工作经验的证明;

(d)正式完成相关学习计划和研究领域的高等教育④的证明;

(e)正式完成相关工作活动的再培训⑤的证明,该证明由根据特定立法认证的机构,或由教育、青年和体育部认证的机构,或由主管该贸易经营的行业部门出具,以及在相关领域有一年工作经验的证明;或者

(f)在相关领域有六年工作经验的证明。

第二节　专业贸易

第二十三条

本法附件二所列的贸易属于专业贸易。

第二十四条　专业能力

(1)专业贸易所要求的专业能力规定于本法附件二,或由该附件所列特别立法加以规制。

(2)捷克共和国或其他欧盟成员国的公民可通过由权威认定机构根据《职业资格认定法》颁发的专业资格认定文件证明其专业能力。

第三节　无资格要求贸易

第二十五条

(1)无资格要求贸易是指本法对该贸易的进行无专业能力或其他能力上的证明要求的贸易。为获得无资格要求贸易的贸易许可,必须满足一般条件(第六条第一款)。

(2)无资格要求贸易及有关无资格要求贸易的活动领域,列于本法附件四。

---

① 例如,关于小学、中学和高等职业学院制度的1984年法律汇编第29号法案(学校法),修正本;关于完成中学学业和特殊职业中心培训的1987年法律汇编第31号捷克社会主义共和国教育部令;关于中学的1991年法律汇编第354号捷克共和国教育、青年和体育部令,修正本;关于学前教育、小学教育、中学教育、继续职业教育和其他教育的2004年法律汇编第561号法案(教育法),修正本。

② 例如,1984年法律汇编第29号法案,修正本;2004年法律汇编第561号法案,修正本。

③ 例如,1984年法律汇编第29号法案,修正本;2004年法律汇编第561号法案,修正本。

④ 关于高等学府与其他法律修正的1998年法律汇编第111号法案(高等学府法)第四十五条、第四十六条和第九十八条第一款,修正本。

⑤ 关于求职者和雇员再培训更详细条件的1991年法律汇编第21号法令(经1992年法律汇编第324号法令加以修正)。关于向求职者和有就业意向者提供再培训的设施认证的2004年法律汇编第524号法令。2009年法律汇编第176号法令,规定了申请认可教育计划、在再培训机构中组织教育以及教育计划终止方式的必备细节。

第二章　许可贸易

第二十六条

本法附件三所列的贸易属于许可贸易。

第二十七条　专业能力和从事贸易的条件

(1)许可贸易所要求的专业能力规定于本法附件三,或由该附件所列特别立法加以规制。

(2)捷克共和国或其他欧盟成员国的公民可通过由权威认定机构根据《职业资格认定法》颁发的专业资格认定文件证明其专业能力。

(3)贸易许可办公室应根据本法或依据特别立法制定或修改经营者进行贸易的条件。

第三编　贸易许可范围

第二十八条

(1)贸易许可范围(以下简称许可范围)应按照摘录中所指业务对象进行评估,并参考本部分的规定。进行无资格要求贸易的贸易许可应使拥有此权利者有权从事本法附录四所列活动。

(2)如果根据附件二和附件三进行贸易与由特别主管部门根据特别立法签发的文件密切相关,则应在该文件中界定贸易许可权范围。

(3)如有疑问,贸易许可办公室应当应经营者要求,对许可范围作出决定。

第二十九条

已废止

第三十条

已废止

第三十一条　经营者的义务

(1)通过负责代表人(第十一条)进行贸易的经营者,应确保该负责代表人在所要求的范围内参与贸易的开展。

(2)经营者应以显著方式标明其营业地点或商号,或姓名和身份识别号(如已分配),注册办事处所在建筑物(如与其居住地不在一处)(第五条第二款);外国法人应以显著方式标明其分厂(如已设立)。应贸易许可办公室要求,经营者或外国人要使用在捷克共和国境内的注册办事处或分厂,应证明其对该场所享有合法所有权。如果营业地与居住地相同(第五条第二款),经营者无须证明其对捷克共和国境内营业地拥有合法所有权,除非其居住地与注册办事处地址①、特设登记簿上登记②的地址或行政机构所在地③的地址相同,并已正式取消对申报的捷克共和国境内居住地的标示。

(3)经营者应按照管控机构要求并在其规定期限内,向其说明获取待售商品的方法或者

---

① 2000年法律汇编第133号法案第十条第五款和第十条之一,修正本。

② 2000年法律汇编第133号法案第十条第五款和第十条之一,修正本。

③ 1999年法律汇编第326号法案第九十八条之一第三款(经2008年法律汇编第274号法案加以修正)。

提供服务时所使用材料。

(4)在收购二手商品或无收购凭证商品、文化古迹或者具有文化价值的物品时,如果收到作为典当物品的此类商品或者居间购买或典当此类商品,则在合同签订之前,经营者应根据《打击洗钱和恐怖主义融资若干措施法》验明合同各方和合同关系标的,并且保存这些信息的记录,包括合同关系的确立日期。应当向实施验证行为地点和商品所在地点的设施提供这些记录。

(5)就本法而言,验明合同关系标的是指查明产品所载产品名称、品牌和序列号。若无此类信息,需予以简要说明,以便合理识别产品。

(6)经营者应根据第四款和第五款保留验证信息记录,并自合同签订之日起五年内保存这些信息。

(7)合同关系一方拒不接受身份验证的,或者合同关系标的无法验证的,经营者不得采购商品,收取作为典当品的商品或者为该商品的收购提供居间服务。

(8)经营者应保证,其旨在向消费者销售商品或提供服务的设施在与消费者接触的开放或营业时间内配备满足熟悉捷克语或斯洛伐克语条件的人员。贸易许可办公室如有异议,可以通过面谈方式审查该条件的满足情况,面谈时,判断该人员是否能够流利并正确地使用本地语言回答关于日常生活和商业中普通情况的问题,以及该人员是否了解如何口头交流日常新闻文章内容。

(9)如果本法或特别立法要求雇员具备良好品性,则经营者应对其雇员的满足良好品性条件证明负责。

(10)经营者和从事活动(该活动为贸易标的)的自然人、其代理人和负责代表人均应向贸易许可办公室的工作人员证明其身份。

(11)若经营者向贸易许可办公室申报中断贸易,应自向贸易许可办公室递交中断贸易申报书之日或者该申报书规定的较晚日期开始中断贸易,并在该申报书规定的日期结束中断贸易;若对贸易许可权效力设有期限,则最长可在贸易许可权的整个有效期内中断贸易的开展。在贸易中断期间,经营者应承担本法规定的义务,除了第二款规定的与其注册办公地或分厂所在建筑物命名有关的义务,第九款、第十七款、第十七条第四款和第八款规定的义务以及若本法或特别立法要求从事该贸易符合专业能力及其他能力条件则须符合该条件的义务以外。

(12)在第十一款规定的中断贸易期限届满之前,经营者应在恢复贸易前将恢复贸易事宜书面申报至贸易许可办公室。贸易不得早于向贸易许可办公室送交贸易恢复申报书之日或者自该申报书规定的较晚日期起予以恢复。

(13)贸易许可办公室根据第十二款和第十三款规定按申报书行事时,应当将该信息录入贸易许可登记簿并将此信息录入情况通知经营者。

(14)经营者应消费者的要求,应出具商品出售及服务提供的凭证。除特别立法另有规定外,该文件应载有经营者的详细信息,即公司名称、商号或者姓名、身份识别号码(若有)、商品销售或服务提供日期、商品或服务类型以及价格。

(15)经营者应贸易许可办公室的要求,声明是否从事某项特定贸易,并提交证明文件。

(16)经营者最迟应当在其于某设施内终止活动之日,告知贸易许可办公室其清偿任何可能债务的地址。经营者在其于某设施内终止活动后四年内,负有通知第一句所指地址发生的任何变动的义务。若债务清偿地址是注册办公地[①]、特别登记簿所在地[②]或者注册办公地所在地,债务清偿地址不得与经营者的居住地相同;若经营者已经证明其对这些地址所属场所享有所有权或使用权,本条不予适用。

(17)经营者应负责证明其员工具有特别立法规定的专业能力,安全程序知识以及与公共卫生保护相关法规的知识。工作性质或者其他活动有要求的,经营者还应负责根据特别立法定期对员工进行体检。[③]

(18)经营者开展青少年职业培训应遵守特别立法[④]的规定。

(19)经营者从事贸易,应遵守本法和特别立法规定的各项义务。

第三十一条之一

已废止

第三十二条

已废止

第三十三条

已废止

第三十四条　许可范围

(1)维持贸易本质的同时,从事由商业活动构成的贸易的经营者有权:

(a)出租商品;

(b)个别情况下,以中介身份买卖商品;

(c)根据买家要求,对商品进行微调,符合其要求;

(d)对于简单的、不要求特殊技能的组装操作,组装交付给客户的商品;

(e)对于简单且不需要特殊技能的更换行为,更换交付商品中有缺陷的部件。

(2)经营者还有权对其供应的商品进行维修,并且维修应由适格的人员实施。

(3)第一款和第二款所述活动需要特许的,经营者只有在获得相关特许权后方可开展相关活动。

(4)经营者有权接受其经许可销售的商品制造、加工或改装的订单,并有权从经授权的制造商处承接该工作。

第三十五条

已废止

第三十六条

已废止

第三十七条

已废止

第三十八条

已废止

---

① 2000年法律汇编第133号法案第十条第五款和第十条之一,修正本。

② 2000年法律汇编第133号法案第十条第五款和第十条之一,修正本。

③ 例如:关于公共卫生保护与某些相关法律修正的2000年法律汇编第258号法案。

④ 关于国家对教育的管理权和自治权的1990年法律汇编第564号法案,修正本。关于小学、中学和高等职业院校体制的1984年法律汇编第29号法案(学校法),修正本。关于教育机构的1978年法律汇编第76号法案,修正本。

第三十九条

已废止

第四十条

已废止

第四十一条

已废止

第四十二条

(1)经营者从事由制造活动组成的贸易,有权在其贸易许可范围内,在不改变该贸易性质的前提下,制造、销售和修理产品。

(2)经营者还有权:

(a)购买并转卖其他制造商的产品及配件,但必须与经营者所制造产品的种类相同,或者个别情形下,以中介身份销售外部研发的产品及配件;

(b)制造、印刷包装、标签和其他有助于销售经营者所制造产品的辅助性物品;

(c)出租内部研发的产品和其他制造商生产的同类产品及配件;

(d)组装、修改并维修该等产品。

(3)第二款第一项和第三项规定的购买、销售、居间销售以及出租外部研发的产品,仅在保留生产制造贸易性质的情况下才能进行。

第四十三条

经营者所从事贸易是关于物品维修或修理、人员或物品运输或者住宿、接待服务、典当服务以及其他满足别的需求的工作和活动的,第四十二条第二款和第三款参照适用于该经营者,前提是保留该贸易的性质。

第四十四条

经许可从事人员或商品运输的经营者,可以从事与保证乘客安全舒适、托运物品的中转、存储和包装、提供保管服务和在途提供接待服务相关的活动。

第四编　贸易许可的设立、变更和终止,贸易许可登记簿

第一章　贸易申报

第四十五条

(1)拟开展须申报贸易的自然人或法人,应向贸易许可办公室据实申报。

(2)自然人应当在申报书中列明:

(a)其姓名、公司名称(如有)、公民身份、居住地址、出生证号(如有)、出生日期、出生地(乡、区、市)及出生时的姓氏;

(b)如为负责代表人,且有关自然人通过该负责代表人进行贸易,则第一项中所列与该负责代表人相关的信息需列明;

(c)如为外国自然人,则列明其姓名、公司名称(如有)、出生登记号(如有)、出生日期、在捷克共和国境外的居所地、捷克共和国境内住所地(如经批准)、捷克共和

国境内分厂的名称和地址；负责代表人为非捷克共和国居民的，如获准在捷克共和国境内居住，则应注明其在捷克共和国境内的住所地；

(d)注册办公地址；

(e)营业范围(定义见第四款)，以及与贸易许可范围有关的任何其他补充信息；

(f)身份识别号码(如已分配)；

(g)在获得贸易许可时应当开始进行贸易的(各个)设施，不包括移动设施和自动售货机；

(h)如为有义务根据第五条第五款规定申请居留许可的人员，则列明许可居留的期限；

(i)如果在从事贸易时将使用，则应根据《身份证法》规定，列明输入身份证的第一项至第三项所指人员的职称或学历(以下简称职称或学历)；

(j)请求自动变更注册办公地地址以反映居住地地址；

(k)所有贸易许可办公室的邮件投递地址(如有)。

(3)法人应在申报书中列明：

(a)企业名称或商号、注册办公地，属于法定机构成员的自然人或经授权代表属于法定机构成员的法人的自然人的名字、姓氏、出生证号(如有)、出生日期、在捷克共和国的居住地或住所地(已获准的)、入职日期；属于法定机构成员的法人的公司名称或商号、注册办公地、个人识别号码(如已分配)、入职日期；经注册法院所保管公共登记簿[①](以下简称公共登记簿)注册成立的法人无须列明法定机构成员资料；

(b)如为负责代表人，且有关法人通过该负责代表人进行贸易，则列出第二款第一项中所列关于该负责代表人的信息；

(c)如为外国法人，则列明捷克共和国境内分厂的名称和地址；负责代表人并非捷克共和国居民的，如果其在捷克共和国境内的住所地已获批准，则列明该住所地；

(d)身份识别号码(如已分配)；

(e)营业范围(定义见第四款)，以及与贸易许可范围有关的任何其他补充信息；

(f)在获得贸易许可时应开始进行贸易的(各个)设施，不包括移动设施和自动化售货机；

(g)如果从事贸易时使用，列明第一项至第三项所指人员的职称或学历；

(h)所有贸易许可办公室的邮件投递地址。

(4)申报人对申报书所述营业范围的界定应当合理、确切、清晰。申报无资格要求贸易的，申报人应当说明拟进行营业的活动领域。应依本法附件四所列活动领域名称申报无资格要求贸易的营业范围。应全部或部分依本法附件一和附件二申报职业贸易及专业贸易的营业范围。

(5)不得要求申报人提供第一款和第二款规定的申请书或申报书所列信息以及第三款规定的表格中所载信息。

第四十五条之一

(1)自然人在向贸易许可办公室申报贸易或者申请特许贸易权的同时，可以：

(a)依照《社会保障组织与提供法》申报开始个体经营；

---

① 关于法人和自然人公开登记及信托基金登记的2013年法律汇编第304号法案，修正本。

(b)提交养老保险登记表;

(c)提交疾病保险登记表;

(d)申报空缺职位或者填补空缺职位;

(e)依照《公共卫生保险法》提交申报书。

(2)法人在向贸易许可办公室申报贸易或者申请特许贸易权的同时,可以申报空缺职位或者填补空缺职位。

(3)应根据工业贸易部发布的表格提交贸易申报书或特许贸易申请书。

(4)贸易许可办公室应将根据第一款第一项至第三项获得的资料报送给主管社会保障的部门,将根据第一款第四项和第二款获得的资料报送给捷克共和国就业办公室——地区主管分支机构和(如在首都)布拉格分支机构,并将根据第一款第五项获得的资料移交相应的健康保险公司。

(5)经营者可以在特别立法规定的时间内,向贸易许可办公室申报对第一款和第二款规定资料的变更。该申报应当经营者与依照本法规定履行报告义务相关。

(6)贸易许可办公室应在五个工作日内将前述各款所规定的资料(包括变更资料申报书)转交给主管部门;这一时限应自贸易授权开始时、或瑕疵补正之日、或通知变更之日起算;这一信息应当通过电子方式和便于远程访问的形式转发。

第四十五条之二

(1)在申报贸易或申请特许贸易时,个人还可以向贸易许可办公室一并提交个人所得税或公路税登记申请书所需的资料。

(2)经营者还可以向贸易许可办公室提交有关所得税或公路税登记的登记资料变更申报书所需的资料。

(3)提交的包含第一款和第二款所规定登记申请书或者登记资料变更申报书中所需资料的文件应:

(a)以符合工业贸易部发布的格式和结构的电子方式提交;或

(b)以口头方式提交的,登记备案。

(4)贸易许可办公室应按照相关税务机关针对登记申请书和登记资料变更申报书发布的格式和结构,将第一款或第二款所规定资料以电子方式传输给该税务机关。

(5)须在第一款或第二款规定的个人将资料提交至贸易许可办公室之日起三个工作日内,向税务机关传送该资料。

(6)贸易许可办公室向税务机关传送资料,应视为第一款或第二款规定的个人提交登记申请书或登记资料变更申报书。

第四十六条

(1)除本法另有规定外,自然人应在提交申报书时随附下列文件:

(a)若该自然人是其他欧盟成员国公民,应提交由该国或最后居所所在成员国司法或行政主管机关出具的犯罪登记簿摘录或等效文件,或者国籍所属成员国或最后居所所在成员国的刑事记录登记簿(随附含有记入犯罪登记簿的信息的附录)摘录;若最后居所所在成员国是捷克共和国,应遵守第六条第三款第三句规定的程序。如果该国不出具犯罪登记簿摘录或者等效文件,该自然人应在国籍所属成员国公证员或公职人员，或者最后居所所在成员国公证员或公职人员的见证下提交品性端正宣誓书。上述文件的有效期不超过三个月；可以用专业资质认定文件替换本条所规定的文件，但前提条件是该专业资质认定文件也可证明符合良好品性的条件。

(b)若该自然人为上述第一项中所指国家以外国家的公民，且无捷克共和国永久居留许可证，则应提交其国籍国出具的犯罪登记簿摘录或者等效文件。若该国不出具犯罪登记簿摘录或者等效文件，该自然人应在其国籍国公证员或其他主管公职人员，或者最后居所所在国公证员或其他主管公职人员的见证下提交品性端正的宣誓书。上述这些文件的有效期不超过三个月。

(c)若负责代表人为欧盟成员国公民，则应提交上述第一项所列文件；若负责代表人为欧盟成员国以外国家的公民，且尚未获得捷克共和国永久居留许可证，则其应提交上述第二项所列文件；上述这些文件的有效期不超过三个月。

(d)证明其专业能力的文件，或如本法要求，证明负责代表人专业能力的文件。

(e)若为外国自然人，在第五条第五款要求的情况下，应履行提交居所凭证的义务；若为在捷克共和国境内设立分厂的外国自然人，应提交证明其在捷克共和国境外拥有工厂的文件以及证明该工厂运营的文件；若为欧盟成员国公民，则无须提交关于工厂运营的文件。

(f)若注册办公地不同于该自然人住所地(第五条第二款)，或若该自然人住所地为注册办公地①、特别登记簿所在地②，或管理机构注册办公地③，或若该自然人在捷克共和国境内设有属于外国人员所有的分厂，应提供该自然人依法有权使用注册办公地所在营业场所的文件；营业场所所在的不动产、住宅单元或非住宅单元业主出具的同意使用该营业场所的声明书应足以证明该自然人对该营业场所享有合法使用权。

(g)负责代表人出具的同意接受职务委任的声明书，声明书上的签名应经正式认证。除非负责代表人当面在贸易许可办公室作出声明，或者负责代表人向贸易许可办公室递送的声明书的签署方式符合特别立法规定，可以发生个人签名④效力。

(h)根据特别立法规定缴纳行政费用的凭证。⑤

(2)在提交申报书时，法人应一并随附以下文件：

(a)就法人而言，若其注册办公地处在捷克共和国以外的国家境内，则该法人应提交由该国适格法院或行政机关出具的犯罪登记簿摘录或等效文件，证明不存在妨碍其从事第八条第五款所指贸易的障碍；上述这些文件的有效期不超过三个月。

(b)如果上述(项所指国家不出具犯罪登记簿摘录或等效文件，该法人应在该国公证

---

① 2000年法律汇编第133号法案第十条第五款和第十条之一，修正本。

② 2000年法律汇编第133号法案第十条第五款和第十条之一，修正本。

③ 1999年法律汇编第326号法案第八十九条之一第三款(经2008年法律汇编第274号法案加以修正)。

④ 关于电子程序以及文件转换授权的2008年法律汇编第300号法案第十八条第二款，修正本。关于为电子交易提供的信托服务的2016年法律汇编第297号法案第六条第一款。

⑤ 关于行政费的2004年法律汇编第634号法案，修正本。

员或其他适格公职人员见证下提交证明不存在妨碍其从事第八条第五款所指贸易的障碍的宣誓书;上述文件有效期不超过三个月。

(c)如果负责代表人为欧盟成员国公民,则应提交上述第一款第一项所列文件;如果负责代表人为欧盟成员国以外国家的公民,且没有捷克共和国永久居留许可证,则应提交第一款第二项所列文件;上述这些文件的有效期不超过三个月。

(d)证明负责代表人具有专业能力的文件。

(e)尚未在商业登记簿或者类似登记簿上登记的,应当提交法人已经成立或创建的证明文件;已经登记的,应当提交在商业登记簿或者其他公共登记簿以外的相关登记簿上登记的证明文件;如为外国法人,应当提交该法人注册办公地所在国家保存的商业登记簿或类似登记簿的摘录,以及在国外经营工厂的证明文件;注册办公地、总部或者主营业地在欧盟成员国境内的法人无须提交在国外经营工厂的证明文件;登记簿摘录的有效期不超过三个月。

(f)除已在商业登记簿或者其他登记簿登记经申报注册办公地地址外,应提交证明该法人使用其在捷克共和国境内注册办公地所在营业场所的合法理由的文件(若特别立法规定该文件为在该登记簿上登记的条件);营业场所所在不动产、住宅单元或非住宅单元业主出具的同意使用该营业场所的声明书,应足以证明该法人有使用该营业场所的合法理由。

(g)除非已在商业登记簿或其他登记簿上登记经申报的注册办公地地址,否则应提交证明外国法人使用其在捷克共和国境内设立的分厂所在营业场所的合理理由的文件(若特别立法规定该文件为在该登记簿上登记的条件);营业场所所在不动产、住宅单元或非住宅单元业主出具的同意使用该营业场所的声明书应足以证明该法人享有使用该营业场所的合法理由。

(h)负责代表人出具的同意接受职务委任的声明书;声明书上的签名应经正式认证,除非负责代表人当面在贸易许可办公室作出声明,或者负责代表人向贸易许可办公室递送的声明书的签署方式符合特别立法规定,能产生个人签名①效力。

(i)根据特别立法②缴纳行政费的凭证。

(3)由法院赋予法律行为能力,或者经法院征得法定代理人同意独立从事商业活动的未成年人提交申报书的,还应当提交法院赋予法律行为能力的决定书或者经法院征得的法定代理人同意书。

(4)国外颁发的学历证明文件应随附符合特别立法③规定的认定条款,大学学历证明文件应随附符合特别立法④的认定证书。

(5)第四款规定的提交附有认定条款或认定证书的文件的义务,不适用于欧盟成员国颁

① 关于电子程序以及文件转换授权的2008年法律汇编第300号法案第十八条第二款,修正本。关于为电子交易提供的信托服务的2016年法律汇编第297号法案第六条第一款。

② 关于行政费的2004年法律汇编第634号法案,修正本。

③ 2004年法律汇编第561号法案第一百零八条;关于认可外国学校所颁证书的平等和通知的条件的2005年法律汇编第12号法令。

④ 1998年法律汇编第111号法案第八十九条和第九十条(经2006年法律汇编第165号法案加以修正);2008年法律汇编第189号法案。

发或者该国个人提交的学历证明文件。

(6)如果基本登记簿中可以查阅经证明事实或贸易许可办公室可以通过免费远程访问土地登记簿数据证明该等事实,申报人无须随附第一款和第二款所列文件。如果任何申报书、许可申请书或者变更申报书已经随附第一款第一项、第二项、第四项和第六项以及第二款第一项、第二项、第四项、第六项和第七项所指的与贸易许可登记簿记录的个人相关的文件,并且此等文件证明的事实未发生变化,申报人即无须随附这些文件。第一款第一项和第二项和第二款第一项和第四项所指文件应为三个月内有效的文件。

(7)如果提交第一款第一项、第二项、第四项和第六项以及第二款第一项、第二项、第四项、第六项和第七项所述的文件以纸质形式提交,贸易许可办公室应创建电子版副本,并根据第六十条第一款的规定存储于贸易许可登记簿中。

第四十七条

(1)如果进行申报的经营者符合本法规定的所有条件,贸易许可办公室应自收到申报书之日起五个工作日内在贸易许可登记簿上登记,并向该经营者出具摘录。

(2)向自然人出具的摘录应当注明:

(a)姓名、职称或学历、出生证号码(如有)、经营者的出生日期和居住地;若是外国人,则应注明该外国人在捷克共和国境外的住所地、在捷克共和国境内的居住地(经批准的)、捷克共和国分厂的名称和地址(如在捷克共和国境内设立分厂);

(b)公司名称(若该自然人已在商业登记簿登记)和身份识别号码(如有);

(c)完全或部分符合第四十五条第四款规定的营业范围;以及若经营者在申报书中指明,则应注明任何其他与贸易许可范围有关的补充资料;

(d)注册办公地址;

(e)贸易许可的有效期;如为第五条第五款所规定的个人,该有效期应理解为许可居住的期间;

(f)贸易许可的设立日期;

(g)摘录出具日期和地点。

(3)向法人出具的摘录应当注明:

(a)公司名称或商号、注册办公地址、身份识别号码(如有);如为外国法人,应注明捷克共和国境内分厂的名称和地址;

(b)完全或部分符合第四十五条第四款规定的营业范围;若经营者在申报书中指明,还应注明任何其他与贸易许可范围有关的补充资料;

(c)贸易许可的有效期;

(d)贸易许可设立的日期;

(e)摘录发放的日期和地点。

(4)若申报书不符合第四十五条和第四十六条的规定,贸易许可办公室应责令申报人在第一款规定的期限内补正瑕疵。贸易许可办公室应在责令书中规定瑕疵补正的合理期限,至少为十五日。若具有令人信服的理由,经营者申请,贸易许可办公室可以允许多次延期。在贸易许可办公室所发出责令书中规定的期限内,贸易许可登记簿的登记时限和摘录的发放时限中止。

(5)若申报人在规定的期限或延长的期限内补正瑕疵,应当视为申报书自始无错误。若申报人未能在规定的期限或延长的期限内补正瑕疵，贸易许可办公室应当启动程序，决定不针对贸易申报书授予贸易许可；若涉及第十条第四款所指的人提交的申报书，则贸易许可办公室应裁定，申报人不符合贸易许可的设立条件。在裁定书出具前，申报人补正瑕疵，且贸易许可办公室认为已经满足贸易许可设立条件的，贸易许可办公室应在贸易许可登记簿上登记并出具摘录，终结程序。

(6)如果申报人未能符合本法规定的条件，贸易许可办公室应当启动程序并裁定不对贸易申报书授予贸易许可。若申报人按照第十条第四款规定提交申报书，贸易许可办公室应裁定该申报人未符合贸易许可的设立条件。

(7)按照第五条第五款规定，外国自然人提交申报书时，必须提交确认居留许可的文件，并已证明满足除居留许可以外的所有条件，为办理居留许可事宜，贸易许可办公室应当向该外国自然人出具含有第四十七条第二款规定的信息的摘录，但第五项规定的信息除外。自向贸易申报地贸易许可办公室出示证明其获得长期签证或长期居留许可权的文件之日起，该外国自然人有权开展贸易。如果外国自然人不符合开展贸易的一般和特殊条件，贸易许可办公室应当认定该申报人没有资格获得贸易许可。

(8)如果第七款所指的人根据特别立法①在提交捷克共和国外国公民居住地②申报书之日起的三个工作日内提交确认该人居留许可的文件，贸易许可办公室应根据第四十七条第二款的规定，在五个工作日内向该人出具摘录。如果该人未于规定时限内提交确认居留许可的文件，贸易许可办公室应当认定该申报人没有资格获得贸易许可。如果上述人员未根据第七款在贸易许可办公室发出摘录后的六个月内出示确认其居留许可的文件，贸易许可办公室应认定该申报人没有资格获得贸易许可。贸易许可办公室应在贸易许可登记簿上注明该申报人未满足获得贸易许可的条件。

(9)如因有说服力的原因，贸易许可办公室未能在第一款规定的期限内在贸易许可登记簿上登记并出具摘录，且此举不构成第四款所规定的程序，则贸易许可办公室应请求上级主管部门延长发布摘录的期限。贸易许可办公室应告知申报人延期情况及其原因。

(10)如果贸易许可办公室认为，贸易许可登记簿中有记录系经援引违反本法规定的申报书制作，贸易许可办公室应启动撤销相关贸易许可的程序。贸易许可办公室应当制作新记录并发放新的摘录终结程序，或者出具撤销该贸易许可的决定。

(11)贸易许可办公室应当通过作出更正记录并向经营者重新发放摘录，以随时更正贸易许可登记簿记录中的文字错误和其他明显印刷错误。

第四十八条

(1)贸易许可办公室应发放摘录，或应通过其他方式(第六十条第七款)告知有关贸易和经营者的信息，发放或告知的对象包括：负责所得税管理的属地主管税务机关，捷克国家统计局；经营者住所地或注册办公地的属地主管社会保障局，如该经营者是外国人，则为外国人许可居所地、注册办公地或该外国人分厂所在地的属地主管社会保障局；贸易许可办公室所知晓的主管医疗保险公司；根据特别立法规定保存记录所有通用医疗保险投保人信息的登记簿

---

① 关于外籍人士在捷克共和国境内住所以及某些法案修正案的1999年法律汇编第326号法案，修正本。

② 关于外国公民在捷克共和国境内居留以及某些法案修正的1999年法律汇编第326号法案第九十三条，修正本。

的政府部门或组织，如该等投保人是在公共登记簿上登记的，则为注册法院。贸易许可办公室的这项义务也适用于贸易许可登记簿的变更，包括在经营者死亡后继续进行贸易的情况下对贸易许可的变更，对贸易中断或暂停的变更，撤销贸易许可的决定的变更，不针对贸易申报授予贸易许可的决定的变更，以及根据第四十七条第十款和第十一款颁布的措施的变更。

(2)贸易办公室应当尽速通知内政部：根据第四十七条第七款规定向外国自然人发放摘录的情况，贸易许可的设立，贸易许可的暂停和取消，不予授予贸易许可的决定，贸易的中断，申报人或特许贸易申请人不符合启动贸易许可条件的事实，中止特许贸易申请程序的决定以及驳回特许贸易申请的决定。

(3)除非本法另有规定，贸易许可办公室应自在贸易许可登记簿上作出记录之日起三十日内履行第一款所述的义务。

第四十九条

(1)经营者应将贸易申报所需的信息和文件的所有变更和修改情况通知贸易许可办公室，并应在变更和修改发生之日起十五日内提交相关文件；如果这些变更和修改情况：如经营者为捷克共和国公民，登记于基本登记簿[①]商业或其他公共登记簿或者公民登记信息系统[②]上。如经营者为外国人，登记于外国人信息系统。[③] 贸易许可办公室应当将从这些登记簿、系统或公共登记簿中获取的补充数据的变更和规定情况录入贸易许可登记簿，不得无故拖延。如果经营者提交了第四十六条第一款第一项、第二项、第四项和第六项以及第二款第一项、第二项、第四项、第六项和第七项所称文件，贸易许可办公室应当按照第四十六条第七款规定作出相应处理。

(2)第四十六条第六款适用于上文第一款第一句所称经修改和增补的申报文件的提交。

(3)根据第一款规定申报的，贸易许可办公室应当在贸易许可登记簿上登记，并视情况出具摘录(第四十七条第二款或第三款)，或将此登记情况通知经营者。如果经营者未按照第一款规定提供证明所申报变更或修改的文件，贸易许可办公室应当要求经营者在规定的时限(至少为十五日)内提交文件，并且在文件提交前不得在贸易许可登记簿上登记。如果涉及业务对象的范围变更，并且没有依照本法规定提供证明文件，贸易许可办公室应当以单独程序决定，不针对所申报变更授予贸易许可。如果经营者未能遵守第一款规定的申报义务，且贸易许可办公室基于必要证据知晓该变更，则贸易许可办公室应立即将该变更记入贸易许可登记簿，不得无故拖延。

(4)如果负责代表人发生变更，经营者应提供第四十六条所规定的文件以补充其申报书；如果经营者指定的负责代表人符合开展贸易的条件，贸易许可办公室应当在贸易许可登记簿上登记，并将此登记事项通知经营者。如果经营者指定的负责代表人不符合开展贸易的条件，或者尽管法律有要求但是经营者没有指定负责代表人，则贸易许可办公室应根据第五十八条第三款规定启动暂停贸易的程序。

(5)如果经营者住所迁移并事先向贸易许可办公室申报：住所迁移后该经营者希望将注

---

① 关于基本登记簿的2009年法律汇编第111号法案。

② 关于公民和个人身份证号码的登记以及某些法案修正的2000年法律汇编第133号法案(公民登记法)，修正本。

③ 关于外国人在捷克共和国境内居住以及某些法案修正的1999年法律汇编第326号法案第一百五十八条(经2009年法律汇编第227号法案加以修正)。

册办公地址迁入新住所的地址。该经营者无须在迁入新住所时将注册办公地址的变更情况申报贸易许可办公室。

(6)如果贸易许可办公室在贸易许可登记簿中发现了违法变更或补充,第四十七条第十款的规定应予准用。

(7)当贸易许可办公室更正贸易许可登记簿上变更或补充登记中的文字错误和其他明显印刷错误时,第四十七条第十一款的规定应予准用。

第二章　贸易特许程序

第五十条　贸易特许申请具体事项

(1)拟开展许可贸易的人应向贸易许可办公室提交贸易特许申请。

(2)关于贸易特许申请的详情,第四十五条第二款、第三款至第五款和第四十六条应予准用。按照附件三的规定,贸易特许申请应详细说明全部或部分业务对象。

(3)如果贸易的开展规定了专业能力或其他能力条件,则贸易特许申请应附带以下内容:

(a)就自然人而言,证明其专业能力及其他能力的文件,或证明负责代表人的专业能力及其他能力的文件;

(b)就法人而言,证明负责代表人的专业能力及其他能力的文件。

(4)在贸易特许申请中,申请人还应根据特别立法的要求提供信息,并根据国家主管行政机关为根据本法第五十二条第一款发表意见的要求,提交文件以证实所提供的信息。

第五十一条

已废止

第五十二条　审核申请

(1)根据特别立法或本法附件三,如果贸易的开展需要国家行政部门的授权、批准、许可或意见,贸易许可办公室应当向该机关提交贸易特许申请,或根据特别规定,提交批准委任负责代表人的申请,以及申请人为申请贸易特许而提供的所有文件,以便该部门走出意见;除附件三另有规定外,该机关应当在提交申请后三十日内作出意见。其意见对贸易许可办公室具有约束力。如果本法附件三所称部门已根据特别立法作出批准条件的决定,贸易许可办公室不得要求作出该等意见。

(2)应当根据第五条第五款提交确认其居留许可的文件的外国自然人已提交贸易特许申请的,贸易许可办公室应当按照第四十七条第七款和第八款予以相应处理。

第五十三条　贸易特许决策

(1)针对贸易特许作出决定前,贸易许可办公室应当确定是否已满足开展贸易的所有一般和特殊条件,以及是否存有贸易开展的障碍。

(2)如果第一款所称条件之一未得到满足,或者本法附件三规定的国家主管行政机关反对授予特许,贸易许可办公室应当驳回该申请。

(3)如果负责代表人的委任书和贸易特许申请书一并提交至贸易许可办公室审批,且并负责代表人符合法定条件,贸易许可办公室应当在决定授予贸易特许的同时,批准该负责代表人的委任。

(4)贸易许可办公室应授予第五条第五款所指的人员在其居留许可期限内可享有的贸易特许。

(5)关于授予贸易特许决定的具体内容,应准用第四十七条第二款第一项至第五项和第四十七条第三款第一项至第五项。授予贸易特许权的决定中,贸易许可办公室应当根据第二十七条第三款列明开展贸易的条件。

第五十四条

(1)贸易许可办公室应在授予贸易特许权的决定生效之日起五个工作日内在贸易许可登记簿上登记,并向经营者发放摘录。

(2)对于摘录的发放,第四十七条第二款、第三款和第十一款均应予准用。

(3)如果根据第五条第五款规定需提交第四十七条第八款规定的确认其居留许可的文件的外国自然人,未能提交该文件,则应视为该外国自然人不符合启动贸易许可的条件。贸易许可办公室应在文件中通报这一事实并将其录入贸易许可登记簿。

(4)如果贸易许可办公室发现,贸易许可登记簿中的记录与授予贸易特许的决定不符,或者录进贸易许可登记簿中、未载入授予贸易特许的决定书中的数据与实际情况不符,则贸易许可办公室应更正贸易许可登记簿中的该记录,并视情况向经营者出具摘录或通知该记录的更正情况。

第五十五条

(1)第四十八条所规定的贸易许可办公室的传达信息职责应相应适用于本章。

(2)贸易许可办公室应向有权根据第五十二条第一款发表意见的主管机关发送授予贸易特许的合法决定的一份副本、该决定变更或撤销情况、关于贸易中断或暂停的资料和摘录,或以其他约定方式向该管机关提供与许可贸易和经营者相关的资料。

第五十六条　贸易特许申请信息的变更

(1)经营者应当将特许贸易申请具体事项的信息和文件相关的所有变更和修改情况提交贸易许可办公室,并自变更或修改发生之日起十五日内提交有关文件;如果该等变更和修改已在基本登记簿、[1]商业或其他公共登记簿或公民登记信息系统[2](经营者是捷克共和国公民的情况),或外国人信息系统[3](经营者是外国人的情况)登记,经营者无须提交。贸易许可办公室应当将自该等登记簿、系统或公共登记簿中获得的补充数据的变更和提供情况录入贸易许可登记簿,不得无故拖延。如果经营者已提交第四十六条第一款第一项、第二项、第四项和第六项以及第二款第一项、第二项、第四项、第六项和第七项所称文件,贸易许可办公室应当按照第四十六条第七款规定予以相应处理。

(2)提交关于上文第一款第一句所称修改和补充申报的文件时,应当合理适用第四十六条第六款。

(3)根据第一款规定申报时,贸易许可办公室应当视情况变更授予贸易特许的决定,在贸易许可登记簿中登记变更,发放摘录(第四十七条第二款或第三款),将此变更登记通报经营

① 关于基本登记簿的2009年法律汇编第111号法案。

② 关于公民和个人身份证号码的登记以及某些法案修正的2000年法律汇编第133号法案(公民登记法),修正本。

③ 关于外国人在捷克共和国境内居住以及某些法案修正的1999年法律汇编第326号法案第一百五十八条(经2009年法律汇编第227号法案加以修正)。

者,或决定暂停贸易或撤销贸易许可。经营者不履行第一款所称申报义务的,贸易许可办公室通过必要证据知晓该变更后,应当立即将该变更记入贸易许可登记簿,不得无故拖延。

(4)贸易许可办公室应当自行或者应另一方请求,通过修改授予贸易特许的决定作出涉及业务对象范围和贸易开展条件的变更。贸易许可办公室随后应当在第五十四条第一款规定的期限内在贸易许可登记簿上登记,并发放包含变更信息的摘录。

(5)第五十二条和第五十三条应予准用于授予贸易特许的决定的修改程序。若根据第二十七条第三款修改授予贸易特许的决定中所规定条件,该修改程序应由贸易许可办公室自行或应另一方请求启动。

(6)如果经营者变更居所,并事先向贸易许可办公室申报;居所变更后该经营者希望将注册办公地址迁入新居所的地址。该经营者无须在迁入新居所时将注册办公地址的变更情况申报贸易许可办公室。

(7)在对贸易许可登记簿中的变更记录或补充数据进行更正时,贸易许可办公室应当充分遵守第五十四条第四款或第四十七条第十一款规定。

第三章　贸易许可的终止

第五十七条

(1)发生下列情形的,终止贸易许可:

(a)经营者死亡,但第十三条规定的情形除外;

(b)法人解散,但第十四条规定的情形除外;

(c)如果贸易许可设有固定期限,则特定期限结束之时;

(d)自商业登记簿删除强制登记在商业登记簿的外国人或其业务对象;

(e)如果特别立法有此规定;

(f)贸易许可办公室作出撤销贸易许可的决定。

(2)贸易许可的期限届满前,经营者宣布计划继续开展贸易,或要求修改授予特定期限贸易特许决定的,不得于第一款第三项规定的期限届满时撤销贸易许可。外国自然人在捷克共和国境内开展贸易的许可以在捷克共和国的居留许可为前提的,应当随申报书提交新的居留许可证。如果未提交许可证,贸易许可办公室应当要求其在合理期限内,至少于居留许可期限内提交。未在规定期限内提交该许可证,贸易许可期限已届满的,贸易许可应当在该规定期限的最后一日终止。

(3)如果贸易许可被终止,贸易许可办公室应当通知第四十八条和第五十五条第二款所称部门。

第五十八条

(1)发生下列情形的,贸易许可办公室应当撤销贸易许可:

(a)经营者不再符合第六条第一款第一项或第二项所规定的条件;

(b)出现第八条所规定的障碍,但第八条第五款规定的在无资格要求贸易中出现的障碍除外;

(c)经营者作出此种要求;或者

(d)经营者没有根据第三十一条第二款的规定证明使用该营业场所的合法理由。

(2)经根据第五十二条第一款发表意见的国家行政部门,以经营者严重违反授予贸易特许的决定、本法或特定法律规定的条件为由提出建议,贸易许可办公室应当撤销贸易许可或暂停贸易。

(3)如果经营者严重违反了授予贸易特许的决定中、本法中或特定立法中所规定的条件,贸易许可办公室有权撤销贸易许可或暂停贸易。如果经营者未履行对国家负有的义务,贸易许可办公室可以根据社会保障主管部门的建议撤销贸易许可。

(4)外国自然人在捷克共和国境内开展贸易的许可取决于其在捷克共和国的居留许可(第五条第五款),该自然人未满足该条件的,贸易许可办公室应当撤销贸易许可。

(5)经营者四年或以上未开展贸易的,贸易许可办公室可以撤销经营者贸易许可;经营者已根据第三十一条第十一款申报中止贸易的,不适用本规定。

(6)营业经营场所内开展贸易活动严重违反本法或特别法律规定的义务的,贸易许可办公室应当暂停该经营场所的贸易。

(7)根据经营者的要求,贸易许可办公室应当自收到经营者申报后撤销贸易许可,但不得早于申请提交之日。经营者未指定撤销日期的,贸易许可应当自贸易许可办公室决定生效当日撤销。第二款或第三款规定的贸易许可撤销程序已启动的,根据第二款或第三款作出撤销贸易许可的决定之前,不得根据经营者的请求撤销同一贸易许可。

(8)决定根据第二款和第三款规定暂停贸易,或根据第六款规定暂停经营场所内某项贸易的,贸易许可办公室应当规定禁止开展该贸易的期限;该期限不得超过一年。除导致中止的原因于规定期限内消除外,贸易许可办公室应当根据具体情形,再次决定中止该经营场所内该项贸易,或撤销经营者的贸易许可。

第五十九条

贸易许可办公室有权禁止经营者在欧盟或组成欧洲经济区的另一国进行的,侵害或可能侵害消费者共同利益①的,与旅行社或旅游公司开展的贸易相关的非法行为。② 违反本法构成撤销或中止贸易许可的理由。

第四章　贸易许可登记簿

第六十条

(1)贸易许可登记簿是以电子形式保存的公共行政信息系统,③其中包括本条第二款所列信息以及与开展贸易有关的统计和参考性质数据。为执行本规定,可以自其他信息系统和登记簿传输信息和数据。捷克共和国贸易许可办公室担任贸易许可登记簿的管理人,具体执行人是本条第三款至第五款规定范围内的区级贸易许可办公室,以及本条第二款至第五款规

---

① 关于负责执行消费者保护法的国家及机关之间的合作的欧洲议会和理事会法律汇编 2004 年第 2006 号条例("消费者保护合作条例")第三条第十一项。

② 关于负责执行消费者保护法的国家及机关之间的合作的欧洲议会和理事会法律汇编 2004 年第 2006 号条例("消费者保护合作条例")第三条第二项。

③ 关于公共行政信息系统与某些其他法案修正案的 2000 年法律汇编第 365 号法案,修正本。

定范围内的市级贸易许可办公室。市贸易许可办公室向本信息系统录入证明符合本法第四十六条第七款规定的文件。

(2)下列具体事项(包括作出的变更),应当在贸易许可登记簿中登记:

(a)身份识别数据,尤其是:

①如果是自然人,包括姓名、职称或学历、公民身份、住所地址、出生登记号(如已分配)、出生日期。如果是一人公司的所有权人,需提供身份识别号、公司名称和注册地址。

②如果是外国自然人,包括本款第一目规定的数据和在捷克共和国的居留地址(如获批准),在捷克共和国的分支机构的名称和地址,以及第七目规定的该分支机构的负责人。

③就法人而言,公司名称或商号、注册办公地址、其识别号以及第五目和第六目所规定的关于其法定机构成员的数据。

④就外国法人而言,第三目所规定的数据及其位于捷克共和国分支机构的名称和地址以及第七目所规定的与该分支机构负责人有关的数据。

⑤就属于法人法定机构成员的自然人或被授权担任法定机构成员法人的代表而言,则需提供其姓名、职称或学历、在捷克共和国的住所地址或居留地址、出生登记号(如已分配)、出生日期、入职和离职日期。

⑥就属于法定机构成员的法人而言,公司名称或商号、注册办公地址、个人识别号码、入职和离职的日期。

⑦就外国人分支机构的负责人而言,姓名、职称或学历、国籍、在捷克共和国的住所地址或居留地址、在捷克共和国境外的住所地址、出生登记号(如已分配)、出生日期、入职和离职的日期。

⑧就负责代表人而言,姓名、职称或学历、国籍、在捷克共和国的住所地址或居留地址、在捷克共和国境外的住所地址、出生登记号(如已分配)、出生日期、入职和离职的日期。

(b)业务对象。

(c)贸易类型。

(d)除自动售货机和移动经营场所外,包括第十七条第五款第三项和第四项规定信息在内的开展贸易的公司,包括企业的识别号或第五十八条第六款规定的数据。

(e)贸易许可的有效期。

(f)启动贸易许可的日期。

(g)暂停或中断贸易的期限。

(h)终止贸易许可的日期。

(i)根据第十条第四款提交摘录的日期。

(j)破产决议、债务人未破产的决议、处理破产的决议、终止破产程序的决议、遵守重组计划或其重要部分的决议、履行债务的决议以及由于债务人资产完全不足以清偿债权人,作出的终结破产程序的决议。

(k)法人进入清算程序。

(l)第八条规定的贸易障碍。

(m)与业务相关的,贸易许可办公室作出的罚款和其他行政机关作出的处罚,但当场罚款除外。

(n)与贸易许可范围有关的第四十五条第二款第五项,第四十五条第三款第五项和第四十五条第四款以及与开展贸易的条件有关的其他附加信息(第二十七条)。

(o)公司终止设施内经营活动后可以清偿任何负债的地址。

(p)继续经营已故经营者贸易之人,按第一项的规定完整填写与此人有关的资料。

(q)不符合第十条第五款、第四十七条第八款和第五十二条第二款所规定的继续贸易的条件。

(r)第四十五条第二款第十一项和第四十五条第三款第八项所规定的交付地址。

(3)除非另有说明,关于包含本条第二款所列数据的各部分,贸易许可登记簿以公开清单的形式制作。关于包括下列内容的各部分,贸易许可登记簿不以公开清单的形式制作:

(a)第二款第十三项和第十八项所规定的信息,关于在捷克共和国住所和居所地的信息,在捷克共和国境外的住所以及出生登记号。

(b)第二款所规定的其他信息,当经营者的最后一个贸易许可证到期后的四年届满时,这些数据从贸易许可登记簿的公开部分转移到非公开部分;如果经营者再次获得贸易许可证,这些信息将再次被纳入贸易许可登记簿的公开部分中。

(c)根据第十条第五款、第四十七条第八款和第五十二条第二款的规定,在不符合继续开展贸易的条件时,第二款所规定的其他信息。

(d)根据第一款规定保存的文件。

(4)贸易许可办公室应提供以下信息:

(a)如果相关经营者和行政管理机关需要第三款第一项规定的信息开展活动,并且其他法规有所规定,则向相关经营者和行政管理机关提供。

(b)将第三款第二项和第三项所规定的信息提供给第五款第二项至第四项所规定的范围内可以证明其合法权益之人。

(5)经要求,贸易许可办公室应当根据第四款规定的条件以纸质形式或电子文档格式出具下列与贸易许可登记簿的申请书验证之人的信息:

(a)第四十七条第二款或第三款规定的摘录;该摘录应当向相关经营者出具。

(b)载有关于某人第二款所称全部信息的摘录信息全文。

(c)包含所需信息的关于某人的部分摘要信息。

(d)特殊注册确认书或贸易许可办公室未持有特定注册记录的确认文件。

(6)根据申请,贸易许可办公室应当以纸质或者电子形式出具贸易许可登记簿公共部分的数据集,该数据集可能仅包括经营者的基本身份识别数据,即姓名、公司名称或商号、注册办公地址和个人识别号码,以及申请人要求提供的业务对象和公司地址。数据集应当包括自数据集编制之日起生效的数据。申请人不得发布或向第三方提供该数据集。

(7)根据第六款申请提供数据集的申请书,可提交本法第七十一条第五款规定的主管办公室;除《行政程序规则》规定的条件外,申请书必须包括申请数据集的范围。

(8)第六款所规定的数据集应在提交申请书之日起三十日内提供给申请人。在需要特别巨大的数据集的情况下,其提供期限应延长三十日。如果贸易许可办公室未批准全部或部分申请书,则应酌情在第一句或第二句所规定的限期内出具驳回全部或部分申请的决定。

(9)除非本法另有规定,否则除第四款、第五款和第六款所规定的数据外,不得提供其他数据。

(10)捷克共和国贸易许可办公室[①]应当以电子形式提供在贸易许可登记簿公开部分中保存的信息,实现信息远程访问。依第五款第二项的规定从贸易许可登记簿的公开部分获得的信息也应根据规制公共管理信息系统[②]的法律的规定从该系统已经验证的输出结果的形式出具。捷克共和国贸易许可办公室应将贸易许可登记簿中的信息以允许远程访问的电子形式或其他约定形式,提供给第四十八条所规定的机关,以及依据其他法律规定的机关和需要这些信息以开展活动的行政机关。第四十五条之一和第四十五条之二所规定的信息传输应按相应方式处理。

(11)捷克共和国内政部或公安部应根据本法的规定向捷克共和国贸易许可办公室、地区和市级贸易许可办公室[③]提供下列资料,以满足上述办公室的程序、保存贸易许可登记簿以及根据其他法律[④]履行监督职责等需求:

(a)人口基本登记簿的参考资料;

(b)来自人口档案信息系统的数据;

(c)来自外国人信息系统的数据。

(12)根据第十一款第一项规定提供的数据包括:

(a)姓氏;

(b)名字;

(c)出生日期、地点和地区,在国外出生者的数据包括出生日期、出生地点和出生的国家;

(d)永久住址;

(e)身份证件类型和号码;

(f)出生日期、地点和地区;关于在捷克共和国境外死亡之人的数据,包括死亡日期、死亡地及国家;法院已裁定宣告死亡的,以裁定死亡日期或被宣告死亡的数据主体不存在之日,以及该裁定生效日期为准;

(g)国籍或多个国家的国籍(如果相关)。

(13)根据第十一款第二项所提供的数据包括:

(a)姓氏、名字,曾用名;

(b)出生日期和地点;

(c)出生登记号;

(d)国籍;

---

① 关于贸易许可办公室的1991年法律汇编第570号法案,修正本。

② 关于公共行政信息系统与某些其他法案修正案的2000年法律汇编第365号法案,修正本。

③ 关于贸易许可办公室的1991年法律汇编第570号法案,修正本。

④ 例如,关于广告的管理以及修正和补充1991年法律汇编第468号电视和无线电广播运营法的1995年法律汇编第40号法案,修正本;关于消费者保护的1992年法律汇编第634号法案,修正本。

(e)永久地址;

(f)出生日期、地点和地区;在捷克共和国境外死亡的人的数据,包括死亡日期、死亡发生的地点和国家;

(g)在法庭裁定中的死亡日期,或被宣告死亡的数据主体不再存活之日;

(h)法律行为能力的限制。

(14)根据第十一款第三项所提供的数据包括:

(a)姓氏、名字,姓名的任何变更,婚前姓;

(b)出生日期;

(c)性别;

(d)出生地点和国家;

(e)出生登记号(如已分配);

(f)国籍;

(g)住所类型和地址;

(h)居住许可证的号码和有效期;

(i)开始居住的日期和居住结束的日期(如适用);

(j)法律行为能力的限制;

(k)行政或司法驱逐,以及禁止该主体进入捷克共和国境内的期限;

(l)死亡日期、地点和区域;如在捷克共和国境外死亡,则死亡发生的国家和日期;

(m)在法庭裁定中的死亡之日,或数据主体不存活之日。

(15)如果作为参考数据保存在人员基本登记簿中的数据体现的并非现状,则该数据只能在人口档案信息系统或外国人信息系统中使用。

(16)在提供的数据中,只有那些对执行特定任务来说至关重要的数据才可在特殊情况下被使用和保留。

第五编 贸易监查

第一章 贸易监查

第六十条之一

(1)贸易许可办公室应在其职权范围内监查《贸易许可法》和有关许可贸易的特别法律规定义务的履行及方式,以及第六十九条规定的服务条款和特许决定规定的开展交易的条件。

(2)贸易许可部门履职时发现有违反烈性酒强制标签义务及消费税法规定的烟草强制标签义务行为的,应当监督烈性酒标签义务的履行,并依据强制性烈性酒标签法律处理烈性酒。贸易许可部门发现违反该义务的,应当立刻通报相应消费税管理人。

第六十条之二

如果市政或地区当局向执行监查人员签发许可证,则贸易许可办公室工作人员应在监查期间出示该许可证。如果市政或区域当局未签发前述许可证,则贸易许可办公室工作人员在历次执行监查时应出示监查授权书。根据特别立法规定,提供关于经营者监查结果的信息,或按照其他行政当局的要求对经营者实施行政管理程序的结果信息以及旨在实施监查或行政管理程序的信息，不视为违反保密规定①。

第六十条之三

经营者有权在监查期间根据其选择邀请第三方在场。没有第三方在场的，不阻碍监查的实施。

第六十条之四

(1)贸易许可办公室可要求经营者纠正其在进行贸易时被发现的违规行为。

(2)对根据第一款作出的决定提起的申诉，不暂缓该决定的执行。

第六十条之五

已废止

第二章　犯　　罪

第六十一条　自然人的犯罪

(1)自然人有下列情形的，构成犯罪：

(a)担任已故经营者企业资产管理人，或管理遗产的遗嘱执行人，或第十三条第一款第二项、第三项或第五项所称人士违反第十三条第二款规定，未委任负责代表人；

(b)作为法院指定的遗产管理人，或信托、清算或破产管理人，未按照第十三条第四款的规定，申报继续开展业务的意向，或未委任授权代表人。

(2)如果自然人依据下列条款规定提供的关于品性端正的宣誓书是虚假的，即属犯罪：

(a)第四十六条第一款第一项，如果其为另一欧盟成员国的公民；或

(b)第四十六条第一款第二项，如果其为欧盟成员国以外国家的公民。

(3)自然人开展下列贸易的，构成犯罪：

(a)未经贸易许可从事无资格要求贸易；

(b)未经贸易许可从事职业或专业贸易；或

(c)未经贸易许可从事许可贸易。

(4)对上述犯罪行为可以处下列罚金：

(a)对第一款所规定的犯罪行为处以不超过一万捷克克朗的罚金；

(b)对第二款所规定的犯罪行为处以不超过十万捷克克朗的罚金；

(c)对第三款第一项所规定的犯罪行为处以不超过五十万捷克克朗的罚金；

(d)对第三款第二项所规定的犯罪行为处以不超过七十五万捷克克朗的罚金；

(e)对第三款第三项所规定的犯罪处以不超过一百万捷克克朗的罚金。

(5)第二款及第三款所指的犯罪不能以现场程序处理。

第六十二条　商业法人和自然人的犯罪

(1)作为经营者的法人，或从事商业活动的自然人，有以下行为的，构成犯罪：

(a)违反第七条第六款规定，未由符合专业资质条件的自然人单独安排附件五所规定的贸易活动，未按照法律所规定期限保存该类人员的档案，或未按照法律所规

① 关于贸易许可办公室的1991年法律汇编第70号法案，修正本。

定的期限保存其专业资质文件的副本；

(b)未根据第十一条第五款规定向贸易许可办公室申报对负责代表人的委任或未能申报其委任的终止；

(c)未根据第十一条第七款规定向贸易许可办公室申报负责代表人的批准、委任信息或未申报许可贸易的负责代表人的委任终止；

(d)未根据第十一条第八款规定重新委任负责代表人；

(e)违反第十七条第三款规定：

①未按照贸易许可办公室的要求证明使用设施的合法权利或移动设施放置的合法性，或

②未事先申报设施内贸易的开始或终止；

(f)未按照第十七条第四款规定委任该经营场所活动的负责人；

(g)未按照第十七条第七款、第八款、第九款规定标注该经营场所；

(h)违反第十七条第十款规定，通过由消费者操作的自动售货机销售商品或提供服务，从而允许受特别立法保护的人获得特定类型的商品；

(i)违反贸易许可办公室设置或修改的关于进行第二十七条第三款所规定的许可贸易的条件；

(j)违反第三十一条第二款规定，未标明注册办公场所或分厂；

(k)未向管控机构证明待销售的商品或材料是按照第三十一条第三款规定的方式获取；

(l)违反第三十一条第四款的规定，未验证合同关系的当事人或合同关系的标的，或未保留合同关系当事人或合同标的的记录，或未能在验证发生地和商品所在地的经营场所内提供这些记录；

(m)未记录或存储第三十一条第六款所规定的验证信息；

(n)违反第三十一条第七款的规定，购买或接受为典当物的商品，或为该类商品的购买提供中介服务；

(o)未能按照第三十一条第八款规定确保其旨在向消费者销售商品或提供服务的经营场所在与消费者接触的开放或营业时间内配备满足熟悉捷克语或斯洛伐克语条件的人员；

(p)未确保其雇员符合第三十一条第九款所规定的品性纯良条件；

(q)未按照第三十一条第十二款规定向贸易许可办公室申报贸易的恢复；

(r)未按顾客要求提供商品销售证明或服务提供证明，或未根据第三十一条第十四款的规定在销售证明中陈述法律规定的信息；

(s)违反第三十一条第十五款的规定，未按贸易许可办公室的要求申报其是否进行贸易或未出示证明贸易开展的文件；

(t)违反第三十一条第十六款的规定，在经营场所内经营活动已终止的情况下，未向贸易许可办公室申报可能清偿任何可能债务的场所地址；

(u)违反第三十一条第十七款的规定，雇佣不具备从事特别立法所规定职业的能力的雇员，或雇佣不具备保护与公共安全相关的安全程序或法规知识的雇员；

(v)违反第四十九条第一款的规定,未在规定期限内向贸易许可办公室申报与贸易申报书所规定的信息和文件相关的变更和修改,或未提交与该变更和修改相关的文件,未申报无资格要求贸易项下的活动领域的变更除外;或者

(w)违反第五十六条第一款的规定,未在规定期限内向贸易许可办公室申报与贸易特许申请书具体事项所规定的信息和文件相关的变更和修改,或未提交与该变更和修改相关的文件。

(2)第六十九条第一款所规定的经商的自然人在下列情况中临时提供服务,即属犯罪:

(a)违反第六十九条第四款第一项规定,未在监查时间证明所提供服务的合法性;

(b)违反第六十九条第四款第二项和第七条第六款规定,未确保附件五所规定的贸易活动内容由具备专业资质的自然人单独完成;或

(c)违反第六十九条第五款规定,未向认定部门申报构成贸易的活动中所提供的服务,以及提供该服务时须符合第七条关于特殊专业资质的条款。

(3)第六十九条第二款所列的法人在下列情况中临时提供服务,即属犯罪:

(a)违反第六十九条第四款第一项规定,未在监查期间证明所提供服务的合法性;

(b)违反第六十九条第四款第二项和第七条第六款规定,未能确保附件五所规定的贸易活动内容由具备专业资质的自然人单独完成;或

(c)违反第六十九条第五款规定,未向相关认定部门申报构成贸易的活动中所提供的服务,并且提供该服务时不符合第七条关于特殊专业资质的条款。

(4)对犯罪行为可处以下罚金:

(a)对第一款第八项、第十一项、第十二项、第十三项、第十四项、第十八项、第二十项或第二十一项规定的犯罪行为处以不超过一百万捷克克朗的罚款;

(b)对第一款第一项、第三项、第四项、第五项、第六项、第七项、第九项、第十项、第十一项、第十五项、第十六项、第十七项、第十九项,第二款或第三款所规定的犯罪行为处以不超过十万捷克克朗的罚款;

(c)对第一款第二项所规定的犯罪行为处以不超过五万捷克克朗的罚款;

(d)对第一款第二十二项或第二十三项虽规定的犯罪行为处以不超过二万捷克克朗的罚款;

(e)对第一款第十七项所规定的犯罪行为处以不超过一万捷克克朗的罚款。

第六十三条

(1)此外,法人若从事如下活动,则构成犯罪:

(a)该活动为无资格要求贸易;

(b)该活动是职业或专业贸易标的;或

(c)该活动为许可贸易标的;

但不拥有该贸易的贸易许可。

(2)对犯罪行为可处以下罚款:

(a)对第一款第一项所规定的犯罪行为处以不超过五十万捷克克朗的罚款;

(b)对第一款第二项所规定的犯罪行为处以不超过七十五万捷克克朗的罚款;

(c)对第一款第三项所规定的犯罪行为处以不超过一百万捷克克朗的罚款。

(3)第一款所规定的犯罪行为不能以现场程序处理。

第六十三条之一

已废止

第六十四条　一般规定

(1)本法规定的犯罪行为的初审由市级贸易许可办公室处理。

(2)罚金由征收部门追缴和执行。

第三章和第四章

第六十五条至第六十六条

已废止

第六编　一般规定、过渡期规定及其他规定

第一章　一 般 规 定

第六十七条

(1)本法中,捷克共和国地址是指基本登记簿中登记的地理标识、地址及不动产地址位置[①]的信息集合。地址应当在贸易许可登记簿记录,并包含下列信息:

(a)市或军事训练地区的名称;在首都布格拉的城市,名称后应当附上市辖区编号;

(b)市政区的名称;首都布格拉地籍部门的名称;

(c)给地址分配的邮编;

(d)街道名称,如已录入地理标识、地址和不动产登记簿;

(e)土地登记簿编号或登记号;

(f)街道号码(如有),包括其附属物。

(2)捷克共和国境外的地址应记录在贸易许可登记簿中,包含市或区的名称、街道名称、门牌号、邮编及国家名称。

第六十八条　国家行政管理部门的合作

(1)根据特别立法进行监查的主管部门应相互合作,并应在决定生效起三十日内将经营者严重违反特别法规的决定副本发送给贸易许可办公室。在相同期限内,其还应通报主管贸易许可办公室在其活动过程中核实的未经授权的业务。该行为不得违反特别立法[②]所规定的保密义务。

(2)贸易许可办公室应在核实该行为后三十日内将参与贸易主体活动的个人违反有关特别法规的情况通报单独的专业部门,尤其是监督卫生、安全和消防法规实施的部门以及捷克贸易监查局的各个机构。

---

① 关于地理标识、地址和不动产的基本登记簿的 2011 年法律汇编第 359 号法令。

② 例如,关于税收和收费管理的 1992 年法律汇编第 337 号捷克国家委员会法案,修正本。

第六十九条

已废止

第六十九条之一

(1)有权在欧盟成员国从事商业活动的欧盟成员国公民可根据《欧洲联盟职能条约》第五十六条等的规定在其业务授权范围内在捷克共和国临时提供服务。

(2)若法人的内部关系受欧盟成员国法律管辖,在欧盟成员国拥有注册办公地、总部或主要经营活动场所,且有权在欧盟成员国经商,则该法人有权根据《欧洲联盟运行条约》第五十六条等的规定在其业务授权范围内在捷克共和国境内临时提供服务。

(3)《欧洲经济区协议》的缔约国公民、瑞士联邦公民和在这些国家拥有注册办公地的法人,均应视为上述第一款或第二款所规定的人员。

(4)本法其他规定不适用于本条规定的服务提供。下列情形除外:

(a)有义务根据第六十条的规定在监查中通过提供身份证、国籍证明,以及确认提供服务的法人在原成员国设立且根据成员国法律从事上述活动的证明文件以证明有权提供服务;及

(b)提供服务的人员有义务确保本法附件五所列的贸易活动由符合该附件所规定的专业资质条件的自然人单独完成;就该附件而言,如果提供服务的人员代受薪从事活动的人员出示其在原成员国的教育证明,证明其从事相关受管控的活动的培训是在原成员国完成,则视为符合专业资质的条件;如果相关活动不受原成员国管控,则须提供证明文件,证明其在过去十年中至少一年在一个或多个成员国从事该活动。

(5)第一款所指的自然人在从事第七条规定的符合职业能力的特殊条件的贸易活动(以下称为受管控的活动)中提供服务时,应向认定部门提交在捷克共和国提供服务的申报书,包括提交特别立法①中所规定的文件。本法第三十六条关于"职业资格认定"的规定,应准用于第二款所指的法人。就法人而言,专业资格或经验的凭证应由拟负责提供合法服务的受委任人员出示。

(6)如果在受管控的贸易活动中提供服务,贸易许可办公室有权根据第六十条的规定在监查期间检查义务的完成情况,以书面形式向认定部门通报该服务②的提供。贸易许可办公室亦可检查提供服务的人员的义务完成情况以确保构成本法附件五所规定的贸易活动由符合专业资质条件的自然人单独完成。

第七十条

(1)本法中,以下列人员视为欧盟成员国公民:

(a)《欧洲经济区协定》缔约国公民和瑞士联邦公民;

(b)欧盟公民的家庭成员或第一项③中所规定的人员;

---

① 关于承认欧盟成员国国民和其他国家国民的职业资格和其他能力,以及某些法律修正的2004年法律汇编第18号法案(《职业资格认定法》)第三十六条,修正本。

② 2004年法律汇编第18号法案第三十六条第四款(经2008年法律汇编第189号法案加以修正)。

③ 2004年4月29日欧洲议会和理事会出台的"关于理事会公民及其家属移民至成员国并在成员国境内自由居住的权利"的第2004/38/EC号指令第二十三条和第二十四条第一段,修正第1612/68号法规(EEEC)并废除第64/221/EEC号、第68/360/EEC号、第72/194/EEC号、第73/148/EEC号、第75/34/EEC号、第75/35/EEC号、第90/364/EEC号、第90/365/EEC号和第93/96/EEC号指令。

(c)在捷克共和国获得永久居留权的人员及其家庭成员；

(d)已获得捷克共和国或另一欧盟成员国长期居民合法地位的第三国国民；①

(e)为开展科学研究已在捷克共和国或其他欧盟成员国居住的第三国国民；②

(f)上述第四项或第五项所规定人员的家庭成员，其在捷克共和国获得长期居住权；③

(g)为开展研究、交换学生、免费培训或志愿服务而在捷克共和国或其他欧盟成员国居住的第三国国民；

(h)作为人口贩运活动受害者的第三国国民，或者是帮助非法移民行为主体的第三国国民，如果此人为上述目的已经获准居于捷克共和国或者其他欧盟成员国，则还包括与主管部门合作的第三国国民；④

(i)欧盟蓝卡持卡人。⑤

(2)第六十九条所规定的许可不适用于第一款第三项至第九项所规定的所有人员。

(3)就本法而言，在欧盟成员国境内设立注册办公地的法人实体视为一个法人实体，其内部关系受欧盟成员国或作为《欧盟经济区协定》缔约方的成员国法律管辖，其注册办公地、中心管理机构或主要营业场所位于欧盟成员国或作为《欧盟经济区协定》缔约方境内。内部关系受瑞士联邦法律管辖并且在瑞士联邦境内有其注册办公地、中心管理机构或主要营业场所的法人实体，亦应视为依据前一句规定成立的法人实体，但须符合关于人员自由流动的国际条约所规定的条件和范围。

(4)如果本法要求提交由欧盟成员国主管部门出具的文件或在欧盟成员国境内开展商业活动的文件的，则也应将此类文件理解为作为《欧盟经济区协定》缔约方的主管部门出具的文件、瑞士联邦主管部门出具的文件，以及在这些国家境内开展活动的文件。

第七十一条　地域管辖

(1)根据本法提交的资料可以提交任何市级贸易许可办公室。最先收到材料的市级贸易许可办公室可以依照本法处理相关事宜。

(2)取消贸易许可或暂停贸易的程序中，应根据《行政程序规则》确定贸易许可办公室的地域管辖权；在应经营者要求取消贸易许可的情况下，此规定不适用。

(3)法院和其他部门基于特别立法披露信息的义务将由具有地域管辖权的贸易许可办公室根据第二款履行。该办公室应在贸易许可登记簿上进行相应的登记。

(4)贸易许可办公室执法之时需要在许可贸易登记处登记的，贸易许可办公室应有权进行该登记。

---

① 2003年11月25日出台的“关于长期居住的第三国国民的身份”的第2003/109/EC号理事会指令第十一条第一款第一项和第二十一条第一款。

② 2005年10月12日出台的“基于科研目的而接纳第三国国民的具体程序”的第2005/71/EC号理事会指令第十二条。

③ 2003年9月22日出台的“家庭团聚的权利”的第2003/86/EC号指令第十四条第一款第二项。

④ 2004年4月29日出台的“向作为贩运人口受害者的第三国国民颁发居留许可证，或者作为曾与主管当局合作的非法移民行动主体的第三国颁发居留许可证”的第2004/81/EC号指令第十一条第一款。

⑤ 2009年5月25日出台的“第三国国民为高效就业而入境和居住的条件”的第2009/50/EC号指令第十四条第一款和第四款。

(5)第六十条第六款的数据集应根据地域管辖由市级贸易许可办公室、区域贸易许可办公室或捷克共和国贸易许可办公室出具。依注册办公地址确定的数据集由企业办公地所登记的地理区域内的贸易许可办公室出具。依经营场所位置确定的数据集由该经营场所所在的地理区域内的贸易许可办公室出具。依业务对象确定的数据集,由申请业务对象的经营者拥有大注册办事处或经营场所所在的地理区域内的贸易许可办公室出具。

(6)如果贸易申报人在其申报书中,或者贸易特许申请人在其申请书中指定了第四十五条第二款第十一项或第四十五条第三款第八项所规定的交付地址,则所有贸易许可办公室应向指定地址发送邮件;如果相关人士已经设定日期交换箱的,本条款不适用。

第七十二条

(1)可根据本法通过公共管理联络点①向市级贸易许可办公室提交材料;但此规定不适用于第六十条第六款所规定的数据集申请书。

(2)公共管理联络点应向提交人选定的市级贸易许可办公室递交收到的提交材料,不得无故拖延。提交人未选择市贸易许可办公室的,应将提交材料交予在提交地点具有管辖权的市级贸易许可办公室。在特派提交材料的情况下且提交人未选择市级贸易许可办公室的,应根据《行政程序规则》确定市级贸易许可办公室的管辖权。

(3)设定提交时限的,若在时限的最后一日向公共管理联络点提交材料,则视为符合时限规定。处理提交文件的时限自材料(含附件)提交至市级贸易许可办公室之日起算。

(4)如果提交文件的性质允许,文件提交人须以电子方式提交文件,以便通过贸易许可登记处的通信基础经营场所进行远程访问。公共管理联络点应根据第二款规定将文件表格发送给适格的市级贸易许可办公室,不得无故拖延。

第七十三条　国际条约

对捷克共和国有约束力,且由《法律汇编》公布的国际条约另有规定的,本法规定不予适用。

第七十三条之一

捷克政府应当确定无资格要求贸易中开展的私人贸易和活动领域的内容。

第二章　过渡期规定和其他规定

第七十四条　当前授权的维持

(1)本法生效之后一年内,自然人和法人可以根据本法生效前颁发的商业活动授权书或商业授权,继续开展本法规定的构成贸易的所有商业活动。上述期限届满后应当撤销该等授权。

(2)其在无资格要求贸易或专业贸易中的商业活动授权因第一款所规定的时限届满而予撤销的自然人,应在撤销前述授权的同时获得此类贸易的贸易许可。贸易许可办公室应在第一款规定的期限内颁发贸易证书。

(3)于本法生效之日在无资格要求贸易或许可贸易中拥有商业活动授权的自然人,应提

① 关于公共行政信息系统与某些其他法案修正的2000年法律汇编第365号法案第八条。

交证明其符合本法规定条件的文件，或者证明其已在本法生效之后的九个月内，向贸易许可办公室委任符合条件的负责代表人的文件。满足条件的自然人，贸易许可办公室应在提交文件后的六十日内颁发贸易证书或贸易许可证书。

(4)于本法生效之日拥有构成贸易的商业活动授权的法人，应在本法生效后九个月内向贸易许可办公室提交证明其已向贸易许可办公室委任符合本法所规定条件的负责代表人的文件。符合条件的法人，贸易许可办公室应在提交文件后的六十日内颁发贸易证书或贸易许可证书。

(5)若上述第三款和第四款所指的人员未能向贸易许可办公室提交文件，或者无法在提交的文件中证实其满足开展贸易的条件的，则不授予贸易许可。如有疑问，贸易许可办公室应决定开展贸易的条件是否已得到满足。

第七十五条

(1)自然人为登记构成贸易的商业活动而根据现行法规提交并且在本法生效前尚未完全处理的申请书，应视为申报书或特许贸易申请书。

(2)在本法生效之前尚未完全处理的活动授权、许可证或资格证书的申请书，应依其内容视作特许贸易申请书或专业贸易申报书。国家主管部门应将这些申请书转交贸易许可办公室，并随附特许贸易申请意见书作为决策依据。

(3)在本法生效之前已获得授权、许可证或资格证书但尚未申请注册的自然人，应将该文件附于特许贸易申请书或专业贸易申报书后。在就特许贸易作出决策时，这些文件应取代国家主管部门的意见。

第七十六条

在同等程度和条件下，自然人也应能够进行依特别立法规定可由组织进行的贸易活动。

第七十七条

除非特别立法另有规定，商业活动授权及不构成贸易的活动的商业授权均不受影响。

第七十八条

截至 2012 年 6 月 30 日，主管贸易许可办公室按照可予准用的第七十一条第二款第一句分号之前的部门的规定，应给 2010 年 7 月 1 日之前设立的经营场所分配一个由人员基本登记簿管理者提供的注册号。①

第七十九条　由于资不抵债清算资产

(1)因资不抵债而清算资产的，应视为在关于破产和重组的 1991 年第 328 号法案②生效之前发生的贸易障碍。

(2)1990 年 1 月 1 日前因出现资不抵债而进行的资产清算不考虑在内。

第八十条　废止的条款

自本法生效之日起，废除下列条款：

(1)经 1991 年第 219 号法案修正的 1990 年第 105 号《私营企业法》，但第十二条之一至第十二条之五除外；

---

① 关于基本登记簿的 2009 年法律汇编第 111 号法案。

② 1963 年法律汇编第 99 号《民事诉讼规则》第三百五十二条至第三百五十四条。

(2)关于矿山和特定工业企业国有化的1945年第100号总统令第二条,经关于特定工业和其他企业和工厂的国有化以及管理国有化企业和国营企业管理的某些条件的1948年第114号法案修正;

(3)1948年第114号关于特定工业和其他企业和工厂的国有化以及管理国有化企业和国营企业的某些条件的法案;

(4)1948年第115号关于食品加工部门中的其他工业、其他生产经营企业和工厂的国有化法案第三条,该法由1950年第108号法律修正(对食品加工行业特定企业国有化条例予以修正);

(5)1948年第120号关于聘用五十人及以上的商业企业国有化的法案第三条;

(6)根据1948年第121号建筑行业国有化法案进行修正后的1951年第58号关于建筑行业国有化法案第一条第二款;

(7)1948年第123号关于印刷企业国有化法案第三条;

(8)1948年第124号关于特定公共餐饮业、酒馆和住宿经营场所国有化法案第八条。

克罗地亚外汇法

万　立　译　韩　驰　审校*

《克罗地亚外汇法》译介

克罗地亚外汇法主要调整克罗地亚外汇出入境的事宜,规定了多个交易类型及具体的外汇管制规则,还涉及外国投资等内容,是该国比较重要的一部法律。2019 年世界银行集团《营商环境报告》显示,克罗地亚于世界 190 个经济体中排名第 58 位,其中跨境贸易指标排名第一位,登记财产和执行合同等两个指标位居前列,一定程度表明克罗地亚外汇管制相对宽松。

适用范围

2003 年《克罗地亚外汇法》的适用范围限于:(1)居民和非居民间以外国支付形式和克罗地亚库纳开展的交易;(2)居民之间以外国支付形式开展的交易;(3)不得视作居民和非居民之间交易的自克罗地亚共和国进出克罗地亚共和国的单方资产转移。其中所称交易是指货币交易和资本交易,以及通过付款、收款或转让等方式开展的交易。居民是指:(1)总部设于克罗地亚共和国的法人,但外国分支机构除外;(2)登记于克罗地亚共和国政府部门或行政机构登记簿中的外国公司分支机构和独资经营者;(3)于克罗地亚共和国设有总部或居住地的个体经营者、手工业者及其他自然人,其为自营职业者,从事其登记的经济活动(个体经营);(4)于克罗地亚共和国有居住地的自然人;(5)根据有效居留许可于克罗地亚共和国居留 183 日或以上的自然人;(6)预算范围内的克罗地亚共和国驻外外交、领事和其他代表机构,受雇于该代表机构的克罗地亚公民及其家庭成员。其他未规定的所有人员则为非居民。

各类交易

《克罗地亚外汇法》规定有各类涉及境内外货币的交易,主要包括资本交易、货币交易和货币付款和直接投资等事项。(一)资本交易。(1)直接投资;(2)房地产投资;(3)资本市场的证券交易;(4)货币市场的证券交易;(5)投资基金份额交易;(6)信贷交易;(7)存款交易;(8)与保险协议相关的付款;(9)资产的单方转让:(a)个人资产转让,(b)资产的实物转移。

---

* 译者:万立,华东政法大学博士研究生;审校:韩驰,华东政法大学硕士研究生。

资本交易还包括转让通过上述项目投资或证券获取权益的交易,以及资产的返还或清算中的资产余额或破产财产的转移。(二)货币交易和货币付款。(1)外国商品、服务贸易及其他往来业务的应付款项,包括服务、短期银行及信用贷款;(2)应付贷款利息和其他投资净收入;(3)分期还贷、直接投资折旧及依持股比例分配利润的金额;(4)与境外工作人员汇款、养老金、残疾津贴和其他社会福利、税费、国家间际合作、保险理赔、彩票收益、优惠补偿、会员费和罚款以及家庭生活适度汇款有关的转账。(三)直接投资。下列情形可确定为旨在建立永久经济关系和获得法人的实际控制权:(1)设立或增加投资者独资公司的初始资本,设立分支机构或收购投资者或投资者既有的独资公司,以开展个体经营活动;(2)对新公司或既有公司的投资,前提是投资者满足本条第1款所称条件后,获得公司初始资本10%或以上股份或10%或以上表决权;(3)为建立永久经济关系而发放的最低期限为五年的贷款,前提是此类贷款可分为从属或混合债权。

直接投资

《克罗地亚外汇法》专门规定了关于直接投资货币出入境的规定。该法19条规定:(1)克罗地亚共和国非居民的直接投资不受限制,但法律另有规定除外。(2)居民对外直接投资不受限制。同时,任何非居民通过直接投资所获利得向国外转移不受限制,前提是有关向国外转移金额的所有利得税已于克罗地亚共和国支付。清算中的资产余额或破产财产向国外转移不受限制,前提是已于克罗地亚共和国履行有关该类业务的所有税项和其他法律规定的义务。此外,如所有法律规定的义务均已履行,任何居民可将资金转移至国外,以便获取外国不动产所有权。

关于居民对境外证券的投资的主要规定包括:(1)居民法人可通过授权公司或者通过境外证券交易所和受监管公开市场的参与者于境外认购、支付、买卖证券。(2)居民自然人和个体经营者仅可通过授权公司于境外认购、支付、买卖证券。(3)下列第5款所称居民,可购买经济合作与发展组织成员国和国际金融机构发行的境内外证券。关于本款所称居民可购买的其他证券,克罗地亚国家银行可规定其报价的评级、发行国、证券交易所和受监管的公共市场。(4)克罗地亚国家银行应规定开展本条第1款、第2款、第3款所称交易的方式和条件。(5)银行、投资基金、保险公司、养老基金和业务受特别法律管辖的其他金融机构,可依法于境外购买证券。同时,非居民在克罗地亚共和国的证券投资的规定包括:(1)非居民可根据克罗地亚共和国证券交易规定于克罗地亚共和国认购、支付、购买或出售证券。(2)克罗地亚国家银行可通过特别决定,规定于银行设立非居民托管账户和现金账户,用于支付和收取克罗地亚共和国境内出售证券的款项。(3)第2款所称决定可使非居民获取证券的权利受制于关于维持托管账户的协议,该协议规定非居民于产权登记后一年内不得将获取的证券向居民转让或质押,并接受托管银行可将其处置权列入股东名册的禁令。证券所有人登记册或证券发行人或中央存管机构保存的任何其他登记册,非居民股息或利息支付权利不受异议。

对外支付

关于对外支付的一般性规定包括:(1)对外支付应由克罗地亚国家银行和克罗地亚复兴

和发展银行授权的银行开展。(2)居民通过银行对外支付。(3)克罗地亚共和国的对外支付可由克罗地亚国家银行开展。(4)克罗地亚国家银行应规定执行对外支付的条件和方式。(5)本法第8条所称所有支付和转让不受限制,但根据本法第47条实施安全措施除外。

银行应于不迟于收到订单之日起三个工作日内于境外起息日执行有效的外部付款请求,前提是请求发起人账户资金充足,但请求发起人已要求于境外较迟的起息日执行付款请求。银行应于收到境外或境内另一银行账户资金流入通知后的下一工作日内,将境外资金流入通知其客户、付款受益人,或将该类资金转移至付款受益人开户的另一境内银行。银行应于收到付款受益人的有效请求后下一工作日内,根据请求分配资金。

境内居民可根据克罗地亚国家银行规定的条件和方式,执行或接受与非居民交易产生的境内现金、境外现金和支票付款。居民应将根据本条第1款支付的境外现金和支票存入银行账户,或与银行商定后,于克罗地亚国家银行规定的期限内向银行出售。

第一章 总　　则

第一条　调整对象

(1)本法调整:

①居民和非居民间以外国支付形式和克罗地亚库纳开展的交易;

②居民之间以外国支付形式开展的交易;

③自克罗地亚共和国进出克罗地亚共和国的单方资产转移,且该资产转移不视作居民和非居民之间交易。

(2)本条第一款所称交易是指货币交易和资本交易,以及通过付款、收款或转让等方式开展的交易。

第二条　居民和非居民

(1)本法中,居民是指:

①总部设于克罗地亚共和国的法人,但外国分支机构除外;

②登记于克罗地亚共和国政府部门或行政机构登记簿中的外国公司分支机构和独资经营者;

③于克罗地亚共和国设有总部或居住地的个体经营者、手工业者及其他自然人,其为自营职业者,从事其登记的经济活动(以下简称个体经营);

④在克罗地亚共和国有居住地的自然人;

⑤根据有效居留许可可以在克罗地亚共和国居留一百八十三日或以上的自然人;

⑥国家财政支持的克罗地亚共和国驻外外交、领事和其他代表机构,受雇于该代表机构的克罗地亚公民及其家庭成员。

(2)本条第一款未规定的所有其他人员视为非居民。

第三条　银行和获得授权的公司

(1)根据本法规定,银行是指经克罗地亚国家银行许可并获得授权开展本法和《银行法》规定的交易的金融机构,根据《银行法》授权直接于克罗地亚共和国境内提供银行服务的非居民银行以及克罗地亚复兴和发展银行。

(2)获得授权的公司是指克罗地亚证券交易委员会许可,并根据《证券市场法》规定开展证券交易的公司。

第四条　外国支付形式

(1)本法中,外国支付形式包括外汇、外币、支票和其他以外币计价和支付的货币工具。

(2)本法中,外汇是指源于境外的货币债权。

(3)外国货币(纸币和硬币)是指对发行国中央银行或政府的货币债权。

(4)以外币计价和支付的支票和其他货币工具,是指对发行人的货币债权。

第五条　证券和衍生金融工具

(1)证券是指《证券市场法》定义的证券。

(2)本法中,在资本市场交易的证券包括到期日超过一年的一系列股票、债券和其他债务证券。

(3)本法中,在货币市场交易的证券包括一系列期限不到一年的短期证券,如国库券、克罗地亚国家银行票据、商业票据、存款单、银行承兑汇票和最长剩余期限为一年的长期债务证券。

(4)本法中,衍生金融工具包括其价值根据金融工具价值的变化和衍生金融工具的任何其他法律安排而变化的证券或协议。

第六条　境内和境外证券

(1)根据本法规定,境内证券是指由居民发行人发行的证券和基于本国标的证券于国外发行的存托凭证。

(2)不属于本条第一款所称证券即为境外证券。

第七条　资本交易

(1)根据本法规定,资本交易是指居民和非居民之间达成的交易,以及为转移资本而单方转移资产,但本法第八条所称货币支付和转移除外。

(2)本条第一款所称资本交易包括:

①直接投资;

②房地产投资;

③资本市场的证券交易;

④货币市场的证券交易;

⑤投资基金份额交易;

⑥信贷交易;

⑦存款交易;

⑧与保险协议相关的付款;

⑨资产的单方转让:

(a)个人资产转让;

(b)资产的实物转移。

(3)资本交易还包括转让通过本条第二款所称投资或证券获取权益的交易,以及资产的返还或清算中的资产余额或破产财产的转移。

第八条　货币交易和货币支付

(1)货币交易是指居民和非居民之间为资本转移以外目的达成的交易。

(2)货币交易产生的支付和转移包括：

①外国商品、服务贸易及其他往来业务的应付款项，包括服务、短期银行及信用贷款；

②应付贷款利息和其他投资净收入；

③分期还贷、直接投资折旧及依持股比例分配的利润；

④与境外工作人员汇款、养老金、残疾津贴和其他社会福利、税费、国家间际合作、保险理赔、彩票收益、优惠补偿、会员费和罚款(或罚金)以及家庭生活适度汇款有关的转账。

第九条　直接投资

(1)本法中，直接投资包括居住在外国的本国居民和所有非居民于克罗地亚共和国的所有投资，旨在建立永久经济关系和获得法人实际控制权。

(2)下列情形可确定为旨在建立永久经济关系和获得法人的实际控制权：

①设立或增加投资者独资公司的初始资本，设立分支机构或收购投资者或投资者既有的独资公司，开展个体经营活动；

②对新公司或既有公司的投资，并且投资者满足本条第一款所称条件后，获得公司初始资本百分之十或以上股份或百分之十或以上表决权；

③为建立永久经济关系而发放的最低期限为五年的贷款，并且该类贷款可分为从属或混合债权。

(3)本条第一款、第二款规定的居民和非居民之间建立直接所有权关系后，直接投资交易还包括：

①未以股息或其他利得分配形式分配的再投资利得或任何直接投资者于公司利得中的份额；

②直接投资者与已进行直接投资之公司间的债务交易。这些交易包括债务证券、商业贷款、金融贷款及其他债权债务关系。金融机构与当前业务相关的债务交易的投资不视为直接投资；仅涉及所有权持续利益的交易才视为直接投资。

(4)下列投资不视为直接投资：投资基金、经纪公司、养老基金、保险公司、银行和克罗地亚证券交易委员会根据特别法授予机构投资者地位的其他人的投资，以及为发行存托凭证对金融资产的投资。

(5)下列情况属于直接投资：银行对另一银行或其他金融机构的投资，其主要活动为提供金融服务，保险公司对另一保险公司的投资，该投资须符合本条第二款所称条件。

第十条　证券交易

(1)本法中，证券交易包括资本和货币市场的证券交易以及投资基金的股份交易，根据本法第九条，该等交易不是投资交易。

(2)本条第一款所称证券交易包括：

①境内证券的外国发行、上市和销售；

②在克罗地亚共和国发行、上市和出售境外证券；

③居民投资境外证券；

④非居民对在克罗地亚共和国发行的证券的投资。

(3)本条第二款所称证券上市是指在克罗地亚共和国境内开展境外证券交易,或于证券交易所或受监管公共市场开展的境外本国证券交易。

第十一条　信贷交易

(1)本法中,信贷交易包括商业和金融贷款,以及保证和担保。

(2)本法中,商业贷款是指延期付款或货物和服务预付款。商业贷款还包括延期付款和预付款的银行融资,以及涉及购买债权的交易(保理和票据买断),并且产生债权的基础交易可定性为商业贷款。

(3)本法中,金融贷款是指除本条第九条第二款第三项和本条第二款所称贷款以外的所有贷款。金融贷款不包括保证和担保。

(4)本法第九条第二款第三项所称信贷交易和本条所称所有信贷交易,应当以书面形式订立,但基于商业交易的最长十二个月的延期付款和预付款除外。银行贷款协议均应以书面形式订立。

第十二条　存款交易

(1)本法第七条第二款第七项所称存款交易,是指非居民与银行、居民与非居民金融机构之间订立存款协议的交易。

(2)根据本法规定,存款交易还包括货币账户协议。

第十三条　保险协议下的付款

保险协议下的付款包括保费支付和保险金额支付,该保险金额的支付系非居民保险公司和作为受益人的居民以及作为受益人的居民保险公司和非居民之间的保险协议。

第十四条　单方转让资产

(1)资产的单方转让是指自克罗地亚共和国向境外或自境外向克罗地亚共和国的资产转让,该转让不得定性为居民和非居民之间的交易,可以采取个人和实物资产转让的形式。

(2)个人资产转移是指根据赠与和捐助、固定收入、继承、移民者母国的债务清偿、移民者资产向境外转移以及在克罗地亚共和国就业的非居民收入,将资产转移出(至)克罗地亚共和国。

(3)克罗地亚国家银行可通过特别决定,根据规定的资产实物转移限额,限制与赠与和捐助有关的境外转移。

(4)本法中,实物转移是指境内现金、境外现金、支票和实物证券进出克罗地亚共和国的任何转移。

第十五条　外国支付方式下的收付款

在法律规定或克罗地亚国家银行决定的情形下,允许克罗地亚共和国居民之间以及居民和非居民之间以外国支付方式收付款。

第十六条　居民外汇储蓄存款账户

(1)居民可以在克罗地亚共和国银行的外汇账户或外汇储蓄存款账户存储外汇。克罗地亚国家银行应当规定设立外汇账户和外汇储蓄存款账户的条件和方式。

(2)办理外汇账户和外汇储蓄存款的银行,应当确定相关居民的身份。

(3)银行有义务于账户注销后五年内保存本条第一款所称外汇账户持有人和外汇储蓄存

款账户持有人的数据。

(4)利息的数额、计算和支付方式以及支付利息和本金的货币应当规定于银行与居民之间签订的协议。

第十七条　居民间以外国支付方式的贷款

(1)银行可以向居民发放以外国支付方式的贷款。该贷款可以外币偿还。

(2)其他居民不得以外国支付方式互相发放贷款。

第十八条　金融衍生品交易

(1)本法有关衍生金融工具交易基础的交易的规定适用于衍生金融工具交易。

(2)克罗地亚国家银行可规定与境外衍生金融工具开展交易的条件。

(3)本条第二款规定不适用于银行、经纪人、投资基金、保险公司、养老基金和业务受特定法律管辖的其他金融机构。

第二章　资本交易

2.1　直接投资

第十九条　非居民和居民的直接投资

(1)克罗地亚共和国非居民的直接投资不受限制,但法律另有规定除外。

(2)居民对外直接投资不受限制。

第二十条　直接投资保护

(1)任何非居民通过直接投资所获利得向国外转移不受限制,并且有关向国外转移金额的所有利得税已于克罗地亚共和国支付。

(2)清算中的资产余额或破产财产向国外转移不受限制,并且已在克罗地亚共和国履行有关该类业务的所有税项和其他法律规定的义务。

2.2　不动产投资

第二十一条

如所有法律规定的义务均已履行,任何居民可将资金转移至国外,以便获取外国不动产所有权。

2.3　资本市场的证券交易

第二十二条　居民对境外证券的投资

(1)居民法人可通过授权公司或者通过境外证券交易所和受监管公开市场的参与者于境外认购、支付、买卖证券。

(2)居民自然人和个体经营者仅可以通过授权公司于境外认购、支付、买卖证券。

(3)非本条第五款所称居民,可以购买经济合作与发展组织成员国和国际金融机构发行的境内外证券。关于本款所称居民可购买的其他证券,克罗地亚国家银行可规定其报价的评级、发行国、证券交易所和受监管的公共市场。

(4)克罗地亚国家银行应当规定开展本条第一款、第二款和第三款所称交易的方式和条件。

(5)银行、投资基金、保险公司、养老基金和业务受特别法律管辖的其他金融机构,可以依法于境外购买证券。

第二十三条　克罗地亚共和国境内发行、上市和出售境外证券

(1)在克罗地亚共和国资本市场发行、上市和出售境外证券的前提是该类交易符合克罗地亚共和国证券交易规定。

(2)财政部长可规定于克罗地亚共和国资本市场发行、上市和出售境外证券的条件。

第二十四条　非居民在克罗地亚共和国的证券投资

(1)非居民可以根据克罗地亚共和国证券交易规定于克罗地亚共和国认购、支付、购买或出售证券。

(2)克罗地亚国家银行可以通过特别决定,规定于银行设立非居民托管账户和现金账户,用于支付和收取克罗地亚共和国境内出售证券的款项。

(3)本条第二款所称决定可以使非居民获取证券的权利受制于关于维持托管账户的协议,该协议规定非居民于产权登记后一年内不得将获取的证券向居民转让或质押,并接受托管银行可将其处置权列入股东名册、证券所有人登记册或证券发行人或中央存管机构保存的任何其他登记册的禁令。非居民股息或利息支付权利不受异议。

2.4　货币市场证券交易

第二十五条

(1)克罗地亚国家银行可为短期证券的任何外国发行人规定最低许可评级,其证券由境外货币市场的居民购买。居民可不受任何限制于境外购买国内证券。

(2)银行、投资基金、保险公司、养老基金和经营活动受特别法律管辖的其他金融机构,可以依法于境外购买证券。

(3)克罗地亚国家银行可以为克罗地亚共和国境内短期证券的任何外国发行人规定最低许可评级。

(4)非居民不得购买克罗地亚共和国财政部的克罗地亚国家银行票据和国库票据。关于其他短期证券,克罗地亚国家银行可能对到期前的收购和转让施以限制。

第二十六条　克罗地亚共和国境外证券发行和上市条件的核查

(1)招股说明书批准程序中,克罗地亚证券交易委员会应当根据本法以及克罗地亚国家银行和财政部制定的细则,核实外国发行人是否满足于克罗地亚共和国发行境外证券的条件。

(2)证券交易所和受监管的公共市场于证券交易所上市和受监管的公共市场上市境外证券时,应当核实外国发行人的证券是否符合本法和克罗地亚国家银行细则规定的条件。

2.5 投资基金的股权交易

第二十七条

(1)本法关于资本市场证券交易的规定,除投资基金业务经营法律另有规定外,适用于投资基金股份交易。

(2)克罗地亚国家银行可以禁止投资基金管理公司和授权公司向非居民出售根据其细则可能持有其投资组合百分之五十以上(不含)克罗地亚国家银行票据和/或国库券的投资基金的股份。

2.6 信贷交易

第二十八条

(1)银行可以自己的名义和账户、以自己的名义为客户的账户,以及以客户的名义和为客户的账户与非居民开展信贷交易。

(2)根据本法,居民法人或个人企业可以其名义为其账户、以其名义和为客户的账户与非居民开展信贷交易。

(3)其他居民可以其名义和账户与非居民开展信用交易。

(4)根据本法第二十九条,居民应当将境外发放的金融贷款资金转入总部设于克罗地亚共和国的银行账户或境外账户。特殊情形下,居民可通过境外银行自国外获得金融贷款,并且贷款协议规定直接向供应商或服务提供者支付货物和服务款项,或者金融贷款用于偿还先前于境外发放的另一贷款(再融资)。

(5)居民代表非居民发放贷款、发放担保和保证时,应当提供保证所提供的信贷交易、担保和保证安全所需担保物。

(6)禁止向非居民发放期限不足一年的金融贷款。该禁止不适用于银行、向与直接股权投资有关的非居民发放金融贷款时的居民以及向关联非居民(配偶、父母、子女、兄弟姐妹)发放金融贷款时的居民。

2.7 存款交易

第二十九条 居民存款交易

克罗地亚国家银行应当规定除银行外居民于境外设立和维持账户的条件。

第三十条 非居民存款交易

(1)非居民可于银行设立外汇和库纳账户。

(2)开户银行应当确定非居民的身份。

(3)本条第一款所称账户所有人的数据应当在账户注销后由银行保存五年。

(4)克罗地亚国家银行应当规定开户和管理账户的条件和方式。

(5)克罗地亚国家银行可以规定非自然人非居民账户的库纳和外国现金提款和存款的每

月限额,并可以规定批准超过规定限额的金额的条件。

2.8 基于保险协议的支付

第三十一条

基于保险协议的支付不受限制,并且该协议应根据保险管理规定签订。

第三章 支付、收款和转让

3.1 总　　则

第三十二条　对外支付

(1)对外支付由克罗地亚国家银行和克罗地亚复兴和发展银行授权的银行开展。

(2)居民应通过银行进行对外支付。

(3)克罗地亚共和国的对外支付可由克罗地亚国家银行开展。

(4)克罗地亚国家银行应当规定执行对外支付的条件和方式。

(5)本法第八条所称所有支付和转让不受限制,但根据本法第四十七条实施安全措施除外。

第三十三条　执行对外支付请求的时限

(1)银行应当在不迟于收到请求之日起三个工作日内于境外起息日执行有效的外部付款请求,并且请求发起人账户资金充足,但请求发起人已要求于境外较迟的起息日执行付款请求。

(2)银行应在收到境外或境内另一银行账户资金流入通知后的下一工作日内,将境外资金流入通知其客户、付款受益人,或将该类资金转移至付款受益人开户的另一境内银行。

(3)银行应当在收到付款受益人的有效请求后下一工作日内,根据请求分配资金。

第三十四条　本币、外币现金和支票与非居民交易中的支付和收款

(1)本法第二条第一款第一项、第二项和第三项所称居民可根据克罗地亚国家银行规定的条件和方式,执行或接受与非居民交易产生的本币、外币现金和支票付款。

(2)居民应当将根据本条第一款支付的外币现金和支票存入银行账户,或与银行商定后,在克罗地亚国家银行规定的期限内向银行出售。

3.2 基于资本交易的支付和转移

第三十五条

(1)以资本交易为基础的支付和转让不受限制,只要交易根据本法达成和通知,并且克罗地亚共和国境内任何该类交易产生的所有税项均已交纳。但是,本法第二十条第一款适用于非居民通过直接投资向境外转移利得。

(2)银行不得执行任何与直接投资利得向境外转移以及清算中的资产余额或破产财产转

移有关的对外支付命令,如该支付违反本条第一款。

3.3 资产的单方转让——资产的实物转让

第三十六条　外币现金、本币现金和支票的出入境

(1)外币现金和支票带入克罗地亚共和国不受限制,但须根据本法第四十条办理海关申报。

(2)克罗地亚国家银行应规定以下行为不受限制的额度:

①将境外现金带出本国;

②将当地现金带入和带出本国;

③办理出入境检查,并规定批准超过规定限额的金额进出本国的条件。

(3)银行为开展业务活动,可以自由将外币现金和支票汇出本国,并可以超出克罗地亚国家银行根据本条第二款作出的决定规定的限额。

第三十七条　境内外现金和支票申报金额超过许可限额的管理程序

(1)任何旅客申报的境内外现金和支票金额超过许可限额,海关官员应当指示其将任何该等超额金额存入银行,或存放于海关(如可能)。

(2)如本条第一款所称旅客不遵照授权海关官员的指示,则视为有意违反本法将境内外现金或支票带出本国。

(3)本条第一款所称存放于海关的境内外现金和支票,应当在旅客返回旅途中或返回克罗地亚共和国后退还,并要求旅客支付相当于存放金额百分之一的手续费。手续费不得超出三百五十库纳或低于三十五库纳,并以库纳支付。

(4)如旅客或其代理人未于存款之日起九十日内索回根据本条第一款存入的境内或境外现金,则视为旅客或其代理人放弃其以克罗地亚共和国政府预算为受益人的存款权利,海关签发的存款收据应包括该类说明。

第三十八条　向境外寄送纸质证券或自境外转移纸质证券

(1)居民所有纸质证券可由授权公司或托管银行寄送至境外或自境外转移至境内,旨在:

①行使该等证券产生的权利;

②将该等证券的权利向非居民转让;

③境外证券或居民于境外发行的证券的安全保管,但该类证券应委托于境外授权开展该类交易的人。

(2)本条第一款规定不适用于为行使证券衍生权利而向境外或自境外临时转让证券,并应事先通知克罗地亚国家银行。

第三十九条　特殊规定

本法第二十二条第二款、第三款,第二十五条第一款,第二十七条,第二十八条第四款、第六款,第二十九条,第三十六条第二款第一项,第三十八条第一款关于居民资金向境外转移的规定,不适用于持有效工作证于境外居留不低于一百八十三日的居民和第二条第一款第五项所称居民。

第四十条　反洗钱

(1)居民和非居民出入境时,有义务根据《反洗钱法》向海关官员申报进出本国任何数额的境内外现金和支票。

(2)本条第一款所称义务适用于代表任何法人携带境内外现金和支票出入境的任何代表、负责人或代理人。

第四十一条　虚假协议

居民不得以虚假协议或发票为由向非居民虚假索赔或要求付款,也不得基于非实际价格订立协议。

第四章　外汇市场与汇率

第四十二条　外汇市场

(1)本法中,外汇市场应当包括所有外汇买卖交易。

(2)银行应以其名义为其账户、以其名义为客户或其他人账户开展外汇买卖交易。

(3)居民和非居民应于银行开展外汇买卖交易。财政部亦可于克罗地亚国家银行开展外汇买卖交易。

(4)本法第二条第一款第四项、第五项所称居民和非居民自然人,可以通过授权的外汇机构开展外汇买卖。

(5)除本条第四款所列情形外,居民和非居民不得通过授权的外汇机构开展外汇买卖交易。

第四十三条　即期和远期外汇交易

(1)外汇市场参与者可以开展即期和远期外汇交易。

(2)本法中,远期外汇交易是指自协议之日起不少于两个工作日到期的任何买卖交易。

第四十四条　汇率确定

外币对库纳的汇率应当根据供求情况由外汇市场自由决定。

第四十五条　克罗地亚国家银行平均汇率的公布和应用

(1)克罗地亚国家银行应当根据外汇市场交易中的外汇交易和外汇汇率,于每一工作日确定库纳对其他货币的汇率,并由克罗地亚国家银行公布。

(2)克罗地亚国家银行应当规定银行和授权外汇办事处提交外汇交易数据的方式和期限。

(3)克罗地亚国家银行对外支付方式的平均汇率应用于外国资产负债表和统计目的。

(4)征收进出口税时,除财政部长另有规定外,应当使用克罗地亚国家银行确定进出口税数额前一周最后一个工作日的前一个工作日适用的平均汇率,将外汇兑换为库纳。

第四十六条　经授权交易所

(1)外汇交易是指买卖外币现金和购买以外币计价和支付的支票。

(2)交易所交易可以由具有法人地位的任何居民和使用受保护计算机程序开展交易所交易的任何个人企业进行,该等个人企业与银行持有协议并获得授权开展交易所交易(经授权交易所)。

(3)克罗地亚国家银行应当规定外汇交易的条件和交易方式。

第五章 安全规定

第四十七条 采取安全措施的条件

(1)如资本流动关于执行货币或外汇政策造成或可能造成严重困难,克罗地亚国家银行可以发布特别决定,制定安全措施。

(2)安全措施可以由克罗地亚国家银行或克罗地亚共和国政府执行,并且该等措施是执行联合国或克罗地亚共和国加入的其他国际组织实施的制裁所必需。

(3)本条第一款所称安全措施可规定的最长期限为六个月。

(4)克罗地亚国家银行可延长本条第三款所称期限,但须经克罗地亚议会批准。

(5)实施任何安全措施之前,应当通知克罗地亚共和国政府和克罗地亚证券交易所。

第四十八条 安全措施

本法第四十七条所称克罗地亚国家银行的安全措施包括:

(1)限制居民于境外账户或克罗地亚共和境内外汇账户使用资金的措施;

(2)规定银行有义务向克罗地亚国家银行出售银行和经授权外汇机构外汇交易所得的任何外汇的措施;

(3)限制居民与非居民之间信贷交易的措施;

(4)限制涉及外国索赔和责任的收付款交易的措施;

(5)限制证券、境外现金和黄金进出克罗地亚共和国的措施;

(6)限制居民和非居民之间证券和黄金交易的措施;

(7)限制为非居民账户发放担保或保证、提供质押或其他担保工具的措施。

第六章 业务簿和报告

6.1 关于对外事宜的一般规定

第四十九条 报告义务

(1)负有报告义务的居民应当通过银行、经授权公司、中央存款机构和海关部门直接或间接向克罗地亚国家银行报告。

(2)负有报告义务的居民应当允许克罗地亚国家银行和财政部外汇检查部门以及海关总署检查其业务簿和其他业务文件,以便核实数据。

(3)克罗地亚国家银行应当详细规定报告的条件、实质、方式和程序。

(4)克罗地亚国家银行应当为克罗地亚共和国开展国际收支预测。

(5)为监测克罗地亚共和国预计国际收支的结果,居民应当按照克罗地亚国家银行特别决定规定的方式和期限,向克罗地亚国家银行提交关于对外业务和交易的数据。

6.2 管控簿

第五十条

(1)银行应当以其名义并为其账户对其对外往来交易产生的所有收付款实施管控。

(2)第二条第一款第一项、第二项、第三项所称其他居民,应当就对外往来和资本交易产生的所有收付款,保存管控簿,无论该簿所记录的数据是否记入该居民根据其他规定有义务保存的其他书簿和记录。

(3)外汇管理人员应立即且不迟于下一工作日查阅管控簿。

(4)财政部长应规定管控簿的保存方式和内容。

6.3 直接和其他股权投资报告

第五十一条

(1)居民应于境外任何直接或其他股权投资后,或在克罗地亚共和国非居民任何直接或其他股权投资后三十日内向克罗地亚国家银行报告任何投资或随后的变化。

(2)克罗地亚国家银行应规定作出该等报告的方式以及收集直接和其他形式股权投资数据的方式。

6.4 证券交易报告

第五十二条

(1)经授权公司和托管银行应向克罗地亚国家银行报告境外居民的证券交易和任何于克罗地亚共和国的非居民证券交易。

(2)债务证券的居民发行人应向克罗地亚国家银行报告该类证券境外每次发行和销售的情况。

6.5 信贷交易报告

第五十三条

(1)居民应以克罗地亚国家银行规定的方式和期限向克罗地亚国家银行报告与非居民的任何信贷交易。

(2)为报告之目的,克罗地亚国家银行可规定信贷交易包括居民和非居民之间经济目的等同于信贷交易的其他交易。

6.6 存款交易报告

第五十四条

居民应按克罗地亚国家银行决定规定的方式和期限,向克罗地亚国家银行报告其境外账户和境外分行账户的交易和余额。

第七章 监　　管

7.1 一般规定

第五十五条　监管机构

根据本法关于监管交易的规定,应由克罗地亚国家银行和财政部的外汇检查和海关管理局(以下简称监管机构)行使。

第五十六条　监管机构的沟通

(1)监管机构应交流监督过程所需信息,并相互通报监督过程中发现的任何违规行为,前提是该类调查结果与另一监督机构的工作相关。

(2)监督机构应通过信息沟通协议或其他规定,确定沟通的内容和方式。

7.2 实际职能

第五十七条　财政部外汇监察局的权限

(1)财政部外汇监察局应监督本法的适用和执行,以及居民和非居民于克罗地亚共和国境内开展业务或其他活动。

(2)本条第一款所称居民和非居民应允许外汇监察员不受限制监督和管控其业务活动,并应要求提供或寄送有关居民于境外开展业务活动的所有必要文件和数据。

第五十八条　财政部—外汇监察局和克罗地亚国家银行的权限

(1)财政部—外汇监察局和克罗地亚国家银行应监督银行、外国银行分行和代表处的外汇交易。

(2)财政部—外汇监察局应监督授权外汇机构的工作。

第五十九条　财政部—海关管理局的权限

(1)财政部—海关总署将对居民和非居民在旅客、货物和邮政运输中进出克罗地亚共和国的面额和境内外现金及证券的数量予以监督。

(2)财政部—海关总署可授权克罗地亚邮政局对邮政交通予以监督。

第八章 处罚规定

8.1 轻 罪

第六十条

(1)下列任何法人或自然人犯有轻罪,处以七万至十万库纳罚金:

①根据虚假协议或发票,处理虚假对外索赔或请求银行对外付款;

②与境外法人或自然人就货物或服务的进出口缔结协议,但不说明实际价格。

(2)构成本条第一款所称轻罪,对任何管理委员会成员、任何经授权管理法人账户资金的人或法人的其他负责人处以三万五千至十万库纳罚金。

第六十一条

(1)如银行或其他法人签订贷款协议、为非居民出具担保或保证时,未获得担保文书或担保价值明显与贷款成本或出具担保的最高金额不相称的担保文书,将对该轻罪处以五万至十万库纳罚金。

(2)对犯有本条第一款所称轻罪的任何管理委员会成员或其他责任人处以两万至十万库纳罚金。

(3)本条第一款所称与非居民订立的协议,由于非居民的信誉,确定预计其按时足额偿还贷款,可减轻或免除罚金。

(4)如本条第一款所称协议与非居民缔结,该等非居民已向银行支付其所有到期债务,应当免除罚金。

第六十二条

(1)任何法人或自然人如犯有下列轻罪,则处以五万至五十万库纳罚金:

①未与银行订立协议的外汇交易,或外汇交易中未使用受保护的计算机程序;

②未许可外汇监察局授权之人行使监督权力或阻止该人履行其公务。

(2)法人的责任人犯有本条第一款所称轻罪,应当处以一万至五万库纳罚金。

(3)关于本条第一款所称轻罪,轻罪诉讼机构除对犯有轻罪者处以罚金外,还可采取预防性措施,禁止其于三个月至一年内开展外汇交易或其他活动,但本法第八条所称支付和转账除外。

(4)本条第一款第一项所称轻罪的主体,根据关于轻罪的裁判,外国现金和本国现金,应以克罗地亚共和国政府预算为准而扣押。

第六十三条

(1)任何法人或自然人如犯有下列行为,处以一万五千至二十万库纳罚金:

①首次直接投资或其他股权投资后三十日内,未向克罗地亚国家银行报告任何该类投资,或未报告克罗地亚国家银行决定规定的其他所需数据,或报告方式不符合该类报告规定的方式;

②将资金转移至国外,用于购买国外不动产,但不符合本法规定的条件;

③违反本法或克罗地亚国家银行发布的决定,在与克罗地亚共和国居民或非居民的

交易中以外国支付方式执行或收取任何付款；

④于国外资本市场购买证券，其发行人不符合法律或克罗地亚国家银行发布的决定规定的要求；

⑤本法规定的情形中，未通过授权公司于国外认购、支付、购买或出售证券；

⑥根据克罗地亚国家银行的决定，禁止实施的于克罗地亚共和国的货币市场，在与非居民的交易中出售克罗地亚国家银行票据或财政部国库票据，并于到期前出售或赎回其他短期证券的行为；

⑦于国外货币市场购买评级不符合克罗地亚国家银行决定规定要求的证券；

⑧以另一人的名义并为另一人的账户与非居民签订贷款协议，违反本法规定，未将境外提供的金融贷款的资金转入总部设于克罗地亚共和国的银行账户，或根据本法第二十九条在境外开立的账户，未使用根据贷款协议境外提供的金融贷款，除非已同意向供应商或服务提供者直接支付货物和服务款项，或者金融贷款用于偿还先前的外部贷款；

⑨向境外或自境外寄送、转移或试图转移纸质证券，但通过授权公司或托管银行，或者根据本法的规定不允许除外；

⑩本法所禁止的向非居民发放期限不到一年的金融贷款的行为；

⑪违反本法于境外开立账户，或不遵守克罗地亚国家银行授权规定的义务；

⑫未按照克罗地亚国家银行规定的方式和期限，向克罗地亚国家银行提交其境外账户和境外分行账户的交易和余额报告；

⑬未按照本法或克罗地亚国家银行的规定开展对外支付交易；

⑭违反克罗地亚国家银行规定的条件和方式，在与非居民的境内现金、境外现金和支票交易中开展收付款，未于规定期限内向银行存款或向银行出售境外现金和支票；

⑮以违反克罗地亚国家银行决定规定条件的方式，与境外衍生金融工具开展交易；

⑯不遵守克罗地亚国家银行规定的授权交易所交易的条件和方式；

⑰购买或出售外国现金，借出或借入外国现金，于违反本法的购买、销售或外国现金借贷充当居间人；

⑱未于规定期间内向克罗地亚国家银行提交关于其对外外汇业务或在外国开展活动的必要报告，或以不同于规定的方式提交报告，未向外汇监察局提供所要求的文件，或未按规定方式保存其业务簿；

⑲不遵守克罗地亚国家银行规定的外汇货币保护措施。

（2）法人的责任人由于本条第一款所称轻罪被处以三千至两万库纳罚金。

（3）本条第一款所称严重轻罪情形下，如轻罪对象价值超出十万库纳，或者再次犯轻罪，或者以特别危险的方式实施，处以法人或自然人和法人负责人三万至四十万库纳罚金。

（4）本条第一款所称犯有轻罪者的境内或境外现金，或犯有轻罪者支付交易主体的外国现金或本国现金，于轻罪诉讼中根据轻罪裁判予以扣押。

（5）涉及本法规定的轻微轻罪的案件，如有特殊从轻情节，轻罪诉讼机构可决定不扣押或仅扣押部分本条第一款所称外国和本国现金。

第六十四条

(1)对犯有轻罪的银行处以三万五千至五十万库纳的罚金,该银行:

①签署关于管理于克罗地亚共和国购买证券的非居民托管账户的协议时,不符合克罗地亚国家银行决定规定的条件;

②客户未获得提供涉及对外信贷交易的服务许可时,为其账户签订国外贷款协议;

③未经授权或超出克罗地亚国家银行颁发许可证授予的权限开展任何外汇交易;

④执行客户的要求,使客户可管理境内或境外的外国支付手段,或境外库纳,而违反本法,银行明知或应知自由使用外国支付手段或库纳违反本法;

⑤违反本法规定,不允许于非居民账户存入境内现金或境外现金,或允许自非居民账户提取境内和境外现金;

⑥未于法定期限内执行有效的对外支付要求,未将境外资金入境情形通知支付受益人,未将收到的资金转入支付受益人账户所在国的另一银行,或未按照支付受益人的要求分配资金,或未按照支付受益人的有效要求于规定期限内分配资金;

⑦与不符合本法规定条件的人签订外汇交易协议;

⑧与经授权交易所签订协议,且不包含克罗地亚国家银行决定中的强制性规定;

⑨未向克罗地亚国家银行提交报告(如本法规定),或未于规定期限内或以规定的方式向外汇监察局提供数据;

⑩违反克罗地亚国家银行的规定开展对外支付交易或管理外汇账户;

⑪未确定开立外汇账户或外汇储蓄存款账户的居民或非居民的身份,或开立库纳账户的非居民的身份,或未在账户关闭后五年内保存账户持有人的数据。

(2)银行负责人犯有本条第一款所称轻罪,则处以二千至三万五千库纳罚金。

第六十五条

(1)任何证券交易所或受管制公共市场,如违反本法,决定报价内列出外国股份公司的股票,而该等公司的外国发行人不符合财政部长规定的在克罗地亚共和国证券市场出售证券的条件,或报价中列出评级低于克罗地亚国家银行决定规定的外国短期债务证券,则处以五万至二十万库纳罚金。

(2)对犯有本条第一款所称轻罪的管理委员会成员或其他责任人处以最低罚金一万五千库纳。

第六十六条

(1)对于克罗地亚共和国货币市场执行其客户要求的任何授权公司,使非居民可购买居民拥有的克罗地亚国家银行票据或财政部国库票据,或于到期前购买或出售居民发行的其他短期证券,违反克罗地亚国家银行决定,处以三万五千至十五万库纳罚金。

(2)对任何管理委员会成员、经纪人或法人中的其他负责人,应对本条第一款所称轻罪处以一万五千至三万五千库纳罚金。

第六十七条

(1)对任何投资基金管理公司或任何授权公司违反克罗地亚国家银行决定,允许非居民投资于投资基金的,处以三万五千至十五万库纳罚金。

(2)对犯有轻罪的管理委员会成员或法人的其他负责人处以一万五千至三万五千库纳

罚金。

第六十八条

(1)任何自然人违反本法,于国际客运中,未经克罗地亚国家银行授权,携带或企图携带外币现金、外币支票或超过许可限额的境内现金出境,不向海关官员报告携带外币、支票或本币出境的行为,或未经克罗地亚国家银行授权,将库纳带入或试图带入本国,超过许可限,将处以二千至二万库纳罚金。

(2)本条第一款所称的罚款适用于自然人旅客,该自然人旅客虽申报于库纳或外汇提取的现金超过许可限额,但拒绝存入该超出数额。

(3)外国现金、支票和本国现金,作为本条第一款和第二款所称轻罪的对象,应根据裁判以克罗地亚共和国政府预算的方式予以扣押。

(4)外国现金、支票和本国现金等轻罪对象的,即使并非轻罪实施者的财产,也可扣押。

(5)但存有特别正当理由的情形下,负责轻罪诉讼的机构可决定,外国现金、支票和本国现金作为本条第一款和第二款所称轻罪的对象,不应扣押或部分扣押。

第六十九条

(1)对企图出入境而不向海关申报的任何本国和外国自然人、本国和外国法人、代表、负责人或任何本国或外国法人的代理人的轻罪,应处以五千至五万库纳罚金,现金和支票的数额由《反洗钱法》规定。

(2)现金和支票是本条第一款所称轻罪的对象,应根据裁判,纳入克罗地亚共和国政府预算并予以扣押。

(3)现金和支票是轻罪的对象,即使并非轻罪实施者的财产,也可没收。

(4)但特别情有可原的情形下,轻罪诉讼机构可决定,现金和支票是本条第一款所称轻罪的对象,不应扣押或部分扣押。

第七十条

外汇监察局和海关部门实施外汇管制时,应根据有关轻罪诉讼的规定,暂时扣押国境外现金以及用于实施轻罪的文件和其他物品,该等物品与轻罪相关,或可用作轻罪诉讼的证据,并应针对扣押的任何境内外现金、文件或其他物品开具收据。境内外现金应立即存入财政部外汇监察局的专用账户。

第七十一条

如有理由怀疑犯有本法第六十二条第一款所称轻罪,外汇监察局授权的人员可在轻罪诉讼开始前,查封工作设备或营业场所,对法人或自然人的特定活动作出临时限制或禁令。

第七十二条

当自然人被指控为犯有轻罪之人时,犯有该轻罪之人可为以自然人、个体经营者、手工业者和从事其登记活动的其他自营自然人身份的公民,但根据具体行为或具体规定,仅其中一类可以成为犯罪主体的除外。

第七十三条

(1)涉及轻罪的行为终了之日起三年后,不得对本法规定的轻罪提起诉讼。

(2)任何情形下,时效应于涉及轻罪的行为终了之日起六年后起算。

(3)对启动轻罪诉讼的限制和中止以及对执行轻罪处罚和预防措施的限制应遵照

《轻罪法》。

第七十四条

(1)克罗地亚共和国外汇监察局负责轻罪诉讼的初审。

(2)可就克罗地亚共和国外汇监察局的裁决向克罗地亚共和国高等治安法院提出上诉。

8.2 犯罪行为

第七十五条

凡非法购买、出售、借入或借出外国现金,参与居间购买、出售或借出外国现金,或未经与银行达成协议从事非法外汇交易者,将处以最高五年的监禁或最高日收入一百五十日以下的罚款。

第七十六条

违反本法,缔结协议、安排交易或以任何其他方式购买、出售或借出外国现金,或为法人居间购买、出售或借出外国现金,或未经与银行达成协议安排法人外汇交易的责任人,应处以最高五年监禁或最高日收入一百五十日以下的罚款。

第九章　过渡期和其他规定

第七十七条　通过附属立法的期限

财政部和克罗地亚国家银行应于本法生效后九十日内根据本法通过附属立法。

第七十八条　特定资本交易限制期限的取消

(1)《克罗地亚共和国与欧洲共同体及其成员国之间的稳定与结盟协议》生效之日起四年后,第十八条第二款,第二十二条第三款、第四款,第二十三条第二款,第二十四条第三款,第二十五条,第二十六条,第二十七条,第二十八条第六款,第六十三条第一款第四项、第五项、第六项、第七项、第十项和第十五项,本法第六十四条第一款第一项、第六十五条、第六十六条、第六十七条不再有效。

(2)克罗地亚共和国获得欧盟正式成员资格后,第四十七条第四款不再有效。

第七十九条　本法通过后废止的法律和附属立法以及新附属立法颁布前持续有效的附属立法

(1)自本法生效之日起,《外汇制度、外汇业务和黄金交易法》(第91A/93号、第36/98号和第32/01号《政府公报》)、《对外信贷交易法》(第43/96号《政府公报》)、《〈对外信贷交易法〉第三条第一款所称关于确定最后期限的法令》(第62/01号《政府公报》)和根据上述法律颁布的附属立法予以废止:

根据《外汇制度、外汇业务和黄金交易法》(第91A/93号、第36/98号和第32/01号《政府公报》)颁布的附属立法,不违反本法的部分除外,包括:

《关于收集外国直接投资和投资组合数据的决定》(第4/97号《政府公报》);

《关于收集与通信服务有关的国际交易数据的决定》(第62/01号《政府公报》);

《关于收集与保险有关的国际交易数据的决定》(第62/01号《政府公报》);

《关于执行外汇交易方法的决定》(第 44/01 号《政府公报》);

《关于提交外汇市场买卖外汇报告的方法和截止日期的决定》(第 57/01 号《政府公报》);

《关于批准外国法人将外币现金存入外汇账户的条件的决定》(第 107/93 号《政府公报》);

《关于外国人以克罗地亚共和国货币申索的条件的决定》(第 114/93 号和第 14/96 号《政府公报》);

《关于获得批准以外国现金处理境外索赔的条件的决定》(第 107/93 号、第 116/93 号、第 97/94 号、第 2/95 号、第 87/01 号《政府公报》);

《关于以不可转让货币处理境外索赔的条件的决定》(第 115/93 号《政府公报》);

《关于批准本国人员于外国账户持有外汇的一般条件的决定》(第 17/02 号和第 10/03 号《政府公报》);

《关于对每项对外贸易交易和对外信贷交易备存管控簿的法令》(第 112/93 号《政府公报》);

《关于开展对外支付业务的方式的决定》(第 99/93 号、第 97/94 号、第 2/96 号、第 7/96 号《政府公报》);

《关于外国法人向获批开展对外支付业务的银行(外国法人设立本国或外币账户)提交必要文件的决定》(第 38/99 号《政府公报》);

《关于自外国法人外汇账户提取外币现金的决定》(第 28/97 号《政府公报》);

《关于国际客运携带本国现金出入境的决定》(第 44/94 号和第 88/98 号《政府公报》);

《关于本国自然人在国际客运中携带出克罗地亚共和国的外汇数额的决定》(第 99/93 号《政府公报》);

《关于本国自然人国际客运将支票和其他外币证券带出克罗地亚共和国的条件的决定》(第 107/93 号《政府公报》);

《关于本国和外国货币、支票和其他证券于邮政和其他类型包裹进出克罗地亚共和国的条件的决定》(第 99/93 号、第 107/93 号、第 50/94 号《政府公报》);

《关于收集国际运输服务数据的决定》(第 80/98 号《政府公报》);

《关于报告国外索赔余额的方式和程序的指引》(第 53/99 号《政府公报》),该指引第五项、第六项、第八项和第十一项不再有效。

根据《对外信贷交易法》(第 43/96 号《政府公报》)颁布的附属立法,包括:

《对外信贷交易登记决定》(第 132/99 号《政府公报》);

《关于 KI2 和 KO2 表格变更的决定》(第 147/99 号《政府公报》)。

本法第七十七条所称附属立法颁布前,本法将持续有效。

(2)自本法生效之日起,《贸易法》第四十一条、第六十四条和第七十三条第二款(第 11/96 号、第 75/99 号、第 76/99 号、第 62/01 号、第 109/01 号和第 49/03 号《政府公报》——修正案)以及根据《贸易法》第四十一条颁布的附属立法[《关于外部补偿交易的决定》(第 54/97 号《政府公报》)]废止。

第八十条　本法生效日期

本法将于《政府公报》(Narodne novine)公布后的第八日生效。

拉脱维亚竞争法

万　立　译　韩　驰　审校*

《拉脱维亚竞争法》译介

2019 年世界银行集团《营商环境报告》显示，拉脱维亚在世界 190 个经济体中排名第十九位，其中获得信贷、纳税及开办企业等指标均位于前列，表明拉脱维亚拥有比较良好的营商投资环境。拉脱维亚关于外国投资事宜在 2019 年修正的《竞争法》中有所规定，是该国较为重要的法律之一。

适用范围

《竞争法》旨在保护、维护和发展自由、公平及平等竞争，以所有经济行业的公共利益为重，限制市场集中，规定终止有关竞争的法律、法规禁止的活动，并根据法律、法规追究责任。该法的适用对象包括市场参与者和任何注册或未注册的市场参与者协会。其中，市场参与者是指拉脱维亚境内开展或准备开展经济活动或其活动将影响拉脱维亚境内竞争的任何人（或外国人）。如果市场参与者或多个参与者共同对市场参与者或多个市场参与者具有决定性影响，所有市场参与者可以视为一个市场参与者。

限制竞争的行为

《竞争法》规定的不正当竞争形式主要是第 11 条规定的禁止协议、第 13 条规定的禁止滥用支配地位及第 15 条规定的经营者集中。具体而言，市场参与者之间以阻碍、限制或扰乱拉脱维亚境内竞争为目的或效果的协议，自签署之日起即属无效。主要包括关于下列事项的协议：(1) 以任何方式直接或间接确定价格和关税，或规定价格和关税的制定，以及与价格或销售条件有关的信息交流；(2) 限制或控制生产或销售量、市场、技术开发或投资；(3) 基于地域、客户、供应商或其他条件的市场分配；(4) 与第三人达成、修改或终止交易依据的规定，取决于该第三人是否接受根据商业惯例与特定交易无关的义务；(5) 参与或不参与竞争或拍卖，或关于该类行为（不作为）的规定，但竞争对手已公开宣布联合投标，并且不旨在阻碍、限制或

---

* 译者：万立，华东政法大学博士研究生；审校：韩驰，华东政法大学硕士研究生。

扰乱竞争的除外;(6)与第三方相同的交易中适用不平等规定,导致不利的竞争条件;(7)行为(作为或不作为),由于该行为(作为或不作为),另一市场参与者被迫撤离相关市场,或者潜在市场参与者进入相关市场的难度增加。促进产品生产或销售的改善或经济发展,使消费者受益的协议视作有效的,不受本条第1款所称禁令约束。该类协议:(1)不应对有关市场参与者施加对实现该等目标不必要的限制;(2)不具备消除相关市场大部分竞争的可能性。

关于禁止滥用支配地位。拉脱维亚境内禁止任何具有支配地位的市场参与者以任何方式滥用支配地位。滥用支配地位可能产生下列后果:(1)无客观正当理由,拒绝与其他市场参与者交易或者修改交易条款,包括不公平、不正当拒绝提供产品或者服务;(2)无客观正当理由限制产品生产或者销售数量、市场或者技术开发,损害消费者利益;(3)规定与另一市场参与者达成、修改或终止交易取决于该市场参与者,是否承担由于性质和商业用途与特定交易无关的额外义务;(4)直接或者间接强加或者适用不公平价格或者其他不公平交易条款;(5)与其他市场参与者的相同合同中适用不平等条款,导致不利条件。

关于经营者集中。市场参与者合并是指:(1)两个或以上独立市场参与者的合并,成为一个市场参与者(合并)。(2)市场参与者并入另一市场参与者(收购)。(3)一个或以上已对另一市场参与者或其他市场参与者具有决定性影响的自然人,或一个或以上市场参与者获取另一市场参与者或其他市场参与者的部分或全部固定资产或使用权,或对另一市场参与者或其他市场参与者具有直接或间接决定性影响。如果资产或资产使用权的收购增加上述资产收购方的市场份额及任何相关市场的使用权,资产或资产使用权的收购视为合并。(4)两名或者以上自然人共同或者一名自然人同时获得两个或以上市场参与者的部分或全部资产或者使用该等资产的权利,或者对两个或以上市场参与者产生直接或者间接决定性影响。

此外,如果上一财政年度决定实施合并的参与者于拉脱维亚的总营业额不低于3000万欧元,并且上一财政年度两个或以上实施合并的参与者于拉脱维亚的营业额不低于每人150万欧元,则实施合并前决定特定市场参与者应当通知竞争理事会实施合并的情况。

竞争理事会

竞争理事会是管理拉脱维亚竞争事宜的主要机构,由拉脱维亚政府内阁设立,隶属于经济部,受其监督。竞争理事会开展市场监督或调查违反本法或《广告法》的行为并确保其决定得到执行时,有权:(1)以竞争理事会规定的方式,于该法第26条第2款和第3款规定的期间内,要求和接收任何个人和协会提供的履行本法和《广告法》规定的任务所需的任何信息(包括商业秘密的信息),以及书面或口头解释;(2)要求任何有关违反本法或《广告法》,并且其解释于本法中可能具有重要意义的人前赴竞争理事会作出解释;(3)考察任何市场参与者或市场参与者协会(包括未经事先通知)。考察期间,出示指定检查事项和目标的机构签发的书面授权后,竞争理事会官员有权:(a)要求提交文件(包括以电子方式编制的商业秘密文件),于现场阅读该等文件,并接收根据法律、法规规定的程序认证的该等文件或其衍生文件;(b)要求并接受市场参与者员工的书面或口头解释;(c)收回市场参与者或市场参与者协会案件中尤其重要的财产和文件。

程序性活动

竞争理事会调查不正当竞争最主要的方式是程序性活动,包括:(a)搜查和检查结束前,禁止在检查现场的人员未经许可离开现场、移动或交谈;(b)知悉文件和电子信息系统包含的信息(包括含有商业秘密的信息);(c)收回已发现的关于案件可能重要的财产项目和文件;(d)要求和接收根据法律、法规规定的程序认证的衍生文件;(e)将存储于电子信息系统的信息(数据)打印或记录于电子信息介质;(f)要求并接受市场参与者员工的书面或口头解释;(g)不超过72小时临时封存非住宅房舍、交通工具、建筑物和其他物品以及其中的储存设施,以确保证据得到保存。

第一章 总 则

第一条 本法术语

本法下列术语的含义如下:

(1)支配地位,是指一个或几个市场参与者在相关市场中的经济(或商业)地位,如果该参与者具备通过完全或部分独立于竞争对手、客户、供应商或消费者,且长期显著阻碍、限制或扰乱任何相关市场竞争的能力。

(2)决定性影响,是指对以下行为的直接或间接影响的能力:

(a)(定期或不定期)积极或消极控制市场参与者监管机构的决策。

(b)任命一定数量在市场参与者监督或执行机构中的成员,确保具有决定性影响的操控者于相应机构内取得多数票。

(2^1)垄断协议,是指竞争对手之间旨在阻碍、限制或扰乱竞争的协议。包括:确定或协调购买或销售价格或其他贸易条件,包括知识产权、分配生产或销售配额、共享市场和客户,参与或不参与竞争或拍卖,或限制进出口或针对其他竞争对手的反竞争活动的一致行动(不行动)。

(3)相关地域市场,是指产品相关市场的竞争条件对于所有参与者完全相同,并且可以与其他区域分离的地理区域。

(4)相关市场,是指结合相关地域市场评估的相关产品市场。

(5)相关产品市场,是指一个特定的产品市场,该市场在考虑到需求与供应的替代因素、产品的具体特征及其使用特性,包括相关地域市场可替代该特定产品的所有产品。

(6)竞争,是指相关市场中两个或两个以上市场参与者之间既存或潜在的经济(商业)竞争。

(7)竞争者,是指两个或两个以上参与竞争的市场参与者。

(7^1)间接购买者,是指自直接购买人或随后购买人处而非直接从侵权人处获得违反《竞争法》物品,或含有该等物品或其衍生物品的自然人或法人。

(7^2)侵权人,是指违反《竞争法》的市场参与者或市场参与者协会。

(7^3)溢价,是指实际支付价格与不违反《竞争法》的市场价格之间的差额。

(8)产品,是指满足某些需求的有形或无形财产或服务,此等财产或服务可于市场购买或销售时定价。

(9)市场参与者,是指在拉脱维亚境内开展或准备开展经济活动或其活动将影响拉脱维亚境内竞争的任何人(包括外国人)。如果市场参与者或多个参与者共同对市场参与者或多个市场参与者具有决定性影响,则可视为一个市场参与者。

(10)市场份额,是指市场参与者于相关市场提供的产品占该市场提供的产品总量的份额;

(11)协议,是指两个或以上市场参与者之间的合同或市场参与者参与的一致行动,以及市场参与者的注册或未注册协会(协会、工会等)或该协会的官员作出的决定。

第二条　本法目的

本法旨在保护、维护和发展自由、公平及平等竞争,以所有经济行业的公共利益为重,限制市场集中,规定终止有关竞争的法律、法规禁止的活动,并根据法律、法规追究责任。

第三条　本法的适用

本法适用于市场参与者和任何注册或未注册的市场参与者协会。

第二章　竞争理事会

第四条　竞争理事会的法律地位

(1)竞争理事会是指根据本法、其他法律及法规展开活动的直接管理机构。内阁应当设立竞争理事会,隶属于经济部,受其监督。

(2)已废止。

(3)竞争理事会的运作由国家预算支持。

第五条　竞争理事会的组成和运作

(1)理事会是竞争理事会的决策机构,代表竞争理事会作出决定,并就竞争事项订立行政合同。竞争理事会通过履行秘书和专家职能以维持其运转,并由具有以下职能的部门组成:编写案件材料、文件及决定草案供理事会审查,代表竞争理事会出席司法审判,以及执行竞争理事会作出的决定。理事会由三名理事会成员组成,其中一名为理事会主席。

(2)理事会主席和理事会成员由内阁根据经济部部长的建议任命。

(3)理事会主席和理事会成员的任期为五年,可以连任一次。

(4)理事会主席和理事会成员应当为公务人员,具备就竞争事务作出决定的专业资质。

(5)除另行决定外,竞争理事会应当举行非公开会议。会议应当根据理事会主席或所有理事会成员的要求召开。如果两名或以上理事会成员投票同意,竞争理事会有权作出决定或订立行政合同。

(6)竞争理事会会议应当予以记录。所有参加会议的理事会成员应当签署会议记录。理事会成员签署会议记录时,可以记录关于审议问题的意见,或随附书面说明。

(7)竞争理事会的决定和行政合同应当由理事会主席签署。

(8)理事会主席:

①领导和组织竞争理事会工作,并对其负责;

②管理竞争理事会的财政资源,并对其使用负责;

③主持和组织竞争理事会会议;

④无须任何特别授权,代表竞争理事会;

⑤有权直接命令竞争理事会的任何工作人员;

⑥仅有权就与履行职责相关的组织问题向竞争理事会成员下达直接命令;

⑦理事会主席因病告假或缺席期间,其职责由理事会主席授权的理事会成员履行。

(9)任期届满后,在重新任命或新任命的理事会主席或理事会成员就职前,理事会前任主席或理事会成员应当继续履职。

第六条　竞争理事会的职责

(1)竞争理事会应当:

①监督本法、其他法律、法规及国际条约规定的禁止市场参与者滥用支配地位和禁止协议的执行情况;

②在其权限范围内监督《广告法》的执行情况;

③审查提交的关于市场参与者之间协议,并作出相应决定;

④作出与市场参与者合并相关的决策限制市场集中程度;

⑤在其权限范围内与相关外国机构合作。

(2)竞争理事会应当向公众通报竞争理事会任务的完成情况和与保护、维护及发展竞争有关的其他事宜。竞争理事会应当在其网站和《拉脱维亚公报》公布根据本法第八条第一款第三项、第五项和第六项作出的决定。

(3)隶属于经济部的竞争理事会应当:

①依照权限起草立法草案,并适时提交经济部;

②针对由内阁审查的,可能直接或间接涉及保护、维护或发展竞争的法律、法规草案起草意见;

③必要时,如果国家或地方政府企业(公司)发生私有化、重组和非垄断化,须向有关机构提供关于遵守竞争保护、维护或发展原则的书面建议或意见。

第七条　竞争理事会的权利

(1)竞争理事会有权:

①对违反本法和广告法的行为实施市场监督和调查;

②就市场参与者的活动是否符合关于竞争的法律、法规提出意见;

③根据本法及其他法律、法规,向法院提出申诉、申请及控告;

④发布竞争理事会的意见和建议;

⑤适用欧盟竞争法;

⑥履行 2002 年 12 月 16 日关于执行《建立欧洲经济共同体条约》第八十一条和第八十二条规定的竞争规则的理事会第 1/2003 号条例(与欧洲经济区相关的内容)(以下简称理事会第 1/2003 号条例)赋予成员国竞争主管机构的职责,并行使该条例规定的权利;

⑦聘请专家、顾问或专业人士执行本法规定的任务;

⑧履行欧洲议会和欧洲理事会 2004 年 10 月 27 日关于负责执行消费者保护法的国

家机构之间合作的第2006/2004号条例规定的义务，并行使该条例规定的权利；

⑨确定本法第六条第一款规定任务的优先顺序。

(2)竞争理事会有权评估法律草案和其他机构编写的其他文件，并提出意见。如果该等文件包括影响市场机制的规定，其执行可能直接或间接限制竞争。

(3)竞争理事会决定立案或就现有案件作出决定时，有权确定市场参与者采取的行动是否已经或可以对竞争造成不利影响。

(4)竞争理事会官员的授权应当由服务信息文件证明。

第八条　竞争理事会的决定

(1)竞争理事会应当就下列事项作出决定：

①调查立案；

②延长作出决定的时间；

③确定侵权行为，要求履行法律义务或罚款；

④终止案件调查；

⑤关于市场参与者的合并；

⑥关于申报的协议；

⑦违反广告法。

(2)本节第一款所称竞争理事会的决定，除关于立案和延长决定期限的决定外，市场参与者可以在决定生效之日起一个月内向区域行政法院提起申诉。该法院作为初审法院审理案件。案件由三名法官审理。行政区域法院的裁判可于提交撤销申请后上诉。

(3)已废止。

(4)已废止。

(5)如果竞争理事会就违反本法或其他相关法律、法规的行为向法院起诉，免交诉讼费。

(6)内阁、经济部部长或其他人员不得向竞争理事会主席和成员发出关于特定案件开始调查案件的指示和关于开展调查或作出决定的方式的指示。竞争理事会不得与上级机构协调确定。

(7)竞争理事会的决定对市场参与者和市场参与者协会具有约束力。

(8)竞争理事会的决定一般自愿执行。非自愿执行的决定应由执行人员强制执行。竞争理事会提交执行决定时免交国家费用。

第八条之一　法律义务的强制执行

(1)如果不履行法律义务，并且本法未规定其他程序，竞争理事会可以根据《行政诉讼法》所规定的程序处以罚款，强制执行法律义务。

(2)应当向受送达人发出强制履行法律义务的书面警告。不得就该警告申诉。

(3)市场参与者履行其法律义务前，竞争理事会处以罚款的同时，可多次发布行政命令。

(4)发布行政命令之前，竞争理事会应当以书面形式通知市场参与者，已经获得发布行政命令所需的信息。市场参与者可以在收到上述通知后七日内了解情况，陈述其意见，并提供额外信息。

(5)罚款金额至多为上一财政年度每日平均净营业额的百分之五，但法律义务履行之前不得低于每日二百五十欧元。

(6)可以在收到后七日内向行政区域法院提出关于行政命令的申诉。对该申诉的审查应当在合理期限内,但不得迟于收到申诉之日起一个月内。

(7)对行政命令的申诉不得中止其执行。关于罚款的行政命令应当根据本法第八条第八款规定的程序执行。

(8)根据本法第十二条第五款,内阁应当发布关于确定计算罚款所依据的财政年度净营业额的程序的规定。

(9)由于非法强制履行法律义务受到损害的人有权依照《行政诉讼法》和《国家行政机关损害赔偿法》的规定获得赔偿。

第九条　竞争理事会的权力

(1)已废止。

(2)已废止。

(3)已废止。

(4)已废止。

(5)竞争理事会开展市场监督或调查违反本法或《广告法》的行为并确保其决定得到执行时,有权:

①要求和接收任何个人和协会,于本法第二十六条第二款和第三款规定的期间内,以竞争理事会规定的方式提供的履行本法和《广告法》规定的任务所需的任何信息(包括商业秘密的信息),以及书面或口头解释。

②要求任何有关违反本法或《广告法》,并且其解释于案件可能具有重要意义的人前赴竞争理事会作出解释。

③考察任何市场参与者或市场参与者协会(包括未经事先通知)。考察期间,出示指定检查事项和目标的机构签发的书面授权后,竞争理事会官员有权:

(a)要求提交文件(包括以电子方式编制的商业秘密文件),于现场阅读该等文件,并接收根据法律、法规规定的程序认证的该等文件或其衍生文件;

(b)要求并接受市场参与者员工的书面或口头解释;

(c)收回市场参与者或市场参与者协会案件中尤其重要的财产和文件。

④根据司法授权令,未事先通知和警察到场的情形下,进入由市场参与者或市场参与者协会拥有、占有或使用的非住宅房屋、交通工具、公寓、建筑物及其他不动产、动产,开封及现有储存设施,针对其中的物品和存储设施开展强制搜索,并检查现有财产和文件,包括存储于电子信息系统的计算机、软盘及其他信息介质上的信息(数据)。如果财产或文件受到搜查之人拒不开封有关物品或储存设施,竞争理事会官员有权在不造成重大损害的前提下开封该等物品或储存设施。搜查和检查期间,竞争理事会的官员有权:

(a)搜查和检查结束前,禁止在检查现场的人员未经许可离开现场、移动或交谈;

(b)知悉文件和电子信息系统包含的信息(包括含有商业秘密的信息);

(c)收回已发现的对案件可能重要的财产和文件;

(d)要求和接收根据法律、法规规定的程序认证的衍生文件;

(e)将存储于电子信息系统的信息(数据)打印或记录于电子信息介质;

(f)要求并接受市场参与者员工的书面或口头解释;

(g)不超过七十二小时临时封存非住宅房舍、交通工具、建筑物和其他物品以及其中的储存设施,以确保证据得到保存。

⑤根据司法授权令,有正当理由质疑可以作为违反本法证据的文件或财产物品,存放于他人所有、占有或使用的非住宅、交通工具、公寓、建筑物及其他不动产和动产中,可以在警察在场时,对该等人士实施本款第四款所称活动。

⑥根据司法授权令或征得数据主体的同意,调查禁止协议形式的违反竞争法行为时,要求电子通信商披露和发布根据《电子通信法》存储的数据。

⑦根据《信贷机构法》及司法授权令,调查违反竞争法的行为时,要求信贷机构提供其掌握的不可披露信息。根据本条规定的程序向竞争理事会披露信息,不视为披露不可披露的信息,信贷机构不承担法律责任(包括民事法律责任)。

(6)本条第四款第四项和第五项所称程序性行动中,市场参与者或市场参与者协会、该市场参与者或市场参与者协会的雇员以及与被调查侵权行为有关的其他人,应竞争理事会官员的合法要求,负有下列义务:

①开放非住宅区、交通工具、公寓、建筑物及所有、占有或使用的不动产和动产以及其中的储存设施,以确保进入该等场所;

②确保对以任何方式或形式汇编或存储的文件以及电子信息系统中存储的信息(数据)的访问;

③于规定期限内提供完整、真实的所需信息;

④提交要求的文件、真实副本或摘录,并按照法律、法规规定的程序证明其准确性;

⑤证明存储于电子信息系统中的信息(数据)列印和电子信息媒体中记录的真实性;

⑥执行竞争理事会官员提出的其他合法要求。

(7)已废止。

(8)已废止。

(9)国家警察应当协助竞争理事会官员执行本条第五款所称程序性行动。

第九条之一　司法授权令

已废止

第九条之二　程序性行动报告

(1)本法第九条第五款所称有关市场监督和侵权调查的程序性行动应当由竞争理事会官员在程序性行动报告中予以记录。

(2)程序性行动报告应当载明下列信息:

①行动地点和发生日期;

②实施行动的法律依据;

③行动启动和完成的时间;

④开展行动之人的职位、姓名;

⑤报告编写人的职务、姓名;

⑥行动参与人的职务、姓名;

⑦行动的开展情况和已查明事实;

⑧行动期间获得的财产和文件。

(3)行动期间获得的财产和文件应当附于报告之后。

(4)实施程序性行动之人应当使参与有关行动之人知悉程序性行动报告及其附件的内容。相关更正和补充应当记录于报告中。

(5)执行程序性行动之人、编写报告之人及所有参与相关行动之人应当在报告每一页分别签名。拒绝签名的,应当在报告中注明拒绝的原因和理由。

第九条之三　市场参与者和其他人的权利

(1)开展本法第九条第五款第三项、第四项和第五项所称程序性行动时,竞争理事会官员应当通知市场参与者或与该行动有关的其他人的权利。

(2)本法第九条第五款第三项、第四项和第五项所称行动参与人或者其他人有权:

①出席所有程序性行动,表达其意见和要求;

②作出解释时,聘请律师协助或其他类型的法律援助,如需等待律师或其他法律援助提供者,解释的提供可得临时推迟,但至多推迟一小时;

③建议将所需信息或部分获得限制获取信息的状态;

④熟悉程序性行动报告及其所附文件,提出更正和补充;

⑤就竞争理事会官员的行为向竞争理事会主席提出申诉。

第九条之四　未提供信息、提供虚假信息、未满足竞争理事会的合法要求以及损毁印鉴的责任

(1)竞争理事会有权对下列行为处以罚款:

①未应竞争理事会要求或根据法律、法规规定,在规定期限和规定金额内提供有关案件的信息;

②未于规定期限内补正有关案件的不完整信息;

③应竞争理事会多次要求,未于规定期限和金额内提供有关市场监管的信息;

④提供虚假或误导性信息;

⑤拒绝履行竞争理事会官员的合法要求;

⑥损毁按照本法第九条第五款第四项规定的程序加盖的印章。

(2)竞争理事会有权针对本条第一款所称侵权行为处以罚款,罚款金额为每一市场参与者或市场参与者协会上一财政年度年净营业额的百分之一,但对于每一主体不得低于五十欧元。对非市场参与者或市场参与者协会,应处以五十欧元以上一千四百欧元以下的罚款。

(3)计算罚款依据的财政年度净营业额应当依照基于本法第十二条第五款颁布的内阁条例确定。

(4)受通知人可以根据本法第八条第二款规定的程序对竞争理事会关于处以本条第二款规定罚款的决定提起申诉。

第十条　竞争理事会官员和雇员的责任

(1)禁止竞争理事会官员、雇员及从事执行本法规定的其他人员提供服务或履行工作职责或委托事项、为履行工作(服务)职责或执行具体工作事项以外的目的,披露或使用知悉的信息。禁止在提供服务或履行工作职责或委托事项时披露或使用知悉的信息,对竞争理事会官员、雇员及与竞争理事会的法律关系终止后参与执行本法规定的其他人员仍具有约束力。

(2)起草、作出决定或监督、监测、调查、制裁或本法规定的任何其他活动后两年内,禁止竞争理事会官员直接或间接成为该官员从事上述活动的私人代表。除《防止公职人员活动利益冲突法》规定外,这一限制具有约束力。

(3)根据法律、法规规定的程序,竞争理事会官员和雇员对违反保密规定、本法其他规定及其非法行为造成的任何损害的责任不属于其与竞争理事会的法律关系。

(4)如果竞争理事会官员或雇员在与竞争理事会的法律关系终止后,违反本条规定的任何限制,并从中获得任何物质利益,应当推定上述活动造成的损害可以用经济条件衡量,并与非法所得收入或经济利益价值的增加成比例。如果竞争理事会相关官员或雇员在与竞争理事会的法律关系终止后,未赔偿国家遭受的损害,竞争理事会应当采取必要行动,根据法律规定的程序要求赔偿。

(5)竞争理事会应当根据《行政程序法》要求赔偿,公布应当赔偿损失的行政行为,并采取法律、法规规定的行动执行该行政行为。

第二章之一　执行程序性行动的许可

第十条之一　作出许可的管辖权

区(市)法院应当根据竞争理事会的法定地址,就是否允许采取本法第九条第五款第四项、第五项、第六项和第七项所称程序性行动作出决定。

第十条之二　作出许可的申请

(1)关于允许采取本法第九条第五款第四项和第五项所称行动的文件中,竞争理事会应当具体说明需要采取市场参与者或市场参与者协会或个人的程序性行动的数量、事项、目的以及据其所知搜查的资产、信息或文件的种类。

(2)关于允许实施本法第九条第五款第六项和第七项所称行为的申请中,竞争理事会应当具体说明法律依据和拟存储或不披露的数据的范围。

第十条之三　作出决定的程序

(1)法官应当在收到竞争理事会的申请后七十二小时内审查该申请证明是否有必要采取程序性行动,获取竞争理事会的案件材料,听取竞争理事会代表的意见,并作出是否准许采取程序性行动的决定。

(2)司法授权令的真确副本应当于决定作出后二十四小时内送交竞争理事会。

第十条之四　程序性行动的授权令

(1)法官许可执行本法第九条第五款第四项和第五项所称行动的授权令中,应当具体说明需执行程序性行动的市场参与者或市场参与者协会或个人主题及目的,已知的拟查询资产、信息或文件的数量,以及执行程序性行动的期限。

(2)法官许可执行本法第九条第五款第六项、第七项规定的程序性行为的授权令中,应当指明须要求提供信息的市场参与者或者市场参与者协会或者个人,以及该信息的范围。

(3)授权令不包括依照本法第二十六条第六款不公开的信息。

第十条之五　关于紧急事项程序行动的授权令

(1)如果根据本法第九条第五款第四项或第五项所称程序性行动,获得可以作为违反

《竞争法》证据的资产、信息或文件储存于非住宅区、车辆、公寓、建筑物和由他人所有、占有或使用的其他不动产和动产中，并且正在查询的资产、信息或文件可能被损毁，由于拖延而被隐藏或损坏的，竞争理事会应当以紧急事项为由向法院提交申请，请求批准执行本法第九条第五款第四项或第五项所称程序性行动。

（2）法官应当在收到竞争理事会申请后两小时内，尽速审查该申请采取程序性行动的必要性及其紧迫性，获取竞争理事会的案件材料，听取竞争理事会代表的意见，并决定是否批准采取程序性行动。

（3）授权令由前言和执行部分组成。授权令应当签发给竞争理事会的代表，并发送至竞争理事会的电子邮件地址。应当于三个工作日内起草并向竞争理事会和市场参与者、市场参与者协会或获发授权令之人发送包含动机的授权令。

（4）授权令不包括依照本法第二十六条第六款不公开的信息。

第十条之六　关于获取案件材料和搜查令的起诉

（1）依照本法第十条之四或者第十条之五的规定，市场参与者、市场参与者协会及获发授权令之人，有权于行动实施后获取案件材料。

（2）可于收到授权令之日起十日内，向首席法官提起申诉，但申诉不中止竞争理事会的程序性行动。

第十条之七　申诉的审理

（1）首席法官应当对于十日内审理该申诉，如有必要，可以听取申诉人的意见。如果申诉由市场参与者、市场参与者协会或个人提出，如有必要，可听取申诉方和竞争理事会的代表的意见。

（2）首席法官作出的决定为最终决定，不得上诉。

（3）首席法官可以认可或驳回申诉。认可申诉时，可以全部或部分撤销或修改受诉授权令。

（4）根据已全部或部分撤销或更改的受诉决定而取得的证据，在被认定为非法的范围内，不得用于该案件。

第三章　限制竞争的行为

第十一条　禁止协议和有效协议

（1）市场参与者之间以阻碍、限制或扰乱拉脱维亚境内竞争为目的或产生前述效果的协议，自签署之日起即属无效。主要包括关于下列事项的协议：

①以任何方式直接或间接确定价格和关税，或对其形成作出决定，以及与价格或销售条件有关的信息交流；

②限制或控制生产或销售量、市场、技术开发或投资；

③基于地域、客户、供应商或其他条件的市场分配；

④与第三人达成、修改或终止交易的条款，取决于该第三人是否接受根据商业惯例与特定交易无关的义务；

⑤参与或不参与竞争或拍卖，或关于该类行为（不作为）的规定，但竞争对手已公开宣布联合投标，并且不旨在阻碍、限制或扰乱竞争的除外；

⑥与第三方相同的交易中适用不平等规定，导致不利的竞争条件；

⑦竞争者的行为（不作为），迫使另一市场参与者离开相关市场，或者增加潜在市场参与者进入相关市场的难度。

（2）促进产品生产或销售的改善或经济发展，使消费者受益的协议视作有效协议，尽管构成本条第一款所称之禁止行为，但可得豁免。该类协议：

①不应对有关市场参与者施加对实现该等目标不必要的限制；

②不具备消除相关市场大部分竞争的可能性。

（2[1]）表明协议符合本条第二款要求的市场参与者负有证明上述事项的义务。

（3）市场参与者签订协议之前以及协议生效之前，如果尚未提起诉讼，有权就相关协议向竞争理事会申报。如果协议符合本条第二款或市场参与者之间的特定协议，竞争理事会有权允许或有条件允许协议于特定时期内生效。内阁应当规定提交和审查市场参与者之间协议申报的程序。

（4）内阁应当确定下列事项：

①不对竞争产生显著影响的市场参与者之间的独立协议；

②市场参与者之间的单独协议可受到本条第一款的禁止协议豁免的条件。

第十二条　违反禁止协议的责任

（1）如果竞争理事会确定市场参与者的活动违反本法第十一条第一款，应当作出关于确定侵权行为、施加法律义务及罚款的决定。

（2）竞争理事会有权对市场参与者处以上一财政年度净营业额最高百分之五的罚款，但对每一市场参与者的罚款不得低于三百五十欧元。

（3）竞争理事会有权对市场参与者处以上一财政年度净营业额最高百分之十的罚款，但对每一市场参与者的罚款不得低于七百欧元。

（4）已废止。

（5）内阁应当颁布关于确定罚款程序的条例，规定个案中财政年度净营业额计算的方式、罚款数额的具体标准以及减轻、加重情节。

（6）按照本条规定的程序计算的罚款纳入国家基本预算。

第十二条之一　从轻处理

（1）市场参与者独立于其他参与垄断行为的市场参与者披露保密垄断协议，并于调查期间与竞争主管机构合作，自愿提供关于垄断协议及其在垄断行为中的作用的信息，此等市场参与者可获得违法行为的从轻处理，免交或少交罚款。

（2）下列情形中，竞争理事会应当免除关于垄断协议侵权的罚款：

①市场参与者是首个提供与垄断协议侵权行为有关的证据及其他信息的人，该等证据和信息的提供足以提起诉讼或查明垄断行为；

②市场参与者未采取任何行动强迫其他市场参与者加入垄断协议或继续参与垄断协议；

③竞争理事会收到申请时没有充分证据起诉或查明垄断行为的依据。

（3）如果市场参与者：

①提供与垄断协议侵权行为有关的证据和其他信息，该等证据和信息实质上补充竞

争理事会掌握的证据和数据；

②提供关于另一垄断行为的证据，竞争理事会免除关于该卡特尔侵权行为的罚款。

(4)竞争理事会应当批准根据从轻处理提出的免交或少交罚款的申请，或以确定本法第十一条第一款或《欧盟运作条约》第一百零一条第一款所称侵权行为的同一决定驳回申请，并施以法律义务和罚款。

(5)从轻处理申请的信息应当为限制获取的信息，仅可向竞争理事会提起的案件的诉讼参与者披露，以保护其权利和合法利益。

(6)竞争理事会的决定不应当包括从轻处理中与竞争理事会合作的市场参与者的身份信息。

(7)内阁应当确定竞争理事会根据从轻处理免除罚款和减少罚款的程序，以及对从轻处理参与者的要求。

第十三条　禁止滥用支配地位

(1)拉脱维亚境内禁止任何具有支配地位的市场参与者以任何方式滥用支配地位。滥用支配地位包括以下情形：

①无客观正当理由，拒绝与其他市场参与者交易或者修改交易条款，包括不公平、不正当拒绝提供产品或者服务；

②无客观正当理由限制产品生产或者销售数量、市场或者技术开发，损害消费者利益；

③与另一市场参与者达成、修改或终止交易取决于该市场参与者，是否承担性质和商业用途与特定交易无关的额外义务；

④直接或者间接强加或者适用不公平价格或者其他不公平交易条款；

⑤与其他市场参与者的相同合同中适用不平等条款，导致不利条件。

(2)已废止。

(3)已废止。

第十四条　滥用市场支配地位的责任

(1)如果竞争理事会确定市场参与者的活动违反了本法第十三条，理事会应当作出决定，确定侵权行为，施加法律义务并处以罚款。

(2)竞争理事会有权对本法第十三条第一款所称侵权行为的市场参与者处以上一财政年度净营业额最高百分之五的罚款，但对每一市场参与者的罚款不得低于三百五十欧元。

(3)已废止。

(4)内阁应当颁布规定罚款程序的条例，规定财政年度净营业额计算和罚款数额计算程序的方式，同时考虑侵权行为的严重性和持续期间、减轻和加重情节，并规定可以降低罚款的条件。

(5)按照本条规定计算的罚款纳入国家基本预算。

第四章　市场参与者合并的控制

第十五条　市场参与者合并

(1)市场参与者合并是指：

①两个或以上独立市场参与者的合并,成为一个市场参与者(合并)。

②市场参与者并入另一市场参与者(收购)。

③一个或以上自然人已对另一市场参与者或其他市场参与者具有决定性影响,或一个或以上市场参与者获取另一市场参与者或其他市场参与者的部分或全部固定资产或使用权,或对另一市场参与者或其他市场参与者具有直接或间接决定性影响。如果资产或资产使用权的收购增加上述资产收购方的市场份额及任何相关市场的使用权,资产或资产使用权的收购视为合并。

④两名或者以上自然人共同或者一名自然人同时获得两个或以上市场参与者的部分或全部资产或者使用该等资产的权利,或者对两个或以上市场参与者产生直接或者间接决定性影响。

(2)如果上一财政年度决定实施合并的参与者于拉脱维亚的总营业额不低于三千万欧元,并且上一财政年度两个或以上实施合并的参与者于拉脱维亚的营业额不低于每人一百五十万欧元,则实施合并前决定以本条第一款所称任何方式合并的市场参与者应当向竞争理事会申报实施合并的情况。

(2^1)如果同时符合下列情况,竞争理事会有权于合并实施后十二个月内要求合并参与者就不符合本条第二款所称通知规定的合并进行申报:

①合并发生于参与者经营的相关市场,并且其在特定市场的总市场份额高于百分之四十;

②有理由怀疑合并可能产生或增加支配地位,或者相关市场的竞争可能显著减少。

(2^2)本条第二款所称市场参与者,符合下列条件之一的,有权向竞争理事会提交简要而非完整版的合并申报:

①合并参与者不在单一相关市场或者垂直市场经营;

②合并参与者在一个相关的市场运营,市场份额总额不高于百分之二十;

③合并参与者在垂直相关的市场运营,每一参与者在相关市场的市场份额不高于百分之三十;

④根据本条第一款第三项,合并的参与者对另一市场参与者具有共同的决定性影响,该市场参与者不在拉脱维亚境内销售货物或提供服务,也不试图发生营业额;

⑤本条第一款第三项所称合并参与者已经具有共同决定性影响的市场中,合并参与者对另一市场参与者具有决定性影响。

(2^3)如果竞争理事会决定提交简要合并申报的市场参与者的合并有必要进一步调查,可以要求市场参与者提交完整的合并申报。

(2^4)如果合并不符合本条第二款规定的申报条件,市场参与者有权:

①要求书面确认竞争理事会不行使本条第二款之一规定的要求合并参与者申报合并的权利;

②主动向竞争理事会提交完整或简要的合并申报。

(2^5)竞争理事会可以免除市场参与者以完整或简要合并通知或所附文件提交部分信息的义务,并且审查无须该等信息或文件通知。

(3)市场参与者的合并必须进行申报,否则即属违法。

(4)下列情形中,无须向竞争理事会进行申报:

①活动包括为自有或其他基金与证券交易的信贷机构或保险公司,对为进一步出售而收购的市场参与者证券拥有限期所有权,并且该等信贷机构或保险公司不以所指证券产生的表决权影响相关市场参与者的竞争活动,或利用所称证券产生的投票权,仅准备实施市场参与者或部分固定资产或相关证券的投资,该等投资发生于投票权产生后一年内。如果竞争理事会证明一年内无法开展相关投资,可以根据相关信贷机构或保险公司提交的材料延长上述期限。

②在市场参与者破产或清算的情况下,清算人或管理人获得决定性的影响。

(5)内阁应当颁布关于提交和审查完整和简要合并申报程序的条例。该等规定可能包括营业额计算方式的额外条件,包括对信贷机构和保险公司的特殊要求。

(6)市场参与者应当为评估合并支付国家费用。内阁应当决定支付评估合并的国家费用的程序、数额以及不予报销的情形。

第十六条　市场参与者合并申报的审查程序

(1)竞争理事会应当根据内阁规定的程序,在收到完整或简要合并申报后一个月内予以审查,并作出本条第三款或第四款所称决定之一,或进一步调查的决定。

如果提交完整或简要合并申报报告之日起四十五日内,市场参与者未收到竞争理事会本条第三款或第四款所称决定或启动额外调查的决定,则相关合并视为获得批准。

(2)如果竞争理事会已决定启动进一步调查,竞争理事会应当在收到完全合并申报之日起四个月内或收到简要合并申报之日起三个月内作出本条第三款或第四款所称决定之一。竞争理事会有权应合并参与方的请求或主动将本条第三款所称作出决定的期限延长十五个工作日,以评估其具有约束力的要求。

(3)对于产生或增强支配地位,或可能实质减少任何相关市场竞争的合并,竞争理事会应决定禁止该合并。竞争理事会有权批准该等合并,确定对相关市场参与者具有约束力的要求,防止合并对竞争产生负面影响。

(4)如果已经进行申报的市场参与者的合并未造成本条第三款所称后果,竞争理事会应当作出批准合并的决定。

(5)如果竞争理事会启动额外调查后,在收到正式合并申报之日起四个月内,或收到简要合并申报报告之日起三个月内,未作出本条第三款或第四款所称决定之一,相关市场参与者的合并视为获得批准。

(6)竞争理事会有权就本应根据本法第十五条第二款或第二款之一进行申报但未申报的市场参与者的合并行为,作出本条第三款所称决定。

第十七条　市场参与者非法合并的责任

(1)如果未根据本法规定进行申报,或者市场参与者实施非法合并,违反竞争理事会根据本法第十六条第三款规定的程序作出的决定,竞争理事会有权决定对新的市场参与者或者取得具有决定性影响份额的收购者处以不超过上一财政年度净营业额百分之三的罚款。

(2)支付罚款不免除有关市场参与者履行本法规定和竞争理事会决定的义务。竞争理事会决定强制执行的有约束力的要求应当按照本法第八条之一规定的强制执行法律义务的程序执行。

(3)按照本节规定的程序计算的罚款纳入国家基本预算。

第五章　不公平竞争

第十八条　不公平竞争的禁止

(1)禁止不公平竞争。

(2)违反法律、法规或公平商业惯例,造成或可能造成竞争障碍、限制或扭曲的行为,视为不公平竞争。

(3)下列造成或可能造成竞争障碍、限制或扭曲的活动,也构成不正当竞争:

①合并参与者不在单一相关市场或者垂直市场经营;

②合并参与者在一个相关的市场运营,市场份额总额不高于百分之二十;

③合并参与者在垂直相关的市场运营,每一参与者在相关市场的市场份额不高于百分之三十;

④根据本条第一款第三项,合并的参与者对另一市场参与者具有共同的决定性影响,该市场参与者不在拉脱维亚境内销售货物或提供服务,也不试图发生营业额;

⑤本条第一款第三项所称合并参与者已经具有共同决定性影响的市场中,合并参与者对另一市场参与者具有决定性影响。

第十八条之一　法院审查违反禁止不公平竞争案件的权限

本法第十八条规定的侵权行为由法院审理。

第十九条　不公平竞争的责任

已废止

第六章　民事诉讼中《竞争法》的适用

第二十条　法院的权限

(1)竞争理事会处理案件的同时,法院亦可认定行为违反本法。里加市拉特盖尔区法院负责审查违反本法或欧盟竞争法和赔偿损失的案件。

(2)法院关于违反本法和欧盟竞争法的裁判中,可以施加下列一项或多项义务:

①终止和禁止违反本法和欧盟竞争法的行为;

②采取行动防止违反本法和盟竞争法;

③对侵权行为予以适当赔偿。

第二十条之一　关于违反本法和欧盟竞争法案件的审理

(1)受理申请并就违反本法和欧盟竞争法的案件提起诉讼的法院,应当在案件受理之日起七日内,将申请和受理决定的真确副本送交竞争理事会。

(2)竞争理事会可以主动或根据法院的建议,就欧盟竞争法等适用事宜提出意见。竞争理事会有权在提出意见前知悉案件材料。

(3)法院应当在对违反欧盟竞争法的案件作出裁判后七日内,将判决的真确副本送交竞争理事会和欧洲理事会。关于违反本法的案件,送交竞争理事会。

第二十一条　赔偿损失

(1)由于经营者违反《竞争法》而遭受损失之人有权要求侵权人赔偿损失(包括利润和利息),计算期间自该等损失发生之日起至支付赔偿之日止,以保证该人在违法经营者不违反《竞争法》时本应获得的数额。如果实际上无法确定违反竞争法造成的损失数额,或者准确计算损失数额过于困难,法院应当根据案件证据予以确定。

(2)提起损害赔偿诉讼时,本章所称违反《竞争法》是指违反《竞争法》或《欧盟运作条约》第一百零一条或第一百零二条,或违反各成员国竞争法。成员国的竞争法是与《欧盟运作条约》第一百零一条和第一百零二条规定的主要目标一致的法律,并根据2002年12月16日理事会第1/2003号条例第三条第一款(与欧洲经济共同体相关的规定)与欧盟竞争法一同适用于同一案件,但不包括关于自然人刑事判决的法律,该等刑事裁判是适用于市场参与者竞争规则的方式除外。

(3)如果侵权行为为垄断协议,推定侵权行为造成损害,且损害为价格上涨百分之十,但另有相反证据的除外。

(4)共同违反《竞争法》造成损失的,侵权人应承担连带责任,但本条第五款和第七款所称情况除外。

(5)符合下列条件的中小企业仅对其直接和间接购买者或供应商造成的损失承担责任:

①违反《竞争法》期间,各自的市场份额不足百分之五;

②适用本条第四款所称连带责任将永久危及经济生存能力,并导致该企业资产价值的完全损失。

(6)本条第五款所称例外不适用于先前违反《竞争法》、组织及造成违反《竞争法》的后果或强迫其他市场参与者违反竞争法的侵权人。

(7)从轻处理范围内的侵权人免交罚款的,应当对造成的损失承担连带责任:

①仅针对其直接或间接买方或供应商;

②仅无法向参与违反《竞争法》的其他市场参与者要求全额赔偿损失时,对于非直接或间接购买者或供应商的其他人。

(8)侵权人于连带责任范围内已经赔偿受害人造成的损失的,有权向其他侵权人要求赔偿。上述赔偿应当基于相关侵权人对违反竞争法造成的损失的责任程度。

(9)从轻处理范围内免交罚款的侵权人向其他侵权人提供的相应赔偿金额,不得超出支付直接或间接买方或供应商造成的损失金额。如果所称侵权人向其他侵权人提供的相应赔偿金额适用于对非侵权人的直接或间接购买者或供应商的其他人的损失的赔偿,应当基于所称侵权人对由于违反《竞争法》造成损失的责任程度确定相应的赔偿金额。

第二十一条之一　溢价的转移

(1)本法第二十一条第一款所称权利,适用于由于全部或者部分转移溢价获得利润损害赔偿的权利。法院有权以估价的形式确定转移的溢价份额。由于转移溢价造成损失的赔偿权适用于向侵权人提供的物品。

(2)如果被告抗辩时表明原告已转移由于违反《竞争法》发生全部或部分的溢价,被告应当承担举证责任。

(3)如果损害赔偿诉讼的进行或裁判的损害赔偿金额取决于是否或多大程度上与转移溢

价有关，供应链下游索赔人应当证明溢价的发生和转移金额。原告有权要求法院根据《民事诉讼法》规定的程序命令被告或第三方披露证据。

(4)如果间接购买者证明以下事项，则视为证明该间接购买者已证明向其转移溢价：

①被告违反《竞争法》；

②违反《竞争法》导致对被告的直接购买者产生溢价；

③间接购买者购买违反《竞争法》的物品、其衍生或含有该等物品的物品。

(5)本条第四款不适用于被告可以证明溢价未转移或未完全向间接购买者转移的情形。

第二十一条之二　供应链不同层次索赔人的损害赔偿诉讼

为避免供应链不同级别的索赔人提起的损害赔偿诉讼导致侵权人承担多重责任或不承担责任，受理损害赔偿诉讼的法院在评估是否完成由于适用本法第二十一条之一第二款、第三款、第四款和第五款产生的举证责任时，应当考虑：

①有关同一违反《竞争法》行为，但由供应链其他层级的索赔人提起的损害赔偿诉讼；

②本条第一项所称损害赔偿诉讼的决定；

③关于违反《竞争法》的公共领域有关信息。

第二十一条之三　解决争议及其对后续损害赔偿诉讼的影响

(1)由于违反《竞争法》产生的争议通过和解协议解决的，应当中止损害赔偿诉讼的诉讼时效。诉讼时效的中止仅适用于当前或先前为达成和解协议而参与或代表参与争议解决的各方。

(2)如果由于违反《竞争法》产生的争议通过和解协议解决的，损害赔偿的诉讼范围应当减少达成和解协议的侵权人的份额。

(3)由于违反《竞争法》遭受损害并达成和解协议之人，损害赔偿的剩余部分仅可就尚未达成和解协议的侵权人提出。未达成和解协议的侵权人无权要求达成和解协议的侵权人求偿。

(4)除和解协议明确载有相反约定外，由于违反《竞争法》遭受损害并达成和解协议的人，如果无法自未达成和解协议的侵权人处追回损失，可以指示对达成和解协议的侵权人就剩余部分提起损害赔偿诉讼。

(5)在确定其中一个侵权者可从任何其他侵权者处获得的、根据其对违反《竞争法》所造成的损失的责任程度而作出的分担额时，应考虑到按照各侵权者先前达成的和解所赔偿的任何损失。

第二十一条之四　诉讼时效的起算和中止

(1)损害赔偿诉讼的诉讼时效应当自违反《竞争法》行为停止之日起计算，并且索赔人明知或有依据推定其明知以下内容：

①侵权人的行为，该侵权行为违反《竞争法》；

②由于违反《竞争法》造成的损失；

③侵权人的身份。

(2)竞争主管机构评估违反《竞争法》的行为，并提出损害赔偿诉讼之前，诉讼时效应当中止计算。诉讼时效的中止应当在侵权决定生效，并且不可上诉或上述诉讼终止后一年内届满。

第二十一条之五　违反《竞争法》损害赔偿案件的证据披露

(1)仅竞争主管机构完成案件调查后,才应当向审理违反《竞争法》损害赔偿诉讼的法院提交具体证据:

①个人专为竞争主管机构的需要准备提交的信息;

②竞争主管机构编写并发送当事人的信息;

③撤回和解协议的申请。

(2)如果违反《竞争法》的损害赔偿案件中,法院命令披露竞争理事会案件记录中的证据,竞争理事会有权自行或由法院主动就索赔的比例和对《竞争法》有效适用的影响提出意见。

第七章　案件调查的程序

第二十二条　立案

(1)竞争理事会应当基于优先事项、潜在侵权行为对竞争的影响及重要的公共利益,主动就违反本法的情况予以立案。

(2)市场参与者和实体有权向竞争理事会提供有关事实的信息,并根据该等事实确定违反本法的行为。

第二十三条　基于申请的立案

已废止

第二十四条　竞争理事会的主动立案

已废止

第二十五条　基于其他机构报告的立案

已废止

第二十六条　案件的调查

(1)立案后,竞争理事会应当获取作出决定所需的信息。市场监管过程中获得的与案件相关的信息应当附于案件调查中,可能作为对案件具有重要意义的证据。

(2)任何人应当在收到请求后七日内提供所要求的信息。当事人实施、提起本法第九条第五款第三项、第四项和第五项规定的市场监管活动和侵权诉讼时,应当及时提供所要求的信息,此过程无须开展专门的汇编或分析工作。

(3)如果要求提供信息,准备过程需要专门开展汇编或分析活动,并且由于客观原因,信息提交人无法于规定期限内准备所要求的信息,该人应当以书面形式通知竞争理事会,说明原因和提交信息的日期。竞争理事会基于该等通知,可以规定提交信息的其他期限。

(4)如果要求可能违反《竞争法》之人提供信息,竞争理事会应当将可能违反的《竞争法》部分规定通知提交人。

(5)竞争理事会可以在记录中合并关于同一潜在侵权人于同一业务中的同一违法行为的若干案件,并且该合并有助于更快速、更客观的审查。

(6)竞争理事会获得作出决定所需信息后,不负有提供案件材料的义务,并且可能对履行法律规定的任务产生适当的负面影响。竞争理事会应当以书面形式通知参与者,已获得作出决定所需的信息。

(7)参与者可以在收到本条第六款规定的通知后二十日内知悉情况,提出意见并提交补充资料。竞争理事会无须考虑于该期间结束后收到的信息。应收件人请求,竞争理事会应当在作出可能不利于其的决定之前听取其口头解释。

(8)作出决定之前,该案件的信息视为供内部使用的信息,仅竞争理事会官员向其提供有关材料的人员才可以予以审查。

第二十六条之一　限制获取信息状态转为待提交信息

(1)为使待提交信息或部分赋予限制获取信息的状态,信息提供者应当指明相关文件以及该等状态的转化原因。

(2)如果信息提交人不符合本条第一款规定的要求,或者将限制获取信息的状态分配于特定信息的提议不合理,竞争理事会应当通知提交人相关信息。

(3)如果本条第二款所称缺陷于收到竞争理事会通知之日起七日内未予以改正,则根据《信息自由法》规定的程序,提交的信息仅作为内部使用的信息受到保护。竞争理事会应当通知提交者相关信息。

(4)竞争理事会可以要求该人(提交的信息须指定为限制获取信息)于上述不包含限制获取信息的信息内随附一般可获取信息的副本。

第二十七条　作出决定的期限

(1)竞争理事会应当在案件提起之日起六个月内作出决定。

(2)如果由于客观原因于六个月内作出,竞争理事会至多可以自立案之日起延长一年。

(3)如果事实须长时间证明,作出合理决定的竞争理事会可以将作出决定的期限自立案之日起延长不超过两年。

第二十七条之一　竞争理事会决定的效力

竞争理事会的决定应当在收到通知后生效。对一项决定的上诉不中止该决定的执行,但该决定有关罚款的部分除外。

第二十七条之二　终止案件调查的书面承诺

(1)如果市场参与者书面承诺履行终止妨碍、限制或扰乱竞争的法律义务,竞争理事会评估案件实际、法律情况后,基于合理性考量,可以决定终止案件调查并施加法律义务。

(2)如果市场参与者未履行书面承诺中的法律义务,应当按照本法第八条之一规定的程序强制执行。

(3)竞争理事会可以恢复根据本条第一款终止的案件。

(4)恢复案件调查时,作出决定的期限自恢复案件调查之日起算。

第二十七条之三　行政合同的订立

(1)竞争理事会可以在未经上级主管部门同意后订立行政合同。

(2)关于行政合同是否符合法律规范、是否有效、履行是否正确的申请,应当依照本法第八条第二款规定的程序审查。

(3)对已经终止诉讼的行政合同提起上诉不中止执行。

第八章　欧盟竞争法的适用

第二十八条　关于可能违反欧盟竞争法案件的适用法律

(1)竞争理事会应当根据本法和其他法律、法规规定的调查、审查可能违反本法的程序,调查和审查可能违反欧盟竞争法的案件。

(2)对于违反欧盟竞争法的行为,竞争理事会应当根据本法第十二条、第十四条,并根据本法第十二条第五款和第十四条第四款发布的关于罚款程序的内阁条例予以处罚。

(3)适用欧盟竞争法时,在欧洲委员会的决定和欧洲法院的裁判中,“市场参与者”应当解释为“企业”。

(4)审查违反欧盟竞争法的案件时,可以适用本法。

第二十九条　减少对个人违反欧盟竞争法的罚款

(1)如果市场参与者主动向竞争理事会报告卡特尔协议违反《欧盟运作条约》第一百零一条第一款,竞争理事会应当对市场参与者免除罚款或减少罚款。

(2)根据本法第一百二十一条,应当减少本条第一款所称罚款或免除对市场参与者的罚款。

第三十条　临时措施

(1)如果竞争理事会掌握证明可能违反欧盟竞争法的证据,并且不终止该侵权行为可能对竞争造成重大和不可逆损害,竞争理事会可以作出关于临时措施的决定。

(2)临时措施以的决定方式作出,规定市场参与者有义务于特定时间内开展特定活动或禁止特定活动。

(3)关于临时措施的决定可由已发布临时措施的程序参与人于临时措施生效之日后十日内向地区行政法院起诉。

(4)竞争理事会对某一案件的最终决定确定前,关于临时措施的决定持续有效。

(5)强制执行临时措施规定的约束性条款应当按照本法第八十一条之一规定的强制执行法律义务的程序执行。

第三十一条　对临时措施起诉的决定

(1)法院应当于十四日内审查关于临时措施决定的申请。

(2)对临时措施决定的起诉不中止该决定对临时措施及其执行。

(3)不得对法院关于临时措施决定的申请的决定起诉,该决定应当自作出决定之日起生效。

第三十二条　欧盟委员会在拉脱维亚境内的程序性行动

(1)区(市)法官根据竞争理事会的法定地址,应当就欧盟委员会执行理事会第1/2003号条例第二十一条第一款规定的程序性行动的许可作出决定。作出司法决定的程序及其有效性规定于第二章之一。

(2)欧洲委员会和代表欧洲委员会的竞争理事会均有权提交申请,要求获得本条第一款规定的许可。

第三十三条　为筹备和实施欧盟委员会程序行动提供援助

(1)竞争理事会应当为欧洲委员会筹备和开展理事会第1/2003号条例第二十条和第二十一条规定的活动提供必要援助。

(2)如果市场参与者抵制理事会第1/2003号条例第二十条第二款和第二十一条第一款规定的程序行动,国家警察应当确保向欧盟委员会提供必要援助。

(3)应欧洲委员会的请求,竞争理事会应当根据司法决定开展本法第九条第五款第四款所称活动。本法第二章之一规定了作出司法决定的程序及其有效性。

第三十四条　与其他成员国竞争主管机构的合作

(1)应另一成员国竞争主管机构就可能违反欧盟竞争法的案件提出的请求,竞争理事会可以根据本法及其他法律、法规规定的程序,针对拉脱维亚境内现有市场参与者执行本法第九条第五款所称活动。

(2)另一成员国竞争主管机构的代表有权参与执行本法第九条第五五款所称活动。

第三十五条　法院的职责

已废止

过渡期规定

1.本法生效后,1997年《竞争法》(2000年修正)予以废止。

2.本法所称相关内阁条例通过之前,不迟于本法通过后六个月,根据《竞争法》颁布的不违反本法的下列内阁条例有效:

①1997年12月30日第444号内阁条例:审查违反竞争法审查程序;

②1998年2月3日第37号内阁条例:市场参与者协议有效的认可程序;

③1998年3月3日第73号内阁条例:提交和审查企业(公司)合并通知的程序;

④1998年3月3日第74号内阁条例:竞争法规定的不受禁止协议约束的独家经销协议和独家采购协议条例;

⑤1998年9月8日第341号内阁条例:竞争法规定的禁止协议豁免生产专业化协议条例;

⑥1999年2月16日第52号内阁条例:竞争法规定的特许协议豁免条例;

⑦1999年2月16日第53号内阁条例:竞争法规定的联合研究和开发协定不受禁止协定约束的条例;

⑧1999年3月23日第122号内阁条例:关于不受竞争法规定的禁止协议约束的专利和专有技术许可协议的条例;

⑨1999年4月20日第147号内阁条例:竞争法禁止汽车分销和服务协议豁免条例;

⑩1999年7月20日第260号内阁条例:竞争法规定的禁止协议豁免保险领域协议条例;

⑪2000年8月22日第284号内阁条例:航空运输承运人协议豁免竞争法规定的协议禁令条例;

⑫2001年2月6日第50号内阁条例:班轮运输公司协议豁免竞争法规定的禁止协议条例。

3. 本法所称竞争委员会是指竞争委员会的法律和利益承继机构，并根据1997年6月18日《竞争法》设立和运作。

4. 新内阁条例生效之日前，不晚于2004年11月1日，下列不与本法冲突的内阁条例予以适用：

①2003年1月20日第22号内阁条例：提交和审查市场参与者合并通知的程序；

②2003年8月19日第468号内阁条例：竞争法第十一条第一款和第十三条所称罚款的计算程序。

5. 第一条第一款（解释支配地位）的修正、第十三条（禁止滥用支配地位）的修正和第十四条（滥用支配地位的责任）的修正于2008年10月1日生效。

6. 内阁应当在2008年10月1日之前颁布本法第十四条第四款所称关于滥用支配地位罚款的条例，即规定计算财政年度净营业额的具体方式、计算罚款的程序以及有权减少罚款的条件。相关条例（2004年10月19日第862号内阁条例）生效前，《竞争法》第十一条第一款和第十三条所称违法行为罚款计算程序应当在不违反本法时适用。

7. 内阁将在2008年10月1日前颁布下列条例：

①本法第十一条第三款规定的市场参与者协议通知的提交和审查程序；

②本法第十一条第四款第一项规定的对竞争不产生重大影响的独立市场参与者的协议；

③本法第十一条第四款、第二款规定的市场参与者的个别协议不受本法第十一条第一款禁止的标准。

8. 过渡期规定第七款所称内阁条例生效之日前，并且不晚于2008年10月1日，下列不违反本法的条例应当予以适用：

①2003年12月16日第699号内阁条例：竞争理事会允许竞争法第十一条第一款所称协议的程序；

②2002年6月25日第259号内阁条例：关于免除铁路运输和公路运输部门签订的协议受竞争法规定的禁止协议约束的条例；

③2004年4月27日第434号内阁条例：竞争法第十一条第一款规定的禁止协议豁免纵向协议条例；

④2006年4月25日第317号内阁条例：竞争法第十一条第一款规定的关于横向合作协议不受禁止协议约束的条例。

9. 内阁应当在2008年10月1日之前颁布本法第十五条第五款所称条例，即规定市场参与者合并时提交和审查完整和简要通知的程序。相关条例生效之日前，不晚于2008年10月1日，应当适用2004年10月26日第897号内阁条例《市场参与者合并通知的提交和审查程序》。

10. 竞争理事会应当按照行政程序审查可能违反禁止不正当竞争规定的案件。

11. 本法第五条第一款和第六款的修正（关于减少竞争理事会成员人数）于2010年3月1日生效。

12. 内阁应遵守《国家公务员法》及其他法律、法规的要求，实施必要的活动，保障自2010年3月1日起竞争理事会由主席和两名竞争理事会成员组成。

13. 2015 年 12 月 31 日以前实施的滥用零售贸易主导地位的侵权行为,应当根据本法规定的程序和 2015 年 12 月 31 日前有效的关于罚款的法律、法规审查。

14. 2016 年 12 月 31 日前,内阁应当发布本法第十二条之一第七款所称条例。

15. 如果竞争理事会成员 2016 年 6 月 15 日之前已开始履职,并继续履职,其任期应当自任命为竞争理事会成员的内阁令生效之日起算。本法规定的禁止理事会成员连续任命两次以上的限制,应当自理事会成员任期之日起算。

理事会条例
关于欧盟指令

本法载有欧洲议会和理事会 2014 年 11 月 26 日第 2014/104/号指令的法律规范,其涉及根据国内法对违反成员国和欧盟竞争法规定的损害赔偿诉讼的规则。

本法于 2002 年 1 月 1 日生效。

议会于 2001 年 10 月 4 日通过本法律。

2001 年 10 月 23 日
里加市
总统维拉 · 薇契 - 斐柏嘉
拉脱维亚共和国议会

北马其顿反不正当竞争法

万 立 译 龚 茁 审校*

《北马其顿反不正当竞争法》译介

北马其顿共和国在世界银行最佳改革国家排行榜排名第五,2020年世界银行《营商环境报告》排名全球第十七,在资本流动、政府运行、投资者保护等方面表现出色,是企业海外投资的理想目的地。北马其顿共和国对于竞争管理和保护有关的法律制度,主要是《北马其顿反不正当竞争法》(1999年)和《北马其顿竞争保护法》(2010年),分别针对经济活动中的不正当竞争行为和垄断行为进行规制。《北马其顿反不正当竞争法》是以《德国反限制竞争法》为蓝本起草的,2000年4月1日,北马其顿保护竞争委员会(Committee for Protection of Competition)成立,发展至今已经成为一个独立的机构负责竞争事务的运作。

不正当竞争行为

《北马其顿反不正当竞争法》第二编规定了法律禁止的不正当竞争行为,共有十种不同的情形,分别是:第3条规定的虚假陈述行为;第4条规定的不当表明产品生产者的公告;第5条规定的不当发放购买许可证、优惠券及其他购买凭证;第6条规定的限量优惠广告;第7条规定的发布价格比较信息,宣布特定数量或比例的价格折扣,造成当前价格相较以往更低的印象;第8条规定的特殊销售和特殊优惠;第9条规定的破产资产变卖;第10条规定的股票出售、不当强制销售不便库存;第11条规定的侮辱诽谤其他经营者的行为;第12条规定的商标混淆行为。该法第三编规定有关竞争行为的罚则,包括对为竞争目的而进行或接受商业贿赂行为的制裁,对关联销售、虚假陈述、未经授权使用技术文件、发布虚假竞争目标等行为进行控制。

法院可以就某些特定的不正当竞争行为依申请而办法禁令,有权申请禁令的主体包括销售相同或相似产品或服务的商人、具有法人地位的为促进贸易建立的协会、具有法人地位的微保护消费者权益建立的协会、商会等,对于消费者协会,只有在消费者权益与适当行为相关时才有权提出禁令申请。除此之外,对于关联销售和虚假陈述的行为,还可以通过刑事诉讼程序对相关经营者追究刑事责任。

---

* 译者:万立,华东政法大学博士研究生;审校:龚茁,浙江工商大学副教授,华东政法大学博士研究生。

北马其顿共和国的竞争法还对外国人进行一定保护，第24条规定，仅北马其顿商人和在北马其顿境内有注册总部的人，在注册总部所在国家或者取得商人地位的国家援用适当保护的，北马其顿境内未注册总部之人和在外国取得商人地位之人才有权根据该法获得保护，注册或商人地位的确认还需要经由北马其顿共和国的外交部或司法部的证书进行核证。

第一编 总 则

第一条 基本原则

根据本法规定，经营者违反公平商业习惯、良知及诚信原则的，相关机构可以责令停止，并要求承担相应责任。

第二条 产品和服务

本法中，产品包括农产品；服务包括农贸服务。

第二编 禁止和限制

第三条 虚假陈述

经营者对产品性质、来源、生产手段、价格或确定产品、服务的价格或报价方式，以及价目表、库存或供应商名称、奖励或评估或销售动机、理由以及既有库存数量作出虚假陈述的，相关机构可以责令停止。

第四条 公告

(1)符合以下条件之一的，方可向终端消费者表明是自身是产品生产者：

①特定产品仅向终端消费者出售；

②租赁产品交易中，终端消费者的产品价格等于批发和零售经销商以及产品使用者收到的价格；

③消费者收到的价格；

④终端消费者收到的销售价格高于批发和零售经销商以及产品使用者收到的相同产品的价格，或者终端消费者完全知悉这一事实。

(2)经营者向终端消费者正常销售产品期间，表明自身以批发方式销售产品的，仅主要向零售商或产品使用者提供上述产品，并且符合本条第一款第二项和第三项的，才可以表明。

第五条 购买凭证

一般情形中，出于竞争目的，经营者向终端消费者发放购买许可证、优惠券(卡)及其他类似购买凭证的，或仅向拥有该类凭证的消费者销售产品的，仅该类凭证只能一次购买，并且针对客户每次单独前往产品营业场所发放的，方可发放。

第六条 限量优惠

(1)有关日常营业中，经营者向更广泛的人群发布公告、广告或信息：

①限制总要约数，并向任何买方强调可以获得的产品数量；或明确声明不得向批发商或零售经销商出售。

②使用价格指标或其他类型的明显指标，造成以下印象，限制总要约数，并向任何买方强调可以获得的产品数量；或明确声明不得向批发商或零售经销商出售。

相关机构可以禁止使用该广告方式。

（2）本条第一款不适用于公告、广告或信息完全和专门针对使用该类产品实施独立专业、行业实践或执行公共部门授权之人。

第七条　价格比较

（1）一般情形中，经营者广泛发布公告、广告或讯息，比较总要约数特定产品或服务的当前价格与其他更高价格之人；或者宣布特定数量或比例的价格折扣，造成当前价格相较以往更低的印象，相关机构可以禁止。

（2）本条第一款不适用于下列情况：

①缺乏显著的价格标识；

②显示特定经济行业产品或服务的前一总要约数或其他类似销售价格中的较高价格，价格上的差异未突出显示；

③公告、广告或讯息完全和专门针对使用该类产品和服务实施独立专业、行业实践或执行公共授权人员。

第八条　特殊销售和特殊优惠

（1）正常营业场所以外，经营者针对终端消费者制作广告、销售产品或服务，以加速产品销售，并造成提供特殊利益或优惠的印象（特殊销售），相关机构可以禁止。

（2）本条第一款所称特殊销售不包括特殊产品，包括无限制优先购买，并且该类优惠是经营者日常营业的组成部分（特殊优惠）。

（3）本条第一款规定不适用于期限不超过十二个工作日的特殊销售：

①自一月首个星期一和七月最后一个星期销售纺织品、服装、鞋类、皮革制品和运动器材（冬季和夏季销售）；

②旨在庆祝经营者特殊商业领域经营满二十五周年的活动，或者生产和销售特定产品或服务（为庆祝周年销售）。

第九条　破产资产变卖

破产程序中出售原属破产人的资产，公告或广泛发布信息的，禁止任何表明资产源于破产人的内容，即便资产不再由破产人所有。

第十条　股票出售

（1）有下列情形之一的，可以强制销售不变库存（销售的迫切需求）：

①由于火灾、水灾、风暴或类似自然事件或不可抗力造成损失的；

②营业场所的建造、改造或类似项目竣工前，并且已获得法律规定的所有必要建设和城市规划许可的；

（2）不超过十二个工作日内，不变库存的销售可以超出库存销售紧急需求的必要程度的。

（3）清算销售的组织者过去三年内未有同类经营者的清算销售，由于经营者倒闭（清算）导致的不变库存的销售，期限可以不超过二十四个工作日，但过去三年前有理由实施清算销售的除外。本条第一款规定相应适用。

（4）第三款规定不适用于破产程序中的库存清算销售。

(5)按照本条的规定,销售不变库存的理由于销售公告内说明。

(6)组织者有义务于销售公告(公告或其他公开信息)前七日通知主管商会或协会和贸易部,执行本条第一款第一项所称销售。本条第一款第二项所称情形中,该类信息应当于该类公告前十四日或以内提供。所提供信息须附有销售理由的书面声明。本条第一款第二项规定的销售,应当附有建设和城市规划许可复印件,并包含下列信息:

①销售的理由;

②销售的始期、终期及地点;

③销售产品的类型、质量及数量;

④本条第一款第二项所称销售类型,有关建筑工程的销售说明;

⑤本条第二款所称销售类型,说明商业风险投资的活动期。

(7)主管商会或协会和贸易部收到本条第六款规定的信息后,可以调查其可信度,并指派代理人。指派代理人可以于正常办公期间内进入清算销售组织者的营业场所,以便调查业务记录和其他文件并复印。

(8)有下列情形之一的,潜在组织者不得发布广告或清算销售:

①违反本条第一款至第七款规定的;

②销售前,仅为销售采购的产品的;

③本款第二项所称销售中,先前宣布的建设项目竣工前,于适当销售区域继续开展贸易业务的;

④以不适当的方式为清算销售自身创制理由,或者以其他不适当方式利用清算销售的;

⑤直接或间接继续管理已宣布清算的业务,和/或是清算销售的组织者,清算销售完成后二年内,开展相同类型的产品交易业务的;但是有特殊理由证明继续经营合理的除外。

第十一条　名誉受损

(1)出于竞争目的,故意侮辱、诽谤他人并发布或解释有关经营者、所有者或管理人员、经营者代表或监督人的事实,以及可能损害或威胁经营者所有者声誉的其他人的产品或服务之人,无法证明发布或解释的准确性的,应当就造成的损害负责。

(2)受损害人可以向法院起诉,要求禁止发布或解释信息。

(3)对出版者或公众(观众、听众或读者)具有合法利益的机密信息予以发布或解释,仅涉及虚假信息的,才可以请求禁止发布或解释。

(4)本条第三款中,仅该人知道或应当知道发布或解释的信息虚假的,才承担相应责任。

第十二条　商标保护

(1)经营者日常营业中使用其他公司商标或任何可能误导公众的特殊标志,以及其他人合法使用的特殊标志的,不得使用该标志。

(2)经营者根据本条第一款造成混淆,并且知道或应当知道会发生误导和混淆的,应当对造成的损害负责。

第三编 处罚规定

第十三条 为竞争目的行贿和受贿

(1)日常营业中,出于竞争,承诺并给予贸易公司或其他法律实体的工作人员或代理人礼品或其他物品,以不诚信的手段为自身或第三人获取特定产品或服务的特殊权益的,处二十万第纳尔以上一百万第纳尔以下罚款或三年以下有期徒刑。

(2)贸易公司或其他法律实体的工作人或代理人,作出承诺或接收本条第一款规定的礼品或其他物品的,处三年以下有期徒刑。

(3)收到的礼品或其他物品应当没收。

第十四条 关联销售

日常营业中,经营者意图通过自身或他人鼓励非商人购买产品、服务或权益,向消费者承诺特殊权益和优惠的,自身鼓励他人购买产品、服务或权益,并获得相同的权益,进一步维持相同的扩展消费者的方式,应当处以三万第纳尔以上十五万第纳尔以下罚款或两年以下有期徒刑。

第十五条 虚假陈述

(1)以公告或其他方式,广泛发布声明,旨在形成予以特殊优惠的,尤其关于:产品和服务的性质和来源、生产方式、价格或确定贸易产品和服务价格的方式,以及储存方式或供应商名称、获得或拥有奖励或评估,销售的动机和原因以及现有存货数量,并认识到要约包含虚假信息,可能误导公众的,应当处以五万第纳尔以上二十五万第纳尔以下罚款或两年以下有期徒刑。

(2)经营者雇员、代表或授权人发布本条第一款规定的虚假陈述的,行政或监督机构的任何成员知道或应当知道本条第一款所称事实的,亦应处罚。

第十六条 未经授权使用技术文件

为竞争或个人之利益,未经授权使用或公开技术模型或说明,包括草图、计划、原型、横截面或其他类似文件的,不属于受法律保护的工业产权的,处三万第纳尔以上十五万第纳尔以下罚款或两年以下有期徒刑。

第十七条 竞争目标的真实性

(1)发布或解释有关经营者、经营者所有人或管理人员、经营者代表或监管人员以及其他人的产品或服务的虚假事实的,知道事实的虚假性可能损害有关经营者的,应当处以两万第纳尔以上十万第纳尔以下罚款或或六个月以下监禁。

(2)经营者雇员、代表或授权人发布本条第一款规定的虚假陈述,并且知道事实的声明和解释的,经营者所有人应当与雇员或代理人一同承担责任。

第四编 法院保护

第十八条 法院禁令和损害赔偿

(1)根据提议,法院将宣布全面禁止违反本法第九条、第十三条、第十四条和第十五条的规定。

(2)本法第一条、第三条、第四条、第五条、第六条、第七条、第八条、第九条、第十条和第十五条中,下列人员可以申请法院作出禁令:

①销售相同或相似产品或服务的商人;

②为促进贸易建立的协会,具有法律实体的性质;

③为保护消费者权益建立的协会,具有法律实体的性质;

④商会。

(3)本法第一条规定中,第二款第三项所称协会仅在消费者权益与适当行为相关的,才可以申请作出禁止。

(4)本法第十三条规定中,有权申请禁止的仅有本条第二款第一项、第二项和第四项规定的商人、协会和商会。

(5)雇员或代理人违反本条第二款和第四款规定的,法院可以对经营者所有人作出禁令。

(6)考察所有情况后,法院认为禁止特定行为的申请不适宜,尤其要求支付诉讼费用的,法院不得采纳该申请。

(7)关于违法行为造成的损害,下列人员应当承担赔偿责任:

①本法第三条规定中,知道或者应当知道作出虚假陈述的。

②故意或过失违反本法第四条、第五条、第六条、第七条、第八条、第九条、第十条、第十三条和第十六条规定的。

(8)仅期刊编辑人、出版人、印刷人或发行人知道声明虚假的,方可提出损害赔偿。

(9)损害赔偿可以通过诉讼实现。

(10)本条第二款所称受损商人、商会和协会以及其他相关机构或组织可以申请本条第九款所称诉讼。

第十九条　时效届满

(1)自受损害人发现损害和责任人之日起三年内,提请损害赔偿的时效届满。

(2)前款所称时效届满适用于法院禁止特定行为的情形。

(3)任何情况下,本条第一款所称损害赔偿请求时效为五年。

第五编　其他规定

第二十条　建议规定

(1)本法第三条和第四条中,不规范正常贸易中用于识别产品或服务的名称或其使用,但不指明产品的原产地。

(2)根据本法第三条和第十五条,声明还指与本法上述条款规定的声明具有相同目的并适宜作为声明的图纸、图片、标记及其他类似方式。

第二十一条　客户终止合同的权利

(1)客户受本法第十七条所称声明影响,购买产品或服务,一旦声明是虚假、误导或欺骗,并且包含对其受众有一定重要性的信息,对订立合同有实质性影响的,客户可以终止合同。

(2)声明基于第三人的声明的,仅合同方知道或应当知道该声明虚假或误导的,客户接受包含该声明的声明,才有权终止合同。

(3)一旦发现有权终止合同的,客户必须立即通知合同方终止合同。

(4)该终止权于合同签署之日起六个月届满。

(5)客户无权于签署合同前放弃终止合同的权利。

(6)由于本条规定终止合同不影响客户要求赔偿损失。

(7)本条规定的声明由第三人作出的,该第三人应当对终止合同造成的损害向另一合同方负责,但不包括另一方知道该损害的除外。

第二十二条　刑事处罚

《北马其顿共和国刑法》适用于根据本法规定的犯罪行为。

第二十三条　提起刑事诉讼

(1)除本法第十四条和第十五条规定外,对本法规定的行为起诉的,应当采用刑事诉讼。

(2)检方认为刑事指控是出于保护公共利益提出的,本条规定不适用于本法第十六条和第二十二条规定的情形。

(3)本法第十三条、第十四条和第十五条规定中,除受损害人以外,本法第十八条第一款规定的个人和团体可以提出指控。

第二十四条　对外国人的保护

仅马其顿商人和马其顿境内有注册总部之人,在注册总部所在国或取得商人地位的国家援用适当保护的,马其顿境内未注册总部之人和在外国取得商人地位之人才有权根据本法获得保护。本条所称注册或商人地位由外交部或司法部证书核证。

第六编　过渡期和最终条款

第二十五条　废止

本法生效后,《贸易法》第三十二条、第三十三条及第四十六条第一款第八项和《市场监察法》第二条第二款第二项立即废止;但是,涉及不公平竞争的部分继续有效。

第二十六条　生效

本法自《马其顿共和国政府公报》公布之日后第八日起生效。

摩尔多瓦自由经济区法

万　立　译　龚　茁　审校*

《摩尔多瓦自由经济区法》译介

《摩尔多瓦自由经济区法》规定了关于国内外投资者向摩尔多瓦划定为自由经济区的部分区域投资的各类事宜。

适 用 范 围

《摩尔多瓦自由经济区法》较为简略，主要适用于国内外投资者向摩尔多瓦关境内的一部分所进行的投资。该"一部分"即指经济上独立，区域上严格划定，允许国内外投资者享有各类优惠措施开展经营活动的单独关税区。根据该法规定，"授权开展特定活动"，是指由自由区管理机构向该区居民颁发的固定期限书面许可，指明允许开展的活动类型，并在行政机构和居民之间订立的合同内约定。

该法第1条第3款、第4款表明，自由区享有刺激创业活动的优惠政策：(a)吸引外国投资；(b)运用现代技术和工艺；(c)发展外向型生产；(d)应用生产和管理领域的先进经验；(e)设立工作场所，旨在实现促进国家社会经济发展的目标。应注意的是，该法对"自由区内适用的法律法规"所做的列举式规定，显露出摩尔多瓦政府对于吸引外资开展经营活动的倾向。向自由区投资受国家法律保护，自由区资产不得征用、国有化、征收及没收，结算税收、费用及立法规定的其他款项后，应当保障外国投资者将利得的外币金额转移至摩尔多瓦境外，一系列规定均保障了外国投资者的合法权益，有效激发了投资热情。

经营者资格和经营活动

《摩尔多瓦自由经济区法》准许按照立法规定的方式登记为摩尔多瓦经营主体的任何自然人或法人作为自由区居民(以下简称居民)开展经营活动，具体而言，在自由经济区可开展的经营活动如下：(a)出口货物的工业生产(酒精产品、烟草及烟草制品除外)；(b)关于过境摩尔多瓦海关货物的分拣、包装、贴标及其他类似活动；(c)其他辅助活动，包括公共服务、仓

---

* 译者：万立，华东政法大学博士研究生；审校：龚茁，浙江工商大学副教授，华东政法大学博士研究生。

储、建筑、餐饮等,并且是执行第(a)项和第(b)项所需。不过,在一些情形之下居民身份也是可以取消的:(a)不履行与行政部门签订的合同的;(b)违反立法或行政机构权限范围内规定的要求的;(c)提交管理部门的文件含有不实数据的;(d)不清偿强制性区域使用费的;(e)自收到违法确认通知之日起3个月后未取得相应授权开展经营活动的。当然,该法也为居民提供了救济的方式,居民可以按照立法规定的方式,向有管辖权的法院对行政行为提出异议,包括撤销授权或中止活动,以及撤销有关居民事宜的法规。

优惠政策

《摩尔多瓦自由经济区法》的一大亮点便是其予以外国投资者的优惠政策。例如第7条的关税制度:符合下列情形之一的货物,免征进出口关税,但办理海关手续的费用除外:(a)自摩尔多瓦其他独立关税区进口至自由区的货物(服务);(b)自摩尔多瓦独立关税区以外以及自其他自由区进口至自由区的货物(服务);(c)货物(服务),包括来自自由区的货物(服务),出口至摩尔多瓦独立关税区以外及其他自由区。又如第8条规定的免征关税、消费税、所得税等情形,第11条对于居民和企业工作关系和社会保障的规定,以及第13条"自由区保持运营20年或以上"的国家政策保障,如此种种推动修改自由区内经营活动的制度及实施方式的举措,对于提升国民经济、挖掘社会和经济潜力以及改善与国际市场的经济关系大有裨益。

本组织性立法已获议会通过。

第一条　一般规定

(1)自由经济区(以下简称自由区)是摩尔多瓦经济上独立,区域严格划定,允许国内外投资者享有各类优惠措施开展经营活动的单独关税区。

(2)自由区的界线与摩尔多瓦的海关界线相同。自由区必须以安全的方式与其他区域隔离。摩尔多瓦国家安全部门应当根据与各自贸区行政机构签署的合同,确保自由区的安全。自由区边界的授权通行制度适用于自然人和运输工具,具体方式由政府决定。

(3)建立自由区旨在通过下列方式促进国家社会经济发展:

(a)吸引外国投资;

(b)运用现代技术和工艺;

(c)发展外向型生产;

(d)应用生产和管理领域的先进经验;

(e)设立工作场所。

(4)自由区应当享有刺激创业活动的优惠政策,旨在实现计划目标。修改现行法律,推动修改自由区内经营活动的制度及实施方式。

(5)自由区可以由若干子区域组成。所有自由区施行一致的经营活动和管理制度及实施方式。

第二条　定义

本法所称:

"分区"是指与自由区其他部分隔离的部分;

“授权开展特定活动”是指由自由区管理机构向该区居民颁发的固定期限书面许可，指明允许开展的活动类型，并在行政机构和居民之间订立的合同内约定；

“开发自由区基础设施”是指自由区管理机构认为有利于自由区的发展和运作，在自由区内建造和修复建筑物、设施，建造道路，安装和组织水、电、气供应，安装电信网络，组织电话通信和其他类似工程（服务）；

“固定资产”是指在自由区开展创业活动的生产厂房和建筑、仓库、地块、技术装置、设备，包括文具和机器，但乘客运输工具除外。

第三条　适用的权利

（1）自由区内适用以下法律法规：

（a）摩尔多瓦加入的国际协定；

（b）摩尔多瓦的立法；

（c）政府的规范性立法；

（d）自由区管理机构职权范围内制定的规范性立法，并且不违反现行法律。

（2）管理自由区活动的行政机构规范性立法草案应当由经济部和国家竞争保护机构出具专业意见。

（3）向自由区投资受国家法律保护。自由区的投资和经营活动制度不得低于为在摩尔多瓦独立关税区对岸开展活动的经济代理人制订的制度。

（4）自由区资产不得征用、国有化、征收及没收，但法院决定的除外。

（5）结算税收、费用及立法规定的其他款项后，应当保障外国投资者将利得的外币金额转移至摩尔多瓦境外。外币金额是投资者整体或部分出售货物或居民经营者的股份所得，以及按照立法规定的方式实施清算或重组所得。

（6）自由区为非军事区。自由区内禁止生产、运输和储存武器，禁止设立军事单位。

（7）自由区内不得从事摩尔多瓦立法或摩尔多瓦加入的国际协定禁止的活动。

（8）国家不对自由区管理机构和自由区居民的承诺承担责任，不对管理部门和居民的国家承诺承担责任。

第四条　设立自由区

（1）经政府提议，由议会根据现行法律通过法律，划定摩尔多瓦部分区域为自由区。各区域边界和组织形式由法律确定。

（2）政府应当说明自由区设立和发展的总体规划。

（3）中央和地方行政部门、经济代理人及各类组织可以提议设立自由区。

（4）设立自由区的提议应当以下内容：

（a）自由区的设立目的、经营活动类型及功能定位；

（b）自由区设立时机的可行性；

（c）中央和地方行政部门相关机构协调，规划自由区的布局。

（5）关于自由区设立时机的可行性研究应当包括：

（a）边界的划定；

（b）社会和经济潜力等情形，包括生产、商业和社会基础设施，以及与国际市场的经济关系；

(c)准许的活动类型;
(d)专业人员对负荷程度的研究;
(e)经济运行机制;
(f)自由区建设的阶段和条件;
(g)必要投资金额,对资金来源和效率的评估;
(h)计算自由区内预期的货币流。

(6)自由区可以在无建筑物附着的领域内设立,也可以基于特定企业、机构及组织设立。

(7)不得基于具有战略重要性的企业设立自由区。不设立的,即使可以有效实施经济活动的,也不得设立。

(8)设立自由区的提议通过之前,应当基于经济部和国家竞争保护部门的保障,研究关于设立自由区的时机。

(9)实施时,应当考虑下列因素:
(a)设立和维护自由区的初步成本;
(b)对国民经济的有利影响;
(c)计划设立自由区的区域社会和经济状况以及劳动力开发程度;
(d)自由区与其他自由区的临近程度;
(e)本国已有自由区数量。

(10)专家认为设立自由区极大改善国民经济,并且仅通过该方式才可以取得相应改善的,可以批准设立自由区。

(11)准许设立自由区的,经济部应当提请中央政府批准相应法律草案。

(12)自由区视为于相应法律生效后设立。

第五条　自由区的管理

(1)关于自由区的管理,《自由区设立法》生效后三十日内,政府应当组建国家自由区管理局(以下简称管理局),具有法人资格,并根据自筹资金原则开展活动。行政机构的所在地位于自由区以内。

(2)行政机构设首席行政官一名,任期五年,由政府任命。首席行政官应当对行政机构的活动负责,确保自由区安全和实施授权通行制度。首席行政官的职能、权利及义务应当于与经济部签订的合约内规定。首席行政官是公职人员,《公务员法》相应适用。

(3)自由区活动的协调和管理由政府负责,并由政府授权的国家机构实施。行政机构的活动按年度审计。

(4)行政机构的主要收入来源包括:
(a)关于取得自由区居民权利和登记为居民和开展活动颁发许可证收取的费用;
(b)行政机构规定的区域使用费;
(c)资产和土地租赁收入;
(d)自由区居民对基础设施发展的自愿捐助;
(e)捐赠;
(f)有关履行职能的其他收入。

(5)授权行政机构的方式和范围由本法和根据本法通过的其他规范性立法确定。

(6)管理局行使下列职权：

(a)协调自由区生产性和非生产性基础设施的活动；

(b)保持自由区内电、水、热能供应系统；

(c)处理取得自由区居民权利的申请,并对居民实施登记,颁发开展经营活动许可；

(d)确保沿自由区周围的建筑处于良好状态,执行自由区授权通过制度；

(e)制定并确保自由区和环境保护综合发展方案的实施；

(f)经由经济部同意,确定区域使用费；

(g)向自由区居民收取租赁费和现行法律规定的其他费用；

(h)监管自由区居民履行合同,以及立法、健康及卫生规范；

(i)与海关部门合作,确保遵守海关规定。

(7)行政机构应与地方行政机构协调合作,解决社会和生态问题以及有关自由区基础设施等问题。

(8)行政机构在权限范围内作出的决定,自由区所有居民必须执行。

(9)行政机构应当根据立法确定租地、授予自然资源使用权,以及授予属于或行政机构使用的建筑物、构筑物及固定资产的方式。行政机构关于土地使用的权利义务遵照土地立法规定。

(10)自由区居民的经济活动不违反法律及行政机构与总统订立的合约的,行政机构无权干预。

(11)自由区管理局、局长及其他工作人员无权在自由区内开展经营活动,不得直接或间接取得自由区内开展活动法人的股份。

(12)行政机构工作人员的劳动报酬依照法律规定执行。

(13)管理局应当以既有方式实施其活动的会计和统计管理。首席行政官应当向经济部提交关于自由区活动的报告。经济部规定提交报告的形式要求。

第六条　自由区的居民

(1)按照立法规定的方式登记为摩尔多瓦经营主体的任何自然人或法人视为自由区居民(下称居民)。

(2)居民申请由行政机构以竞争的形式实施,并考量预期投资的数量和特点、生产性和非生产性基础设施的必要性、维持以制造出口工业产品为导向的自由区、部分区域、劳动力、水、能源及其他标准。

(3)设立于自由贸易区的企业应当在一个月内注册为居民。

(4)自由区申请登记的实施方式由政府批准的登记条例确定。

(5)居民的申请条件以及登记标准由首席行政官与经济部共同制定。

(6)登记为居民的自然人或法人应当与管理局订立合同,在自由区内开展经营活动。合同存续期限为其所有活动期间。

(7)合同应当就下列事项作出约定：

(a)授权的活动类型；

(b)居民和行政机构的权利和义务；

(c)实施的项目及其预期情况；

(d)土地使用、租赁费用；

(e)行政机构予以居民的便利措施；

(f)居民提交的报告类型；

(g)违约责任；

(h)其他事项。

(8)登记为居民的，管理局应当收取由经济部同意的费用。

(9)居民登记后十五日内，管理局应当向地方行政机构和各自财政、统计和海关机构提交登记副本。

(10)下列活动可以在自由区开展：

(a)出口货物的工业生产；

(b)关于过境摩尔多瓦海关货物的分拣、包装、贴标及其他类似活动；

(c)其他辅助活动，包括公共服务、仓储、建筑、餐饮等，并且是执行第一项和第二项所需。

(11)优先开展工业生产。

(12)自由区进口或生产的货物(服务)的数额，由其他摩尔多瓦独立关税区居民实现，一年内不得超过货物(服务)实现总额的百分之三十。

(13)禁止自自由区向其他摩尔多瓦独立关税区出口酒精产品，禁止自自由区进口烟草、烟草制品以及制造该类产品。酒精生产的记录和标签遵照立法执行。

(14)居民应当根据各类活动的独立授权开展本条第十款规定的活动，授权由行政机构签署的合约授予，该合约根据首席行政官和经济部批准的法规订立。

(15)自由区开展活动的授权不免除居民办理立法规定的其他许可(授权)的义务。

(16)第十四款规定的授权按照惯例在居民与行政机构签订的合同有效期内颁发。居民不符合条件或立法规定的，可以撤销或中止授权。

(17)禁止未登记为居民或未获得所需授权的自然人或法人于自由区开展经营活动，并承担立法机构规定的责任。

(18)行政机构有权让非居民实施自由区基础设施建设。

(19)居民应当向自由区海关监督部门申报货物。

(20)有下列情形之一，可以取消登记，以剥夺其居民身份：

(a)不履行与行政部门签订的合同的；

(b)违反立法或行政机构权限范围内规定的要求的；

(c)提交管理部门的文件含有不实数据的；

(d)不清偿强制性区域使用费的；

(e)自收到违法确认通知之日起三个月后未取得相应授权开展经营活动的。

(21)居民可以按照立法规定的方式，向有管辖权的法院对行政行为提出异议，包括撤销授权或中止活动，以及撤销有关居民事宜的法规。

(22)授权费用由管理局根据经济部的同意确定。

(23)居民应当按照规定的方式保存其活动的会计和统计记录，并向行政机构提交经营活动报告。报告的形式和要求由管理部门确定。

(24)居民自由区内的经营活动记录必须独立于自由区以外的记录保存。

(25)居民活动的控制通过下列方式实施：

(a)计划控制——所有控制机构于一个日历年内最多实施一次；

(b)非计划控制——有下列情形之一的：

①违反提交财政、统计或地区报告的要求，或包含不实数据；

②登记关于立法机构居民违法的投诉或其他书面投诉；

③有充分理由认为居民的行为构成犯罪；

④政府机构有充分理由认为居民违反签订的合同或有关自由区的立法。

(26)自由区的所有控制措施应当根据行政部门的合同，并在其代表和居民在场的情况下实施，代表其提交投诉或其活动属于控制措施实施的基础事实。

(27)前规定不适用于海关实施的控制。

(28)摩尔多瓦国家银行应当于权限范围内，根据《摩尔多瓦国家银行法》对居民活动实施控制。

第七条　关税制度

(1)自由区关税制度由海关总署执行，海关总署应当与行政部门协调。

(2)《自由区设立法》生效之日起一个月内，海关总署应当详细制定海关条例、技术保障机制及模式，并向政府提交关于海关人员数量和活动经费的建议。

(3)自由区内进出口货物(服务)的强制海关申报制度在自由区内实施。

(4)货物(服务)进出口的应急和许可证制度不适用于自由区。

(5)符合下列情形之一的货物，免征进出口关税，但办理海关手续的费用除外：

(a)自摩尔多瓦其他独立关税区进口至自由区的货物(服务)；

(b)自摩尔多瓦独立关税区以外以及自其他自由区进口至自由区的货物(服务)；

(c)货物(服务)，包括来自自由区的货物(服务)，出口至摩尔多瓦独立关税区以外及其他自由区。

(6)符合下列情形之一的，自由区整体生产或整体加工的货物视为源自该自由区：

(a)货物(货物分类代码)于货物清单内发生变化，即前四位中的第一位；

(b)出口申报货物的成本超出进口至自由区货物的成本，即增长百分之三十五。

(7)海关立法关于进口化合物含量的规定，适用于自由区内未充分加工的货物(服务)，即自由区出口至摩尔多瓦其他独立关税区。

(8)自由区进口供行政机关和居民使用的汽车依法征税。

(9)摩尔多瓦立法及加入的国际协定禁止商品及其他货物的商业化，以及有下列情形之一的，禁止向自由区进口该等商品及其他货物：

(a)对自由区的其他货物和物品造成危险；

(b)危害公共道德和安全；

(c)不符合立法规定的生态、健康及卫生规范和规则；

(d)不符合法律规定的质量要求。

(10)自摩尔多瓦其他独立关税区向自由区提供货物(服务)视为出口，自由区向摩尔多瓦其他独立关税区提供货物(服务)视为进口，并根据相关立法管理。

(11)自由区出境前的货物(服务)实行自由流通制度,不实施海关申报,在居民之间可以自由流通。

第八条　税收制度

(1)摩尔多瓦税务部门基于自由区制度监管税收立法的执行情况。

(2)摩尔多瓦独立关税区以外的自由区货物(服务)出口居民所得税按照规定配额的百分之五十征收。

(3)投资于企业固定资产和/或自由区基础设施发展的居民,资本应当为一百万美元或以上,自获得相应投资金额下一个季度起算,自摩尔多瓦独立关税区以外自由区获得的货物(服务)出口收入免税三年。

(4)投资于企业固定资产和/或自由区基础设施发展的居民,资本应当为五百万美元或以上,自获得相应投资金额下一个季度起算,自摩尔多瓦独立关税区以外自由区获得的货物(服务)出口收入免税五年。

(5)税收优惠期限内,居民无权减少已根据第三款和第四款予以税收优惠的基于投资资本规模。

(6)除第二款规定的所得税外,自由区内居民活动的所得税应当按照规定配额的百分之七十五征收。

(7)自由区向摩尔多瓦独立关税区提供货物(服务)的居民所得税收应当根据立法征收。

(8)摩尔多瓦独立关税区以外和其他自由区进入自由区的货物,以及自由区运至摩尔多瓦独立海关区以外出口的货物,免征消费税。

(9)自由区出口至摩尔多瓦其他独立关税区的货物应当征收消费税。

(10)根据税收立法,自由区向摩尔多瓦其他独立关税区提供货物和服务应当征收增值税。

(11)摩尔多瓦独立关税区以外进入自由区的货物(服务)以及摩尔多瓦独立关税区以外的自由区进入的货物(服务),免征其关税。

(12)自由区内提供区内居民之间的货物(服务),不征收消费税,但征收零配额增值税。

(13)行政部门有权确定区域使用费。行政部门向居民收取的区域费用应当在与行政部门签订的合同中确定。

(14)行政部门获得的收入应当用于自身维护及发展自由区,并免交所得税。

(15)除本条规定的例外以外,摩尔多瓦税法适用于自由区的活动。

第九条　货币制度

(1)自由区内以国家货币结算现金。

(2)摩尔多瓦行政机构、居民及经济代理人根据立法结算。

(3)关于货币返还的立法规定不适用居民与经济人之间的交易。

(4)关于货币返还的立法规定适用于涉及外国人的居民进出口交易。

(5)自由区工作人员的劳动报酬以国家货币发放。

第十条　签证及登记制度

(1)外国投资者、居民从业者以及自由区首席行政官邀请之人,不收取签证费(商务签证)。

(2)自由区主要管理人邀请构成向外国投资者或自由区居民从业者发放居留证和就业许可的法律依据。

第十一条　工作关系和社会保障

(1)居民企业、工作关系及社会保障应当依法基于集体和个人合同管理。合同不得限制立法规定的权利。

(2)根据2000年《工会法》规定适用于自由区居民企业工会的设立。

第十二条　争端解决

(1)居民之间、居民与摩尔多瓦法人或行政部门的争端由摩尔多瓦有管辖权的法院解决。

(2)外国自然人或法人与居民之间、外国居民企业与摩尔多瓦其他法人之间的争端可以通过国际仲裁解决,并且摩尔多瓦立法未有另行规定。

第十三条　国家保障

(1)自由区保持运营二十年或以上。关于自由区的法律规定自由区的运作期限。

(2)通过新法改善居民关于海关、税收及本法规定的其他制度的条件,居民有权于上述立法生效之日起十年内适用在自由区登记之日本法生效的规定。

第十四条　自由区活动的终止

(1)有下列情形之一的,自由区的活动应当终止:

(a)《自由区活动法》规定的自由区运行期限届满;

(b)自由区活动与现行法律或摩尔多瓦经济利益不一致,自由区运作期限届满之前。

(2)自由区活动提前终止的决定由议会根据政府的提议通过。第十三条第二款规定的自由区活动终止程序和确保自由区居民获得国家保障的方式由政府确定。

第十五条　过渡期及最终条款

(1)本法生效之日生效的关于自由区的法律,不违反本法的部分继续有效。

(2)自本法施行之日起一个月内,海关总署制定海关监管条例和运作方式,向政府提交关于人员数量和服务活动经费的建议。

(3)政府应当在三个月内:

(a)使其规范性行为符合现行法律;

(b)向议会提交根据现行法律使立法生效的提案;

(c)通过执行现行法律所需规范性法案。

(4)本法生效前登记的自由区居民,有权在本法生效后十年内,根据自由区法律规定,参照登记之日有效的税收和海关制度开展活动。居民应当在本法生效后三个月内将相关决定告知行政部门,否则适用本法。

(5)1993年5月25日颁布的第1451号《自由区法》废止。

议会主席

尤金尼亚·奥斯塔普丘克

2001年7月27日

第四百四十号

塞尔维亚股份公司收购法

王春荣　译　王孜政　审校*

《塞尔维亚股份公司收购法》译介

近年来,塞尔维亚政府通过于各行业实施优先改革措施,以大力改善商业环境,主要包括宏观经济财政整合、加快行政审批、法律改革等。2015 年通过的《投资法》集中体现了塞尔维亚政府数年来的改革成果,其中多项规定予以外国投资者最大限度的便利。

投资形式

《投资法》规定于塞尔维亚共和国投资的总体法律框架,通过向投资者提供高效服务支持投资的机构,经济发展委员会的设立、运作及塞尔维亚发展署的设立。外国投资者可以多种形式向塞尔维亚投资,主要包括:(a)投资者根据《塞尔维亚共和国商业公司法》设立的商业公司或其分支机构;(b)根据《塞尔维亚共和国证券市场法》,持有商业公司的股份、股票或等同于股份的其他证券;(c)投资者根据《塞尔维亚共和国公私合营法》通过公私合营合同获得的权利;(d)投资者为开展业务获得的位于塞尔维亚共和国境内的动产和不动产的财产权、地役权、留置权和其他财产权。(第 3 条)

值得注意的是,该法第三章细分了投资活动的重要程度及其判定标准。第 11 条规定了特别重要投资:"其开展将对塞尔维亚共和国经济进一步发展产生重要影响,使塞尔维亚共和国经济和作为投资地的塞尔维亚共和国更具竞争力,并提供与经济行业、活动的投资及地域集中相关的均衡区域发展,并为固定资产或大量新工作岗位提供大量投资。特别利益投资是指于一个或多个地方政府单位的范围内开展的投资,促进实现多个地方政府的共同发展优先事项,以提高竞争力水平,并于已通过的双边协定和跨界合作协定的基础上投资";同时,地方重要投资是指本法规定以外的特别重要投资,有助于在其范围内开展投资的地方政府的经济、社会发展。

投资者权利和奖励

《投资法》未明确列出投资者具体享有的权利内容,主要规定了征用、外汇、资产转让等方

---

* 译者:王春荣,上海政法学院教师,华东政法大学博士后;审校:王孜政,华东政法大学博士研究生。

面的权利。例如,该法第 6 条规定:“不得直接或通过目的等同于征用的措施间接征用投资”,“投资者关于不动产财产和其他财产权仅可为公共利益而没收或限制,前提是调整征用的法律以非歧视性方式按照本法规定的程序规定该类征用,并立即支付适当补偿”,“对投资者的适当补偿应包括依法对没收不动产的补偿和因没收而造成的商业价值下降的补偿。确定补偿价值时,应考虑征用意图公开前被征用财产的价值。”再如,第 7 条规定:“外关于投资事宜,外国投资者享有与国内投资者同等的地位和相同的权利、义务,但本法或其他法律另有规定除外”,“投资者可依法雇用外国人”,“外国投资者可依法获得位于塞尔维亚共和国境内的动产和不动产的财产权、地役权、留置权或其他财产权。”

该法第 13 条规定,投资者有权获得各类投资奖励,包括国家援助;税收优惠、税收减免和关税免交;关税优惠;强制社会保险制度。根据该法,构成外国投资者股份的设备进口,如该进口设备符合公民健康和安全及环境保护规定的条件,则免交关税和其他进口税,但乘用车、娱乐设施和游戏机除外。政府应详细规定对外国投资者的设备授予奖励和减免关税及其他进口税的程序、金额和时限,以及对处置权的限制和对该等进口设备用于其他目的的限制。

经济发展委员会和发展署

塞尔维亚经济发展委员会及其下设发展署是管理外国投资事宜的主要部门。前者监测投资和经济发展领域的情况;公开促进塞尔维亚共和国的经济发展目标,并促进实现该等目标;根据本法和关于国家援助管理和分配的法律,通过奖励投资的决定。塞尔维亚发展署的设立旨在展开发展、专业和业务等活动,促进和实施直接投资,促进和增长出口,发展和提高塞尔维亚共和国于经济和区域发展领域的公司竞争力、声誉和发展。发展署具有法人地位,其权利、义务和责任由本法及其细则规定。具体而言,发展署与国家部门、组织及负责人、区域自治机关和地方政府合作,以确保适用本法和管理对促进经济发展和投资至关重要事宜的其他规定的条件;监督本法的执行,并提出采取适当的措施;参与经济和区域发展计划和项目的编制;为经济和区域发展政策改进之需开展分析,并提供数据和信息;认可和协调区域开发机构;开展与吸引直接投资和投资项目相关的专业、行政和业务活动,并根据法律、法规监测其实施情况;开展旨在改善商业企业出口活动的计划和项目;实施旨在改善中小企业和独资经营者的状况、活动和竞争力的方案和项目;设立中央信息系统,整合部门相关数据,对起草经济和区域发展领域的分析和研究报告至关重要等。

还应注意的是,随着 2015 年《投资法》的通过,若干法律规定已不再适用,包括《外国投资法》(第 3/2002 号和第 5/2003 号《塞尔维亚政府公报》及第 107/2014 号《塞尔维亚官报》)、《对外贸易法》(第 36/09 号、第 36/11 号《塞尔维亚政府公报》——其他法律和第 88/11 号)第八章“促进出口和外国投资”、《区域发展法》(第 51/09 号和第 30/10 号《塞尔维亚政府公报》)第五章第 6 节第 27 条至第 30 条。根据《对外贸易法》(第 36/09 号、第 36/11 号——其他法律和第 88/11 号)设立的外国投资和出口促进署和根据《区域发展法》(第 51/09 号和第 30/10 号《塞尔维亚政府公报》)设立的国家区域发展署终止。

2019 年世界银行集团发布《营商环境报告》显示,塞尔维亚于全球 190 个经济体内排名第四十八。其中,办理施工许可证高居第十一名,跨境贸易、开办企业两项指标进入前五十名，显示出塞尔维亚政府对外国投资的大力支持。

（塞尔维亚官方公报，2006 年第 46 号，2009 年第 107 号和 2011 年第 99 号）

第一部分　总　　则

第一条　目的与适用

本法适用于注册地在塞尔维亚共和国（以下简称塞尔维亚）的股份公司的收购条件和程序，收购程序参与者的权利和义务，以及对股份公司收购程序实施的监督程序。

第二条　术语定义

在本法中，特定术语具有以下含义：

1."受要约公司"是指至少满足以下一项要求且符合公司法的规定的股份公司：

（1）符合资本市场法的规定且在塞尔维亚监管市场或多边贸易机构（以下简称 MTF）进行股份交易；

（2）在连续三个月的最后一天，拥有超过一百名股东，总资本至少为三百万欧元（RSD 等值）；

2."要约收购"是指在本法规定的条件下，向受要约公司的所有股东发出收购所有表决权股份的公开要约。

2a. 依照公司法的规定，要约收购可同时扩大收购范围，以收购优先股（以下简称优先股）；

3."收购人"是指收购或已经收购受要约公司的表决权股份的自然人或法人；

4."要约人"是指在本法规定的条件下，有义务发布要约收购（强制要约）的自然人或法人，或有意收购并以此为目的发布非本法强制规定的要约收购的自然人或法人（自愿要约）；管理公司在本法的规定中可代表自愿养老基金或投资基金成为收购方或要约方，并应遵守本法适用于自然人和法人的所有规定及投资基金和自愿养老基金法的规定；

5."表决权股份"是指受要约公司依照公司法的规定所持有的普通股（以下简称表决权股份）；

6."受要约公司的股东"是指符合资本市场法的规定的合法持有人；

7."内幕信息"是指符合资本市场法的规定的内幕信息；

8."中央证券存管和结算所"（以下简称中央证券存管所）是指其业务经营和权力受证券市场法律法规及本法监管的法人；

9."证券委员会"（以下简称委员会）是指其权力受证券市场法律法规及本法监管的法人。

如果受要约公司没有符合公司法规定的管理委员会，则本法关于管理委员会权利和义务的规定应相应适用于符合公司法规定的公司的适当机构。

第三条　一般原则

本法的一般原则如下：

1. 受要约公司的所有股东必须在收购程序中获得同等待遇；

2. 如果一个人获得了一家公司的控制权，其他股东必须受到保护并有权在相同条件下向要约人出售其股份；

3. 受要约公司的股东应充分、准确、及时地了解要约收购，使其能够对要约收购作出知情的决定，明确自身的利益并决定是否接受或拒绝要约收购；

4. 在收购程序的过程中，受要约公司的管理委员会必须以受要约公司股东的最佳利益行事；

5. 要约人和受要约公司应当在尽可能短的时间内实施收购程序，不得在超过合理期限后仍妨碍受要约公司处理其事务；

6. 要约人和投标各方不得通过其行为对市场造成任何扭曲，从而可能导致受要约公司证券价格的人为上涨或下跌。

第四条　协同行动

协同行动人应是根据明示或默示、口头或书面协议，相互合作或与受要约公司合作的人，其目的在于获得表决权、协同行使表决权或阻挠他人竞标成功。

以下人员应被视为协同行动人：

1. 与股份收购相关的情况有关联的人员：

(1) 收购的时间或期限；

(2) 收购的地点；

(3) 收购的方式；

(4) 收购协议的规定；

(5) 收购股份的价值；

(6) 导致股份收购且能表明协同收购或个人共同意图的其他情况。

2. 协同行动的管理委员会或监理会成员。

3. 任职公司的管理委员会或监理会成员。

4. 在股东大会上提议任命或解除管理委员会成员或监理会成员职务的人，或提议其他需出席股东大会的四分之三多数票通过的决定并投票赞成通过此类决定的人。

在本法中，协同行动也应指管理多个投资基金或自愿养老基金时的管理公司的行动。

其中一个人间接或直接对另一个或多个法人行使控制权的，其他人也应采取协同行动。

根据本条第四款的规定，如果一个自然人或法人在以下情况中，应视为对一个法人行使控制权：

1. 间接或直接地持有一个法人百分之二十五或以上的股本；

2. 间接或直接地拥有法人股东大会上百分之二十五或以上的表决权；

3. 根据公司章程、协议或合同授予的权力，拥有管理或指导法人的业务和财务政策的权利；

4. 间接或直接地对开展业务和决策过程产生重要影响。

如果几家公司在本法和公司法的规定中是相互关联的，这几家公司应采取协同行动。

同样，如果自然人是配偶、父母和后代、养父母和养子女、监护人和被监护人或被监护人的后代、旁系三等亲属（包括姻亲）关系的，应被视为采取协同行动。

第五条　协同行动的方式

通过本法第四条第一款第一项所述协议建立的协同各方关系，应等同于获得表决权股份。

收购人的表决权股份应添加到持有其协同各方表决权的股份中。

如果披露要约收购的义务是因为根据本法第四条第一款第一项所述协议而建立的协同各方关系，或披露要约收购的要求是因为协同行动人中的一人获得股份，则这些人中的任何一人应根据本法规定的条件发布要约收购。如果要约收购是由协同行动人中的任何一人发布的，则应视为已履行发布要约收购的义务。

在本条第三款规定的情况下，受要约公司可能不是要约人。

第五条之一　确定表决权的数量和百分比

根据本法，在计算要约人和协同行动人持有的受要约公司的表决权股份数量时，应将以下表决权股份纳入考虑范围：

1. 由该等人获得的表决权股份；

2. 该等人转让给第三方作为抵押品的表决权股份，除非该方已被授予独立行使该股份产生的表决权；

3. 享有用益权的人所持有的表决权股份；

4. 要约人可通过意愿表达获得的表决权股份，如看涨期权；

5. 委托给这些作为代理人的人的表决权股份，前提是他们可以在没有股东具体指示的情况下，独立行使股份产生的表决权。

为实现立法目的，受要约公司中持有表决权的股份的百分比应相对于以表决权股份形式发行的受要约公司的所有股份进行计算，包括受要约公司的自有股份以及法律或合法交易禁止或限制行使表决权的股份。

就本条第一款第一项而言，如果要约人和与要约人协同行动的人达成合法交易或出现其他股份转让的法律依据的，应视为要约人和与要约人协同行动的人已获得表决权股份，而无须理会中央证券存管所的转让是什么时候发生的以及合法交易是在停止条件下达成的。

在相同条件下，即使要约人和与要约人协同行动的人购买了代表受要约公司若干股份所有权的存管凭证而非股份，也应被视为已获得表决权股份。在取得该类凭证时，应相应适用本条第一款第四项的规定。

第六条　发出要约的义务

如果一个人自己收购了受要约公司的表决权股份，或者与该人协同行动的人收购了受要约公司的表决权股份，该类直接或间接收购的表决权股份加上已收购的股份使该人拥有受要约公司百分之二十五以上的表决权股份（控制阈值），则该人必须提出要约收购。

本条第一款所述的间接收购的表决权股份应为获得本法第四条第四款和第五款所述的控制权。

本条第一款所述的人被要求作出要约收购的，该人应立即发布意向通知，并根据本条规定的条件，将其提交给受要约公司股票交易的监管市场或MTF、中央证券存管所、委员会及受要约公司。

任何根据要约收购获得少于百分之七十五表决权股份的人，如果该人收购了同一受要约公司的更多股份，则应发起要约收购。

根据要约收购获得百分之七十五或以上表决权股份的人，在下列情况下应被要求作出要约收购：

在要约收购后，至少获得了受要约公司百分之五的额外表决权股份。

在连续十八个月内，至少获得同一受要约公司百分之三的额外表决权股份。

本条第三款所述的通知应包含本法第二十条第一款第二项和第三项所述的信息，该通知还应包含要约人就其在法定期限内作出要约收购的声明。

本条第三款所述的通知义务应始终适用于要约人被要求作出要约收购的情况。

第七条　受禁止的要约

以不同的价格及在不同的条件下向受要约公司的所有股东作出的要约收购（歧视性收购）应予以禁止。

违反本法规定作出的要约应被视为非法行为；以收购受要约公司的表决权股份为目的向受要约公司的股东发出公开或其他邀请的，如果该收购会产生本法第六条规定的发布要约收购的义务，应被视为非法行为。

第八条　免除作出要约收购的义务

在以下情况下，收购人不应承担作出要约收购的义务：

1. 通过继承收购受要约公司的股份；

2. 通过分割共同婚姻财产收购受要约公司的股份；

3. 在进行收购（包销）发行或在市场上转售证券的注册业务活动时临时收购的股份，前提是发行的收购人即包销商不行使因收购股份而产生的表决权；

4. 在破产程序中收购受要约公司的股份；

5. 在公司合并程序中收购受要约公司的股份，但前提是参与合并程序的公司中持有受要约公司股份的公司不超过一家；

6. 因公司法律地位发生变化而收购的股份；

7. 从另一个法人处收购受要约公司的股份，而该法人的成员或股东直接或间接与该收购人的成员或股东是同一人；或以集团内部重组为目的，通过转让方式收购的股份；

8. 收购由现有公司合并或现有公司分割而成立的新公司的股份，前提是其余公司持异议股东的所有权利须得到保护；

9. 股份收购的唯一目标是确保要约人对公司的债权，前提是债权人不行使与所收购股份相关的表决权；

10. 塞尔维亚或与塞尔维亚协同行动的人正在收购受要约公司的股份；

11. 在执行收购程序后，通过收购程序中协同行动的人员之间的股份转让获得受要约公司的股份；

12. 收购受要约公司的股份后，持有的表决权股份百分比等于或小于受要约公司另一已作出要约收购的股东所持有的表决权股份百分比；

13. 依据公司法的规定，通过股权增资程序从受要约公司的净资产中收购受要约公司的股份；受要约公司的股东大会（以当前多数票的四分之三通过了增加股本的决定，不包括收购人和与收购人协同行动的人员的投票）已批准受要约公司的表决权股份可以在无义务宣布要约收购的情况下被收购，前提是该类表决权股份的收购会给收购人产生宣布要约收购的义务；

14. 在本法生效前，已收购受要约公司百分之二十五以上的表决权股份；

15. 当由另一部法律决定。

如果股份基金依据私有化法的规定收购受要约公司的股份，则无须发起要约收购。

本法不适用于以公开招标方式和(或)在卖方为已知人士的市场上出售特定发行人股权的收购人，具体而言：

1. 依法设立的股份基金，以及依据股份基金法(《塞尔维亚政府公报》第38/01 号和第45/05 号)和私有化管理条例的规定，与股份基金股份同时发售的个人股东股份；

2. 塞尔维亚雇员养老金和残疾保险基金；

3. 塞尔维亚发展基金；

4. 塞尔维亚。

除非政府颁布的法律另有规定，否则本法的规定不应适用于：

1. 根据《南斯拉夫联盟共和国与作为巴黎俱乐部和伦敦俱乐部债权人的原始债务人或担保人的南斯拉夫联盟共和国法人和银行之间关系的法律》(《南斯拉夫联盟共和国政府公报》，第36/02 号和第7/03 号)，将银行发行的股份的所有权从塞尔维亚和黑山国家联盟无偿转让给塞尔维亚。

2. 根据《南斯拉夫联盟共和国与作为巴黎俱乐部和伦敦俱乐部债权人的原始债务人或担保人的南斯拉夫联盟共和国法人和银行之间关系的法律》(《南斯拉夫联盟共和国政府公报》第36/02 号和第7/03 号)及《南斯拉夫联盟共和国基于其公民外币储蓄的公债管理法》(《南斯拉夫联盟共和国政府公报》第36/02 号)的规定，收购银行发行的、其合法持有人是塞尔维亚的股票；

3. 收购银行发行的、其合法拥有者是塞尔维亚的股票；

4. 收购银行发行的、其合法持有人是存款保险机构的股票；

5. 收购银行发行的股份，前提是该等股份的合法持有人，通过必须以书面形式达成的特殊协议，授权存款保险机构代表自己并为其账户向第三方出售该等股份；

6. 收购保险公司发行的股份，前提是该等股份的合法持有人，通过必须以书面形式达成的特殊协议并依据保险法的规定，授权存款保险机构代表自己并为其账户向第三方出售该等股份；

7. 收购银行发行的股份，前提是该类交易是在正在进行破产和(或)清算程序的银行的财产兑现程序中进行的，且接管人和(或)清算管理人是存款保险机构；

8. 依据银行业务法的规定，收购中央证券存管所、证券交易所及金融部门其他人员的股份，前提是这些股份的合法持有人是塞尔维亚；

9. 依据银行业务法的规定，收购中央证券存管所、证券交易所及金融部门其他人员的股份，前提是这些股份的合法持有人，通过必须以书面形式达成的特殊协议，授权存款保险机构代表自己并为其账户向第三方出售该等股份；

如果收购人打算继续收购受要约公司的股份，本法关于发起要约收购的义务和收购程序的规定应相应适用于本条所述的股份收购人。

第二部分　要约收购

第九条　自愿要约收购

如果一个人没有收购受要约公司百分之二十五以上的表决权股份，则无须按照本法的规定要求其作出要约收购；但是，如果该人打算作出要约收购，则只能在本条款规定的条件下作出。

在本条第一款所述的情况下，要约人应按照本法第十二条的规定发布收购意向通知。

发布本条第二款所述的通知后，要约人应按照本条规定的条件作出要约收购。

第十条　要约和表决权的发布

自意向公告发布日至收购报告书发布日，要约人的股份和与要约人协同行动的人的股份不具有表决权。

第十一条　有条件和无条件的要约收购

有条件的要约收购应是要约人试图收购受要约公司规定的最低数量或最低百分比的表决权股份，作为其希望收购的最低限度；如果在规定的接受要约的期限届满前，没有满足所述条件的，该要约对要约人不再具有约束力。

只有自愿要约才可能构成有条件的要约。

针对本条第一款所述的有条件的要约，任何要约人或协同行动方、要约人的下属公司、直接或间接受已经对要约人有控制权的人控制的公司，或为要约人提供收购服务的人不应影响对该条件的满足。

如果要约人的要约是以收购该要约指明的受要约公司最低数量的股份为条件，且在规定的时限届满前没有收购该数量的股份的，要约人不得购买受要约公司股东转入要约人账户的股份；要约人应当自收到中央证券存管所对收购结果的确认之日起三个工作日内，自费向股东返还股份。

如果要约人的要约是以收购该要约指明的受要约公司最低数量的股份为条件，且在规定的时限届满前收购了该数量的股份的，要约人应购买受要约公司股东转让给其账户的超过该数量且符合要约条件的所有股份。

无条件的要约收购应是没有明确和清楚表明条件的要约。

第十二条　发布收购意向

在收购义务发生之日起一个工作日内，要约人应当按照本法规定，以发布本法第十八条所述的要约收购的相同方式，发布收购意向通知。

本条第一款所述的通知应包含本法第二十条第一款所述的信息。

在提交向委员会申请批准要约收购的收购意向通知申请后，要约人不得修改或撤回该申请。

第十三条　要约收购的批准申请书及其修正案

要约收购义务产生后的十五日内，要约人应向委员会提交要约收购的批准申请、要约本身、要约摘要文本、收购意向通知文本以及本法第二十条第二款所述的文件。

在收到本条第一款所述申请后，委员会应自收到正式提交的申请之日起七个工作日内发布决定,并将其通知中央证券存管所。

作为本条第二款的例外情况,如果委员会与控制垄断和防止洗钱的机构以及其他机构合作共事,以避免对塞尔维亚监管市场造成任何干扰的,发布批准要约收购的决定的期限可最多延长至收到完整申请后的十个工作日。

要约人应在要约收购有效期届满前的三个工作日内,向委员会申请对要约收购的修改批准。

委员会应在收到申请后的一个工作日内发布关于批准要约收购修正案的决定,并将此通知中央证券存管所。

委员会应在确定以下情况后,发布本条第二款和第五款所述的决定:

1. 根据本法第二十条的规定,要约收购和批准要约申请书所附的文件中的信息是完整和真实的;

2. 要约收购中的价格是根据本法确定的;

3. 如果为提高价格而修改要约的,要约人已根据本法第十六条的规定获得了结算资金。

委员会在决定批准或不批准要约收购或其修正时,不应评估要约收购要素的正当性和合理性。

如果委员会在决定批准要约收购的申请或其修正时,发现有任何违规行为的,应命令要约人对其作出补救、提交缺失的文件并应明确要约人遵守委员会规定的时限。

如果要约人未能遵守委员会的规定,委员会应认定拒绝要约人的申请。委员会对收购要约中所述信息的准确性和真实性不承担任何责任。

第十四条　要约的修正

除非修正能改进要约,否则不得对收购作出修正。

提高价格或放弃本法第十一条第一款所述的条件,应被视为要约的强化。

要约收购中的价格不得降低。

第十五条　批准

如果银行、保险公司或金融租赁公司是收购的要约人的,要约人应在向委员会申请批准其要约收购的同时,向塞尔维亚国家银行或其他主管机构提出批准申请,前提是特殊立法对此作出要求。

第十六条　资金要求

在申请作出要约收购获批前,要约人应通过以下任何一种方式获得购买股份的必要资金:

因支付要约收购的股份所要,将资金拨入银行的专用账户,和(或)将本法第二十二条第十款所述证券存入中央证券存管所的专用账户;

与银行签订关于为此目的批准的贷款的协议;

在第一时间提供不可撤销的银行担保,金额为支付要约收购的股份所需的费用。

如果要约人是银行,该银行应安排与另一家与资本互不相关的银行安排提供本法第五条第四款和第五款所述的资金。

本条第一款第三项所述的银行担保的有效期不得少于本法第二十一条第二款所述的股份支付的规定期限的最后一天之后的五日。

要约人不得随意使用拨给存托股份专用账户的资金,但用于支付存托股份的款项除外。要约人应允许委员会检查专用账户的余额。

要约人不得随意使用本法第二十二条第十款所述的、拨入中央证券存管所专用账户并用于支付存托股份的证券,但用于支付存托股份的款项除外。要约人应允许委员会检查专用账户的余额。本法第二十二条第十款有关禁止自由处置证券的规定,不得在股份支付的期规定限的最后一天之后的五日内生效。

在要约收购有效期届满或付款的规定期限届满时,要约人可以从专用账户中提取超出支付存托股份所需数额的资金,但前提是必须结清所有因收购受要约公司的股份而产生的债务。

在收购要约的有效期内,要约人不得改变专门账户协议或批准贷款协议的条款和条件,或为支付要约收购的所有股份所提供的银行担保的协议,除非是为了强化要约。

如果要约人的住所或注册办事处在塞尔维亚境外的,要约人应将本条第一款第一项所述资金存入总部设在塞尔维亚的银行账户,或从总部设在塞尔维亚的银行获得本条第一款第二项和第三项所述的担保文书。

第十七条　确保股票存放活动的安全

在申请批准要约收购之前,要约人应通过中央证券存管所的成员在中央证券存管所开设一个证券专门账户,受要约公司的股东应将其股票存入该账户,用于接受要约收购。

要约人应与中央证券存管所的成员应就保留要约人的证券专用账户(存管账户)及实施股份收购的招标程序达成协议。

在签订本条第二款所述协议时,要约人应通过以要约人名义并代表要约人行事的中央证券存管所的成员向中央证券存管所提供准备和存托股份所需的所有信息、公开招标的信息及股票存管规则与中央证券存管所运作规则中规定的其他必要信息。

要约人应及时向中央证券存管所送达对要约收购的任何修正。

公开要约收购后,如果股份被存入要约人在中央证券存管所开设的专门账户之外的账户的,任何对受要约公司股份的收购都是无效的。

第十八条　发布要约收购

在收到委员会关于批准要约收购、公布或修改要约收购的决定后,要约人应立即在塞尔维亚定期发行的一份日报上公布要约收购的摘要文本和对要约的任何修改,也可以选择在要约人的网站上予以公布。

要约人应及时向委员会提供本条第一款所述的已公布的招标文本的副本。

要约人应不迟于当日向受要约公司、受要约公司股票交易的监管市场和(或)MTF及中央证券存管所提交要约收购及其任何修订,并在要约人根据本条第一款发布公告令之日起的三日内向受要约公司的所有股东提交要约收购及其任何修订。

中央证券存管所应当自收到委员会批准要约收购的决定之日起,在其网站上公布该招标情况,并使要约人能够获取股东的相关信息。

要约的有效期应从要约收购或其摘要文本在本条第一款所述的日报上公布之日起计算。

委员会应更详细地规定要约收购摘要文本的形式和内容。

第十九条　禁止宣传及对股东施加影响

在要约人向任何一方披露收购要约后，无论该方是否参与收购——要约人、股东、受要约公司、受要约公司的管理委员会以及要约人的管理委员会（如果要约人是公司的）——或是第三方，禁止直接或通过媒体宣传及提供或承诺提供任何礼物、优惠、所有权或其他利益的方式影响受要约公司的股东。

第二十条　要约收购的强制性内容

要约收购必须包含：

1. 受要约公司的企业名称、注册办事处及地址；

2. 要约人和与要约人协同行动的人的企业名称、注册号、注册办事处与地址，或全名与地址，以及对协同行动的说明；

3. 有关要约人有意向与义务收购的股份的类型和数量的确认函，内容包括属于要约人的受要约公司的所有股份的绝对数量和百分比，以及与要约人协同行动的人的股份；

4. 一份明确声明，内容涉及说明招标扩展至持有表决权股份的受要约公司的所有股东，且要约人承诺根据既定和公布的条件购买所有表决权股份；

5. 要约人承诺支付股份的价格、支付期限和方式；

6. 用于购买股份的资金来源和提供资金的方式；

7. 作为中央证券存管所成员的授权投资公司的企业名称、注册办事处与地址；

8. 要约收购的有效期；

9. 关于股份存管方式和存托股份的股东的其他权利和义务的详细说明，特别是关于股东通过从存管所撤回股份的方式撤销对要约收购的接受的权利；

10. 如果要约收购成功，有关要约人对被收购的受要约公司的目标和意图的确认函；

11. 本法或委员会规定的其他招标条件。

要约人应在向委员会送达的要约中附上以下文件的原件或经核证的副本：

1. 关于要约人和协同行动人在产生要约收购的义务前的两年内已收购受要约公司股份的法律交易文件，以及要约人和协同行动人的声明，即除了所述的法律交易外，他们没有达成任何其他旨在收购受要约公司股份的法律交易；

2. 本法第十六条第一款规定的银行担保或贷款协议，或关于开立专门账户和付款凭证的协议，或为支付股份而存管证券的协议；

3. 与中央证券存管所成员签订的关于股票存管交易的合同；

4. 如果银行、金融租赁公司或保险公司的股份是收购标的的，塞尔维亚国家银行事先给予的批准；

5. 在其他法定事件中，主管机构事先给予的批准；

6. 如果要约人是法人或自然人，并在国外有注册办事处、住所或居所的：

(1) 在塞尔维亚境内向其送达通知的指定代理人（企业名称、注册办事处、地址或全名与地址）的声明，该代理人可以是律师、银行或投资公司，

(2) 商业公司登记证明或其他相关登记证明，写明法定形式、注册办事处、营业地址、授权代理人员名单。该证明须在提交批准要约收购申请日前三十日内发布，并由经认证的法庭口译员翻译成塞尔维亚语。

7. 根据要约人的要求，监管市场和(或)MTF出具的有关本法第二十二条第一款、第二款和第四款所述的平均价格和交易量的证明。

第二十一条 要约收购的有效期

要约收购的有效期至少为二十一日，但从要约收购在本法第十八条第一款所指的日报上刊登之日起，不得超过四十五日。如果发布了收购的任何竞争性招标，则原始招标的有效期应延长至竞争性招标的有效期结束。

如果公布了对要约收购的修正，则招标的有效期应延长七日，但招标的总有效期不得超过六十日；如果因为公布了竞争性招标而延长了有效期，则所有招标的总有效期不得超过七十日。

如果要约收购的有效期最后一天是非工作日(周六、周日、国家或宗教节日)，则要约收购的有效期最后一天应为之后的第一个工作日。

第二十二条 要约收购的价格

在作出公开意向通知的义务产生之日前的六个月内，如果受要约公司的股份交易量至少为已发行的表决权股份总数的0.5%，且至少在该期间的三个月内，交易量至少达到每月已发行的表决权股份总数的0.05%的，依据本法的规定，受要约公司的股份应视为流动股份。

根据本条第一款的规定，如果受要约公司的表决权股份具有流动性的，要约人应在要约收购中至少提供以下价格中的最高价格：

1. 根据监管市场和(或)MTF的交易报告，在发布收购意向通知前的最后三个月内的表决权股票的加权平均价；

2. 在公开收购意向通知发布之前的一个工作日实现的受要约公司的表决权股票在监管市场和(或)MTF上的最后市场价格，且其交易量至少为过去三个月的平均日交易量；

3. 在发布公开收购意向通知的义务产生前的最后十二个月内，要约人或与其协同行动的人收购受要约公司的表决权股份的价格；

4. 在发布公开收购意向通知的义务产生前的最后二年内，要约人或与其协同行动的人收购受要约公司至少百分之十的表决权股份的平均加权价。

根据本条第一款规定，如果受要约公司的表决权股份不具有流动性，或者未被允许在监管市场或MTF上进行交易的，要约人应在要约收购中至少提供以下最高对价：

1. 本条第二款中所述的最高价格；

2. 表决权股份的账面价值；

3. 根据公司法的规定，持有表决权的股份的估计价值。

如果要约人未能在本法第十三条第一款规定的期限内提交批准要约收购的申请的，本条第二款所述的平均价格在之后每个季度内，应按监管市场或MTF上实现的所有价格的加权平均数计算，从产生要约收购义务的前一个季度开始计算，直至提交申请的日期为止。如果在上述期间内计算的最高平均季度价格高于本条第一款所述的价格的，要约人应在要约收购中至少提供该价格。

如果要约人或与其协同行动的人违反本法第三十六条的规定，以高于本条规定的价格收购或处置受要约公司的表决权股份的，要约人应在要约收购中给出更高的价格。

如果在要约截止接受之日的一年内，要约人或与要约人协同行动的人收购了受要约规限的受要约公司的表决权股份,他应在收购日之后的七日内向接受要约收购的股东赔偿差价。

本法第六款所述义务不应产生于在情势发生变更的情况下收购的持有表决权的股份,或由新投资造成的受要约公司股本增加及依据公司法的规定从受要约公司的净资产的股本增加。

要约人不得降低要约价格,也不得改变要约中规定的截止日期或支付方式,但要约人可以提高要约价格。对于同一类别的每一股份,要约人必须支付相同的价格。

要约人提高要约价格的,必须按照本法第十六条的规定提供资金,以支付该部分金额。

支付受要约收购规限的股份的对价可以以现金、资本市场管理法规定的证券或塞尔维亚和塞尔维亚国家银行发行的债券形式提供。

如果现金对价和证券均作为本条第十款所述对价的提供,要约人可自由决定现金与证券之间的比例。

本条第十款所述的证券应与受要约收购规限的股份具有相同的类型和类别,并被允许在至少具有相同透明度的适当市场上进行交易,且不得设押。

如果要约人提供证券对价或现金和证券的组合,他应提供现金对价作为替代。

如果优先股是招标标的,本条规定应适用于确定要约人需向股东提供的价格。

委员会应规定要约人可在要约收购中提供对价的详细条件以及确定对价的方法。

第二十三条　竞争性收购

根据本法的规定,竞争性要约收购是指任何法人或自然人(竞争者)均可作出的要约,但必须是在首次要约收购公布后并在有效期内作出。

竞争者不能是本法第四条所述的要约人的协同方,或在收购程序中代表要约人行事的人。

竞争性招标的批准申请应在第一次招标有效期到期前的一个工作日内提交。

委员会应在同一天就本条第三款所述提交的申请发布决定。

竞争者应根据本法第十八条的规定,在收到本条第四款所述的委员会发布的决定后立即进行招标,最迟不得超过第一次投标有效期的最后一天。

当存在竞争性招标时,不应发布收购意向通知。

对竞争性招标的任何修改必须按遵循本法关于竞争性要约收购修改的规定。

如果初始招标受要约人被要求收购的最低数量股份的规限,则不得为收购更多数量股份而拟定竞争性招标。

如果在存在竞争性招标的情况下,要约人修改了招标的任何内容,则应在所有招标的总有效期结束前三个工作日内向委员会提供所有招标的最终修改。

第二十四条　禁止发布意向通知

要约人发布要约收购后,第三方不得在媒体上公开收购受要约公司股份的意向通知;但该等人员应根据本法的规定公布竞争性要约收购。

第二十五条　撤销要约收购

以下情况,要约人可撤销要约收购:

1. 更高的价格的竞争性要约收购;

2. 受要约公司破产。

要约人应按照规定的公开要约收购的程序撤销要约收购,该撤销应自公布撤销之日起具有法律效力。

要约人应立即将撤销要约的情况通知委员会、受要约公司及中央证券存管所。

第三部分　终止收购程序

第二十六条　接受要约与支付股份

股东应在要约收购的有效期结束前,以将作为要约收购对象的股份存管在中央证券存管所的方式接受要约。

受要约公司股份的付款期限应在招标有效期结束后的几天内确定,并应在招标有效期最后一日后的三个工作日内确定。

股东不得以接受要约为目而随意使用他存管的股票。

股东可在招标有效期结束前从保证金中提取股份。在特殊情况下,如果要约人未能在规定的支付股份的期限内支付股份,股东可以在该期限结束后从保证金中提取股份。

第二十七条　存托股份

股票应通过从受要约公司的股东账户转移至为接受要约收购而开立的用于存管股票的专用账户的方式存入中央证券存管所。如果股票从存管所被撤回,则应从该账户将股票返还至股东账户。

股东不得存管已认购但未支付的股份。

第二十八条　放弃撤回股份的权利

股东不得放弃从存款账户中提取股份的权利。要约人不得提及股东关于放弃从存款账户中提取股份的权利的声明。

第二十九条　报告股份流入的义务

中央证券存管机构应根据要约人和受要约公司的操作规则和证券市场管理法的规定,通过存管所成员将受要约公司的股份流入情况通知要约人和受要约公司,允许他们审查所存管证券的账户余额并通知他们,出具该账户的对账单,允许他们核实已确定的收购结果,并协助他们进行验证该结果。自对要约人产生发起要约收购的义务之日起,受要约公司和(或)中央证券存管所应允许要约人根据其要求检查与受要约公司的股东和股份相关的信息。

第三十条　根据要约收购转让股份

如果股东按照要约收购规定的要求存托股份的,对要约收购的接受和支付义务应在要约收购有效期结束时生效,但本法第十一条第三款、第二十五条和第四十一条第七款所述情况除外。

要约人在招标有效期结束前及股份支付前,不得接管存管的股份,且/或不得将存管的股份转让给要约人,中央证券存管所应对此作出决定。

第三十一条　通过股份存管与收购的规则

中央证券存管所应通过详细的规则来规范从存管账户存入、支付与收购股票,这些规则应符合国际证券委员会组织(IOSCO)规定的原则和标准。

第三十二条　收购报告

在要约收购的有效期和支付期到期后,要约人应在一个营业日内按照本条规定的公布要约收购的方式公布收购报告,并立即同时将报告送达受要约公司股票交易的监管市场或MTF、委员会和受要约公司。

收购报告应包含关于要约人和受要约公司的信息,公布收购要约及其任何修改的具体时间和方式、要约人已支付和收购的存托股份的数量、从保证金中提取款项的数量,以及收购存托股份后要约人可支配的目标公司的表决权股份的数量,包括要约人协同方的表决权股份。

根据本法第十一条第一款的规定,如果要约是有条件的,且在招标有效期内存入的股份数量不足,中央证券存管所应及时通知保管要约人存管账户的中央证券存管所成员、按照股东指示存入股份的中央证券存管所成员及委员会。

在收到本条第三款所述的通知之日,要约人应按本法第十八条第一款的规定,公布该通知。

第三十三条　支付股价和费用

要约人应支付股价,并承担所有股份转让费用和因招标而产生的任何其他费用,但有关从存管账户中存入和提取股份的费用除外,这些费用应由受要约公司的股东承担。

第三十四条至第三十五条

被删除

第三十六条　禁止收购和转让表决权股份

自公布要约收购的义务产生之时起,到要约有效期结束前,要约人不得收购受要约公司的表决权股份,也不得承诺以要约收购以外的任何方式收购这些股份,并不得转让或承诺转让受要约公司的表决权股份。

本条第一款的规定也应适用于所有协同行动人。

第三十七条　违法收购股份所产生的表决权

在下列情况下,要约人和与要约人协同行动的人不得行使附于受要约公司所有被收购股份的表决权:

1. 发起要约收购的义务产生后,自义务产生之日起至义务履行完毕之日止,未在规定期限内提交要约收购批准申请的;

2. 委员会已拒绝或驳回要约收购的批准申请的,自拒绝该申请的决定或驳回该申请的结论的最终确定之日起,至收到委员会有关批准发起要约收购的决定之日止;

3. 在委员会批准发起要约后未在规定期限内发起的,自未能发起之日起至履行该义务之日止。

如果任何人不能根据本条第一款行使表决权,受要约公司的股东大会应在确定出席人数是否达到法定人数时,作出不考虑该人的表决权股份的决定。

如果本法第一条所述人员因出售受要约公司的股份而导致其在受要约公司资本中的持股量下降至百分之二十五以下的,委员会应确定该人拥有受要约公司剩余表决权股份所产生的表决权,并就此通知中央证券存管所。

第三十八条　受要约公司的义务

自公布收购意向通知之日起至收购程序结束,受要约公司管理委员会应以书面形式将要约收购通知受要约公司的员工。

在收购程序中，受要约公司的管理委员会可以要求提出竞争性要约收购。

自收购意向通知公布之日起至受要约公司收购程序结束之日止，受要约公司的管理委员会：

1. 不得行使公司章程赋予的通过发行新股增加受要约公司股本的权力；

2. 不得作出从事任何非常规活动的决定，或决定执行任何会在本质上改变受要约公司的资产或负债状况的合同，只能从事构成受要约公司正常业务过程的常规活动；

3. 不得决定公司收购或转让其自身股份；

4. 不得招标收购其他股份有限公司。

受要约公司的管理层只有在事先征得股东大会同意的情况下才能开展本条第三款所述的活动，股东大会应以简单多数票表决对这些问题作出决定。

第三十九条　禁止限制董事会的投票数和成员数

自收购意向通知公布之日起至收购程序结束前，组织法或公司章程不得对表决权股份所附的表决权数量作任何限制。如果组织法或公司章程已对此类限制作出了规定的，则可通过股东大会简单多数票表决的方式使其无效。

收购程序结束后，股东大会可以通过简单多数票表决的方式废除制定法或公司章程中关于管理委员会成员及总经理的任期与任命的限制规定。

第四十条　董事会的声明

在要约收购公布之日起七日内，受要约公司的管理委员会应以与公布要约收购相同的方式，公布其对要约收购的意见及其依据。

在这种意见中，受要约公司的管理委员会应从总体上考虑要约收购，特别是有关要约人承诺支付的每股价格以及要约人对正在被收购的受要约公司的目标和计划，并应明确说明其是否赞成要约收购的立场。

在披露本条第一款所述的意见之前，受要约公司的管理委员会应将其意见传达给被收购公司的雇员，雇员可在意见传达之日起五日内对要约收购发表意见。

委员会可详细规定雇员发表意见的方式。

如果在本条第三款所述的期限内，管理委员会收到其雇员代表的意见，则应将该意见连同管理委员会的意见一起公布。

如果关于收购要约的意见或雇员的意见含有虚假、不正确或误导性的信息，且参与编写意见的人知道或应该知道该信息是虚假或误导性的，这些人应向股东共同承担损害赔偿责任。

除本条第一款所述的意见外，受要约公司的管理层和监事会不得在其职权范围内作出在较长时间内以任何方式非法阻止或妨碍受要约公司业务运营的决定。

第四十一条　文员会的权力

该委员会应履行法律规定的监督活动。

当委员会确定是否存在发起要约收购的义务或调查协同活动时，受要约公司、其股东、中央证券存管所、商业银行、投资公司和其他法人和自然人应允许委员会在其要求下获取文件，并应向委员会提供其认为监督程序所需的文件。

中央证券存管所和受要约公司应允许委员会根据其要求获取所有信息,并应向委员会提供有关股东所有权状况的所有信息。

委员会、所有委员和工作人员应仅在其职权范围内使用本条第二款和第三款所述的可能作为轻罪程序证据的信息和文件,并应遵守职业保密规定。

委员会在开展其职权范围内的活动时,应与授权负责控制垄断和防止洗钱的机关及其他机关合作,并在这些机关开展活动时向其提供协助。

在解决行政事项时,委员会应相应适用一般行政诉讼法的规定,除非本法另有规定。

第四十一条之一　监督措施

如果委员会发现违规或非法行为,应以通过决定的方式作出采取措施的命令,或强制实行本条规定的措施。

委员会应确定采取行动和提交相关证据的时限。

如果发现有违规或非法行为,委员会可以:

1. 确定是否存在发起要约收购的义务,并指示为要约收购而开展的活动。

2. 确定未在规定期限内提交要约收购批准申请的人,自义务发生之日起至履行义务之日止,无权对受要约公司的所有收购股份进行表决。对此该人应通知中央证券存管所。

3. 指示更改、修改或撤销要约收购或暂停程序或终止收购程序,并撤销批准要约收购的决定。

4. 要求交付或披露有关要约收购的额外信息、通知或评论。

5. 采取其他必要的措施,以消除因行动或不行动而产生的后果。

6. 披露所有采取的措施和实施的制裁。

如果要约人未能按照本条第一款所述委员会的决定行事,委员会可强制采取新的或相同的措施。

第四十一条之二

如果要约人未能在本条规定的条件下发起要约收购,受要约公司的任何股东可以在法庭上要求按照发起要约收购时适用的条件购买表决权股份。

如果委员会有义务根据本法规定将决定传达给在国外有临时住所或注册办事处的人员,则应通过该人在塞尔维亚境内有临时住所或注册办事处的代理人传达该决定。

如果未任命本条第二款所述的代理人,则在塞尔维亚共和国政府公报上发布的决定应视为已被传达。

第四十二条

被删除

第四十三条　委员会颁布的规章

委员会通过的规章应为最终规章。

任何不满的当事人可以对委员会的规章提出行政争议。

第四部分　处 罚 规 定

刑 事 犯 罪

第四十四条　提供礼物、优惠或其他利益

在要约人直接或通过大众媒体公开收购要约后,任何向股东提供或承诺提供礼物、优惠、所有权或其他利益以达到接受或拒绝要约收购目的的人,将被判处六个月至五年的有期徒刑。

凡是为本条第一款所述的刑事犯罪提供中介的人,将被判处六个月至五年的有期徒刑。

第四十五条　滥用内幕消息

任何利用内幕信息实施收购的人都将被判处三个月至三年的有期徒刑。

任何意图在违反法律的情况下为自己或他人获取所有权收益向第三方披露内幕信息,或根据此类信息建议第三方收购、购买或出售在监管证券市场上交易或可交易的受要约公司的股份的人,应判处三个月至三年有期徒刑。

任何未经考虑而实施本条第二款所述行为的人,应判处一年以下有期徒刑或罚款。

如果本条第一款和第二款所述行为对证券监管市场造成任何扭曲的,行为人应被判处一年至五年有期徒刑。

第四十六条　发布虚假信息

任何人在证券监管市场或 MTF 上,在表决权股份的要约收购中,发布有关受要约公司的法律或财务状况或其业务前景的虚假信息及与接受要约收购的决定相关的其他虚假事实,或未公布有关此类事实的完整信息的,应判处三个月至三年的有期徒刑。

如果本条第一款所述行为对证券监管市场或 MTF 造成任何干扰的,行为人应被判处一年至五年的有期徒刑。

第四十七条　经济犯罪和违法行为

有下列行为的法人将被处以一百万至三百万塞尔维亚第纳尔的罚款:

(1)未能及时将收购通知监管市场和(或)MTF、委员会和受要约公司,或未能发起要约收购(第五条第三款和第六条)

(2)以收购受要约公司的表决权股份为目的,向受要约公司的股东发出要约、公开邀请或其他邀请(第七条第二款);

(3)自收购义务产生之日起一个工作日内,未发布意向通知(第九条第二款和第十二条第一款);

(4)违反本法第十条的规定,允许行使表决权;

(5)违反本法第十一条第二款的规定,以自己的行为影响招标要求的实现;

(6)在提交请求后修改或撤销意向通知(第十二条第三款);

(7)未经委员会同意发布要约收购或其修正(第十三条第一款和第五款);

(8)违反本法第十四条第一款的规定,修改要约收购;

(9)降低要约收购中的价格(第十四条第三款);

(10)未能提供资金以支付要约收购下的所有股份(第十六条第一款和第二款);

(11)违反本法第十六条第三款的规定,安排银行担保的有效期限;

(12)违反本法第十六条第四款、第五款的规定,随意使用专用账户资金或者证券;

(13)修改关于专用账户的合同或关于批准贷款的协议,或关于支付要约收购所有股份的银行担保的协议,但强化要约的情况例外(第十六条第七款);

(14)未在中央证券存管所开立证券专用账户的(第十七条第一款);

(15)未及时向中央证券存管所提供要约收购的修正(第十七条第四款);

(16)未在本法第十八条第一款规定的期限内及以规定的方式公布要约收购或要约修正的摘要文本;

(17)未在规定的时间内向受要约公司、受要约公司股票交易的监管市场的组织形式或受要约公司的股东提供收购要约或要约的修正(第十八条第三款);

(18)如果要约收购未包含所有的法定信息(第二十条);

(19)在提高要约价格的情况下,未能提供资金以支付增加部分的金额(第二十二条第十款);

(20)违反本法第二十四条的规定,在大众媒体和公众可访问的电子媒体上发布收购受要约公司股份的意向通知;

(21)违反第二十五条第一款的规定撤销收购要约,或未按本法第二十五条第二款规定的方式公布撤销要约的情况;

(22)随意使用接受要约时存管的股份(第二十六条第三款);

(23)未公布并向委员会、受要约公司和监管市场和(或)MTF 提供包含规定信息的收购报告(第三十二条第一款和第二款);

(24)未能支付法定费用或支付股票价格(第三十三条);

(25)违反本法第三十五条第一款、第二款、第四款的行为;

(26)违反本法第三十六条第一款的规定,收购股份或承诺收购股份,或转让或承诺转让股份;

(27)自发布意向通知之日起至收购程序结束,在其制定法或公司章程中预设对表决权股份所持有的表决权数量的任何限制(第三十九条第一款);

(28)未能允许委员会获取或未提供委员会认为实施监督所需的文件(第四十一条第二款);

(29)未能允许委员会获取或未能提供有关股东所有权状态或股票账簿中的适当条目的所有信息(第四十一条第三款);

(30)被删除;

(31)未按照本法第四十一条之一第三款第一项和第四项行事;

(32)被删除。

对于本条第一款所述行为,法人中的负责人应被处以十万第纳尔至二十万第纳尔的罚款。

对于本条第一款第一项至第二十七项和第二十九项至第三十一项所述的行为,自然人应被处以三万第纳尔至五万第纳尔的罚款。

有下列行为的法人应被处以五十万第纳尔至二百万第纳尔罚款：

(1)未能允许委员会获取专用账户的余额(第十六条第四款)；

(2)在签订专用证券账户保管合同时，未向中央证券存管所提供准备和执行股票存管任务所需的所有信息、关于公开要约方式的信息以及股票存管规则和中央证券存管所运作规则规定的其他必要信息(第十七条第三款)；

(3)在要约有效期结束前支付股份(第二十六条第二款)；

(4)违反本法第三十条第二款的规定，收购存管的股票；

(5)未按规定方式发布通知(第三十二条第四款)。

对于本条第四款所称行为，法人中的责任人应被处以五万第纳尔至十五万第纳尔的罚款。

对于本条第四款所称行为，自然人应被处以二万第纳尔至四万第纳尔的罚款。

第四十八条

在下列情况下，自然人(受要约公司管理委员会成员)将被处以四万第纳尔至五万第纳尔的罚款：

(1)受要约公司的管理委员会实施了本法第三十八条第三款所述的行为。

(2)受要约公司的管理委员会未按规定公布其对要约收购的经证实的意见或员工的意见，或作出阻止收购的决定，或以非法方式损害收购，或对受要约公司造成不利影响(第四十条第一款、第四款、第六款)。

第五部分　过渡期与最终条款

第四十九条

在本法生效之日持有股份公司百分之二十五以上表决权股份的股东，在本法生效后有意增持股份的，应当依照本法规定接管公司。

第五十条　发起的收购

如果要约人在本法规定范围内未收到委员会关于公布要约收购(发起收购)的批准，则在本法生效之日正在进行的收购程序应按照本法的规定完成。

第五十一条　内部章程

委员会应在本法生效之日起三十日内，在本法所赋予的权力范围内颁布内部章程。

要约收购内容与形式的规则手册(《塞尔维亚政府公报》第102/03号、第25/04号、第103/04号与第123/04号)应适用于通过本条第一款所述内部章程的收购，但违反本法规定的情况除外。

第五十二条　终止效力

自本法生效之日起，《证券和其他金融工具市场法》(《南斯拉夫联盟共和国政府公报》第65/02号及《塞尔维亚政府公报》第57/03号、第55/04号与第45/05号)第六十七条至第八十三条的规定将不再有效。

第五十三条　生效

本法自在《塞尔维亚共和国政府公报》公布后的第八日生效。

《股份公司收购法变更和修订法》之专条

(《塞尔维亚政府公报》第107/2009号)

第四s1条

证券委员会应在本法生效后三十日内使其内部章程与本法一致。

第五s1条

本法自在《塞尔维亚共和国政府公报》上公布之日的次日起开始生效。

《股份公司收购法变更和修订法》之专条

(《塞尔维亚政府公报》第99/2011号)

第二十六s2条

截至本法生效之日，尚未被视为协同行动的股东，以及根据本法规定协同行动的股东，在本法生效之日持有受要约公司百分之二十五以上表决权股份并有意增持股份的，应当依照本法规定发起要约收购。

证券委员会和中央证券存管所应在本法生效后二十日内使其章程与本法一致。

第二十七s2条

本法自《塞尔维亚共和国政府公报》公布后的第八日开始生效，并在生效后三十日内适用，但本法第十六条和第十七条自2012年2月1日起适用。

斯洛文尼亚防止限制竞争法

王春荣　译　王孜政　审校*

《斯洛文尼亚防止限制竞争法》译介

斯洛文尼亚共和国保护竞争的法律基础是《斯洛文尼亚共和国宪法》第 74 条，该条规定禁止以违反法律的方式限制竞争的做法。系统性的保护竞争的法律法规则是《斯洛文尼亚防止竞争法》，该法与欧盟立法完全一致。保护竞争的基本原则也包含在该国的个别部门法律规定中。[①]《斯洛文尼亚防止竞争法》规定了严重限制有效竞争并对斯洛文尼亚共和国领土造成或可能造成影响的限制竞争行为、经营者集中、竞争监管限制以及防止限制竞争行为和集中的措施。

本法禁止的主要对象

本法予以禁止的主要对象是限制竞争行为和经营者集中。经营者之间的协定行为，若阻碍、限制或扭曲斯洛文尼亚共和国境内商业竞争的，则构成本法所定义的限制竞争行为。该禁令的适用范围涉及买卖交易、控制生产与技术进步、投资、共享市场等众多方面，但若此类协定行为有助于改善货物生产或促进技术与经济进步的，则可依据本法获得集体豁免权。本法还规定，对于一个或多个经营者在斯洛文尼亚共和国境内或大部分地区滥用市场支配地位的行为应予以禁止。根据本法，经营者的控制权的持续变更应被为集中。在斯洛文尼亚共和国领土上，应禁止对于因建立或加强支配地位而严重妨碍有效竞争的集中。斯洛文尼亚共和国保护竞争办公室（以下简称办公室）应基于相关信息对集中作出评估。如果办公室发现集中并非有助于改善货物生产或促进技术与经济进步的，应发布命令对此类集中予以禁止。

办公室在诉讼程序的职权

办公室在作出决策时应遵循一般行政程序法的规定。办公室应依法确认诉讼程序的各方当事人的身份，并应保护投诉来源的人或其他机密信息的来源。诉讼各方当事人虽享有审查案卷的权利，但办公室若认为案卷信息可能涉及商业秘密而应予以保护的，则可推迟此类

---

* 译者：王春荣，上海政法学院教师，华东政法大学博士后；审校：王孜政，华东政法大学博士研究生。

① 参考资料：https://ec.europa.eu/competition/sectors/media/documents/slovenia.pdf。

审查。对于违反限制竞争行为(如禁止限定性协议与滥用支配地位),办公室对此应依职发布启动诉讼程序的命令,内容包括对相关法条、判决、启动程序的理由的解释与说明。办公室还可对某一经济部门和某些类型的协议开展调查研究。在调查时,办公室可请求经营者提供相关信息,并对提供虚假信息或拖延提供信息的行为作出罚款。此外,办公室可依法发出检查令,派相关授权人员执行检查,并对妨碍检查的行为作出罚款。对于相关违法行为,办公室可依据本法终止违法行为或发出临时性措施。对涉及经营者集中的行为,办公室应依职权启动消除集中效应的诉讼程序。办公室在发布集中符合竞争规则的决定前,可依职权以决定的方式禁止经营者、主管部门和公共权力持有者行使因集中而产生的表决权、管理权、财产权和其他权利及义务。

监管手段对市场的限制

本法规定,政府、国家机关、地方社区机关和公共权力持有者不得限制经营者在市场上的自由经营。在对经营者自由经营进行监管时,必须依法确保经营者的利益。对根据宪法保障人权以及经济和社会关系的法规不应视为限制企业自由经营的表现。依据本法,在特定例外情况下(如自然灾害、流行病、紧急状态等),政府可制定限制市场的法规,且只有在企业、进口或现行经济政策措施无法消除实施限制的情况下,此类限制才能适用。办公室依法有义务监督市场限制,应向主管当局提出关于消除或防止限制竞争的适当措施的意见,也可对拟议的法案或法令提出意见。

处罚规定

对限制竞争行为的罚款分轻罪处罚和重罪处罚,前者不超过经营者上一营业年度的年营业额的百分之十,金额一般是五千欧元以上一万欧元以下;后者罚金是五千欧元以上三万欧元以下。对集中的罚款也比较类似。但违法者若符合某些特定条件的(如违法者披露其参与被指控的卡特尔情况或证据、在整个诉讼中与办公室合作并立刻停止卡特尔活动、未胁迫其他企业加入卡特尔等),则可豁免或减轻处罚。

第一部分　总　　则

第一条　法令内容

(1)该法规定了严重限制有效竞争并对斯洛文尼亚共和国领土造成或可能造成影响的限制竞争行为、经营者集中、竞争监管限制以及防止限制竞争行为和集中的措施。

(2)本法规定了负责保护竞争的机构,及其权力和程序。

第二条　欧共体法规的实施

本法规定了2002年12月16日关于执行《建立欧洲共同体条约》第八十一条和第八十二条规定的竞争规则的《理事会条例》第1/2003/EC号(以下简称第1/2003/EC号条例)以及2004年1月20日关于控制经营者间集中的《理事会条例》第139/2004/EC号(以下简称第

139/2004/EC 号条例)的程序和权限。

第三条　术语的界定

本法中使用的术语应具有以下含义：

(1)“经营者”,是指从事经济活动的任何实体,无论其法律和组织形式以及所有权状况如何。经营者也应指不直接从事经济活动,但影响或可能影响本款所称经营者市场行为的经营者协会。

(2)“经济活动”,是指在市场上进行的任何有偿活动。

(3)“控制经营者”,是指直接或间接地：

(a)持有另一经营者的多数资本权益或商业股份；

(b)持有另一经营者的多数表决权；

(c)拥有任命或罢免另一经营者的管理委员会或监督委员会的大多数成员的权力；

(d)拥有根据商业合同或其他法律安排,管理另一经营者事务的权力,

的任何经营者。

(4)“附属经营者”,是指附属于拥有上一款中所述权利或权力的另一经营者的任何经营者。

(5)“集团内的经营者”,是指：

(a)参与一项协议或资产集中行为；

(b)属于其附属经营者；

(c)属于其控制经营者；

(d)附属于上一项所述经营者;以及

(e)上一项所述的一个或多个拥有本条第三款所述的权利或权力并与一个或多个经营者共商或合作的任何经营者。

(6)“相关市场”,是指由相关产品/服务市场和相关地理市场所界定的市场。

(7)“相关产品/服务市场”,是指通常由消费者或用户根据产品或服务的特点、价格或预期用途视为可互换或可替代的所有产品或服务组成的市场。

(8)“相关地理市场”,是指通常由相关产品/服务市场上的竞争者在产品或服务的销售或购买方面有相当同质化竞争条件的区域组成的市场,其与邻近市场的区别为竞争条件是否明显不同。

(9)“参与资产集中的经营者”,是指合并的经营者、拥有对其他经营者控制权的经营者、被收购的经营者以及建立合资企业的经营者。

(10)“年度营业额”,是指经营者在一个营业年度内因销售产品或提供属于正常活动的服务而产生的销售净收入。

(11)“与集团内其他经营者一起参与集中的经营者的年度营业额”,是指参与集中的经营者与集团内其他经营者共同产生的年度营业额,不包括集团内经营者之间的销售产品和提供服务所产生的净收入。如果集中是通过收购一个或多个经营者的部分控制权而产生的,无论这些部分是否具有法律实体的地位,就卖方而言,仅应考虑与集中主体部分相关的营业额。按照前一句的规定,在两年内发生在同一人或经营者之间的两项或多项交易应被视为在最后一项交易日产生的同一个集中。如果与第三方经营者合并或合作的集团内的经营者拥有本

条第三款所述的权利，则联合经营者的营业额应在相关经营者之间平均分配。

(12)“在斯洛文尼亚共和国市场上产生的年度营业额”，是指在斯洛文尼亚共和国境内销售产品和提供服务所产生的净收入。

(13)“信贷和金融机构的年度营业额”，包括股票(盈利、分红)的财务收入、发放贷款的财务收入和应收款项的财务收入。

(14)“信贷机构的年度营业额”，是指书面形式的毛保费金额，包含来自保险合同的所有收入和应收款项，其中包括已支付的再保险金额费、与保险费有关的减税或分担额。

(15)“信息”，是指包括机密信息在内的所有信息，无论这些信息是以何种媒介记录或储存的。

(16)“机密信息”，是指商业秘密、与经营者的经济活动有关的商业信函、个人数据以及根据本法或其他条例受特殊保护安排和特殊访问条件约束的任何其他信息。

(17)“商业秘密”，是指是只有少数人知道，且披露会造成相当大的损失的信息。

(18)“集体豁免”，是指符合本法第六条第三款或《建立欧洲共同体条约》第八十一条第三款所述标准的各类协议。

(19)“限制竞争行为”，包括各类限制性协议和各种滥用支配地位的行为。

第四条　本法的适用

(1)本法适用于经营者。

(2)根据第1/2003/EC号条例，本法适用于违反《建立欧洲共同体条约》第八十一条和第八十二条规定的行为(斯洛文尼亚共和国官方公报，第7/04号，以下简称《欧共体条约》)。

(3)本法不得损害雇主和雇员之间的关系。

第五条　斯洛文尼亚共和国保护竞争办公室

本法规定的任务由斯洛文尼亚共和国保护竞争办公室执行。

第二部分　限制竞争行为

第六条　禁止限制性协议

(1)经营者之间的协议、经营者协会的决定以及经营者的协定行为(以下简称协议)，如果其目的或作用是为阻止、限制或扭曲斯洛文尼亚共和国境内的竞争的，应予以禁止，并视为无效。

(2)这项禁令应特别适用于：

(a)直接或间接确定买卖价格或其他交易条件；

(b)限制或控制生产、销售、技术进步或投资；

(c)将不同条件适用于与其他交易方的同等交易，从而使其处于竞争劣势；

(d)使合同的缔结受制于其他各方对补充义务的接受，而这些补充义务根据其性质或商业惯例，与合同标的无关；

(e)共享市场或供应来源。

(3)如果这些协议有助于改善货物的生产或分销或促进技术和经济的进步，同时允许消费者公平分享由此产生的利益，则第一款不应适用。这些协议不应：

(a)对相关经营者施加并非为实现这些目的所必需的限制;以及

(b)为此类经营者提供消除作为协议标的的大部分产品或服务竞争的可能性。

(4)援引前一款的经营者应承担证明前一款所述条件业已符合的责任。

第七条　次要限制事项

(1)前一条第一项不适用于次要协议。

(2)次要协议是经营者之间的协议,这些经营者与集团中的其他经营者一起,在协议所涉及的斯洛文尼亚共和国领土上的任何相关市场中的总市场份额不超过:

(a)百分之十,在经营者在同一生产或贸易水平上经营的情况下(横向协议),

(b)百分之十五,在经营者在不同生产或贸易水平上经营的情况下(纵向协议),

(c)百分之十,在横向—纵向混合协议的情况下,或在难以确定协议是横向还是纵向的情况下。

(3)如果相关市场上的竞争因其他经营者之间的平行或类似协议的累积效应而受到限制的,则前一款中所述的市场份额阈值应减少百分之五。

(4)即使没有达到本条第二款和第三款所述的阈值,本条第一款也不应适用于:

(a)目标如下的横向协议:

①确定价格;

②限制生产或销售;或

③共享市场或供应来源。

(b)目标如下的纵向协议:

①确定转售价格;或

②给予参与经营者或第三方领土保护。

第八条　集体豁免

(1)对于满足本法第六条第三款所述条件的协议群体,即使没有迹象表明对欧盟成员国之间的贸易有影响,《欧盟委员会条例》或《欧盟理事会条例》的规定也应比照适用。

(2)斯洛文尼亚共和国政府(以下简称政府)可通过法令规定满足本法第六条第三款所述条件的其他类别的协议。

(3)如果办公室发现某一特定协议的某些效力与本法第六条第三款或《欧共体条约》第八十一条第三款不符的,则可撤销集体豁免的利益。

第九条　禁止滥用支配地位的行为

(1)对于一个或多个经营者在斯洛文尼亚共和国境内或大部分地区滥用市场支配地位的行为应予以禁止。

(2)一个经营者或几个经营者,若能够在很大程度上独立于竞争对手、客户或消费者行事的,应被视为具有支配地位。

(3)在确定支配地位时,办公室应特别考虑市场份额、筹资选项、合法或实际的进入壁垒、对供应商或市场的准入以及现有或潜在的竞争。

(4)滥用支配地位的行为尤其应构成:

(a)直接或间接施加不公平的买卖价格,或其他不公平的交易条件;

(b)限制生产、市场或技术开发,损害消费者利益的;

(c)对与其他贸易方的同等交易适用不同的条件,从而使其处于竞争劣势;

(d)使合同的缔结受制于其他各方对补充义务的接受,而这些补充义务根据其性质或商业惯例,与合同标的无关。

(5)在斯洛文尼亚共和国市场上的份额超过百分之四十阈值的经营者应被视为具有支配地位。

(6)在斯洛文尼亚共和国市场上的份额超过百分之六十阈值的两个或多个经营者应被视为具有支配地位。

第三部分　经营者集中

第十条　集中的界定

(1)集中产生于导致控制权持续变更的以下原因:

(a)两个或多个先前独立的经营者或经营者的一部分的合并;或

(b)一个或多个已经控制至少一个经营者的自然人或一个或多个经营者,通过购买证券或资产或通过合同或任何其他方式,收购一个或多个其他经营者全部或部分的直接或间接控制权;或

(c)由两个或多个独立经营者创建的并持续履行独立经济实体所有职能的合资企业。

(2)按照前一款的规定,对整个经营者或其部分的控制权应由权利、合同或任何其他手段构成。这些权利、合同或手段,无论是单独的还是组合的,在考虑到所涉及的事实或法规的情况下,可能会对该经营者或其部分起到决定性作用,尤其是:

(a)经营者全部或部分资产的所有权或使用权;

(b)对经营者的机构组成、投票或命令起到决定性作用的权利或合同。

(3)收购控制权的可以是:

(a)相关合同项下的享有权利或有权享有权利的个人或经营者;或

(b)有权行使合同产生的权利的个人或经营者,尽管在此类合同项下不享有权利或有权享有权利。

(4)当银行、保险公司、储蓄所或其他金融机构(其正常活动包括为其自身或他人的账户进行证券交易和买卖)临时持有其在某一企业中收购的业务资产以期将其转售时,若对这些商业资产行使表决权并非是为了决定该企业的竞争行为,或者行使此类表决权只是为了准备处置这些商业资产且任何此类处置是在收购这些商业资产后一年内进行的,则不应视为产生集中。当经营者可以证明在规定的期限内不可能合理处置这些资产时,办公室可根据要求下令延长一年的期限。不得针对此类命令提供任何司法保护。

第十一条　对集中的评估

(1)对于在斯洛文尼亚共和国领土或其大部分领土上,特别是因建立或加强支配地位而严重妨碍有效竞争的集中,应予以禁止。

(2)办公室应主要基于参与集中的经营者的市场地位、其财务选项、市场结构、可供供应商和用户使用的替代品、其进入供应源或市场的途径、任何法律或其他进入障碍、相关市场的

供应和需求趋势、中间和最终消费者的利益以及技术和经济进步的发展对集中作出评估，只要该类评估对消费者有利且不构成竞争障碍。

（3）按照前一条第一款第三项的规定，如果建立合资企业的目的或作用是协调保持独立经营者的竞争行为，应根据本法第六条的标准对此类协调作出评估。如果办公室确定本法第六条第三款所述条件没有得到满足，应发布命令宣布该集中符合竞争规则并禁止该集中。

第四部分　办　公　室

第十二条　办公室的任务和权力

（1）办公室应是一个有权监控本法和《欧共体条约》第八十一条和第八十二条实施的机构。办公室应在发展有效竞争所需的范围内监测和分析市场条件，根据本法执行程序和发布决定，并就其职权范围内的一般问题向斯洛文尼亚共和国国民议会（以下简称国民议会）和政府提交意见。

（2）除非本法另有规定，否则办公室应作为轻罪程序主管机构，对于违反本法和《欧共体条约》第八十一条和第八十二条规定的案件，根据轻罪管理法作出判决。

（3）对于本法第六条第一款和第四十四条第三款所述的案件，该办公室可向主管法院提起无效诉讼。

第十三条　办公室的结构

（1）办公室应独立自主地执行其任务。

（2）办公室应由主任管理，主任还应负责办公室开展的活动。

（3）为了在行政程序和轻罪程序中作出判决，应在每个案件中设立一个合议庭。

（4）合议庭由担任主席的办公室主任以及由办公室主任任命的两名办公室雇员组成。主任是否被排除在合议庭之外，须取决于政府作出的决定。

（5）合议庭经协商后，应在不公开的会议上以表决方式通过决定。决定应以多数票通过。

（6）合议庭应发布用于终结由办公室处理的诉讼程序的法案。

（7）办公室主任应发布办公室职权范围内的其他法案。

第十三条之一　保护机密信息的义务

（1）办公室的公务员以及与办公室合作执行本法规定的任务并接触到机密信息的人员，应按照确定保护此类信息的规则，将此类信息视为机密。保护机密信息的义务应在雇佣关系或其他基于个人与办公室合作执行本法规定任务的关系终止后继续适用。

（2）根据个人数据保护法中“处理个人数据”一词的定义，本条第一款中所述人员可以处理为执行本法规定的任务所需的个人数据和个人数据集。

（3）根据本法获得的信息只能用于本法规定的目的。

第十三条之二　信息的披露

（1）办公室可以根据委托人或其授权人提出的经证实的书面请求，向行政机构、其他国家机关和公共授权持有者披露其掌握的信息，并明确说明请求的目的是为履行其法定职责。

（2）办公室还应将信息披露给：

（a）欧盟委员会以及负责按照第 1/2003/EC 号条例中的程序保护竞争的欧盟成员国

机构;

(b)对斯洛文尼亚共和国具有约束力的国际条约所确定的外国授权机构。

(3)办公室应向主管当局披露执行本法所需的信息。

(4)尽管有规范获取公共信息的法规,但办公室应拒绝任何人请求获取公共信息、与信息来源保密有关的信息以及构成企业商业秘密的信息。

第十四条　与办公室的合作

为了执行本法规定的任务,国家机关、地方社区机关、公共权力持有者以及能够获得决策所需信息的其他个人和组织,应根据办公室的要求,免费向其提供所需信息。

第五部分　办公室内部的裁决程序

第一章　由办公室处理的调查程序的一般规定

第十五条　调查程序规定的适用

(1)办公室应根据本法并按照本法规定的程序,对其职权范围内的事项作出裁决。

(2)除非本法另有规定,一般行政程序法的规定应适用于由办公室作出的裁决程序。

(3)不得对办公室发布的法案提出上诉。

第十六条　诉讼程序的各方当事人

(1)由办公室处理的调查程序中,程序各方当事人应是被提起调查的经营者以及通知集中的人员。

(2)提交倡议、投诉、信息或其他文件的人员不得成为调查程序的一方当事人。

(3)为了保护自己的合法利益而请求参加调查程序的人员,必须自办公室网站上公布调查程序启动令之日起三十日内提出参加调查程序的申请。

(4)上一款所称申请必须包含能够证明参加调查程序的合法权益的声明和证据。

(5)请求成为调查程序当事人的申请应由办公室以命令的形式决定。如果一个人未能证明其参加诉讼程序的合法权益,办公室应发布命令,否认其从属参加者的身份。

第十七条　保护机密来源

(1)应投诉来源的人或办公室在实施其权限时使用的其他信息来源的人的请求,如果信息披露可能会对其造成重大伤害的话,办公室必须保护该人的身份。

(2)要求保护其身份的人,在出示文件时,必须同时出示文件的另一个版本,该版本省略任何可能导致来源披露的信息。

第十八条　各方当事人审查案卷的权利

(1)各方当事人有权查阅案卷文件并自费抄录和复印。文件的审查、抄录和复印应在一名官员的监督下进行,或通过当局的信息系统或接受申请、送达文件和通知的信息系统进行,其中一方当事人须使用合格的电子签名证书作自我认证,也可以口头要求审查和抄录文件。

(2)如果在调查程序中使用了电子记录数据以及其他电子信息和记录的数据,这些数据应被视为案卷文件。

(3)在涉及限制竞争行为的调查程序中,当事人在调查程序启动令发出后有权审查案卷文件,除非办公室主任确定这样做将有损于调查程序的利益。在这种情况下,办公室主任应发布命令,推迟审查文件的权利;但是,推迟的时间不能超过送达反对意见书的时间。不得针对此类命令提供司法保护。

(4)还应给予专家审查案卷的权利,但仅以作出专家报告和意见所需为限。

(5)各方当事人不得审查或复印以下文件:

(a)与案卷有关的办公室内部文件,包括办公室与欧盟委员会或其他欧盟成员国的保护竞争机关之间的通信;

(b)与机密来源相关的信息;

(c)磋商和表决记录;

(d)裁决草案。

(6)提出请求的企业应承担证明存在前一款第二项所述的商业秘密的责任。根据办公室的要求,企业必须提供一个省略前一款第二项所述的数据的文件版本。

(7)如果办公室认为,由于辩护权的缘故,披露该信息在客观上可能优于将该信息作为商业秘密进行保护的利益,那么办公室可以向被提起调查的经营者以及通知方披露构成商业秘密的信息。在这种情况下,办公室可以推迟对构成商业秘密的信息的审查,但推迟时间不能超过送达反对意见书的时间。

第十九条　对抗制原则

为了确保辩护权,办公室通过的决定不得基于被提起调查的经营者和通知方未得到答复机会的事实和证据。

第二十条　送达

(1)如果无法按登记簿上指定的地址向法院登记簿上已登记或正在登记的人员送达传票,应在公告栏和国家电子政务门户网站上以发布公告的方式进行送达,同时应将送达方式的通知留在该人的地址处。

(2)传票的送达应在公告栏和国家电子政务门户网站上发布公告之日起十五日后完成。

(3)必须在送达通知中向收件人告知前一款所述的后果。

第二十一条　口头听证

在调查程序中,除非执行调查程序的官员确定需要进行口头听证以澄清或确定基本事实,否则办公室应在不进行口头听证的情况下作出裁决。

第二十二条　裁决和命令

(1)裁决必须陈述理由。理由陈述还必须包含对所下达命令的解释,且根据本法第五十五条第三款的规定,这些命令可能在针对该判决的司法保护程序中受到质疑。

(2)只有在不排除对该裁决进行司法保护程序的情况下,根据本条发布的命令必须陈述理由并包含关于法律补救措施的指示。

(3)如果终结调查程序的判决或命令包含一方当事人的机密信息,则应向其他当事人送达一份含有理由陈述中被删除的所有此类信息的判决或命令的版本。

(4)根据办公室的要求,一方当事人应在办公室规定的期限内提交一份用于终结调查程序并标记机密信息的裁决或命令的版本。

(5)用于终结调查程序的裁决或命令的执行部分,应在办公室的网站上予以公布。

(6)办公室应在其网站上公布其在行政程序和轻罪程序中所做的最终裁决,以及用于终结调查程序但不包含机密数据的最终命令。

第二章　涉及限制竞争行为的调查程序

第一分章　一般规定

第二十三条　依职权启动调查程序

当办公室得知有可能违反本法第六条或第九条、《欧共体条约》第八十一条或第八十二条的规定时,可以依职权发布启动调查程序的命令。

第二十四条　用于启动调查程序的命令

(1)用于启动调查程序的命令应包含:

(a)对解释启动调查程序的法律的描述;以及

(b)对有可能违反该法条款的情况的具体说明;

(c)对启动诉讼程序的理由的解释。

(2)不得针对此类命令提供司法保护。

(3)应在办公室的网站上公布对于启动诉讼程序的命令的摘录。

(4)命令摘录应包含:

(a)对裁决适用的各方当事人的说明;

(b)对启动调查程序的理由以及启动调查程序所依据的本法条款的简要说明;以及

(c)对向办公室发送可能与决策相关的任何信息的人员的要求。

(5)如有必要修订调查程序以包括其他违法行为或其他经营者的话,办公室应在调查程序开始时发布修订该命令的命令。

第二十五条　单一调查程序

(1)在指控违反《欧共体条约》第八十一条或第八十二条的调查程序中,办公室还应执行指控违反本法第六条或第九条规定的调查程序(单一程序)。

(2)如果在调查程序中,因为欧盟成员国之间的贸易没有受到影响,而确定没有理由根据《欧共体条约》第八十一条或第八十二条执行调查程序的,办公室应发布命令,终止该部分的调查程序。不得针对此类命令提供司法保护。

第二分章　对经济部门和协议类型的调查

第二十六条　对经济部门和协议类型的调查

(1)当价格刚性或其他情况表明斯洛文尼亚共和国境内可能存在限制或扭曲竞争的情况时,办公室可对某一经济部门或某些类型的协议开展研究(以下简称调查)。

(2)为了获得调查的数据,第二十七条至第三十四条应比照适用。

(3)办公室可发布不包括机密信息的调查结果报告,并邀请感兴趣的第三方提交其意见。

(4)办公室可以使用对根据本法规定的诉讼程序开展调查的过程中获得的信息。

第三分章 调查程序

第二十七条 信息请求

(1)在监督本法或《欧共体条约》第八十一条或第八十二条规定的执行过程中,办公室可在发布调查程序启动令之前,向每个经营者、合伙人、管理或监督委员会成员以及经营者雇用的人员发出信息请求。

(2)办公室可通过特别命令请求企业提供信息,该命令应包括:法律依据、请求目的、所需信息的说明、提供信息的适当期限以及对提供不正确、不完整或误导性信息或未能在规定时限内提供信息的处罚通知。不得对这种命令进行司法保护。

(3)经营者必须提交所有文件,但没有义务承认违反本法或《欧共体条约》第八十一条或第八十二条的规定。

(4)如果办公室以命令的形式请求经营者提供信息,经营者向办公室提供了不正确、不完整或误导性的信息或没有在规定的时限内提供信息的,办公室可以发出命令,对经营者处以最高五万欧元的罚款。缴纳罚款的时限不得短于十五日,不得长于一个月。

(5)在发布前一款所述命令的同时,办公室应发布命令,规定提交信息的新时限。不得对这种命令进行司法保护。对于仍拒绝合作的经营者,办公室应按前一款规定的方式对其进行处置,直至单个命令的罚款总额达到该经营者上一营业年度的年营业额的百分之一。不得对这种命令进行司法保护。

(6)本条第四款和第五款所述的命令应予执行。执行工作应由税务机关应按照规定的税务责任执行程序进行。

(7)在一方当事人迟迟未对提交资料的请求作出回应的期间,应暂停发布裁决的时限。

第二十八条 检查令

(1)对被提起调查的经营者的检查令应由办公室发出。该决定应具体说明:

(a)检查的诉讼标的与目的;

(b)检查开始的日期;

(c)负责检查的授权人员;

(d)本法第二十九条所述的权力范围;以及

(e)对拒绝合作或妨碍检查的处罚通知。

(2)检查令应在检查开始时亲自送达被检查的企业。

(3)如为达到检查目的而不可避免,授权人员可以在送达检查令的同时送达诉讼程序启动令。

(4)不得针对检查令提供司法保护。

第二十九条 检查

(1)检查应由办公室的雇员进行,具体的专业任务可由专门的组织、机构或个人(以下简称被授权人)进行,但不得与公共利益或各方当事人的利益相冲突。

(2)授权人员可以:

(a)进入和检查经营者注册办事处的房屋、土地和运输工具(以下简称场所),以及经营者自身或由相关经营者授权的其他经营者开展可能违反本法或《欧共体条约》第八十一条或第八十二条规定的活动和业务的其他地点；

(b)检查与经营者业务有关的账簿、合同、文件、商业信函、商业记录和其他信息，无论其储存在何种媒介上(以下简称商业账簿和其他文件)；

(c)使用经营者或办公室的复印设备和计算机设备，以任何形式获取商业账簿和其他文件的副本或摘录，如果由于技术原因，无法使用经营者或办公室的复—印设备或计算机设备进行复印，授权人员可在复印所需的时限内带走商业账簿和其他文件，对此应作出正式的说明；

(d)在检查所需的时间和范围内，封存任何商业场所和商业账簿和其他文件；

(e)扣押物品和商业账簿和其他文件，时间不超过二十个工作日；

(f)要求经营者的任何代表或工作人员对与检查的诉讼标的与目的相关的事实或文件作出口头或书面解释，并予以记录；

(g)审查披露个人身份的文件；

(h)执行与检查目的相一致的其他行动。

(3)如果前一款第五项所指的物品被扣押，办公室必须在检查报告中注明发现物品的地点，对其进行描述并出具没收证明。

(4)经营者必须允许授权人员进入场地，查阅商业账簿和其他文件。授权人员也可在违背经营者意愿的情况下执行检查。

(5)检查通常应在上午六点至下午十点之间进行。授权人员必须以对经营者的经营造成最小干扰的方式执行检查。

(6)在房屋搜查或任何其他方法中，如果刑事或其他诉讼程序扣押的商业账簿或其他文件可能与办公室根据本法作出的判决有关的话，办公室可要求法院或其他机关提供此类文件的副本，除有悖于刑事或其他诉讼程序的利益之外。

第三十条　执行检查

(1)办公室雇用的人员应以官方身份证证明其有权执行检查；专门的组织、机构或个人应当出具办公室主任的书面授权，其中应明确授权的范围。

(2)官方身份证应由负责经济事务的部长签发。

(3)官方身份的一般形式和签发程序应由负责经济事务的部长规定。

第三十一条　妨碍检查

(1)如果经营者拒绝允许授权人员，或干扰其进入场所，或拒绝让其查阅商业账簿或其他文件，或阻挠或以其他方式干扰检查，或在合理预期的情况下，授权人员有权在警察的协助下，在违背经营者意愿的情况下，进入场所或查阅商业账簿和其他文件。因进入或查阅而产生的任何费用和损失均应由经营者承担。

(2)如果经营者妨碍授权人员行使本法第二十九条第二款规定的权力，办公室可发布命令，对其处以上一营业年度的年营业额百分之一的罚款。缴纳罚款的时限不得短于十五日，不得长于一个月。

(3)如果自然人妨碍授权人员行使本法第二十九条第二款规定的权力，且根据本条第五款的规定，经营者不被认定为妨碍检查的，办公室可以发出命令，对其处以最高五万欧元的罚款。缴纳罚款的时限不得短于十五日,不得长于一个月。

(4)本条第二款和第三款所述的命令应予执行。执行工作应由税务机关应按照规定的税务责任执行程序进行。

(5)如果经营者的管理或监督机构的成员、其雇员或其外部承包商妨碍检查的,该经营者应被视为妨碍检查。

第三十二条　特权通信

(1)检查应排除被提起调查的经营者与其律师之间的信件、通知和其他通信方式,只要这些通信与相关调查程序有关(以下简称特权通信)。

(2)如果经营者或其律师拒绝提供信息并声明该信息属特权通讯的,授权人员应核实该声明是否明显毫无依据。如果通信不被视为特权,授权人员应将文件(或其副本)密封在一个由授权人员与企业或其律师签署的信封中。

(3)斯洛文尼亚共和国行政法院应在办公室提出申请之日起十五日内对特权通信的声明依据作出判决。办公室应将密封的信封附在申请书后。

(4)如果位于卢布尔雅那的斯洛文尼亚共和国行政法院决定,相关通信不构成特权通信,则应将文件发送给办公室。如果斯洛文尼亚共和国行政法院确认其确属特权通信,则应将其发送给经营者或其律师。对于这样的裁决,不应有任何法律补救措施。

第三十三条　检查其他场所

(1)如果有合理的理由疑虑与检查标的相关的商业账簿和其他文件被保存在未被提起诉讼的经营者的场所,或被保存在被提起诉讼的经营者的管理或监督机构的成员或工作人员或其他相关人员的住宅内,办公室应从卢布尔雅那主管法院的法官处获得搜查场所的法院命令。

(2)第二十八条至第三十二条和第三十四条的规定应比照适用于执行检查。

(3)在检查居住场所时,应有两名成年人在场作证。

第三十四条　检查报告

(1)检查结束后,办公室应起草检查报告。

(2)检查报告应包含:

(a)编写报告的地点和日期;

(b)编写报告的授权人员的姓名和职务;

(c)对检查过程的简要描述;

(d)检查所针对的经营者的代表或员工给出的声明清单;以及

(e)办公室在检查期间获得的文件和其他物品清单。

(3)检查报告应送达接受检查的经营者。

(4)接受检查的经营者可在检查报告送达之日起十五日内对检查报告提出意见。

第三十五条　办公室在其他机构执行检查时的合作

(1)授权人员可以:

(a)应欧盟委员会或其他欧盟成员国竞争主管机构的要求,根据本法案执行检查。在此情况下,不得发布诉讼程序启动令;

(b)积极协助欧盟委员会授权的官员和其他人员按照第 1/2003/EC 号条例第二十条

执行检查,该条例第二十条第二款还规定了授权人员的权力范围。

(2)根据第1/2003/EC号条例第二十二条的规定,办公室可允许其他欧盟成员国或欧盟委员会竞争主管机构的官员以及该机构授权的其他人员与办公室授权人员合作执行检查。

(3)在根据本条执行检查时,警方必须根据本法第三十一条第一款的规定,向本条第一款和第二款所述人员提供协助。

第三十六条　反对声明

(1)反对声明应包括与判决相关的事实和证据的调查结果。

(2)如果办公室打算发布判决以证明存在违反本法第六条、第九条、《欧共体条约》第八十一条或第八十二条的行为,则必须将反对声明通知各方当事人。

(3)如果反对声明中包含相关当事人的机密信息,则应在向其他当事人送达反对声明前,将这些信息从反对声明中删除。

(4)办公室应规定一个合理的时限,在该时限内各方当事人可就反对声明提出意见。对在该时限结束后收到的对反对声明的意见,办公室没有义务予以考虑。

(5)上一款所述的时限不得超过四十五日。

第四分章　办公室的裁决和命令

第三十七条　终止违法行为

(1)办公室可发布裁决以证明存在违反本法第六条、第九条、《欧共体条约》第八十一条或第八十二条的行为,并要求相关经营者终止此类违法行为。

(2)同一判决可规定经营者有义务采取合理措施终止违法行为及其后果,特别是通过处置经营者的业务或部分业务、分割经营者或处置经营者股份,转让工业产权和其他权利,签订许可证和经营者之间在经营过程中可能签订的其他合同,或确保有权使用基础设施。

(3)如果此类措施的实施取决于办公室的同意或其他行动,办公室应以命令的形式对此作出决定。

(4)办公室必须在发布调查程序启动令后的两年内通过本条第一款所述的判决。

第三十八条　临时性措施

(1)如果可能存在违反本法第六条、第九条、《欧共体条约》第八十一条或第八十二条的行为,办公室可在紧急情况下,出于对市场的有效竞争可能造成严重和不可挽回的损害的考虑,以命令形式通过临时性措施。

(2)在实施临时性措施的命令中,办公室应具体说明此类措施的期限。办公室可延长临时性措施的期限。

(3)当事人可在临时性措施令送达后的三日内对该命令提起诉讼。法院应立即且最迟在收到诉讼后的十五日内,就该诉讼作出裁决。

第三十九条　承诺事项

(1)调查程序启动令发布后,被调查的经营者可提供承诺,以消除可能导致违反本法第六条、第九条、《欧共体条约》第八十一条或第八十二条的情况。被调查的经营者可以在对反对声明提出意见的时限结束前提供承诺。

(2)如果所提供的承诺不足以消除可能导致存在违反本法第六条、第九条、《欧共体条约》第八十一条或第八十二条的情况,办公室应以书面形式通知提供承诺的经营者。

(3)办公室可以作出决定,使所提供的承诺具有约束力。办公室可规定承诺具有约束力的时限。

(4)如果履行承诺取决于办公室的同意或其他行动,办公室应以命令形式对此作出决定。不得针对此类命令提供司法保护。

(5)在下列情况下,办公室可根据请求或依职权撤销本条第三款所述的决定,并继续执行诉讼程序:

(a)决定所依据的实际情况发生重大变化;

(b)企业未能履行其承诺;或

(c)决定是基于双方当事人提供的不完整、不正确或误导性信息。

(6)办公室必须在发布诉讼程序启动令后的两年内通过本条第三款所述的决定。

第四十条　终止调查程序

(1)如果在调查程序的过程中,办公室发现不存在违反本法第六条、第九条、《欧共体条约》第八十一条或第八十二条的情况,或具体情况表明该调查程序是不合理的,办公室应通过命令终止该调查程序。

(2)如果欧盟委员会对违反《欧共体条约》第八十一条或第八十二条的行为发起调查,或已经就办公室发起调查的同一事项作出了决定,办公室则可以通过命令终止该调查程序。不得对此类命令提供司法保护。

(3)如果其他欧盟成员国的竞争主管机构对违反《欧共体条约》第八十一条或第八十二条的行为已发起调查,或已经就办公室发起调查的同一事项作出了决定,办公室则可以通过命令终止该调查程序。不得对此类命令提供司法保护。

第四十一条　报告

办公室可以通过请求提供信息的方式,要求收到决定的经营者提供一份关于履行该决定所规定的承诺、义务和措施的报告。

第三章　涉及集中的调查程序

第四十二条　通报义务

(1)在下列情况下,必须向办公室通报集中情况:

(a)参与集中的经营者连同集团内的其他经营者,在斯洛文尼亚共和国市场上一个营业年度的年总营业额超过三千五百万欧元;以及

(b)被收购的经营者连同集团内其他经营者在斯洛文尼亚共和国市场上一个营业年度的年营业额超过一百万欧元;或在本法第十条第一款第三项所述的情况下,至少两个参与集中的相关经营者连同集团内的其他经营者的上一营业年度的年营业额超过一百万欧元。

(2)尽管达到了前一款所述的阈值,但如果欧盟委员会根据第 139/2004/EC 号法规对集中作出评估的,则无须向办公室通报集中情况。

(3)即使集中没有达到本条第一款所述的阈值,办公室也可在参与集中的经营者通知办公室其实施集中之日后的十五日内,邀请经营者通报集中情况,前提是经营者连同集团中的其他经营者在斯洛文尼亚共和国市场上占有超过百分之六十的市场份额。

第四十三条　通报集中

(1)集中应在实施之前,但不迟于合同签订、公开招标公告或获得控股权后三十日内通知办公室。该时限应从这些事件中第一个发生的时间算起。

(2)当欧盟委员会根据第139/2004/EC条例第四条的要求,决定不对集中执行评估时,本条第五款规定有义务通报集中的经营者在被告知欧盟委员会的决定后三十日内,必须向办公室通报集中事项。

(3)如果欧盟委员会根据第139/2004/EC号条例第九条的规定,以决定的方式通知经营者集中应由办公室评估,该集中则必须在该决定送达本条第五款规定有义务通报集中的经营者后的三十日内向办公室作出通报。

(4)在前一条第三款所述情况下,本条第五款规定有义务通报集中的经营者必须在收到邀请函后的三十日内向办公室作出通报。

(5)如果集中是由合并或获得共同控制权构成的,参与合并的经营者或获得共同控制权的经营者应共同作出通报。

(6)经营者应当使用专门表格通报集中情况,其内容由政府以法令规定。

第四十四条　暂停实施集中

(1)在公布集中符合竞争规则的决定之前,经营者不得行使因需通报的集中而产生的权利和义务。

(2)如果办公室根据本法第四十二条第三款的规定,邀请经营者向其通报集中情况的,经营者必须在邀请函送达之日停止实施集中行动。

(3)违反前两款规定的行为应属无效。

(4)在特殊情况下,根据经营者的建议,办公室可以发布命令,允许在发布决定之前,在特定的范围和特定的条件下实施集中行为,但条件是经营者能在其提案中证明该实施行为对于保持投资的全部价值或履行普遍利益的服务是至关重要的。办公室应特别考虑暂停实施集中对参与集中的一个或多个经营者或第三方的影响以及集中对有效竞争构成的威胁。

(5)办公室可在收到前一款所述建议之日起的十五个工作日内发布允许或拒绝实施集中的命令。

(6)禁止实施本条第一款所述的集中不应对以下情况造成影响:

(a)在收购人未行使表决权或未按照本条第四款所述的命令行使表决权的情况下,根据监管收购的法律实施的公开招标;

(b)允许在有组织市场上交易的证券交易(包括可转换为其他证券的证券)的有效性,除非买方和卖方知道或理应知道该交易违反了本条第一款的规定。

第四十五条　启动调查程序

(1)应根据通知,对集中的评估发起调查程序。

(2)如果有可能证明本法规定的集中已实施,但经营者未作通报的,办公室应通过发布调查程序启动令依职权对集中评估发起调查。

(3)办公室应依职权启动消除集中效应的调查程序。

(4)本法第二十四条应比照适用于本条第二款和第三款所述的命令。

(5)在本条第一款所述的对集中评估发起的调查程序中,办公室在发布该集中符合竞争规则的决定前,可依职权以决定的方式禁止经营者、主管部门和公共权力持有者行使因集中而产生的表决权、管理权、财产权和其他权利及义务。在本条第二款所述的对集中评估发起调查程序中,办公室可依职权以决定的方式确定该集中属于本法规定的范围,并在发布该集中符合竞争规则的决定前,禁止经营者、主管部门和公共权力持有者行使因集中而产生的表决权、管理权、财产权和其他权利及义务。

第四十六条　审查通报

(1)办公室应立即审查通知。如果通知未包含本法第四十三条第六款所述的专门表格中规定的所有必要要素,办公室应邀请通知方纠正缺陷,并应规定此类纠正的时限。通知方若未能在时限内纠正缺陷,则应视为未通报集中情况。

(2)如果办公室认为所通报的集中不属于本法规定的范围,则应就此作出决定。

(3)如果办公室认为集中虽然属于本法规定的范围,但未引起对其是否符合竞争规则的严重疑虑的,办公室应发布决定,表示其不反对该集中并宣布该集中符合竞争规则。

(4)如果办公室认为集中属于本法规定的范围,且引起对其是否符合竞争规则的严重疑虑的,办公室应发布决定,办公室应发布一项调查程序启动令。

(5)本法第二十四条应比照适用于前一款所述的命令。

(6)办公室必须在收到完整的通知后的二十五个工作日内发布本条第二款和第三款所述的决定或本条第四款所述的命令。

(7)本条第三款所述的决定应被视为包含了与执行和实施集中行动直接相关且必要的限制。

第四十七条　信息请求

(1)本法第二十七条比照适用于信息请求。

(2)当事人逾期未对信息请求作出答复的,发布本法第四十六条和第五十条所述的诉讼程序与决定的启动令的截止日期应予以暂停。

第四十八条　检查

(1)第二十八条至第三十四条的规定在执行检查时应比照适用。

(2)授权人员应积极协助欧盟委员会授权的官员和其他人员根据第139/2004/EC号条例第十三条的规定执行检查,该条例第十三条第二款还规定了授权人员的权力范围。

(3)根据检查令执行的检查可在涉及集中的经营者或可能涉及集中的经营者中进行。

第四十九条　反对声明

(1)如果办公室打算发布决定,宣布某项集中行动不符合竞争规则的,则必须将反对声明通知到当事人。

(2)本法第三十六条应比照适用于反对声明。

第五十条　决定

(1)在诉讼程序启动令发出后的六十个工作日内,办公室应:

(a)在未发现该集中存在违反本法的情况下,发布决定并宣布该集中符合竞争规则;

(b)发布决定,宣布该集中不符合竞争规则,并在认定该集中违反本法的情况下,予以禁止。

(2)前款第一项所述的决定应被视为包含了与执行和实施集中行动直接相关且必要的限制。

第五十一条　补救措施

(1)通知方可以提出补救措施,以消除对一项集中是否符合竞争规则的严重疑虑。

(2)办公室应采取其认为适当的补救措施,以消除对该项集中是否符合竞争规则的严重疑虑,同时考虑这些规则的性质、范围以及可有效并及时执行的可能性。

(3)如果办公室采取补救措施,应在本法第四十六条第三款和前一条第一款第一项所述的决定的执行部分具体说明:

(a)补救措施;

(b)确保补救措施实施和监督的义务;

(c)实施补救措施的时限。

(4)如果补救措施的实施取决于办公室的同意或其他行动的,办公室应通过命令作出决定。不得对这种命令进行司法保护。

(5)如果通知方提出了补救措施的,发布诉讼程序启动令的时限应延长十五个工作日。

(6)办公室可通过请求提供信息的方式,要求通知方提供一份关于执行决定所规定的补救措施的报告。

第五十二条　撤销决定的特殊情况

(1)办公室可以取消宣布集中符合竞争规则的决定或取消本法第四十六条第二款所述的决定,并在同一决定中对以下情况下该项集中是否符合竞争规则作出决定:

(a)如果决定是基于参与集中的经营者所提供的不完整、不正确或误导性的信息的;或

(b)如果经营者违反了前一条第三款第二项所述的义务的。

(2)自宣告某项集中符合竞争规则的决定或本法第四十六条第二款所述的决定发布及送达之日起的三年内,以及在前一款第二项规定的决定在前一条第三款第三项规定的期限届满后两年内的情况下,可以发布前一款第一项所述的决定。

第五十三条　消除集中影响的措施

(1)如果办事处予以禁止的集中已经实施的,或者如果经营者未能实施宣布集中符合竞争规则的决定中所规定的补救措施的,办公室可对参与集中的经营者采取措施,特别是通过分割企业或处置所有收购股份的方式,恢复实施集中之前的状况。

(2)如果不可能恢复实施集中之前的状况,办公室可以采取任何其他适当措施,尽可能地实现这种恢复。

(3)如果本条第一款和第二款所述措施的实施取决于办公室的同意或其他行动的,办公室应以命令的方式作出决定。不得对这种命令进行司法保护。

(4)办公室可以通过宣布该项集中不符合竞争规则的决定或通过单独的决定,实施本条第一款和第二款所述的措施。

第四章 司 法 保 护

第五十四条 司法保护

(1)对办公室作出的决定的司法保护应当在本法所称调查程序中规定(以下简称司法保护程序)。

(2)除非本法另有规定,否则管辖行政争议的法律应比照适用于对办公室通过的决定启动的司法保护程序。

第五十五条 对决定和命令的司法保护权

(1)对办公室的决定可启动司法保护程序。

(2)除非司法保护程序被明确排除在外,否则可根据本法对办公室发布的命令启动司法保护程序。

(3)尽管有前一款规定,对决定启动的司法保护程序可适用于对根据本法排除司法保护程序的命令提出异议,即:

(a)请求企业提供信息的命令(本法第二十七条);

(b)检查令(本法第二十八条)。

(4)根据管辖一般行政程序的法规,对任何可能提起上诉的命令,应允许启动司法保护程序。

(5)受司法保护程序约束的事项应被视为本法规定的紧急案件,并应由法院优先作出决定。

第五十六条 合议庭的管辖权和组成

司法保护程序中的决定应由斯洛文尼亚共和国最高法院的由三名法官组成的合议庭作出。

第五十七条 新的事实与证据

在司法保护程序中,原告不得提出新的事实或新的证据。

第五十八条 诉讼检验限度

法院应在诉讼请求的范围内以及诉讼所述理由的范围内检验办公室所作的决定,并应根据《行政争议法》(斯洛文尼亚共和国政府公报,第105/06号)第二十七条第三款的规定,依职权注意违反程序规定的重要行为。

第五十九条 开庭期

通常法院应在不进行听证的情况下作出判决。

第六十条 审查案卷

本法第十八条应比照适用于审查由法院处理的案卷。

第六十一条 法律补救措施

不得对司法保护程序中作出的判决或决定提出上诉。

第六部分 司法程序

第六十二条 赔偿

(1)故意或因疏忽违反本法第六条、第九条,《欧共体条约》第八十一条或第八十二条规定的人应对此类违法行为造成的损害负责。

(2)如果损害是由于违反本法第六条、第九条,《欧共体条约》第八十一条或第八十二条的规定而造成的,法院应受办公室和欧盟委员会关于确定存在违法行为的最终决定的约束。

(3)自办公室或欧盟委员会提起诉讼程序之日至该程序最终结束之日期间,本条第一款规定的赔偿要求的诉讼时效应予以中止。

(4)法院必须立即通知办公室任何向其提起的诉讼,要求对违反本法第六条、第九条、或《欧共体条约》第八十一条或第八十二条的行为给予赔偿。

第六十三条 法院、欧盟委员会和办公室之间的合作

(1)法院必须立即通知办公室任何适用《欧共体条约》第八十一条或第八十二条的法院程序。

(2)根据第1/2003/EC号条例第十五条第三款的规定,当欧盟委员会就与适用《欧共体条约》第八十一条或第八十二条规定有关的问题提交书面意见时,法院必须立即将书面意见的副本提交给办公室和诉讼程序的各方当事人。

(3)根据第1/2003/EC号条例第十五条第三款的规定,当办公室就与适用《欧共体条约》第八十一条或第八十二条规定有关的问题提交书面意见时,法院必须立即将书面意见的副本提交给诉讼程序的各方当事人。

(4)欧盟委员会和办公室可在发布决定前的任何时候,提交本条第二款和第三款所述的书面意见。该书面意见不具有约束力。

(5)如果法院要求欧盟委员会根据第1/2003/EC号条例第十五条第一款的规定提交意见的,必须通知各方当事人。法院在收到欧盟委员会的意见后,必须将该意见的副本发送给办公室和诉讼程序的各方当事人。该意见不应具有约束力。

(6)如果法院在向当事人送达有关适用《欧共体条约》第八十一条或第八十二条规定的任何通过的决定,必须同时向办公室和欧盟委员会发送一份该决定的副本。

(7)法院与欧盟委员会可直接或通过办公室沟通。

第七部分 监管措施对市场的限制

第六十四条 禁止事项

(1)政府、国家机关、地方社区机关和公共权力持有者不得限制经营者在市场上的自由经营。

(2)为实现本法的立法目的,对经营者在市场上的自由经营的限制是违反宪法和法律的,应被视为是限制商品与服务的自由贸易、自由进入市场或市场自由经营,或以任何其他方式妨碍竞争的一般和个别的法律措施。

第六十五条　对自由经营的监管限制

(1)在对经营者自由经营进行监管限制的情况下，如果在行政争议中不能确保对经营者利益的保护，则应在评估法规是否符合宪法和其他法律的程序中予以确保。

(2)为实现本法的立法目的，根据宪法保障人权以及经济和社会关系的法规不应视为限制企业在市场上的自由表现，特别是规定以下内容的法规：

(a)商品与服务的贸易条件，规定商品的属性或提供服务的方法，以满足卫生、兽医、植物病理学、环境保护、工作安全、技术和类似原因；

(b)根据具体法律采取的价格控制措施；

(c)经营者的经营方法，以便根据具体法律保护客户；

(d)强制性标准；

(e)法律规定的经营者为用户开展活动的义务。

第六十六条　个别措施与行动对自由经营的限制

(1)按照本法第六十四条第二款的规定，个别措施与行动对自由经营的限制尤其应视为具有以下特点的手段与行动：

(a)妨碍经营者在特定领域或特定活动方面开展活动，尽管有关经营者遵守了法律规定的条件；

(b)无正当理由拖延发放活动许可证或其他对经营者的市场经营至关重要的许可证的程序；

(c)间接或直接构成经营者对其注册办事处的歧视；

(d)禁止在当地社区以外的地区进行商品和服务贸易；

(e)在没有充足理由的情况下，确保特定经营者在市场运作方面享有特权地位。

(2)如果在行政程序中无法确保对前一款所述手段和行动的法律补救，受影响的经营者可以提起行政争议。

第六十七条　例外许可限制

尽管有本法第六十五条和第六十六条的规定，政府可以在以下情况规定市场限制措施：

(a)如果由于自然灾害、流行病、紧急状态或类似情况，市场和人口供给已经或可能出现严重混乱，或在其他领域对居民的安全和健康构成威胁的混乱已经发生或可能发生；

(b)如果由于生产或加工或居民日常生活所需物品的短缺，市场已经发生或可能发生重大混乱；

(c)如果需要满足对斯洛文尼亚共和国国防具有特殊或战略重要性的产品、原材料和复制材料的需求。

第六十八条　例外许可限制的适用条件

只有在企业、进口或现行经济政策措施无法消除实施限制的情况下，政府才可制定前一条所述的例外允许的限制。

第六十九条　适用于例外许可限制的措施

(1)按照本法第六十七条规定的限制，政府可规定：

(a)禁止特定商品的贸易，在数量和质量上限制特定商品的贸易，或确定特定商品或商品类型贸易的具体条件；

(b)特定经营者有义务将特定数量或类型的货物投入流通，并按照既定的优先顺序向特定用户提供或交付这些货物；

(c)特定经营者有义务建立保留特定数量和类型货物的储备。

(2)可对服务规定相应的禁止或义务。

(3)政府有义务在规定限制的理由不复存在后，或在通过采取其他措施可以消除这种状况的话，应立即撤销限制。

(4)如果政府未能在措施通过后六个月内取消这些措施，则必须将这些措施通知国民议会，并向国民议会报告这些措施的效果。

第七十条　减轻例外许可限制造成的损害

(1)如果经营者因前一条所述的措施而遭受重大损害的，国家主管机构必须采取减轻损害的措施，使规定的国家措施对该经营者造成的后果与消费者、其他经营者、国家或地方社区在第六十七条所述的情况下遭受的后果相比，并不存在严重不相称的情况。

(2)如果前一条所述的措施对经营者造成了严重不相称的损害，且上一款所述的措施未被采纳的，经营者可要求斯洛文尼亚共和国对损害进行赔偿。

第七十一条　办公室的意见

(1)为了确保斯洛文尼亚共和国领土上的有效竞争，在法律或其他条例规定导致不符合一般公共利益的限制竞争或市场正常运作以及本法第六十六条所述的情况下，办公室应向主管当局提出关于消除或防止限制竞争的适当措施的意见。

(2)鉴于限制的性质和重要性，办公室应在适当的情况下公布其提供意见的案件信息。

第七十二条　商议

(1)当办公室认为有必要或应国家主管机关的要求，应就拟议的法案或法令提出意见。

(2)首相或主管部长可要求办公室对具有以下直接影响的拟议法案或法令提出意见：

(a)规定在实施活动或进入市场方面的数量限制；

(b)规定某些经济领域的专属权利；

(c)规定一般的运作条件。

第八部分　罚　　则

第七十三条　对限制竞争行为的罚款

(1)在下列情况下，对从事经济活动的法律实体、企业家或个人应处以轻罪罚款，罚款额不超过该经营者上一营业年度的年营业额的百分之十：

(a)其行为违反了本法第六条或《欧共体条约》第八十一条的规定；

(b)其滥用支配地位的行为违反本法第九条或《欧共体条约》第八十二条的规定；

(c)其行为违反办公室根据本法第三十七条、第三十八条或第三十九条作出的可执行的决定。

(2)对于前一款所述的轻罪行为，法律实体的责任人或企业主要责任人也应被处以五千欧元至一万欧元的罚金。

(3)鉴于造成损害的数额或非法获得的金钱利益的数额或犯罪者的意图或非法收益,如果前几款所述轻罪的性质特别严重的,法人实体的责任人或企业主要责任人应被处以一万五千欧元至三万欧元的罚金。

第七十四条　对实施集中的罚款

(1)在以下情况下,对于轻罪行为,法人和企业家应被处以参与集中的经营者连同集团的其他经营者在上一营业年度的年营业额最高百分之十的罚款:

(a)未向办公室通报本法规定的集中情况,或未在本法第四十三条所述的时限内通报;

(b)违反本法第四十四条的规定,行使因集中而产生的权利或义务;

(c)未能执行宣布集中符合竞争规则的决定所规定的补救措施或义务;

(d)违反了宣布集中不符合竞争规则的决定;

(e)违反了办公室根据本法第五十三条的规定所发布的可执行的决定。

(2)对于前一款所述的轻罪行为,法人实体的负责人或企业主要负责人应被处以五千欧元至一万欧元的罚金。

(3)对于本条第一款所述的轻罪行为,已经控制至少一个经营者的自然人应被处以三千欧元至五千欧元的罚金。

(4)鉴于造成损害的数额或非法获得的金钱利益的数额或犯罪者的意图或非法收益,如果前几款所述轻罪的性质特别严重的,法人实体的责任人或企业主要责任人应被处以一万五千欧元至三万欧元的罚金,已经控制至少一个经营者的自然人应被处以一万欧元至一万五千欧元的罚金。

第七十五条　时效期限

自轻罪发生之日起五年期满后,不得提起本法第七十三条和第七十四条规定的轻罪诉讼程序;但是,在相当于法律规定的轻罪诉讼程序时效期限两倍的期限过后的任何情况下,不得提起轻罪诉讼程序。

第七十六条　减免罚金

(1)参与两个或两个以上竞争者之间的协议或协调行动的犯罪者,通过确定买卖价格或其他贸易条件、限制生产或销售、共享市场等做法,以达到防止、限制或扭曲斯洛文尼亚共和国领土上的竞争(以下简称卡特尔)之目的,只要符合以下所有条件的,应豁免罚金:

(a)违法者充分并完全披露其参与被指控的卡特尔的情况;

(b)违法者是第一个提交信息和证据的人,办公室认为这些信息和证据将有助于对被指控的卡特尔进行检查,或有助于发现与被指控的卡特尔有关的违反本法第六条或《欧共体条约》第八十一条的行为;

(c)违法者在整个诉讼程序中与办公室合作;

(d)违法者与办公室就有关豁免罚款开展合作后立即停止参与被指控的卡特尔活动,但办公室认为有违检查利益的情况除外;以及

(e)违法者没有胁迫其他企业加入卡特尔或留在其中。

(2)未满足前一款所述所有条件且未予以豁免罚款的违法者,只要满足以下所有条件,就有资格予以减少罚金:

(a)违法者提供其参与被指控的卡特尔的证据,且相对于办公室已经掌握的证据而言,该证据具有显著的附加价值;

(b)违法者在整个诉讼程序中与办公室合作;以及

(c)违法者与办公室就有关减免罚款开展合作后立即停止参与被指控的卡特尔活动,但办公室认为有违检查利益的情况除外。

(3)对于满足前一款规定的所有条件并且是第一个提供本条第二款第一项所述证据的违法者,应处以减少百分之三十至百分之五十的罚金。对于满足本条第二款规定的所有条件并且是第二个提供本条第二款第一项所述证据的违法者,应处以减少百分之二十至百分之三十的罚金。对于满足本条第二款规定的所有条件并且提交本条第二款第一项所述证据的其他违法者,应处以减少最高百分之二十的罚金。

(4)在规定范围内的罚金不得低于本法规定的阈值。

(5)政府应通过法令形式制定减免前几款所述罚金的诉讼程序。

第七十七条　处以罚款

办公室可通过快速程序对违法行为处以本法规定范围内的任何罚金。

第七十八条　计算经营者协会的年营业额

如果经营者协会的违法行为涉及其成员的活动的,经营者协会上一营业年度的年营业额应包括在违法行为所涉及的市场上活跃的每位成员的年营业额。

第九部分　过渡期及最终条款

第七十九条　废止的法律

(1)自本法案生效之日起,下列法案应停止适用:

(a)防止限制竞争法(斯洛文尼亚共和国官方公报,第 56/99 号、第 37/04 号和第 40/07 号);

(b)集体豁免法令(斯洛文尼亚共和国官方公报,第 69/02 号、第 109/02 号和第 6/03 号——勘误);

(c)规定经营者集中通知表所需内容和要素的法令(斯洛文尼亚共和国政府公报,第 4/00 号);以及

(d)关于相关市场定义的调查程序和条件的指示(斯洛文尼亚共和国政府公报,第 83/00 号)。

(2)前一款第三项所述法规应在新法规发布之前适用。

第八十条　对其他法律规定的修正

自本法生效之日起,《媒体法》(斯洛文尼亚共和国政府公报,第 110/06 号——官方合并文本以及第 69/06 号——ZOIPub)第五十八条第五款应予以修订,其中删除"以及主管保护竞争的机构的意见"几字。

第八十一条　终止本法生效前提起的调查程序

(1)在本法生效前开始的对集中评估提起的调查程序应根据迄今适用的法规给予终结。

(2)尽管有前一款规定,本法第四十四条、第四十五条第五款和第七十四条的规定应适用

于在本法生效前就暂停集中对集中评估提起的调查程序。在宣布集中符合竞争规则的决定公布前,参与集中评估调查程序的经营者必须停止实施集中行动。对根据《防止限制竞争法》(斯洛文尼亚共和国政府公报,第56/99号、第37/04号和第40/07号)第四十条发布的命令的司法保护程序应予以停止。

(3)在本法生效之前,请求办公室启动调查程序的人员应保持当事人地位。

(4)对办公室在本法生效前决定作出的司法保护程序,应根据迄今适用的法规予以终止。在本法生效之前,对未决定的司法保护程序应根据本法规定继续执行。

第八十二条　发布实施细则的时限

(1)政府应在本法生效后一年内发布本法第四十三条第六款所述法令。

(2)负责经济事务的部长应在本法生效后六个月内,根据本法第三十条第三款,发布有关官方身份证一般形式和发放程序的规则。

第八十三条　检查过程中的身份识别

在发放本法第三十条第二款所述的官方身份证之前,办公室雇员应在检查过程中凭借办公室主任的书面授权证明其身份。

第八十四条　生效

本法在斯洛文尼亚共和国政府公报上公布后的第十五日生效。

过渡期及最终条款(ZPOmK-1A)

第十九条

斯洛文尼亚共和国政府应在本法颁布后三个月内发布本法第七十六条第五款所称法令。

第二十条

本法在斯洛文尼亚共和国政府公报上公布后的第十五日生效。

后　　记

今年是“一带一路”倡议提出的第十年。“一带一路”倡议是中国旨在进一步扩大对外开放、推进全球化进程的中国方案，是旨在促进区域政治、经济、法律与文化多元发展的多边国际合作倡议，是“中国发起、各方共建、世界共享的优质公共产品”。十年来，我国与“一带一路”沿线国家的经贸往来与合作取得重大突破，我国对外贸易与对外投资额大幅上涨，基础设施建设与投资力度持续加大，贸易自由化与贸易便利化程度显著提高。

本丛书是我作为首席专家承担的国家社科重大项目“‘一带一路’沿线国家法律文本翻译、研究及数据库建设”(批准号18ZDA157)的最终成果。自2018年立项以来，为按时保质完成翻译与研究计划，我们重点翻译了东南亚、西亚北非、东欧地区约40个国家400万余字法律文本，分为《世界主要自由贸易港法律选译》《东南亚及南亚国家投资法选译》《西亚北非东欧国家经济法选译》和《海南自由贸易港法规(2020—2021)选编(中英对照)》等四卷，以期为相关主体提供真实可信、切合实需的法律文本供给，助力“一带一路”建设的长远发展。

建设海南自由贸易港，需要对标国际高水平经贸规则。《世界主要自由贸易港法律选译》聚焦自由贸易港相关的法律规定，涉及新加坡、迪拜、韩国济州等世界知名自由贸易港(区)的园区建设、市场准入、投资贸易、海关港务、数据保护、商业信托、医疗养老、国际仲裁等八个方面的立法。本卷从立法的选择、翻译到审校各环节，是在海南省人大常委会领导同志的关心支持下得以顺利推进的。

《东南亚及南亚国家投资法选译》以“扩大高水平对外开放”“绿色投资”“全球可持续发展”三大板块为主题，内容涉及东盟国家的重要法律法规、实施细则、命令等细化规定，主要有《新加坡反补贴反倾销法》《印度尼西亚贸易法》《越南生物多样性法》等。

《西亚北非东欧国家经济法选译》主要选取与中国双边贸易额和投资额较大的海湾阿拉伯国家和埃及的投资法、公司法进行译介。“一带一路”沿线阿拉伯国家多为发展中国家，各国在市场准入、行业监管、金融体系和税收安排、进出口管理、投资争端解决等领域存在很大差异。然而，针对具体项目开展全面、系统的法律尽职调查，对我国大多数走出去的企业而言，仍存在经济上和操作上的困难。译介相关阿拉伯国家的重点经济立法，将为企业提供第一手的有关外商投资、公司制度等问题的实用法律信息，为中国企业与相关阿拉伯国家贸易、投资合作保驾护航。

前三卷是外国法汉译成果，而《海南自由贸易港法规(2020—2021)选编(中英对照)》则是中国法外译成果，本卷旨在将海南自由贸易港法规体系翻译出去，以供世界各国了解海南自由贸易港是法治的自由贸易港，进而彰显海南乃至中国的法治形象。需要特别致谢的是，本丛书第一卷《世界主要自由贸易港法律选译》和第四卷《海南自由贸易港法规(2020—

2021)选编(中英对照)》是我主持的重大项目课题组直接受海南省人大常委会法制工作委员会委托而完成翻译的。

除以上立法翻译成果外,课题组还围绕域外管辖、涉外法治以及立法翻译研究等主题,展开相关研究。课题组在《中国社会科学》《中外法学》《华东政法大学学报》《中国翻译》《中国外语》《外语与外语教学》等期刊发表了系列论文。此外,课题组初步建成中英、中阿多语交叉法律数据库和英汉术语表。总之,本项目是面向"一带一路"倡议、全面依法治国战略和构建人类命运共同体等国家需求展开的一项重大翻译工程。

参与本丛书的主要译者有屈文生(全国人大常委会法工委法律英文译审专家委员会委员、华东政法大学教授、博士生导师)、万立(华东政法大学博士研究生)、韩驰(华东政法大学硕士研究生)、邓苏宁(华东政法大学博士后、对外经贸大学讲师)、龚苗(浙江工商大学副教授、华东政法大学博士研究生)、詹继续(华东政法大学讲师)、王春荣(华东政法大学博士后、上海政法学院副教授)、叶湘(上海应用技术大学副教授)、曹雳(华东政法大学博士研究生)以及王孜政、陈皓、马琳、刘攀、曹斯澜、付诗、付泽皓、孙雅文、张智、陈宏柢、李明玉、袁琳等博士研究生和硕士研究生。

屈文生、万立、Adrian Dunbar(中文名李安谆,上海外国语大学法律翻译专家)、龚苗、詹继续、王春荣、叶湘、曹雳、陈皓、马琳、王孜政、徐琨捷、陈宏柢、韩驰、刘攀等承担了本书译文的审校工作。韩驰、郑哲峰、陈浩睿、韩静仪、胡依楠、林海斌、刘家丽、张晓卫 8 位同学承担排版工作。

我们的法律翻译、翻译研究和审校工作得到许多专家学者的支持,尤其感谢我的导师华东政法大学原校长何勤华教授、我的导师教育部长江学者华东政法大学李秀清教授、上海交通大学法学院沈伟教授、郑州大学中国外交话语研究院院长杨明星教授、西南政法大学外语学院肖云枢教授以及华东政法大学外语学院宋丽珏副教授、国际金融法律学院丁勇教授等人提供的各项建设性意见和在承担子课题时所做的协调工作和所付出的努力。

感谢全国人大常委会法工委法规备案审查室严冬峰副主任、全国人大常委会法制工作委员会研究室夏继红处长、研究室五处副处长达吉以及鲁丹、任雨婕等同志对我工作的支持;感谢上海市哲学社会科学规划办公室李安方主任、四级调研员王云飞同志给予的支持。

感谢华东政法大学党委书记郭为禄教授、校长叶青教授对于这项工作的大力支持,感谢党委副书记应培礼教授、唐波教授的鼓励,感谢副校长韩强教授和副校长周立志对于我承担翻译工作时提供的工作支持。感谢华东政法大学学校办主任练育强教授、外语学院院长余素青教授、科研处处长陆宇峰教授、科研处副处长陈蓉和科研处陈叶的细微帮助。

感谢浙江大学文科资深教授许钧先生、北京外国语大学讲席教授王克非先生、中国外文局原副局长兼总编辑黄友义译审、中国外文局原副局长兼中国译协法律翻译委员会王刚毅会长、上海外国语大学党委书记姜锋研究员、中国外文局当代中国与世界研究院党委书记杨平编审、上海政法学院校长刘晓红教授、司法部国际合作局尹雪梅副局长、上海外国语大学副校长查明建教授、上海市人大法工委阎锐主任、上海市司法局副局长罗培新教授、上海市检察院政治部荚振坤主任、上海市浦东新区司法局黄爱武局长、上海外国语大学校长助理胡开宝教授、广东外语外贸大学兼全国翻译专业学位研究生教指委副主任委员赵军峰教授、中国政法大学张法连教授、浙江大学法学院程乐教授、上海市人民政府外办翻译室董鹤莉主任、司法部国际合作局毛佳玲副处长、锦天城律师事务所高级合伙人叶芳律师等人在我组织本书翻译各时期给予的关注和帮助。

我要特别感谢上海市法学会专职副会长、施伟东主编和孙建伟副主编同意在《上海法学研究》集刊连载刊登我们翻译的104篇译文。特别感谢《外语与外语教学》原主编赵永青教授和《中国外语》常少华副主编和首席编辑艾斌刊发我谈中国法外译原则的两篇学术论文。感谢《法治日报》副总编辑张国庆、《中国社会科学报》上海站记者查建国、陈炼,《新民晚报》记者卫蔚、吴宇桢,以及《人民法院报》对于阶段性项目成果给予的支持与关注。感谢法律出版社解锟、韩泓宇、朱峰等编辑老师的细致工作。

尽管我们全力以赴,但难免翻译中有各种瑕疵,不足之处,恳请读者多批评、多指正。

屈文生

2023年4月于上海寓所